英 国 史

从尤利乌斯·恺撒入侵到 1688 年革命

第二卷

〔英〕休谟 著

石小竹 译

创于1897　商务印书馆　The Commercial Press

David Hume
THE HISTORY OF ENGLAND
From the Invasion of Julius Caesar to The Revolution in 1688
VOLUME II
Based on the Edition of 1778, with the Author's Last Corrections and Improvements
London, T. Cadell, 1778
本书根据伦敦 T.卡德尔出版社 1778 年作者最终修改版本翻译

休　谟

(David Hume, 1711—1776)

目　录

次圣阿尔班战役—爱德华四世称王—本朝花絮集锦

第十二章　亨利三世

朝政初定—全面和平—护国公去世—若干骚乱—休伯特·德·伯格下野—温切斯特主教当国—国王偏宠外邦人—不平之气—对教廷的怨望—康沃尔伯爵当选"罗马人的国王"—贵族不满—莱斯特伯爵西蒙·德·孟福尔—《牛津条例》—贵族僭权—爱德华王子—贵族内战—提请法王干预—内战重启—刘易斯战役—下议院—伊夫舍姆战役及莱斯特伯爵之死—政局平定—国王驾崩—国王性格评述—本朝花絮辑录

大凡各个门类的科学，总会随着自身演进而相应地发明种种辅助论证的方法。如此便可运用其普遍法则，在为数不多的命题之下演绎出大量的推断和结论。历史既是一门收集史实的学科，而史料又是如此浩瀚无际，这便要求治史者运用上述删繁就简的技巧，单单保留重要的史实，而略去那些只能于当时当际唤起人们的兴趣，或者仅对当事者有意义的细枝末节。在我们即将述及的朝代，此律体现得格外鲜明。试问哪个凡人拥有如此耐力，去详细记述充斥于这一朝代的琐碎事件，或者不厌其烦地阅读如此冗长的史帙？而亨利三世这个卑劣君主在位六十五年间所有反复无常、软弱无能的行迹，若被一一载入史册，又有谁会去关心那些单调乏味的记载？清教徒史家之所以如此不惜笔墨热心敷写本朝情状，无非是为了揭露罗马教廷的贪婪、野心和狡诈，从而证明天主教会的贵要们虽然表面宣称唯以拯救灵魂为念，实际上却一心贪敛钱财，为此"大计"不惜抛开一切公义和荣誉感的约束。[1]其实，上述结论完全可以毫不费力地达成，而赘述众多乏味的事件细节反倒对此无甚助益。而且，有鉴于当时天主教会在欧洲所处的地位和形势，其表现亦有显而易见的必然性——因为教会势力总能以圣洁的面幕掩盖其运筹真相，并在世人不敢以理性直面的领域向他们发动攻击，故而其行动较世俗政权更加肆无忌惮；在这个总因之外，我以为还有一重缘由，那就是教宗及其臣僚对于他们治下的大多数教会而言都是外来者，他们除了一味搜刮各教省、追求眼前利益之外，根本不可能有别的目标；又因其远驻罗马，地域的阻隔更令他们淡漠了羞耻和自责，但凡发现能够凭以自肥的手段，无不积极采纳。英格兰作为教廷治下最偏远、最受迷信辖制的地域之一，此方民众对罗马的耐心尚未完全磨灭，故而在亨利三世一朝备受盘剥，我们在以下的叙述中时常会涉及此类事件。不过，本书不拟事无巨细统录入，也不打算在行文中完全恪守事件发生的时间顺序，直到叙述本朝末期一些更令人难忘的事件时，才会回归正常时序。

彭布罗克伯爵在先王约翰驾崩时身居王室典礼官之职，在随后内战和动乱汹涌的年代里，凭其军事首脑的职分自然而然地把持了朝政。有这样一位人物主政厥邦，对于幼主和国家而言都是

朝政初定

5

---

[1]　M.Paris, p.623.〔为体现作品原貌，作者以脚注形式标注的引文出处皆原样保留，置于卷末的注释亦按原格式译出。——译者〕

一大幸事，因为他的才干和忠诚无人能及。当初先王约翰身陷困厄之际，彭布罗克伯爵始终忠心护主，毫不动摇。现在，他决心力撑幼主的权威，并不因敌人为数众多、来势凶猛而灰心丧胆。他意识到，民众囿于那个时代流行的偏见，尚不把未接受教会加冕礼和涂油礼的幼主亨利视为正式君主。于是，他立即携幼主赶赴格洛斯特，在那里为亨利举行了加冕礼，仪式由温切斯特和巴斯主教主持，教宗特使瓜亚罗(Gualo)和几位贵族在场观礼。[①]鉴于教宗的权威支持对于维护英王室飘摇未定的统治不可或缺，亨利三世不得不向教宗宣誓效忠，并重申其父王向教宗纳地称臣的誓约。[②]为了扩充彭布罗克的权限，给他一个更加正规合法的名分，国王不久便在布里斯托尔(Bristol)召集全体贵族大会，推举彭布罗克为"护国公"。

为了促成全体臣民与幼主的政权和解，彭布罗克敦请亨利颁行新的自由宪章，其内容虽大多沿袭约翰在《大宪章》中被迫做出的让步，却也包含一些值得注意的变更。[③]新宪章并未确认先王授予教会的圣职选举权，也未确认神职人员无需国王批准的自由出境权。我们由此可以看出，彭布罗克和英国贵族们对教会势力心存疑忌，他们都希望重申国王对修道院和牧师会签发"特许状"的权力，并认为有必要对国人动辄向罗马申诉的状况给予一定羁束。然而最令人惊讶的是，早前约翰关于"国王不经大谘议会批准不得向臣民征收盾牌金或贡金"的让步条款却未见于新宪章，该条款甚至被公开指为苛刻严厉，专门留待日后再行审议。不过，我们必

右栏注：
10月28日
11月11日

左侧页码：6

---

① M.Paris, p.200. Hist.Croys. Cont.p.474. W.Heming.p.562. Trivet, p.168.

② M.Paris, p.200.

③ Rymer, vol.i.p.215.

须考虑到，上述约束条款尽管在我们眼中似乎是约翰所签整部《大宪章》中最重要的内容，但在古代贵族的心目中却未必如此：他们更警惕王权加诸其身的个别暴虐行径，而不重视这种普遍的征敛，因为贵族们武装在握，有力量抗拒任何直接危害到全体贵族的压迫侵凌，王室面向全国的征敛若不具备明显的合理性并确属必要，万难取得贵族们的普遍赞同而成功推行。正是出于这个原因，我们可以看到，亨利三世在位期间尽管常因违背《大宪章》而惹动民怨，而且时常陷入财务窘迫、臣民拒绝供应的境地，但他却从未尝试过凭借个人意志向民众强征贡金或盾牌金。对他而言，侵害个别臣民的违法活动更容易得手，而当事关全体贵族的利益之时，哪怕要行使手上已获公认的特权也绝非易事。

第二年，国王再度重申这部宪章，又补充了若干旨在防范郡长侵凌居民的条款，并且增补了一份《森林宪章》——这在那个年代可谓意义重大，因为狩猎是当时贵族们的主要消遣，而国王将境内极为广阔的地域都据为王室森林，单设了专横的森林法予以辖管。《森林宪章》规定，自亨利二世一朝以来圈占的王室森林应恢复为普通地，又为此设立了新的勘查制度。《森林宪章》对侵犯王室森林者也免除了死刑，改处罚金、监禁和更轻的量刑，并宣布恢复所有土地保有人随意砍伐自家林木和使用木料的权利。

如此，上述几个著名宪章渐趋形成了现有的模样，并一直保持至今。此后历经诸多世代，它们始终受到英国人的特别钟爱，被视作维护国民自由独立的至圣堡垒。它们保障各阶层民众的权利，因此得到全体国民的热心捍卫；在某种意义上，它们也成为英国王权的立身之基，同时亦是某种原始契约，既对王权构成限制，又能确保臣民有条件地效忠于国王。尽管违背宪章的情形十分多见，但是其中条款一直被贵族和普通民众据以伸张自身权利。鉴于任何有违宪章的判例均被认定无效，结果历代王室和强权屡屡试图破坏宪章的行动非但没有削弱宪章的权威，反而越发强化了这种权威。

彭布罗克重申和巩固了《大宪章》，令举国上下一派欣然、安全感倍增，另一方面，他针对个人的笼络手段也颇为见效：他以国王的名义致信所有心怀怨望的贵族，对他们指出，无论他们从前对先王抱有怎样的猜忌和敌意，现今登上大位的幼主乃古代列王的嫡传正嗣，并未承袭任何旧日冤仇及先王的行为主张；而贵族们于绝望中孤注一掷迎请外国君主的权宜之策并未完全成功——这对他们自己和对整个国家都可谓幸事一桩，现在他们仍有能力速速归回本分、从而恢复王国独立、捍卫他们如此热心争取的自由。如今贵族们的一切悖逆之举既已得到赦免、从此略过不提，那么，他们这一方也理当忘却对先王的积怨——这位君主纵有万般不是，但他至少给儿子留下了有益的警示，以免其重蹈覆辙，把国家带入这种灾难性的绝境。他还说，贵族们业已获得捍卫自由的《大宪章》，为自身利益着想，也该用实际行动表明这份自由与其忠诚并不相悖，让世人了解，君权与民权绝非形同水火，而是可以相扶相济。①

信中内容理据周全，而彭布罗克素来令人敬重的为人和坚贞节操也大大加强了它的说服力，令贵族们深受打动。他们中的大多数人都开始私下与护国公接洽，更有许多公然重新效忠英王。

---

① Rymer, vol. i. p. 215. Brady's App. N°. 143.

路易太子对英国贵族的猜忌之心也加剧了他们归向英王的普遍倾向：罗伯特·菲茨－沃尔特曾经积极参与反对先王的活动，他向路易太子提出对赫特福德城堡的权利主张，却被断然驳回。英国贵族们由此明显看出，这位新君根本就不信任英格兰人，他的全部宠信都被外国人独占。①此外，教宗特使宣布对路易的追随者统统处以绝罚，值此民心向背转掖之际，这一惩戒令如期产生了巨大的影响。英国民众已经对路易的事业萌生了难以抑制的反感，此时很容易接受说服，认定他的举动是渎神的。②尽管路易返回法国，从欧陆带回一支援兵，③但他仍然发现，由于其英国党羽不断弃他而去，己方阵营已然大为削弱；约翰王之死非但没有如其所愿地为他征服英伦铺平道路，反而对征服大业造成致命重创。索尔兹伯里伯爵、阿伦德尔伯爵和华伦伯爵已经会同护国公的长子威廉·马雷莎尔，投向亨利的阵营；其他所有英国贵族显然亦在伺机而动，准备重归旧主。彭布罗克收纳归降人马，实力大增，遂挥师进攻索雷尔山(Mount-sorel)。不过，一见佩尔什(Perche)伯爵率法军抵近，他便放弃攻势，撤围而去。④佩尔什伯爵洋洋得意，继续进军林肯。该城居民降顺，法军不费一枪一弹占领市镇，随即开始攻打城堡，守军处境危殆。护国公从各地召集全部军力，务求解救这一战略要地。英军实力占压倒性优势，法军龟缩于市镇内，决计坚守。⑤

---

①　M. Paris, p. 200, 202.

②　Ibid. p. 200. M. West. p. 277.

③　Chron. Dunst. vol. i. p. 79. M. West. p. 277.

④　M. Paris, p. 203.

⑤　Chron. Dunst. vol. i. p. 81.

城堡内的英国守军见强援已至,奋勇出击,外围英军同时对市镇发起进攻,他们架起云梯登城,击溃法军的一切抵抗,武装入城。胜利的英军在城内纵兵劫掠。法军在此役中一败涂地,佩尔什伯爵被杀,此外阵亡者只有两人,而众多高级将领和大约四百名骑士则沦为英军的俘虏。[①]这场决定了欧洲一大强国命运的重要战役,倒没有多少流血;说来古时候的贵族们除了舞枪弄剑之外原是一无所长,然而他们的实战表现却如此糟糕!

　　路易太子当时正在围攻休伯特·德·伯格(Hubert de Burgh)英勇镇守的多佛尔,闻知这场重大失败,立即引兵退回伦敦——此乃法国侵英势力的中枢命脉所在。在伦敦,又一场灾难的讯息传来,斩断了他的一切指望:一支法国舰队载着强大增援部队出现在肯特近海,被菲力浦·德-奥比涅(Philip d'Albiney)指挥下的英军击溃,伤亡惨重。据说,德-奥比涅凭借巧计才获得大胜:他率领英军抢占了上风,趁风势疾扑法国舰队,用事先准备的大量生石灰迎面掷向法国人。法军士兵被石灰迷了眼,完全丧失抵抗力,只能任人宰割。[②]

　　法国人再遭挫败之后,各地的英国贵族忙不迭地与护国公议和,希望早日反正,以免名下财产、权利因之前的叛乱行径而遭褫夺。路易太子的大业已经全然无望,他开始担心自己的生命安全,但凡能不失体面地离开这个而今变得处处与他为敌的国度,他便无不乐意。他与彭布罗克订立和约,承诺撤离英伦,唯一的前提

① M.Paris, p.204, 205. Chron de Mullr.p.195.

② M.Paris, p.206. Ann.Waverl.p.183. W.Heming.p.563. Trivet, p.169. M.West.p.277. Knyghton, p.2428.

是英方须赦免其党徒,恢复他们的荣衔和财产,使之能与其他国民

全面和平 一样自由平等地享受其被赋予的权利。① 于是,一场看似基于无可疗愈的仇恨和猜忌、给英王国带来最致命威胁的内战,就此轻松告终。

　　法王腓力在整场事件中的种种审慎防范措施,做得相当到位。他假装路易太子并未征求他的意见,更违背其意旨,擅自接受了英 10 国贵族们的邀请。讨英部队是以路易的名义征募的;当王太子回国募集援兵时,他的父王公开拒绝给予任何帮助,根本不允许他觐见;甚至当英王亨利占据优势,路易有落入敌手之虞的时候,出头召募军队、装备舰船赶来救援的也是太子妃卡斯蒂尔的布兰奇,而不是他的父王。② 这一切故作姿态,其目的并不在于搪塞教宗——教宗的眼光犀利,不会这么轻易上当;他也不是为了愚弄民众——因为群众太迟钝,不值得如此煞费心机。腓力所做的一切,只不过是给自己的企图寻一块遮羞布而已:在公共事务中,即便真相已是尽人皆知,但人们往往更乐于给它披上一层得体的面纱,而不愿见其暴露于光天化日、万目睽睽之下。

　　赶走法国人之后,护国公接下来的举措审慎而公平,对疗愈国内战乱造成的累累创伤颇有助益。他宽宏对待反叛贵族,严格按照和约规定办事,恢复他们的财产,力图以公平待遇永远掩埋往日的一切仇怨。在这场变革中,只有那些忠心追随路易的神职人员深受其害,因为他们忤触了自己的精神领袖,无视罗马教廷颁布的

---

　　① Rymer, vol.i.p.221. M.Paris, p.207. Chron.Dunst.vol.i.p.83. M.West. p.278.Knyghton, p.2429.

　　② M.Paris,p.256. Chron.Dunst.vol.i.p.82.

禁罚令和绝罚令。就连彭布罗克也无力设法护得他们周全。教宗特使瓜亚罗决意报复他们的大逆不道。[1]许多神职人员遭受停职处分，有的被放逐，所有逃脱惩罚者都被迫向教宗特使奉上大笔金钱，以赎己罪。结果，瓜亚罗本人借此赚得盆满钵溢。

国内恢复宁靖后，以一己的才智、勇武为和平立下头功的彭布罗克伯爵很快就故去了。[2]接替他秉政的是温切斯特主教彼得·德·罗歇(Peter des Roches)和大法官休伯特·德·伯格。后者主持的议事会主掌着国家的大政方针，鉴于他与彭布罗克在国内享有同等威望，所以他似乎满有资格接替那位大德的贵族。然而，那些实力强大、无法无天的贵族们，既已有过甩脱君权羁勒的先例，并且借着暴力手段扩充了自身的自由和独立，此时又岂肯安守本分事奉幼主、服从法律的约束？他们胡作非为，制造的乱局令百姓深遭荼毒，也令君王苦不堪言。贵族们强行据有王室城堡，有些是他们昔日在战乱中用武力占领的，也有些是护国公托付他们监管的。[3]他们僭占王室领地，[4]压迫下级附庸，侵害势力较弱的邻居。他们招聚各种不法之徒充当门客，纵容、保护这些人肆意掳掠勒索。

论起此类暴力不法行径，最臭名昭著的恶徒要数那位阿尔伯马尔伯爵。他虽然早早归回英王驾前，又在驱逐法军的战事中为王驰驱，但是在此后的国内骚乱中亦为祸最烈，王国北方各郡无不遭其蹂躏。为了制伏这位爵爷，休伯特看准时机，占领了阿尔

护国公去世

若干骚乱

----

[1] Brady's App. N°.144. Chron.Dunst.vol.i.p.83.

[2] M.Paris, p.210.

[3] Trivet, p.174.

[4] Rymer, vol.i.p.276.

伯马尔及其嚣张无忌的扈从们此前驻扎的罗金厄姆(Rockingham)城堡。然而阿尔伯马尔非但不肯俯首听命,反而纠集法尔克·德·布略代(Fawkes de Breauté)、彼得·德·莫莱昂(Peter de Mauleon)等一干贵族,彼此暗中结盟,一方面加固比哈姆(Biham)城堡以图自卫,另一方面又突袭占领佛泽林盖(Fotheringay)城堡。重获教宗特使任命的潘道尔夫积极镇压这次叛乱,他在十一位主教的鼎力支持下,宣布对阿尔伯马尔及其同党处以禁罚。[①] 为招募平叛军队,国家向全体王室军事封臣征收盾牌金,每个骑士领须缴十先令。阿尔伯马尔的盟友们渐渐弃他而去,他本人最终不得不屈膝求饶,结果获得赦免,赐还全部领地。

这种有欠明智的宽大处理在那个时代屡见不鲜,这或许是贵族们私下连络一体的结果,他们谁也不忍看见自己的同侪彻底毁灭。然而正是由于这种情形,纵容了法尔克·德·布略代横行无忌——此人出身微贱,受约翰王一手提拔而平步青云,又倚仗暴力大发横财,全不把法律、公义放在眼里。一次,法庭针对他强行驱逐大批世袭地产保有人的行径,对他做出了三十五项有罪裁决;他率领一群武装兵丁闯进法庭,抓住那位判他有罪的法官,将其关进贝德福德(Bedford)城堡。随后,他公然向国王宣战,兵败后身陷缧绁。国王降旨饶其性命,但仍须罚没领地、逐出王国。[②]

公元 1222年

相形之下,同期发生在伦敦的一场骚乱,虽说几无蓄谋,所受的法律制裁却更严厉。事件起因于一场摔跤赛中的小纠纷,相争

12

---

① Chron.Dunst.vol.i.p.102.

② Rymer, vol.i.p.198. M.Paris, p.221, 224. Ann.Waverl.p.188. Chron.Dunst. vol.i.p.141, 146. M.West.p.283.

一方为伦敦市民,另一方是威斯敏斯特教区及周边村落的居民。伦敦人鼓噪群起,拆毁了隶属于威斯敏斯特修道院的几幢房屋。京畿民众素性狂躁好斗,这点冲突本来不值一提,然而,鉴于此前伦敦人多有亲法表现,此番骚乱的性质就显得严重了。在喧嚣中,乱民们高呼法军的临阵口号:"蒙特乔伊,蒙特乔伊,[①]上帝保佑我们和我主路易!"大法官亲自追查,发现挑头闹事的叫作康斯坦丁·菲茨-阿努尔夫(Constantine Fitz Arnulf),一个傲慢狂悖的家伙,此人在休伯特面前为自己辩护,大法官依照戒严令对其提起诉讼,下令对他立即执行绞刑,无需经过审判及其他法律流程。大法官还对康斯坦丁的部分同伙处以断足之刑。[②]

虽然有人抱怨上述威权行径触犯了《大宪章》,但在牛津召开的议会上(大致在此时期,大谘议会已改称议会),大法官依然毫不踌躇地以国王的名义恩准重申和确认《大宪章》。当议会向国王提出以上申请时——在那个时代,法律若不经常得到重申,似乎就会失去效力——摄政委员会成员威廉·德·布里维尔(William de Briewere)极唐突地公然宣称,《大宪章》规定的自由乃强行逼索而来,故不应恪守。不过,他的论调遭到坎特伯雷大主教的驳斥,也未得到国王和几位辅政大臣的支持。[③]两年后,议会再度提请确认《大宪章》,再次得到御准。作为回报,议会批准国王收取一笔

---

① Mountjoy,原形为"Mont-joie"或"Mont-joie St. Denis",古代法军的战斗口号。据说该用法可以一直追溯至查理曼时代,其最早记载见于12世纪的《罗兰之歌》(*Song of Roland*)。——译者

② M. Paris, p. 217, 218, 259. Ann. Waverl. p. 187. Chron. Dunst. vol. i. p. 129.

③ M. West. p. 282.

特别贡金，额度为个人全部动产的十五分之一。国王给各郡长签发令状，责成他们遵守《大宪章》。不过，令状中插入了一个引人注目的条款：凡不缴纳特别贡金者，今后无权享受《大宪章》所赋予的自由。[1]

王权衰微至此，是故御前良臣务须着意保障君主的特权，同时确保公众的自由。鉴于教宗向来在英伦享有极高权威，此时又被尊为王国宗主，因此，休伯特向其提出申请，希望教宗颁布诏令，宣布英王业已成年，有资格亲政。[2]诏令一出，大法官率先响应，把自己托管下的伦敦塔和多佛尔这两处要塞城堡交还亨利国王，并要求其他贵族依样而行。然而贵族们拒不从命：切斯特伯爵、阿尔伯马尔伯爵、切斯特治安官约翰、约翰·德·莱西、布赖恩·德·利勒(Brian de l'Isle)、威廉·德·坎特尔(William de Cantel)纠结一批贵族抵制，他们甚至密谋制订了奇袭伦敦的计划，并在沃尔瑟姆(Waltham)武装集结，准备行动。不过，他们发现国王已有防备，便放弃了先前的打算。国王宣召他们进宫，欲加质询，这几人大摇大摆应召而来，并坦白了自己的企图。然而他们回禀国王，自己无意为害圣驾，只是针对休伯特·德·伯格而来，要罢免强臣、以清君侧。[3]反叛贵族的势力浩大，国王无力惩处；他们并未因第一次计划破产而灰心，又于莱斯特武装集结，企图俘虏驻跸于北安普顿的国王。只因亨利早已探知其动向，提高警觉严阵以待，贵族们未敢轻举妄动，遂于近处扎营，度过圣诞节期。[4]大主教和各位教长

14

---

① Clause 9.H.3.m.9.and m.6.d.

② M.Paris,p.220.

③ Chron.Dunst.vol.i.p.137.

④ M.Paris,p.221.Chron.Dunst.vol.i.p.138.

眼见整个局面有滑向内战之势，便运用自身权威加以干预，警告贵族们若不交还国王的城堡，就要将他们逐出教门。这一威胁最终见效，大多数城堡都被归还。不过贵族们啧有怨言，称休伯特交出的城堡很快就被赐还，而国王却把他们的城堡扣在自己手中。据说，当时英格兰的城堡总数有一千一百一十五座。①

必须承认，教会长老和教牧势力往往对公众利益大有裨助。尽管那个时代的宗教信仰只配称为迷信，但它却能凝聚起一个对民众影响甚大的群体，使社会不致因各立山头的贵族派系斗争而分崩离析。更重要的是，这群人大有权柄，而他们所信奉的宗教令其憎恶武器和暴力，因而常能居中调停，缓和社会上普遍的杀伐之风。即便在战争的震荡之下，他们手中仍然保存着维系人类社会生存延续的隐秘纽带。

尽管英格兰国内局面激烈动荡，王权岌岌可危，但亨利国王迫于形势，仍然必须对法开战。他从议会取得的特别贡金便是为了这个用场。路易八世(Lewis Ⅷ)继承其父腓力的宝座之后，并不理会亨利关于归还诺曼底及海外诸省的要求，反而变本加厉，派军入侵普瓦图，经过长期围困，攻取了罗谢尔(Rochelle)，②似乎决意要将英国人赶出最后几块残存的海外领地。亨利派遣王叔索尔兹伯里伯爵和御弟理查亲王挂帅出征(他已将之前抄没的康沃尔伯爵领赐封给理查亲王)。索尔兹伯里伯爵遏制了法军的进一步攻势，令普瓦图和加斯科涅这两处领地保持对英王的效忠。不过，双方均

---

① Coke's Comment. On Magna Charta, chap. 17.
② Rymer, vol. 1. p. 269. Trivet, p. 179.

未展开任何军事行动。康沃尔伯爵驻吉耶纳两年，随后返回英格兰。

公元
1227年这位亲王生性并不狂暴，也不是那种喜欢拉帮结派的人。他的主宰激情乃是聚敛钱财。在这方面，他做得极有成就，在整个基督教世界为人臣者当中，最大的富翁非他莫属。不过，有些时候他在贪欲驱使之下，也会诉诸强暴，扰乱国政。有一处庄园，曾经属于康沃尔伯爵领，但是当日康沃尔伯爵领还在国王名下、尚未赐封给理查亲王之前，这座庄园就被国王赏给了沃尔伦·德·提埃（Waleran de Ties）。理查要求得到该庄园，并强行驱逐该产业的经营者。沃尔伦提出控诉，国王诏令御弟还此人一个公道，恢复其应得权益。伯爵答道，除非经同侪审判裁决他败诉，否则自己不会服从圣旨。亨利国王说，必须先交还沃尔伦的产业，此案才能交付同侪审判。他又向伯爵重申自己的旨令。① 这一事件激化之下，几乎酿成内战，我们由此可以想见当时政府的治理状况。康沃尔伯爵见国王态度强硬，便拉拢自己的妹夫、年轻的彭布罗克伯爵合力抗上，后者因国王逼他交出几处受托管的王室城堡，也对国王心怀不满。二人又连络了切斯特伯爵、华伦伯爵、格洛斯特伯爵、赫福德伯爵、沃里克（Warwic）伯爵、费勒斯（Ferrers）伯爵，这些人统统心怀怨望，原因大体相同。② 他们集结起一支武装，国王既无实力也无胆量与之相抗，只得满足御弟的愿望，加倍厚赐与他，远远超过作为事件导火索的那座庄园的价值。③

亨利国王渐渐成年，性格日益显露分明。人们发现，他在各方

---

① M.Paris, p.233.

② Ibid.

③ Ibid.

面均不胜任封建政体赋予他的主君之责,无力镇服那些骜悍嚣张
的贵族。亨利秉性仁柔,心肠软得过分,他似乎永远都没有自己的
定见,完全听信身边宠臣的意见——对于这些人,他的宠爱可能只
16　是一时,却极其轻率和不加节制。他缺乏活力和勇武,天生不适于
指挥作战;另一方面,他也不具谋略和手腕,无力维系和平。他的
怒气尽管急骤而猛烈,却不足以震慑手下,因为人们发现,让他息
怒简直易如反掌。至于他的友谊,由于极其廉价而反复无常,所以
根本谈不上珍贵。假如政权稳定运行,他还可以稳稳妥妥充当华
丽的摆设,让手下臣僚借他的名义和权威处理一切政务;然而,当
时形势纷乱,端赖执政者坚定灵活的双手驾驭局面方可保得王权
安稳无虞,像这般软弱的性格便不敷其用了。

　　休伯特·德·伯格德才兼备,是亨利朝中首屈一指的能臣。[①]　休伯特·德·伯格下野
此人历经艰险苦厄,始终对王室忠心耿耿;当他身居高位、大权独
揽,也未见其有过奴役和压迫人民的行迹。唯一可称例外的,就是
马修·帕里斯(Matthew Paris)曾经记载的那件事[②]——如果作者
所言不虚的话,是休伯特提议并颁令公开撤销并废止了《森林宪
章》。该宪章作出的让步本身合情合理,反映了贵族和民众异口同
声的强烈要求。然而我们必须承认,无论从当时的形势还是从休
伯特的性格来看,此举都显得十分不可思议,我们有理由怀疑记载
的真实性,特别是考虑到帕里斯的说法只是孤证,并无其他史家提
到此事。休伯特大权在握之时,亨利国王对他言听计从,宠爱到无

---

① Ypod.Neustriae, p.464.
② P.252.据 M.West.p.216称,这个提议出自温切斯特主教彼得。

以复加，绝非其他臣下能比。他获得了大量城堡和庄园，迎娶了苏格兰国王的长姊，被封为肯特伯爵，此外还被授予英格兰终身大法官的殊荣。然而，亨利忽然心血来潮，便抛弃了这位忠诚的臣子，任其遭受政敌的狂暴迫害。他被对手冠以众多琐碎无稽的罪名，比如，指控他以巫术惑君，并从王室府库窃得一枚能令佩戴者刀枪不入的宝石，将此稀世奇珍献予威尔士王。[①]贵族们恼恨休伯特热心维护王权和王室财产，他们很快便觅得有利时机，煽起国王对休伯特的敌意，唆使他彻底毁掉这位重臣。休伯特逃入教堂避难，国王下令将他拖出避难所——随后收回了这道旨意——不久又再次下旨这么做。此后，国王迫于神职人员的压力，不得不恢复了休伯特的避难权，未几又逼迫后者自缚投案，将其关押在德维兹(Devises)城堡。休伯特设法逃脱，后被驱逐出境，过了一段时间又赢回君心，在很大程度上重获国王的信任，但是此后他心灰意冷，再也无意谋求恢复昔日的权柄和威望。[②]

接替休伯特成为御前第一红人、执掌王国大权的是温切斯特主教彼得·德·罗歇。这位主教是普瓦图人，由先王一手提拔至高位，此人个性鲜明，既勇武有能，又独断专行、横暴无忌。当初约翰王出征法国，曾经任命他为大法官，摄理国内政事，而他在掌政期间横行不法，也是激起贵族们联合举事、最终迫使国王签下《大宪章》，从而奠定英国宪政之基的一大诱因。亨利国王虽然生性软弱，不能效法乃父以强硬手段治国，却也接受了同样武断的原

公元
1231年

温切斯特
主教当国

17

---

① M.Paris,p.259.

② Ibid.p.259,260,261,266. Chron.T.Wykes,p.41,42. Chron.Dunst.vol. i.p.220,221. M.West.p.291,301.

则。他接受彼得的建议,请来大量普瓦图人和其他外邦人,认为这些人比本国臣民更值得信任,可用以制衡贵族们强大而独立的势力。[①] 朝中、军中一应重要职位都被授予外邦人,为此耗尽了本已相当空虚的王室金库。[②] 这些人侵犯民众的权利,其骄横之态比他们手中的权力更令人愤然,招来国内各等级的一致憎恨和嫉妒。[③]

彼得的恶政招致普遍憎恶,贵族们联合起来抵制他;他们借口普瓦图人图谋不轨、企图危害他们的生命安全,从议会中集体退席。当国王再次诏令他们参会时,贵族们答复道,国王应当遣散朝中的外邦人,否则他们就要将他连同外邦人一并驱逐,另立有道新君。[④] 他们就用这种腔调同主君说话!最后,贵族们返回议会,人多势众且来势汹汹,大有自定法律强加于国王和彼得·德·罗歇之态。不过,罗歇一党已经趁休会之机在贵族们中间播下了不和的种子,并把康沃尔伯爵、林肯伯爵和切斯特伯爵拉拢到本方阵营。贵族联盟惊惶失措。现任马雷莎尔伯爵理查(他在兄长威廉死后继承了这一爵衔)为逃避追捕躲入威尔士,后来又潜至爱尔兰,但终被温切斯特主教设计暗害。[⑤] 一批遭忌恨的贵族被抄没家产,并未经过合法的同侪审判和裁决。[⑥] 这些财产转手就被厚赐给得宠的普瓦图人。彼得甚至厚颜无耻地公然宣称,英国贵族休想与法国贵族相提并论、享受同样的自由和特权;英国君主比法国君

公元
1233年

18

---

① M.Paris,p.263.

② Chron.Dunst.vol.i.p.151.

③ M.Paris,p.258.

④ Ibid.p.265.

⑤ Chron.Dunst.vol.i.p.219.

⑥ M.Paris,p.265.

主拥有更多绝对权力。相对而言，他的另一句话还比较有道理：不愿服从法律权威之民，自无资格寻求法律的荫庇和保护。

每当有人追究国王的不法行径，或有什么人援引《大宪章》的权威来指责他，他总是反唇相讥："所有的达官显贵，无论在教在俗，没有谁拿宪章当回事，凭什么单单要我遵守？"对此诘问，合情合理的答复似乎是："陛下应当为他们做个榜样。"[1]

如此暴政自然不可能维持长久，不过，温切斯特主教最终的覆灭是缘于教会施加的影响，而非贵族们的抗争。大主教埃德蒙在众多教长的簇拥之下走上法庭，向国王控诉彼得·德·罗歇的倒行逆施，力陈民众的怨望、国事的凋敝。他们要求国王驱逐此贼及其党羽，并威胁道，王如不允，教会将祭出绝罚手段。亨利心里清楚，绝罚令完全符合举国百姓的心愿，一旦出台必将引发最危险的后果，因此他只得做出让步：他驱逐了外邦人，恢复本国人在政务班子中的权柄。[2]大主教为人审慎，时时处处注意遵行法律和保障国民自由的宪章，在政府中居于一言九鼎的地位。

公元
1236年
1月14日

国王偏宠
外邦人

英国人自以为能够长久摆脱外邦人的支配，但他们只是空欢喜一场罢了。自从国王与普罗旺斯伯爵之女埃莉诺成婚[3]之后，身边围绕的尽是来自那一地方的外邦人，他对他们滥施宠爱、恩赏无度，这些人个个都发了大财。[4]瓦朗斯(Valence)主教出身萨伏依家族，是王后的亲舅舅，深得国王倚重；他千方百计为自己及其

---

①　Ibid.p.609.

②　M.Paris, p.271, 272.

③　Rymer, vol.i.p.448. M.Paris, p.286.

④　M.Paris, p.236, 301, 305, 316, 541. M.West.p.302, 304.

亲属敛财。该家族的彼得·萨伏依(Peter of Savoy)被封为里奇蒙(Richmond)伯爵，并得到华伦伯爵监护人的肥缺；博尼费斯·萨伏依(Boniface of Savoy)则被擢升为坎特伯雷大主教。多位年轻的普罗旺斯淑女应邀来国，嫁给国王监护下英格兰名门望族的年轻人。[1]当亨利的赏金源泉渐枯，这位宠臣便向罗马申诉，取得教宗的圣谕，允许他收回国王此前颁发的所有特许状，解除国王保持授权的誓言，甚至责成其收回特许令，宣告上述特许状无效，因为罗马教宗现已成为英格兰王国的最高宗主，颁发特许状的权力理应收归教宗所有。[2]消息传出，激起举国反对，因此收回特许状的计划最终未能实施；然而，民众也由此看清了国王为满足外国宠臣的贪欲，甘于俯首忍受屈辱。大约与此同时，亨利又在英国宣布了自己的妹夫、神圣罗马帝国皇帝腓特烈二世[3]被教宗处以绝罚的裁决，[4]他的借口是：自己身为教宗的附庸，出于效忠义务必须服从教宗的一切圣谕。这位懦弱的国王在位期间，每逢周遭强邻干犯英国疆域，他从不奋起反击，只是一味向罗马教宗告状，乞请宗主庇护。[5]

国王对外邦人偏宠有加，惹得英国贵族满腹怨气，然而任何 不平之气 进谏和抱怨都无济于事，国王就是无法离弃、甚至丝毫都不肯冷淡这些外国宠臣。起初是普罗旺斯人特别是萨伏依家族得宠，尽享

---

① M.Paris,p.484. M.West.p.338.

② M.Paris,p.295,301.

③ 腓特烈二世的第三任妻子是英王约翰之女、亨利三世之妹伊莎贝拉(1214—1241)，参见本书卷一。——译者

④ Rymer,vol.i.p.383.

⑤ Chron.Dunst.vol.i.p.150.

富贵、饱餍肥甘，随后，又一批贪婪的外邦人应邀而来，抢占了原应属于英国贵族的王恩——从策略上讲，国王本该施恩于本国贵族，这些人原可成为支持和捍卫其统治的中坚力量。亨利之母伊莎贝拉早年许配德·拉·马契伯爵，然而先王约翰横刀夺爱，成就了一段有欠名正言顺的婚姻；约翰驾崩后，伊莎贝拉很快便与德·拉·马契再续鸳盟，后来又正式下嫁，[①]生育四子，分别取名居伊、威廉、杰弗里和艾梅尔（Aymer）。待四子成人，伊莎贝拉将他们送到英国，与兄长相见。亨利国王天性温厚仁爱，一见至亲骨肉，友悌之情顿生。他不顾自身所处的局面，也不考虑民意，大手笔地给几个兄弟封爵赏金，[②]激起民怨沸腾，英国民众针对加斯科涅人的忌恨，不下于先前敌视普瓦图人和萨伏依家族。以民众充满偏见的眼光看来，他们的一举一动都显得别有用心、图谋不轨。他们因违反《大宪章》而屡遭指责；事实上，一种很大的可能性是：在那个治国之道尚无规范可言的时代，这些不谙英国法律的外邦人仗着懦弱君主的无边恩宠，只注重自身的眼前利益，而置民众自由于不顾。据闻，每逢有人援引英国法律抗议普瓦图人和其他外邦人的压迫，他们总是肆无忌惮地宣称："英国法律和我们有什么关系？我们才不在乎！"言语的冒犯往往比实际行动更令人愤慨，他们对英国人的这种公然蔑视大大加剧了国人普遍的不满情绪，以致外邦人的每一次暴行，都成为一种伤害之上更添侮辱的刺激。[③]

　　不可否认，亨利违反《大宪章》的举动当中，有一部分是因其

公元
1247年

21

---

① Trivet, p.174.

② M.Paris, p.491. M.West.p.338. Knyghton, p.2436.

③ M.Paris, p.566, 666. Ann.Waverl.p.214. Chron.Dunst.vol.i.p.335.

处境所迫而放任特权,这些举动并未招致民众的不满,遂得到此后历任君主一致仿效,迄至上世纪仍未断绝。由于议会经常强硬无礼地拒绝国王提出的拨款申请,[①]所以国王只得向富裕的臣民(特别是伦敦市民)借贷。可以想见,这位大手大脚以致不得不举债度日的君主,在还贷方面也未必很及时。[②]他要求贵族和教会长老们捐款,假称是他们自愿贡奉钱物。[③]自诺曼征服以来,他是首位在真正意义上受法律约束的英格兰国王,亦是在王室签发的授权书和特许状中使用"尽管"(Non-obstante)条款[④]的第一人。有人反对他的新发明,他回答道,既然教宗能行使这种权力,自己凭什么不能步其后尘?然而,教宗这种滥用豁免权的做法,既违反了历次大公会议制定的教规,也侵犯了所有教会的特权和常例,僭夺了圣职推荐人的权利——世俗政权援引此例,实际上更容易激起民众的猜忌,而不会得到他们的谅解。国王驾前的一位法官罗歇·德·瑟克斯比(Roger de Thurkesby)对国王引用此先例极为不满,以致气恼地大声悲叹:"呜呼!我们落入了一个什么样的时代?看吧,世俗法院效法教廷走向败坏,如同一个恶的泉源毒化了整条河流!"

亨利国王偏宠并厚赏他的外国亲戚以及这些人的亲朋私交——倘若他同时能够创下一点于邦国有荣的功业,或者,如果他能扬威海外,让自己和国内民众尝到些许成功和荣耀的滋味,那么

---

① M.Paris, p.301.

② M.Paris, p.406.

③ M.Paris, p.507.

④ 拉丁语Non-obstante意为"尽管",在英格兰古代"常见于国王颁布的法令及签发的特许状中,表示准许某人做某事,尽管议会法律有相反规定"。参见《元照英美法词典》,北京大学出版社2013年缩印版,第975页。——译者

即便他的行为不妥，民众也还觉得容易忍受。至少，国王若武德超群，便可慑服手下的贵族们，加强自己的统治权威。然而，尽管亨利于1242年向法王路易九世(Lewis IX)宣战，并且应其母亲现任丈夫德·拉·马契伯爵之邀御驾亲征，进驻吉耶纳——这位伯爵事先承诺倾全部军力相助——他却在强大的法王面前屡战屡败，最终兵溃塔耶堡(Taillebourg)，被所有盟军抛弃，他从先王手中继承的普瓦图领地的残余部分均告沦陷，他本人只得灰头土脸地回到英国。[1]加斯科涅领地的贵族们仍然依恋英国统治，因为主君远隔大海，他们得以享受近乎完全的独立。过了一段时间，加斯科涅传来求救文书，乞请亨利出兵保护该领地，抵御卡斯蒂尔国王的入侵。亨利复返吉耶纳，这一次出征战绩较佳，不过他和手下的贵族们却因此欠下一大笔债务，贵族们越发怨气冲天，这样一来，国王在战场上将会面临更大的危险。[2]

不知节俭、滥施慷慨是亨利的大缺点，即使在此番出师之前，他的欠账就已成为梦魇，无奈之下，他只得变卖所有餐盘和珠宝，筹钱起兵。当出征计划最初呈至御前之时，他问道，要变卖物品，哪里能找到买主？有人回答，伦敦市民有钱。"好家伙！"国王说道，"就算出售奥古斯都的财宝，他们也买得起。那帮自命为男爵的蠢货无所不有，而我们却是入不敷出、捉襟见肘！"[3]据说自那以后，他勒索市民更为贪婪和变本加厉。[4]

公元
1253年

---

[1]　M.Paris, p.393, 394, 398, 399, 405. W.Heming.p.574. Chron.Dunst.vol.i.p.153.

[2]　M.Paris, p.614.

[3]　M.Paris, p.501.

[4]　M.Paris, p.501, 507, 518, 578, 606, 625, 648.

在亨利三世治下，英国人民足有理由抱怨世俗政权强加给他 对教廷的
们的苦楚，然而罗马教廷的僭权和勒索造成的负担，似乎比这更 怨望
为沉重。朗顿大主教于1228年去世后，坎特伯雷基督座堂的僧众
当即推选同工沃尔特·德·希默珊(Walter de Hemesham)作为
继任人选。然而，由于亨利国王拒不承认选举结果，教宗便依从
他的心愿，宣布选举无效，①旋又委任林肯教区大法官理查为坎特
伯雷大主教，并不等待重新选举的结果。1231年，理查去世，修士
们推选奇切斯特(Chichester)主教拉尔夫·德·内维尔(Ralph de
Neville)接掌坎特伯雷宗座，这一次尽管亨利对选举结果很满意，
但是教宗却认为，内维尔与国王过于亲近，因此利用手中的否决权
宣布选举无效。②僧侣们又相继推举了另外两名继任人选，均被教
宗否决。最后，教宗明示英国教会，自己属意的是索尔兹伯里教会
司库埃德蒙，只要举荐此人，定能获批。于是，英国教会遵旨而行。
教宗行事足够审慎，所指定的两位都是值得尊敬的教长；但是时人
不能不注意到，教宗意在逐渐侵夺这一要职的叙任权，因而感到难
以忍受。

　　然而，当时激起普遍物议的，主要是圣座的贪婪，其权力野心
倒在其次。罗马的高级神职人员发现，历代前任积累的权力成果
丰硕，如今他们热衷于将权力变现，留在家中坐享利益，而无须辛
苦驻外，去往那些无人愿往的偏远国度，寻求扩张教会的权威。在
罗马的宗教法院，一切皆可用金钱收买，圣职被公开买卖，不行贿

---

①　M.Paris,p.244.

②　Ibid.p.254.

就寸步难行——休说是特别关照，哪怕一般意义上的公平都无法指望；出价最高者必能称心如意，个人或事由的是非曲直都被弃而不顾。除了审断纠纷中司空见惯的权力滥用之外，教宗还公然擅用绝对且不受制约的驳议权，凭借至高无上的圣座权柄，废止赞助人、教会和修院制定的任何特定法规和一切特权。1226年，教宗洪诺留三世（Honorius Ⅲ）借口要匡正上述弊端，抱怨所有问题都源于圣座财政拮据，进而要求每个主教教区奉献两处最好的田产，每所修道院要拨出两位修士的薪俸，定为教宗圣座享受的常例供奉。但是，人人心里都明白，这份征索会永远持续下去，而滥权现象很快就将故态复萌。因此，教宗的要求遭到全面抵制。大约三年后，教宗又祭出高压手段，要求取得所有教会收入的十分之一，这次如愿以偿。教宗要求神职人员在收取地租或什一税之前就缴清供奉，并向各地派出放债人，以极高的利息向教士们放贷。1240年，教宗特使奥托（Otho）试图从总体上向英国教会索贡未成，转而采取各个击破的战术，威逼利诱各地教会和修道院长老，获得大笔资财。据说，他离开英国时，带走的钱财比王国中所剩财富还要多。四年后，罗马教廷大使马丁又如法炮制而大获成功：他从罗马带来了对任何不遵其旨的神职人员处以停职罚和绝罚的授权，借此大肆勒索，敛财无数。而英王亨利还须仰仗教宗的支持维持其风雨飘摇的统治，因此永远扮演助纣为虐的角色。

这一时期，英国教会的重要职缺都被授予意大利人。大批意大利神职人员联翩而至，需要本岛提供圣俸。不居教区和兼领圣俸的情况愈演愈烈。据统计，国王的私人牧师曼塞尔（Mansel）一度同时领取七百份圣俸。上述乱象已是如此明显，让人分明看出宗教迷信之盲目。民众啸聚而起,攻击王国内的意大利神职人员:劫掠他们的粮仓、损毁他们的田地,并施以人身侮辱。[1]执法人员调查这些骚乱,时常发现涉案者为数众多,其中不少人身份显赫,结果便不了了之。最终,教宗英诺森四世(Innocent Ⅳ)于1245年召开里昂大公会议,欲对神圣罗马帝国皇帝腓特烈二世处以绝罚,英王亨利及全体贵族派遣代表向大会请愿,抱怨罗马教廷的强取豪夺。他们表达了众多不满,其中包括在英意大利神职人员的高额圣俸问题,据估算,其总数多达每年六万马克,[2]已然超过王室岁入。[3]对此,教宗只给予含混的答复。既已当着全会提及罗马教宗取得对英格兰的封建宗主权一事,以诺福克伯爵罗歇·比戈德为首的英国代表们趁机强烈抗议这种僭越,并且坚称,约翰王不经手下贵族同意,无权将王国主权拱手相送,致使举国臣民如此耻辱地臣服于外人。[4]此后的历任教宗害怕过分得罪英国,似乎不太坚持对英格兰的宗主权了。

里昂大公会议上的抗争并不足以遏止罗马教廷的贪婪。英诺森四世仍然坚持要求所有空缺圣职的圣俸;他从所有神职人员的圣俸收入中一律抽取二十分之一,凡年俸超过一百马克者,还要再抽取三分之一;凡不居教区者,则要抽取一半。[5]教宗宣称,凡神

---

[1]　Rymer, vol. i. p. 323. M. Paris, p. 255, 257.

[2]　英诺森四世发表的教宗训谕中,仅估算为每年五万马克。参见Rymer, vol. i. p. 471。

[3]　M. Paris, p. 451. 关税是亨利岁入的一部分,为数达每年六千镑。起初,这只是各地商户因使用王家仓库及度量衡等物而缴纳的小笔费用。参见Gilbert's history of the Exch., p. 214。

[4]　M. Paris, p. 460.

[5]　M. Paris, p. 480. Ann. Burt. p. 305, 373.

职人员未留遗嘱而去世的,遗产尽归他所有;[1]一切用益权收入都归他继承;他还征收普通民众的奉献。当英王一反常态地出面阻挠以上种种勒索时,教宗便威胁道,要用惩治腓特烈二世的手段来对付他。[2]

公元
1255年

　　然而,教宗为谋取私利而使出的种种手段当中,最令人难以忍受的莫过于怂恿亨利投入征服那不勒斯(当时也称"灯塔这边的西西里"[3])的事业。这场战事给英王带来无尽耻辱,令其在长达数年的时间里泥足深陷、开销巨大。罗马教廷抓住有利时机,将西西里王国降为藩属,如同对英格兰所做的那样——教廷未能在英伦巩固其统治,无非是由于此邦地处偏远,加上英国民众奋力抵制,令其不得遂愿罢了。当时,神圣罗马帝国皇帝腓特烈二世驾崩,将西西里王位传予其孙康拉德(Conradine);腓特烈二世的私生子曼弗鲁瓦(Mainfroy)[4]借口替幼主摄政,暗地拟定了窃国计划。教宗英诺森四世在腓特烈生前一直与之激烈交战,试图夺取其名下的意大利领土,如今又继续与其孙为敌。然而,曼弗鲁瓦凭借一己的勇武和谋略使教宗的所有诡计落了空;教宗发觉单靠一己之力并不足以圆满完成这件宏大功业。于是,他假意以该王国宗主和世 26 上众王国之主基督的代理人身份,宣称欲将西西里王位授予他人。他首先向康沃尔伯爵理查抛出诱饵,指望这位富甲天下的亲王能

---

①　M.Paris, p.474.

②　M.Paris, p.476.

③　"Sicily on this side the Fare",其他版本写作"Sicily on this side the Faro",其中"Faro"指"Faro of Messina"(墨西拿灯塔)。由于那不勒斯当时为西西里王国的一部分,故有此说。——译者

④　Manfred(曼弗雷德)的法语形式。——译者

斥资支持他征讨曼弗鲁瓦的军事行动。然而理查拥有足够的审慎，谢绝了这份送上门的厚礼。①于是教宗又转向英王亨利，后者天性轻率、遇事不动脑，这让英诺森四世更多地寄希望于他。教宗许诺把西西里王冠交给亨利的次子埃德蒙。②亨利被如此光鲜的礼物诱惑，顾不得虑及潜在后果，也不和自己的兄弟及议会商讨，就接受了这个暗含祸端的提议。他给予教宗无限信用权限，只要后者认为必要，尽可随意开销支取，以完成征服西西里的大业。英诺森四世为自身利益与曼弗鲁瓦交战，有这位盟友负担一切开支，自然很高兴。下一任教宗亚历山大四世（Alexander Ⅳ）也延续了同样的政策。到头来，亨利忽然惊讶地发现自己背上了巨额债务，统统是他本人从未知晓的借贷。积欠总额已高达十三万五千五百四十一马克，还不算利息。③如今他进退两难：如果兑付这笔欠款，可以预见，花钱如流水的教廷很快又会让他背上更重的债务；如果他拒不承兑，后果是既失去教宗的欢心，又要丢掉西西里的王位——他还指望很快见到那顶王冠荣耀地戴在自己儿子头上呢。

他向议会申请拨款。为了确保不遭抵制，他故意未宣召比较强项的贵族们前来参会。然而，即便是奉召与会的贵族们也觉察出教宗的荒唐骗局，决计不肯在这等空幻的计划上虚掷钱财。他们借口参会人员不齐，将国王的申请搁置不议。④陷入窘迫的国王计无可出，唯有从神职人员身上搜刮钱财。面对世俗君主和精神君

---

① M.Paris, p.650.

② Rymer, vol.i.p.502, 512, 530. M.Paris, p.599, 613.

③ Rymer, vol.i.p.587. Chron.Dunst.vol.i.p.319.

④ M.Paris, p.614.

主的联手压榨，教牧们根本无力抗拒这双重威压，捍卫自身利益。

　　教宗发动十字军讨伐西西里，敕令每一个立誓背负十字架反对异教徒的人以及发愿出资襄助圣教鸿业的人，同心协力支持这场讨伐曼弗鲁瓦的战争——他宣称，曼弗鲁瓦是基督教信仰的大敌，比撒拉逊人更可怕。① 他要求全英神职人员将所有圣俸收入的十分之一上缴教廷，连交三年；又敕令将不及时付款的主教罚出教门。他授权英王继承无遗嘱而亡的神职人员的家产、享受所有空缺圣职和不居教区者的圣俸收入。② 然而上述征敛毕竟还有一定之规，与之相比，由赫里福德主教提议而来的另一项不公平负担则更为沉重，并且为此后漫无止境、令人难以忍受的滥权敞开了大门。

　　这位主教作为英格兰教会驻罗马教廷的代表，向国内全体主教和修道院院长开具金额不等的汇票，总数达十五万零五百四十马克；他将汇票款项转给意大利商人，据称这些人曾经垫款资助讨伐曼弗鲁瓦的战争。③ 如果没有外来压力，英国神职人员绝不可能逆来顺受地接受这种过分要求，教宗特使拉斯坦德（Rustand）肩负使命，要运用权威促进此事的贯彻执行。他召集全英主教和修道院院长大会，向他们传达了教宗和国王的旨意。与会者极为惊诧愤慨。伍斯特主教高喊道，他宁死也不会屈服。伦敦主教表示，教宗和国王当然比他更强大，但是，假如自己头上的法冠被摘下，他定将代之以头盔。④ 另一方面，教宗特使也同样强硬：他明白无误

---

① Rymer, vol.i.p.547, 548, &c.
② Rymer, vol.i.p.597, 598.
③ M.Paris, p.612, 628. Chron.T.Wykes, p.54.
④ M.Paris, p.614.

地告诫与会者，一切圣俸均为教宗名下财产，教宗有权任意裁处其总体或某一部分。[①]最终，主教和修道院长们慑于绝罚的威胁，害怕一旦被逐出教门，自己的所有收入都将落入国王之手，因此只得屈从于勒索。教宗特使做出的唯一让步，就是允许用已缴纳的什一税抵偿部分汇票钱款。尽管如此，搜刮所得仍然不敷教宗所用，征服西西里的目标依然遥不可及，来自罗马的需索无止无休。亚历山大教宗急等钱用，催逼甚紧。他又派出特使赴英，要求立即付清他所声称的应付欠款，否则就要对整个王国处以禁罚、对英王处以绝罚。[②]最后，亨利终于悟到这是一个骗局，开始考虑撕毁先前之约，放弃教宗空头承诺、却根本无意授予他自己或英国王室的那顶王冠。[③]

康沃尔伯爵此时有理由庆幸自己富有远见之明，当初拒绝了罗马的这桩欺骗交易，宁愿稳守既富且贵的英格兰嫡系亲王所享的太平尊荣，而不希求伴随外国王位而来的那份空幻而危险的荣誉。然而他未能保持这份坚定：虚荣和野心最终战胜了他的审慎和贪利之心。他还是卷入了一场冒险事业，而这项事业所带来的糜费和麻烦并不少于其王兄所遭遇的，而成功的指望也并不稍大。理查富可敌国，德意志诸侯对他深感兴趣，视其为继承皇帝之位的热门人选。他禁不住诱惑，投入巨额经费用于选举，并成功地被推举为罗马人的国王，加冕称帝似已十拿九稳。伯爵启程赴德，倘若

康沃尔
伯爵当选
"罗马人
的国王"

---

① M.Paris, p.619.
② Rymer, vol.i.p.624. M.Paris.p.648.
③ Rymer, vol.i.p.630.

一些古代史家的记载真实可信①，他随身携带的钱款不少于七十万马克——这一数字有可能大大夸张了。②丰沛的钱财为他招聚了无数宾朋和党羽，然而，德意志诸侯的无尽贪欲很快就把他的钱袋榨干了。他在那个国度既无个人或家族的人脉，又无稳固的权力基础，最终发现自己浪掷了一生的积蓄，只不过换得一个光鲜的虚衔而已。另一方面，由于他远离英格兰，兼以其王兄治国软弱无能，放任了国内那群秉性狂躁、动辄结党生事的贵族，以致家国不宁、蒙受极大的祸乱。

29

贵族不满　　贵族们先前起而反抗约翰王获胜，对约翰及其后继者的权威强行设限，从而体会到自身的重要性和影响力，自此树立了反抗王权的危险先例。继而，由于害怕造成更严重的后果，他们终于接受说服，把王冠重新戴在年轻的亨利头上。此后，幼主临朝的局面既久，王室越发陷入贫弱。亨利居于一国之主的地位，需要具备超强的才干和勇武，用以镇服手下贵族，或者需要高度审慎严谨的作风，不给他们留下抱怨的把柄。然而必须承认，上述两方面才能在这位国王身上均告欠奉。他不能审慎选择正确的施政措施，甚至无力坚持错误的做法——有时候即便决策有错，君主坚定的态度也能给它平添分量。他对宠臣们倾尽宠信，而这些人通常是外邦人；

---

① M.Paris, p.638. 该作者在前几页中估算，理查的身家总值只有这个数目的一半多一点(p.634)；他还说，亨利国王终其一朝的挥霍和花销也不过九十四万马克左右(p.638)。

② 古代史家大多为僧侣，他们笔下的钱款数目经常未必确实，而且从来不一致。不过，我们可以援引一个十足可靠的权威数据，就是里昂大公会议上的抗议书，其中提到，国王的岁入不超过六万马克。据此可知，他的兄弟绝不可能拥有七十万马克，尤其是根据前面那位作者的记载，理查并未出售他在英格兰的封地。据闻，他后来下令砍伐名下的所有林木，以便满足德意志王公的贪欲。在他身后，康沃尔伯爵领和其他收益由其子继承。

他轻率地以有限的王室收入慷慨打赏给他们。他坐视手下贵族肆意横行、为所欲为,上抗主君,下压附庸,只用《大宪章》来制约国王,却不以同样的原则约束自身。他在执政过程中,无视《大宪章》中一切有益的条款,还声称贵族们对此完全不予重视。国王的所作所为严重削弱了自身在王国中的权威,国人对他的怨气日积月涨;他也因此而经常遭到冒犯,甚至面对挑战王室特权的危险试探。公元1244年,国王向议会申请拨款,贵族们抱怨他不断违反《大宪章》,以及他们此前向国王请求平反这样那样的冤情而毫无结果的情况,进而反过来向国王发难,要求他交出对大法官和御前大臣的任命权——此二者乃是主掌王国执法大权的重要职位。如果史家的记载可资凭信,贵族们已经拟定计划,[①]并结成维护该计划的同盟,意欲在更多方面限制王权,将国王变成一个彻头彻尾的傀儡,永远保持其未成年时期依附于人的状态。作为回应,国王只同意重申《大宪章》,并笼统地应承将所有违反宪章者逐出教门。议会也没有满足国王的拨款要求,只批准王室为长公主与苏格兰国王的婚礼征收贡金,标准为每个骑士采邑二十先令,此乃封建土地保有权所明列的附加义务。

　　四年后,亨利又在议会全体大会上提出拨款要求。议会公开指责国王言而无信,频频违背《大宪章》。议员们质问:国王公然对民众表示仇视和轻蔑;处处偏爱外邦人,使之凌驾于本国臣民之上;人民苦于其直接施行或纵容的压迫,终日唉哼呻吟——如今他却来向民众索取资助,难道不脸红吗?他们控诉说,国王强迫贵族

_____

① 　M.Paris, p.432.

们与门不当、户不对的外邦人结亲，辱没他们高贵的身份。不仅如此，国内所有等级都躲不过国王及其宠臣的骚扰：国王餐桌上的食品、他本人及仆从身上的衣裳、饮用的酒水，统统都是凭暴力从合法主人手里抢来的，从不做任何赔偿。外国客商畏惧这个国家的严重歧视和不良名声，远远避开英国港口，有如避开海盗的巢穴，英格兰王国的对外贸易关系就这样被暴行所斩断。国王非但夺取商人们的货物，更强令他们自费将货物运到他所指定的任意地点，令商人们劫上遭劫、痛上加痛。就连沿海的贫困渔民也逃不过国王及其廷臣的压迫——他们在本国市场不能完全自由地买卖渔产，只得时时把货物运往外国港口去交易，他们甘冒海上狂风恶浪之险，也不愿忍受国王苛吏的盘剥。就连国王的宗教活动也招来臣民的怨言：他们看到，众多王室宗教仪典上所用的长蜡烛和华丽的丝绸制品，都是夺自他人的赃物。[①]这份抗议书中的抱怨，主要针对滥用古老的王室征发权的行为，可想而知存在某种程度的夸张，我们从中可以看到一种奇特的混合：一方面是针对王室暴政的抗议内容，另一方面是贵族议员们语气中那种自由或者毋宁说是放肆无忌的态度。不过，所有的古代封建政制下均可见到这样的混合，在现实中无论哪一方面都同样有害于民众。

　　对于议会的抱怨，国王一概以好言回应，许之以漂亮的承诺，态度无比谦和。鉴于他的这种态度往往充满欺骗性，所以议会并未当即批准拨款。于是，及至1253年，国王迫于财政困境，再度向议会申请拨款。这次他找了一个自认无可驳回的新借口——他立

31

---

① M.Paris, p.498. 进一步参阅 p.578. M.West. p.348。

誓参加十字军,为此虔诚事业要求臣民襄助。①议会在很长一段时间里踟蹰不应,而教会方面则派出一个代表团,由大主教本人以及温切斯特主教、索尔兹伯里主教、卡莱尔主教这四位教长组成,当面抗议国王频频侵犯教会特权,欺压神职人员和全体臣民,②违背教会法、强行干预空缺圣职的选举。"不错,"国王答道,"我在这些方面确实犯了些错。我把您,尊敬的大主教,强行送上了坎特伯雷圣座;而您呢,温切斯特主教大人,为了让您顺利当选,我不得不软硬兼施,用尽了手段;我也承认,索尔兹伯里和卡莱尔主教大人,当初我把您二位由低微之处提拔到如今的尊贵地位,做法确实很不合规。从今往后,我决心纠正这一切弊端。诸位大人为了彻底改革之目的,也该辞去现在的圣职,以更符合常规和教会法的方式重新参选,唯此才与诸君的身份相称。"③这番始料未及的反唇相讥令主教们吃惊,他们只好回答,如今问题不在于纠正过去的错误,而是如何防止未来犯错。国王承诺要匡正教、俗两方面的弊政,议会则投桃报李,批准他收取教会收入的十分之一,并按每个骑士领三马克的标准征收一笔盾牌金。不过,贵族们因屡见国王背信食言的行径,遂要求他以最郑重、最权威的方式确认《大宪章》,超乎以往任何一次。举行仪式之时,全体教会元老和修道院院长尽数到场,手持点燃的长烛,聆听宣读《大宪章》。他们当众宣布,今后凡有违背此基本法者,一律以绝罚相惩,随即掷烛于地,口中高呼:"招致该判罚者的灵魂必永坠地狱,腐烂发臭!"国王也参加

---

① M.Paris, p.518, 558, 568. Chron.Dunst.vol.i.p.293.

② M.Paris, p.568.

③ M.Paris, p.579.

了以上仪式，并补充道："求神帮助，我以一个男子汉、基督徒、骑士和受膏加冕的国王的名义，发誓保障宪章条款不受侵犯。"[1] 然而，盛典刚过，国王的宠臣们便利用他的弱点，诱使他恢复了过去那种任意妄为、不遵章守纪的统治作风。民众的合理期待从此化为泡影。[2]

　　这一切轻率、非法之举为莱斯特伯爵西蒙·德·孟福尔(Simon de Mountfort)提供了口实，他欲革新政府，从国王那双软弱、优柔的手中夺过权杖。这位贵族本是老西蒙·德·孟福尔的幼子，他的父亲在扫荡阿尔比派异端的十字军中以勇武而闻名，尽管他的残忍和野心也令其武德蒙垢，却在那个时代的广大盲信者、特别是教会人士当中留下了美名。孟福尔家族在英格兰继承了一笔庞大的遗产，但是西蒙的兄长在法国拥有更多产业，无法同时效忠于两位宗主，遂将继承权让给弟弟。西蒙渡海来到英格兰，为了所继承的领地向亨利宣誓效忠，并被授予莱斯特伯爵的尊衔。1238年，他又迎娶彭布罗克伯爵威廉的遗孀、御妹埃莉诺为妻。[3] 御妹下嫁给臣民、又是外国人，虽说征得了亨利的首肯，却惹得康沃尔伯爵和全体英格兰贵族怨声鼎沸。莱斯特伯爵单单仰仗着国王的宠爱和权威，得以抗拒他们狂暴的威压。[4] 不过，他一旦巩固了自身的财富和地位，便凭借钻营和圆熟的处世之道，以强烈的兴趣投身

33

---

[1]　M.Paris, p.580. Ann.Burt.p.323. Ann.Waverl.p.210. W.Heming.p.571. M.West. p.353.

[2]　M.Paris.p.597,608.

[3]　Ibid.p.314.

[4]　Ibid.p.315.

于政务,并赢得了各等级的爱戴。但是亨利出于轻浮多变的秉性,收回了对他的欢心。莱斯特伯爵被逐出宫廷,随即被召回,受命负责吉耶纳防务。[①]他在海外表现出色,赢得极高荣誉。随后,伯爵又遭国王羞辱,此次被逐出宫廷似乎是最终下场,永不能挽回了。亨利当面骂莱斯特伯爵是叛徒,伯爵指责他说谎,并且正告他,若不是碍于君臣之分,定要让他为这种侮辱追悔莫及。然而,这次争吵之后,国王出于仁厚或怯懦,不久又与伯爵和解,莱斯特伯爵在一定程度上重获宠信,被赐予某些权柄。但是,这位贵族势力渐强,不肯时时处处迎合国王的心意,也不愿趋奉他驾前的那些宠臣。他发现,努力和民众拉关系、煽动对当局的普遍不满对自己来说更有利可图。他到处散播怨言,谴责国王侵犯《大宪章》、暴力欺压民众、勾结教宗施行暴政和勒索、忽视本国臣民和贵族。尽管他本人也来自外邦,但他对外国人当权表示愤慨,控诉的调门比谁都高。他凭着一份造作的虔诚,博取了狂热信徒和神职人员的好感;他假意惺惺关心公众福利,又赢得了人民的爱戴;另外,除了刻意经营的私交之外,他与势力强大的贵族群体之间,还因着他和御前宠臣们势不两立的态度而结成了一个利益共同体。

莱斯特伯爵与亨利的同母异父兄弟、御前领班大臣威廉·德·瓦朗斯(William de Valence)不久前爆发的一场冲突,把事态推向了极端,[②]促使前者下决心放纵自己那强烈而无边无际的野心——在此之前,这份野心一直由法律和国王的权威勉强节

---

① Rymer, vol.i.p.459, 513.

② M.Paris, p.649.

制着。莱斯特暗地召集贵族首脑密会,尤其是皇家军事总长亨弗雷·德·博亨(Humphrey de Bohun)、王室典礼官罗歇·比戈德、沃里克伯爵和格洛斯特伯爵,这几位凭着显赫门第和家资成为英格兰贵族中的高标。莱斯特对贵族们力陈政务革新的必要性,他表示:迄今为止,经验一再证明,王国执法大权被交托在一双不堪大任的手中,现在他们必须从这双手中夺过权杖,另委贤能。他夸张地表述王权对下层民众的压迫、对贵族特权的侵凌,以及对神职人员无止境的搜刮;他还搬出国王本人曾经一再重申的《大宪章》,用以强调上述行为的严重性——当初制定这份宪章,就是为了永远遏制此类令人难以忍受的压迫,不准其死灰复燃。他倾情赞美在座诸位的先辈们慷慨恢弘,不惜一腔热血,挺身反抗王权,终于迫使国王作出了那个闻名天下的让步;转而又喟叹这一代人的不肖,竟然听任如此重要的权利得而复失,被一个软弱无能的君主和傲慢的外邦人夺走。他强调指出,一直以来,国王反反复复的让步、承诺始终不见落实,其信用已经破产,现在唯有让他彻底失去侵犯国民权利的能力,才能确保这些权利今后得到持久的尊重。

伯爵的这番话扎实有据,道出了与会者的心声,因此收获了预期的效果:贵族们下定决心,要夺取治国大权、匡谬除弊。亨利此前已下旨召集议会,希望为征伐西西里的计划筹款;贵族们腰佩宝剑、全副武装地出现在会议厅中,国王一进门,见此不寻常的景象惊诧莫名,质问他们所为何来? 难道是要劫持主君吗? [①]罗歇·比戈德代表众贵族答曰,臣等尊陛下为主,并无犯上之意;臣等甚至

---

　　① Annal. Theokesbury.

35 愿意提供巨额资金，以助王子坐上西西里王位，只希望这份敬贡和
效劳能有一份回报而已。他又说，鉴于陛下此前屡屡表态遵从议
会、痛改前非，事后却纵容自己依然故我，令臣僚足有理由心生不
满；因此，陛下此番定要接受更严格的规制，把权力交给愿以济世匡时
为己任的能臣。亨利一方面希求可能到手的拨款，另一方面慑于贵族
们勠力同心、拔刀亮剑的气势，答应了他们的要求，并承诺在牛津另行
召集议会，磋商新政计划，选举承担王国重器之能者。

这次议会于指定日期召开。由于会上制定的政策引发了极大 6月11日
《牛津条例》
混乱，这届议会后来被保王派乃至广大民众称作"疯狂议会"。贵
族们均携手下军事附庸全副武装地出席议会，未做防备的国王实
际上被他们攥在手心里，被迫应允了他们任意强加的一切条款。
会上推举二十四位贵族共掌国政，其中半数自国王的廷臣中间选
出，半数由议会推选。他们被赋予改革王国政务的无限权力；国王
本人发誓遵循他们为此目的而认定宜于颁行的一切法令。① 这个
由莱斯特伯爵领衔的最高委员会，实际上已经篡夺了王国的立法
权，委员会的一切举措无不出于莱斯特的暗中影响和操纵。委员
会制定的首项政策看起来冠冕堂皇，似与他们宣称的新政宗旨极
尽相符。他们下令，各郡分别推选四名骑士，负责调查本地区众口
称怨的弊政，这些代表将出席下届议会，报告所在地区的情况。②
这一政策更接近于我们今日的宪法，而非约翰王治下贵族们制定
的宪章，后者仅规定各郡骑士代表在本郡集议，将本地弊政的详情

---

① Rymer, vol. i. p. 655. Chron. Dunst. vol. i. p. 334. Knyghton, p. 2445.

② M. Paris, p. 657. Addit. p. 140. Ann. Burt. p. 412.

拟成条陈上报。与此同时,这二十四位贵族又着手制定一批新规, 以匡济某些据信惹动民怨的弊政。委员会规定,议会每年分别于 二月、六月和十月定期召开三届;各郡每年由世袭地产保有人选举 产生新任郡长;① 郡长无权对不出席郡法庭或巡回法庭的贵族处以 罚金;王国内未成年继承人和城堡不得交由外邦人监护、托管;不 得新辟王室猎苑和小猎物繁殖场;不得将郡或百户邑的岁入作为 包税标的转让。以上便是二十四位贵族在牛津制定的匡济时弊的 新规。

　　莱斯特伯爵及其盟友推行种种迎合民意的新政,已经取得了 一定成就,然而他们并未沿着这条民心所向的路径继续推进,也不 曾兑现之前允诺给国王的拨款,只是一味谋求扩张、延续他们自身 的权力。他们挑动民众心中长久的积怨,致使针对外邦人的暴行 如野火般蔓延;国王的几个同母异父兄弟更被视为制造诸般弊害 的罪魁,遭到格外严酷的迫害,而亨利国王此时已无力加以庇护。 这四位御弟见势不妙,仓皇而逃,意欲潜出国境。贵族联盟的势力 紧追不舍。四兄弟当中的艾梅尔之前被推举为温切斯特主教,此 时避难于自己的主教宫,并收留了其他三位兄弟。贵族们包围主 教宫,并威胁要把他们强行拖出,以惩处他们的诸般罪行和过犯。 国王一方面强调圣所避难权不可侵犯,另一方面宣布将他们逐出 王国,同时为几个兄弟以这种方式脱险而松了一口气。在上述暴 力活动以及之前贵族僭权的过程中,据说王后和她的几个叔父都 曾暗中助力,原因是嫉妒几位御弟深受宠信,打压和消解了外戚的

---

① Chron. Dunst. vol. i. p. 336.

37　势力。

这二十四位贵族接下来的所作所为，足以让举国上下看穿其 贵族僭权
真面目，也证实了他们意图将国王和人民永远置于一小撮贵族的
专制统治之下，其最终结果必定是令国家陷入无政府状态，或将继
之以血腥的篡位和暴政。当权的贵族集团借口改革政务、匡济时
弊所需的一应规章如今尚未融会贯通，在这个大目标彻底达成之
前，他们必须保有手中的权力。换言之，他们必须永远当政、持续
改革，直到自愿放弃权柄为止。贵族们缔结盟约，发誓相互扶持、
维护彼此的生命财产。他们罢免了朝中所有主要官员，包括大法
官、御前大臣、财政大臣等人，自己取而代之，或者换上自己的走
卒；就连宫廷官员也任由他们随意撤换；王国境内所有城堡的卫戍
长官亦换成了他们所信任的人。王国政权就这样完全落入他们手
中。随即，他们又进一步强令全体臣民立誓服从并遵行二十四位
贵族颁布的一切法令，无论理解与否。违此誓言者必被视为“全民
公敌”。他们声称所有这一切都是为了神的荣耀和教会的荣誉、旨
在对国王尽忠、为王国添福祉。[①]没有人敢于抗拒贵族集团的威权。
国王的长子爱德华王子年方十八，他终其一生显露无遗的伟男子
气概此时已露端倪——经过徒劳的抗争，他也不得不立下那个实
质上剥夺其父王与整个王室君权的誓言。[②]华伦伯爵是王国内拒
绝发誓、对贵族联盟保持不屈姿态的最后一人，然而他最终也告
妥协。

---

① Chron. T. Wykes, p. 52.
② Ann. Burt. p. 411.

　　二十四位贵族僭夺了王权仍意犹未足，又出台新规，改革事关社稷的议会制度。他们规定，议会应选举一个由十二人组成的委员会，于议会休会期间代行一切权力，并可传唤国王本人，质询其一切行动。国人慑于贵族集团的威权，又顺服了这一规定。至此，整个王国政制已完全被颠覆，或者说被抽换了基础，君主政体大厦倾颓，面对新奠立的寡头统治，国王毫无还手之力。

公元
1259年
　　这时有消息传来，罗马人的国王理查欲造访英格兰，当权的贵族们不由得心生警觉，唯恐那位皇亲贵戚利用自身的广泛影响力和既有权威来恢复王室特权，推翻他们的统治。[1]于是，他们派遣伍斯特主教赴欧，在圣俄梅珥(St. Omars)得到接见。主教代表贵族集团询问罗马人的国王，此番访英有何意图、准备停留多久，又坚持要他在入境前发誓遵守《牛津条例》。理查拒不发誓，贵族们便视之为全民公敌，着手备战。他们装备了一支舰队，募集兵马，又在国民中间极力煽动排外情绪，号召勿忘外邦人的残酷压迫。他们散布舆论，说理查率领大批外国军队，要扶助流亡在外的兄弟们卷土重来，摧毁维护民众自由的一切保障。罗马人的国王最后只得接受贵族们提出的条件。[2]

　　然而，贵族集团专权的时日既久，民望逐渐降低，已不复当日夺得权力时的光景。民众抱怨，为改革弊政而设立的临时规章几成永固之势，古老的政体似已被完全颠覆。人民忧虑的是，贵族权力集团惯于压迫人民，一旦失去了王权的制衡，这种权力难免放纵

---

①　M. Paris, p. 661.

②　Ibid. p. 661, 662. Chron. T. Wykes, p. 53.

恣肆；当权贵族又新颁一批法令，用意显然在于为他们的各种暴行免责，此举越发加深了民众的忧惧。他们明令巡回法院每七年定期巡回一次——而巡回法院的权威是制约贵族横行不法的唯一监管力量，明眼人一看便知，贵族的压迫无时无刻不在，而法律救济来得如此迟缓，分明是全无意义和用场。① 国内民众的呼声越来越高，要求贵族们终结原定的立法进程。来自各郡的骑士们在此时似已形成了定期集议的常例，他们有时另选地点开会，对贵族们的立法行动迟缓大发怨言。他们指出，尽管国王履行了他之前应承的所有条件，但贵族集团迄今为止却未做出任何增进公共福祉之举，只顾扩充一己私利，不断侵犯王权。骑士们甚至呼求爱德华王子，恳请他为国家利益出面干预，主持政制改革。② 王子回复道，尽管他当初发誓捍卫《牛津条例》乃是被迫的违心之举，但他仍然决意执守自己的誓言。不过，他也向贵族们传信，要求他们尽早完成立法事务，履行对公众的承诺。如若不然，他定要强制他们履行义务，哪怕付出生命代价亦在所不惜。为了增进国家利益、满足国人的正当意愿，自己甘愿流尽最后一滴血。③

贵族们迫于情势，终于颁布了一套新的政改法令典章。④ 然而民众发现，这些法令只是对国内法做了些微改动，不免深感失望；更令人沮丧的是，贵族们借口立法进程尚未结束，为推动革新取得预期成效，必须延长他们的掌政期限。此时，举国民心已趋于同情

---

① M.Paris, p.667. Trivet, p.209.

② Annal.Burt.p.427.

③ Annal.Burt.p.427.

④ Ibid.p.428, 439.

王室。贵族们除了个人影响力和家族势力以外，已经无所依凭，而他们的势力再大，也难抵国王与民众联手的合力；就连他们现有的权力根基也日复一日地因贵族集团内部的猜忌、抵牾而削弱。他们群起瓜分掠得王权后，彼此间古老而根深蒂固的争斗再度爆发，集团中两大领袖人物莱斯特伯爵和格洛斯特伯爵各执牛耳，他们的内讧瓦解了整个联盟。格洛斯特伯爵不那么权欲熏心，他希望停止或放慢僭夺王权的步伐；然而莱斯特伯爵因己方阵营内部的异议而激怒，作势要抛下英国的一切事务，退居法国。①

　　当时唯一与英国存在重要交往的国家就是法兰西王国，在位法王路易九世的性格极其独特，在历史上可谓绝无仅有。这位君主身上集合了僧侣式卑微奴性的迷信与大英豪的胆识和义薄云天之气，更令人称奇的是，他还像无私的爱国者一样公正明德、像有道圣哲一样温厚仁爱。他非但不借英国内乱之机趁火打劫，或将这些危险劲敌赶出他们在法的残余领地，反而在许多方面对于褫夺约翰王权利的裁决抱有良心上的不安，甚至略微露出归还已并入法国的英王领地之意，只因法王驾前的贵族们齐心劝谏，向他指明此举极度危险，②以及依法惩处约翰王犯下的暴行和重罪本是公义所在——而这后一条理由对路易更有说服力，于是他才放弃了归还领地之念。这位君主每次出面干预英国事务，总是本着弥合分歧的初心，向英王和贵族双方提出各种和平调解之策。他凭着自身对莱斯特伯爵的一切权威（因为伯爵论出身乃是法王驾下臣

---

① Chron.Dunst.vol.i.p.348.

② M.Paris,p.604.

属），对后者极力施压，欲使其服从亨利。就在英格兰王国的内乱正值巅峰、英王威信扫地之时，路易却与之签订条约，其中条款对英方而言相当优惠合理，即便是英国国力鼎盛之际，恐怕也不过如此。路易将之前占领的一部分普瓦图和吉耶纳领土返还英国，并确保吉耶纳和平回归亨利治下。他还应允向亨利支付一笔巨款，只要求英王最终确认割让诺曼底等几处英方已然无望夺回的欧陆领地。[①]亨利国王、两位王子、两位公主、罗马人的国王及其三子均对上述割让条约表示认可，唯有莱斯特伯爵挺身抗议，他要么出于虚荣自大、要么是想讨英国百姓的欢心，坚决不放弃有可能轮到其配偶继承的权利——无论这种指望是何等渺茫。[②]路易由这种固执态度中窥得此人的野心漫无际涯；又因英国贵族们坚持，条约中的补偿款不应付给亨利，而要交与他们处置，路易大概也不无遗憾地看出，邻国君主在其鸷悍臣子逼迫下沦落到了何等不堪的地步，而这位君主的罪过多半是缘于个人性格软弱，并非出于任何险恶居心。

不过，亨利的境况不久便呈现出一抹亮色。二十四位贵族专权迄今已近三年，他们分明不曾按照最初的承诺，运用手中权力来改革弊政，只是一味光大自己及其家族的势力。他们辜负了国人的信托，这一点已是有目共睹。国内各阶层均有感受，都在咕哝抱怨。贵族集团内部的纷争加剧了国内乱象，同时也让补救之法更加彰明、更易推行。特别是格洛斯特伯爵暗地里向王室靠拢，似乎

5月20日

公元
1261年

---

① Rymer, vol. i. p. 675. M. Paris, p. 566. Chron. T. Wykes, p. 53. Trivet, p. 208.
M. West. p. 371.

② Chron. T. Wykes, p. 53.

在某种程度上让亨利看到了恢复王权的成功保障。然而，亨利却不敢径自迈出这丝毫无违公平和策略的一步，他要首先申请罗马教廷的许可，希望教宗解除他之前立下的誓言和承诺。[1]

这一时期，教宗对英国贵族们的所作所为极其不满。后者为讨好英国民众和教会人士，下令驱逐了所有的意大利神职人员，没收了他们的圣俸，似乎决意捍卫英国教会的自由和特权，包括原属于贵族世家的圣职授予权。英国神职人员极端敌视他们的意大利同行，也令教宗对英国宗教界颇为反感。因此，英国教会向世俗权力争取更多自由和独立的努力也就难以得到罗马教廷的鼎力支持。[2]大约正当贵族们在牛津集议、着手削夺王室特权的同时，英国教会人士也在默顿(Merton)召开宗教大会，通过了几部教令，同样是处心积虑地谋求削夺王权、扩张自身权势。教令宣称，世俗法庭审判神职人员是非法行径；对于世俗法庭发布的禁令，神职人员今后一概不予理会；在俗的保护人无权向神职人员授职；地方治安官必须监禁所有遭受绝罚者，无需进一步调查；自古以来的惯例便足以构成教会财产或特权的法律依据，无须经过任何特别授权或特许。[3]如果倒退百年，罗马教廷可能在最基本的宗教信条之外支持上述主张——伟大的殉道者贝克特所持的主要见解也正是这些；他以钢铁般的意志坚决捍卫这些主张，因此被罗马教廷封为圣徒。然而时移世易，人的原则也随之改变：教宗此时或多或少地对英国教会的高度独立性抱有疑忌，这种独立状态让他们较少依赖教宗

---

① Ann.Burt.p.389.

② Rymer, vol.i.p.755.

③ Ann.Burt.p.389.

的保护，甚至敢于抗拒他的权威，对意大利人在朝中享受优遇口出怨言——我们自然可以想象，教宗最为关切的就是这些人的利益。因此，教宗一接到亨利的申诉，当即发布敕令，废止英格兰教会的新规。[1] 与此同时，教宗解除了英王及其所有臣民关于遵行《牛津条例》的誓言约束。[2]

爱德华王子年纪尚轻，却头脑开明，他深知父王由于为人轻浮寡信、经常出尔反尔，以致蒙受极大的不公；因此，他在很长一段时间里拒绝教宗赦免令所赋予的权利，宣称无论《牛津条例》本身多么不合理、无论它如何被贵族们滥用，但是各人既已发誓遵行，就不应轻违。[3] 尽管他本人当初是在暴力胁迫之下立此誓约，但他仍然决心信守不渝。王子精诚守信、一丝不苟，赢得了各派人士的信任，他日后得以复辟王权、在本朝及自己登基后屡建功业，盖以此故。

在这段历史时期，英格兰及绝大多数欧陆王国的形势颇有几分特殊。这些王国并不豢养常备军队，从严格意义上讲，国家武装力量与民众无干，守土卫国之责唯靠贵族一力承当。贵族们抗拒主君或抵御外敌的军事行动结束之后，就会解甲还家、遣散部队，不便随时随地迅速重新集结。因此，几位贵族连络一气，突然集结兵力，就能轻而易举地占据优势，打对手一个措手不及；哪怕对方的军事和经济实力可与他们匹敌甚至更胜一筹，也不敢在战场

爱德华
王子

① Rymer, vol. i. p. 755.

② Rymer, vol. i. p. 722. M. Paris, p. 666. W. Heming. p. 580. Ypod. Neust. p. 468. Knyghton, p. 2446.

③ M. Paris, p. 667.

上迎其锋芒。正因如此,这些王国经常发生突如其来的政权鼎革;出于同样的原因,屡屡可见一派贵族兵不血刃战胜另一派的情形。故而,即使某一派系看似权倾朝野,盛极一时,也极少预示着它的权力、威望能够永久维系。

公元
1262年
　　教宗颁下赦免令解除英王及其臣属发下的誓言,并威胁将所有反对国王的人处以绝罚。亨利国王得此法旨,便倚仗教廷为后盾,基于众多大贵族表示支持王权复辟的承诺,以及民心转归的趋向,当即撕下了假面具。他首先发布宣言,申明自己的正义立场:文中历数莱斯特及其同党假公器而私用、遂一己之野心,辜负了国人的信托,其劣迹昭彰、有目共睹;他宣布重掌朝纲,决心从此振作王室权威,庇护万民。他罢免了贵族集团任命的大法官休·勒·德斯宾塞(Hugh le Despenser)和御前大臣尼古拉·德·伊利(Nicholas de Ely);以腓力普·巴塞特(Philip Basset)和沃尔特·德·默顿(Walter de Merton)取而代之。他重新指派一批德高望重之人担 44
4月23日
任各郡的郡长,又撤换了大部分城堡的卫戍长以及全部宫廷官员。他下旨召集议会,会上一致通过恢复王权之议,反对者只有区区五人而已。贵族集团试图在温切斯特袭击并俘虏国王,计划失败后只得勉强接受以上新规。[1]

　　国王为了彻底阻断异议,提出将自己与莱斯特伯爵的所有分歧呈请法国王后玛格丽特裁断。[2]法王路易以正直闻名遐迩,令法国宫廷所做的一切决定都极具影响力。亨利或许希望,贵族们身

---

① M.Paris, p.668. Chron.T.Wykes, p.55.

② Rymer, vol.i.p.724.

为真正的骑士，无不以绅士风度而自诩，那么他们想必会碍于羞耻心，不致违抗法国王后的裁定。路易未尝辜负这番信任。他以令人赞叹的手法，公正而有策略地持续居中斡旋，以缓解英国的国内矛盾；他提出各样疗愈措施，以求保障争执双方的安全。路易还苦口婆心规劝莱斯特伯爵，尽力安抚其如炽的野心，希望他明白，安然顺服君主的权威乃人臣的重要义务所在——然而这一切劝说均告无效。

那个胆大而精明的阴谋家丝毫不因前番的失利而泄气。他的主要对手格洛斯特伯爵理查投向保王阵营之后不久便去世了，这似乎为他敞开了一个新的逞暴之机，英国王权又要面临新的侮辱和损害。国王公开表态，愿意谨遵《大宪章》，甚至情愿遵循革新派贵族制定的《牛津条例》及其后的一切法令，只要抛开那些完全废黜王权的条款；但他的表态完全是徒劳。这些已经强大到危及朝廷的贵族首脑，长期享受完全独立、不受羁束的权力，并且为此洋洋自得，如今根本无法和平地放手。他们中的许多人都赞成莱斯特的观点，特别是年轻的格洛斯特伯爵吉尔伯特，更是以其巨额家资和家族的广泛威望，令莱斯特阵营实力大增。甚至罗马人的国王之子亨利——人称"日耳曼人亨利(Henry d'Allmaine)"——也无视自己的王室血统，加入了贵族阵营，与宗室尊长国王作对。莱斯特伯爵本人仍然居留法国，暗地编织这张阴谋的巨网，筹谋整个行动计划。

一直以来，无论统治英伦的撒克逊和诺曼君主如何强大，威尔士诸王却始终固守着在本乡本土的统治权。虽说他们时常被迫向英王纳贡，却很难长久保持臣服之态，就连和平都难以维系。自英

公元
1263年

贵族内战

45

人征服此邦以来，几乎每朝每代都频频发生威尔士人的小规模犯边或突然袭击，只因不甚重要，大多不配在通史中占据一席之地。英格兰人一直满足于击败威尔士人的入侵，将他们赶回丛山深处，从不曾乘胜进击、扩大战果，就连几位最伟大、最活跃有为的英王也未能彻底征服威尔士或者将其纳为封建藩属。而这番未竟功业却被现任国王——列王中最软弱、最怠惰的一位最终完成了。公元1237年，年迈病弱的威尔士王卢埃林(Lewellyn)因不堪小儿子格里芬(Griffin)的忤逆反叛，请求亨利的保护；他答应放弃威尔士长久保持的，或曾短暂失去却又很快恢复的独立，奉英格兰国王为宗主，以这样耻辱的条件换得宁靖安全。卢埃林的长子兼继承人大卫再度确认对英格兰的附庸地位，他逮捕了兄弟格里芬，将其交给英王亨利，羁押于伦敦塔内。格里芬越狱未遂，反而搭上了性命。威尔士王摆脱了如此危险的对手之后，就不再对英王毕恭毕敬，甚至故态复萌，开始骚扰英格兰边境。不过，格里芬之子卢埃林继承伯父的王位之后，又被迫重申效忠誓言，此时英格兰已经把对威尔士的宗主权称作一种既有权利。但是卢埃林十分乐于煽动英国国内矛盾，他现下的安全保障和未来独立的希望都寄托于此。他勾结莱斯特伯爵，集举国三万军兵进犯英格兰。他的部队洗劫了罗歇·德·莫蒂默及所有保王派贵族的领地，[①]又挺进柴郡(Cheshire)，对爱德华王子的领地大加蹂躏。乱兵所过之处，尽被火与剑化为荒场。虽有英勇善战的莫蒂默顽强抵抗，但王子后来还是不得不亲自出马，上阵御敌。爱德华王子击退卢埃林，迫使其退入威尔士

46

---

①　Chron. Dunst. vol. i. p. 354.

北部山区。但是英国国内不久便爆发了动乱，王子受此牵制，未能乘胜追击威尔士人。

反叛贵族们早有约定，以威尔士人入侵为信号，集体武装暴动。莱斯特伯爵从法国潜回，集结同党的全部军力，发动公开叛乱。他抓捕了赫里福德主教，这位长老忠于罗马教廷，是国内所有下层神职人员的眼中钉。[①]诺里奇主教西蒙和约翰·曼塞尔(John Mansel)也被拘捕，惨遭虐待，因为他们曾将教宗解除英王及全国臣民誓言的赦免令公告天下。叛军以无止境的烈怒大肆蹂躏王室领地；[②]莱斯特出于利益所需，以大发横财的希望吸引国内所有的不法之徒，他给予这些人全面许可，任其劫掠对立阵营贵族、甚至所有中立派人士的财产。不过，反叛贵族的一个主要财源还是城市居民。莱斯特一贯假扮虔诚，又狂热地反对罗马教廷，从而博得了僧侣和下层神职人员的支持，他对低等级民众的支配力大到无边无际。伦敦市长托马斯·菲茨-理查德(Thomas Fitz-Richard)为人暴戾贪婪，他以官方身份支持首都的骚乱，公然向富裕市民宣战，放弃一切治安管理，尽管这个民风彪悍的城市原本就没有多少法度可言。随着复活节临近，迷信的热忱混合着劫掠的欲望，或者另一种同样占据了群氓心灵的强烈动机——即纵意破坏的乐趣，驱使着他们对不幸的犹太人发起攻击。犹太人束手承受抢劫，随后又遭到屠杀，遇难者计五百人。[③]接下来遭难的是伦巴第银行家，尽管他们躲进教堂避难，保全了性命，但是全部财货统统被贪婪的

---

① Trivet, p.211. M.West.p.382, 392.

② Trivet, p.211. M.West.p.382.

③ Chron.T.Wykes, p.59.

暴民抢走。伦敦城中凡家境殷实者,即便是英格兰人,也难逃此劫;暴民们趁夜晚袭击他们的家宅,以杀人纵火的暴力手段抢劫钱财,常令受害者人财两亡。王后躲进有防卫的伦敦塔存身,因被周遭危机四伏的骚乱吓煞,决定走水路转移到温莎堡。然而,当她的座船行至伦敦桥时,被聚集的暴民拦截。他们一迭声地喊着:"淹死巫婆!"王后的座船试图从桥下冲过,群众用最不堪入耳的话辱骂她,朝她身上投掷污物和臭鸡蛋,他们还备下了大石块,要击沉她的平底大船。王后惊恐万分,只得退回伦敦塔内。[①]

莱斯特伯爵一伙在全英各地掀起暴力和烈怒的滔天巨浪,国王无力抵挡,被迫着手与反叛贵族议和,准备接受最为不利的条款。[②] 他同意再次确认《牛津条例》,甚至包括那些完全废黜王权的条款。贵族集团再度把持了王国政权。他们把休·勒·德斯宾塞重新扶上大法官之位,任命自己的党羽担任各郡郡长,占据所有王室城堡和要塞,就连国王内廷的官员也一概由他们指定。他们又在威斯敏斯特召集议会,旨在更全面地筑牢他们的统治构架。在这次会议上,他们推选出新的二十四人执政委员会,并提出由该委员会全权执掌政务。他们坚持,这个集团的权威不仅应贯穿本朝,还要延续到爱德华王子执政时代。

爱德华王子是保王派的生命和灵魂,不幸的是,就在国王同意向叛乱贵族妥协之前,王子赴温莎谈判被莱斯特扣留。亨利之所以下决心俯首应允那些强加于己的耻辱条款,[③] 最重要的原因就是

7月18日

10月14日

48

---

①　Chron. T. Wykes, p. 57.

②　Chron. Dunst. vol. i. p. 358. Trivet, p. 211.

③　M. Paris, p. 669. Trivet, p. 213.

王子被俘。然而,条约签订后,爱德华王子一朝恢复自由,便以全副身心捍卫王室特权。王子大得人心,即使那些起初依附反叛贵族的人也纷纷倒向他。公开宣布追随王子的贵族包括他的堂兄"日耳曼人亨利"、王室典礼官罗歇·比戈德、华伦伯爵、赫里福德伯爵亨弗雷·德·博亨、约翰·巴塞特勋爵、拉尔夫·巴塞特、哈蒙德·莱斯特朗热(Hamond l'Estrange)、罗歇·德·莫蒂默、亨利·德·皮尔西(Henry de Piercy)、罗贝尔·德·布鲁斯(Robert de Brus)、罗歇·德·利伯恩(Roger de Leybourne),以及几乎全部"边区领主"(Lords Marchers)——就是靠近威尔士及苏格兰边境地带雄踞一方的强大领主,他们统辖着王国中最为豪鸷好战之民。前怨未了,新仇又结,整个英格兰大地再度硝烟弥漫。然而,双方阵营处于均势,加上广大民众大声疾呼反对内战,迫使国王和贵族集团重启和谈。双方一致同意将彼此间的分歧提请法兰西国王仲裁。①

　　这位君主德望高标,当此局面之下,唯有他才堪担邻邦的家国重托。事实上,路易从来未曾停止过斡旋英格兰内乱的努力,他甚至趁着短暂的和平间歇,把英王亨利和莱斯特伯爵双双邀请到巴黎,调停二者之间的纠纷。但是他发现,双方都深怀惧怕和仇恨,而且莱斯特伯爵野心如炽,令他的一切努力都归于无效。然而,当附有双方领袖誓言和签字画押的郑重请求呈至法王御前,他仍旧毫不气馁地为达成这一高贵目标而努力。他在亚眠(Amiens)召集法兰西全国大会,当着全体与会者及英王亨利、莱斯特伯爵之子彼

提请法王干预

公元1264年

---

① M.Paris, p.668. Chron.T.Wykes, p.58. W.Heming.p.580. Chron.Dunst. vol.i.p.363.

得·德·孟福尔(Peter de Montfort)的面,审理和裁决这一重大事由。法王认定:纵使《牛津条例》不是以暴力胁迫手段达成,纵使其性质不是如此逾矩、如此严重地颠覆了古代的基本法,其本身也⁴⁹分明是作为一种临时应急手段而订立的,贵族一方欲将其永久维持下去,就必定违反信托。基于上述理由,他宣布废止该条例;王室城堡及重要职位的任命权应归还国王;国王有权将他所赏识的外邦人留在国内,甚至委以要职和尊荣。一言以蔽之,该裁决重新树立了英王的王权,使之恢复到牛津议会召开之前的状态。然而,路易一方面压制危险的革新,保障英国王室特权不受损害,另一方面也未曾忽视民众的权利:他要求英王大赦天下,宽宥以往的一切过犯,此外又宣称,他的裁定绝对无意减损英格兰国民由王室过去的任何让步或许可而享受的特权和自由。[1]

内战重启　　　上述公正的裁决甫一传至英格兰,莱斯特伯爵及其同党便决心予以抵制,他们要诉诸武力,为自身争取更大的安全保障和更有利的条件。[2]那位充满干劲的阴谋家无视自己的誓言和签字画押,指示两个儿子理查和彼得·德·孟福尔与德比伯爵罗贝尔·德·费拉斯(Robert de Ferrars)合兵攻打伍斯特城;同时,他的另外两个儿子亨利和西蒙·德·孟福尔则受命在威尔士王的协助之下,将罗歇·德·莫蒂默的领地化为荒场。莱斯特伯爵本人驻于伦敦,支使他的走卒——那个此前煽动暴乱、又以暴力手段非法延长了自己任期的市长菲茨-理查德,将伦敦城投入前所未有的剧烈动

---

① Rymer, vol.i.p.776,777,&c. Chron.T.Wykes, p.58. Knyghton, p.2446.
② Chron.Dunst.vol.i.p.363.

乱。城中百姓自发地结成团伙，推举头领、进行各种军事训练，对保王派施加暴力。为了进一步助长动乱势头，伦敦市又和十八位大贵族缔成同盟，约定不经全体成员同意和认可，绝不与国王议和。宣誓结盟的几位贵族首脑包括莱斯特伯爵、格洛斯特伯爵、德比伯爵，以及大法官勒·德斯宾塞，所有这些人都曾宣誓服从法国国王的裁决。他们毁约背誓的唯一借口，如他们所宣称的，就是路易的裁定有前后矛盾之处：该裁定既认可自由宪章，却又否定《牛津条例》，而贵族们坚持认为，后者的宗旨恰恰在于维护前者。在他们看来，假如没有《牛津条例》，自由宪章的贯彻落实就失去了保障。

50

国王和王子见内战已无可避免，便着手准备御敌；国王降旨征召全国各地的军事封臣，盖勒韦(Galloway)勋爵巴利奥尔(Baliol)、阿南代尔(Annandale)勋爵布鲁斯、亨利·皮尔西、约翰·康明(John Comyn)[①]等北方诸侯纷纷赶来勤王。他们组成一支大军，无论规模、军威还是作战经验都强大到令人胆寒。保王派首战出击北安普顿，镇守此城的是西蒙·德·孟福尔及其阵营的多位贵族首领。菲力浦·巴塞特率先打开城墙缺口，王军趁势猛攻，拿下该城，此地总督及驻军官兵尽成阶下囚。王军继续进逼莱斯特和诺丁汉，〔4月5日〕两地均开城投降，爱德华王子率一支偏师进军德比，欲以火与剑捣毁德比伯爵的领地，以惩其不忠。对阵双方均按此例行事，整个英格兰王国顿时遍地兵燹，本国权贵相争所造成的苦难，竟远远超过连年外敌入侵之祸，甚至烈于某些战争规则相对人道、宽宏的内战。

---

① Rymer, vol.1.p.772. M.West.p.385. Ypod.Neust.p.469.

　　莱斯特伯爵掌控伦敦及英格兰东南各郡，挥师包围该地区保
王派的唯一据点罗切斯特；镇守此地的，除了总督华伦伯爵之外，
还有多位王党贵族和强悍封臣。国王和王子从诺丁汉驻地火速驰
援，莱斯特伯爵一见王军抵近，便撤围退回伦敦，唯恐王军趁其不
在，凭借强攻或与城内暗中倾向王室的高等级市民里应外合，端了　51
他的老巢。他得到大批伦敦人的支援，又召聚起各地同党，自恃兵
强马壮，足以和王军展开决战，凭此一役赌定国家的前途和命运。
倘若己方胜出，溃败的王军没有退路，必然彻底覆亡；而万一战局
对己方不利，伯爵却能方便地退守伦敦城。为了寻求正当借口，莱
斯特伯爵首先遣使向亨利提出和谈条件，表面言辞谦顺，实则咄咄
逼人。[1]当信使从国王、王子和罗马人的国王那里带回充满谎言和
轻蔑的回复，伯爵再次遣使送信，代表他本人和整个贵族同盟，宣
布与亨利断绝君臣之义。随后，他率军出城，兵分四路：第一路军
指挥是他的两个儿子亨利和居伊·德·孟福尔，以及倒戈加入贵
族同盟的赫里福德伯爵亨弗雷·德·博亨；第二路军由格洛斯特
伯爵、威廉·德·蒙特切斯尼(William de Montchesney)和约翰·菲
茨-约翰(John Fitz-John)统领；第三路军是尼古拉·德·西格里
夫(Nicholas de Segrave)率领的伦敦人军团；第四路军由莱斯特伯
爵亲自指挥。奇切斯特主教对全军发布赦罪令，并向将士们保证，
他们中的任何人如果战死沙场，灵魂必将升入天堂，以报偿他们为
此高尚事业做出的贡献。

刘易斯
战役
5月14日　　　莱斯特伯爵拥有卓越的军事才能，四路部队在他的巧妙指挥

---

[1]　M. Paris, p. 669. W. Heming. p. 583.

下，悄无声息地接近保王派驻于萨塞克斯郡刘易斯(Lewes)的大营，打了对方一个措手不及。然而，爱德华王子机警强干，很快就弥补了最初的疏忽大意之失。爱德华引领王军分三路进入战场：他本人亲率先锋队，以华伦伯爵和威廉·德·瓦朗斯为副将；王军主力由罗马人的国王及其子亨利统领；国王亲率己方阵营的主要贵族们充任后队。爱德华王子挥师冲向伦敦人军团，该军团自告奋勇站在叛军最前列的光荣位置，却因缺乏纪律性和临阵经验，根本抵挡不住王子麾下勇猛善战的武士，接战一触即溃，仓皇逃离战场。爱德华杀得性起，又急欲报复伦敦人对其母后的侮辱，[①]紧紧赶杀溃军，直追出四英里外，凡追及者一律斩杀无赦；他这边只顾痛快，却忘记了本方大队人马的安危。莱斯特伯爵见王军急于追击、阵形散乱，便指挥己方余部对英王及御弟统领的两路王军发动攻击。罗马人的国王大败，麾下将士折损大半，他本人亦不得不向格洛斯特伯爵投降；莱斯特伯爵又直取国王亲率的后队，冲得对方大乱，又趁势掩杀，追入刘易斯城中，逼得亨利束手就擒。[②]

爱德华王子冲动追击伦敦人，待他返回战场时，却震惊地发现自己的朋友尸横遍野，更意想不到的是，他的父王和叔父均已兵败被俘，此外，阿伦德尔、康明、布鲁斯、哈蒙德·莱斯特朗热、罗歇·德·利伯恩等诸多大贵族都已成了敌人的阶下囚。华伦伯爵、休·比戈德和威廉·德·瓦朗斯被这一惨败惊得魂飞魄散，立

---

① M. Paris, p. 670. Chron. T. Wykes, p. 62. W. Heming. p. 583. M. West. p. 387. Ypod. Neust. p. 469. H. Knyghton, p. 2450.

② M. Paris, p. 670. M. West. p. 387.

即出逃，赶奔佩文西(Pevencey)，从那里出海亡命异邦。[1]然而爱德华王子面临这塌天大祸却依然坚忍不拔，他激励麾下将士，要为死去的朋友复仇、营救被俘的王室成员，趁敌人得意忘形、松懈混乱之机，发兵轻取之。[2]然而他发现自己的部属都被当前的局面吓倒了。莱斯特伯爵因担心王子发动猛烈突袭，遂以假意和谈拖住他，直到自己重新聚拢追击王军的各部，整饬好队伍为止。[3]此时，53
保王派四面受敌，粮草供应断绝，又失去了激励将士顽强抵抗的主心骨——国王和众多主要首领，似乎已然是山穷水尽。因此，王子只得依据眼下突发局面之必须，接受莱斯特伯爵简明苛刻的和谈条件。王子提出，由他本人和"日耳曼人亨利"自缚充作人质，代替被囚的两位君王；双方阵营的其他被俘人员应一律获释；[4]为了保证和约条款得到充分落实，双方应提请法王监督，由法王提名六位法国人(包括三位神职人员、三位贵族)，再由这六人从他们本国人当中推举两位，而后这两位再推举一位英国人，与他们协力承担谈判双方全权委托的重责，确定其以为妥的安邦定国章程。于是，王子和年轻的亨利按照约定自投网罗，莱斯特伯爵将他们遣送至多佛尔城堡软禁起来。以上和约通称为《刘易斯协议》(Mise of Lewes)，其中"Mise"是个陈旧罕用的法语词。由此可见，从诺曼征服直到此时乃至其后更久，英格兰的贵族士绅都很珍视自己的诺曼出身，鄙视本土语言而谙熟法语的风气始终盛行不衰。

---

① Chron. T. Wykes, p. 63.

② W. Heming. p. 584.

③ W. Heming. p. 584.

④ M. Paris, p. 671. Knyghton, p. 2451.

　　这一回合莱斯特伯爵占尽上风，整个王室尽被他攥于掌心；他随即公然违反和约的所有条款，对王国实行独裁统治，甚至形同暴君。他实质上对国王保持羁押，挟天子以令诸侯，无所不用其极地谋求一己私利、压迫人民。[①]他在全国各地解除保王派的武装，同时通令己方党羽保持战备。[②]在释放俘虏方面，他同样偏行己意，不仅不释放刘易斯战役中的俘虏，甚至将更多保王党人投入监牢。他带着国王巡行各地，假亨利之名接管所有王室城堡，任命自己人辖管和驻防。朝中宫中一应官员均由莱斯特伯爵指派，王国所有军政大权都被他只手包揽。他在各郡推行新的行政管理制度，新设地方长官名为"治安官"(conservators of the peace)，被赋予独断专行的大权。[③]倘若我们没有理由认为他欲以自己的攫获物作为工具，谋求更大的权力和荣耀，那么他所显出的赤裸裸的贪婪，足可令人质疑他是否志存高远、胸怀博大。刘易斯战役后，他鲸吞大部分战利品，占据了至少十八位贵族的领地，以及战俘的全部赎金。他放肆无礼地对本阵营的贵族们宣称，是他作战得胜，拯救了他们被褫夺领地的命运，要晓得知足才是。[④]他甚至对格洛斯特伯爵也同样不公：当初在战场上，是后者俘获了罗马人的国王，然而莱特斯伯爵却把这笔赎金据为己有。莱斯特伯爵的长子亨利垄断国内所有的羊毛，这是当时英格兰唯一有价值的出口产品。[⑤]"五

①　Rymer, vol. i. p. 790, 791, &c.

②　Ibid. p. 795. Brady's appeals, N°. 211, 212. Chron. T. Wykes, p. 63.

③　Rymer, vol. i. p. 792.

④　Knyghton, p. 2451.

⑤　Chron. T. Wykes, p. 65.

港"（cinque-ports）①居民趁着政府的羁束软弱，蜂起为寇，极其猖獗：他们劫掠各国船只，将船上水手扔进大海。如此为时未久，再无客商胆敢靠近英格兰海岸和港口。各种进口商品价格飙升。当时英国人尚不掌握羊毛织物的染色工艺，所以人们只好拿未经最后一道加工工序的素白织物制成衣服穿着。公众对此怨声载道，而莱斯特伯爵回应说，英格兰王国完全能够自给自足，不需要跟外国人做交易。据发现，他甚至暗中勾结五港海盗，按三抽一的比例与贼人分肥。②

提请法王仲裁之事本是《刘易斯协议》中一项至关重要的内容，此时再也无人提起。莱斯特伯爵召集议会，与会者均为他的同党，意在巩固他以暴力篡夺、在运用中亦充满专制不公的权力。会上通过——并已于事先逼迫国王批准——一项法令，规定成立一个九人政务会，负责行使王权；政务会成员的任免须由莱斯特伯爵、格洛斯特伯爵和奇切斯特主教三人以少数服从多数的形式来决定。③这一复杂的权力架构，实质上保证了至尊权杖掌握在莱斯特伯爵手中，因为奇切斯特主教完全听命于他，这样他就能主宰三人委员会的一切决定，进而随心所欲地任免最高政务会的任何成员。

但是，这种奇特的局面不可能长久维持不变。摆在莱斯特伯爵面前的路只有两条：要么冒着一定风险退居臣属，要么进而占据

---

① 始自信士爱德华国王时代的英国东南部海岸防御联盟，包括黑斯廷斯、罗姆尼（Romney）、多佛尔、桑维奇（Sandwich）和海斯（Hythe）。莱伊（Rye）与温切尔西（Winchelsea）后来也加入其中。——译者

② Ibid.

③ Rymer, vol. i. p. 793. Brady's App. N°. 213.

君位,其风险也同样不小。而这位伯爵的野心并不为恐惧或道义所羁束,这就让我们有太多理由怀疑他属意于后一种选择。同时,他也面对着各个方面的紧张态势,深感他所奠立的那个庞大而有欠稳固的统治架构并不安全,哪怕极微小的事件也能使之倾覆于一旦。王后此前未随国王回国,如今她已在海外领地招募起一支铤而走险的冒险家队伍,征集大量舰船,剑指英伦,以图拯救王室于水火。法王路易厌恶莱斯特伯爵篡权背信,恼恨英国贵族拒绝服从他的裁决,因此暗地支持英国王后的一切行动,而且,普遍认为他本人也在筹备侵英。英国方面则打着被囚国王的旗号,在沿海一带集结兵力,防备这场策划中的入侵。[①] 然而,莱斯特伯爵得保安全,在更大程度上应当感谢那段时间的风向,而不是当时状况下英国人所能进行的抵抗——那段时间侧风劲吹,致使王后的舰队长期滞留于彼岸,并最终吹散乃至毁灭了这支海上力量。

莱斯特伯爵发现自己能够较顽强地抵御精神上的雷霆打击。教宗至今仍支持国王对抗反叛贵族,他派遣圭多枢机主教为作为他本人的特使赴英,指名将莱斯特伯爵、格洛斯特伯爵和诺福克伯爵及所有协同他们逼迫、囚禁本国君主的人逐出教门。[②] 莱斯特伯爵威胁说,如若教宗特使胆敢踏进英国一步,就让他有来无回。然而圭多在法国会晤了被差往那里参加一场洽谈的温切斯特主教、伦敦主教和伍斯特主教,用宗教惩戒相威胁,命令这三人携惩处英国贵族的教宗敕令回国,并将其公之于众。当三位主教乘坐的海

---

① Brady's App. N°. 216, 217. Chron. Dunst. vol. i. p. 373. M. West. p. 385.

② Rymer, vol. i. p. 798. Chron. Dunst. vol. i. p. 373.

船驶到英国近海，五港海盗登船抢劫，主教们有可能给了海盗一个暗示，令其以为自己的随身行李中藏有奇货，结果教宗敕令被撕碎扔进大海，几位工于心计的主教也就有了貌似合理的借口，不必遵行教宗特使之命。莱斯特伯爵不服圭多的处罚，向教宗本人提起上诉；然而，他派出的辩护使节尚未抵达罗马，现任教宗便已溘然长逝；新教宗继位，定名号为"乌尔班四世"（Urban Ⅳ）——而这位接掌圣座者，正是他们要投诉的前教宗特使圭多本人。那位大胆的贵族首领并不因此而气馁；他清楚地看到，自己在英格兰的人望在很大程度上是基于这种与臭名昭著的罗马教廷作对的立场，因此他便越发坚定地贯彻自己的那一套措施。

公元
1265年
1月20日
　　为了增进并充分利用自己的人望，莱斯特伯爵召集新一届议会，开会地点定在伦敦，他知道自己的势力在此地无可匹敌；此届议会定调民主，超过本朝有史以来的任何一届。除了本阵营的贵族和几位并非王室直属封臣的神职人员之外，他还命令各郡分别指定两名骑士向议会呈上报告，更值得一提的是，要求各自治市也派代表出席——在此之前，市民阶层被视为下等人，没资格在全国
下议院
议事会上占据一席之地。[1]通常认为，这段时期为英格兰下议院发展史上一个重要的时间节点。而这无疑是所有史家笔下头一次出现自治市民代表参加议会的记载。此前历届议会的所有记载，只提到高阶神职人员和贵族是其必要组成部分，即便是同时代史家关于议会活动（例如对托马斯·贝克特的审判）最详尽的、逐日乃

---

[1]　Rymer, vol.i.p.802.

57 至逐时的悉心记录，^①也自始至终无一字提及下议院。不过，纵使下议院的问世源于莱斯特伯爵僭权这样一件理据不足，甚至令人反感的肇因，但事实很快证明，一经合法君主召集，它便成为国家宪制内发挥作用最大的机构之一。而且，随着时间的推移，它的力量也变得无比强大，逐渐将这个王国从贵族专制和王权专制下解救出来。然而，即便我们不得不将这件造福天下的伟绩归功于莱斯特伯爵，话说回来，他的政策也无非是将一种已然大势所趋的制度提前了若干年而已，整个国家已经为此做好了准备；否则我们很难理解，这样一双不祥之手所建立的机构，何以能够蓬勃发展，历尽风波动荡始终兴盛不衰。封建制度与民众的自由，尤其是与人民的权力水火不容，逐渐开始日薄西山；无论是国王还是平民百姓都感受到前者的诸般不便，他们也对这一新设的权力机构投以青睐，因为它比贵族们更尊重正统王权，同时又为国内低等级民众提供了保护。

莱斯特伯爵按自己设定的模式召集这届议会，依靠伦敦百姓对他的忠诚，不失时机地击溃了大贵族当中与他作对的劲敌。他假借国王的名义，指控并逮捕了德比伯爵罗贝尔·德·费拉斯，不经任何法律审判，将其羁押在狱。^②约翰·吉福德(John Gifford)面临同样的命运，遂逃离伦敦，藏身于威尔士边境。就连格洛斯特伯爵也受到逼迫：这位伯爵过去以其强大的实力和影响对贵族联盟的胜利居功至伟，然而他近来对莱斯特伯爵独断专行甚为反感，

---

① Fitz-Stephen, Hist Quadrip Hoveden, &c.
② Chron. T. Wykes, p. 66. Ann. Waverl. p. 216.

因此也感到了来自昔日盟友的威胁，于是退出议会。[1]贵族集团的
这次分裂，令莱斯特伯爵的政敌和保王派精神为之大振，他们心知
现在确能获得那位强大贵族领袖的保护了。尽管罗歇·德·莫蒂默、
哈蒙德·莱斯特朗热等大有实力的威尔士边区领主都已被迫去国，
但他们依然保持着对各自领地的号召力。此外，企图给新政府制
造麻烦的人还有很多。封建贵族政治永难摆脱的一大痼疾就是贵 58
族们彼此仇视，此时这个病症再度剧烈发作，英格兰王国面临着新
的动荡和混乱。

　　莱斯特伯爵被重重矛盾所包围，他采取了一种措施，原本着眼
于当前的好处，却不料来日自身的所有灾祸均由此而起。自从刘
易斯战役惨败之后，活跃而勇敢的爱德华王子一直身陷缧绁，由于
王子在国中深孚众望，要求释放他的呼声普遍高涨。[2]莱斯特伯爵
发现，自己实难抗拒举国一致的愿望，遂与王子约法三章，要求他
在获释后命其追随者将手上全部城堡、特别是威尔士边境地带的
城堡移交给贵族联盟，他还要求王子发誓三年不得出境，不引外国
军队进入王国。[3]国王也立下同样的誓约，此外还发布了一份宪章，
对《刘易斯协议》予以确认。他甚至应承，自己今后倘若违背上述
协议，臣民有权以武力相抗。[4]莱斯特伯爵不断盗用这位被囚君主
的权威，却连保全王室体面的一点表面文章都不屑顾及！

3月11日　　　以上条约签署后，爱德华王子被带到威斯敏斯特议会厅，由当

---

[1]　M.Paris, p.671. Ann.Waverl.p.211.

[2]　Knyghton, p.2457.

[3]　Ann.Waverl.p.216.

[4]　Blackiston's Mag.Charta.Chron.Dunst.vol.i.p.378.

权贵族宣布释放。然而他重获自由的指望却落了空,他发现,这场交易完全是莱斯特伯爵编造的骗局,自己依然是个受软禁的囚徒,时刻处在伯爵派出的密探监控之下;贵族一党占尽了由王子履约而来的好处,却刻意避免后者从中获得任何利益。当初格洛斯特伯爵脱离贵族联盟之后,便退居威尔士边境自己的领地,以策安全;莱斯特伯爵此时率军赶至赫里福德,[①]仍在一边施压、一边谈判,为了增添己方的权威,他特地携国王和王子同行。格洛斯特伯爵寻机与年轻的爱德华王子接触,密谋脱逃之策。他设法给王子送去一匹追风骏马,又派遣已经归国的罗歇·德·莫蒂默率小股部队随时准备接应出逃的王子,并负责把他护送到安全地点。爱德华王子假意带着莱斯特伯爵派来监视他的扈从们出外兜风,并提出和他们赛马,及至后者人困马乏,王子突然跳上格洛斯特伯爵的快马,对监视者们喊道:与他们相伴的快乐他已经享受得太久,现在该道别了!兵士们在后追了一段时间,始终追不上,又见莫蒂默的人马遥遥赶到,便停止了追赶。

各地保王派都在暗地准备响应,闻讯立即拿起了武器。勇敢的王子挣脱樊笼的喜悦、整个王国一直以来承受的压迫、对新局面的企盼,以及格洛斯特伯爵的支持——以上各种有利因素汇总起来,令王子得以召聚起强大的军力,莱斯特伯爵根本无法招架。伯爵发现自己被困于王国的偏远地带,四面受敌,与友军的联络被塞文河(Severne)隔绝——这道河上的所有桥梁业已被爱德

---

① Chron.T.Wykes, p.67. Ann.Waverl.p.218. W.Heming.p.585. Chron. Dunst.vol.i.p.383,384.

华王子拆毁；就在这样的多重不利条件之下，伯爵被迫投入一场
捍卫自身鸿业的决战。他在绝境中致信其子西蒙·德·孟福尔，
催促西蒙从伦敦率援军前来解困；西蒙的援兵已然行至肯尼沃斯
(Kenilworth)，但他以为爱德华王子的兵力和注意力都聚焦在他父
亲身上，不免麻痹大意、疏于防范，不料王子以强行军赶到，突袭
其营盘，几乎未遇抵抗便击溃了西蒙的部队，俘获牛津伯爵及众多
贵族。莱斯特伯爵对儿子的命运惘然不知，趁爱德华离开之际渡
过塞文河，在伊夫舍姆(Evesham)安营，期待着随时与来自伦敦的
援军会合。这时候，占尽先机的爱德华王子率军出现在阵前。王
子事先安排一支人马，打起从西蒙军中缴获的旗帜，沿着通往肯尼
沃斯的道路向战场开进；他自己则率领其余部队，绕到敌军侧翼，
准备从另一面发动攻势。莱斯特伯爵被这个计谋蒙骗了很久，一
直误将爱德华的偏师认作己方援军，待他最后发觉自己的失误，又
看到王军的绝对优势和出色部署，不由得惊呼，自己的指挥艺术都
被对手学去了，他又说，"愿上帝垂怜我们的灵魂，因为我看到，我
们的肉体已经尽归王子掌握了"。战斗当下展开，然而双方力量极
不均衡。莱斯特伯爵的部队久困于威尔士丛山，吃不到面包(因为
当时威尔士土著尚不以面包作为日常主食)，兵员多有患病和开小
差者，导致战斗力严重下降，很快就被气势如虹的王军击破。他们
的威尔士盟军只习惯于散漫无序的作战方式，上阵一触即溃，被王
军追逐斩杀，积尸累累。莱斯特伯爵本人乞请饶命，但在狂热的战
场上不被理会，伯爵与其长子亨利、休·勒·德斯宾塞，以及同阵
营的大约一百六十名骑士和更多绅士，统统死于王军刀下。叛军
故意将老国王置于军阵最前沿，因其全身披挂甲胄，未被自己人认

60

出。国王在乱军中负伤，眼看有性命之忧，他在情急中大叫，"我是温切斯特的亨利，①你们的国王！"，于是获救；爱德华王子火速赶到，将父王护送至安全地点。

莱斯特伯爵为人残暴、忘恩负义、行事专横，并且贪得无厌、诡计多端，让人对他的道德品质印象极差；因而，他死在如此紧要关头，英格兰王国可谓幸莫大焉。不过，我们也必须承认，此人能力出众，善于彰显自己的优长，他虽然来自异国，却能在一个外邦人备受憎恶、遭到广泛诟病的时代，在英格兰博取了如此之大的利益，权位堪堪直逼国王的宝座。他的军事才华和政治手腕也同样高明，既有驭下之能，又有干济之才。他的野心虽说无边无际，但是似乎并未超出其勇气和天才所及的限度。此外，他又能巧妙调动下层民众和高门显贵，聚合众人之力，为成就其一己私利和危险的目标而奋斗。倘若遇到一位君威、能力高过亨利三世的英主，料能驾驭这位爵爷大展其才，为王室增光、为百姓谋福。然而，亨利三世的统治这般软弱无力又从无定性，才使莱斯特伯爵趁机崛起，以致君威扫地、国家动荡不宁。不过从最终结果来看，这段波澜也保持并极大地促进了国民自由和宪政进程。莱斯特伯爵在百姓当中享誉极高，甚至延续到他身后——尽管他被罗马教廷处以绝罚，却仍被民众视为圣徒；民间纷传他的坟墓产生了许多奇迹。②

王军取得伊夫舍姆大捷、斩杀莱斯特伯爵，实为一场决定性的胜利，消息传出，整个英格兰无不震动——尽管双方阵营的立场 政局平定

---

① 亨利三世降生于温切斯特城堡，因此人称"温切斯特的亨利"。——译者
② Chron. de Mailr. p. 232.

截然相反。罗马人的国王重获自由，其他被囚禁的王室成员也同样获释，并且成为原来的看守们争相献媚的对象。那位煽动暴乱的伦敦市长菲茨－理查德，此前已经亲手圈定四十位最富裕的市民，正欲加以杀害，闻知此讯立即罢手。贵族们据守的各处城堡也几乎全部望风而降，争相向国王敞开大门。唯有阿克斯霍姆岛(Axholme)和伊利岛守军凭借险要地势大胆顽抗，最终还是败于勇武干练的爱德华王子手下；多佛尔城堡亦被王子攻克。[①]有位勇敢的亚当·德·古尔东(Adam de Gourdon)男爵，率部躲入汉普郡森林坚持斗争，经常侵扰周边地区，爱德华王子只得带领部分人马进剿该地。王子袭击叛军的营盘，战到酣时，他竟亲率几名随从跃过堑壕，与古尔东单打独斗。两位勇士激战多个回合难分胜负，最后，王子将对手击伤并打落马下，绑为俘虏。王子对古尔东从宽发落，不但饶他不死，还在当晚带他到吉尔福德谒见王后，为他求得赦免令，又发还其产业，待以恩遇。古尔东从此死心塌地事奉王子。[②]

通常说来，王室应对如此大规模的叛乱而取得完胜，总会伴随着权力鼎革，王室特权也会在一段时间内得到强化和扩展。然而英格兰的这一次变局却并未牺牲国民自由；《大宪章》始终完好无损；国王深知自己所依靠的这一派贵族也深恐失去自身独立，丝毫不亚于对立阵营的贵族们，此后行动似乎更加审慎，避免过分擅权，给他们留下反叛的口实。胜利一方的宽仁也同样值得称道：没

公元
1266年

---

① M.Paris, p.676. W.Heming.p.588.

② M.Paris, p.675.

有人被送上绞架；除了孟福尔家族之外，也没有人被褫夺财产，尽管在温切斯特召开的议会上曾通过决议，凡起兵反对王室者一律剥夺财产，但是王室事后与他们签订了宽大的和解协议，并未没收其领地。[①] 对逆党首恶分子的最高罚金也不超过其领地的五年租金。就连再度反叛的德比伯爵，在获得赦免并发还产业之后，也仅被罚缴七年领地租金而已，而这笔钱随后又被返还给他。国王性情温和，加之王子行事审慎，从而抑制了胜利者的飞扬跋扈，长期内战和动荡中被打乱的秩序逐渐得以恢复，国内各等级渐趋安定下来。

在此前的叛乱中，伦敦的暴乱最为激烈、对国王的敌意也最深，在整个王国几乎完全归顺的局面下，该城还摆出一副抗拒到底的架势，然而过了一段时间，这个城市往日所享的大部分赦免权和特权也得以恢复。那个无法无天、暴行累累的伦敦市长菲茨－理查德，所获惩罚也只是罚金和监禁而已。莱斯特伯爵夫人身为御妹，攻击王室却向来不遗余力，叛乱失败后，她和她的两个儿子西蒙、居伊被逐出王国，但他们并不感戴国王的宽大。五年后，这两兄弟在意大利的维泰博(Viterbo)刺杀了前来劝说他们与国王和解的堂兄"日耳曼人亨利"。两人犯下如此重罪，随即躲入圣方济各会教堂避难，居然逃脱了惩罚。[②]

格洛斯特伯爵重新效忠于国王之后，解救王子恢复自由、又大力协助他打败叛乱贵族，立下盖世之功，任何奖赏都无法令他满

公元1267年

① M.Paris, p.675.

② Rymer, vol.i.p.879, vol.ii.p.4,6. Chron.T.Wykes, p.94. W.Heming.p.589. Trivet, p.240.

足。这位伯爵年轻鲁莽，且手握重权，一旦有所不满，便在王国中再度煽起叛乱的火苗。桀骜不驯的伦敦人在其唆使下发起武装暴 63 动，爱德华王子只得征集三万大军平叛。然而，格洛斯特伯爵的二次作乱也未招来国王的严厉惩治，伯爵大事未成，他本人却仍然毫发无损，只是被勒令缴纳两万马克保证金，承诺从此再不造反。这等执法手段实在令人称奇，也足以证明当时贵族们享有何等危险的独立性！这些强大的贵族由于害怕树立危险的先例，抵制对任何一位同侪处以褫夺领地或以重罪量刑，不过他们却找不到任何体面的理由拒绝通过一项法令，强制他们履行其自愿签署的协议。

公元
1270年 　　王子见国内局面尚稳，出于对荣誉的渴望以及时代风气的催动，加之法国国王热情相邀，决心奔赴圣地打击异教徒。[1]他唯恐自己离国期间发生什么变故，所以在临行前妥善安排国内事务，一切似已安全无虞。由于格洛斯特伯爵势力过大、性情轻躁，王子不放心将其留在国内，坚持带他一道出征，理由是后者也曾发誓参加圣战。与此同时，王子还要求格洛斯特伯爵交出部分城堡的控制权，再另行缴纳一笔保证金，承诺绝不破坏王国安定。[2]王子率部扬帆驶离英格兰，去和正在非洲攻打突尼斯的法王路易会师，但他抵达路易的大营后，发现法王因不堪当地酷热的气候和战事劳顿，已经过世。这位君主当国期间的一大弱点——如果不说是唯一的弱点——便是对圣战有欠理智的狂热，不过，也正是由于这种狂热，为他从教廷博得了"圣路易"的谥名，载入法国史册。若不是

---

①　M. Paris, p. 677.

②　Chron. T. Wykes, p. 90.

"圣徒"一词已经被糟蹋得如此不堪,几乎成为一种耻辱的标记,那么以这位君王的正直良善和虔诚,倒是完全符合这一称号的。路易九世死后,由他的儿子、绰号"勇敢者(the Hardy)"的腓力继位,这位腓力三世虽也堪称有道明君,终究比他的父王逊色许多。

64

爱德华王子并未因此而灰心,他继续挺进圣地,在那里奋勇作战,威名赫赫,重新光大了英国人在东方的荣耀。撒拉逊人胆战心惊,雇用杀手前去行刺,结果只伤了王子的臂膀,那杀手却为此搭上了一条命。[①] 在此期间,由于没有王子坐镇,英国国内险象环生,从前担心的许多事情都一一应验:国家律令都成了摆设;贵族肆意欺压平民却不受惩治。[②] 他们在各自领地上豢养成群的贼寇,并雇用这些人来劫掠私敌的领地。伦敦民众又恢复了嚣张躁动的本色。老国王招架不住这种压力,急唤勇敢的儿子归国,[③] 扶住他那双软弱而摇摆的手,勿使权杖滑落。老国王因忧虑国事,更兼年迈体弱,健康日见衰颓,最终逝于圣埃德蒙兹伯里(St. Edmondsbury),终年六十四岁;他临朝五十六年,为英国古代编年史上在位时间最长的一位君主。御弟罗马人的国王(他始终未能取得神圣罗马帝国皇帝的头衔)大约先于其兄七个月去世。

公元
1271年

公元
1272年
11月16日
国王驾崩

亨利三世最鲜明的性格特点即是他身为一国之君的无能。正是由于这种性格,使他在位时事事不能自主,任凭大臣和宠臣们摆布,与被囚于敌手的状态并无多大差别。他的轻诺寡信也是这种性格使然,并非出于虚伪或老谋深算;他太容易接受旁人的怂恿,

国王的性
格评述

---

① M.Paris, p.678, 679. W.Heming.p.520.

② Chron.Dunst.vol.i.p.404.

③ Rymer, vol.i.p.809. M.Paris, p.678.

为图眼前方便而牺牲臣民的信赖所带来的长远利益。也正是这种
性情，造成他对宠臣滥施恩赏，对外邦人过度依赖，多有朝令夕改、
反复无常之举，动辄翻脸不认人，又莫名其妙地重新给予宽宥和恩
宠。他本该责成贵族们遵纪守法、尊重下层民众的权利，以削弱
贵族危险的权势，并在施政中为他们做出表率，然而他却反其道而
行，因不堪诱惑而效仿贵族们的做法，以自己的——或者毋宁说是
手下大臣们的——专断意志作为行动的指针。由于此前他的伯父　65
狮心理查醉心于东征，他父王约翰挥霍无度，加上贵族们的侵占，
致使他这一朝财政窘迫，处处捉襟见肘，可他不思厉行节俭，却在
欲望指使下巧立名目、横征暴敛，这种做法非但未能改善王室财
政，反而加剧了人民的苦情，至少令民众对他备添反感。就其本性
而言，他似乎是所有人当中最不适合做暴君的；然而他这一朝确实
存在压迫现象——虽说只是延续了历代先王遗留的先例——这些
都是《大宪章》所刻意防范的，与一切治国良则格格不入。大体上，
我们可以这样讲：如果他更有才干，哪怕性情如此绵软，总不至于
犯下同样的错误；反之，即使他才能平庸，如果脾气暴烈一些，也
当能坚持和维护自己的错误立场。

　　这位君主以敬虔闻名遐迩，定期参加公共礼拜活动，他在这方
面有一句高论，备受古代史家们推崇。他与法王路易九世争论布
道和弥撒孰高孰低，他坚称后者更有价值，因为他自己宁愿跟友人
倾谈一小时，却不想听二十小时那种精心雕琢的、一味颂扬自己的
演说。①

---

　　①　Walsing. Edw. I. p. 43.

亨利身后遗有二子，即王位继承人爱德华王子和兰开斯特伯爵爱德蒙(Edmond)；他还有两个女儿，其中玛格丽特嫁为苏格兰王后，贝娅特丽克斯(Beatrix)嫁为布列塔尼公爵夫人。他的另外五个子女都在幼年夭折了。

以下为亨利三世一朝颁行的一些最重要的法令。关于私生子权利，教俗两方面的法院向来争执极大。世俗法律认定，凡婚前所生子女均为私生，而教规则视之为合法后嗣。以前每当遇到继承权争讼，世俗法院总是向教会法院签发令状，命其调查涉案人的出生合法性，而主教们却总是根据教规给出答复，根本不管它与本国国内法相悖的事实。有鉴于此，世俗法院改换了令状的措辞，不再要求教会法院调查涉案人的出生合法性，而是仅仅询问一个简单的事实：此人是否婚生子女？亨利三世在位第二十年，在默顿召开的议会上，教会长老们曾经抱怨世俗法院的上述做法，并希望修改国内法，使之与教规相符。然而，全体贵族对此给出了一个著名的答复："Nolumus leges Angliae mutare"——我们不会改变英格兰的法律。[①]

内战结束后，议会在马桥(Marlebridge)召开，批准了改革派贵族订立的大多数法令，这些法令虽然有益于民众的安全，但此前一直未获法律的权威认可。获批的内容包括：下级领主法院提出的上诉一律收归王室法院受理，不必通过上级直接宗主所主持的法院。[②]未成年债务人所借钱款不必支付利息[③]——此规合理，因为

本朝花絮辑录

---

① Statute of Merton, chap. 9.
② Statute of Marlb, chap. 20.
③ Ibid., chap. 16.

未成年人的产业一般掌握在各自宗主手上，他们本人尚无收入，也就没有能力偿付欠款的利息。约翰王所颁宪章中有过这一宽免条款，但亨利三世颁布的宪章中却略去此条，其原因不明；此时上述规定在《马桥法》中得以重申。《马桥法》中的其他条款，大多旨在遏制各郡郡长对民众的压迫，以及扣押牲畜及其他财货抵债过程中发生的暴力不法行为。那个时代民众的主要财产就是牲畜和农具。

　　亨利三世在位第三十五年，制定了《面包法令》，规定面包价格比照谷物的不同价格而定(谷物价格从每夸脱一先令到七先令六便士不等，[1]均为当时的币值)。这种价格的巨幅波动本身便是当时农艺水平低下的明证。[2]不过，谷物价格时常涨至比这高得多的水平，并未反映在条例当中。据《邓斯特布尔编年史》(chronicle of Dunstable)记载，亨利三世一朝，小麦价格曾一度飙升至每夸脱一马克乃至一镑——相当于现今的三镑。[3]此外，我们从这个条例中看到，同一时间同一种货物在各地的价格差异极大，足以证明当时王国各地区之间贸易流通极其不畅。条例规定，酿酒商在城镇出售麦酒，价格为每便士两加仑；在乡村同样价格则可买到三四加仑。如今，此类商品在城市中的售价极低，究其原因一是民众的消

---

　　①　Statutes at large, p.6.

　　②　我们从西塞罗诉维勒斯(Verres)的演说(lib.iii. cap.84, 92)中了解到，在祭司长执政时期，西西里谷物价格为每摩狄(古罗马谷物重量单位，约等于八夸脱或六点六七千克)五第纳里(古罗马银币)；而在紧随其后的维勒斯治下，则只有二塞斯特斯(古罗马银币，约等于四分之一第纳里)——也就是说，是前者的十分之一。如此巨大的波幅，足以令人推断——或者毋宁说证明——古代的农艺水平极差。

　　③　另参见Knyghton, p.2444。

费量大，二是酿酒商的库存丰足。上述编年史中提到，某年度小麦价格在许多地方都达到每夸脱八先令，但在邓斯特布尔却从未超过一克朗。

　　尽管当时贸易水平依然低下，但是自诺曼征服以来，王国商贸显然呈向好之势，我们至少可以由谷价变化看到货币供给的增加。以上条例规定，小麦最高价和最低价的中间值为每夸脱四先令三便士，相当于今天的十二先令九便士。那么这个中间值大约只是今日的一半。牲畜的售价则有所不同，我们看到，迄至理查国王在位时期，牲畜的均价为八先令多，约是今天价格的十分之一。两相比较之下，我们是否可以肯定地推断，在所有未开化的国度，畜价总是低于谷价，盖因前者能够自行繁衍，而后者则需要较高的农艺水平和大量畜力才能获得丰产？应该注意到，亨利三世的谷物法沿袭了约翰王颁布的谷物法令，因此，此处用于比较的谷物和牲畜价格均可视作同一时期的数据，它们并非某一特定年份的价格，而是经估算所得连续若干年的中间价。的确，理查一朝制订法令的初衷，是为郡长和充公产业管理人员提供一个标准，由于这中间已为官员们留出了相当大的获利空间，所以我们自然可以料想，当时牲畜的一般价可能略高于此。尽管如此，当时谷物和牲畜的价格差距竟然大到四比一的程度，与现今相比较，足以清晰地反映出两个时代工农业发展状况的巨大差异。

68　　　当时的借贷利率奇高，即便考虑到其时蛮野、世人不谙商道，也还是令人咋舌。甚至有过贷款利率达百分之五十的情形。[1]距

---

[1]　M.Paris.p.586.

其时不远,法王腓力·奥古斯都(即腓力二世)曾经诏令在法犹太人放贷利率不得高于百分之四十八。[1]正是由于厚利的吸引,犹太人尽管始终承受着那个偏见盛行、掠夺成性的时代所带来的严重压迫,却仍不肯离开王国。不难料想,处在如此穷困的一位君主治下,他们的境遇会是何等悲惨:犹太人是王国内唯一以放贷为业的群体,因其富裕境况、宗教信仰和重利盘剥行为而招人嫉恨,而那位国王对本邦臣民的暴政虽然被迫有所收敛,对犹太人却拥有生杀予夺的无限权威。然而,我们哪怕穷尽想象,也不及现实中犹太人被逼迫勒索的程度。1241年一年间,犹太人被勒索两万马克;[2]时隔两年,国王故技重施;仅约克的亚伦一个人便被强索四千多马克。[3]1250年,亨利采取了变本加厉的新招,这个叫亚伦的犹太人被指控犯有伪造罪,判处罚金三万马克。[4]如此之高的罚款数额,而且,官方似乎认定他有能力支付,或可让我们据此推断这名犹太人其实无罪。1255年,国王再向犹太人索要八千马克,威胁对拒不从命者处以绞刑。犹太人终于失去了耐心,请求携带家产离开英国。然而国王答复道:“你们抱怨受欺压,可是朕又有什么匡正之法? 朕自己就是个乞丐,被抢劫一空,没有半点收入。朕背着二十万马克的债,如果说是三十万马克,也不算夸大其词。朕每年还得向爱德华王子偿还一万五千马克。朕连一个子儿都没有,必须弄到钱,不管从谁身上、从哪里、用什么手段。”他随即把这批犹

---

① Brussel Traité des Fiefs, vol.i, p.576.

② M.Paris, p.372.

③ Ibid.p.410.

④ Ibid.p.525.

太人交给御弟康沃尔伯爵处理。可以借用某位史家的原话：兄长刮油、小弟分肉！[1]亨利三世的父王约翰曾向布里斯托尔的一个犹太人索要一万马克，那人不肯出钱，约翰便命令每天拔去他的一颗牙，直到他屈服为止。那犹太人失去七颗牙之后，如数支付了这笔钱。[2]1243年，政府向犹太人开征一笔税项，数额高达六万马克，[3]相当于王室的全年岁入。

为寻求更好的借口来勒索钱财，一个时时冒头的奇异而荒谬的反犹指控再度复活于英格兰，据说犹太人曾把一个儿童钉死在十字架上，借以嘲讽基督受难。结果，十八名犹太人因此而同上绞架。[4]这等罪名实在令人难以置信，犹太人即便承受着基督徒的憎恶和重重压迫，也绝不至于犯下如此危险的滔天大罪。不过，我们自然想象得到，这个民族同时遭到这一国君王和民众的严重伤害和侮辱，自身财产安全毫无保障，必定极尽全力追求重利盘剥，用丰厚的利润略为弥补时刻悬于头顶的风险。

这些针对犹太人的暴行尽管在很大程度上源于偏见，但更多地是贪婪和掠夺欲作祟的结果。时人并不希望看到犹太人改宗，相反，法国当时立法规定，凡犹太人皈依基督教的，其家产要尽数充公，交给国王或上级领主，无一例外。这些掠食者可谓处心积虑，唯恐其领地内那个不幸民族所贡献的财源由于后者的改宗而趋于

---

① Ibid.p.606.
② Ibid.p.160.
③ Madox,p.152.
④ M.Paris,p.613.

断绝。[1]

　　无论在什么地方,利率如此之高,唯一的放贷群体只从事高利贷生意,并承受着如此严酷的盘剥和侵凌,该地的商贸必定一片萧条。而王国恶劣的治安状况更给商贸发展平添了一重障碍,所有的交通都危机四伏,所有的产业都朝不保夕。《邓斯特布尔编年史》中写道,[2]尽管当时国内并没有大规模内战,但是人们哪怕待在自己的家宅里也没有一刻感到安全,成群结伙的匪徒经常洗劫整个村庄。1249年,即内战爆发前几年,有两个布拉班特(Brabant)商人前往国王驻跸的温切斯特告御状,诉说自己的全部财货都被强盗劫走,而这些强盗他们都认得,因为这些面孔日日出现在国王的宫廷里。他们说,此类事件在英格兰各地司空见惯,旅客们随时随地会遭遇抢劫、绑架、受到人身伤害或丢掉性命。诸如此类的犯罪总是不受惩罚,因为执法者本身就与匪徒们沆瀣一气。他们自己不寄希望于徒劳的法律诉讼,尽管身为商人,却宁愿拿起武器,以决斗的方式和匪徒们一决高下。国王闻知国内状况败坏至此,大为恼怒,降旨组织封闭陪审团,审判此案中的强盗。该陪审团的十二名成员虽然都是汉普郡当地的有产者,但是其中也有匪徒的同谋,因此做出无罪开释的裁决。亨利一怒之下,将陪审团投入监狱,威胁要给予严厉惩处;随后,他重新组织陪审团,进行封闭审判。这一次,陪审团成员们忌惮前车之鉴,终于做出了有罪判决。调查发现,许多内廷官员也参与了犯罪,他们的借口是,没有

---

① 　Brussel, vol. i. p. 622. Du Cange "Judaei" 词条。

② 　Vol. i. p. 155.

从国王那里领到薪水，抢劫乃是为生计所迫。[1]《肯尼尔沃思声明》
(Dictum of Kenelworth) 提出的法官附带意见如下："从事抢劫的
骑士和绅士，如果自身没有土地，应当赔付所得货物的半数，并充
分具保，以保障王国今后的安宁。"当时的习惯做法就是如此！

　　在这种不良风气盛行的环境下，神职人员造假舞弊也不至于
招来众议喧喧。他们敛财，固然使用了欺骗手段，却是凭各人自愿
出钱，而非诉诸武力公然强取，对社会治安的影响相对较小。亨
利三世在位期间，教宗的势力正如日中天，亦悄然呈现由盛转衰
之势，盖因罗马教廷无止境的贪婪需索，令欧洲各国教俗两界啧有
怨言。英格兰尽管陷于无知和迷信的深渊，却也在严肃地考虑挣
脱教廷的羁勒。[2]罗马圣座不得不发明新的招数，以便将这个王国
和整个基督教世界更牢固地联为一体。为此，教宗格列高利九世
(Gregory IX) 颁行了一部《教令集》，[3]其中辑录了多份有利于罗马
教廷的伪作，以及所谓的初代教父谕令。然而这些伪作实在过于
粗滥，在语言、历史、年代和文物等方面都明显地混淆不清。无论
如何，臆想的真理在事实面前总是站不住脚；对于这些极度骇人听
闻的矛盾和错谬，教会方面虽然并不惊诧，最终也只得听任各方指
责。不过，在13世纪的黑暗时代，世人却将这些赝品作为无可争
议的权威文献而接受。人们在伪作的迷宫中跌跌绊绊，又被当时
同样谬误百出的哲学所害，除了一点残存的常识以外，再无任何自
我防卫的武器，然而就连这点常识也被视作鄙俗不虔。教会人士

---

① M. Paris, p. 509.

② M. Paris, p. 421.

③ Trivet, p. 191.

之所以编造这些伪作，当然纯粹是根深蒂固的自私心理使然，但是他们的自私也擦亮了百姓的眼睛，从而在某种程度上起到保护大众的作用。

　　这一时期，罗马教会为巩固自身权威采取另一变通之策，就是建立新的修会，其中最主要的是多明我会(Dominicans)和方济各会(Franciscans)，它们凭着如炽的热忱和成功创新而持续发展，比那些富裕而怠惰的旧修会更得人心；众修会之间持续竞争，共同推进获利丰厚的迷信事业，首先大举占领心灵，继而借助追求清贫生活、藐视财富的虚伪宣传，攻陷了人们的钱袋。各修会之间的争斗此时尚在教宗的控制之下，从未扰乱教会的总体安宁，仅仅刺激它们更加努力促进共同的事业。多明我会否定无玷成胎说，他们在这一点上有失审慎地走向极端，无法体面地收回，因此而丧失了一部分拥趸；然而他们博得了各国君主和王侯的信赖，又受托承担最终审判和惩处异端的司法管辖责任，为自身奠定更坚实的基础，从而抵消了上述劣势。如此，这几大修会已形成了罗马教廷麾下的常规部队或卫戍军；尽管它们损害了社会的世俗利益，更有害于真正的敬虔事业，但是它们凭借各种招揽人心的手段，实际上为庞大 ⁷² 的迷信大厦提供了主要柱石，保护它抵御任何危险的攻击，直到真正的智识复兴之日。

　　亨利三世在位期间，王室顾问会明令废止了神裁审判法，可算作时代进步的微弱标记。①

　　亨利三世颁给纽卡斯尔市一份特许状，允许当地居民开采煤

---

① 　Rymer, vol.i. p.228. Spelman, p.326.

炭。此乃英格兰历史中首次提及煤炭。

据马多克斯记载,[①]亨利三世曾一次性赐予其御用诗人亨利大师一百先令,同年再度下旨赐给他十镑。

据谢尔顿记载,本朝第四十七年,一百五十位世俗贵族和五十位神职贵族曾应召履行封建制下附庸的规定役务。[②]在下一朝代的第三十五年,新一届议会在卡莱尔召开,共有八十六位世俗贵族、二十位主教和四十八位修道院院长应召参会。[③]

---

① P.268.
② Titles of honour, part 2.chap.3.
③ Parliamentary Hist., vol.i.p.151.

第十三章　爱德华一世

整饬国内政务—征服威尔士—苏格兰事务—苏格兰王位竞争者—提请英王仲裁—苏格兰臣服—爱德华裁定巴里奥尔胜出—对法战争—插叙英国议会的构成—对苏格兰开战—苏格兰臣服—对法战争—与教会的矛盾—专制措施—对法和解—苏格兰起义—起义被镇压—苏格兰再反—复遭镇压—罗伯特·布鲁斯—苏格兰人第三次起义—国王驾崩—爱德华一世性格评述—本朝花絮辑录

公元
1272年英格兰人尚不习惯顺受规范有序的统治，自诺曼征服以降，每逢君主丧亡，必然引发社会动荡。亨利三世驾崩后，鉴于内战平息未久，大动乱后各派余怨不消，而储君爱德华王子又不在国内，因此王室顾问会有理由担心可能的危险后果。他们急忙催请爱德华王子归国，以便臣民向他宣誓效忠，并召开全国大会，在此重要转折关头维持普遍和平。[1]约克大主教沃尔特·吉法尔(Walter Giffard)、罗马人的国王理查之子康沃尔伯爵和格洛斯特伯爵受命监国，三人和平执掌权力，既未遇到任何阻力，相互间也没有妒忌和派系之争。爱德华王子在此前的动乱中表现出的高风亮节、他

---

[1]　Rymer, vol. ii. p. 1. Walsing p. 43. Trivet, p. 239.

的军事天才、他平叛的功勋，以及安邦定国的稳健韬略，已经赢得所有阶层的敬重和爱戴，任何人企图趁他离国之机捞取非分的好处或者制造动乱，都是痴心妄想。格洛斯特伯爵势力显赫、性情狂暴，招来猜忌甚多，因此急欲证明自己的忠心。其他反叛者群龙无首，只得顺服当局。

　　爱德华王子自圣地归来，途经西西里时接到父王驾崩的噩耗，哀恸不已。这时，又传来他的幼子约翰夭折的消息（这个孩子是王妃卡斯蒂尔的埃莉诺在巴勒斯坦的阿卡城所生），然而爱德华王子这一次却表现得相对淡然。西西里国王对这种差异表示惊讶，爱德华王子解释道：失去了儿子，将来还有弥补的希望，失去父亲却是一种无法弥补的损失。①

　　王子继续前行，但是他不久闻知国内局面安稳，遂不急于回国登基，而是在法国逗留近一年，才出现在国人面前。王子途经勃艮第的沙隆（Chalons in Burgundy）时，接到勃艮第公爵的挑战书，邀他参加筹备中的比武大会。爱德华原本精于此类悍猛而危险的技艺，亦即战争的逼真拟象，因此，他并未拒绝在这个邻国贵族齐聚的场合中夺标的机会。不料在这次大会上，战争的拟象竟然令人遗憾地弄假成真。爱德华王子一行人在比武场上大显神威，法方骑士们意甚不忿，当真发动了攻击，被英方击退。这场冲突引发了许多无谓的流血，②人称"小沙隆之战"。

　　爱德华王子由沙隆转赴巴黎，为自己名下的法兰西领地向法

公元
1273年

公元
1274年

----

①　Walsing.p.44. Trivet, p.240.

②　Walsing.p.44. Trivet, p.241. M.West.p.402.

王胼力宣誓效忠。[1]随后，他又前往吉耶纳，抚定那里的乱局。他穿越法国返回伦敦，途经蒙特勒伊(Montreuil)时，又与该爵领继承人、佛兰德斯女伯爵玛格丽特(Margaret)消弭了纷争。[2]他在本国臣民的热烈欢呼声中归国，于威斯敏斯特大教堂由坎特伯雷大主教罗伯特为他隆重加冕。

8月19日

国王整饬
国内政务

新君立即着手整饬王国政务。多年来的国内动乱，兼之先王治国纲纪松弛，使得王国管理处处失序，亟待拨乱反正。他推行的政策既宽仁又不失审慎。他观察到，强大的贵族势力对上直接挑战王权、对下压迫民众，因此意图通过精确分配正义、严格执法，保护国内低等级民众的利益，同时削弱大贵族为所欲为的强权，这也是后者那危险的影响力所倚恃的主要基础。国王约束自己，除了某些特殊情况以外，严格尊重《大宪章》所保障的贵族权利；同时他也坚持要求贵族以同样的原则对待他们的附庸和下层民众。他极力使国内所有贵族和平民百姓将王权视为正义的源泉、逃避压迫的庇护所。他在威斯敏斯特召开议会，通过了若干有益的法

公元
1275年
2月16日

令，此外，又注意监查所有地方官和法官的行迹，撤换玩忽职守和腐败的官员，又给予地方官员足够的执法力量，以利于彻底铲除各地匪帮，遏制贵族势力主使或者有官府背景的较隐蔽的掠夺。经过一番严格整饬，王国很快面貌一新；秩序公平取代了暴力和压迫。尽管如此，爱德华国王设计的出色制度和秉政为公的规划，仍然依稀显露出其个性的严苛以及特定的时代偏见。

76

---

① Walsing.p.45.

② Rymer, vol.ii.p.32, 33.

在王国全境、特别是西部各郡,由于杀人、抢劫、纵火、强奸、纵行为盗的强梁恶徒为数众多、势力豪横,一般执法官员慑于其势,不敢按律加以惩治,国王发现有必要采取非常手段惩恶除弊。他新设了特别法庭,该制度在当时虽说颇具功效,但若按着自由已成常规的时代所通行的标准而言,却可被视作非法专制力量的大伸张。主持特别法庭的特派专员被授权查究各种违法犯罪活动,并适当量刑裁处。他们身负特别使命,巡行国内恶势力猖獗的各郡,所到地区莫不震栗。他们在惩治犯罪的热忱驱使下,难免良莠莫辨,极轻微的怀疑亦会成为起诉和审判的依据,再微不足道的证据都会被法庭采纳,引为定罪依据;各地监狱人满为患,其中蒙冤者不乏其人;轻微过犯即被处以高额罚金。尽管此举缓解了王室金库财源枯竭的危机,但是国王仍然看出叫停这一苛政的必要,因此,在极大地震慑和驱散了国内横行的匪帮之后,国王便审慎地取消了特派委任令,[①] 此后再未恢复。

英格兰不法现象丛生,最令国人怨声载道的莫过于假币泛滥;由于制造假币的技术难度较高,在当时不为一般英格兰人所掌握(他们所擅长的无非是暴力掠夺罢了),所以这个罪名就落到犹太人的头上。[②] 爱德华国王似乎对犹太人抱有强烈的偏见,他的圣战之旅自然越发加剧了对基督教的非理性热忱。他调动全部严刑峻法,极力迫害这个不幸的族群。仅伦敦一地,一次便以制造伪币的罪

---

① Spellman's Gloss. "Trailbaston" 词条。但是,斯皮尔曼有可能误将该委任令的颁布记为爱德华一世在位第五年之事,又或许是该委任曾在1305年一度恢复。又参见 Rymer, vol. ii. p. 960. Trivet. p. 338. M. West. p. 450。

② Walsing. p. 48. Heming. vol. i. p. 6。

名绞死了二百八十名犹太人，王国其他地方的受难者无算。[①] 犹太人的房产、田地(他们近来开始投机性地买房置地)和林林总总的货物都被强制出售和罚没，国王为避图财害命之嫌，下旨将罚没犹太人钱款的半数用于奖赏皈依基督教的犹太人。不过，犹太人群体普遍心怀怨忿，足以抵住贫困境遇下面临的一切诱惑，受利益招引而改投迫害者的宗教者少而又少。犹太人的厄运并未就此结束。尽管对该族群的横征暴敛和勒索所得已经成为王室收入的一个稳定而丰厚的来源，然而爱德华在内心的热忱和贪婪驱使下，不久[②]又决定在王国中彻底肃清这个遭忌恨的族群，将他们的全部财产一并攫为己有，以抵偿自己的劳绩。[③]他仅给被驱逐的犹太人留下投奔他国的川资，而在他国又有新的迫害与勒索等着他们。五港居民效法国君的偏见和贪婪，大部分犹太人身上的最后一点薄财都被他们劫去，有许多被劫者甚至被抛入大海。针对上述犯罪行为，国王降旨对五港劫匪处以极刑。他已决心成为这片国土上独一无二的掠夺者。在这段时期，被剥夺财产、逐出英格兰的犹太人总共不下一万五千名。自那以后，定居英国的犹太人已十分罕见。鉴于一个国家没有放贷者便无以为继，也没有人肯于向外借贷而不求回报，结果，那个时代所谓的高利贷生意此后便改由英格兰本国人经营，或者落入伦巴第人和其他外国人手里。这批新高利贷者做生意是否像犹太人那样公开且恪守规矩，这一点很值得怀疑。此前，按照理查国王颁行的法规，凡向犹太人借贷的字据均应一式

---

① T. Wykes, p. 107.

② 公元1290年。

③ Walsing. p. 54. Heming. vol. i. p. 20. Trivet, p. 266.

78 三份,前两份分别交由地方官员和一位德高望重者保管,第三份由放贷的犹太人本人执有。[①]然而,由于教规和世俗法令都禁止基督徒放贷牟利,所以自从犹太人被逐出王国后,此类交易都只能偷偷摸摸地私下进行。而放贷者在收取利钱时,自然是要将贷款的使用费率和借贷所担的名誉风险成本一并计入的。

王室财务枯竭,或许是这种骇人听闻的排犹政策出台的原因,尽管这并不能作为其合理性的借口。不过,爱德华为缓解财政窘境,也采取了另外一些相对光彩的措施。在王室岁入的管理和用度分配上,他厉行节俭;又敦促议会投票批准王室征收动产税,额度为全部动产的十五分之一;在他的争取之下,教宗也恩准英王室连续三年取得英格兰教会全部岁入的十分之一;商人们认缴每麻袋出口羊毛半马克,以及每三百张羊皮一马克的永久赋税。国王还委派专员彻查王室领地遭受的侵渔,核定无主充公产业、罚没产业和受监护产业的价值,寻求弥补和增加各方面收益的可行措施。[②]然而这些专员在行使职责的过程中,对贵族们过于苛刻,对父子相沿传承数代的领地所有权也提出质疑。曾在前朝立下赫赫功勋的华伦伯爵亦被要求证明其领地所有权,伯爵拔剑怒斥:想当年,私生子威廉可不是单枪匹马征服英伦的。他的祖先也是参与征服霸业的一分子,他本人决心捍卫家族自那时起保持至今、世世代代认定无可争议的权利。国王察觉到这种做法的危险性,自此停止了这类调查。

---

① Trivet, p.128.

② Ann. Waverl. p.235.

公元
1276年
征服
威尔士

　　然而，爱德华一世活跃进取的性格不容他长期无所事事。不久，他便启动了另一番事业，从他自己的角度而言，此举并不乏审慎，于国内臣民也较为有利。威尔士王卢埃林此前与孟福尔一党过从甚密，参与了他们反对王室的所有阴谋活动，而且多次站在叛党一方参战，不遗余力地与王室为敌、援助贵族反叛势力，直到伊夫舍姆战役后者被击垮为止。战后国王与落败的贵族普遍和解，卢埃林也获得赦免。不过，由于他在王室封臣当中实力最强、也最见憎于主上，他有理由为自身处境惴惴不安，害怕王室的反感和猜忌给自己招来祸端。有鉴于此，他决定与从前的同伙暗通声气，以保自身安全。他甚至向莱斯特伯爵的一个女儿求婚，伯爵小姐自海外来归，船行至西西里周边诸岛近海遭拦截，被扣留于英国宫廷。[①] 这一事件更加剧了爱德华与卢埃林之间的猜忌。当卢埃林接到诏令，命其亲赴英格兰向新王行效忠礼，不免心存顾虑，唯恐此去是自投虎穴；他要爱德华国王向他颁授安全通行证，还坚持要求国王把王子和另一些贵族交给他充当人质，并先行释放他的一批同党。[②] 国王现已安定全境，正乐于借机行使权威，彻底绥服威尔士。除了安全通行证这一条，国王驳回了埃卢林的全部要求，又再三宣召，要求他履行封臣义务；同时，国王集结军队，压迫卢埃林屈服，又从议会取得新征十五分之一补助金的许可，师出之际已
公元
1277年
抱定必胜的把握。爱德华以整个英格兰王国对付威尔士小邦，其实力差异自是天悬地殊，除此之外，双方国内局势也已完全颠倒过

79

---

①　Walsing.p.46,47. Heming.vol.i.p.5. Trivet,p.248.

②　Rymer,vol.ii.p.68. Walsing.p.46. Trivet,p.247.

来，此前令英格兰积弱不振的内乱，现在正困扰着威尔士，甚至王室内部也起了纷争。卢埃林的两个兄弟大卫和罗德里克(Roderic)因被卢埃林剥夺了继承权，被迫投奔爱德华寻求庇护，他们发挥个人的广泛影响力，全力协助爱德华征服自己的母国。威尔士王除了险峻的群山之外，再无任何凭恃；多少世代以来，他的祖先们正是倚仗地势之利，抵挡住了撒克逊列王和诺曼征服者们进攻的脚步。卢埃林率部退入斯诺登山(Snowdun)的莽莽群峰之间，决意抵抗到最后一息。然而爱德华国王有勇有谋，绝不缺乏审慎，他率领一支强大的军队自北方挺进，直插威尔士的心脏地区。他细心探索前方的每一条通道，稳保身后的每一条退路，最终逼近了威尔士军队最后的藏身之所。在这里，他深知威尔士人素以其古老的独立为荣、对宿敌的仇恨燃得正旺，因此选择了不与对手直接交锋，而是凭着收效缓慢却扎实可靠的围困战术，以饥馁迫使这一方人民屈服。当地人的习性简单原始，加之栖居山地，完全不务农耕，只以放牧为生。在之前的岁月里，他们靠着这种生活方式尚能抵挡英格兰人断断续续的入侵，而一旦面对爱德华精心部署、稳健推进的征服，他们就大祸临头了。耗尽储备的威尔士人困守一隅，人员和牲畜都饱受饥寒。到头来，卢埃林根本没有机会为自己的独立而战，便被迫无条件投降，全盘接受了胜利者开出的所有价码。[①] 11月19日他承诺向爱德华[②]赔款五万镑；承诺向英王宣誓效忠，并允许其他威尔士贵族向英王效忠·——惟斯诺登附近的四位贵族不在此列；

---

① 　T. Wykes, p. 105.

② 　原文误为"Edmond"。——译者

又将柴郡和康沃尔河之间的土地割让给英格兰；每年向他的兄弟罗德里克支付一千马克，向大卫支付五百马克；向英王交付十名人质，作为未来恭顺臣服的保证。[1]

　　在和约其他条款得到履行的基础上，爱德华国王下旨宥免了威尔士王应缴的五万镑赔款，[2] 和约对此虽有规定，但是威尔士地方委实太穷，可能根本无从征缴这笔钱款。尽管有此恩赦，被征服的人民很快又怨声载道，不满英格兰人不公不义的恶行：此番兵不血刃轻取威尔士，令胜利者格外骄横傲慢，肆意压迫被征服地区的居民。边区领主们对威尔士弱邻百般施虐而不受惩处，而更严厉的新条款又被强加于卢埃林本人头上。卢埃林在伍斯特陪王伴驾之时，爱德华迫使他承诺不在领地内收留任何见憎于英王室的人。[3] 此外还有更多的人身侮辱，激起了威尔士人的义愤，让他们下定决心，宁可以弱抗强，也不甘心忍辱伏低、任由倨傲的胜利者压迫——尽管他们已经由亲身经验中得知，对方的力量不知强过自己多少倍。大卫亲王受爱国情怀的感召，与自己的兄长和解，承诺与之协力捍卫本邦民众的自由。威尔士人急切地拿起武器，爱德华则不无称心地抓住这个一劳永逸、彻底征服威尔士的机会，他召集全部军事封臣，指挥大军开进威尔士，其势威猛，当地人绝无可能抵挡。一开始，爱德华麾下指挥官卢克·德·泰尼（Luke de Tany）率一支偏师渡过梅奈（Menau[4]）海峡，威尔士人凭借地势之

----

① Rymer, vol. ii. p. 88. Walsing. p. 47. Trivet, p. 251. T. Wykes, p. 106.
② Rymer, p. 92.
③ Dr. Powell's Hist. of Wales, p. 344, 345.
④ 又作Menai。——译者

利,在战斗中略占优势。①不过,卢埃林遭到莫蒂默所部的突袭,兵败身死,手下两千将士尽被杀戮。②大卫继任威尔士王,却再也没能召聚起一支足以迎战英军的武装,他在敌人的追杀下,流窜于群山之间,从一个隐蔽所逃到另一个隐蔽所,被迫化装成各种身份,最终在一处藏身地点被人出卖,落入敌手。爱德华下令给他戴上镣铐,押赴什鲁斯伯里,接受英格兰同侪贵族的正式审判。堂堂威尔士王,因为武装捍卫家邦自由和自己祖传的权威,被定叛国罪,判处问绞、剜取内脏、肢解尸身之刑。③全体威尔士贵族均向征服者屈膝。英格兰的法律制度在威尔士得以确立,设立了郡长和其他司法官员。尽管民族仇恨久久未熄,双方真正合为一家也还尚待时日,但是这次意义重大的征服至此已告完成。该过程前后历时八百年,终于在能主爱德华一世手上如愿以偿。

国王深知,一个民族的传统诗歌,辅以音乐的感染力和节日的欢乐气氛,最利于民族尚武精神和古老荣誉感保持活力,在年轻后辈心中打下深刻烙印,于是他下令召聚威尔士吟游诗人,将他们统统处死——这项政策尽管野蛮,却自有一定道理。④

有一个广为流传的通俗故事,被细心收录于多位修院史家的著作中,因为它与这些史家的水准恰恰相符。其中讲道,爱德华国王召集威尔士人,承诺给他们指定一位人品毫无瑕疵、出生于威尔

82

公元
1283年

公元
1284年

---

① Walsing.p.50. Heming.vol.i.p.9. Trivet,p.258. T.Wykes,p.110.

② Heming.vol.i.p.11. Trivet,p.257. Ann.Waverl.p.235.

③ Heming.vol.1.p.12. Trivet,p.259. Ann.Waverl.p.238. T.Wykes,p.111.
M.West.p.411.

④ Sir J.Wynne,p.15.

士、不会讲其他语言的王,威尔士人欢呼乐从,应诺顺服。于是,爱德华将威尔士封授给自己尚在襁褓中的次子、出生于威尔士卡那封(Carnarvon)的小爱德华。不久之后,王长子阿方索(Alfonso)过世,小爱德华遂晋身为英格兰王储,威尔士完全并入英王室属地,由此以降,历代英国王储总是受封为"威尔士亲王"。

公元
1286年
平定威尔士既已大功告成,又过了将近两年,爱德华国王动身前往海外,去调停阿拉贡(Arragon)国王阿方索(Alphonso)和"勇敢者腓力"之子、刚刚登基的法王"美男子腓力(Philip the Fair)"①之间的纠纷。两国君主之间的矛盾源于西西里王国,事情的起因是:教宗依靠英格兰征服西西里的希望落空后,便将该王国转授予圣路易之弟查理(Charles),而前任阿拉贡国王、阿方索之父佩德罗基于其他方面的权利也对西西里王位提出了主张。爱德华得到双方授权,主持订立议和条款,并成功地完成使命。由于上述争议与英格兰无关,我们在此便不予详述。爱德华国王滞留海外三年多,待他归国之时,发现国内已是乱象丛生,暴力当道、司法腐败。

有个名叫托马斯·张伯伦(Thomas Chamberlain)的绅士,平素颇有名望,他在林肯郡的波士顿城(Boston)纠集了一帮同谋,以筹办比武大会为名(这是一项只限于绅士阶层的活动),策划抢劫财货殷实的波士顿市集和当地商户。他偷偷在镇上纵火,趁市民忙于救火,这伙歹徒便闯入商铺,将货物打劫一空。张伯伦本人后来被拿获、判处绞刑,但他始终恪守义气,任凭百般诱惑收买,拒不招供同伙。这时节,英伦各地抢劫案和暴力事件频发,但这个阴谋

83

---

① Rymer, vol. ii. p. 149, 150, 174.

因情节独特,乃被史家特别记录下来。①

　　然而,法官的贪腐污染了正义的源泉,其后果似乎更加危险。公元1289年为了纠正这一流弊,爱德华国王召集议会,把法官们送上受审席。裁定结果,除了两位身兼神职者之外,全体法官均犯有这项可耻的罪行,遭到撤职、罚款的惩处。他们缴纳的罚金本身便足以佐证其罪——其总数超过十万马克,在当时可谓一笔巨款,足以支撑两大王国打一场靡费甚巨的战争。随后,国王诏令所有新任法官发誓拒不受贿,不过,相对而言,他对前任法官们撤职、罚款的措施,却是效力更强的除弊灵丹。

　　写到此处,需要转而介绍一下苏格兰的局势。本朝以及其后最引人入胜的一些事件,均肇端于此。不过迄至此时,该王国与英格兰的交往,无论在和平时期还是战时,并未涌现多少值得一提的大事,因而我们略去了许多内容,余者则加以简述,以免行文乏味。在这一时期之前,如果说苏格兰除了从英格兰史家笔下收集而来的零星段落以外,还拥有什么真正的、名副其实的历史,那么上述事件无论如何琐细,都值得在其史书中占据一席之地,因为它们是那一国仅有的外交事务。

　　像所有蛮邦和许多文明国家一样,苏格兰政府也一直饱尝派系斗争和社会动乱之苦。苏格兰的王位传承大体有序,可以说是苏格兰事务该国历史上唯一值得称道的部分,因为尽管常被不合规例和篡立的情形打乱,但是正统的王室继承人最终仍然稳居宝座。苏格兰开国约八百年来,这一家族的男性辈辈君临这片国土,他们的权杖

84

---

① Heming. vol. i. p. 16, 17.

代代传承,此时把握在亚历山大三世(Alexander Ⅲ)国王手上,他迎娶的王后本是英王爱德华之妹。1286年,亚历山大三世在金霍恩(Kinghorn)坠马而亡,[①] 身后无男嗣,王室遗胤唯玛格丽特一女而已,这位公主是挪威国王埃里克(Eric)与亚历山大三世之女玛格丽特所生,人称"挪威少女"。尽管她身为女性、外邦人,并且尚在襁褓之中,但她作为苏格兰王国的合法继承人,早已在外祖父生前的精心安排下,被立为这一国的储君。[②] 亚历山大驾崩之际,先前安排好的应急部署显得十分恰当稳妥,国内并未出现人们或有理由担心的乱局。玛格丽特被承认为苏格兰女王,圣安德鲁斯(St. Andrews)主教、格拉斯哥主教、法伊夫(Fife)伯爵、巴肯(Buchan)伯爵和苏格兰王室总管詹姆斯(James)五人司职摄政,和平接手政务。年幼的公主在舅公爱德华和父亲埃里克的全力庇护下,似乎已经稳坐苏格兰女王的宝座。英王自然有意借机筹谋一番宏图大业。他前不久刚以武力吞并了威尔士,现在又试图通过玛格丽特与其长子爱德华的联姻,一统不列颠岛,以期岿然抵御国内动乱和外敌入侵。近年来两邦相处融洽,即便在更早的历史时代里,这种亲善关系也从未因残酷的战争或伤害而中断,大大有利于推进这个增益两国福祉和荣耀的联姻计划。苏格兰国会乐于应允英方的提议,甚至同意幼主在爱德华的宫廷接受教养。只因担心有损于本国的自由独立,他们把自己的家国命运托付给伟大而雄心勃勃的英国君主之前,格外谨慎地规定了十分公允的前提条件。双方

公元
1290年

85

---

① Heming.vol.i.p.29. Trivet,p.267.
② Rymer,vol.ii.p.266.

同意：苏格兰古老的法律、自由和习俗一概保持原貌；爱德华王子和玛格丽特将来倘若无嗣而终，本国王室第二顺位继承人即袭得苏格兰王位，享有自由、独立之王权；苏格兰王室下属的军事封臣永不被召离苏格兰，去向联合王国的君主行效忠礼；各大教堂、学院或修道院教堂的牧师会成员同样永不被召离苏格兰，去参加选举；为苏格兰事务而召集的议会，必须在苏格兰王国境内举行；爱德华必须保证遵守以上所有条款，如有违背，须向教宗缴纳十万马克罚金，用于圣战。[①]很难想象，哪两个国家之间的交往能像此番苏格兰和英格兰的整个缔约过程这般平等。爱德华接受了关于苏格兰君主未来独立地位的条款，只提出一条，即"保留他固有的权利"。这一保留条款丝毫未引起苏格兰贵族的警觉，一方面因为英王所称之"固有权利"迄今为止罕有所闻，也从未引起过任何麻烦，另一方面，也是由于苏格兰人希望看到它们完全融入本国君主的权利之内，而且这希望的实现已经近在眼前。

　　然而，尽管上述计划如此愉快地成形、又这般友好地得到执行，到头来却化为泡影，只因"挪威少女"在前往苏格兰途中突然夭亡。[②]苏格兰王国的前途顿时黯然。尽管早些时候建立的摄政团凭借权威镇住局面，暂且避免了内乱，然而王位继承的大事现已成为争议的核心，像这样的纷争通常无法单凭说理和争辩做出决定，摄政团夹在多位实力雄厚的竞争者之间，根本不能指望靠他们自己乃至苏格兰国会的力量，和平地加以解决。挪威公主玛

公元
1291年

---

① Rymer, vol. ii. p. 482.

② Heming. vol. i. p. 30. Trivet, p. 268.

苏格兰王位
竞争者

格丽特一死，苏格兰王威廉(就是那位曾被亨利二世俘虏的苏格兰国王)这一脉王嗣就此断绝；王位继承权转到威廉之弟亨廷顿(Huntingdon)伯爵大卫这一脉，然而大卫已无男嗣，于是王位继承权便向他女儿的后裔开放。亨廷顿伯爵育有三女：长女玛格丽特嫁给加洛韦(Galloway)勋爵阿兰(Alan)；次女伊莎贝拉嫁给阿南代尔勋爵罗伯特·布鲁斯(Robert Brus 或 Bruce)；三女阿达玛(Adama)嫁给黑斯廷斯勋爵亨利。玛格丽特留下一女，名唤德弗吉尔达(Devergilda)，嫁给约翰·巴里奥尔(John Baliol)，生下一子，与其父同名，现在参与角逐苏格兰王位；伊莎贝拉之子罗伯特·布鲁斯仍然在世，也坚持自己的王位继承权；阿达玛之子约翰·黑斯廷斯则主张，可以效仿其他领地继承的先例，将苏格兰王国一分为三，由亨廷顿伯爵的三个女儿均分，他自己根据母系继承权，要求得到其中的一份。巴里奥尔和布鲁斯联合起来反对黑斯廷斯，坚称王国不可分割。但他们二人又各自依据貌似合理的理由，坚持认定己方的继承权居先。巴里奥尔出自长房，而布鲁斯的辈分又排在巴里奥尔之前。如果尊重长子继承权的原则，前者的资格占优；如果考虑到血缘亲疏，则是后者拥有优先继承权。[1]国人情感各有偏向，所有贵族分别依附于这一派或那一派，下面的民众则无保留地各自追随其主。两位王位竞争者均实力雄厚，在苏格兰拥有家臣无数。此类性质的争议没有任何先例可循，即便在最合法且根基稳固的政府也难免引发动荡，无怪乎在这个更惯用武力而非适用法律的粗野民族当中，会爆发威及国统的最致命的内乱。

86

---

① Heming. vol. i. p. 36.

每个世纪都有其独特的事务处理模式。人们更多地受着习俗而非理性的引导，不假思索地随从所在时代的流行方式。当时的习惯做法似乎是，每当国与国、君侯与君侯之间发生争议，常会选择某位外邦君主担当公正的仲裁人，由他来裁决争端，做出决定，以期避免那些灾难性的、在任何时代都与战争密不可分的混乱失序。而封建政体因其本性使然，则令这种混乱失序的效果增强百倍，并扩散到各个角落。正因如此，前朝英王与贵族相争，才会提请法兰西国王仲裁，而后者以其闻名遐迩的正直品格，避免了此等危险对策自然令人担心的一切不良后果。同样，法兰西国王和阿拉贡国王，以及后来其他一些君主，也将彼此之间的争端提请英王爱德华公断。由于这些邦国地处遥远，涉事君主势力强大，而英王与双方均无利益瓜葛，令他得以作出合乎荣誉的裁断。因而，苏格兰国会在面临严重内战威胁之际，被英王的盛名和当前两国亲善关系吸引，同意请求爱德华出面仲裁。圣安德鲁斯主教弗雷泽(Fraser)率代表团出使英格兰，将上述决定禀告英王，请求他出面调停苏格兰当前的危局。① 他们自我安慰道，爱德华可以凭其意向阻止苏格兰人之间的内斗，他以自身的强大势力居间调停，竞争各方都莫能违逆。当一方竞争者提出上述解决方案时，另一方不敢加以反对，而与此事无关者一般认为，这样做可以避免迫在眉睫的内战危险。没有人考虑到爱德华野心勃勃的性格，也未想到一个被派系纷争割裂的小邦，这般毫无保留地将自己交由心存觊觎的强邻处置，几乎必定要招致毁灭。

提请
英王仲裁

① Heming. vol. i. p. 31.

（87）

　　对于英王来说，眼前的诱惑实在太强，绝非个人道德所能抵御。他打算抓住当前良机，即便不能马上实现对苏格兰的封建领有权，至少也要重新提起这一权利主张。迄今为止，他一直对这种权利主张讳莫如深，心知倘若引起他人注意，或只要招来些许怀疑，那么苏格兰贵族绝不会选择他来充当仲裁者。他深知，一旦苏格兰人屈从了上述要求——以苏格兰目前的状况而言，他们显然难以抗拒——无需多久，那个国家的绝对主权便唾手可得(就像威尔士的情形一样)；他也清楚，一个与宗主国共处一岛的大封臣，外无他国相助、内无同侪封臣援手，无从对抗强大宗主的谋夺，加之宗主一方还可凭借封建法所赋予的高高在上的地位，对其滥施苛责，因此这封臣根本无力长期保有自身领土主权。爱德华的宏伟蓝图对英格兰十分有利，最终或许也同样会增进苏格兰的福祉，但是就其本身而言却极为不公不义。为实现这个目标，爱德华忙于搜寻可证明其宗主权主张的依据。他不去搜索自己的档案库——如果他的主张成立，必定能在其中找到历代苏格兰君主向英王室称臣效忠的大量记录，构成独立可靠的证据——却下旨遍寻各个修道院，搜罗英国人撰写的古代编年史和其他史料，凡是貌似有助于他实现要求的段落都被采集起来。[1] 然而尽管采取了上述手段(在此过程中，他必定已经发现自己的主张有欠合理)，他的运气还是远远不够好。他的求证工作上起长爱德华时代，一直贯穿撒克逊时代和诺曼时代的各个王朝，终无所获。[2] 撒克逊时代

88

---

[1]　Walsing. p. 55.

[2]　Rymer, vol. ii. p. 559.

英国君主对苏格兰的所有权威,如果脱去修道院史家惯有的虚夸不实的行文风格,仅限于以下情形:苏格兰人有时败于英格兰人之手,以不利的条件缔约求和,也曾归顺英国君主,甚至在某种程度上依附于这个强大到他们当时无力抗拒的大国。诺曼时代的史籍可资证明的权威说法,如果称得上权威的话,则更不足以服人:史书中的确经常提及北方君主向英王行效忠礼,但是没有一位作者指出,上述效忠礼是代表苏格兰这一国而行的,相反,有几位史家明确宣称,苏格兰国王是为其在特威德河(Tweed)以南的领地向英王效忠,[1]如同英王为自己在法兰西继承的领地向法王宣誓效忠一样。爱德华最后等而下之地借助了可耻的篡改手段:他从豪登(Hoveden)的书中引用一个段落,[2]声称某位苏格兰国王曾向英国宣誓效忠,但他却故意略去这一句的后半部分,其中申明此效忠礼是为其在英格兰领有的封地而行的。

安尼克一战,苏格兰国王威廉兵败被俘,为求获释,他被迫以其王位向胜利者宣誓效忠。效忠仪式按封建法的规定,全套礼仪齐备。此事被载入英格兰王国的档案,在所有史家笔下均有提及。然而,鉴于此乃前所未有的孤例,史家们亦将这份宗主权称作亨利二世麾下幸运之师的重大斩获,[3]据此可以毫无疑问地认定,苏格兰王国在此前的所有时代里,一直是完全自由独立的。苏格兰的臣服状态只维持了几个年头:理查国王在奔赴圣地之前,希望与威廉重修亲善,于是宣布放弃这份宗主权,他明确表示,这份宗主权

---

[1]　Hoveden, p.492, 662. M.Paris, p.109. M.West. p.256.

[2]　P.662.

[3]　Neubr. lib. ii. cap. 4. Knyghton, p.2392.

是他父王勒索而来的,他本人只保留历代英王向来享有的、针对苏格兰王室在英领地的宗主权。

这一番往还使苏格兰的独立地位越发确定无疑,强似该国从未对英王效忠,虽然如此,苏格兰历任君主洞悉强邻贪欲所指,似乎长期对此抱有警觉,每逢行效忠礼时,总是急欲排除这方面的权利主张。公元1200年,威廉在林肯向英王约翰宣誓效忠时,特地在誓词中插入一段保留条款,表明其王者之尊。[①]后来,亚历山大三世在英国内战中发兵援助岳父亨利三世,也事先获取了一份承认书,声明此番援助只是出于友谊,而非应英格兰王室的权利要求而为之。[②]当这位国王受邀出席英王爱德华的加冕礼时,他表示拒绝,直到收到一份类似的承认书才改变心意。[③]

然而这一切理由(再也找不出比这更强有力的理由了)面对刀剑的威力却不堪一击,爱德华率一支大军开赴边境,以武力加强其证据,同时邀请苏格兰国会和所有王位竞争者前往特威德河南岸的诺勒姆城堡(Norham)见驾,就此前交付他仲裁之事听候裁断。固然,这份敬重似乎是爱德华这位伟大君主所应得的,亦未超过他的父王及英国贵族们在类似情形之下对法王路易九世的恭顺程度,但他仍然十分小心,不愿惹起怀疑,决心不到对方反对亦为时太晚的时候,绝不提出自己的权利主张。他向苏格兰贵族们递交了一份正式声明,说明尽管此番他们应召越过边界前来见驾,但这一步骤将永远不被引为先例,也不会给英格兰国王提供借口,在

---

① Hoveden,p.811.

② Rymer,vol.ii.p.844.

③ 参见本卷卷末注释[A]。

未来任何事务中要求类似的顺服。①如此,整个苏格兰毫无防备地把自己交在他的掌握之中,爱德华遂于诺勒姆开启仲裁。他通过 5月10日英国大法官罗歇·勒·布拉班松(Roger le Brabançon)之口向苏格兰国会宣布:他此番专为裁断苏格兰的王位归属而来;他决意以严格的公平对待竞争各方;他保有这份权威的资格,并非来自苏格兰人提出的申请,乃是凭着自己作为苏格兰王国上级宗主的身份。②随后,他出示了关于其宗主权的证据,假作它们无可置疑的样子,要求苏格兰国会予以确认。其实,倘若内中事实已经广为人知并已得到公开认可,上述要求便是多此一举;而爱德华提出这个要求,分明暴露了他明知自己的权利主张有缺陷、根本站不住脚。这个全新的权利主张令苏格兰国会深感震惊,惟报之以沉默。而英王为了维持表面的自由和合法程序,希望他们回到自己的国家,慎重考虑他的要求,核查他所提出的证据,如有反对意见尽可提出,再将决定告知他。为此,他指定特威德河北岸厄普塞特尔顿(Upsettleton)的一处平原作为会晤地点。

　　苏格兰贵族们在指定地点聚齐之际,面对上述令他们始料不及的权利主张,以及英王祭出的欺诈手段,他们虽则义愤填膺,却发现自己已被诱入一种极其不利的地位,根本不可能起而反抗、维护他们古老的自由和国家的独立。那位勇武有谋的英王率领一支大军,就驻扎在不远处,与他们隔河相望,而沿河多处皆可涉水而过。若是迅速逃离,他们中的一部分人有可能全身而退,但又如何

91

---

① Rymer, vol. ii, p. 539, 845. Walsing. p. 56.

② Rymer, vol. ii. p. 543. 参见本卷卷末注释[B]。

能指望抵挡英王下一步的侵夺、拯救苏格兰王国于水火？他们没有统一的领袖、如同一盘散沙，分别依附于本国的几位王位竞争者，而谁能登上大位的决定权又被他们轻率地拱手交给这位心怀僭夺之志的外国君主，以致几位王权竞争者完全受制于英王。如果抵抗，只能给他们自己和子孙后代招来更残酷、更血腥的奴役。然而，根据当时最杰出的史家之一沃辛汉姆（Walsingham）记载，[①]苏格兰贵族们即使面对这等令人绝望的局面，仍有勇气回复道，本国无主，他们无权决定如此重大的问题。爱德华国王的日志则称，苏格兰贵族根本没有任何答复。[②]或许，实际情况是，他们对爱德华的主张未予特别的回应或反对。这样一种解释便可调和国王日志和史家的说法。于是，英王把无声视为默许，以自己的名义致函给几位王位竞争者，要求他们承认他的宗主权，嗣后才能宣布他的裁决结果。

　　显然，依据苏格兰的王室谱系而言，关于这次王位继承只有两个问题：首先须解决巴里奥尔和布鲁斯与黑斯廷斯勋爵之间的争议，即是否实行王国分治的问题；其次，如果确认王国不可分割，则须判断巴里奥尔和布鲁斯两人谁拥有优先继承权。然而我们看到，此时此际对苏格兰王位提出继承要求的，除了上述几位之外，至少还有九个人——包括巴德诺赫（Badenoch）勋爵约翰·卡明（John Comyn 或 Cummin）、霍兰（Holland）伯爵弗洛伦斯（Florence）、马契伯爵帕特里克·邓巴（Patric Dunbar）、威廉·德·维西（William

---

　　① Page 56. M.West.p.436.另据 Hemingford, vol.i.p.33记载，英王狂暴地威胁苏格兰贵族，迫使他们屈服，至少是保持沉默。

　　② Rymer, vol.ii.p.548.

de Vescey)、罗贝尔·德·佩克尼(Robert de Pynkeni)、尼古拉·德·苏勒(Nicholas de Soules)、帕特里克·加利特里(Patric Galythly)、罗歇·德·曼德维尔(Roger de Mandeville)、罗贝尔·德·罗斯(Robert de Ross),更不必说还有那位挪威国王,他也提出继承其女玛格丽特的王位。[1]上述竞争者一部分出身于苏格兰王室的远支,另一些人甚至是王室私生子的后代;鉴于他们当中没有一个拥有任何继位资格,可以很自然地推测,是爱德华私下鼓动他们加入王位之争,以便加剧苏格兰贵族的分裂,令事态变得更加错综复杂,这样他就能在众多候选人当中选择对自己最恭顺的那个。

　　不过,这一次英王发现所有人都表现得同样卑躬屈膝。[2]罗伯特·布鲁斯率先承认爱德华对苏格兰的宗主权;此时此际,他已觑明英王的觊觎之心,所以,他甚至在自己要求王位的申请书中,抢在其他王位竞争者之前,先行尊其为苏格兰王国的宗主。[3]其他人虽然比布鲁斯落后一步,但在接到要求时,似乎也都甘心乐意地同样予以承认。唯有巴里奥尔由于担心触怒苏格兰国民,故意在前几天拒不露面,延宕到最后一个才承认英王的宗主资格。[4]爱德华接下来慎重考虑如何商讨解决这一重大争议。英王颁旨,命巴里奥尔一派和布鲁斯一派分别推举四十位委员,加上他自己钦点的二十四位英国人,总共一百四十人组成仲裁事务委员会对此事

---

① Walsing.p.58.

② Rymer, vol.ii.p.529, 545. Walsing.p.56. Heming.vol.i.p.33, 34. Trivet, p.260. M.West.p.415.

③ Rymer, vol.ii.p.577, 578, 579.

④ Ibid.p.546.

周密参详，随后报呈御览。[1]他承诺在次年做出裁断。与此同时，英王声称有必要接管苏格兰的全部城堡，以利于将来真正的王位继承人毫无阻碍地克承大统；结果，苏格兰国会和所有王位竞争者均对这一非分要求逆来顺受。[2]各城堡的总督也当即交出了指挥权，唯有安格斯(Angus)伯爵乌姆弗勒维尔(Umfreville)抗命，表示没有国会和几位王位竞争者正式下达的特别命令，不能把手上的几座城堡移交给如此专横跋扈的一位仲裁者，因他迄今为止的所作所为已经给苏格兰人提供了太多怀疑的理由。[3]在这次给苏格兰打下深深耻辱烙印的会议结束之前，所有与会的教会长老和贵族均已宣誓效忠爱德华；后者又指派了多位专员，接受其他苏格兰贵族和社会显达对英王的效忠礼。[4]

英王终于如愿以偿地将上述重要斩获收入囊中，他随即命仲裁事务委员会留驻贝里克(Berwic)，查考一众王位竞争者的继位资格——这是一个需要仰人鼻息的君位，不过爱德华一直以来倒也乐于让合法继承人享有它。国王启程南下，一来是为了参加此际去世的埃莉诺太后的葬礼，二来是要解决两大贵族之间的纷争。格洛斯特伯爵吉尔伯特是英格兰最大的贵族，又是国王的东床快婿；他倚仗王室姻亲的地位，更凭着自己势力强大，自以为可以凌驾于法律之上，纵容手下的产业代理人和附庸闯入赫里福德伯爵亨弗雷·博亨的领地施暴，后者则同样还以暴力。但是，本朝已经

---

① Ibid.p.555,556.
② Ibid.p.529. Walsing.p.56,57.
③ Rymer,vol.ii.p.531.
④ Ibid.p.573.

不容此类非法行径逃脱惩治了。爱德华国王将两位伯爵一同治罪，关入监牢，迫使赫里福德伯爵交出一千马克，那位驸马爷则须缴纳一万马克罚金，钱不缴齐绝不放人。

公元1292年

在此期间，约翰·巴里奥尔和罗伯特·布鲁斯两人的继位资格(在众多竞争者当中，他们对苏格兰王位的主张似乎依据最为充分)成为仲裁事务委员会一般性研讨和内部争论的焦点。爱德华为了增强自己属意的裁决结果的权威性，提出将这个一般性问题交予委员会和欧洲所有著名律师讨论：对于王国、采邑及其他不可分割的遗产，继承权的竞争双方一个出自长房，但辈分较低，另一个虽无长房身份，但辈分较前者高出一级、与家族主干血缘更近，在这种情况下，是否应当判定长房的继承次序居先？本案的实质就在于此。在这个时期，长子继承原则已在全欧所有地方得以稳固确立，因此，国王得到的答案一致赞成长房继承权。他据此宣告，仲裁结果为巴里奥尔胜出。布鲁斯在失望之余，转而与黑斯廷斯勋爵联手，声称王国可以分割，要求继承王国的三分之一；爱德华不顾分裂苏格兰似乎对自己更为有利，再次宣布巴里奥尔赢得仲裁。巴里奥尔重申对英王的效忠誓言之后，被扶上苏格兰王位；[1]凡应属于他的城堡全数被交还给他。[2]迄至此时，爱德华的所作所为，无论是裁决结果的公允性还是整套程序那种刻意的郑重规范，均无可挑剔。

爱德华裁定巴里奥尔胜出

倘若英王的野心仅限于确立对苏格兰的宗主权，尽管他的权

公元1293年

---

① Rymer, vol.ii.p.590, 591, 593, 600.
② Rymer, vol.ii.p.590.

利主张明显有失正当、又因极其恶劣的背信行径而越发逆情悖理，但只要他不再得寸进尺，那么截至此时，他或许已然胜果在手，足可将这一重大斩获传诸子孙后代了。然而，他接下来的行动，则令其贪婪心迹昭然若揭，说明他并不满足于僭得宗主权，更欲绝对统治和支配苏格兰王国。他并未采取循序渐进的方式，让苏格兰人慢慢适应其羁轭，亦未注意有节制地行使宗主权，而是鼓励苏格兰的一切争讼都上诉到英格兰；他还根据一些微不足道的案由，分别发出六次传唤，要求苏格兰王约翰·巴里奥尔亲赴伦敦出庭，[①]又拒绝后者依据固有的特权委托代理人出庭辩护，而是强令他以个人身份在英国议会面前受审。[②]这样极具羞辱性的要求，乃是苏格兰君主此前从未领教过的，然而按照封建法，这些无非是其身为封臣应尽的本分。鉴于苏格兰君主遭受的这般待遇在史上从无先例，爱德华的内心即或存有任何疑问，只消根据这种情况，必已能够认清自己的权利主张纯属僭夺。[③]不过，他的意图显然在于，用这些侮辱激怒巴里奥尔，逼他造反，再治他个叛臣贼子的重罪，夺其封国。果然，巴里奥尔虽秉性温和，却也不堪其辱，他怒冲冲地返回苏格兰，决心不惜任何代价争回自由。时隔不久，英法之间爆发的战争便给他送来了偿此夙愿的良机。

在那个充斥着暴行、掠夺和混乱的时代，不仅陆上有无法无天的贵族及其豪奴四处横行，海上也同样有海盗肆虐。王国执法力度薄弱，对各等级全无约束之效。人心普遍被劫掠和复仇欲所

---

① Rymer, vol. ii, p. 603, 605, 606, 608, 615, 616.

② Ryley's Placit. Parl. p. 152, 153.

③ 参见本卷卷末注释［C］。

支配,加上错置的荣誉感推波助澜,世风流弊所及,商人和水手们也同样受到感染。在这种欲望驱使下,他们只要遇到任何挑衅,就会当即反击,寻求报复和赔偿。一艘诺曼底海船和一艘英国海船对法战争在巴约讷(Bayonne)沿岸相遇,两船都需要补充淡水,于是各自派了小船上岸取水。双方水手同时来到一口泉边,为了谁先汲水而起了争执。一个诺曼底人拔出匕首去刺英国人,不料在厮打中被后者摔倒,据称他正好摔在自己的匕首上,结果送了命。[①]这次因两伙水手争水而起的打斗,很快就在两国之间引燃了一场血腥战争,并使欧洲的大片地区卷入纷争。诺曼底船员们向法王腓力告状,腓力既未调查事实,也不向英方索赔,只吩咐水手们自去报仇,别再拿这件事来烦他。[②]诺曼底人本性恣纵,能向国王申诉已是莫大的循规守矩,得此暗示立即发动暴力反击,毫不迟延。他们在海峡中扣住一艘英国船,当着全体船员的面,把几名水手和几条狗一起吊死在横桁上,就这样将船放还;[③]他们让船上水手捎话给其英国同胞,这是以血还血,给在巴约讷被杀的诺曼底人报仇。五港水手们因这次伤害和对他们全体的蓄意侮辱而激忿,他们并未向国王提出任何申诉,也不等什么赔偿,用同样野蛮的方式对所有法国船只不加区别地发起报复。法国人被损失激怒,遂针对爱德华的所有臣民,无分英国人还是加斯科涅人,劫掠他们的船只。大海变成了两国海盗相争的战场;而双方君主似乎只是漠然旁观,既不支持也不约束己方臣民的暴行。英国人与爱尔兰和尼德兰水手私下

---

① Walsing.p.58. Heming.vol.i.p.39.

② Walsing.p.58.

③ Heming.vol.i.p.40. M.West.p.419.

结盟，法国人则与佛兰德斯人和热那亚人联手。[①]双方阵营彼此积怨日深，冲突一天比一天残酷和野蛮。有一支由二百艘船只组成的诺曼底船队，扬帆驶向南方，去采购葡萄酒和其他货物，他们沿途俘获了所有遇到的英国船只，绞死船上水手、夺取所载货物。英国诸海港的居民闻知此事，装备起六十条船体坚固、人员精悍的好船，待对方返程时予以伏击；经过一番苦战，击溃诺曼底船队，击沉、重创或俘虏了其中大部分船只，[②]对敌船人员一律杀无赦。据称，此战法方死亡人数多达一万五千人，这是因为，诺曼底船队回程时受雇从南方运载一只庞大的军队北归。

　　事态发展到如此严重的程度，两国君主已无法坐视不理。腓力遣使赴英，要求英方赔偿损失、归还财物，英王即派伦敦主教前往法国宫廷，以调停争端。他首先表示，英国法庭向所有人开放；倘有任何法国人受到伤害，可以依照法律程序索赔。[③]随后，他又提出，可以通过私人仲裁调解此事，英王也可与法王单独会商解决之道，或将争端提交教宗、枢机主教团或任何一位得到双方认可的主教进行裁断。[④]法方或许是因为迄今为止在冲突中落于下风，因此更觉愤慨，对上述一切调停方案均表回绝。双方继续抄没彼此的船只、货物，加斯科涅人在法国西海岸、英国人在英吉利海峡继续劫掠；腓力宣召英王以吉耶纳公爵的身份到巴黎，为上述罪行出庭受审。爱德华唯恐吉耶纳领地有虞，遂派久历戎行、经验丰富的

①　Heming. vol. i. p. 40.
②　Walsing. p. 60. Trivet, p. 274. Chron. Dunst. vol. ii. p. 609.
③　Trivet, p. 275.
④　Ibid.

约翰·圣约翰(John St. John)赶往波尔多,命他巩固吉耶纳的防务。[1]

不过为避免两国最终走向决裂,英王还是派了御弟兰开斯特伯爵埃德蒙前往巴黎:鉴于这位御弟娶法国王后简(Jane)的母亲纳瓦拉女王为妻,有了这层姻亲关系,他似乎是出面谋求和解的最恰当人选。简对英方使臣假意殷勤斡旋,法国太后玛丽也同样做出亲善之态;这两位女主告诉埃德蒙,现下最棘手的是腓力的颜面问题,法王恼恨吉耶纳人作为次级封臣居然以下犯上,严重挑战他的帝王之尊。不过,假设爱德华提出将该省份的封建领有权和实际占有权献给法王,那么后者受伤的自尊定会全然平复,随后立即将吉耶纳完璧奉还,并且欣然接受对其他损害的赔偿。兰开斯特伯爵请王兄拿主意,而此时苏格兰战争一触即发,这是英王心目中最重要的事,这位平时权谋过人的君主被征服苏格兰的主宰激情蒙蔽了双眼,竟使自己落入如此显而易见的圈套。[2]他传旨给御弟,命其签署并执行与法国王后和太后拟定的条约;法王腓力也郑重承诺履行己方的义务;传唤英王赴法兰西出庭的令状也相应地予以收回。不过,法国王室一旦占据吉耶纳,转而便更新了传唤令。爱德华因未到庭而被判有罪,法院正式判决,宣布没收吉耶纳,并入法兰西王室领地。[3]

爱德华之前煞费苦心设局诓骗苏格兰人,却不料自己也掉进了类似的陷阱,不禁大为光火;更令他羞愤难当的是,自己竟然如此恶劣地被法国宫廷玩弄于股掌之间。他心知加斯科涅地区没有

公元
1294年

97

---

① Trivet, p. 276.

② Rymer, vol. ii. p. 619, 620. Walsing. p. 61. Heming. vol. 1. p. 42, 43. Trivet, p. 277.

③ Rymer, vol. 11. p. 620, 622. Walsing. p. 61. Trivet, p. 278.

寸土保留在他手中，要想收复失地难度极大；为了尽力挽回损失，他联络若干公侯，策划从四面八方进攻法国，以分散法方的防御力量。罗马人的国王阿道夫·德·拿骚(Adolphus de Nassau)为此与爱德华结盟，[1]萨伏依伯爵阿马德乌斯(Amadaeus)、科隆大主教、海尔德兰(Gueldre)伯爵、卢森堡(Luxembourg)伯爵，以及爱德华的两位女婿——分别迎娶了玛格丽特公主和埃莉诺公主的布拉班特公爵和巴尔(Barre)伯爵，也都加入到反法阵营中来。不过，由于英方财力有限，维持这个庞大的同盟实在勉为其难，以致这一战略全未奏效。相比之下，倒是有一支英军在吉耶纳打出了一点动静，那是英王清空国内大牢，把狱中服刑的成千上万名盗贼、劫匪发去充军而组成的一支队伍。当初封建制度鼎盛时期在世人心目中倍受尊崇的行武职业，而今竟沦落到如此不堪的地步！

　　英王本人一直滞留国内，起初是因为风向不利，[2]后来又顾及苏格兰人入侵的危险，因此未能离国；接着威尔士人掀起叛乱，国王发兵镇压，迫使他们重新臣服。[3]派往吉耶纳的英军由国王的外甥、里奇蒙伯爵约翰·德·布列塔尼(John de Bretagne)统领，他麾下有圣约翰、蒂贝托(Tibetot)、德维尔(de Vere)等众多赫赫有名的战将；[4]这支部队占领了巴约讷、布尔(Bourg)、布莱耶(Blaye)、利奥尔(Reole)、圣-塞维尔(St. Severe)等市镇，围困波尔多(Bourdeaux)，切断其海陆交通。加斯科涅贵族的亲英倾向助他

① Heming.vol.i.p.51.

② Chron.Dunst.vol.ii.p.622.

③ Walsing.p.62. Heming.vol.i.p.55. Trivet,p.282. Chron.Dunst.vol.ii.p.622.

④ Trivet,p.279.

们一路顺利克捷,似乎还兆示着更辉煌的胜利。然而,由于一些英国军官行为不当,这种优势很快便不复存在。法军在腓力的弟弟查理·德·瓦卢瓦(Charles de Valois)亲王统率下,包围了利奥尔附近一个名为波当萨克(Podensac)的小要塞,要塞总督吉法尔(Giffard)被迫有条件投降。议定的投降条款虽说宽待了英国人,却把所有加斯科涅俘虏交由法军任意处置,查理·德·瓦卢瓦遂将其中五十人以叛国罪绞死。这个策略一箭双雕,既震慑了当地民众,又在英国人和加斯科涅人之间造成了无法弥合的裂隙。[①]这位亲王即刻挥师攻打里奇蒙伯爵坐镇的利奥尔,伯爵考虑到该城难以久守,便率部退向海滨,意欲会合大部队乘船撤退。被激怒的加斯科涅人起而攻击英军后队,同时开城迎接法军;结果法军不但占领该城,还俘获多位英方贵要。牛津伯爵之子休·德维尔(Hugh de Vere)在圣-塞维尔进行了较顽强的抵抗,但最终不得不有条件投降。法王在加斯科涅屡尝胜果犹嫌不足,还威胁要入侵英格兰;法军发动突然袭击,攻占多佛尔,并将该城付之一炬,[②]但不久便被迫撤军。法王又与苏格兰王约翰·巴里奥尔秘密结盟,意在进一步分散英军力量,让爱德华陷入多场危险而重要的战争,首尾不得相顾。法国和苏格兰的紧密联盟自此开始,在随后的若干世纪里,因双方共同的利益和需求一直维系下来。为确保联盟稳固,约翰为自己的长子与查理·德·瓦卢瓦之女议定婚约。[③]爱德华要应付多边战事,还须加强防务,军费开支巨大,加之国内大势已在不

插叙
英国议会
的构成

---

① Heming. vol.i.p.49.

② Trivet, p.284. Chron.Dunst.vol.Ii.p.642.

③ Rymer, vol.ii.p.680, 681, 695, 697. Heming.vol.i.p.76. Trivet, p.285.

知不觉间悄然变化，迫使他不得不经常申请议会拨款，由此导致较低等级被纳入公共议事机构，从而为一场伟大而重要的政体变革奠定了基础。

封建制度下，从国王到品级最低的绅士，无不长期受制于封建隶属关系，并导致低等级民众深受奴役——此乃封建制度无法摆脱的弊病，这种状况最不适于培育和平环境下的艺术，也不适于维持和平本身；尽管如此，这种制度却从来不能使一国保持适当的战争态势，也不能充分调动举国之力组织防务，更遑论主动打击公敌。那些军事封臣既不惯于服从，又缺乏战争经验，他们获得军衔仅仅凭借出身，而非自身的才干或功劳，如此组成的军队混乱无序，因而战斗力极差；他们因领地军役保有权的规定而不得不留在战场上的那几天，虽是奉召对敌作战，但是对外敌造成的威胁往往不及对己方君主的威胁更大。因此，各国君主逐渐弃用这种缺乏便利并且危险、太容易反遭其患的制度，改为与特定的军官（如意大利人所称的"贡多铁里"①）签约，用金钱换取军事服务，待战争结束即予遣散。②男爵和骑士们也常与君主签订此类合约，他们一方面以自身权威号令附庸和佃户从征，另一方面召募领地上游荡的大量无籍之徒，这些人也乐于从军，借机满足内心的争斗欲和劫掠欲。

与此同时，古老的日耳曼式社会结构也被人淡忘，逐渐趋于衰亡。尽管征服者威廉当初将全英格兰的土地划分为六万个骑士领，

100

---

① ［意大利语］Condottieri，佣兵队长。——译者

② Cotton's Abr.p.11.

但是,由于相关人等玩弄的各种花样,这些骑士领的数目一直在不知不觉中慢慢减少;以致国王最后发现,当他按律召集封臣提供军役时,所集结的人马只相当于古代王国军力的一小部分。那些从国王或大领主处领有军事采邑的人常用的一个取巧办法,就是把土地转到教会名下,教会再以"自由教役保有权"(frankalmoigne)将土地返授给他们,经此一番往还,土地保有人便可免于对原宗主的任何役务。[1]后来,国家针对这种行径出台了一条法令,但是已经为时太晚、积弊难除,而且,这条法令在执行中可能并未完全落到实处,可以推测,它像那个时代的大多数法律一样流于表面,由于它触犯到太多人的永久利益,法官也无意严格执法。治安官和军队将帅在召募军队时,常因军务紧急、对情况不够了解,接受某个男爵率领的兵士员额少于其名下骑士领数目的队伍,而此类不利于国王的先例一开,便从此被援引为减轻役务的依据。[2]王国骑士领的籍册管理粗疏,在召聚部队开赴沙场之前,没有人费心去订正错误。[3]到了临战之际,再想到去查考各种记录和特许状,已然来不及,而一个封臣的领地经过各种形式的分割、合并之后,其保有权的性质和范围都已模糊不清,只能根据封臣自己认可的基数接受其提供的军役。[4]不难想见,如果与个人之间发生这种争执,情况该是何等纷乱复杂、缠夹不清;此外,教会对名下的军事采邑

---

[1] Madox, Baronia Anglica, p.114.

[2] Madox, Baronia Anglica, p.115.

[3] 我们只知道一位国王,即亨利二世,曾经不辞辛苦做过这件事。对勘误结果的记载汇总为《财政署黑皮书》(Liber niger Scaccarii)。

[4] Madox, Baronia Anglica, p.116.

享有固定且不可剥夺的所有权,然而就连这些采邑的数目也成为
争议的焦点。一个具体的例子是,亨利二世之女与萨克森(Saxony) 101
公爵成亲之时, 按律向达勒姆主教征收其名下七十个骑士采邑的
贡金, 而那位主教只承认拥有十个采邑, 否认另外六十个。[①]这场
争议最终如何解决, 我们不得而知, 不过, 倘若问题是关乎王国扩
军备战的, 那么主教的役务基数很可能就按照十个采邑被顺利接
纳, 并无异议;而且必定被援引为今后的固定标准。军役基数缩减,
以金钱形式缴付的免服兵役税也相应减少。[②]必须设计其他方法
充实府库和部队员额:新形势催生了新的法律和制度。王室财政
和军队状况的重大变化, 以及私人产业发生的巨变, 在立法和民政
管理的方方面面引发了同样令人瞩目的创新。

　　诺曼征服后威廉赐予手下男爵和首领的广袤领地,没过多久
便失去了完整的原貌。这些地产逐渐分散到更多人手里:大块的
男爵领被分割、有的是为了给家族次子提供生计、有的是因共同继
承人均分产业、有的是因产业出售、有的是被国王收回转赐给众位
廷臣, 也有的是因领主之间的小块领地交易所致。小规模领地迫
使保有者保持节俭、只能留在家中过日子,因而更适于长远生计;
结果, 骑士和小领主群体便日益壮大起来, 在王国中开始形成一个
数量可观的阶层。由于他们都是领有军事采邑的王室直接封臣,

---

　　① 　Ibid. p. 122. Hist. of Exch. p. 404.

　　② 　理查一世被囚时, 王室为了筹集十万马克赎金, 向每个骑士领摊征二十先令。
倘若征服者威廉当初划定的骑士数目保持不变, 那么募得贡金的总数理应达到九万
马克, 与所要求的数目差距不远。但是我们发现, 王室为了凑齐赎金, 还另外向民众征
收了多项重税。这便确切地证明, 当时王国骑士领的籍册已经充满作伪、不实之处。

因此,若按封建法的原则,他们与最高等级的男爵一样,有资格出席国家议事会或大谘议会;他们将此权利视为一种特权,不会彻底放弃,尽管如此,这在他们心目中也是一种负担,只希望在特殊情况下偶尔行使。有鉴于此,约翰王签署的《大宪章》中规定,大领主奉国王签发的令状出席大谘议会,小领主(包括骑士在内)只由郡守下达普遍召集令。大、小领主的划分并无明确定义,就像贫富概念的区别一样。不过,这与当时不讲求精确的时代风气和简单粗放的古代政制十分相符,在很大程度上任由国王及其手下大臣们自由裁夺。国王可能特颁令状召某一位领主参加一届议会,下届议会时又把这个人忘掉,此乃司空见惯的情况,[①]从来没有人抱怨过因此受到伤害。如果要求他参加,他便参加;倘若没接到要求,他更是乐得免于这种负担。另一方面,由于官方承认小领主的等级身份与大领主平起平坐,大领主们见到小领主出席议会也并不大惊小怪,无论后者是自愿前来,还是蒙国王特召而来。因此,以不同资格出席议会的"令状贵族"逐渐与"领地贵族"合流;据卡姆登(Camden)所述,[②]有一份现已失传的古代文献记载,伊夫舍姆战役之后,曾经颁行一部制定法,规定任何领主无特别奉召不得出席议会,自此之后,全英格兰的贵族参加议会统统以令状召集,凭借领地获得参会资格的重要特权事实上已经废止。只有那些多年一贯获颁令状的显贵家族,一旦被忽略,就会觉得蒙受公开侮辱,甚至视之为一种伤害。

---

① 参见韦斯特大法官(Chancellor West)关于贵族院议员资格认定的研究,p.43,46,47,55。

② In Britann.p.122.

　　王国最高贵族等级——伯爵阶层中也逐渐发生着类似的演变。和男爵一样，古时候伯爵的尊衔也意味着领地和职权；[1]伯爵在各自辖域内主持司法，抽取罚金总数的三分之一作为自己的收益，集民事和军事管辖权于一身。自诺曼征服以降，英格兰伯爵的权力一直是家族世袭，然而由于这个爵衔与行政职权密不可分，国王如欲新封哪个人为伯爵，也只能先将某地设为伯爵领，再把它封授给自己属意的人选及其家族。[2]但是，郡长作为伯爵的政务副手，由国王指派到各郡，并可由国王随意撤换，因此国王发现这些人对自己的依赖性更强，遂尽量将各郡的行政司法大权完全交到郡长手上。这位地方官负责郡内财政事务，王室在本郡的一应租金均由他收取；王室领地居民应缴多少摊派税，都由他随心所欲地估定；王室名下的监护权和产业罚没事宜也通常交由郡长管理；下级法院庭审亦由郡长主持。这样，尽管郡长在品级上不如伯爵尊贵，但是因其一手把持本郡司法和财政权力，又深受国王信赖，在世人心目中的权威很快便压过伯爵一头，间接削弱了后者在自身辖域内的影响力。[3]对于伯爵，国王在封爵之际往往给予定薪，通常为每年二十镑左右，以替代其抽取三分之一罚金的特权，这种做法逐渐形成常例。伯爵的权力与收入同步缩水，其尊号与领地和职权脱钩，退而成为个人的荣誉虚衔。上述诸般剧变，在贵族院也就是议会中（因为古代议会似乎并无其他的名目）已然完成，或者正在逐

103

---

[1]　Spellm. Gloss. *Comes* 词条。

[2]　参见 Essays on British antiquities。不过，这种做法在苏格兰和欧陆各王国似乎比英格兰更为常见。

[3]　也有一些宗室王孙受命出任郡长的例子。见 Spellman, Gloss. *Vicecomes* 词条。

渐演进。

尽管引入"令状贵族"和"领地贵族"的区别,令王室权威略见增长,但也有其他一些因素抵消了上述创新的作用,在更大程度上倾向于削弱君权。封建军役制因被弃用而大体趋于消亡,以致贵族们几乎完全忘记了自身对王室的臣属关系。由于骑士领数目锐减,国王通过征收盾牌税,以金钱充抵役务的做法也得不到合理的收益。王室领地多被转让,令王室财务困顿不堪。尤其是,《大宪章》的颁授限制了王权,英王再欲恣意独断专行必将面临更多的困难和危险。在这种局面之下,国王自然会设法邀取下层贵族和骑士们的好感,这些人的影响力不足以对国王构成威胁,又因时时遭受强邻欺压,企求在王座的荫蔽下获得法律保护。因此,国王希望将小贵族引入议会,抑制大贵族的专横跋扈。要求全体小贵族定期出席议会,恐怕会造成混乱,也会令他们不堪重负。如果以令状召集其中的少数人前来参会,虽然有过先例并且效果良好,但却不足以完全达到国王希望中的目的,因为这些人除了自身人品的感召力之外并无更多威望,在有权有势的大贵族面前显得黯然失色。于是,国王下旨豁免了大部分小贵族出席议会的义务,但要求他们在本郡小贵族中推选出若干位代表,并承担代表们出席议会的开销,以回报国王的这项恩惠(时人的确是这么认为的)。代表们担负整个阶层的信任,自然也获得了他们全体的授权。这种变通做法,在亨利三世一朝曾经几度采用;[①]在本朝则成为定例。

---

① Rot.Claus.38. Hen.Ⅲ.m.7.and 12 d.: 又参见Rot.Claus.42. Hen.Ⅲ.m.1.d. Prynne's Pref.to Cotton's Abridgement。

各郡推选的代表数目依国王的意愿时有变化。[①]在议会上，他们坐在其他贵族中间，因为他们领有封地，本属于贵族阶层。[②]将这个阶层引入议会的做法几乎根本未被视作一种创举；尽管国王凭借手中权力，可以轻易借着改变代表人数而操纵整个议会的决定，但是上述情况并未引起多少关注，在那个时代，武力要比法律更有效力，即便是立法会议上以多数票通过的决议，倘若违背了少数强权者的意志，仍然无法付诸实施。

古老的封建军役制逐渐萎缩继而被弃用，还造成另一些意义重大的后果。国王每遇事端，总要花钱征募并维持一支军事力量，这项开支的增长已超乎有限的王室收入所能支撑的限度。由于从王室军事封臣处取得的代役金即盾牌税收入已经微乎其微，他只能依靠议会和教会自愿提供的补助金，或者向各城镇及王室领地居民摊派税金来弥补缺口。在此前一年里，爱德华因财务吃紧，已经不得不征收在俗臣民全部动产的六分之一，以及教会人士全部圣俸的半数，[③]用于出师普瓦图和镇压威尔士叛乱。爱德华预见到，这种令人苦恼的状况今后大有可能一而再、再而三地出现，让他和后世的国王们不胜其扰，于是他想出了一个新招法，宣召所有自治市镇派代表出席议会。是为爱德华在位第二十三年，这一时期似乎可以说是下议院(the house of commons)肇始的真确纪元，也是英国民主政体晨曦初绽之年。因为各郡代表只是小领主、小贵族群体的代言人，无关乎平民参政；而此前莱斯特伯爵当政时，固然

105

---

①　Brady, Answ. to Petyt, from the records, p. 151.

②　Brady's Treatise of Boroughs, App. No. 13.

③　Ibid. p. 31. 引自records. Heming. vol. i. p. 52. M. West. p. 422. Ryley, p. 462.

也曾召集各自治市镇代表出席议会，但此举被视为一种粗暴僭权，遂在后来的各届议会中被废止，倘若没有其他理由使得平民参政成为必要，那么以上先例的存在非但不会对此政策的出台有所助益，反倒大有可能毁了它。

　　在若干年里，英国王室一直效法欧陆其他君主，采取鼓励和保护下层勤劳民众的政策。君主们发现，下层民众乐于遵纪守法、服从政府管理，他们以聪明才干和辛勤劳动丰富了产品供应，作为和平年代不可或缺的装点、战争时期必不可少的支撑。尽管各处领地的下级佃户仍被骄横的领主肆意欺压，但是已经出现了很多尝试性的措施，旨在更多地保障市民的安全和自由，令他们得以安享自己辛劳的成果，不受侵扰。各处领主自用地上，在王室的特许之下建立了众多的自治市镇。它们被授予自由贸易权；自治市镇居民得到允许，以包税方式自行管理海关和税卡。[1]他们得到授权，自主选举治安官，本地司法事务由治安官主理，不必通过郡长法院或郡法院解决。通过这些合乎公平原则的特权，人民逐渐获得了些许独立。[2]然而，国王仍然握有对自治市镇任意摊税的大权，[3]尽管由于民众的贫困境况和时代惯例所限，此类征敛不算频繁、额度也并不过高，但是无限制的君权对商贸的抑制作用仍然明显可见，并且与自由政体的所有原则截然相反。不过，当王室的各种需要促使征敛的胃口变大时，国王尽管手握征税特权，却发现自

---

　　①　Madox, Firma Burgi, p.21.
　　②　Brady, Treatise of Boroughs, App.No.1.2.3.
　　③　国王不仅有权在王室领地内征税，还可向特定贵族授权，允许他们向自己领地内的居民课税。参见Brady, Answ.to Petyt, p.118, Madox's His.of the Exchequer, p.518。

己的实力不足以强制推行此类敕令，因此在赋税开征之前，必须为课税铺平道路，通过恳求、规劝、威压等手段，取得自治市镇的同意。爱德华国王不久便感到，与每个市镇逐一讨价还价实在麻烦，他发现取得供应最便利的办法就是召集所有自治市镇的代表，向他们摆明需要，当面讨论，并要求他们同意君王的索求。为此，他向各郡郡长颁发令状，吩咐他们从本郡选派两名骑士、又从郡内每个自治市镇选派两名代表，一并送来参加议会，[1]要保证参会者获得所属群体的充分授权，能以后者的名义同意国王及王室顾问会的要求。国王在令状导言中写道："关乎全体的事宜理应取得全体的首肯，所有人共同面临的危险也理应集全体之力去抵御，这是一条极其公平的规则。"[2]这条高贵的原则或可被视为这位君主思想开明的表征，同时也为一种自由而合乎公平原则的政体奠定了基础。

代表们经郡长和市议会选出之后，须向国王和议会出具参会的保证；他们的川资也相应地由所在自治市镇承担。这些人几乎毫无参政立法的意识，只因立法者的角色与他们卑微的等级身份差距过于悬殊，[3]以致任何一个市镇或任何一位当选为代表的人都

107

---

① 获颁令状的大自治市镇约有120个。

② Brady of Boroughs, p.25, 33, 引自records。恰于此前发布的议会召集令状至今尚存，其中要求奉召骑士给予回复，但对自治市镇只字未提。由此可见，召集自治市镇代表出席议会之举始于本年。在此前一年，课税似乎经每个自治市镇自主认可，以伦敦为始。参见同一著作, p.31, 32, 33. 引自records。另参见 Brady, Answ.to Petyt, p.40, 41。

③ Reliquia Spellm.p.64. 又可参见 Prynne 为 Cotton's Abridg. 所撰序言及该书本身，书中相关内容比比皆是。

极不喜欢这份看似无名无利的责任。① 确切地讲，他们在议会中不曾扮演任何重要角色：他们与贵族和骑士们分席而坐，② 后两类代表自恃尊贵，不愿混同于身份低贱的草民。自治市镇的代表就与自身有关的征税要求投过赞成票之后，他们此行的任务即告完结，即使议会仍在继续商讨国家大事，他们也会各自星散。③ 他们都是由各个自治市镇选送的市民，在选派过程中，郡长如果找不到在能力或财产方面足以胜任的人，常会运用手中权力，在回复令状时随意删去蒙召的某个自治市镇；他会因这份恩惠收获市民的感谢，同时也并不触怒宫廷，因为只要参会的大多数代表通过了征税议案，那么所有自治市镇均须缴税，彼此并无差别。④

然而，来自各个自治市镇的代表们团结起来，使得整个阶层的影响力渐趋增强。他们逐渐形成惯例，在满足国王的需索之后，要求相应的回报：向国王呈上请愿书，要求纠正某种他们认为有理由抱怨的弊端。国王索要的额度越大，此类请愿的数量和级别就越高；国王发现很难拒绝这些刚刚为王座提供过资助的人，何况他可能很快又不得不再次求助于他们。不过，平民议员的地位距离立

108

---

① Brady of Boroughs, p.59, 60.

② Ibid. p.37, 38, 引自 records 及其附录 p.19。另参见 Brady, Answ. to Petyt 附录，引自 records。以及同一作者，词汇表 (gloss.) *Communitas Regn.* 词条，p.33。

③ Ryley's Placit. Parl. p.241, 242, &c. Cotton's Abridg. p.14.

④ Brady, Treatise of Boroughs, p.52, 引自 records。爱德华三世时代，甚至有过国王亲自提名所有代表的情形。参见 Brady, Answ. to Petyt, p.161. 倘若他公正地指定了一批最有身份和人望的市民，就不会招来什么异议；因为他们不是要和国王作对，而是要同他讲道理，并且答应他的要求。直到理查二世在位时期，郡长在令状宣召名单上任意删除自治市镇的权力才被取消。参见 Stat. at large, 5th Richard II. cap.4.

法者依然相差甚远。^①他们的请愿书尽管得到国王的口头批准，也仅仅是萌芽状态的法律而已。过后，国王会委派法官负责将相关内容拟成规范的法条，国王以其权威给予认可，有时不经贵族的同意即准其生效。那个时代的进步程度有限，还看不到这种不规范行为的危险性。君主若颁旨满足任何一个阶层的愿望，其内容看似仅仅关乎这个阶层，没有人会对此不满；由于以前的君主几乎完全把持立法权，因此，本朝君主以这种貌似无害的方式行使这种权力，也并未招致国人反感。然而，随着时间的流逝和经验的积累，国人的眼界渐开，这种滥权现象遂得以匡正。人们发现，任何针对特定阶层而制定的法律，无不影响到整体；而法律的约束力和效力大小，完全取决于法律条文的表述方式。有鉴于此，大贵族作为王国最强大的阶层，不无理由地期望国家的所有公共法令都须经过他们明确批准。^②及至亨利五世在位时，下议院才提出要求，法律的制定不能只是基于他们的请愿，相关法律必须由他们起草并以法律草案形式在下议院获得通过。^③

不过，由于导致领地分割的因素仍在持续发挥作用，令骑士和小贵族即英国人所称的绅士阶层不断扩大，他们与大贵族之间的地位差距也越拉越大。权势和财产的巨大落差，使得基于封地保

①　参见本卷卷末注释［D］。

②　由Cotton's Abridg. 所载案例来看，国王亲自回应平民的请愿，似乎只是行使其发布王室敕令或公告来管理事务的权力，并未超出自古相沿的王权范围。不过，似乎从来没有一部长效的或一般意义上的制定法是国王基于平民的请愿、未经贵族院的批准而颁行的。贵族院反倒更有可能不经平民议员通过而自作主张地颁布法令。

③　Brady, Answ. to Petyt, p.85, 引自records。

有权的平等变得徒有虚名。来自各郡的议会代表作为一个群体逐渐与贵族代表分隔开来，形成王国中一个独立的等级。[①]与此同时，商贸的发展促进个人财富增长，市民阶层的重要性有所提升；王室频频索求资助，相应抬升了平民议员的公共地位，而且，由于他们在一个重要方面和各郡的骑士相仿，即二者都代表着一个特定的群体，所以这些人共聚一堂，权利和特权相互混淆，也不再显得有何不妥。[②]就这样，由平民构成的第三等级最终形成了现今的模样；自那以后，乡绅们对于以自治市镇代表的身份出席议会也不再顾虑，于是，下议院成员之间的等级差别完全泯灭，下议院在王国内的势力和重要性大为增长。尽管如此，该等级的职能却颇不同于它后来一直发挥的于公众十分有益的职能。他们并不监察和节制王权，而是自然而然地接受诱导而依附王权，将其视为法律和正义的主要源泉，支持国王抗拒大贵族的势力——后者既给他们自身造成压迫，也对国王执法构成妨碍。国王则投桃报李，对这个于己有用且无危险的等级报以青眼。大贵族们也不得不给予他们一定的重视。通过这种方式，昔日在英格兰及其他所有欧洲国家如此卑微的第三等级，影响力缓慢地逐步提升，直至今日的重要地位；在此过程中，艺术和商贸作为自由平等必然的伴随产物，在王国内也是一派欣欣向荣。[③]

就在同一时间，爱德华国王还召集低等级教牧代表开会——

---

① Cotton, Abridg. p. 13.

② 参见本卷卷末注释[E]。

③ 参见本卷卷末注释[F]。

这在英格兰有史以来尚属首次,[1] 会上要求他们所代表的等级缴纳
公共服务税;这充分证明,由市民(他们是真正意义上的平民)组
成的下议院的诞生并非偶然事件,而是当时大势所趋的必然现象。
过去,神职人员接受圣俸,无须承担国家税负;近段时间以来,教
宗倒是时常向他们征税,有时还把这份权力转授给国王。[2] 就在前
一年,国王本人曾以威逼勒索的手段,向教牧阶层强征重税,数额
高达其收入的一半。不过,鉴于这个先例具有危险性,而在当前政 110
府管理体制下,任何超乎常规的决议都需征得臣民的同意,使得此
种做法难以复制,爱德华发现,更审慎的办法是召集低等级教牧代
表会议,把自己的需求摆在他们面前,要求获得资助。但是他这
一次却碰了钉子。教牧代表们或许自恃为王国内最独立的群体,
或许是由于对之前的横征暴敛深恶痛绝,一口回绝国王征收其动
产五分之一的要求;直到第二次会议上,教牧们坚持立场不变,国
王这才接受征税十分之一的方案。贵族和骑士阶层爽快承诺缴纳
十一分之一的动产税;市民认缴七分之一。但是,教牧们对于奉王
命参会仍然心存顾虑,担心这种顺服之举造成他们承认世俗权力
管辖的印象,最后议定的妥协措施是,国王向大主教颁发令状,再
由大主教召集神职人员,如此,他们在形式上服从的是教会尊长,
前来参会便不再有顾虑。不过,这种权宜之计却使得神职人员追
随几位大主教,分散在教牧代表会议的上、下两院,而不像在其他

---

[1]　Archbishop Wake's State of the church of England, p.235. Brady of Boroughs, p.34. Gilbert's Hist. of the Exch. p.46.

[2]　Ann. Waverl. p.227, 228. T. Wykes, p.99, 120.

欧洲国家那样形成一个统一的等级,这一点有悖于英王的初衷。[①]
说到此处,我们言归正传。

爱德华心知自己的所作所为给了苏格兰王憎恨的理由,他也
了解苏格兰人的性情,预计他们会以最狂暴的方式发泄怒火,这
对他而言也实属咎由自取。他将臣民提供的资金用于部署防务,
准备应对北方邻邦的进攻。恰在这种形势下,他闻知约翰·巴里
奥尔和法王腓力秘密结盟的消息。尽管担心对法国和苏格兰两面
开战,他还是下定决心,不能有示弱之举,或者屈服于这两国的联
合势力,助长敌人的志气。他召唤巴里奥尔尽其封臣义务,派兵
支援宗主,以抵御法军入侵的威胁。随即他又要求苏格兰在战争
期间提供忠诚担保,将贝里克、杰德堡(Jedborough)和罗克斯堡
(Roxborough)这三处要塞交给他。[②]他还传召巴里奥尔出席在纽
卡斯尔召开的英国议会。苏格兰方面对这一连串的要求均未照办,
于是英王便率领一支由三万步兵、四万骑兵组成的大军开赴北疆,
准备严惩悖逆封臣。苏格兰国民对于本国国王的勇气和能力几乎
全无信赖,他们指定十二位贵族组成参议会协理国政,事实上把持
了君权。[③]参议会勉力部署御敌,在当前的混乱局面下已经倾尽所
能。苏格兰人集结了四万步兵,但只有五百骑兵助阵,这支大军
开往边境迎敌,先攻打卡莱尔未果,遂转头向东,去保卫爱德华大
军威胁下的几个省份。不过,罗伯特·布鲁斯父子、马契伯爵、安
格斯伯爵等一部分苏格兰显贵,眼看国家在内忧外患之下行将沦

公元
1296年

111

---

① Gilbert's Hist. of the Exch. p. 51, 54.

② Rymer, vol. ii. p. 692. Walsing. p. 64. Heming. vol. i. p. 84. Trivet, p. 286.

③ Heming. vol. i. p. 75.

亡，便竭力讨好爱德华，早早降顺。英王趁此有利时机，挥师攻入苏格兰境内，在冷溪(Coldstream)渡过特威德河，未遇任何阻截。

3月28日　他随即收到巴里奥尔的一封信，后者已经讨得塞莱斯廷教宗(pope Celestine)的豁免令，准许他本人及其王国弃绝此前对英王的效忠誓言，遂于信中宣布摆脱藩属地位，向爱德华公然示威。[①] 然而，这种虚张声势并无有力的军事行动作为后盾。贝里克此时已被英军攻克，总督威廉·道格拉斯爵士(Sir William Douglas)被俘，七千多名守军将士被杀。受此大捷鼓舞，爱德华又派遣华伦伯爵领兵一万两千，前去围攻邓巴(Dunbar)。驻守该地的尽是苏格兰贵族中的精英。

　　苏格兰人深知这一战略要冲的重要性，此地一失，整个苏格兰便向敌军大敞四开，无遮无拦。于是，巴肯伯爵、莱诺克斯(Lenox)伯爵和马尔(Marre)伯爵率领苏格兰军主力，奔赴救援。华伦伯爵

4月27日　无惧敌方人多势众，列阵与敌决战，他斗志旺盛，率军猛打猛冲。一般而言，军纪涣散、人数众多之师更易惊溃，此时战场上的情形 112 正是如此，苏格兰军队在英军的冲击之下很快陷入混乱，兵败如山倒，华伦伯爵挥师掩杀，直杀得血流成河。此役苏格兰方面的死伤人数据说达两万之众。次日，爱德华率英军主力进军至此，已然是胜券在握、意气昂扬，邓巴城堡全体守军向爱德华俯首称降。苏格兰王室管家詹姆斯(James)献罗克斯堡城堡投降，这位贵族乃是后来英国斯图亚特王室的先祖，他投降后，被迫再次向爱德华宣誓效忠。爱丁堡(Edinburgh)和斯特灵(Stirling)两地只做些微抵抗，便

---

　　① Rymer, vol. ii. p. 607. Walsing. p. 66. Heming. vol. i. p. 92.

向敌军敞开了城门。整个苏格兰南部旋即被英军尽收囊中；为了
更有效地征服辽远险峻、易守难攻的北部地区，爱德华从威尔士和
爱尔兰召来一支强大的援军，他们素来习于游击战法，最适于深入
偏僻的湖沼和山地，追击亡命的苏格兰人。然而，一连串灾难的打
击，已经完全摧折了苏格兰人的斗志。懦弱无能的巴里奥尔既对
自己的臣民不满，又被英军吓破了胆；苏格兰人值此穷途末路之下
或许仍有一些可资依凭的力量，却被他们的国王全然放弃。巴里
奥尔匆忙向爱德华屈膝，为自己背叛宗主的行为表示深切痛悔，又
将自己的王冠郑重奉于英王之手，发誓一朝臣服、永不反悔。[1] 爱
德华向北进军，直至阿伯丁(Aberdeen)和埃尔金(Elgin)，未遇任
何抵抗。沿途所遇之苏格兰人统统是前来迎迓、投诚和宣誓效忠
的。就连那些性情悍勇，一向对本国国王桀骜不驯、不服法律羁束
的高地人，也早早以实际行动表示臣服，以免自己的家乡化为一片
焦土。爱德华在形式上平靖整个苏格兰之后，率军南归。苏格兰
人出于民间流传的迷信观念，对一块大石顶礼膜拜，历代苏格兰君
主都以此石作为加冕宝座。自古相沿的传统令苏格兰人笃信，这
块石头在哪里，哪里的王国就将得到守护而永远坚立。此石被精
心保存在斯昆(Scone)，作为苏格兰王国的守护神，也是灾难深重
的苏格兰人最后的力量源泉。爱德华得到了这块石头，并把它带
回英格兰。[2] 他下令销毁所有保存该王国独立记忆、能对英格兰宗
主权构成反证的档案文献和古代遗迹。苏格兰人声称，苏格兰各

苏格兰
臣服

113

---

[1] Rymer, vol.ii.p.718. Walsing.p.67. Heming.vol.i.p.99. Trivet, p.292.

[2] Walsing.p.68. Trivet, p.299.

处修道院中保存的编年史也尽被销毁：不过，像苏格兰这样一个蛮野无文的国家，似乎不太可能拥有任何值得人们为之扼腕痛惜的珍贵史籍。巴里奥尔手上的苏格兰国玺被打碎，他本人被带回伦敦，羁押在伦敦塔内。两年后，巴里奥尔获释，自愿流亡法兰西。在法期间，他再未谋划任何复国举动，最后客死于一处与世隔绝的栖所。华伦伯爵被任命为苏格兰总督，留驻该地。[①] 苏格兰的各种要职均被英格兰人把持。爱德华踌躇满志地看到，自己的所有愿望均已化为现实，他对苏格兰使出的无数欺骗与暴力手段终于开花结果，换来了那个王国的臣服，于是他便统领得胜之师还驾英格兰。

对法战争　　　大致与此同时，爱德华还在吉耶纳用兵，试图收复该领地，却未取得同样的胜果。他派遣一支七千人的军队赴吉耶纳，由王弟兰开斯特伯爵统领。伯爵最初在波尔多小胜法军，但他不久便患瘟热病死于巴约讷。这支英军由林肯伯爵接手指挥，在此后的军事行动中，一直未曾建功。[②]

　　然而，爱德华积极有为、野心蓬勃，尽管已经通过征服为英王室攫取了莫大利益，但是，只要其家族祖传、被法王以诡计夺取的吉耶纳旧领尚未收复，他就无法心安。他发现，吉耶纳与英伦相隔遥远，令他的一切努力收效甚微而不确定，于是，他策划着寻找某个薄弱之处向法国发动攻击。抱着这种意图，他将女儿伊丽莎白 [114] 嫁给荷兰(Holland)伯爵约翰，同时与佛兰德斯伯爵居伊签订盟约，

①　Rymer, vol.ii.p.726. Trivet, p.295

②　Heming.vol.i.p.72, 73, 74.

承诺向后者支付七万五千镑，计划组成联军，打击共同的敌人——法王腓力。[1]他希望，未来的英国、佛兰德斯和荷兰联军由他亲自挂帅，加上他已许下——或已支付——重金拉拢的德意志盟军的支援，日后能够攻入法兰西境内，直逼法国首都，最终迫使腓力吐出之前吞并的领土，将吉耶纳归还给英国，以换取和平。不过，要想让这部庞大的机器运转起来，还须议会提供巨额资助。爱德华轻而易举地说服了贵族和骑士阶层同意新征十二分之一的动产税，对市民的税率为八分之一。国王对自治市镇享有巨大且近乎无限的权力，因此得以向市民摊收更重的税。由于教会曾经鼎力支持孟福尔一党，国王始终对此耿耿于怀，所以向神职人员课税更不留情，要求他们缴纳全部动产的五分之一。但是此举遭到教牧们的抵制，在一段时间里打乱了国王的全盘部署，使之采取了某些对他本身而言带有一定风险，而且历任先王已有覆辙在前的危险措施。

此时，博义八世（Boniface Ⅷ）接替塞莱斯廷登上教宗之位，此人极端自负、富于野心。像他这等身份地位的人，怀有雄心大志者通常天生风度严峻，而他尽管外表并无此威仪，却决心将三重冕的权威和自己对世俗权力的支配权扩展到前所未有的高度。他意识到，他的几位前任对基督教世界的各个教省极尽压迫之能事，致使各地教会离心离德，从而给世俗君主提供了借口，效法教廷对神职人员的收入横征暴敛。他试图恢复教宗往昔享有的崇高地位，奠定自己作为教会总保护人的地位，抵御针对神职人员的一切侵凌。

与教会的矛盾

115

[1] Rymer, vol.ii.p.761. Walsing.p.68.

为此，他甫一上任便发布了一道谕令诏告天下，严禁任何世俗君主
不经教宗批准向神职人员征收任何赋税，严禁神职人员服从世俗
君主的上述征敛要求。对于胆敢违背教旨的世俗君主和教牧者，
均以开除教籍的绝罚相威胁。[1]据说，这一重要旨令是应坎特伯雷
大主教罗伯特·德·温切尔西(Robert de Winchelsey)的恳请而出
台的，后者意欲借此抗拒爱德华国王对教会的各种粗暴勒索：英国
教会已然苦于沉重的苛捐杂税，鉴于国王的需求成倍增长，他们有
理由预计今后的盘剥必将变本加厉。因此，当国王要求神职人员
缴纳五分之一动产税时，便遭到抵制。征敛神职人员动产的五分
之一，幅度可能远超过其收入的五分之一，因为他们名下的地产大
多用于蓄养牲畜，以及租给手下的维兰耕种。教牧们凭借教宗谕
旨的保护，援引良心条款拒绝遵从王命。[2]国王遭拒后，并未立即
采取极端措施，而是先封了他们的所有谷仓和畜棚，禁止任何人向
他们交租，随后召集新一届教牧代表会议，共同协商他的征税要
求。大主教并未被爱德华宣示决心的诸般举动吓倒，他在会上明
确告诉国王，神职人员理当服从教俗两界的君王，然而相形之下，
他们对前者的尽忠义务远比对后者更严格。在教宗已有明确禁令
的情况下，他们不能违抗教宗法旨而遵从王命(当时，王室的要求
在一定程度上被视为命令)。[3]

公元
1297年　　　教牧们早已从众多事例中看出，爱德华毫不尊重他们无比珍
视的多项特权。他曾经霸道地强夺各处教堂和修道院的所有钱财

---

[1]　Rymer, vol.ii.p.706. Heming, vol.i.p.104.

[2]　Heming. vol.i.p.107. Trivet, p.296. Chron.Dunst.vol.ii.p.652.

[3]　Heming. vol.i.p.107.

和贵重盘盏，充作公帑。[1]他们深知，自己根据如此危险的原则一
口回绝国王的要求，只能招致更粗暴的对待。国王并未向教宗请
求放宽禁令，而是决心立即动用手中的权力。他告诉教牧们，既
然他们拒绝支持世俗政权，就没有资格享受世俗政权提供的好处。
相应地，他要将他们逐出法律的保护之外。这一有力措施迅即被
付诸实施。[2]法官们奉旨拒绝受理神职人员提起的诉讼，着手受理
和审判所有控告教牧者的案件，为所有受他们侵害的人申冤，绝不
为他们伸张正义。[3]教牧们很快就发现，自己的处境悲惨到了所能
想象的极致。无论待在自己家里还是在修道院里，他们都不免缺
衣少食；如果要出国寻求生计，沿途都会遇见歹徒，把他们赶下车、
抢走他们的马匹和行装，并施以人身侮辱，哪怕遭受最严重的暴力
伤害也休想获得赔偿。大主教本人就曾在大路上遇袭，全副车驾、
装备被抢光，最后困顿到只带着一个仆人寄宿在一位乡村教士的
宅子里。[4]在此期间，国王对上述一切暴力行径始终漠然作壁上观，
他不必指示下属官员直接加害神职人员，那样未免显得暴虐不公，
但以这种方式，他已充分报复了他们的顽梗抗命。尽管大主教发
布教令，将所有侵犯神职人员人身财产者一律开除教籍，却只换来
国人的不以为然。与此同时，爱德华得意地看到，民众自愿充当他
对教会逞威的工具，并逐渐摆脱了对圣职阶层的崇敬之情——长
久以来，他们一直畏服于其下、甘受支配。

---

① Walsing.p.65. Heming.vol.i.p.51.
② Walsing.p.69. Heming.vol.i.p.107.
③ M.West.p.429.
④ Heming.vol.i.p.109.

在这种苦待之下，教牧们的意志终于被摧垮。再者，约克教省的做法也对全国起到了带动作用——这里距苏格兰最近，战争的威胁仍悬在当地人头上，所以他们从一开始便自愿投票认缴五分之一动产税。索尔兹伯里主教、伊利主教和其他几位主教代表各自教区内的在俗教士们商定了一个妥协方案，不违抗博义八世的旨令向国王缴纳五分之一动产税，但会将同等数额的钱款存入几个指定教会，再由国王的官吏们到那些教会自取。[1]许多修道院和教牧人员个别地缴付了同等数额的款项，换得王权的保护。[2]手头现金不足者也作出了付款承诺。遍观整个王国，几乎没有一位教牧甘愿为捍卫教会特权而受难；这种新的受难形式，比其他任何形式都更冗长乏味、让人煎熬难耐，最折辱精神的自尊，又得不到教会极尽炫示、用以回报其忠实信徒的荣耀冠冕。

专制措施　　　然而，议会拨款虽然数额可观，却无法满足国王所需，而教牧人员妥协后逐渐聚得的款项则缓不济急，爱德华为了获取更多供应，只得动用专制权力，向王国内的所有阶层强行榨取钱财。针对商人，他实行出口羊毛限量政策，并强迫他们为每袋羊毛缴纳四十先令的关税，相当于每袋羊毛价值的三分之一强。[3]他将王国内其余的羊毛和所有皮革尽数攫取到自己手中，通过转卖为自己牟利。[4]他要求各郡郡长向王室供应小麦、燕麦各两千夸脱，并批准他们随处发现、随处敛收。牲畜和其他必不可少的军需品均

117

---

①　Heming. vol. i. p. 108, 109. Chron. Dunst. p. 653.

②　Chron. Dunst. vol. ii. p. 654.

③　Walsing. p. 69. Trivet, p. 296.

④　Heming. vol. i. p. 52, 110.

悍然强征,根本不征求物主同意。①尽管他也许诺过后为所有被征用物品支付偿价,但是人们几乎无法指望这样一位无视法律约束的君王能在处处捉襟见肘的境况下严守承诺。同时,他对统管王国所有地产的封建法原则也同样视若无物:为了扩张军力,支持他筹划中的对法战争,国王要求每一位年收入达到二十镑的业主都必须参军服役,哪怕他们并非王室直接封臣,没有相应的役务约束。②

国王个人虽然深得民众的普遍崇敬,但是上述种种暴力和专制行径仍然惹得各阶层牢骚满腹,没过多久,一些大贵族出于对自身特权和国民自由的担忧,开始鼓励这种抱怨情绪,扩大了它的影响。爱德华在海边集结部队,欲派其渡海进军加斯科涅,他本人则准备御驾亲征,高调支持佛兰德斯人对法作战。他本想任命皇家军事总长赫里福德伯爵亨弗雷·博亨和王室典礼官诺福克伯爵罗歇·比戈德统领此军,不料这两位实力雄厚的伯爵拒绝从命,坚称他们的职责只限于在战场上追随王驾。继而爆发了一场激烈的争执,国王在盛怒之下对皇家军事总长喝道:“我对天发誓,伯爵大人,你要么出征、要么上绞架!”赫里福德伯爵回答:“我对天发誓,国王陛下,我既不会出征,也不会上绞架!”③说毕,他便与王室典礼官和三十多位显贵一起拂袖而去。

由于遭遇阻挠,国王只得搁置出征吉耶纳的计划。他集结军力,准备发兵佛兰德斯。然而两位伯爵因前番争执余怒未息,加之

①　Heming.vol.i.p.111.
②　Walsing.p.69.
③　Heming.vol.i.p.112.

事后未受惩罚，越发得意，他们借口其先辈从未在那一国度服役，拒绝履行募兵职责。[1]国王审度形势，认为当前行动以温和节制为宜，他没有处罚两位伯爵，依然保留他们世袭的权利尊荣，只是任命托马斯·德·伯克利(Thomas de Berkeley)和杰弗里·德·盖内维尔(Geoffrey de Geyneville)二人分别代任皇家军事总长和王室典礼官，以应其急。[2]他极力与教会和好，坎特伯雷大主教重获恩宠。[3]国王任命大主教与雷金纳德·德·格雷(Reginald de Grey)同为太子师，在王驾出征期间，由太子司职监国。他甚至在威斯敏斯特大厅召集众多贵族，为自己过去的行为屈尊向他们致歉。他力陈王室的迫切需求，述说财政极度窘迫，而他为海外盟友提供支持既是出于荣誉也是利益所系。国王保证说，只要他能安然归来，就将洗雪他们的一切冤情，重启法制，补偿所有臣民蒙受的损失。同时，他恳请贵族们搁置内心的敌意，莫要急于给他这位国王下定论，不如静观他来日的作为——他希望自己未来能于秉国之道有所精进。他请贵族们对他的政府保持忠心，假使他不幸喋血沙场，也请他们继续效忠于他的儿子和继承人。[4]

可以肯定的是，倘若换了其他任何时期，大贵族的不满和民众的愤懑一旦迭加，就如同烈焰干柴，足以在全英格兰点燃内战之火。不过，由于爱德华活力充沛、才具过人，臣民莫不畏服；加之他机敏灵活，及时悬崖勒马，收回了此前因自身暴躁性格和专制政

119

① Rymer, vol.11.p.783. Walsing.p.70.
② M.West.p.430.
③ Heming.vol.i.p.113.
④ Heming.vol.i.p.114. M.West.p.430.

策而推行的种种弊政,挽救了国家免遭大难。两位豪横伯爵不敢公然暴力抗上,他们只是拟定了一份谏章,趁王驾驻于温切尔西,准备启程赴佛兰德斯之际,呈送给国王。他们在谏章中抱怨,王室屡屡违反《大宪章》和《森林宪章》,又以暴力罚没谷物、皮革、牲畜,特别是羊毛——据他们断言,仅此一种商品的价值就相当于王国土地的半数,并且蛮横无理地向商人征收每袋四十先令的小批量羊毛出口税。他们要求立即纠正以上所有弊端。[1]国王答复道,鉴于大部分王室顾问会成员此时身在远方,如不听取他们的建言,他无法就如此重大的举措进行磋商。[2]

然而,皇家军事总长和王室典礼官及其一党的贵族们决意趁爱德华不在国内之机,使自己的要求得到明确认可。他们奉召参加在伦敦召开的议会时,带去了一支强大的骑兵和步兵混合部队,并在入城前要求接管诸门防务。[3]大主教暗中支持他们的全盘主张,因此建议参议会顺从这个要求;于是,年轻的王子和议会决议便任由他们操纵了。不过,他们的要求颇有节制,足以证明之前的所有举措动机纯正:他们仅要求王室郑重重申《大宪章》和《森林宪章》,并增加一个条款,确保王室不经议会批准永不向臣民摊派征敛;要求国王宽恕他们二人及其追随者拒绝伴驾从征之罪,并重新给予宠信。[4]威尔士亲王及其手下参议会接受了上述条款,又派人将两份宪章送至佛兰德斯,请国王予以确认。爱德华对此极不

与贵族的纷争

120

---

① Walsing. p. 72. Heming. vol. i. p. 115. Trivet, p. 302.

② Walsing. p. 72. Heming. vol. i. p. 117. Trivet, p. 304.

③ Heming. vol. i. p. 138.

④ Walsing. p. 73. Heming. vol. i. p. 138, 139, 140, 141. Trivet, p. 308.

情愿，他预见到，这将无异于羁束他的手脚，给他那不受法律制约的王权设限。他祭出种种借口，连拖三天，不给代表们任何答复；直到驳回请求的致命后果明摆在他面前，他的内心经过百般挣扎之后，才不得已地加盖御玺，确认了两份宪章，也包括那个禁止他向民众任意征税的条款——迄今为止，他一直都在擅用这份任意征税的权力。[1]

以上叙述的是与两份宪章的确立有关的令人颇感兴趣的事务，在结束本节之前，我们简单介绍几个后续关联事件。皇家军事总长和王室典礼官闻知国王退让的消息，感到满意；他们不仅停止扰乱政局，还出兵协助摄政班子镇压苏格兰人反抗英国统治的武装起义。[2]然而他们意识到，尽管上述法律不只一次地得到国王和议会的确认，历经三朝均得到普遍认可，却从未在人们心目中建立起足够的有效性。因此，他们坚持要求国王一俟返回英国便再度重申宪章，从而杜绝其"前次用玺是因身在海外不得已而为之"的借口。[3]看来他们对爱德华的性格和心意判断极准：国王果然尽可能地拖延重申宪章，待到最终慑于更可怕的后果而不得不再次让步时，他又明确增加了一个维护王室尊严或者说特权的保留条款，事实上大大削弱了两份宪章的总体效力。[4]两位伯爵及其追随者愤而退出议会。后来，国王因形势所迫，不得不放弃所有花招，绝

121

① Walsing.p.74. Heming.vol.i.p.143.

② Heming.vol.i.p.143.

③ Heming.vol.i.p.159.

④ Heming.vol.i.p.167, 168.

对无条件地确认这些民众热望的法律条文。[1]他甚至提供了进一步的保障措施，以维护国民特权：指令各郡选派三名骑士，授权他们监察任何违反和破坏宪章的行为，处以罚款和监禁。[2]尽管这一防范措施由于过分侵损王权，不久便被废弃，但是它证明了当时英国人对自由的执着热爱，也证明他们出于充分理由对爱德华的专横性格保持着警惕。

不过，这项工作至此仍未大功告成。为了落实《森林宪章》，必须重新勘定王家森林的边界，在以前违法扩张王家森林而并入的所有土地上退林还耕。爱德华仍然极不情愿顺应这个公正的请求，国王方面再三拖延，贵族方面则反复恳请、要求，甚至以战争和暴力相威胁，[3]勘界事务方得以启动，每郡指派一名法官，核定王家森林的准确边界。[4]国王的野心和积极有为的性格令他在海外树敌过多，使他不得不频频向臣民伸手寻求资助，倘非如此，他大概永远都不会被迫做出那么多让步。

然而，正当英国民众历经奋争而取得胜果，自以为他们的特权已经稳固之时，他们却在1305年惊讶地发现，爱德华已秘密向罗马提出申诉，请求撤销他此前一再重申、承诺遵守两部宪章的全部誓言和约定，并且已经从唯利是图的罗马教廷取得了赦免状。

---

① Heming. vol. i. p. 168.

② Hemingford, vol. i. p. 170.

③ Walsing. p. 80. Tyrrel, vol. ii. p. 145 称, Chronicle of St. Albans 中记载，贵族们对《森林宪章》的执行情况不满，用前朝莱斯特伯爵强加于先王的严苛条件来要求爱德华。但是其他史家的著述中并未提到这一细节。

④ Heming. vol. i. p. 171. M. West. p. 431, 433.

一些史家①居然如此轻信，设想他采取这个危险的步骤，无非是为了过后名正言顺地重新确认宪章——他也确实这么做了——如此一来，宪章的确立之本就更加无可置疑，后代国王们将永远无法借口这是以胁迫或暴力强加于他的结果而宣告宪章无效。然而，就算他在这件事上表现得更漂亮，譬如从未申请过那样一份赦免状，他的总体行为基调亦足以证明，如此高贵的爱国精神并不是轻而易举地感染他的心灵。这一点姑且不论，他重申宪章时的行为方式本身也给人留下了截然相反的印象。尽管他在总体上对两部宪章予以认可，却也充分利用了教宗谕旨，宣告此前精心完成的王家森林勘界结果无效，并为自己保留了在有利形势下重新扩展王家森林、恢复以往无限管辖权的权力。如果说这种权力后来并未实际兑现，我们只能得出结论说，那是因为前述的有利形势未曾出现。

　　就这样，历经近百年的争夺，其间始终伴随着强烈的猜疑戒备、时时激起全社会的普遍动乱，《大宪章》终于在英国得以确立。英国人民光荣地凭借自身的不懈努力，迫使该国有史以来最能干、最勇武、最富雄心壮志的一位君主做出了以上让步。②据统计，在各个不同时期，多位国王曾在全体议员出席的议会上应要求重申《大宪章》，总计达三十余次。作为一种预防性措施，此举尽管揭示出国人对法律和政府真正本质的某种无知，但也切实证明他们对

---

① Brady, vol. ii. p. 84. Carte, vol. ii, p. 292.
② 然而，有必要指出，国王从未宽恕这次事件中为首的人物。此后，他设法迫使皇家军事总长和大元帅双双辞职。前者重新获得任命，但大元帅的职位却被转授给国王的次子布拉泽顿的托马斯(Thomas of Brotherton)。

于维护国民特权具备一种值得赞赏的警觉，并抱有极度的焦虑，唯恐有人援引反面先例，据以侵害上述特权。相应地，我们发现：在此后的历史进程中，尽管专制行径常能占得上风，甚至在已经确立的习惯法中占据一席之地，但是《大宪章》的法律效力从未被正式质疑过，这一特权的授予一直被视作英国政制的基础，充作检验和审视任何习惯法之立法依据的试金石。星室法庭的司法管辖、军事管制法、依枢密院令状进行的拘禁，以及其他同类性质的做法，尽管已经确立数百年之久，但是英国人几乎从未将其视为国家宪法的一部分。这个民族对自由的热爱依然高于一切，胜过所有先例、甚至压倒所有政治推定。这些权力的实施引起民众的腹诽和怨言既久，一俟时机成熟，便会被整个立法机构判定为非法，至少视之为压迫，郑重予以废止。

　　介绍完两部宪章的相关情况，让我们言归正传。尽管国王急于挂帅亲征佛兰德斯，乃至忽略了其他一切方面的考虑，不管是国内的民怨还是苏格兰人的暴动；然而，由于出征前遇到形形色色的阻碍，拖延既久，错过了最佳行动时机，结果是徒然劳师动众，没有任何斩获。法王趁他不在，挥师突入低地诸国，在弗尔讷(Furnes)战役中击败佛兰德斯人，占领利勒(Lisle)、圣俄梅珥、科特莱(Courtrai)和伊珀尔(Ypres)，势欲彻底报复叛逆封臣佛兰德斯伯爵。但是爱德华率领五万英军(这个数字出自多位史家笔下[①])，遏制了法军的胜势。腓力见本国有限的资源行将耗尽，担心时运逆转，法国本土反遭入侵。另一方面，英王则失望于罗马人的国王

---

① Heming. vol. i. p. 146.

阿道夫受其巨资收买却不甚出力相助,加之英格兰国内状况频出,急需他亲自回国料理,故而希望以任何体面的条件结束这场战争,因为这样打下去,只能分散他的实力,妨碍他进行更重要的事业。双方君主的意图不谋而合,因此很快达成休战两年的协议,将争端提交教宗博义八世仲裁。

124

公元
1298年

　　以教宗权威裁断世俗君主的事务,在博义八世时代之后再不复见。对于这种逾矩的权力主张,他的历届前任曾经有过成功范例,此时他禁不住诱惑试图加以效法,殊不知时移世异、机缘不再,这种举动令他卷入无数灾难,最终招致大祸临头;因此,后世的教宗们虽然从未公开明言,但已暗自放弃了上述权力。爱德华和腓力对教宗的主张同样戒备十足,他们在请托书中特地插入一条,称双方同意博义八世以个人身份、而非凭借教宗的任何权柄仲裁他们之间的争端;教宗似乎并不介意这个有损自己颜面的条款,进而

对法和解

做出裁断,双方对这个结果均勉强予以接受。[1]教宗促成双方同意,以双重联姻巩固彼此间的联盟:当时身为鳏夫的爱德华迎娶腓力之妹玛格丽特,威尔士亲王迎娶腓力之女伊莎贝拉。[2]腓力表示愿意归还吉耶纳,他也确无正当理由继续占有该领地;不过他坚持要求,苏格兰及其国王约翰·巴里奥尔作为法国的盟国,也应当包括在和约之内,并应重获自由。经过多番争执,双方各自做出让步,最终在这个问题上达成妥协。爱德华答应放弃与佛兰德斯伯爵的联盟,条件是腓力也同样放弃与苏格兰国王的盟约。苏格兰和佛

---

①　Rymer, vol. ii. p. 817. Heming. vol. i. p. 149. Trivet, p. 310.

②　Rymer, vol. ii. p. 823.

兰德斯所处的地理位置太便于英、法两个大国实现其鲸吞野心，成功征服的前景压倒了其他一切考虑；尽管两个大国的指望最终都落了空，但他们的行动与利益至上的政策原则却极尽相符。苏格兰与法国的这次结盟，是弱国盲目依附于强国的意志和命运的首例样本，并且毫厘不爽地揭示出，这种依附必将落得怎样的下场。那个不幸的民族正在为争取自由而投身于一场英勇的、然而双方实力差距悬殊的战斗，却被他们寄以最后信托的盟友彻底抛弃，出卖给飞扬跋扈的征服者。

尽管古代的英格兰和欧洲其他国家一样，对于征服者的角色极不胜任，更难以守住征服的成果，但是苏格兰的国力较之英国实在太弱，所处位置又不便于接受外援，因此，无怪乎野心勃勃的爱德华一世会盯住这般诱人的征服目标，这将给他的国家带来安全和荣耀。不过，他要维持自己对这个北方王国的统治，在工具的选择任用上却做得不够恰当，这些人的行为缺乏必要的审慎和节制，未能诱导苏格兰人民逐渐适应他们本来极不甘心背负的压迫之轭。华伦伯爵因健康不佳返回英格兰休养，把此邦的行政大权完全托付给新获任命的苏格兰首席司法官奥姆斯比（Ormesby）和财政大臣克莱辛翰（Cressingham），又留下一支人数无多的军队，保卫这二人对苏格兰尚不稳固的统治。克莱辛翰一心只顾掠夺和捞取不义之财，而奥姆斯比则以严厉苛刻的性格闻名。他们都把苏格兰人当作被征服的民族对待，使之过早地意识到自己已经落入何等悲惨的被奴役境地。爱德华一世此前发布诏令，要求一切土地所有者必须向他宣誓效忠，作为臣服的明证，如有拒绝或拖延者，一律剥夺法律权益、投入监牢，给予严惩。受此刺激，苏格

苏格兰
起义

兰最勇敢、恢弘的民族精神奋然激扬,对英国的暴虐统治已是义愤填膺。[①]

　　苏格兰西部有位威廉·华莱士(William Wallace),虽然家产微薄,却出身于古老世家,他凭着超凡的勇气,为拯救祖国挣脱外邦统治而殊死奋战,建下辉煌功勋。他的英勇事迹固然值得钦佩,但在民间传说中有很多被夸大的成分:最初,他因怒杀了一个骄横跋扈的英国官吏,被官府追杀,于是他逃入山林,结交了一批或因犯罪,或因个人际遇坎坷,或因公开反对英国统治而沦入相同境地的同道,成为他们的首领。华莱士天生体魄魁伟、胆气豪壮,为人公道慷慨,毅力惊人,无论是饥饿、疲惫还是雨雪风霜,都能顽强忍耐;因此,他很快就在绿林流亡者当中赢得了当之无愧的威望。这支队伍在最初的小规模战事中连连得手,逐渐发展到更为重大的胜利;华莱士的威名广传,追随者日众,令敌人为之头痛不已。他凭着熟悉地形,每遇追剿总能安全退入沼泽、森林或群山之间,重新集结被打散的部众,出其不意地出现在另外一地,把毫无防备的英军杀得落花流水。华莱士的捷报日日传来,令苏格兰人雀跃,令敌人胆寒。凡是渴望军事荣誉的苏格兰人,无不向往着分享他的荣光;他的英勇战绩似乎洗刷了苏格兰此前温顺降服于英国的耻辱。尽管尚无名声响亮的贵族加入他的阵营,但是他在国人心目中博得的普遍信任和拥戴,绝非单凭出身和财富所能获得。

　　华莱士屡战屡胜,军兵斗志高涨,他决定给予英国统治者致命一击,筹划进攻奥姆斯比盘踞的斯昆,报复他对苏格兰人的所有暴

---

　　① Walsing. p. 70. Heming. vol. i. p. 118. Trivet, p. 299.

行和苛政。那位首席司法官闻讯仓皇逃回英格兰，其他英国官吏也争相效尤。苏格兰人见英人丧胆，不由得欢欣鼓舞、勇气倍增，各地民众纷纷拿起武器，许多大贵族，包括威廉·道格拉斯爵士在内，[①]都公开支持华莱士一党。罗伯特·布鲁斯也在暗中给予支持和襄助。苏格兰人甩脱身上的枷锁，准备联合起来，捍卫他们从压迫者手中意外夺回的自由。

然而，华伦伯爵此时在英格兰北部集结了四万大军，决心恢复对苏格兰的统治。他以火速装备部队、调动军力，竭力弥补自己以往疏忽怠政、致使英国督政府被苏格兰起义者一举颠覆的罪责。他的大军突然直捣阿南代尔，在欧文(Irvine)地方与苏格兰人对阵，此时苏格兰军队尚未集结完毕，未及做好防御准备。不少苏格兰贵族见处境堪危，当即向英国人投降，重新宣誓效忠，并承诺交付人质以确保今后安守本分，从而获得英王既往不咎的宽赦。[②]还有一些不曾公开宣布造反的贵族，如苏格兰王室管家、莱诺克斯伯爵，则心不甘情不愿地加入了英军阵营，意欲静待适当的时机，再加入苦难同胞的复国大业。然而，华莱士对部众的权威反倒因一干大贵族的缺席而越发加强，他坚持抗英，决不屈服。他见敌强我弱，不利于决战，便拔营向北，意图拖延战争进程，借助蛮荒崎岖的山地之便，扭转己方劣势。当华伦伯爵所部进抵斯特灵，发现华莱士已在坎布斯肯尼斯(Cambuskenneth)扎营，与英军隔福斯河(Forth)相望。克莱辛翰生性急躁，对苏格兰人既有私怨又抱着深

----

① Walsing. p. 70. Heming. vol. i. p. 118.

② Heming. vol. i. p. 121, 122.

深的民族仇恨，故而一再催战，[①]于是，华伦伯爵便准备在此处对
苏格兰人发动攻击，而这一地点恰恰是有勇有谋的华莱士为发挥
己方优势而精心选择的。[②]有位生在苏格兰、家族根脉也在苏格兰，
却忠心归顺英国的理查德·伦迪爵士(Sir Richard Lundy)，力劝华
伦伯爵切勿出击，但后者不听劝阻，命令部队开过福斯河上的一座
桥梁，然而惨痛的教训很快就让他看清此举的错误。华莱士俟过
桥英军数量达到他认为合适的程度，遽然发动袭击，一举击溃尚未
完全结成阵列的敌人，一部分英军被逼入河中，剩余的则被斩杀殆
尽，此役苏格兰人大获全胜。[③]克莱辛翰本人也殒命沙场，苏格兰
人对此人恨之入骨，剥其人皮制成战马的鞍具和肚带。[④]华伦伯爵
见手下残部士气已颓，无奈再次撤出苏格兰，退回英国。罗克斯堡
和贝里克两处城堡的防御工事薄弱，守军抵抗无力，不久便落入苏
格兰人之手。

　　华莱士被苏格兰人一致奉为国之救星，他的追随者们拥戴他
就任摄政，也称"苏格兰守护者"，地位仅次于被俘的巴里奥尔。
由于战乱加上年成不佳，苏格兰发生饥馑，于是华莱士命令部队开
进英格兰，就食于敌方国土，报复曾经遭受的一切伤害。苏格兰人
笃信，在这样一位首领统率下，必能无往而不利，纷纷踊跃听从他
的号令。这年冬季，华莱士侵入英格兰北方各郡，所过之处均被火
与剑化为荒场。苏格兰人纵横四出，未遇任何抵抗，他们尽情发泄

128

---

①　Heming. vol. i. p. 127.

②　1297年9月11日。

③　Walsing. p. 73. Heming. vol. i. p. 127, 128, 129. Trivet, p. 307.

④　Heming. vol. i. p. 130.

复仇怒火，一直推进至达勒姆主教领，这才满载掠得的财货奏凯而还。[1]当时英格兰国内由于皇家军事总长和王室典礼官与国王的对抗而陷入普遍混乱，无法集结足够数量的军队抗敌，致使王国蒙受损失和耻辱。

身在佛兰德斯的爱德华此时已经与法国签订了和约，闻知此讯，匆匆渡海归国；他不仅希望凭着自己的作为和勇气洗刷前耻，更要夺回前番征服苏格兰的重要战果，在他心目中，一直将此视为本朝的最大光荣和斩获。为平息民怨，他对国民做出种种让步和承诺：他下旨恢复伦敦市民自行选举市政官的权利，这是先王在位末期被取消的。他又命令严格调查这次出兵佛兰德斯之前横征暴敛谷物和其他商品的情况，似乎有意赔偿物主的损失。[2]此外，他还公开声明重申和遵循两部宪章，博回了心怀怨望的贵族们的信任。靠着上述笼络人心的手段，他牢牢秉住掌国的缰绳，集结起英格兰、威尔士和爱尔兰的全部兵力，以近十万大军浩浩荡荡开赴北方边境。

面对如此强敌，苏格兰人若非众志成城，无论如何也难以招架，恐怕连一季都支撑不住。然而，如今是这样一番群龙无首的局面——其实以那位国王令人不齿的个人品质，即使他在位时，也不曾赢得臣民对他本人及王室的忠诚——上层人物之间无可避免地滋生出朋党、猜忌和敌意，致使每一次聚议都充满倾轧纷争。华莱士的地位迅速崛起，虽说是因其功勋彪炳、劳绩过人而当仁不让，

---

① Heming. vol. i. p. 131, 132, 133.
② Rymer, vol. ii. p. 813.

仍令贵族们为之侧目,他们不愿看到一个普通绅士凭着军功凌驾
于贵族之上,若是凭着个人荣誉和声望扶摇直上的,就越发招来嫉
恨。华莱士察觉到他们的妒忌,由于担心内讧误国,他主动辞去官
职,只保留对自己麾下部队的指挥权,这些人已经惯于在他的旗帜
下从胜利走向胜利,拒绝跟随其他任何统帅上战场。苏格兰阵营
的主要权柄转移到苏格兰王室管家和巴德诺赫的卡明(Cummin of
Badenoch)手上,这两位均出身显赫,诸位大领主更乐于在他们的
统领下保家卫国。两位苏格兰统帅各自召聚来自四面八方的武装,
在福尔柯克(Falkirk)安营扎寨,准备迎击来犯的英军。华莱士率
领第三支部队,由他亲自指挥。苏格兰军布阵时,将长矛兵置于最
前列,弓兵排列于三支队伍之间;由于担心强大的英军骑兵占据优
势,他们在阵前设置木栅,以绳索相连,起到保护作用。[①]苏格兰
人部署停当,严阵以待英军的到来。

7月22日
福尔柯克
战役

苏格兰军阵遥遥在望,英王心中欣喜,他很高兴得到一战定乾
坤的机会。他也将英军分为三部,传令发动攻势。在这个时期,英
国弓兵的实力已经开始领先于其他国家,他们首先将苏格兰弓兵
逐出战场,随即箭如飞蝗般射向苏格兰长矛兵,压得对方在堑壕中
抬不起头,阵形为之大乱,使英军长矛兵和骑兵的攻击更易得手。
苏格兰军阵全线崩溃,英军奋勇追击,大杀大砍,将他们逐出战场。
一些史家偏信民间流传的夸张说法而不顾客观上的可能性,声称
苏格兰军损失高达五六万人之多![②]在这个问题上,唯一可以确定

130

---

① Walsing.p.75. Heming.vol.i.p.163.

② Walsing.p.76. T.Wykes,p.127. Heming.vol.i.p.163,164,165. Trivet,p.313
称苏格兰军只损失了两万人。M.West.p.431给出的数字为四万。

的是，此役苏格兰人的伤亡规模可谓史无前例，使得国家沦亡的结局似乎更加无可避免。

在这次大溃败中，华莱士凭借出色的军事指挥技巧和冷静的头脑得以保全了麾下部队，他们撤到卡伦河(Carron)另一边，免遭敌军攻击；正当他沿着那条小河悠然前行时，小罗伯特·布鲁斯出现在河对岸。这位年轻人此前已经不只一次地显露出超凡的雄心壮志，但一直以来都在为英军效力，他从河对面那人威严的姿态和无畏的举动，认清那便是苏格兰首领华莱士，遂扬声招呼，希望能短暂一晤。在交谈中，他向华莱士阐明后者投身的事业希望渺茫，而且危害极大。他极力劝说那个不屈不挠的灵魂向敌国的强大势力和昌旺运势低头，他指出：华莱士硬要一个弱国与强国展开实力悬殊的比拼，前者已经失去国君、内讧纷起，而后者则由当代最神武有能的君主统领，各样资源无所不备，既可拖延战争、也可强力推进战争进程。假如华莱士坚持抵抗是出于一片爱国热忱，他的固执只会延长本国遭受的苦难；他若仅仅着眼于个人荣耀和野心，那他不妨想一想，即便爱德华真的撤回侵略军，从以往的经验来看，那些神气活现、自矜于高贵门第的苏格兰贵族也绝不甘心俯首于他个人的彪炳功业，在他们眼里，那种功勋非但不值得钦佩，反而对他们自己构成了耻辱和伤害。对于这番劝导，华莱士答复道，如果说他一直以来都是独力扛起保家卫国的大旗，那只是因为没有第二个人和他争当带头人，他本来希望，国中会有一位领袖人物站出来担负起这个光荣任务，可惜并没有。假如要责怪的话，这份罪责应当完全落在贵族们头上，尤其是布鲁斯本人，他既是人品优秀、门第高贵，却无视天性和命运的强烈呼唤，背弃了他本该当仁不让的使命。苏格兰人倘若拥有这样一位领袖，定能同心同德，协力克服当前面临的最大困难，即使眼下遭受了莫大挫折，他们仍然有望战胜爱德华，无论这位君王是多么强悍有为。华莱士指出，无论是对追求美德还是渴望实现抱负的心灵，上天赐下的最荣耀的奖赏，莫过于投身捍卫民族独立的伟业，从而赢得王权。一个勇敢的人绝不可能靠着牺牲自由谋得真正的利益，一个国家就更是如此；所以，他本人已经下定决心，务必尽最大的可能延续家邦的自由——而不是延长她的苦难。倘若有一天，除了忍受傲慢的征服者强加的锁链再无他路可走，他唯愿以自己的生命殉了这个国家。这番慷慨激昂的肺腑之言，虽然出自全副武装的对手之口，却深深打动了布鲁斯：一位英雄的炽烈情怀点燃了另一位英雄的心。布鲁斯懊悔自己投靠爱德华的行为，认清了华莱士向他指明的这条光荣之路，他暗下决心，一旦有机会立即投身于反英大业，无论希望多么渺茫，一定要拯救被压迫的祖国。[①]

公元
1299年　尽管爱德华此战获得大捷，但是征服苏格兰的大业仍未毕其全功。英军扫平苏格兰南方诸郡后，迫于给养不足，只得撤兵，北方各郡仍然留在当地人手中。苏格兰人因往昔的胜利而鼓舞，抚思败迹更觉义愤填膺，他们顽强不屈，继续为自由而战。不过，他们也清醒地意识到双方实力的差距，因此尽其所能投诉于外国宫廷，以争取外援。苏格兰大臣们发出的申诉信被法王腓力驳回，但在博义八世的教廷中却得到了回应。教宗很高兴有机会张扬自

132

---

　　① 这个故事见于所有苏格兰作者的笔下。不过，必须指明，特里维物(Trivet)和赫明福德(Hemingford)这两位声誉卓著的史家一致认定，布鲁斯当时并未在爱德华的军中效力。

己的权威,他致信爱德华,敦促其停止压迫苏格兰,并列举种种证据,说明苏格兰自古的独立地位——这些证据很可能是苏格兰人呈送给他的。[1]除了上述证据之外,教宗在信中还提及爱德华亲自签署并履行的为其子迎娶苏格兰王位女继承人的条约,指出爱德华若真是苏格兰王国的宗主,依照封建法自然有权处置被监护人的婚事,那么这个条约岂不是荒谬?他还提到另外几个爱德华也了解的明显事实,特别是,当初亚历山大向英王行效忠礼时,曾经公开而明确地当面宣称,自己并非以苏格兰国王的身份、而是为了他在英格兰拥有的领地向英王宣誓效忠。倘若教宗没有在信中追加他自己对苏格兰的宗主权要求,那么此信或许堪称公道合理。后一种主张实乃闻所未闻,而他却以令人称奇的坚定态度,断言教廷自古以来就对苏格兰享有充分、完整的宗主权。那种不容置疑的语气,曾被他本人及历任教宗在神学论战中运用得游刃有余且胜果累累,但此前从未在任何世俗争议中被如此过分地加以滥用。

公元
1300年
再次平定
苏格兰

　　爱德华致教宗的复信当中,也同样充满令人称奇的精彩细节。[2]他在信中援引史实,证明英格兰对该国的宗主权:他指出,早在先知以利亚和撒母耳的时代,特洛伊人布鲁图斯(Brutus)便已在英伦肇立国本;又历数罗马人踏足不列颠之前本岛发生的各种历史事件,来佐证自己的论点。在着重强调亚瑟王统治的辽阔疆域和英雄业绩之后,他终于屈尊把眼光移至长爱德华时代,在他

公元
1301年

---

[1]　Rymer, vol.ii.p.844.
[2]　Ibid.p.863.

就苏格兰局势的演讲当中，认定英国王室对苏格兰的宗主权始于
此际。他宣称，一个众所周知、有古代记载为证的事实是，英格兰
历代君主经常把苏格兰王国赐封给自己的臣属，也曾不只一次地
废黜对英王不忠的苏格兰藩王，另封他人取而代之。他浓墨重彩
地渲染苏格兰王威廉对亨利二世完全、彻底的效忠臣服，却避而不
提理查一世正式放弃这份勒索而得的宗主权、并宣布今后永远放
弃此种权利主张的事实。然而，在这份信函的开头，爱德华庄严地
吁请那位洞察世人肺腑的全能上帝明鉴，称他坚信自己的权利主
张公正合理；此外，至少有一百零四位贵族在林肯召开的议会上齐
齐签字画押，向教宗确保上述要求合法有效。[①] 与此同时，他们还
特别留意提醒博义八世，尽管他们向圣座力证了自身要求的正当
性，却并不等于承认教宗的裁决权。英国君主享有自由而至高无
上的王权。他们发誓捍卫英国王室的所有特权，即使国王本人愿
意放弃王权的独立地位，他们也绝不容许这种事发生。

　　世界上的各个主权国家，在彼此接触往来和事务处理中，几
乎完全无视事实真相和公义，这是一种普遍存在、根深蒂固的丑恶
现象，也是人类无尽苦难的一大根源。在许多情况下，此举最终能
否给那些为了弄权而牺牲人格的君主们带来利益，也颇值得怀疑。
爱德华在苏格兰事务上受到的诱惑之强为古今君王所罕有，因此，
他违背公义原则的行径也空前地肆无忌惮。然而，迄今为止，他
的优势却并非确定无虞，一旦苏格兰人拿起武器、在战火中历练成

---

　　① Rymer, vol.ii, p.873. Walsing.p.85. Heming.vol.i.p.186. Trivet, p.330. M.West.p.443.

熟，就会变成一股可怕的劲敌，即便是爱德华这样一位雄心万丈的鸷勇君王也会畏之三分。苏格兰人已经推举约翰·卡明为摄政。他们不满足于北方地区的独立，又侵入爱德华认为业已完全征服的南部各郡。爱德华任命的苏格兰总督约翰·德·西格雷夫(John de Segrave)率军迎战，在爱丁堡附近的罗斯林(Roslin)扎营，他把全军分为三路，命他们在驻地附近自筹粮草和给养。其中一路英军遭到苏格兰摄政和西蒙·弗雷泽爵士(Sir Simon Fraser)的突然袭击，猝不及防之下，当即溃不成军，被苏格兰人赶杀，伤亡惨重。极少数逃出生天的，奔至第二路军驻地告急，报告敌军将至。英国官兵匆忙拿起武器，当即着人引路，要为死难的同胞复仇。乘胜进击的苏格兰人士气正旺，给予英军狠狠的打击；英军则在复仇欲望的激励下，顽强地坚持抵抗，双方久久僵持不下，然而胜利的天平最终还是倒向前者，苏格兰人突破了英军的防线，一路追杀，直到迎面遭遇匆忙赶来增援的第三路英军。激战到此时，许多苏格兰人已在前两场战斗中牺牲了，剩下的也大都负了伤，所有人都疲惫到极点。然而，在胜利和战斗激情的鼓舞下，他们个个满怀斗志，苏格兰人迅速重整阵列，从死去的敌人手中拿下武器，装备己方的追随者，如猛虎一般扑向惊惶失措的英军，就凭着这决定性的一刻，锁定了整个战役的胜局：苏格兰人如果遇到顽强抵抗，必定坚持不了多久；然而英军不堪一击，轻易被逐出战场，就这样，苏格兰人在一日之间取得了三战三捷的胜果。①捷报广传，苏格兰人士气大振，加上民心所向，摄政卡明很快便攻陷南部地区的所有要

①　Heming. vol. i. p. 197.

134

塞,爱德华征服苏格兰的大业只得再次从头开始。

英王以其一贯的活力和才干筹备他的征服大业。他集结起庞大的海陆军队,挺进苏格兰境内,其势雄壮,令对手休想与之正面对阵。英国舰队沿苏格兰海岸航行,保障大军供给绝无后顾之忧。爱德华处处警觉,不给敌人偷袭之机。英军按照上述缜密部署,从苏格兰的一端打到另一端,所向披靡,沿途乡野尽遭劫掠,所有城堡均告陷落。[1]全体苏格兰贵族均望风而降,就连摄政卡明也不例外。抵抗最顽强的是托马斯·莫勒爵士(Sir Thomas Maule)据守的布里金(Brechin)城堡,直到他本人战死之后,守军丧失斗志,这才被迫屈服于不可抗拒的命运,开城请降。布里金失守,令苏格兰举国为之震撼。华莱士虽然一直追踪着英军的动向,却没找到机会一展他从前令敌人闻风丧胆的虎威。

爱德华花了将近两年的时间完成武力征服,继而着手更艰巨的工作:安定局面,奠立新型政体,使英格兰王室对新征服国土的统治维持长久。国王对本土人的歧视政策似已达到登峰造极的地步:他废除了苏格兰所有的法律和习俗;[2]尽可能地任用英国人取代苏格兰人的职位;彻底平毁苏格兰境内一切有纪念性的古代遗迹;那些有幸躲过了前番搜查的史料文献,这一次也难逃被焚、散佚的命运。他迫不及待采取这一系列鲁莽步骤,试图完全磨灭苏格兰人的民族性,使之最终完全被英国吸收同化。

但是,只要华莱士还活着,爱德华就觉得自己最感自豪的征服

复遭镇压

公元
1304年

公元
1305年

135

---

① Ibid.p.205.
② Ryley,p.506.

成果仍然面临某种威胁。出于复仇欲和策略的驱使,他千方百计查探华莱士的藏身地,要将他抓捕归案。那位勇士不屈不挠,决意在举国沦落为奴的状况下径自保持独立,然而他把藏身地点透露给了一个名叫约翰·蒙蒂斯(John Monteith)的朋友,最终被此人出卖,落入爱德华手中。爱德华国王天生勇武恢弘,对品性相仿的对手本该有些惺惺相惜之意,但是,华莱士在白热化的战争中犯下的若干暴行令他怒不可遏,因此决定严厉处置华莱士,震慑苏格兰人。他降旨将华莱士镣铐加身、押赴伦敦。尽管华莱士从未向英国表示过臣服或效忠,却被冠以叛国逆贼的罪名,在伦敦塔以东的一片开阔高地上(Tower-hill)被处决。这样一位英雄豪杰,多年来 8月23日以超凡的英勇和坚忍,顽强抗击民族公敌,捍卫家邦自由,最终却落得如此下场,实在令人扼腕。

然而,爱德华的野蛮政策并未达到预期的效果。苏格兰人对征服者以刀剑强制推行的鼎新政制和法律早已满腔怨忿,英王不公正地残酷处决华莱士,更点燃了他们心中的怒火。那位英勇的首领在世时,苏格兰贵族们曾对他心怀嫉妒,而今所有的疑忌纷争都已被他带进了坟墓,他成了苏格兰人举国崇敬的勇士、是他们业已失去的民族独立的守护神。人民义愤填膺,处处酝酿着反抗英国统治的暴动,不久,一位更加幸运的新首领崭露头角,继续引领苏格兰人为着自由、胜利,为着复仇的前景而战。

这位新首领就是小罗伯特·布鲁斯,其祖父罗伯特·布鲁斯 公元
1306年
罗伯特·布
鲁斯曾经参与角逐苏格兰王位,如今他由已经过世的祖父和父亲手上继承了家族的所有权利;原国王约翰·巴里奥尔被废,其长子爱德华被囚,此种局面似乎在这位年轻贵族面前铺展开一幅无限远大的前景，供他尽展才能和抱负。他清楚地看到，苏格兰人在本国古老的王室家族绝嗣后，分别追随布鲁斯和巴里奥尔两大家族，双方实力旗鼓相当，随后发生的种种事件，无不倾向于削弱他们对后者的忠心：事实证明，约翰·巴里奥尔懦弱寡能，无力保国安民；他曾卑怯地把王冠献到征服者手上；他在获释之前，以貌似自愿的方式重申逊位誓言，同时向自己昔日的臣民发出极其无耻的指责，公开称他们为叛徒、恶棍、逆贼，宣称决心与他们一刀两断。[①]他在流亡法兰西期间，始终严守上述承诺。而巴里奥尔之子如今身在樊笼，显然没有能力恢复已被其家族完全放弃的权利。因此，布鲁斯希望群龙无首、长久以来饱受敌人压迫的苏格兰人，能团结一心聚于自己的大旗之下，拥戴他兑现合理继承权，登上苏格兰王位。他的雄心大志被青春的激情点燃，天生的勇气又使这把火燃得更加旺盛，因此他眼中只看到复国大业的辉煌，或将与此相伴的一切艰难困苦看作更高荣耀的源头。他曾目睹同胞们在以弱抗强的斗争中遭受了多少困厄和压迫，那一次次的失败和折磨，恰恰激励着他的家国之志，他决心救民于水火、率领他们向傲慢的征服者报仇雪恨。关于布鲁斯第一次起义的具体情况，有多种叙述版本；我们在此选取了苏格兰史家的记载，并不是说他们的权威性大体上可与英格兰同行们相提并论，而是因为此事与其本民族切身相关，或许可以假定，他们在某些情况下对事实了解得更清楚。

　　布鲁斯久已暗藏雄心，酝酿着从奴役中拯救祖国的宏图，最

₁₃₇

---

① Brady's hist.vol.ii.App.N°.27.

后，他终于按捺不住，向自己的密友、一位实力雄厚的大贵族约翰·卡明大胆吐露了心声。他发现，不出自己所料，这位友人也同样满怀救国救民之志。他无需施展任何说服手段，后者便同意伺机起义，推翻英国人以强霸手段建立的统治。但是，在布鲁斯随后陪伴爱德华赴伦敦期间，这位卡明即向英王告发了此事，他或许是一直在装假，又或许是一个人冷静下来，开始认识到这桩事业铤而走险的性质，遂决定出首，以期将功折罪。爱德华并未立即拘押布鲁斯，因为他还想同时将其留在苏格兰的三个兄弟一网打尽，故而只在布鲁斯身边安排密探，下令务必严密监视布鲁斯的一举一动。爱德华宫廷中的一位贵族是布鲁斯的至交，他得知朋友处境危殆，但在众目睽睽之下又不敢与之交谈，便想出一个变通之策向布鲁斯示警，提醒他速速脱身。他以还债之名，让仆人给布鲁斯送去一对镀金马刺和一个装满金子的钱袋，希望朋友能凭借机敏的头脑猜出这礼物蕴含的深意。布鲁斯当即心领神会，开始筹划出逃。据说，那时节遍地积雪，布鲁斯特地采取了防范措施，命人将马蹄铁反钉，

138 以蒙蔽那些在他必经的旷野和路口循迹追踪的敌人。几天后，他便赶到了阿南代尔的邓弗里斯(Dumfries)，那是他们家族势力的主要根据地。他愉快地发现，大批苏格兰贵族已经聚集于此，他昔日的盟友约翰·卡明也在其中。

贵族们乍一见到布鲁斯，十分惊讶，再听他公开宣布自己此 2月10日
行的目的，更是无比错愕。布鲁斯告诉大家，他此番归来，就是要与他们同生共死、为祖国的自由而战。希望能在他们的帮助下，抹去苏格兰人长久以来在傲慢统治者的暴政下蒙受的一切耻辱，恢复家国荣光。他表示，他家族的权利成为牺牲品，这是苏格兰遭

受的第一个伤害，为接下来的奴役铺平了道路。恢复这些家族权利，乃是他坚定不移的目标；通过此举，他将为他们开启光明美好的前景——驱逐诡诈的僭权者，恢复他们自古拥有、世代相传的独立！过去的种种不幸，尽是由于苏格兰人内部不能团结一心；现在他们若甘心追随眼前这位决心不胜利毋宁死的合法君主，在他的旗帜下冲锋陷阵，很快就能重振昔日雄风、令敌人闻风丧胆。自古以来，苏格兰以其崇山峻岭和苏格兰人的勇猛血性，顽强捍卫民族自由，抵住了罗马帝国的所有攻势；现在，只要他们无愧于英勇豪迈的祖先，仍可凭借这些成功抗击英国暴君最猛烈的进犯。苏格兰人生为欧洲最古老的独立国家的一员，焉能卑躬屈膝、任由他人主宰！僭夺统治权的英国人已被苏格兰人的持续抵抗所激怒，对本地人敌意如炽，如不灭绝这片土地上所有古老的贵族乃至所有的土著，他们就不可能安枕而眠；苏格兰人倘若对这样的征服者逆来顺受，下场唯有死路一条。苏格兰人已被逼入绝境，为今之计，最好的选择就是像勇士一样手持宝剑、战死沙场，总强似久陷忧惧，末后和不幸的华莱士落得同样下场——他曾英勇顽强地保卫祖国，功勋至伟，惜乎如此雄杰最终殒命于英国刽子手刀下！

　　布鲁斯慷慨激昂的演说、新锐的主张，以及他本人的青春风采和男子汉气概，给听众留下深刻印象，激发了久已埋藏在他们内心的义愤和复仇信念。苏格兰贵族们异口同声地表示，决心不遗余力，从奴役中拯救家国；他们宣布，拥护布鲁斯勇敢伸张自己以及苏格兰民族的不容置疑的权利，反抗共同的压迫者。唯有暗中勾结英王的卡明反对这个全体决议，他指出英格兰国力强盛、现任国王爱德华是一位勇气和才干超群的能主,并极力试图向大家证明,如果再次背弃效忠誓言,甩脱他们对常胜之君爱德华的臣服义务,必定招致毁灭。①布鲁斯已经获悉卡明的背叛行径,他预见到这样一位势力雄厚的领袖人物如果从中作梗,他所有的宏图伟业必将化为泡影,于是当即下定了剪除此人的决心。这个行刺举动,一部分是出于仇恨,也有策略上的考虑。布鲁斯在会后跟踪卡明,在圣芳济修道院的回廊上发动袭击,一剑洞穿其身,便转身离开,把他扔在那里等死。布鲁斯的朋友托马斯·柯克帕特里克爵士(Sir Thomas Kirkpatric)随即问道,那叛徒死了没有? 布鲁斯回答:"我猜是死了。"柯克帕特里克大声说:"这种事情怎么能靠猜测? 我来搞定。"说着,他拔出匕首,奔向卡明,一刀捅进他的心窝。布鲁斯及其同伙的行为,若按我们现今的行为标准理当受到谴责,但是在那个时代却被视为男子汉气概和恰当策略的表现。柯克帕特里克的族人将手持血匕首的图案绘于家族纹章上,一直延续至今;还将其祖先在行凶杀人时说的那句"我来搞定"奉为家族的座右铭。

　　刺杀卡明为苏格兰贵族的预谋过程盖上了最后的封印:此时他们已无退路,只有横下一条心,不是挣脱英国人的枷锁,就是在战斗中死去。苏格兰的民族精神从目前的绝望消沉中昂扬振作起来。布鲁斯奔走于全国各地,激励追随者们拿起武器,向分散驻扎的英军发动攻击,连获胜果,占据了多处城堡;他的权威在王国大部分地区得到承认之后,布鲁斯在热心支持复国大业的圣安德鲁

苏格兰
人第三
次起义

140

―――――――――――――――――――

①　M.West.p.453.

斯主教(bishop of St. Andrews)主持下,于斯昆修道院举行了隆重的加冕礼和登基仪式。英国人再次被逐出王国,只剩下零星几处城堡中的英军还在踞险自守。爱德华发现,在他治下曾经两度被征服、经常被打败的苏格兰人,如今又须劳他重新征服了。这些出乎意料的困难并未影响他的信心,他派遣艾梅·德·瓦朗斯(Aymer de Valence)率大军挺进苏格兰,实地察看反叛者取得的进展;瓦朗斯在珀斯郡的梅斯文(Methven in Perthshire)突袭布鲁斯,攻其不备,打得苏格兰人溃不成军。[1]布鲁斯无比英勇地坚持战斗,三次被打落马下,又三次起身再战,然而最终不得不接受失败的命运,带着几名随从,逃往西部海岛栖身。阿索尔(Athole)伯爵西蒙·弗雷泽爵士和克里斯托弗·西顿爵士(Sir Christopher Seton)被俘,爱德华下旨将二人以叛乱罪和谋逆罪处以极刑。[2]爱德华还

公元
1307年

采取了更多严厉措施,他认定苏格兰人一再反抗自己的统治,忤逆到无可救药,发誓要报复整个苏格兰民族;他召集起一支庞大的军队,满怀必胜的把握,厉兵秣马,准备开进苏格兰,决计让毫无还

7月7日
国王驾崩

手之力的苏格兰人领教他的严厉手段。然而恰在此时,他却意外地一病不起,在卡莱尔附近驾崩。临终前,他嘱咐儿子把征服大业进行到底,不彻底征服苏格兰王国绝不收兵。爱德华一世享年六十九岁,在位三十五年;他一生为邻邦所仇视,却深受本国臣民

爱德华
一世性
格评述

的敬仰和爱戴。

　　与之前或之后历朝历代的英王相比,爱德华毕生完成的事

---

[1]　Walsing. p. 91. Heming. vol. i. p. 222, 223. Trivet, p. 344.

[2]　Heming. vol. i. p. 223. M. West. p. 456.

业，以及他已经绘就宏图、眼看大功告成的计划，莫不更具深谋远虑、行动得当，更能为本国增添实利。他的父王孱弱无能，致使国政失序，他秉政时期则恢复了朝廷的权威；他维护法度，力压桀骜贵族们的种种挑衅；他将威尔士公国彻底并入王国版图；又多方智取强夺，将苏格兰降至类似地位；尽管人们或有理由质疑末后的这桩业绩有失公义，但是，两个王国的形势强弱立判，成功征服势在必然，此外，整个不列颠岛归于一统的好处显而易见，因此，那些对君主为图邦国大计不避小恶表示宽容的评论者并不会过分苛责他的这种行为。爱德华作为君主、公平正义的化身，他在此事上扮演的角色或许十分令人反感，但无论如何，他仍然堪称有勇有谋的英主之典范。他为人勤奋、明察、勇武、机警、积极进取；他对一切不必要的开支都极尽俭省；他知道如何在适当时机发掘公共财源；他以凌厉手段打击犯罪；他待仆从、廷臣和蔼可亲；他的外形器宇轩昂，对各种军事操练都是行家里手，尽管双腿特别细长，但总体身材比例匀称，足以凭借外表赢得普通民众的爱戴，一如他凭借实实在在的优秀品质博得有识之士的赞许。

然而，英国人民在这位伟大君主治下获得、并且享受至今的最大好处，乃是对法律的校正、扩充、修订和奠立，爱德华在这方面不惜殚精竭力，将一个大为完善的法律体系传诸后世。因为通常而言，睿智立法者的劳绩总能长存于世，而征服者的战果却往往与其人同朽。爱德华在这方面的功劳，使他当之无愧地赢得了"英格兰的查士丁尼"（English Justinian）的美誉。本朝出台的大量制定法涉及法律体系的各个关键要点，按照爱德华·柯克爵士

本朝花絮辑录

(Sir Edward Coke)的说法，①它们真正堪称法典，因为这些制定法较之此前出台的任何法律都更加恒定、有效和持久；不仅如此，本朝施政一派井然有序，也为普通法趋于精密完善提供了机会，使法官裁断有恒度、律师诉讼更精晰。马修·黑尔爵士(Sir Matthew Hale)曾经注意到英国法律在本朝获得突飞猛进，进而大胆断言，迄至他生活的时代为止，如此重大的进步再不复见。②爱德华明确划定了几类法院的司法管辖权，并首次设置治安法官一职，从而杜绝了以往各个朝代枢密院令频频干扰司法的流弊。③他遏制了国内盗匪猖獗、社会秩序混乱的局面；④他鼓励商贸，为商人们提供了追偿债务的便捷途径。⑤简而言之，他以充满活力和智慧的施政活动，令王国面貌焕然一新。由于法律制度的确立初见成效，滥用法律的现象也开始引起注意。一些心怀不轨的人不再像过去那样纠集为寇，而是正式缔结同盟，在诉讼中沆瀣一气、狼狈为奸；因此，大有必要通过议会立法来遏制这种不法行为。⑥

　　本朝的执法方式发生了重大变革。国王认为英格兰大法官一

142

---

① Institutes, p.156.

② History of the English law, p.158, 163.

③ Articuli super Cart.cap.6. 爱德华一世为此特地颁行了一部法律。不过，他是否遵行此法，却值得怀疑。可以确定的是，他的继任者们几乎都未执行这部法律。上述保护性政令名目繁多，在爱德华二世在位第三年，下议院曾经对此提起抗议，参见Ryley, p.525. 爱德华三世在位第二年通过的《北安普顿法》(Statute of Northampton)宣布此举为非法，然而像诸多其他弊端一样，该做法在实践中一直延续，迟至伊丽莎白女王时代，仍有这种事例发生。

④ 《温顿法》(Statute of Winton)。

⑤ 《阿克顿·伯纳法》(Statute of Acton Burnel)。

⑥ 《共谋法》(Statute of conspirators)。

职权力过大,对王权构成威胁,便蠲除了这个职位。[①]在他治下,
财政署法庭最终划分为四个独立法庭,各自管辖若干分支,不依赖
任何地方治安官而独立运行。由于律师们后来发明了一种诉讼手
法,借助"拟制"把讼案从一个法庭转到另一个法庭,导致各个法
庭之间形成争竞,彼此制约;这种情形颇有利于促进英格兰法律实
务的进步。

　　尽管爱德华一世在位期间始终以法律与正义之友的面目示
人,然而我们也不能称他为专制权力的敌人。倘若置身于较当时
的英格兰更讲规则、更守法制的体制下,他当政时的种种做法足以
激起民怨,即使在那个时代也时时引发普遍不满。比如,他对犹太
人实行暴力掠夺和驱逐;他单凭一纸敕令,立时将全体教牧者逐出
法外;他强行占有国内所有的羊毛和皮革,对既往价值较高的商品
加征苛捐杂税;他违背法律,新颁"特殊刑事案件调查委任状";他
没收各修道院和教堂的所有钱款和金银器皿,甚至在与教会发生
纷争之前就开始这么做了;他还强令所有年收入达到二十镑的人
从军服役,即使他们并非王室直接封臣,不受相应的役务约束。他
重申《大宪章》时态度显然很勉强,似乎前两任国王的确认并未赋
予其有效性一般,待到最终确认时,他又在宪章内容中新增了强词
夺理的附加条款;事后,他还申请到教宗的赦免状,撤销其承诺遵
守宪章的誓言。他随心所欲地征收各种名目的摊派税,甚至在已
经通过正式法案——或者毋宁说是宪章——声明放弃征税特权之
后依然我行我素。爱德华一世独断专行的事例不胜枚举,十足地

---

① Spelman. Gloss. "Justiciarius" 词条。Gilbert, Hist. of the Exchequer, p. 8.

证明，我们若要赞誉他热爱正义，须得格外注意慎重和保留。他很注意王国臣民之间应彼此公平相待，却总想让他自己对内、对外的一切行动不受任何约束。

在那个时代，妨碍司法的主要因素就是大贵族的强权，爱德华凭其性格和才干足有能力震慑这群霸王，遏制他们的不法行径。于是，这个有益的目的就成了他的主要关注点，然而由于他的一招不慎，反令大贵族们危险的权势趋于增长和巩固：他颁布了一部法令，授予他们领地限嗣继承权，以致削减大家族的产业失去可操作性，他们尽可玩弄各种花招实现领地的扩增、并购。[①]

爱德华对待教会的政策与此截然相反：他似乎是基督教君主中颁行《死手法》、通过立法禁止教会添购地产的第一人；按教会法规定，属于教产的土地永远不得转让。他对待贵族产业和教会产业的政策方针如此抵触，令我们不由得揣测，这部带来实益的《死手法》的问世只是一个偶然，爱德华所关切的只是维持王国内骑士领的数量，防止领主基于封建土地保有权在监护、婚姻、封地移交等名目下享有的各种收益被欺诈侵夺。实际上，这正是该法令本身阐述的立法缘由，似乎也是爱德华推行此法的真实目的所在。《威弗利编年史》的作者认为，国王此举主要旨在保持王国的军力，该作者随后又补充道，这种做法无异于缘木求鱼，因为战胜亚玛力人靠的是摩西的祷告，而非以色列人的刀剑。[②]此后，人们时常通过发明各种"用益设计"来规避《死手法》。

144

---

① 　Brady, Treatise of Boroughs, p.25, 引自 records。
② 　P.234. 另参见 M.West, p.409。

　　爱德华十分积极地遏制教会僭权。虽说他终其一生都热忱拥护十字军东征，但除此而外，他在其他方面似乎极少沾染迷信，那是心智蒙昧者的主要缺陷。而在当时，对十字军的热衷实质上等于积极追求荣誉。这一时期，教宗感到无法再像从前那样随心所欲地直接向欧洲各教会横征暴敛，于是，他授权驻罗马的一些教团首领向下辖的修道院征税。爱德华不得不颁行新法对抗这种新型弊端。罗马教廷的另一陋习是，在圣职出缺之前就给继任人选颁俸，爱德华认为同样有必要以法律手段杜绝此类不公正的做法。

　　约翰王当年向教宗行效忠礼时，曾经承诺每年向教廷纳贡一千马克。从那时起，这笔钱一直按时缴纳，尽管历任英王经常否认教廷对英格兰拥有宗主权，而罗马方面由于害怕触怒英王，事实上几乎从不坚持这种权利。他们发明了一个新名称，把这笔钱叫作"人口统计费"（census）而不称"贡金"。爱德华国王对于缴纳此款显得极不情愿，有一次拖欠了整整六年，[1]另一次则长达十一年之久。[2]不过，那个时代的君主们经常需要教宗帮忙，比如为宣布婚姻或其他让步条款无效而向教廷申请豁免状，因此后者或迟或早总能寻机拿到这笔钱。要求神职人员向教廷捐献初年圣俸的做法也始自本朝，教宗通过这一新的敛财手段，频频将手伸进虔诚信徒的钱袋，而国王似乎缺乏警觉地对此给予让步。

145　　前朝的赋税构成，一部分为盾牌金，另一部分是按照议会批准比例征收的动产税；到爱德华一世时代，盾牌金已完全取消，摊

---

① 　Rymer, vol.ii, p.77, 107.

② 　Ibid. p.862.

征动产税成为主要的稽收形式。爱德华一世历年征收动产税情况如下：爱德华在位第四年，获批征收十五分之一动产税；第五年，获批征收十二分之一动产税；第十一年，从在俗臣民征收三十分之一、从神职人员征收二十分之一；第十八年，十五分之一；第二十二年，从在俗臣民征收十分之一，从伦敦及其他自治市镇征收六分之一，从神职人员征收圣俸的半数；第二十三年，从男爵及其他贵族征收十一分之一，从神职人员征收十分之一，从市民征收七分之一；第二十四年，从男爵及其他贵族征收十二分之一，从市民征收八分之一，因教宗颁下禁令的缘故对神职人员免征此税；第二十五年，从神职人员征收八分之一，对坎特伯雷教省的教牧们征收十分之一，对约克教省的教牧们征收五分之一；第二十九年，因确认王家森林勘界从在俗臣民征收十五分之一，神职人员此次免征；第三十三年，先是从男爵及其他贵族征收三十分之一，继而从市民征收二十分之一，随后又从全体臣民征收十五分之一；第三十四年，为王长子受封骑士向全体臣民征收三十分之一。

这种税收水平温和适度，不过国王还经常获准征收进出口关税，针对羊毛的关税通常最重。直到亨利五世时代之前，国王们通常也不会获得终生收取磅税(对每磅进出口货物收取一先令)的权利。

1296年，著名的商业公会"商业冒险家"(Merchant Adventurers)问世。其宗旨是改良毛纺品的生产工艺，促进布料的海外销售，特别是安特卫普(Antwerp)地方的贸易[①]——因为当时的英格兰人几乎根本想不到从事更远距离的商贸活动。

---

① 　Anderson's history of commerce, vol. i. p. 137.

爱德华一世颁授了一份宪章或曰声明,对外国客商给予庇护和特权,同时确定了后者须为进出口货物缴纳关税作为回报。国王承诺保障他们的安全,应允在涉及外商的讼诉开庭时召集陪审团,一半由英国人、一半由外国人组成,并在伦敦为他们指派一名法官,以保护他们的权益。不过,国王虽在表面上关注外商的利益,他却并未废止针对外国客商的残酷刑律,他们之中只要一人欠下债务或犯了罪,所有同胞都要承担连坐罪责。[①] 如今在一些野蛮国家,这种做法仍然时有所闻。国王还在既有关税之上,对每大桶进口葡萄酒加征两先令;对于出口羊毛,在原来每袋羊毛半马克的关税基础上加征四十便士。[②]

公元1303年,财政署遭劫,据报损失不下十万镑。[③] 威斯敏斯特修道院院长和修士们被控制造了这场劫案,但被判无罪开释。看来国王从未弄清罪犯到底是谁,尽管他把一腔怒火都倾泻在伦巴第商会、特别是佛罗伦萨富商弗雷斯科巴蒂(Frescobaldi)家族身上。

公元1307年,教宗从英格兰敛征了一笔巨款。国王诏令罗马教廷使节,这笔钱款不得以硬币形式外运,只准使用汇票。[④] 这足以证明当时人们对商贸的理解还十分有限。

爱德华与第一任妻子卡斯蒂尔的埃莉诺育有四子,但只有嗣子、继位国王爱德华一人活得比他长。埃莉诺王后还给他生了

---

① Anderson's hist. of commerce, vol. i. p. 146.

② Rymer, vol. iv. p. 361. 在这个问题上,爱德华三世重申了爱德华一世的宪章。

③ Rymer, vol. ii. p. 530.

④ Rymer, vol. ii. p. 1092.

十一个女儿，但大多数幼年夭亡，活下来的几位公主有：琼，第一次嫁给格洛斯特伯爵，又于伯爵去世后，与拉尔夫·德·蒙特默尔(Ralph de Monthermer)结婚；玛格丽特，嫁给布拉班特公爵约翰；伊丽莎白，第一次嫁给荷兰伯爵约翰，后改嫁赫里福德伯爵；玛丽，在昂布莱斯伯里修道院(Ambresbury)做修女。爱德华的第二任妻子法国公主玛格丽特为他生了二子一女，其中托马斯王子获封诺福克伯爵、王室典礼官；埃德蒙王子在其兄长继位后获封肯特伯爵；那位公主幼年便夭折了。

第十四章　爱德华二世

国王的弱点—国王偏爱宠臣—皮尔斯·加韦斯顿—贵族不满—加韦斯顿被诛—与苏格兰开战—班诺克本战役—休·勒·德斯宾塞—国内动乱—处决兰开斯特伯爵—推翻国王的密谋—叛乱—国王被废黜—国王遇害—国王性格评述—本朝花絮辑录

英格兰人普遍对年轻王储爱德华充满好感。因此，他们起初公元
1307年并未充分意识到一代英主离世带来的巨大损失。所有人争先恐后地欣然向继位新君宣誓效忠。这位新君年方二十三岁，一表人才，性情温良，未显露出任何危险的不良倾向，所以，人们自然预料新朝将是一派太平祥和的光景。然而，新王登基后的第一个举动便国王的
弱点粉碎了以上所有希望，表明他根本不胜任，无力驾驭因宪政未稳、民性桀骜所导致的危机四伏的局面——这是那个时代英格兰每一位君主均须面对的难关。那位不屈不挠的罗伯特·布鲁斯，尽管手下部队已被打散，自己被迫藏身于西部群岛，却并未蛰伏太久：就在先王驾崩前夕，他从藏身地点成功突围，再次招聚部众，投入战斗。他们奇袭艾梅·德·瓦朗斯统率的英军，斩获重大战果。[1]

---

[1]　Trivet, p.346.

此时，布鲁斯已经成为一个备受瞩目的目标，新君如能平定此乱，定会为自己赢得无上荣光，先王的所有辛苦准备也不致付诸东流。但爱德华二世却并未凭借己方优势积极推进，英军才越过苏格兰边界不远，他便对一切严肃军务全然丧失了处置能力，并且深感厌恶，遽尔罢兵回撤，解散了部队。他手下的显贵们由此看出，这位新君软弱无能，颇不足惧，他们尽可肆意妄为，不致招来惩罚。

　　爱德华接下来的举动，令他们进而起意触犯不复受人敬畏的王室特权。有个名叫皮尔斯·加韦斯顿(Piers Gavaston)的人，其父是位颇有身份的加斯科涅骑士，因侍奉先王有功，从而为儿子在当时威尔士亲王爱德华的内廷谋得一个职位。这年轻人一举一动都合宜讨喜，又能为主子提供各种符合其性情能力的轻佻却又无害的娱乐，很快便博得了主子的欢心。他的身形容貌天生优雅俊逸，举止潇洒、风度翩翩，文武功夫均十分了得，尤以加斯科涅人特有的机智诙谐而闻名。他凭着这些长才与年轻的爱德华莫逆于心，令那位强烈渴望友谊和信任的王子对他言听计从；先王见此情形，因担心不良后果，下旨将他逐出王国，并在临终前要求儿子发誓永不召回此人。然而，爱德华一旦自负地认定自己已经掌定权柄，立即派人将加韦斯顿请了回来，甚至不等后者抵达宫廷，便把整个康沃尔伯爵领赐封给他，该领地原属于罗马人的国王理查之子埃德蒙，在埃德蒙死后转归王室。[①] 如此之厚的封禄，就算对待宗室亲王亦不过如此了；但国王仍然意犹未尽，日日为他加颁新的荣衔和财富，还把自己的亲侄女、格洛斯特伯爵之妹赐婚给他。仿

---

　　① Rymer, vol.iii.p.1. Heming, vol.i.p.243. Walsing.p.96.

佛不把这个心爱的宠臣抬举到天上，他这个帝王就做得毫无乐趣可言。

一介宠臣青云直上，触怒了那班倨傲的贵族。此人虽说也算贵族不满出身名门，但在大贵族眼里却形同草芥，他们从不掩饰对他的轻蔑。不久，那个遭忌恨者的性情及所作所为便给他们的敌意提供了充分根据：加韦斯顿并未放低身段、收敛锋芒，以消除众人的妒忌，反而极尽张扬之能事，炫示自身的权势和影响力，认为自己亨通境遇中最称心的一件事，莫过于让所有对手黯然失色、备感羞辱。他狂妄自大、挥金如土、贪得无厌，喜好浮华虚饰，沉迷于富贵荣华而忘乎所以；他自以为在王国中势力深厚，那位懦弱的国王又对他言听计从，因此并未用心交结各方、培植党羽，否则他那份暴得而无根底的尊荣也不至于如此缺乏支撑。在所有的比武竞技中，他都凭着过人的身手屡挫英格兰贵族而洋洋自得；每遇社交场合，他都大逞口舌之利，对贵族们百般嘲谑。他的敌人日日加增，只需稍假时日，就将结成坚固的同盟，给他本人及其主子造成致命威胁。[1]

此时，国王须启驾赴法，一来为吉耶纳领地向法王行效忠礼，二来要迎娶法国公主伊莎贝拉——二人的婚约久已确定，此前由于各种意外事件频发，以致拖延至今尚未完婚。[2]爱德华临行前命加韦斯顿司职监国，[3]授予他更多实权，尤过于以往。[4]待到国王偕

---

① T. de la More, p.593. Walsing. p.97.

② T. de la More, p.593. Trivet, cont. p.3.

③ Rymer, vol. iii. p.47. Ypod. Neust. p.499.

④ Brady's App. N°.49.

年轻的王后归来,更是格外对加韦斯顿赐以百般荣宠,惹得国人怨声鼎沸。新王后性情骄横、擅使手腕,她发现夫君懦弱无能,需要一双手从旁操纵、驾驭,她认为这个角色无论如何非她莫属,遂对那个挡路的家伙滋生了不共戴天的仇恨。因而,她相当高兴地看到贵族们结成反对加韦斯顿的同盟,而加韦斯顿感觉到王后的敌意,则放肆地以新的辱慢和伤害向她发出挑衅。

公元
1308年　　兰开斯特伯爵托马斯身为国王的堂兄弟、宗室亲贵之首,是英格兰最富有、权势最大的臣子,他本人名下领地甚多,不久又娶到林肯家族的女继承人,总共拥有不下六个伯爵领,这意味着相应的地产及全部司法权和行政权力——在那个时代,这些通常是领地所有权的附属品。兰开斯特伯爵性情颇不安分、善于结党营私,他对那个风头盖过自己的御前第一宠臣深恶痛绝。很快,英格兰便形成了一个以他为首的反加韦斯顿的贵族集团,一心要把那个张狂的外邦人拉下马。他们共同起誓,不驱逐加韦斯顿绝不罢休。对峙双方已成剑拔弩张之势。国内匪患蜂起、骚动不宁,无法无天的乱局初显,这通常是内战的前奏。王权若执掌在国王本人手中便遭轻视,若由加韦斯顿代掌,便招来仇恨,不足以贯彻执法、维护王国的宁靖。于是,国王在威斯敏斯特召开议会,兰开斯特伯爵及其党羽率领一干全副武装的扈从直入会场,成功地将自己的条件强加给君主。他们要求驱逐加韦斯顿,迫使后者发誓永不返回英格兰;那些对任何世俗事务都要插上一手的主教们也参与进来,宣称加韦斯顿若再滞留于王国境内,就对他处以绝罚。[1]爱德华无

---

　　① Trivet, cont. p. 5.

奈屈服，^①但即便是在让步过程中，他也十足地表现出对那位宠臣的依恋之情。国王并未像人们期待的那样，将加韦斯顿逐回母国，以平民愤，而是任命他做爱尔兰总督，^②在其动身赴任之际，国王亲自相送，直到布里斯托尔，在分别前又加赐给他许多土地和财物，既有加斯科涅的，也有英格兰的。^③加韦斯顿并不缺乏勇气，也颇具军事才干，^④他在爱尔兰总督任上强力镇压当地人的数次叛乱，安定了一方局面。

　　在此期间，国王一味因宠臣的离去而郁郁寡欢，对于众贵族胁迫主上这种非法的暴力行径反倒不太震惊。他想方设法软化贵族们的心，争取迎回加韦斯顿，仿佛自己当政的主要目的就在于此。兰开斯特伯爵被授予世袭英格兰王室管家的尊衔；其岳父林肯伯爵被其他一些恩惠所收买；华伦伯爵也被国王以殷勤惠绥或允诺安抚住了。加韦斯顿此时脱离了公众视线，他那傲慢无礼的言行也就不再那么强烈地遭到千夫所指。爱德华见铺垫已然做足，便向罗马教廷提出申请，解除了加韦斯顿在众贵族胁迫下所立的永不返回英国的誓言。^⑤国王御驾亲赴切斯特，迎接自爱尔兰渡海而归、刚刚踏上英格兰土地的宠臣，欣喜若狂地对其张开怀抱。他此前已通过议会取得贵族们的正式首肯，为加韦斯顿复职，此时便毫无顾忌地尽情表达对此人的钟爱和深情厚意。加韦斯顿本人也把

---

①　Rymer, vol. iii. p. 80.

②　Ibid. p. 92. Murimuth, p. 39.

③　Rymer, vol. iii. p. 87.

④　Heming. vol. i. p. 248. T. de la More, p. 593.

⑤　Rymer, vol. iii. p. 167.

过去的挫折都抛在脑后，不去想造成这一切的原因，又恢复了那种浮夸炫耀、傲慢无礼的作派，令众贵族普遍侧目，较以往更甚。

　　贵族们先是拒绝出席议会，以示内心的敌意；当他们发现此招不灵时，便开始寻求更严厉、更有效的手段。尽管国王在施政方面几乎无可非难，只是多少有些浪费公帑之嫌，而且，令他和他的宠臣招致苛责的所有弊政，究其实质似乎更适于在舞厅或聚会场合煽动怒火，而不适于在偌大一个王国激起暴乱。然而，这便是当时的大势所趋，贵族们有决心、也有能力以此为理由，掀起一场轩然大波，彻底改变英格兰的国体和政体。贵族们不顾法律和国王的禁令，率领大批武装扈从进入议会，完全控制了会场。他们呈上的请愿书形同命令，要求爱德华将王座和议会的全部权力移交给一个公推产生的立法执政团。国王被迫签署了一份委托书，授权诸位主教和贵族们推举十二位执政团成员，这些人有权在次年米迦勒节之前代表政府颁行法令，管理王国、规管宫廷事务。国王同意该执政团颁行的法令自出台之日起具有永久的法律效力，准许执政团成员及他们的朋友结成同盟，以保障法令得到严格规范的执行。委托书声称，以上所有措施，都旨在光大神的荣耀、增进教会的稳固、国王和王国的光荣与福祉。[1]作为交换，贵族们也签署了一份声明，承认他们获得的这些让步完全源自国王的慷慨恩典，并保证永不将此引为先例，保证执政团的权力在指定期限届满时即刻失效。[2]

2月7日

3月16日

152

---

[1] Brady's App. N°.50. Heming, vol. i. p. 247. Walsing. p. 97. Ryley, p. 526.

[2] Brady's App. N°.51.

于是，被推举出的立法执政团制定了若干法令，呈送给国王和公元1311年议会，待来年核准。其中一些法令是值得称道的，有利于促进规范执法：诸如，规定郡长须由有产者担任；废止了凭加盖王玺的命令悬置审判的做法；节制王室征发；禁止硬币掺假、改铸；驱离永久租佃地上的外邦人；命令一切款项定期上交财政署；撤销近期授予王室的所有补助金；对滥用诉讼的受害方给予损害赔偿。不过，最让国王烦恼的，是那条清君侧、除奸佞的法令，其中指名裁撤了一大批占据实权肥缺的人员，皮尔斯·加韦斯顿本人也被永久逐出王国，他若抗命不从，就将被宣布为全民公敌。这些职位都被贵族们中意的其他人选取而代之。法令还规定，未来宫廷及政府中法律、财政和军事方面的所有重要职位，应由议会中的贵族们负责任命；国王不再独享对外宣战和召集军事封臣的权力，未经贵族们的同意亦不得行使这些权力。

爱德华因秉性软弱兼以处境不利，所以不得不授予贵族们上述不受限制的权力，以致执政团制定的法令在议会得到通过。然而，也是由于这种性格使然，他秘密地写下一份抗议书，称该授权仅限于制定有利于国王和王国的法令，人们当能看出，以上规定的内容对这两者均有害无益，故而不应被视为已经得到批准和确认。[①]他这般执意要撤销那些倚仗暴力强加给他的条款，除了因为它们彻底抹杀王权之外，更重要的是，这些律令还剥夺了他与那位心宠相偕相伴的权利，而他出于一种非同寻常的迷恋，把此人看得重于一切，超乎任何利害得失和维持太平局面的考虑。

---

① Ryley's Placit.Parl.p.530,541.

　　因此,王驾一旦移至约克,摆脱了贵族强权的直接威胁,他便立即把加韦斯顿从佛兰德斯的隐居地召回,宣布驱逐加韦斯顿的决议不合法,有悖于王国的法律和常规;[1]他公开宣布恢复加韦斯顿的爵衔和职位。贵族们因失望而高度激愤,他们意识到,自己与这位权势熏天的宠臣已成公然敌对之势,你死我活的结局已无可避免;于是,他们以加倍的热忱重启反加韦斯顿的贵族同盟。兰开斯特伯爵是同盟中一位令人生畏的首脑;沃里克伯爵居伊给同盟带来一股狂热而暴烈的激情;皇家军事总长、赫里福德伯爵亨弗雷·博亨和彭布罗克伯爵艾梅·德·瓦朗斯的加入则使同盟的实力和影响大为提升。就连华伦伯爵也抛弃一贯的保王立场,接受感召,加入反加韦斯顿的一派。[2]随着坎特伯雷大主教罗伯特·德·温切尔西表明赞同贵族的立场,整个教会暨全体民众便随之倒向反对国王及其宠臣的阵营。在那个时代,大贵族的势力极其强大,只要几位大贵族联手,便足以动摇王座,而今贵族们如此齐心,越发势不可当。兰开斯特伯爵突然举事,发兵约克郡,抵达该地时发现王驾已赴纽卡斯尔。[3]伯爵紧追不舍,爱德华险险脱身,逃至廷茅斯(Tinmouth),在那里与加韦斯顿一起登船驶向斯卡伯勒(Scarborough)。斯卡伯勒城堡储备充足,固若金汤,国王把宠臣留在那里,自己前往约克,希望能招募勤王兵力,击败对手。彭布罗克伯爵受贵族同盟派遣围攻斯卡伯勒城堡,守军御敌不力,

公元
1312年

154

5月19日

---

[1]　Brady's App. N°.53. Walsing. p.98.

[2]　Trivet, cont. p.4.

[3]　Walsing. p.101.

加韦斯顿被迫有条件投降,自缚为囚。[①]他提出的投降条件包括,他应羁留在彭布罗克手上两个月,在此期间,双方应努力谋求普遍和解;倘若贵族同盟提出的条件未被接受,应把城堡按受降前的原样交还与他;彭布罗克伯爵和亨利·皮尔西应以他们名下的全部土地为担保,签约承诺履行上述条款。[②]现在,这个全民公敌落入彭布罗克伯爵的掌握。伯爵把他带到班伯里(Banbury)附近的德丁顿(Dedington)城堡之后,借口另有事务自行离去,只留下寥寥无几的戍卫。[③]沃里克伯爵很可能与彭布罗克早有串谋,这时引兵前来攻打城堡。守军拒绝抵抗,加韦斯顿被交出,旋被带往沃里克城堡。兰开斯特、赫里福德和阿伦德尔三位伯爵迅即赶赴该地。[④]他们完全无视法律规定和阵前投降协议的制约,命令刽子手将这个招人憎恶的宠臣斩首。[⑤]

加韦斯顿被诛
7月1日

155　　此时,国王已退至贝里克以北地区,闻知加韦斯顿的死讯,大恸不已;宠臣遇害在他心中激起仇恨的狂澜,其强烈程度绝不亚于斯人在世时国王对他的爱。国王威胁要让所有参与此事的贵族血债血偿,并在英格兰各地积极备战。不过,这仇恨在他心中的持久性终究抵不过与贵族们的交情,他很快便接纳了和解协议,赦免了贵族们的所有过犯,当他们按照协议跪地请求他的公开宽恕时,[⑥]这种表面的臣服姿态令他无比自得,似乎已经真心实意原谅了他

---

① Walsing. p. 101.

② Rymer, vol. ii. p. 324.

③ T. de la More, p. 593.

④ Dugd. Baron. vol. ii, p. 44.

⑤ Walsing. p. 101. T. de la More, p. 593. Trivet, cont. p. 9.

⑥ Ryley, p. 538. Rymer, vol. iii. p. 366.

们以往的一切伤害。贵族们虽在行动上无法无天,此时却仍然声称热心维护法制,要求确认他们之前颁布的法令,作为达成上述目标的必要保障。爱德华答曰,对于那些并非完全贬抑王室特权的法令,他愿意出于自主并合法地给予确认。贵族们接受了这个在当下令人满意的答复。由于加韦斯顿死后,国王的公众形象有所改善,又因贵族们要求确认的法令大体上近似于先前孟福尔从亨利三世处逼勒所得、曾经引发多种致命后果的那一套法令,因此,广大贵族和民众在这方面的呼声并不十分高涨。似乎全国民心都已得到安抚,派系纷争的敌意不再弥漫。英格兰人共尊一主,恢复了团结,希望自此有能力向所有敌人、特别是苏格兰人报仇雪恨——一段时间以来,苏格兰武装节节进逼,已经激起全体英格兰人的仇视和义愤。

与苏格兰开战　　爱德华前番从苏格兰撤兵之后,罗伯特·布鲁斯立即离开他先前隐蔽残兵的藏身所,以超人的勇气和才干弥补己方的不足,狠狠打击国内、外的一切敌人。他把阿盖尔(Argyle)勋爵和麦道维尔(Macdowal)部落的酋长们逐出他们向来盘踞的山区,完全占据了苏格兰高地;继而以此为据点,进击北部低地的卡明家族,大获成功,占领因弗内斯(Inverness)、福法尔(Forfar)和布里金城堡。他的地盘日复一日地扩张,更重要的是,他每一天都吸引着更多贵族前来归顺、把更多勇敢的首领招至自己麾下,用掠自敌人的战利品让他们身家暴富。詹姆斯·道格拉斯爵士(Sir James Douglas)作为布鲁斯的左膀右臂,参加了他的每一次征伐,尚武的道格拉斯家族自此开始创下赫赫威名。罗伯特的亲兄弟爱德华·布鲁斯也是一员屡建奇功的著名骁将。由于英王孱弱无能的表现,苏格兰人对英国强大武力的畏惧此时已消散殆尽，他们当中哪怕最无血性者也开始期冀光复独立的前景。整个苏格兰，除了几处罗伯特目前尚无力攻打的要塞之外，均已服从他的权威。

在此局面下，爱德华只得与苏格兰签约休战。罗伯特成功地利用这段间歇，巩固自己的权力，重整被连绵战祸和党争破坏的统治秩序。不过，和平间歇极为短暂，双方将休战协议视同废纸，最后公然撕毁协议，重启战端，厮杀较以往更为激烈。罗伯特不满足于守土抗敌，多次成功侵入英格兰境内，劫掠资财供应己方军需，并借此教育部众，那个长久以来令他们战兢的民族，其实际军事才能仅如此尔。爱德华最后终于从怠惰中醒来，亲率大军开进苏格兰。罗伯特见敌军势强，决定避其锋芒，再度退入群山。英军长驱直入，已经越过爱丁堡，但是由于给养不继，加上国内贵族忙于拟定法令，对苏格兰战事的支持仅是三心二意，所以英王不久便无奈撤兵，并未给敌方造成沉重打击。不过，加韦斯顿死后英格兰各派表面上重归团结，似乎使王国恢复了元气，再次开启了征服苏格兰的希望，并预示着这场深深牵涉英格兰的利益和民族情感的战争将会有一个令人称心的结局。

爱德华从四面八方募集兵力，指望一战定乾坤。他从加斯科涅召来最勇猛善战的几位封臣，又从佛兰德斯和海外其他地区募兵，他召来大批毫无军纪的爱尔兰人，定意大事劫掠，再加上一队威尔士人，也是受着类似的动机怂恿而来。于是，国王集结英格兰的全部军力，浩浩荡荡开赴苏格兰边境，按照苏格兰史家的记载，这支大军共有十万之众。

罗伯特所能召集的人马不过三万，但个个都是屡经战阵、百炼

公元 1314 年

成钢的勇士，他们身处逆境，已抱定决死之志，又惯经命运跌宕起伏的磨砺——这样的军队，在罗伯特这样一位杰出首领的指挥下，哪怕敌军数量再庞大、装备再精良，也会对他们望而生畏。斯特灵城堡和贝里克城堡一样，是英军在苏格兰盘踞的最后据点，被爱德华·布鲁斯长期围困，城堡卫戍长官腓力·德·穆布雷(Philip de Mowbray)在顽强抵抗之后，被迫有条件投降，承诺如果约定期限届满而援军不至，他便开城投降。[1]这个日子眼看就要到了。罗伯特料定英国援军必会前来，于是，他以高超的战术素养和十足的审慎事先选定了战场，做好各种必要的迎战准备。他在距斯特灵两英里远的班诺克本(Bannockburn)扎下阵脚，右侧倚山，左边是一片沼泽。如此布阵，是为了防止被数量占优的英军包围，此外，他还考虑到敌军骑兵实力强大，采取了相应的预防措施。苏格兰军阵的前方是一条小河，他命人在河的两岸挖掘大量深坑，坑内密布尖桩，然后用草皮精心覆盖整片埋桩地带，做好伪装。[2]傍晚时分，英军出现在视野中，双方骑兵旋即展开一场血战。罗伯特一马当先，与来自赫里福德家族的绅士亨利·德·博亨捉对厮杀，只见他手中的战斧一挥，对手的脑袋被劈成两半，深达下颏。双方将士均目睹此景，英国骑兵丧魂失魄，仓皇逃回己方主力阵营。

开局得胜，苏格兰人深受鼓舞，欢呼赞颂主君的神勇，展望第二天的战事必获圆满结局。而英方自恃人多势众，加上往昔曾屡次战胜苏格兰人，令他们气焰十足，一心渴盼复仇的机会。尽管由

158

---

[1]　Rymer, vol. iii. p. 481.

[2]　T. de la More, p. 594.

于季节和气候使然，这个夏夜极为短暂，但求战心切的将士们仍然感到这一夜沉闷而冗长。次日清晨，爱德华挥师挺进，向苏格兰人进逼。英军左翼骑兵指挥官、国王的侄子格洛斯特伯爵血气方刚，鲁莽地率队猛冲，径直掉进了布鲁斯布下的尖桩陷阱阵，①所部骑兵顿时乱作一团，格洛斯特本人落马被杀。詹姆斯·道格拉斯爵士统率苏格兰骑兵，不给对手重整阵形之机，迅即掩杀过去，敌骑被逐出战场，伤亡惨重。英军整个步兵阵列眼睁睁地目睹了这场追杀。一场战役的开局通常对结果具有决定性的影响，英军初战遇挫，正在慌乱之时，忽见山上有一支人马正在向左移动，似乎是不慌不忙地前来包抄他们，一股巨大的恐惧惊惶在将士们心中升腾起来。其实，这是罗伯特事先召集的一队车夫和赶驮马的脚夫，他们按照布置打着军旗前进，远远望去如同一支强大的军队。这个计策生效了。英军将士被恐慌攫住，纷纷扔下武器逃命。苏格兰人发动追击，一直追到九十英里外的贝里克，杀得血流成河。苏格兰人此战收获极丰，除了数不清的战利品之外，还俘虏多位英格兰贵胄和四百多名绅士，罗伯特给予他们极其人道的待遇，②而这批俘虏的赎金又使战胜者再添一笔横财。英王本人险险逃过一劫，他奔至邓巴，马契伯爵开城接纳并庇护了他，随后，他从那里走海路转赴贝里克。

　　这就是班诺克本战役，一场波澜壮阔的大决战，苏格兰因之确保了王国的独立，布鲁斯从此坐稳苏格兰王位。可以说，英格兰

班诺克本
战役
6月25日

---

① Ibid.

② Ypod. Neust. p. 501.

自诺曼征服以来从未遭受过如此沉重的打击。在此类情况下,战役伤亡人数通常难以确定,胜利的一方总会极力夸大战果。不过,159 这次惨败在英格兰人心头打下了深深的烙印,据称,此后许多年里,无论人数上占多大优势,他们都不敢与苏格兰人对阵。罗伯特为了扩大胜果,率部侵入英格兰,所向披靡,北方各郡无不惨遭蹂躏。他围攻卡莱尔,但被英勇的当地总督安德鲁·哈克拉爵士(Sir Andrew Harcla)击退。苏格兰人突袭贝里克的战绩更佳,一举拿下该城。布鲁斯连战连胜,踌躇满志,又开始设想对英格兰发动一系列重要征服。其弟爱德华奉命率六千人马入侵爱尔兰,自立为爱尔兰王;他本人随后统率更多部队登陆该岛。起初,爱尔兰人苦于英格兰惨无人道的压迫,把苏格兰人视作拯救者,纷纷投到布鲁斯的麾下;然而,随着一场严重的饥荒席卷爱尔兰和不列颠岛,苏格兰军队也陷入供给无着的困境,兵力严重削弱,罗伯特被迫率部撤回本国。他的弟弟爱德华留在爱尔兰继续与英军作战,形势几起几落,最终在邓多克(Dundalk)附近被伯明翰勋爵统率的英军击败,殒命沙场。于是乎,这番与苏格兰的国力很不般配的征服大业就此化为泡影。

英王爱德华面临的烦恼,除了苏格兰人入侵、爱尔兰人暴动之外,还有威尔士人的叛乱。更严重的是,他自己手下的贵族们也拉帮结党,趁着国难当头、君王时运不济,染指于鼎,极力在王权的废墟之上奠定自己的独立地位。兰开斯特伯爵及其一党的贵族们起初拒绝随驾征讨苏格兰,随后,见国王铩羽而归,他们又趁机要求恢复立法执政团先前颁布的那一套法令,声称这些法令依然有效。国王迫于处境维艰,只得屈从了他们的要求。现在,这一国的

重臣要员无不唯兰开斯特伯爵之命是从。[①]这位宗室亲贵高居于
王室顾问会首席。掌权的贵族们宣布，王国所有职位须经议会定
期票选任命，或者毋宁说是听命于大贵族的意志。[②]整个国家在这
种新的政府组织模式下，极力调整好自身防卫状态，迎击苏格兰人
的侵略。不过，民族公敌的节节进逼远远不能让这些拉帮结派的
贵族们害怕，相反，他们发现，自己未来尽享尊荣的指望全在乎王
室的衰微和患难。据怀疑，兰开斯特伯爵本人与苏格兰国王之间
一直暗通款曲，而上述怀疑是有大量充分理由的——尽管他肩负
英军统帅的重任，却处心积虑地令本国军队的每一次征伐都劳而
无功，每个行动计划都以失败告终。

　　今天，一切规范有序的君主制国家均已熟知什么是“首相”，
而在当时，欧洲的所有王国——特别是英格兰——对此还闻所未
闻。民众根本无法理解，一个人身为臣属，何以既能包揽君权、缓
解君主的政务负担、弥补君主在经验和能力上的欠缺，同时又能保
全王室的一切权利，既让显贵人物服从自己暂时的权威，又不贬抑
他们的身份。爱德华国王就其禀赋而言显然不适于当朝执政：他
的品质并不恶劣，但不幸的是，他完全没有能力处理严肃的政务。
他也明白自己的缺陷，因而必定要寻求一个能替自己拿主意的人。
但是他前后选定的几位宠臣，都被朝野视为僭越本分而平步青云
的臣僚，被满怀妒意的大贵族们视为打击对象；宠臣的人品和一举
一动都会遭人非难，他对国王和王国的影响力则被视为僭权。爱

①　Ryley, p.560. Rymer, vol.iii.p.722.

②　Brady, vol.ii.p.122. 引自 records, app No.61. Ryley, p.560.

德华现在除非采取危险的权宜之计,将手中权力移交给兰开斯特伯爵或某位家族势力极其广泛、足以保持一言九鼎地位的大贵族,否则,他作为国王就休想得到安宁。

休·勒·德斯宾塞

加韦斯顿死后,最得国王宠信的廷臣是休·勒·德斯宾塞或称斯宾塞(Spenser),此人年纪轻轻,出身于英格兰显贵门庭。[①]他 161拥有堪称完美的品貌和风度,很能吸引像爱德华这种软弱的心灵;但他却缺乏一种必要的谦虚谨慎,无以平息大人物的嫉妒,并在他未来晋身于危机四伏的高位时,引导他安然涉过一系列险关。他的父亲老斯宾塞沾儿子的光,在国王面前说话也颇有影响力;这位年高德劭的贵族,平生因智慧、勇气和德行而深受敬重,倘若时局尚有缓和余地,那么以他的才干和经验,想必足以弥补国王及其宠臣身上的弱点。[②]然而,爱德华对小斯宾塞的宠爱一旦显露,立即招来暴躁的兰开斯特伯爵和绝大多数大贵族的嫉恨,他们将此人视为眼中钉,制定种种恶毒计划,要让他身败名裂。[③]他们首先宣布退出议会,以示不满;不久之后,他们又找到借口,变本加厉地打击那个宠臣。

公元1321年国内动乱

国王对宠臣恩赏无度:他给小斯宾塞指婚,女方是国王的侄女,就是在班诺克本战役中阵亡的那位格洛斯特伯爵的共同继承人之一。斯宾塞继承了那个殷富家族的遗产,在威尔士边区坐拥巨额产业,[④]如此犹嫌不足,还欲进一步扩张自己在该地区的势力,

---

① Dugd.Baron.vol.i.p.389.

② T.de la More, p.594.

③ Walsingham, p.113. T.de la More, p.595. Murimuth, p.55.

④ Trivet, cont.p.25.

结果被控不公正地对待格洛斯特家族的另外两位女婿——奥德利(Audley)男爵和阿摩里(Ammori)男爵。还有一件类似的纠纷：小斯宾塞的邻居高尔(Gower)勋爵威廉·德·布拉豪斯(William de Brouse)与自己的女婿约翰·德·穆布雷立有领地继承契约，并有规定一旦后者及其继承人绝嗣，高尔爵领将转归赫里福德伯爵继承。穆布雷在其岳父亡故后，不遵正规程序向王室申请让渡证书和进占令状，立即进占了高尔爵领。垂涎该领地的小斯宾塞说服国王严格执行封建法，将高尔领地没收，充入王室领地，再转授给他。① 此事本该以诉讼途径谋求解决，却当即激起了一场全国内战。兰开斯特伯爵和赫里福德伯爵迅速起兵，奥德利和阿摩里也率全部兵力加入叛乱；罗歇·德·莫蒂默、罗歇·德·克利福德(Roger de Clifford)以及更多出于个人原因憎恶斯宾塞父子的人纷纷来投，更加壮大了叛军队伍。现在，这支军队势力强大，反叛者给国王捎信，要求立即将小斯宾塞革职或监禁，还威胁道，倘若国王不允，他们就拒绝继续效忠于他，并自行对那宠臣实施报复。他们几乎没有等待国王的回复，立即发兵洗劫、破坏小斯宾塞的领地，杀死他的仆从，赶走牲畜、烧毁房舍。② 接着，他们又扑向老斯宾塞的领地，同样大肆蹂躏，尽管他们似乎一直都很敬重老斯宾塞的为人。

　　反叛者们起草并签署了一份正式的盟约，③ 随后以全部军力进逼伦敦，屯兵于城下，要求国王驱逐斯宾塞父子。这二人当时并不

---

① Monach. Malmes.

② Murimuth, p. 55.

③ Tyrrel, vol. ii. p. 280. 引自坎特伯雷大教堂记事簿。

在伦敦,他们分别担负着多项使命,老斯宾塞去了国外,小斯宾塞身在海上。因此,国王答复叛乱贵族,他在加冕时曾经发誓遵行法律,现在不能违背此誓,应允他们的违法要求,不能给未受犯罪指控或未得到机会自辩的贵族定罪。[①]然而,公正合理的原则在刀剑面前只是一道极其脆弱的屏障,反叛者们已然卷入罪行,现在索性忤逆到底,求得完胜方能自保。叛乱贵族挥师开进伦敦城,当时正值议会召开,他们向议会提交了一份指控斯宾塞父子的文状,他们并未尝试提出证据坐实这二人的任何一条罪名,而是凭借威胁和暴力,取得了对斯宾塞父子褫夺领地、永久驱逐的判决。[②]该判决只经贵族代表投票通过,因为平民代表这时尽管在议会中占有一席之地,却仍是人微言轻,所以这份裁决无须征得他们的认可;在当前的乱局下,就连神职人员投票的环节也被略去了。这伙放肆的贵族对法律尚存些许敬畏的唯一表现,就是要求国王颁旨赦免他们的一切不法行径。[③]随后,他们便解散武装,分别返回各自的城堡,自以为安然无虞了。

国王被迫默从反叛者的暴力胁迫,令他本人及其代表的王权威风扫地,以致人人都觉得可以对王室待以轻慢。不久,王后出行途径肯特郡巴德利斯梅尔勋爵(Lord Badlesmere)名下的利兹(Leeds)城堡,想在城堡中暂歇一晚,却被拒于门外,王后的几名扈从上前叫门,结果被杀。[④]王后一向尽力与贵族们保持良好关系,

163

----

① Walsing.p.114.

② Tottle's collect.part 2.p.50. Walsing.p.114.

③ Tottle's collect.part 2.p.54. Rymer, vol.iii p.891.

④ Rymer, vol.iii.p.89. Walsing.p.114, 115. T.de la More, p.595. Murimuth, p.56.

也真心实意地和他们一起痛恨小斯宾塞，这次她受到侮辱，没有人出头为行凶者辩护；国王认为此番可以招募兵马，为王后复仇，而不至于招来普遍的不满。巴德利斯梅尔失道寡助，王师马到成功。[①]

然而，国王一旦拥兵在手，又与全国的保王势力协同了步调，便大胆地撕下面具，挥师攻击他的所有对手，并召回斯宾塞父子。他宣称，此前对这二人的判决不合法、不公正，违背《大宪章》的精神，未经教牧代表的批准，是凭借暴力逼勒国王和议会贵族院的结果。[②]这里，对立双方仍然没有提及下议院。

国王先下手为强，反叛贵族们落于下风。在那个时代，这样的优势通常具有决定性的意义。王军疾进，讨伐反叛者的主要根据地威尔士边区，发现对手全无防御准备。当地的许多贵族望风而降，以期平息国王的怒火。[③]他们的城堡被没收，本人则被拘押。然而兰开斯特伯爵不甘心承受覆灭的命运，他召集众附庸和家臣，公开宣布自己已与苏格兰结盟，正如外界久已怀疑的那样。他宣布，苏格兰承诺派出援兵，由穆雷(Murray)伯爵伦道夫(Randolf)和詹姆斯·道格拉斯爵士率领；[④]赫里福德伯爵也倾巢出动，集三万大军前来助阵，如此，叛军数量已压倒王师。兰开斯特在特伦特河畔的伯顿(Burton upon Trent)扎下营盘，试图守住河上的几处渡口。[⑤]然而该作战计划未能奏效，于是那位全无军事才干、个

公元
1322年

164

---

① Walsing.p.115.
② Rymer, vol.iii.p.907. T.de la More, p.595.
③ Walsing.p.115. Murimuth, p.57.
④ Rymer, vol.iii.p.958.
⑤ Walsing.p.115.

人勇气更值得怀疑的天潢贵胄率军向北逃窜，希望与来援的苏格兰盟友会师。[1]王师跟踪追击，兰开斯特的兵力日日折耗；当他行至巴勒布里奇(Boroughbridge)时，发现安德鲁·哈克拉爵士屯兵于河对岸，截住了他的去路。兰开斯特发动强攻，试图夺路而走，但被击退，赫里福德伯爵在战斗中被杀，全军上下乱作一团。兰开斯特本人全然没了主张，跑也跑不掉、守也守不住。最后，他束手就缚，被哈克拉俘获并移交给国王。[2]在那个暴力恣睢的时代，交战双方均视法律为无物，即使遵行法律并无任何不便，战胜者也认为没必要给予重视。兰开斯特犯有公开叛乱、武装对抗主君的罪行，并未被交付国法审判、宣判死罪，而是由军事法庭定罪、处死。[3]爱德华虽说天生不爱记仇，但这一次却尽情发泄积怨，以其人之道还治其人之身，百般折辱那个落在自己手里的囚徒，报复他对加韦斯顿的折磨。兰开斯特身着弊衣，蒙着头，由一匹未配缰绳、又老又瘦的马驮着，在围观群众的喝彩声中被押赴法场——他自己名下庞弗雷特(Pomfret)城堡附近的一片高地，在那里被当众斩首。[4]

3月16日

3月23日
处决兰开
斯特伯爵

兰开斯特伯爵托马斯身为堂堂王室贵胄、英格兰历史上最有权势的贵族之一，就这样一命呜呼。此人的公开行迹足以表明其秉性暴戾狂悖，而他私下的所作所为也并不稍显清白。他假作虔诚，从而赢得僧侣和广大民众的爱戴，此举非但不能减轻他的罪名，反而令他罪上加罪。巴德利斯梅尔、吉法尔、巴雷特(Barret)、

165

---

[1]　Ypod. Neust. p. 504.

[2]　T. de la More, p. 596. Walsing. p. 116.

[3]　Tyrrel, vol. ii, p. 291. 引自 records。

[4]　Leland's Coll. vol. i. p. 668.

切尼(Cheyney)、弗莱明(Fleming)等十八个最著名的叛乱首领随后被依法审判、定罪并处决。一大批反叛分子被投入监狱,另一些则逃亡海外。国王用一部分被褫夺的产业打赏自己的臣仆。哈克拉因功受赏,获封卡莱尔伯爵领和一大片产业,但他不久就因勾结苏格兰国王、意图谋反而被夺产、处死。然而,上述被罚没的广大领地大部分落入贪得无厌的小斯宾塞手中。如此分赃不匀,让许多保王贵族大为不满。对斯宾塞的妒恨高涨,更甚于以往。此人历来狂傲,胜利后越发趾高气扬,做下许多横行霸道之事,民众平素对他的仇恨被撩得更旺。所有被剥夺财产和权利的贵族士绅的亲朋均暗暗发誓复仇。如此,尽管王国在表面上恢复了安宁,但是对国王的轻蔑和对斯宾塞的憎恨却在国人心中泛溢,促使危险的情绪滋生——王国未来的激烈变革和动荡皆肇因于此。

在这种局面下,指望对外战争取胜是不可能的。爱德华对苏格兰发动又一番劳而无功的征讨,铩羽而归之后,发觉有必要中止双方的敌对状态,与苏格兰签订了为期十三年的停战协议。[①]罗伯特的王位虽未在协议中得到正式认可,但他可在十三年里稳保大位,所以仍然感到满意。多年以来,他奋勇击退了英格兰的历次进攻,也曾挥师入侵英格兰和爱尔兰,又以轻蔑的态度拒斥教宗的权威——后者试图压服他与敌人握手言和。如今,他依靠臣民的爱戴和强大的武力,已然坐稳了苏格兰国王的宝座;不过,与邻国的战事一日不息,他心中自然无法彻底安生:他深知英格兰国内目前虽然陷于纷争,但其国力和人口都是苏格兰远远无法匹敌的。另

---

① Rymer, vol.iii.p.1022. Murimuth, p.60.

一方面,这个停战协议对英格兰而言来得正是时候,因为此际她正面临来自法国的威胁。

公元
1324年

　　此前,绰号"美男子"的法王腓力四世于1315年驾崩,其子"顽固者路易"(Lewis Hutin)继位。这位新王不久便亡故了,身后无嗣,由其弟"高个子腓力"(Philip the Long)继承大统。未几,这位国王也去世了,王位再传至腓力四世幼子"美男子查理"(Charles the Fair)手中。查理因故指控英王派驻吉耶纳的几位大臣,鉴于这种奇特的、基于封建法的领主–附庸关系不属习惯法或衡平法的裁断范围,查理似欲以此为借口,趁爱德华力量虚弱之机,罚没他名下的所有海外领地。[①]爱德华派遣御弟肯特伯爵出使法国洽谈未果,随后,王后伊莎贝拉奉命渡海赴巴黎,试图温言调和夫君与弟弟之间的矛盾。正当她对此问题的调解取得一定进展之际,查理那边又提出了新的要求,其正当性完全无可非议:他要爱德华本人前来法国宫廷,为其在法领地向他宣誓效忠。但是,如果答应这个要求,英王又面临着诸多困难。爱德华对小斯宾塞绝对言听计从,如此一来,希望获得同样影响力的王后与小斯宾塞之间就会不可避免地再次发生冲突;尽管精明的王后在离开英格兰之前,佯装出一副敌意全消的态度,但斯宾塞完全洞悉她内心暗藏的仇恨,因此不愿陪伴国王驾赴巴黎,现身于法国宫廷——王后在那里如鱼得水,他此去即便没有性命之忧,也可能遭到各种侮辱。如果让国王单独前往,他也同样顾虑重重:一方面生怕自己不在跟前,那位心性绵软的主上会被他人操控;另一方面,他又怕自己留在国内,失

---

　　① Rymer, vol.iv.p.74, 98.

去王权的荫庇，面对国人的普遍仇视，恐有不测。英方出于疑虑而一再延宕国王赴法之行，这时伊莎贝拉提出一个办法，让爱德华国王把吉耶纳的领主权授予年方十三岁的王子，让后者赴巴黎行效忠礼，以尽每一位封臣对上级宗主的义务。这个权宜之计似乎轻松解决了一切难题，因此立即被采纳。斯宾塞中了计，年轻的爱德华王子被派往巴黎。英国王室顾问会中无人看破或怀疑到这个致命陷阱即将造成的可怕后果。

王后当初一到法兰西，就见到了一大批英国流亡分子、已故兰开斯特伯爵的余党。由于同样深恨斯宾塞，所以王后与这些人结下了秘密的友谊，时常暗中联络。他们当中有个年轻的罗歇·莫蒂默，本是威尔士边区一位势力强大的贵族，因叛军势败，被迫和其他人一起向国王投降，后被定为叛国罪。国王饶他不死，但一直将他关在伦敦塔内，意欲囚禁终身。他侥幸越狱成功，逃到法兰西；[1]如今在兰开斯特的余党当中，他算是地位最高的人物之一，此外，他对斯宾塞极端仇视，显得格外引人注目。由于这些原因，他得以轻易获准参见伊莎贝拉王后。他凭着优雅的仪容和谈吐很快赢得了她的好感，成为她在一切事务上的心腹和高参。他在王后心中的分量与日俱增，最后，终于使她降服于激情，完全背弃了内心的荣誉感和对夫君的忠诚。[2]对于那个她从未尊重过、并且已经深深伤害的男人，她现在是满腔仇恨，因此热心参与了莫蒂默的所有密谋。她巧施妙计，把年轻的王国继承人爱德华王子攫到手中

公元
1325年

推翻国王
的阴谋

---

① Rymer, vol.iv.p.7, 8, 20. T.de la More, p.596. Walsing.p.120. Ypod.Neust. p.506.

② T.de la More, p.598. Murimuth, p.65.

之后，下一步决心彻底毁灭现任英王及其宠臣。她勾结自己的弟弟法王查理，使他成为这桩罪恶行动的同谋。她的宫中日日充斥着英格兰流亡贵族，莫蒂默与她行迹亲密，明目张胆地生活在一处；他们还派人秘密联络英格兰国内的不满分子。当爱德华国王闻知上述令人警觉的动向，要求王后速携王子回国时，王后公然回复道，除非斯宾塞被永远逐离御前及王室顾问会，否则她绝不踏上英格兰的国土。这个宣言令她在英格兰大得人心，为她的一切谋逆活动披上了一层体面的面纱。

爱德华竭力做好防御部署；[1]然而，他本人的怠惰无能和缺乏权威引发了种种难题，使他的一切决策都举步维艰，除此之外，王国当前所处的局势和收入状况也令他实难保持一支随时待命的常备军，用以抵御一场不知将在何时何地发动的入侵。他的所有努力，都远远逊色于叛党的罪恶筹划；推翻国王的计划在国内外齐头并进，并且日益深入地向王室内部渗透。御弟肯特伯爵品行优秀但性情软弱，他当时身在巴黎，被他的嫂子伊莎贝拉和法王查理（也是他的堂弟）多方拉拢，同意了他们入侵英格兰的计划，他以为，这次入侵的唯一目的就是驱逐斯宾塞父子。他还说服自己的兄长诺福克伯爵暗地加入密谋。兰开斯特伯爵的兄弟和继承人莱斯特伯爵有太多理由憎恨斯宾塞父子，因此无法拒绝成为同谋。坎特伯雷大主教沃尔特·德·雷内(Walter de Reynel)和许多教会长老均对王后的措施表示认可。几位最强大的贵族妒忌宠臣权势熏天，也准备武装叛乱。民众受到半真半假的流言蛊惑，强烈倾向于叛

168

叛乱

---

[1]　Rymer, vol.iv. p.184, 188, 225.

乱者一方。只要王后和王子率领一支外国武装出现在英格兰，其规模足以保障她的安全不受直接侵犯，这场精心酝酿的风暴就将倾泻到不幸的爱德华国王头上。

法王查理尽管对叛党给予鼓励和协助，却羞于公开支持英国王后和王子反叛英王作为丈夫和父亲的权威；伊莎贝拉只得转而寻求其他外国王公的协助，以便在他们的领土上发动策划中的讨伐。为达到上述目的，她让年少无知、不能判断行为后果的爱德华王子与荷兰及埃诺(Hainault)伯爵之女腓力芭(Philippa)订婚；[1] 有了那位伯爵的公开支持，以及她兄弟法王的暗中庇护，她成功地募集到将近三千人马，从多特港(Dort)扬帆启航，在英格兰的萨福克海岸安全登陆，未遇任何抵抗。肯特伯爵与王后同行；不久，另外两位王室宗亲——诺福克伯爵和莱斯特伯爵，也率领全体部众加入她的阵营。伊利主教、林肯主教及赫里福德主教这三位教长不仅带来自己的附庸，壮大了叛军的军事力量，还以其个人威望扩大了叛乱的影响。[2] 就连国王派到萨福克抵挡王后的罗伯特·德·瓦特维尔(Robert de Watteville)也率所部全体将士转投到王后麾下。为了争取民心，王后重申了她的宣言，声明此番行动的唯一目的就是要解救国王和英格兰王国脱离斯宾塞父子及其走狗、御前大臣鲍多克(Baldoc)的虐政。[3] 民众被她的虚伪借口所迷惑；贵族们看到王子也在叛军阵营内，料定将来不会有被剥夺产业之虞，变得愈发壮胆。一位优柔寡断的国王，身边只有寥寥几个遭到举国

公元
1326年

7月24日

169

---

① T. de la More, p. 598.

② Walsing. p. 123. Ypod. Neust. p. 507. T. de la More, p. 598. Murimuth, p. 66.

③ Ypod. Neust. p. 508.

痛恨的大臣辅佐，如何抵得住这股来势汹汹的暴力洪流？

　　爱德华国王向伦敦市民发出呼吁，试图多少唤起他们的忠君责任感，但是全无作用；[①]于是他离京西奔，希望能在西部得到接纳。王驾刚出伦敦，民众对国王及其宠臣的愤怒遽然爆发而不可抑制，立即让爱德华体会到自己是何等虚弱。暴民们先是抢劫、继而杀害了他们仇视的所有大臣：埃克塞特主教，一位品德高尚而忠诚的教长，在走过街头时被暴民抓住、砍掉脑袋，尸身被扔进河里。[②]暴民突袭并攻占了伦敦塔，随即组织了一个正式同盟，毫不留情地处决每个胆敢反对伊莎贝拉王后和王子讨伐大业的人。[③]暴乱风潮很快席卷全英格兰，令少数依然有心为国王效忠的臣仆为之惊惧胆寒。

　　肯特伯爵在约翰·德·埃诺(John de Hainault)率领的外国援军协助下，对爱德华国王穷追不舍，直至布里斯托尔。国王失望地发现，自己原指望当地臣子忠心护主，尽都落了空；于是，他进入威尔士境内，并自我安慰道，这一方臣民更爱戴国王，希望席卷全英的愤怒狂潮不会扩散到此地。[④]老斯宾塞受封为温切斯特伯爵，在王驾离开后留守布里斯托尔城堡，不料城堡卫戍部队发动兵变，将他交付敌手。这位年近九旬、德高望重的贵族，未经任何审判、没有举证，也没有指控和答辩，当即被叛乱贵族们判处死刑。他被吊

170

---

①　Walsing. p. 123.
②　Walsing. p. 124. T. de la More, p. 599. Murimuth, p. 66.
③　Walsing. p. 124.
④　Murimuth, p. 67.

死在绞架上，身体被切成碎片，丢弃喂狗。①他的头颅被送到温切斯特，在他自己的领地上，悬挂于竿头，任人笑骂。

国王对威尔士人的指望又遭冷遇，他登舟避往爱尔兰，又被逆风吹回。他试图在威尔士的群山之间藏身，不久便被发现，被囚于肯尼沃斯城堡，由莱斯特伯爵负责看管。他的宠臣小斯宾塞也落入敌手，如同其父一样，未经合法审判便遭处决。②阿伦德尔伯爵在全英格兰的贵族同侪当中，几乎是唯一一个仍然效忠于国王的人，在莫蒂默的授意之下，这位伯爵亦未经审判便被处决。鉴于御前大臣鲍多克身为神职人员，不便草草处决，遂被解往赫里福德主教在伦敦的主教宫。在那里，他被暴民拘走，投入新门(Newgate)监狱，不久便饱受虐待而死。③对此，他的政敌们恐怕早有预见。在当前形势下，就连世人通常对圣职者所抱的尊敬，也同其他一切考量一样，难以抵御民众愤怒的狂飚。

王后为了利用国人的普遍错觉，假托国王的名义在威斯敏斯特召集议会。在会上，她倚仗武力及其党羽在贵族当中的威望——这些贵族为了保障自己以往的叛逆行径不受惩处，现在只想一不做二不休，以变本加厉的暴行对待主上——希望假手民众的愤怒，达成自己的目的：须知民众作为一种工具，在所有工具中最具危险性，也最不需要为自己的过激行为负责。议会起草了对国王的指控书，这份文件尽管出自国王的宿敌之手，除了指责他庸碌无能

国王被废黜

公元 1327年 1月13日

171

---

① Leland's Coll. vol.i. p.673. T.de la More, p.599. Walsing.p.125. M.Froissart, liv.i.chap.13.

② Walsing.p.125. Ypod.Neust.p.508.

③ Walsing.p.126. Murimuth, p.68.

(或者命运的不幸安排)之外，却也无法给他安上更多的罪名。即使出于最大的恶意，也找不到任何具体的罪状来指控这位不幸的君主。他被控治国无方、沉迷荒嬉、懈怠公务、偏信奸佞、因渎职而丧失苏格兰王国和吉耶纳的部分领地；为了夸大其罪名，指控书中甚至把犯有叛国罪的部分贵族被处死和若干神职人员被监禁一事也列为国王的罪状。① 在武力威胁和民情汹涌之下，试图诉诸法律或理性的努力只能归于徒劳。议会投票一致通过废黜国王的决议。爱德华王子早已被同党宣布为摄政王，② 现在取代其父登上王位。一个代表团奉命赴肯尼沃斯去见爱德华，要求他宣告逊位，在威逼恐吓之下，他很快就屈服了。

　　然而，不管民众在多大程度上被时代的野蛮所沾染，且被如火如荼的党派纷争烧昏了头脑，对于自然的呼唤却不可能永远充耳不闻。在此事当中，一个妻子先是离弃丈夫，继而又率军入侵，把丈夫拉下王位；她把年幼的儿子当作工具，唆使他对父亲做出违背伦常之举；她蒙蔽国民，打着虚假的幌子诱使他们犯上作乱，把他们推入暴力与残酷的罪行，使之陷于耻辱。这一切情形本身是如此可憎，又彼此交织，构成一幅如此纷繁的罪恶图景，令人触目惊心；人们只要略作反思，便足以认清事实，进而憎恨这种堂而皇之违背一切公、私道义的行径。伊莎贝拉与莫蒂默的私情很快便引起外界的怀疑，王后通奸的证据日复一日地披露出来，加深了公众对她的憎恶。她在公共场合虚伪矫饰，含泪哀叹国王的不幸命运，③

---

① Knyghton, p. 2765, 2766. Brady's App. N°. 72.

② Rymer, vol. iv. p. 137. Walsing. p. 125.

③ Walsing. p. 126.

但这套把戏就连她自己最蠢笨愚忠的追随者都哄骗不了。随着王后逐渐成为公众憎恨的对象，她的罪恶和野心的牺牲品、那位被废黜的国王，也相应地日益博得怜悯、友谊和尊重。人们开始认识到，他的一切不当之举，由于党派纷争的缘故而被大大渲染夸张了，而这些只是他无法克制的懦弱本性使然，并非出于邪恶而有意为之。负责看管国王的莱斯特伯爵（现已成为兰开斯特伯爵），不久便被上述的仁慈情感所打动，不仅温和人道地对待这位囚徒，据怀疑他还有意做出更高贵的举动来帮助国王。因此，他被剥夺了对国王的监管权，转而由伯克利（Berkeley）勋爵、毛特拉弗斯（Mautravers）和古尔奈（Gournay）三人轮流看管国王，每人负责一个月。当伯克利轮值时，还能顾及国王的身份和不幸遭遇，给予温和礼遇；而到了毛特拉弗斯和古尔奈轮值时，则对国王百般摧折侮辱，似乎蓄意彻底摧垮国王的意志，要让内心的悲伤痛苦蚀尽他的生命，就不必借助更暴力和危险的手段达到这个目的了。[1]据称，一日爱德华打算修面，这二人下令舀来阴沟里冰冷的脏水供他使用，国王换水的要求遭到拒绝，不由得泪流满面。他呼喊道，不管他们如何无礼，他一定要用干净的热水修面。[2]然而，在迫不及待的莫蒂默眼里，如果用这种方式把爱德华送进坟墓，步子仍然过于缓慢，他暗地吩咐那两个忠于他的看守，马上置爱德华于死地。两个恶棍费尽心机设计谋害国王的办法，使之尽可能地残酷和野蛮。他们在伯克利轮值期间，趁其病倒不能视事，[3]来到伯克利城堡，将国王掌握在

9月21日
国王遇害

---

① Anonymi Hist. p. 838.

② T. de la More, p. 602.

③ Cotton's Abridg. p. 8.

手中。他们把国王抛在床上，扔过一张桌子死死压住他的身体，然后用一根烧红的铁棍透过牛角戳进他的肛门；尽管这样一来，被害者的体表没有留下暴力残害的伤痕，但是国王五内俱焚的惨叫响彻整个城堡，向所有卫兵和侍从揭露了这骇人的罪行。

古尔奈和毛特拉弗斯遭到国人普遍痛恨。在随后的国内变革中，他们的后台倾覆，二人不得不逃亡海外，以图保命。古尔奈后来在马赛被抓获，解送给吉耶纳总督，随即被押上海船，准备带回英格兰。不过，押送者在海上接到密令，将囚犯就地斩首。据说这道命令来自英格兰的一些贵族和教会长老，他们担心人犯供出什么对自己不利的情况，故而将他灭口。毛特拉弗斯在德国藏匿数年，后来他寻到可为爱德华三世效力的门路，鼓起勇气来到御前，双膝跪倒，乞求国王开恩，遂获赦免。①

173

以上我们讲述了爱德华二世悲剧性的丧生经过。很难想象，世上还有谁比这位不幸的国王更无辜、更于人无害，也找不出哪一位君主比他更不适于驾驭这一国悍戾骚动的臣民。他既无治国理政的能力、也无此意愿，只得将这重任转托他人之手；同样是由于这份怠惰和缺乏洞察力，令他屡屡择人不当，所任用的官员和宠臣时常不堪重任。朝中一批惯于兴风作浪的大人物，因主君软弱可欺而感到称心，但同时又一贯口出怨言，他们打着清君侧的旗号，折辱国王、侵犯王权。而躁动不安的民众认不清自身苦难的根源，把一切问题都归咎于国王，以分裂和暴力加剧了普遍的动乱。寻求法律保护完全是徒劳的，在那个年代，法律的微弱声音永远淹没

国王性格
评述

---

① Cotton's Abridg.p.66, 81. Rymer, vol.v.p.600.

于兵戈铿锵之中。法律连国王都保护不了，更遑论小民百姓！整套国家机器被愤怒与暴力打得粉碎，人们非但不去检讨所处时代的风气和体制形态(民情、国情如此，必得一双最稳健灵巧的双手方能驾驭)，反将所有错误都推到那个不幸的执政者身上。

尽管这种错误源于自然、几乎无可避免，而这些事件也并不久远，但现代的史家们却抱着一种可耻的谬见，以为凡是治国不力的古代君主无不行为暴虐，所有的民众骚乱均起因于统治者对人民权利的侵犯。事实上，在那个时代，即便是强大的明君治下也难保没有党派纷争和叛乱，亨利二世一朝便是个例子。不过，正如我们在那一段历史中所看到的，强大的君主最有可能压制和平息这些动乱。这里不妨对比一下爱德华一世和爱德华二世父子的统治和性格特点：爱德华一世曾经几次做出严重损害民众自由的尝试，遭到贵族们的抵制，结果迫于压力——至少是出于审慎——而选择了屈服；而贵族们由于畏惧他的勇气和能力，也满足于合理的胜果，不再得寸进尺。到了爱德华二世治下，由于国王软弱可欺(而不是专横暴虐)，导致一切都乱了章法，法律和政制均遭颠覆；国王试图重建统治秩序的努力却成了不可饶恕且无法补赎的罪过，只有国王退位、惨死，才令贵族们满意。不难看出，一种高度依赖君主个人性格的政治制度，必然在很多方面成为随心所欲的人治，而非法治。不过，倘若不分青红皂白，一味将一切失序归咎于君主，则会导致致命的政治错误，为谋逆和叛乱提供一成不变的借口。殊不知上层人物的躁动和民众的疯狂同君主的暴虐一样，都是人类社会的弊害，在任何监管良好的制度下都应同样予以小心防范。

　　正当这一幕幕令人作呕的场景在英格兰上演，法兰西的舞台
也被丑恶所玷污，与海峡这边同样野蛮、但更加明目张胆且蓄意而
为。圣殿骑士团诞生于第一次十字军运动的热潮中，该组织结合
了那个时代最受推崇的两种品质——虔诚和勇敢，并在当时最受
民众拥护的事业即保卫圣地的大业中予以充分展现，因此教团声
望和权威迅速增长，并得益于信众的虔诚，在欧洲各国，尤其是法
兰西获得了大量财富。殷富之余，加之时光荏苒，原来严格的道
德约束渐趋松弛，当初为他们博得殊荣和爱戴的好名声也在很大
程度上丧失殆尽。他们切身体会到那一次次徒劳的东征充满危险　　175
和疲惫，因此宁愿选择留在欧洲，安享财富带来的逸乐。圣殿骑士
团成员均出身高贵，按照那个时代的通例，所受教育丝毫不注重学
识，他们鄙夷卑微的修道院生活，把所有时间都消磨在狩猎、风流
韵事和宴乐等时髦消遣中。与他们形成抗衡的耶路撒冷圣约翰骑
士团因财力寡薄，尚未被腐败侵蚀，在抗击异教徒的大业中战绩卓
著，圣殿骑士团因怠惰奢靡而失去的人心尽被它揽去。不过，尽管
圣殿骑士团的根基由于上述因素而被削弱，但是这个一度名望高
标、深受敬重的团体遭到毁灭的直接原因，却是美男子腓力残暴且
睚眦必报的性情：他对几位显赫的圣殿骑士抱有一些私怨，于是决
心不分青红皂白地毁灭整个教团，一并满足自己的贪欲和复仇心
理。恰逢有两位骑士因邪僻放荡被上级领主判处终身监禁，法王
仅仅基于这件事，便诏令在一天内将全法国的圣殿骑士投入监狱，
给他们栽上极为严重和荒谬的罪名，以致这些罪名本身便足以令
其指控完全丧失可信度。除了对圣殿骑士们普遍控以谋杀、抢劫
和各种逆天惊人的重罪，指控方还声称，每个被吸纳进圣殿骑士团

的人均须宣布弃绝救主基督，向十字架吐口水；①除了这种渎神行径，他们还迷信崇拜一个镀金头颅，此物就藏在该组织位于马赛的一处房产中。据称，每个新成员都要经过如此邪恶的入会仪式，唯一的目的就是让骑士团在成员心目中留下不堪的印象，永远颠覆上级的权威。②一百多名加入圣殿骑士团的不幸绅士遭到讯问，以便从他们口中逼出有罪的供词。一批拒不认罪者死在刑讯之下。有几个耐不住苦刑，遂按逼供者的授意胡乱招认了一切罪名；其他人则被安上捏造的供词。腓力摆出一副证据确凿的架势，开始动手抄没他们的所有财产。然而，圣殿骑士们一旦摆脱刑讯折磨，立即推翻供词、抗议审案者捏造供词、力证自己的教团清白无辜，并且引证圣殿骑士团从古至今的一切英勇事迹，为自己的行为提供充分的辩护——他们宁肯以最残酷的方式受死，也不愿顶着污名苟活于世。那位暴君由于失望而怒不可遏，认为现在必须采取极端手段来保全自己的颜面，他下令将五十四名圣殿骑士作为死不改悔的异端烧死在京城。在王国其他地区，大批圣殿骑士以同样方法被处死。当他发现，这些不幸的受难者至死坚称自己的清白，以超凡的坚忍给围观群众留下深刻印象，便极力用新的残暴手段征服圣殿骑士们的顽强意志。他在巴黎圣母院前竖起一座绞刑台，将圣殿骑士团大团长约翰·德·莫雷(John de Molay)和另一高级长官、多菲内(Dauphiny)领主的兄弟双双押到绞刑台前，并指给他们两种选择：要么认罪并获完全赦免，要么葬身于火刑堆。两位勇

---

① Rymer, vol. iii. p. 31, 101.

② 据称，新入会者要挨个亲吻接纳自己入会的骑士们的嘴、肚脐和臀部。Dupuy, p. 15, 16. Wals. p. 99.

敢的贵族仍然坚称自己及其团体清白无辜,立即被投入熊熊烈火之中。①

教宗克勒芒五世(Clement V)当时正驻驾法国,教宗完全受法王腓力支配,对上述所有野蛮的非正义行径一力赞同。他不聆讯证人,也根本不调查事实真相,便草率运用圣座的绝对权力,下令彻底取缔整个圣殿骑士团。全欧洲的圣殿骑士都被投入监狱,他们的行为受到严苛的审查,同时受到敌对势力的持续逼迫、残害,然而除了在法国以外,其他地方均未找到一丝一毫说明他们有罪的证据。英格兰呈送了大量说明圣殿骑士虔诚有德的证据。不过,鉴于该团体已被取缔,圣殿骑士们被分散安置到各修道院中,他们的财产则遵照教宗的法旨转入圣约翰骑士团名下。②接下来,我们要叙述这段时期的一些零星史事。

英格兰王国在本朝遭受了一次长达数年的严重饥荒。由于淫雨连绵加上持续低温,不仅造成农作物歉收,也使得牲畜大批死亡,导致食品价格全线飙升。③1315年,议会经过一番努力,颁布法令将各种商品价格固定在较低水平,殊不知这种尝试在现实中根本行不通,而且,除了增加供给之外,任何一种试图平抑物价的权宜之计都不似这种措施给公众带来如此严重而致命的危害。举例来讲,假设某一年逢到歉收,粮食只够供应国人九个月之用,那么要想靠它维持十二个月,唯一的办法就是涨价,迫使百姓们节衣缩食,挨到下一个丰收季节。事实上,涨价是物资匮乏的必然结果;

---

① Vertot, vol.ii.p.142.

② Rymer, vol.iii.p.323, 956.vol.iv.p.47. Ypod.Neust.p.506.

③ Trivet, cont.p.17, 18.

而平抑物价的法律非但没能解决匮乏问题，反而打击和抑制了商业，令事态更为严重。议会随后也发觉该法令多此一举，遂于次年予以撤销。[1]

议会拟定的价格标准多少有些值得注意之处：一头最好的圈养公牛价值约合现在的三镑十二先令，其他牛只为二镑九先令；一口两岁肥猪十先令；一头未过剪毛的肥阉羊价值一克朗，如果剪过毛，则为三先令六便令；一只肥鹅七个半便士；一只肥阉鸡六便士；一只肥母鸡三便士；两只小鸡三便士；四只鸽子三便士；两打鸡蛋三便士。[2]考察以上定价可以发现，在这段饥荒年景中，按照议会法令的要求，家畜肉的售价仍比我们今日的平均价便宜三分之二；禽类的价格较低，因为今人把禽肉视作美味，以致售价高得不成比例。现今爱尔兰和苏格兰的乡下人不识货，美味佳肴在那里卖不出好价钱，禽肉和家畜肉同样便宜，或许还要更便宜些。不过，从以上价格比较中还可推得更重要的结论：我猜想，在那段作物歉收、牲畜大批死亡的灾荒时期，议会的商品定价大约要低于一般市场价；这些商品的价格实际上可达到今日价格的二分之一，而不是三分之一。然而，由于当时饥荒太严重，以致每夸脱小麦的市价有时能超过四镑十先令，[3]通常是三镑，[4]也就是说，相当于目前均价的两倍。这十足证明了那个时代农耕荒废的凄凉状况。我们在前文中说到，当时谷物的均价相当于今价的一半，而牲畜的均价仅

178

① Wals.p.107.

② Rot.Parl.7. Edw.II.n.35, 36. Ypod.Neust.p.502.

③ Murimuth, p.48. Walsingham, p.108称小麦价格曾涨到每夸脱6镑。

④ Ypod.Neust.p.502. Trivet, cont.p.18.

为今价的八分之一，由此亦可看出饥荒年景下物价极度失衡。我们可以有把握地推断，谷物种植是当时极少数能获利的产业之一。同样也有理由认为，当时其他较精细的制成品的售价甚至会高于它们在今天的价格。至少，亨利七世时代议会对猩红色布匹和其他宽幅布料颁布限价令，便可引以为证。在过去那些年代里，王公贵族们常会把自己的天鹅绒床褥和绸缎长袍写进遗产转让协定，像对待领地和庄园一样。① 一贯奢侈铺张的加韦斯顿被杀后，国王从兰开斯特伯爵手中收回原属于那位宠臣的珠宝和珍贵盘盏，我们看到物品清单中包括一批刺绣腰带、花饰衬衣和丝绸背心。② 后来，那位强大而富有的伯爵被判死刑时，遭指控的一条罪状就是侵吞加韦斯顿的华服。那个时代人们不谙制造业，更兼以农牧业技艺低下，似能清楚地说明王国人口在当时远非稠密。

的确，当时一切工商活动都极度低迷。欧洲北部唯一堪称工商兴旺的地区便是佛兰德斯。英王爱德华曾经致信佛兰德斯伯爵罗贝尔，把苏格兰人称作被教会逐出教门的乱臣贼子，要求伯爵断绝与苏格兰的贸易往来；伯爵回复说，佛兰德斯向来对所有国家一视同仁，秉承自由开放之原则。③

老斯宾塞曾向议会呈递请愿书，投诉反叛贵族对其领地的破坏，其中列举了若干明细，令人读来称奇，也揭示了当时的一些习俗。④ 老斯宾塞声称，入侵者劫掠了他名下的六十三处庄园，造成

179

---

① Dugdale passim.

② Rymer, vol. iii. p. 388.

③ Rymer, vol. iii. p. 770.

④ Brady's hist. vol. ii. p. 143, from Claus. 15 Edw. II. M. 14. Dors. in cedula.

损失总计四万六千镑，相当于现在的十三万八千镑。他列举了若干细目，包括绵羊二万八千只、公牛和小母牛一千头、产仔两年以上的母牛一千二百头、挽马五百六十匹、猪二千头，此外还有贮藏室里六百头猪、八十头牛、六百只羊的腌肉，十大桶苹果酒，可以装备二百人的武器及其他军械和补给品。我们从中可以清楚地看出，斯宾塞及其他贵族名下的广大领地大部分留为自种田地，在他们的管家和土地管理人经营下，交给维兰耕作。他们极少或根本不把田地租给佃农。领地的出产供应贵族或其手下管事们依照乡村风俗待客消费；领主们蓄养大批门客，这些人一贯游手好闲，随时惹事生非、为害一方。领地上的所有居民都处于领主的绝对支配之下。领主们遇事不会诉诸法律裁断，通常是以公然暴力寻仇的方式解决。大贵族在自己的领地上形同独立君侯，若说他们还肯服从任何规则的话，那也只是某种粗率的公法，而非国内法所能约束。从他们对待国王驾前宠臣和其他大臣的方式，足能证明他们平常是如何彼此相待的。按理说，一派势力抱怨大臣们行为专横，那么他们本身自然应当更尊重法律和制度，至少要在表面上做出个合规守法的样子；然而这些贵族一旦心生怨望便率领武装部队闯进议会，逼迫国王接受他们的议案，不经任何审判、举证、定罪程序，便借口事实尽人皆知，直接批准驱逐大臣、剥夺其财产和权利的法案；而后者一旦运转时来，也会以同样的方式反扑。在党争猖獗的时代，议会只不过是当势者的喉舌而已。议员们尽管貌似享有极大的独立，实际上并没有真正的自由；他们每个人的人身安全主要靠自身及盟友的势力来保障，而不是得自法律的普遍保护。君主的权力虽说远未达到独断专行的程度，但其时强时弱的冲击时常波及到议会成员。党争的潮流也可能将个人裹挟淹没。利害关系、敌友之分、希望和恐惧——千百种顾虑时时牵制影响着每个人的行动，在所有这些动机当中，对公平、法律和正义的尊重在那个野蛮的时代里通常显得无足轻重。任何人倘若自觉尚未强大到能以武力与当权者一决雌雄，就根本不愿起而抗争，更不准备与君主或当权派开战。

在结束本朝叙事之前，我不禁要再插一句评论：我们看到老斯宾塞损失清单的细节，特别注意到他贮藏了如此之多的腌肉——六百头猪、八十头牛、六百只羊，此外我们还可由这份文件中看出，他所投诉的劫掠始于5月3日，或是新历的5月11日。那么，不难推断，他在上一个冬初贮存腌肉的数量极其庞大。由此又可推断，古代农牧业水平何其低下，即使在气候温和的英格兰南部，也无力给畜群提供越冬饲料。之所以这样说，是因为斯宾塞的庄园多在南方，仅有一个位于北方的约克郡。除了一些鹿苑之外，圈养牲畜的围栏少而又少，或者说几乎没有；没有青饲料，除了一点干草之外，再没有其他喂养牲畜的东西。贵族们和普通百姓一样，不得不在入冬之际大量宰杀牛羊、腌制咸肉，不能任牲畜在公共草场上游荡觅食、越饿越瘦。如今不列颠岛上一些最蛮荒的地区，仍然保持着这种防范措施，但仅限于牛只。腌羊肉是一种损失极大的权宜之计，早已被各地弃用。上述情况尽管看似琐碎，却可从中推得一些重要结论，有助我们了解那个时代的国内经济和生活方式。

由于时局动荡，对外战争和国内纠纷频仍，更主要的是因为严酷的饥馑，令贵族们不得不遣散大批家臣仆从，导致国内盗匪数量

大增。整个王国没有一处地方能够免于匪患。[1]强盗们成群结伙，
181　像军队一样纵横全境。即使贵为教宗使节的两位枢机主教，有浩
浩荡荡的扈从队伍相随，也照样在大路上遭劫，财物车马尽数落入
贼人之手。[2]

那个时代流布着种种荒谬绝伦的怪想，其中之一指称麻风
病人(当时这种疫病相当常见，很可能是由于恶劣的饮食条件所
致)与撒拉逊人勾结，在所有井泉中投毒。人们乐得找到某种借
口除掉这个负担。许多不幸的麻风病人无端获罪，被活活烧死。
一些犹太人也因同样的罪名而遭受人身迫害，他们的财货被罚
没充公。[3]

斯陀(Stowe)考察这一时期的伦敦风貌，我们由他的实录中可
以一窥古代贵族喜饮宴、好宾客的情形，以下内容摘自兰开斯特伯
爵托马斯府上司库或管家的账簿，记载了那位爵爷在公元1313年
(这一年并无灾荒)的开支状况：食品贮藏室、酒类贮藏室和厨房的
用度共计三千四百零五镑；购进红葡萄酒三百六十九大桶、白葡萄
酒两大桶，花费一百零四镑；其他类目若干；总开支为三千七百零
九镑，折合我们今天的币值将近两万二千镑，如果再把当时物价低
廉的因素考虑在内，便接近于现在的十万镑。

我见过一份法文手稿，其中记载了爱德华二世的部分私人开
支账目。其中一项是，向一个逗得国王开怀大笑的人支付一克朗。
从本朝发生的种种事件来看，此人的工作肯定不轻松。

---

① Ypod.Neust.p.502. Wais.p.107.

② Ypod.Neust.p.503. T.de la More,p.594. Trivet,cont.p.22. Murimuth,p.51.

③ Ypod.Neust.p.504.

　　爱德华二世身后留下四个孩子，两男两女：长子爱德华为王位继承人；次子约翰后被封为康沃尔伯爵，年纪轻轻便亡故于珀斯(Perth)；长女简，后来嫁给苏格兰国王大卫·布鲁斯；次女埃莉诺嫁给格尔德兰(Gueldres)伯爵雷金纳德。

第十五章　爱德华三世(上)

对苏格兰的战争—处决肯特伯爵—处决马契伯爵莫蒂默—苏格兰局势—对苏格兰开战—英王要求法国王位—对法战争的筹备活动—对法开战—海上大捷—国内动乱—布列塔尼事务—对法战争重启—入侵法国—克雷西战役—对苏格兰的战争—俘虏苏格兰国王—攻占加来

叛乱贵族兴兵伐主，废黜了倒霉的爱德华二世，此时他们为图自身未来的安全保障，感到有必要作出遵从法律的样子，于是要求议会颁布法令，赦免他们之前的一切不法行为，据他们宣称那是出于为国除奸的必要，借助武力驱逐斯宾塞父子等一干佞臣国贼。当初兰开斯特伯爵及其党羽在战场落败时，曾被议会下令褫夺领地，如今风水轮转，他们重新得势之后，前述法令便易如反掌地被撤销。①针对斯宾塞父子的褫夺领地令也曾一度被议会撤销，而今形势逆转，这二人又被政敌投票裁定有罪。议会还以同样方式投票任命了一个十二人摄政委员会，其中包括五位教会长老、七位世俗贵族，他们分别是：坎特伯雷大主教、约克大主教、温切斯特主

公元
1327年
1月20日

183

---

① Rymer, vol. iv. p. 245, 257, 258, &c.

教、伍斯特主教、赫里福德主教、诺福克伯爵、肯特伯爵、萨里伯爵、韦克（Wake）勋爵、英厄姆（Ingham）勋爵、皮尔西勋爵和罗斯（Ross）勋爵。兰开斯特伯爵受命监护和保卫国王的人身安全。然而，由于先王懦弱无能，纵得贵族们无法无天，可想而知，当今幼主治下不可能是一派清平景象。本朝的第一轮动荡始自外敌入侵。

对苏格兰的战争
　　　　苏格兰国王虽已年迈体衰，却依然保持着当年力拯国祚的英武之气，他审时度势，认定现在是进犯英格兰的绝佳时机。他首先发兵攻打诺勒姆城堡，未能得手；又在边境集结两万五千人的部队，任命穆雷伯爵和道格拉斯勋爵为统帅，势欲进击英格兰北方各郡。英格兰摄政委员会千方百计议和不成，遂积极整军备战，召集了近六万武装，又请回约翰·德·埃诺和之前已被遣散的部分外国骑兵，他们的军纪和装备都明显强于英格兰本国部队。年轻的爱德华国王在渴望建功沙场的激情驱动下御驾亲征，率领这支大军，由预定集结地达勒姆出发搜寻敌军。苏格兰人此时已经闯入边境、蹂躏四野，所过之处留下片片废墟。

　　　　穆雷和道格拉斯都是苏格兰勇士中的佼佼者，在与英格兰的长期对抗中淬炼出一身本领；他们的部下也在同一所"学校"中经受磨炼，惯于吃苦耐劳、履危蹈险，一切习惯和生活方式无不适合这种断断续续且极具破坏力的游击战法。苏格兰人拥有一支大约四千人的精锐骑兵，装备精良，可在正规战役中发挥持续攻击力；其余部队均是轻装备、骑小马，轻快敏捷、可随地解决草料问题，无论是劫掠平民、袭击敌军还是撤回本国，部队都能行动疾迅、出奇制胜。苏格兰人的全副装备，包括一袋燕麦粉，背在每个士兵身后，必要时用来充饥，还有一块薄铁板，可以在露天迅速地烤制燕

184

麦饼。不过，他们最主要的补给品还是掳来的牛羊，其烹饪方法也像其他一切行动那么迅速：先将牲畜宰杀放血，再将袋状的松垮畜皮挂在木桩上，向其中注水，在下面生火炙烧，这样一来，畜皮就如同一口天然的大锅，把里面的肉煮熟。①

　　爱德华国王先是平息了己方阵营中英格兰人和外籍佣兵间的几次危险冲突，②此后，他面临的最大难题就是如何对付来去如风、神出鬼没的苏格兰人。尽管他可以循着被焚村落升腾的黑烟找到敌人的营地，但英军每次匆匆赶到时，总是发现苏格兰人早已拔营而去，不久又会传来新的讯息，显示敌军已经转移到某个更远的地点继续烧杀抢掠。经过一段时间徒然无果的劳师紧追之后，爱德华挥师北上，跨过泰恩河(Tyne)，决心在苏格兰人的归途中予以截击，让他们为此前的一切掠夺破坏付出代价。③不过，那片地区已经饱受兵燹、荒芜不堪，王军粮草不继，爱德华只得改变行动计划，调头向南。现在，他已完全失去敌军的踪迹，尽管发出悬赏令，凡报告敌军动向者赐年金百镑，但是仍有好些日子不见任何情报，大军只好坐等。④最后，爱德华发现苏格兰人在沃尔河(Were)南岸扎营，似在等待决战；不过，精明的苏格兰统帅选择了一个极其有利的地势，英军抵近河边时发现，以敌我双方当前所处的位置，要想渡河攻击苏格兰人，实在过于犯险而不可行。渴盼荣耀和复仇的爱德华向对手发出战表，问其可有胆量不借地利，在平等的战场

---

①　Froissard, liv. iv. chap. 18.

②　Ibid. liv. i. chap. 17.

③　Ibid. liv. iv. chap. 19.

④　Rymer, vol. iv. p. 312. Froissard, liv. iv. chap. 19.

上与他一决高下。道格拉斯生性鲁莽,面对这种刺激几欲按捺不住,想要接受挑战,但被穆雷拦住了。穆雷答复爱德华,他的一切行动由自己做主,从不接受敌人的建议。于是,英军与苏格兰人相峙不动,国王每日期待敌人因粮秣不继被迫迁徙,他便能趁机以优势兵力一举将其击垮。几天后,苏格兰人突然拔营,溯河而上,但一切行动部署始终注意保持地利,足以压制对手的攻击。[①]爱德华坚持不顾一切风险发动进攻,决不能让劫掠者不受惩罚地逃回老家。然而,莫蒂默凭借自身权威阻止了王军发动攻势,与年轻气盛的国王形成对立。两军相持的过程中,发生了一件事,几乎对英格兰人构成致命一击:道格拉斯通过情报和精心勘察,掌握了英军大营的确切布局,率领二百敢死队员发动夜袭,直捣英王营帐,欲在万军丛中杀死或劫持英王。然而,当此危急时刻,一部分御前侍卫突然惊醒,奋起抵抗;国王的私人牧师和内侍官为救驾而牺牲。国王本人经过一番英勇抵抗之后,在夜幕掩护下逃脱。道格拉斯的手下也折损大半,他带着余部迅速撤回本营,对此番战果已经相当满足。[②]不久,苏格兰军趁黄夜悄无声息地拔营而去,英军未及追赶,苏格兰人遂能安然返乡,未受更多损失。爱德华赶到敌军原来的扎营地,只发现树上绑着六名被打断腿的英国人——敌人这么做,是怕他们跑回去给同胞通风报信。[③]

国王首次御驾亲征,统领着如此威风凛凛的大军,结果却大失

---

① Froissard, liv.iv.chap.19.

② Froissard, liv.iv.chap.19. Hemingford, p.268. Ypod.Neust.p.509. Knyghton, p.2552.

③ Froissard, liv.iv.chap.19.

186 所望，不禁怒气填胸。国人对他展露出的勇气和斗志深感满意，认为这预示着本朝前景辉煌。然而，早已被千夫所指的莫蒂默，此时更成为汹汹物议谴责的对象。他的一举一动，无不加深了举国民众对他——连同对伊莎贝拉太后——的无边憎恨。

当初组建摄政委员会的时候，莫蒂默正是势焰熏天之际，他并未给自己在摄政班子里谋求一席之地，但这种表面的谦让之下，却掩盖着最邪恶、最野心勃勃的企图。他完全僭夺了王室权力，令摄政委员会形同虚设。他把王室财政收入大部划入太后名下；凡公共事务都由他一手把持，从不咨询任何宗族亲王或贵族的意见；他在国王身边安插了无数党羽，把国王围得密不透风·现在，国人妒恨这个新宠臣，较之当初妒恨加韦斯顿和斯宾塞父子更甚，也正是他罪有应得。

莫蒂默自感来自民众的仇恨高涨，认为务必不惜一切代价维持对外和平，遂与罗伯特·布鲁斯开启和谈。鉴于双方敌对的最主要根源就是英格兰对苏格兰的宗主权要求，莫蒂默除了安排爱德华之妹简嫁给罗伯特的嗣子大卫，还应允完全放弃上述宗主权要求，宣布苏格兰国会和贵族发下的对英效忠誓言一概作废，承认罗伯特为苏格兰独立自主的统治者。[1]作为回报，罗伯特承诺向英格兰支付三万马克。该条约获议会批准，[2]却招来民众的极大不满。爱德华一世吞并苏格兰的宗主权宣示在这一国早已深入人心，英格兰人认为，小小藩国以弱抗强、以下犯上而获成功，令每个国人

公元
1328年

---

① Rymer, p.337. Heming. p.270. Anon. Hist. p.392.

② Ypod. Neust. p.510.

蒙羞，而这份条约断绝了未来征服和报复的一切指望，使他们大感失落。

肯特伯爵、诺福克伯爵和兰开斯特伯爵同为宗室贵胄，在摄政委员会同声共气，非常团结。莫蒂默严重怀疑他们暗地勾结反对自己。于是，他召三人前往议会，并以国王的名义严命他们不得携带武装扈从——的确，武装进入议会是非法之举，但在当时却是司空见惯。三位伯爵来到指定的开会地点索尔兹伯里，发现情况有异：他们自己谨遵上谕，身边只有平日的几个跟班相随，可是莫蒂默及其党羽都带来了全套武装护卫班底。三人不无理由地预见到，这是一个危险的陷阱，自己将有性命之忧。于是，他们及时撤退，各自召集家臣，又引兵复返，找莫蒂默寻仇。后来，肯特伯爵和诺福克伯爵出于怯懦，背弃了共同的事业，兰开斯特也只好选择屈服。[1]在教会高层人士的调停之下，这场纷争似乎暂得平息。

公元
1329年然而，莫蒂默出于威慑宗室的考虑，决心杀一儆百。肯特伯爵头脑简单、心地善良，不久便给对手提供了加害之机。莫蒂默及其手下奸细们百般设计，极力使肯特伯爵相信，其兄长爱德华二世尚在人世，现被羁押在英格兰某处秘密监狱里。肯特伯爵或许是出于自责，懊悔曾经参与推翻先王的活动，因而从心底愿意相信这个消息是真的；于是他加入密谋，策划解救先王、助其重登大位，从公元
1330年而略为补赎自己的莽撞行为给他造成的伤害。[2]莫蒂默听任这个不致造成什么危害的密谋进行到一定程度，随后出手逮捕了肯特

---

① Knyghton, p.2554.
② Avesbury, p.8. Anon. Hist. p.395.

伯爵，在议会面前对其提起控告。那班素性桀骜，却又俯首听命于强权的贵族议员们做出判决：对肯特伯爵处以死刑、褫夺领地。太后和莫蒂默知道年轻的爱德华国王有心宽宥自己的叔父，极力催促行刑，第二天便将人犯斩首。然而，肯特伯爵深得国人的普遍爱戴，他的不幸命运又广受同情，迫害者们虽在议会贵族院轻易找到帮凶来给他定罪，却遍寻不到一位愿意行刑的刽子手，他们找了整整一天，直到日暮时分才布置妥当。①

3月9日
处决肯特
伯爵

188　　兰开斯特伯爵被指支持逆谋，不久也锒铛入狱。众多高级神职人员和贵族同遭指控。莫蒂默借此构陷击垮了所有敌手，抄没大量资财，令他和他的家族翕然殷富。肯特伯爵的领地被转授给莫蒂默的次子杰弗里；斯宾塞父子及其追随者们的庞大家财也大部分被莫蒂默据为己有。莫蒂默耀武扬威，气派尊荣较王室有过之而无不及；他的权势高张，人人畏惧。然而他的不法行径日日招惹怨言，国内各党各派尽都捐弃前嫌，出于对莫蒂默的仇恨而联起手来。

　　年轻的爱德华禀赋出众，心气高、悟性强，莫蒂默僭权擅行的种种行径，不可能长久逃过他的眼睛。这位幼主已经年满十八岁，自感羽翼渐丰，有能力执掌国政，不甘受羁于那个狂妄的大臣，心中愤懑难平。然而，他身边遍布莫蒂默的暗探，他在安排铲除此人的计划时，务必严守机密、处处小心谨慎，就像莫蒂默当初阴谋推翻先王的时候一样。他向蒙塔古（Mountacute）勋爵吐露了自己的心事；后者又秘密联络莫林斯（Molins）勋爵、克利福德勋爵、霍恩

---

①　Heming. p. 271. Ypod. Neust. p. 510. Knyghton, p. 2555.

比的约翰·内维尔(John Nevil of Hornby)爵士、爱德华·博亨爵士，以及厄福德(Ufford)等人，共图大计；他们选定在诺丁汉城堡举事：那里是太后和莫蒂默的驻地，国王也可以进入城堡，但只能携带少数随身扈从。城堡防守严密，每天傍晚各门落锁，钥匙须交给太后保管。要想成事，必须把城堡总督威廉·伊兰(William Eland)爵士争取过来，后者闻言即踊跃加入密谋。在他的引导下，国王的盟友们从地下暗道潜入城堡。这条暗道是早年修建的一个秘密出口，现在已被垃圾掩埋。莫蒂默猝不及防，在与太后卧室连通的一处套房内被捉获。[1]国王立即召集议会，给莫蒂默定罪。他在议会面前被指控：僭夺议会授予摄政委员会的治国大权、谋害先王、设圈套诱使肯特伯爵参与所谓营救和协助先王复位的密谋、以勒索手段获得巨额王室领地补助金、浪费公帑、私瞒苏格兰国王支付的两万马克钱款，以及其他众多轻重不等的罪名。[2]议会基于所谓众目昭彰的事实，不经审判程序，未听取莫蒂默本人答辩、也未盘诘证人，便判决莫蒂默有罪；他在伦敦附近的埃尔默斯(Elmes)被送上绞架。需要提到的是，将近二十年后，议会应莫蒂默之子之诉，推翻该判决，理由是程序不合法。[3]此时在英格兰已然奠立的法律和正义原则，尚不足以阻止当权的党派不公正地审判被其视为寇仇的人，不过，一旦此人或其朋辈重拾声望，法律和正义原则倒也不失为一个推翻前判的理由或借口。

　　议会贵族院还裁处了以西蒙·德·贝里福德(Simon de

处决
莫蒂默
11 月 29 日

---

① Avesbury, p.9.

② Brady's App. No.83. Anon. Hist. p.397, 398. Knyghton, p.2556.

③ Cotton's Abridg. p.85, 86.

Bereford) 为首的一批品级较低的从犯, 但在审判过程中, 贵族们作出一份特别声明, 称贝里福德不属于他们的同侪, 尽管他们这次审断了此案, 但今后绝无义务承接此类诉讼。太后被软禁于伦敦附近莱辛斯(Risings) 她自己名下的一处宅邸内, 她的年金被削减到四千镑。[1]尽管国王每年都会礼节性地前去探望一两次, 但她的名誉和权势终其余生都未得重振。

爱德华如今亲自统驭英伦, 踌躇满志, 要凭着一份勤勉和明察, 匡正由于此前王权暗弱以及近来权臣横行所导致的一切弊端。他给法官们签发令状, 责成他们秉公执法, 不必理会王公大臣们的专横命令。在普遍的动荡局面下, 盗抢、偷窃、杀人害命及形形色色的犯罪猖獗, 不法之徒的数量成倍增长, 他们公然受到大贵族的庇护, 被贵族们用作打击对手的工具; 国王首先迫使贵族们在议会中郑重承诺与匪类一刀两断,[2]继而便以严肃认真的态度着手荡平匪患。许多匪帮规模庞大, 国王不得不御驾亲征, 方能将其驱散。国王在这项利国利民的使命中, 表现出极大的勇气和勤勉。各地的司法官员效法主上, 孜孜不怠地搜索、追剿和惩治罪犯, 国内乱象逐渐得到纠正, 至少是有所减轻。这个问题作为体制的内在痼疾, 迄今为止一直迁延难治, 能治理到这种程度, 已经是所能指望的最好结果了。

随着爱德华三世的政府在国内一步步巩固权柄, 对周围邻邦的威慑力也越来越大。爱德华一直在寻找一逞雄心的机会, 而且

---

[1] Cotton's Abridg.p.10.

[2] Cotton's Abridg.

很快便找到了。英勇睿智的罗伯特·布鲁斯凭借武力为祖国重新
争得独立，又与英格兰签订和平协议，最终确定了苏格兰的独立地
位；大功告成之后不久，他便溘然长逝，把江山留给年幼的儿子大
卫，遗命曾经追随他百战称胜的穆雷伯爵伦道夫(Randolf, earl of
Murray)摄政监国。英格兰和苏格兰在和平协议中曾有约定，两国
贵族战前在对方境内拥有领地者，应恢复各自原有的产权。[1]尽管
爱德华相当忠实地履行了条款，但是罗伯特发现，英格兰人要求恢
复的领地无论在数目上还是价值上都比苏格兰在英领地更多，他
或许认为允许这么多潜在的敌人进入本国太危险，或许是觉得很
难从追随自己打江山的功臣手中剥夺已经封赏给他们的产业，于
是他施展拖延战术，迟迟不履行上述条款。英格兰贵族们在失望
之余，开始寻求补偿之道。由于这些贵族在北方势力强大，即便没
有英王给他们撑腰，仅只他们的敌意便足以给初登王位的苏格兰
幼主造成极大威胁。

　　　曾一度加冕为苏格兰王的约翰·巴里奥尔被英国人释放之
后，他的儿子爱德华在一段时间里仍被扣留在英国，但后来也获得
了自由。他随后前往法国，栖身于诺曼底本家族的世袭领地，完全
没有夺回苏格兰王位之意。他对苏格兰王位的主张，无论看似多
么合理，却已被苏格兰人坚决而郑重地发誓弃绝，也被英格兰人否
定，因此，他在普天下人心目中已经被看作一介草民了，而且，他
还因为某种个人过失受到指控，被投入监狱。英国有位大贵族博
蒙特勋爵(Lord Beaumont)，此人依据妻子的权利，对苏格兰的巴

191

---

① Rymer, vol.iv.p.384.

肯伯爵领享有继承权。①当他发现身陷囹圄的爱德华·巴里奥尔，如获至宝，视其为实现个人目的的合手工具，便向法兰西国王求情，法王没有意识到此事的后果，应允释放了爱德华·巴里奥尔，还准其随博蒙特返回英格兰。

蒙受损失的英国贵族们得到这样一杆大旗，开始策划以武力维护自身权利。他们寻求爱德华三世的支持与协助，但这位君主出于几方面的原因，迟迟不公开表态支持他们的事业。他在与苏格兰签订的和平协议中曾以两万镑作为保证金，他若在签约四年之内破坏和约，须向教宗支付上述款项。如今约期未满，他害怕那位擅长以各种手段敲各国君主竹杠的教宗逼他支付罚款。此外他还有一重顾虑：那位邻国幼主乃是他的妹婿，前不久他刚刚签约郑重承认了对方的独立地位，他若现在恃强凌弱、对其发动攻击，恐怕要被天下人斥为残暴不义。考虑到苏格兰摄政总是承认英国贵族关于恢复领地所有权的要求正当合理，却总能找到一些似是而非的借口，一味敷衍搪塞不予兑现，爱德华决定以类似的阴谋手段来对付他，而不公然诉诸武力。他暗地鼓励巴里奥尔复辟，听任他在英格兰北部集结军事力量，并支持那些有意加入这项事业的英格兰贵族。巴里奥尔旗下汇聚了将近两千五百人，为首的有安格斯伯爵乌姆弗勒维尔、博蒙特勋爵、费拉尔(Ferrars)勋爵、菲茨－沃林(Fitz-warin)勋爵、韦克勋爵、斯塔福德(Stafford)勋爵、塔尔博特(Talbot)勋爵、穆布雷勋爵等人。这些冒险家们知道，苏格兰边境有重兵防御、戒备森严，遂决定从海路发动攻击，

① Rymer, vol. iv. p. 251.

他们在雷文斯珀(Ravenspur)登舟启航，几天后抵达法伊夫(Fife)沿岸。

　　此时苏格兰的局势，与胜旌高张的罗伯特·布鲁斯在位时期已经不可同日而语。他们失去了那位伟大的王者，他曾以英才和威望统驭全国，确保政局井然有序，把狂纵不羁的贵族们凝聚为一体；不仅如此，道格拉斯勋爵因不耐闲逸，奔赴西班牙参加抗击摩尔人的十字军，战死沙场；[①]穆雷勋爵年迈久病，不久前也告别人世，继任摄任马尔伯爵唐纳德(Donald)的才干则远远不及前任。苏格兰人英勇善战的本性不改，却失去了适当的引导和指挥。新君年纪尚幼，似乎无力守住他父王凭着无与伦比的胆略和才干开创并维护下来的这份基业。然而，当英国舰队出现在海上，苏格兰人得知外敌即将入侵，立即群起奔赴海岸，拦截登陆的敌军。巴里奥尔勇武有为，一举击退苏格兰人，给他们造成极大伤亡。[②]他挥师向西，挺进王国心腹地带，自以为其家族旧日同党会起而响应。但因两国之间敌意如炽，苏格兰人对英国支持下的君王抱有强烈抵触，将其视作全民公敌，因此，摄政马尔伯爵毫不费力地集结起一支大军来抗击他，据称马尔麾下军力不下四万；不过，由于集结匆促，部队规模过于庞大，以致行动笨拙、部署欠周。两军之间隔着一条厄恩河(Erne)，苏格兰人把河水视作安全屏障，又自恃人多势众，营地毫无秩序可言。巴里奥尔趁夜渡河，偷袭一无警戒、二无纪律的对手；苏格兰军乱作一团，加上天黑人多，乱势更

8月11日

右欄：192

---

① Froissard, liv.i.chap.21.

② Heming.p.272. Walsing.p.131. Knyghton, p.2560.

难控制——他们素来倚恃的优势此时反成了催命符。巴里奥尔大
杀大砍，将苏格兰人逐出战场。① 天光大亮时，逃到远处的苏格兰
人羞于将胜利拱手送给弱敌，匆忙返回战场，试图挽回这一天的荣
誉。苏格兰人急切求战，鲁莽冒进，试图冲过横在两军之间的一片
崎岖地带，一时乱了秩序和阵脚，巴里奥尔抓住有利时机，挥师压
上，阻止敌军重新集结，再度把他们逐出战场，这一次苏格兰人伤
亡越发惨烈。此役苏格兰方损失一万两千多人，贵族精英折损殆
尽，其中包括摄政本人，还有先王的私生子卡里克(Carric)伯爵，
以及阿索尔伯爵、蒙蒂斯(Monteith)伯爵、苏格兰军事和司法长
官埃罗尔的海伊勋爵(lord Hay of Errol)、基思(Keith)勋爵和林赛
(Lindsey)勋爵。然而英方的伤亡人数还不到三十人。其他证据姑
且不论，单单这一点也足以有力地说明那个时代军纪糟糕到何等
地步。②

　　巴里奥尔不久便占领珀斯全境，但仍然无法争取到苏格兰人
的支持。马契伯爵帕特里克·邓巴和道格拉斯勋爵的弟弟阿奇巴
德·道格拉斯爵士(Sir Archibald Douglas)出任苏格兰统帅，部队
总人数仍然接近四万；他们意图采用饥饿战术，把巴里奥尔及其英
国援军困死、饿死。他们对珀斯进行陆上封锁，又集结舰队实施海
上封锁。但是巴里奥尔的舰队进攻苏格兰海军取得完胜，为珀斯
守军打开了海上通道。③ 继而，苏格兰军因粮饷不继而被迫解散，
结果，整个王国事实上已被这支小股部队所征服。当贵族们发现

---

① Knyghton, p. 2561.

② Heming. p. 273. Walsing. p. 131. Knyghton, p. 2561.

③ Heming. p. 273. Knyghton, p. 2561.

自己暴露于危险的前沿，便一个接一个地归顺巴里奥尔。巴里奥

9月27日 尔在斯昆加冕；他的对手大卫及其未婚妻、英王爱德华之妹简被送往法兰西避难。保王派首领向巴里奥尔请求休战，巴里奥尔慨然应允，以便在和平环境下召开国会，使他的统治资格得到整个王国认可。

公元
1333年 然而，巴里奥尔由于轻率或是迫于手头拮据，遣散了大部分英国追随者，结果在安嫩（Annan）附近遭到阿奇巴德·道格拉斯爵士及其同党的突袭。休战协议也未能保护他。巴里奥尔的部队被击溃，他的弟弟约翰·巴里奥尔被杀，他本人被一路追杀，狼狈不堪地逃入英格兰。他的王权就这样旋得旋失，落得一场空。 194

巴里奥尔在他短暂而岌岌可危的统治期间，深知没有英格兰的保护，自己无法长久保住王位，于是他暗地联络爱德华，提出愿奉英格兰为宗主，重新以其王位向爱德华宣誓效忠，并且，只要教宗同意解除简公主与大卫之间尚未履行的婚约，他愿迎娶这位公

对苏格兰
开战 主为后。爱德华雄心勃勃，想要恢复自己幼时由莫蒂默作主出让的重要权利，便抛开一切顾虑，欣然接受了上述提议。但巴里奥尔倏尔下台，这个约定便告无效，于是英王有心扶植巴里奥尔重登苏格兰宝座。从过去的经验来看，此事似乎轻而易举，全无风险。善于博取人心的爱德华就此事咨询议会的意见，不过议会看出国王决心已定，便拒绝表态，只同意他征收一笔补助金，用以支持该计划，具体征收额度为：贵族和士绅个人财产的十五分之一、市民动产的十分之一。另附加一份申请状，要求国王自此以后依靠自己的收益维生，不得向臣民非法征税，或以王室征发为名粗暴没收他

们的财货，加重民生负担。①

　　苏格兰人预测，战争的第一轮打击即将落在贝里克，于是，现任摄政道格拉斯派遣威廉·基思爵士率领一支强大的卫戍部队进驻该地区，他本人则在边境集结重兵，一旦爱德华进犯贝里克，他就准备入侵英格兰。英军在人数上并不占优，但是武器和补给状况都更好，军纪也更严。尽管基思英勇抵抗，但爱德华仍在两个月内把驻守贝里克的苏格兰军逼入绝境，迫使其签订了有条件投降的协定：他们承诺，如在数日内等不到己方援军，便向英军投降。②

195 正欲进犯诺森伯兰的苏格兰军闻讯，只得改变行动计划，向贝里克出发，试图解救那个重要据点。道格拉斯心知英军占据优势，此前一向尽力避免与英军列阵而战，只想以小规模游击战术和蹂躏对方国土来拖长战争进程，但如今形势逼人，他的部队已经没有本钱继续拖延，他只好将王国命运系于一日之役。他在贝里克偏北的哈里顿山(Halidown-hill)向英军发动攻势。7月19日为了加强进攻的持续性、发挥拼死精神，他的重装骑兵均下马加入军阵，向山头推进，然而爱德华以无敌的气魄奋勇反击，英格兰弓兵也让他们大尝苦头，苏格兰人不久便阵容大乱，随着主将道格拉斯倒下，苏格兰部队彻底溃败。全军乱作一团，争相奔逃，英格兰将士——尤其是其中的爱尔兰人——在后追逐掩杀，毫不留情。哈里顿山一战，苏格兰贵族精英不是战死就是被俘，阵亡人数将近三万；然而英格兰方面只折损了一名骑士、一名乡绅和十三名普通士兵：双方差距如此

---

①　Cotton's Abridg.

②　Rymer, vol. iv. p. 564, 565, 566.

悬殊，几乎令人难以置信。①

　　经此致命打击之后，苏格兰贵族已无计可施，唯有当即降顺。爱德华留下一支重兵助巴里奥尔继续征服苏格兰全境，自己率余部返回英国。苏格兰国会在爱丁堡召开，承认巴里奥尔为王；②英格兰的宗主权重新得到确认，许多苏格兰贵族向爱德华宣誓效忠；然而苏格兰王国的患难至此仍未止息，巴里奥尔又把贝里克、邓巴、罗克斯堡、爱丁堡及苏格兰东南各郡统统割让出去，宣布这些地方今后永远并入英国王室名下。③

公元
1334年
　　如果说巴里奥尔最初现身时，苏格兰人不免忧惧，担心他是英格兰用来征服这一国的工具，此时他的行动则完全坐实了他们的怀疑，令他成为国人普遍仇视的对象。无论他们被迫表现得如何顺服，却始终将他视作不共戴天之敌的代理人和帮凶，而非自己的君主。无论是那个时代的习惯做法，还是爱德华的财政收入都不允许他在苏格兰保持一支常备军，因此英军不久便撤回本国。英军一撤，苏格兰人立即造反，他们背叛巴里奥尔，重新团结在布鲁斯周围。安德鲁·穆雷爵士(Sir Andrew Murray)被布鲁斯任命为摄政，他充分发挥一身胆气和才干，在众多小规模却是决定性的战斗中给予巴里奥尔沉重打击，在短短的一段时间里，几乎将其彻底

公元
1335年
逐出王国。爱德华不得不再次召聚兵马，出征苏格兰。苏格兰人根据以往的经验，撤回山区和各处安全地点。爱德华摧毁他所谓叛乱者的房屋、蹂躏他们的领地，但这只能使他们对英格兰、对巴

196

---

① Heming.p.275,276,277. Knyghton,p.2559. Otterborne,p.115.
② Rymer,vol.iv.p.590.
③ Ibid.p.614.

里奥尔越发恨得刻骨铭心。被逼到绝地的苏格兰人不顾一切，一见敌军撤退，立刻抓住机会重张势力，很快从英国人手中收复了国土。爱德华再度亲征苏格兰，取得跟上次一样的胜果。他发现，除了自己脚下的扎营地以外，这个王国处处都是敌人。尽管他的部队扫荡低地纵横无阻，然而这个民族本身却远未被打垮、被征服。支撑苏格兰人的，是民族自尊和愤恨这两种难以驯服的激情，此外，法兰西日日承诺施以援手，也在百般艰难挫折当中给了他们鼓舞。此时英法之间的战事一触即发，苏格兰人有理由期待，长久威压凌虐他们的那股力量会因此而有所分散。

公元
1336年

接下来要讲述的大事件，时间跨度长达一个多世纪，其间上演的一幕幕史事，不仅在爱德华三世漫长而积极有为的统治期间堪称难忘，而且，纵观英、法两国的整个历史，这也是最值得铭记的一章。因而，我们有必要在此特别交代一下它的缘起和来由。

公元
1337年
英王要求
法国王位

法兰西王位绝不可能传给女性，这是一个源远流长的普遍观念。为赋予这一准则以更高权威，并指明其确切源头，人们通常会追溯到《萨利法典》①当中的一个条款，尽管最优秀的考古学者们坦承，该条款若在严格审视下，仅仅体现出偏重男性继承权的原则，而不具有人们通常赋予它的含义。虽说在法国似乎并无排斥女性继承权的成文法，但这种做法却是一种现实存在。上述原则基于古代及现代的若干先例，已经约定俗成、无可争议。在第一王朝统治期间，法兰克人极其蛮野无文，不可能遵从一个女主；在那段历史上，男性越过继承顺位居先的女性登上王位的情形屡见不

197

---

① Salian Code，古代一支法兰克部落的法典。

鲜。上述先例辅以类似的理由，使得男性继承权在第二王朝统治期间得以奠立。尽管这一时期此类情况并不多见，也并非完全确定，但是排斥女性继承权的原则似乎仍在现实中盛行，指导着整个国家大政。到了第三王朝，从雨果·卡佩到"顽固者路易"，法国王位连续十一代父子相承，事实上，在这九百年间，法兰西王国一直由男性君主统治，从无一位女主，也没有任何人凭借母系继承权登上法国王位。"顽固者路易"的父王"美男子腓力"身后留下三子，分别是"顽固者路易""高个子腓力"和"美男子查理"，此外还有一个女儿，即英格兰王后伊莎贝拉。长子路易继承王位，他迎娶了勃艮第公爵厄德之妹玛格丽特，并生有一女，在他驾崩之际，王后正怀有身孕，因此，御弟腓力被任命为摄政，待孩子降生，确定是男是女之后，再决定王位归属。王后诞下一个男婴，但几天后便夭折了。腓力被宣告为王。勃艮第公爵提出异议，企图为自己的外甥女主张继位权，于是，法兰西国会通过一项郑重而深思熟虑的法令，排除公主的继位资格，并宣布女性永远无权继承法兰西王位。腓力在位时间不长便告驾崩，留下三个女儿；他的弟弟查理毫无争议地继承大统。查理一朝也极短暂，他身后留有一女，但因王后正在怀孕，所以由顺位第二的男性继承人担任摄政，并宣布如果王后诞下女儿，摄政有权继承王位。这位摄政就是腓力·德·瓦卢瓦(Philip de Valois)，他是"美男子腓力"的兄弟查理·德·瓦卢瓦之子、已故国王的堂兄弟。结果是王后生了一个女儿，摄政时代就此告终，腓力·德·瓦卢瓦被一致拥上法兰西王国的宝座。198

英王爱德华当时年方十五，这少年认定自己凭着母系血统对法国王位享有继承权，而且，外甥的继承顺位应排在堂兄弟之前。这一论点分明是极其薄弱和缺乏依据的。排除女性继承权的原则在法兰西自古约定俗成，并且已经获得了与最明确的成文法同等的权威性。它拥有众多古代先例的支持，也有最近的实例，经郑重而审慎的裁决予以确认。一个更令人无可辩驳的理由是：假如爱德华意欲质疑上述原则的有效性，便无异于作茧自缚，断送了自己的权利主张。因为三位法兰西先王均有在世的女性继承人，她们的继承顺位都排在爱德华之前。故此，爱德华退而宣称，尽管自己的母亲伊莎贝拉因性别关系不能登上法国王位，但他本人凭借母系血统享有继承权，又不受性别所限，因此可以凭借近亲属权利对法兰西王位提出主张。但是，这种说辞除了更有利于"顽固者路易"之女的后人、纳瓦拉国王查理之外，也与欧洲各国既有的继承原则背道而驰，[①]并且与公私两方面的继承实践形成莫大抵触。因此，爱德华的主张在法兰西根本无人理会。腓力的继承权得到一致认可。[②]他做梦都想不到，自己还有个竞争者，更没想到这个竞争者居然是强大的英格兰国王。

尽管爱德华那年轻而野心勃勃的头脑贸然接纳了上述观念，但他也认为坚持要求法国王位并不妥当，结果势必令处于弱势的自己当即与一位强大君主展开一场你死我活的危险战争。腓力已经迈入成年，经验极为丰富，并且在世人心目中树立起了有勇有谋的形象，此外，法兰西臣民团结一心，默许腓力无可置疑的权

---

① Froissard, liv.i.chap.4.

② Ibid.liv.i.chap.22.

利；而此时的爱德华还是个乳臭未干的黄口小儿，新近被人以不公 ¹⁹⁹
不义的暴力手段扶上大位，治下是一群全欧洲最为悍梗难驯的臣
民——两相比较之下，腓力可谓占尽优势。然而，此时此际发生
的一件事迫使爱德华必须作出抉择：要么公开宣布自己的权利主
张，要么永远放弃这些权利。腓力召他为吉耶纳领地向其行效忠
礼，并且准备动用武力逼他就范。当时吉耶纳的防务状况极差，而
根据封建法，如果他直白或委婉地拒绝履行自身作为封臣的义务，
直接后果就是那块富庶的世袭领地遭到罚没。因此，爱德华认为
还是顺应眼下不得已的情势较为稳妥。他渡海到亚眠，向腓力行
了效忠礼。鉴于双方就臣服条款起了一些争执，英王后来遣使向
法王送交了一份正式文书，内中承认他对法国负有为臣的效忠义
务。①事实上，这等于以最有力的形式承认了腓力对法兰西王位的
继承权。他本人的权利主张实在是不合理，而且遭到法兰西举国
上下的坚决否认，要顽固坚持这主张，无异于试图强行征服那个王
国。若不是当下发生的一些事端挑动了两位君主之间的仇恨，爱
德华很可能已将那个念头抛诸脑后了。

罗贝尔·德·阿图瓦(Robert of Artois)是法兰西王族之后，
性格、威信皆佼佼不凡，又迎娶了法王腓力之妹，无论从出身、才
干还是声望来看都有资格跻身于显贵公卿之列，成为朝廷栋梁。
这位贵族声称对阿图瓦享有与生俱来的继承权，但被"美男子腓
力"裁定无效，时人普遍认为这个裁定有失公正。罗贝尔受人蛊

---

① Rymer, vol.iv.p.477, 481. Froissard, liv.l.chap.25. Anon.Hist.p.394.
Walsing.p.130. Murimuth, p.73.

惑，企图用伪造文书这种等而下之的手段恢复自己的继承权，这与他的身份、品格都极不相称。[①]罪行败露，令他深深蒙羞，不知如何自处。他的那位妻兄不仅抛弃了他，还落井下石，施以暴力迫害。罗贝尔无法忍受这般耻辱，逃离法国，避居于低地国家。腓力降旨追逃，将他从藏身所逐出，他便渡海逃往英格兰。爱德华无视法王的威胁和抗议，热情接待了此人。[②]不久，罗贝尔便晋身于王室顾问会，蒙受英王的信任。为了发泄满腔怒火和失望，他无所不用其极，竭力煽动爱德华对法国王位原已存在的觊觎之心，甚至奉承道，以主上的英武和雄才大略，实现这一权利主张并非不可能！英王对这种建议自是听得顺耳，因为他经过若干具体事件，已经找到理由抱怨腓力对吉耶纳问题的处理方式，而且，腓力庇护流亡的大卫·布鲁斯，还支持——至少是鼓励——苏格兰人争取独立，更令他不满。就这样，两位君主的胸怀逐渐被仇恨填满，使他们无法接纳教宗提出的任何和解条件，后者一直在两国之间极力斡旋。腓力认为，如果抛弃苏格兰，他便丧失了为政的首要原则。爱德华则宣称，他若撤回对罗贝尔的保护，就再也无法自诩为慷慨恢弘之君。腓力闻知对手在进行某些战备活动，便判决罗贝尔犯有重罪、予施以剥夺领地的处罚，他还宣称，对于每个支持叛贼罗贝尔的王室封臣，无论其身在法国境内还是境外，均以同罪论处，其中的威胁意味显而易见。爱德华坚决不肯屈服，他极力与低地及德意志边境诸侯结成联盟，只有从这些地方，他才能对法兰西发起有效进

---

① Froissard, liv.1.chap.29.

② Rymer, vol.iv.p.747. Froissard, liv.1.chap.27.

攻,或者分散法国的兵力,挽救暴露于腓力强大威胁之下的吉耶纳。

对法战
争的筹
备活动

　　英王首先向岳父埃诺伯爵吐露了自己的意图,将其争取到自己一边,随后利用这位伯爵的多方斡旋、出谋划策,把周边地区的其他君侯也拉进同盟。布拉班特公爵一方面受到埃诺伯爵的劝诱,更大程度上是被英国人输送的大笔钱财吸引,承诺与英王合作。[①]科隆大主教、格尔德兰公爵、于利希(Juliers)侯爵、那慕尔(Namur)伯爵、法肯堡(Fauquemont)勋爵以及巴昆(Baquen)勋爵都出于类似的动机,与英国结为盟友。[②]这些君侯能从本邦或周边地区招募大批能征善战的将士,为英王提供兵源;尤其是佛兰德斯人的加入,更使该地区的英国军力倍显强大——爱德华采取了一些不同寻常的特别手段,才把佛兰德斯人拉入己方阵营。

201

　　在欧洲北部诸邦当中,佛兰德斯的手工业和制造业得以率先发展,因此,此邦低等级民众的富裕程度是那个野蛮时代里其他地方的百姓闻所未闻的。他们已经赢得了各种特权和独立地位,并开始摆脱封建制度强加给广大普通民众的附庸身份,或者毋宁说是被奴役的身份。要让君侯和贵族们遵纪守法、服从公民政府,想必阻力重重——在其他任何邦国,贵族们都将法度视若无物。而另一方面,民众反对和仇视暴政的行动,也不可能总是保持适当的节制。他们蜂拥而起,凌辱贵族,把佛兰德斯伯爵赶到法国。他们听从一个煽动家的号令,掀起一片粗野骚乱的狂潮:没有头脑的愤怒民众一旦不幸自己当家做主,往往会沦入这种局面。[③]

---

①　Rymer, vol.iv.p.777.

②　Froissard, liv.4.chap.29, 33, 36.

③　Froissard, liv.1.chap.30.Meyerus.

其时佛兰德斯的掌权者是詹姆斯·达特威尔（James d'Arteville），此人原是根特（Ghent）地方的酿酒商，其统治之专横超过之前任何一位合法君侯。他随心所欲地任免地方行政官；他的随身卫队如狼似虎，只要主人丢一个眼神，便即刻扑杀任何碰巧触怒了他的人。佛兰德斯的各个市镇遍布他的探子，凡是稍微引起他怀疑者，即刻性命不保。滞留在国内的极少数贵族，日夜生活在他的恐暴威胁之下。所有被驱逐或被杀害者的产业尽遭罚没，他给受难者的孤儿寡妇略分一点之后，把其余的都据为己有。[①] 多少年来在君主制和贵族的暴政下辗转呻吟的欧洲，此番初次领略到民众暴力的恶果。

就是这位詹姆斯·达特威尔，让爱德华不惜屈尊俯就，着意拉拢。作为那个时代最骄矜自诩、心高志大的一位君主，爱德华从未如此殷勤乃至低声下气地向人乞求结盟，如今他却不惜放下身段讨好这么一个煽动分子、一个罪行累累的小商人。达特威尔因占到英王的上风而得意洋洋，另外他也清楚，作为佛兰德斯主要财源的毛纺业有赖于英格兰的原料供应，佛兰德斯人自然倾向于和英格兰维持友好关系，因此，他爽快地加入爱德华的利益阵营，邀请英王渡海驾临低地诸国。爱德华在启动这桩大业之前，还装模作样地向议会咨询，寻求他们的建议，并取得他们的认可。[②] 此外，他还从议会争取到两万袋羊毛（价值约略相当于十万镑）的补助，手上更添实力。这宗货物是结交佛兰德斯人的一件利器，用它换

---

① Froissard, liv.1.chap.30.

② Cotton's Abridg.

得的钱款足以打动同盟中的德意志诸侯。除此之外，为了弥补所需经费的缺口，他典当王室珠宝、罚没或者毋宁说是抢劫所有伦巴第人的财产——他们经营着惹人眼红的有息借贷生意，这个行业曾经被犹太人包揽，现在则是伦巴第人的天下。[1]随后，爱德华率领一支英军，在几位贵族陪同下扬帆驶往佛兰德斯。

公元
1338年
　　德意志诸侯欲为自己无缘无故地反对法兰西寻求一个合理说辞，要求某种合法权威的认可。为了在这方面满足他们，爱德华事先向神圣罗马帝国皇帝巴伐利亚的路易(Lewis of Bavaria)提出诉请，获封"帝国代理人"(vicar of the empire)的虚衔，这就使他在名义上似乎有权号令德意志诸侯了。[2]另一方面，佛兰德斯人作为法兰西的封臣，假意对入侵宗主国心存顾虑；爱德华在达特威尔的建议下，在整装待发之际，公开宣称自己才是法兰西国王，并且基于这份权利，要求他们协助推翻窃国僭位的腓力·德·瓦卢瓦。[3]爱德华担心此举将彻底毁掉英法之间未来亲善的可能，在法兰西惹起无穷无尽难以安抚的猜忌，因此他是经过了百般踌躇和犹豫，才最终走出这步棋。他对法国王位的主张本身并无多少正当性可言，结果给英、法两国都带来诸多祸患。可以说，英格兰人对法国人的强烈仇恨就发端于这个时期，遗毒余烈、绵延不绝，其影响在此后两国间的一切事务中均分明可见，它一直是，而且今后仍将是双方无数鲁莽决策的源头。自诺曼征服以来，在此前的历朝历代，两国君主之间的敌对都只是偶然和暂时的，由于从未伴随任何血腥而

①　Dugd.Baron.vol.ii.p.146.

②　Froissard, liv.i.chap.35.

③　Heming.p.303. Walsingham, p.143.

危险的事件，双方一旦言归于好，仇恨的痕迹总是可以轻易抹去。英格兰贵族士绅非常珍视自己的法西兰或诺曼底血统，他们在所有公共事务中操着法语侃侃而谈，即便是亲密的交谈也使用法语。来自法国各省份的贵族充斥着英国的宫廷和军界。两个民族在数百年间亲密交融，在历史上堪称绝无仅有。但是，爱德华三世灾难性的权利主张使这一切亲善关系化为乌有，在两国人民、特别是英国人心中深深埋下仇恨的种子。值得注意的是，尽管英格兰人惯常扮演侵略者的角色，能够借着胜利和自身有利地位给对方造成最残忍的伤害，但是他们心中却总是怀有更强烈的民族仇恨。而这种仇恨却并未招来法国人同等程度的回敬。法兰西位居欧洲中央，与各个邻邦之间战事不断，人民的怨气被许多不同渠道分流，而且，相形之下，法兰西民风更为温文有礼，从来不曾特别针对某一国闹到仇恨鼎沸。

腓力为应对英国入侵，做好了万全的防御准备，甚至貌似超乎所需。他治下的王国人口众多、人民勇猛善战，国内全体贵族鼎力支持王室，此外，他所建立的外部同盟也比对手的同盟更精诚团结、势力更强。这一时期，罗马教宗常驻阿维尼翁（Avignon），完全听命于法国，他深恨爱德华三世勾结已被他逐出教门的巴伐利亚的路易，遂真心实意地热忱支持法王的事业。纳瓦拉国王、布列塔尼公爵、巴尔（Bar）伯爵也都加入同一阵营。德意志诸侯当中，波希米亚（Bohemia）国王、巴拉丁（Palatine）选帝侯、洛林（Lorraine）公爵、奥地利公爵、列日（Liege）主教、双桥（Deuxpont）伯爵、沃德蒙（Vaudemont）伯爵和日内瓦（Geneva）伯爵都是法国的盟友。反观英国的盟友们，不仅实力较弱，而且没有共同目标，都是一心贪图爱德华的钱财，由于爱德华的财源已经开始枯竭，他们就变得行动迟缓、犹豫不决。他们当中实力最强的布拉班特公爵甚至流露出彻底退出联盟的倾向，英王不得已之下，只好用新的贸易优惠来拉拢布拉班特人，又安排自己的儿子爱德华和布拉班特公爵之女订婚，这才挽留住那位公爵。爱德华在会谈和交涉中徒耗了一个夏天，好不容易才分出身来投入战场。为了吸引德意志盟友配合自己的作战部署，他不得不佯称首先进攻康布雷(Cambray)，这个城市属于神圣罗马帝国，却被腓力驻军占领。[1]但是经过一番尝试，他发现难以得手，便挥师转向法国边境。在那里，又有合理的证据向他表明，他原来的期望是何等虚幻。那慕尔伯爵拒绝与自己的宗主为敌，领兵撤走，就连他自己的妻兄埃诺伯爵(此时老埃诺伯爵已经故去)也采取了同样的行动。[2]由此可见，他们根本不曾把爱德华对法国王位的权利主张放在心上！

对法开战　　尽管如此，英王还是挺进到敌国境内，在卡佩勒(Capelle)附近的维伦福瑟(Vironfosse)原野扎营。他麾下的人马将近五万，几乎全由外国人组成。腓力率领一支大军向他逼近，人数几乎是英军的两倍，而且都是本国臣民。战役大有一触即发之势。不过，英王不想与占据优势的强敌开战，而法王认为只要阻止敌方发动进攻便已足够，无心冒不必要的风险。两军对峙数日，相互摆出种种挑战姿态，最终，爱德华退回佛兰德斯，遣散了他的部队。[3]

　　爱德华声势浩大的备战工作就这样徒劳地收场，结果几近荒

①　Froissard, liv.1.chap.39. Heming.p.305.

②　Froissard, liv.i.chap.30.

③　Froissard, liv.i.chap.41, 42, 43. Heming.p.307. Walsing.p.143.

205

唐可笑。鉴于他的诸般措施在当时形势下一向不失精明审慎，他理应可以汲取教训，看到自己手上的事业毫无前景可言。他的大笔开支毫无收获，却耗尽了自家家底，其影响是毁灭性的。他欠下了近三十万镑的债务，[①]预支了所有收益，典当了一切有价值的物品——包括他本人的和王后的；在某种程度上，他甚至不得不把自己也抵押给了债主，承诺未获他们允许不得返航英格兰，并且指着自己的名誉起誓，如果未还上他们的钱款，他一定亲自返回欧陆。

然而，这位君主心志极盛，不会因最初的挫折就放弃一桩事业；他迫切企盼着通过非凡的壮举来挽回荣誉。为此，他在欧洲作战的时候，便传旨让留守监国的爱德华王子召集议会，要求追加补助，以解他的燃眉之急。贵族们似乎愿意应允国王的要求，但是骑士们对于不经选民同意便向其征税的做法表示顾虑——在这一时期，骑士们经常不与市民代表混同，作为一个独立群体参加议政。他们希望监国召集拥有适当授权的新议会，以便商讨以上问题。这时候，国王与议会间的关系十分近似于前一世纪初期屡屡陷入的境况，而且，类似的后果也开始显露出来。国王心知此后不得不经常向臣民伸手，所以急于确保自己人在下议院中的席位。在他的唆使下，各郡郡长及其他官吏都营营于谋取议员身份。骑士代表们希望国王在议会召集令状的要旨中匡正这一弊端，这个愿望应声得到了满足。另一方面，骑士们也公然对补助金获批提出了附带条件，要求大幅削减王室特权，特别是征发特权，以及在王长子封骑士和长公主出嫁之际征收贡金这种古老的封建规定。在监

① Cotton's Abridg.p.17.

国召集的新议会上，这股自由精神依然不减；尽管与会代表们批准了提供三万袋羊毛的巨额补助，但是未能与王室达成任何交易，因为他们提出的附带条件开价过高，这样的一项临时让步并不足以与之相抵。不过，当爱德华本人回到英国时，又亲自召集了一届议会，他有意用较温和的条件交换一份补助。议会坚持的主要条件有：国王重申两份宪章和自治市镇的各项特权；赦免既往债务及罪行；匡正普通法执行中的一些弊端。国王在以上各方面做出让步，从贵族和骑士们手上换得一份格外慷慨的征税许可——以两年为期，王室可收取贵族和骑士领地上九分之一的谷物、羊只和羊毛，可收取自治市镇居民动产实值的九分之一。另外，整个议会还同意在两年之内，每袋出口羊毛、每三百张羊毛皮、每拉斯特①皮革均须缴纳四十先令的货物税。不过，议会担心王权专横妄为，因此特地明确宣告，此项征税许可到期即告截止，不得延期，并且今后不得引为先例。没过多久，他们又意识到，这笔补助尽管额度庞大，在那个时代颇不寻常，但是征敛速度会很慢，相对于国王的需求将是缓不济急，因为国王一边要应付债务，一边还要备战。于是议会同意立即向国王拨付两万袋羊毛，其价值将从日后征敛的九分之一税中扣除。

　　然而，这时议会中出现了另一种疑虑之声，这种疑虑可谓合情合理，其情绪基础理应促使他们对国王野心勃勃的通盘计划加以制约，而非鼎力支持——这计划成功的希望极其渺茫，而一旦成功又对国家极其危险。爱德华在前番出征之前，就曾在数份委任状

---

　　① 英制重量单位，约合四千磅。——译者

207　上僭用法兰西之主的名号，现在他更加明目张胆，在一切公共文书上都以法兰西国王自称，并在各种印玺和王旗上将法兰西和英格兰的纹章并列。议会认为，宜未雨绸缪，规避此举的不良后果，遂宣称英格兰议会没有服从法兰西国王的义务，两个王国须永远保持各自独立的地位。[①] 他们无疑预见到，法兰西一旦被征服，那么王权统治的中心定会转移至欧陆；他们设想，为了避免英格兰降格为未来帝国的一个省份，上述的事先声明很有必要。然而，倘若事情真的照此发展，这种安全保障又是何等脆弱！

公元
1340年

　　法王腓力见英格兰和低地诸国加紧战备，料定爱德华必会再度入侵，于是他装备起一支四百艘船只的庞大舰队，舰上官兵多达四万。他把这支舰队布置在斯鲁伊斯（Sluise）沿海，试图截击英王率领的舰队。英国海军只有二百四十条船，在数量上远逊于

海上大捷
6月13日

敌。不过，由于爱德华指挥有方，或是英国水手们技高一筹，战斗一打响，他们便迅速抢占了上风头、背向太阳的有利方位。战况激烈而血腥。英国弓手凭借闻名遐迩的力量和精准，在抵近过程中重创法军；当双方舰船勾连在一起时，战斗越发持续而猛烈。英军方面，国王及其身边一大批英勇的贵族身先士卒，激励着将士和水手们奋勇杀敌，令敌军处处受制。法军当初选择这个距佛兰德斯极近的地点作为己方泊地和战场，也是极大的失算。佛兰德斯人远远望见这场海战，连忙驾船出港，赶来增援英军；由于出其不意，所获效果远远超出援军的数量和实际战斗力。此役共有二百三十艘法国舰船被俘，三万法军将士殒命，内中包括两位海军上将。英

---

　　① 14 Edward III.

军方面的损失,相对于这番大胜的规模和重要性而言,可谓无足轻重。[1]据说,腓力的廷臣们无一人敢向他报告实情,后来,是他驾前的小丑或弄臣给了他一个暗示,他才发现自己遭受的巨大损失。[2] 208

　　这场大捷威震四方,使英王在同盟中的权威陡增。各路盟友迅速集结军力,加入英军阵营。爱德华挥师进逼法国边境,部队总数超过十万,主要由外国人组成,其阵容之庞大可谓空前绝后——无论在此前还是之后的历史上,再没有哪位英王统领的军队超过此数。[3]同时,罗贝尔·德·阿图瓦也率领五万佛兰德斯人出动,围攻圣俄梅珥。但这是一只乌合之众,完全由毫无战斗经验的商人组成,守军一次突击就将他们打散,尽管主将罗贝尔能力出众,无奈三军惊溃,四散而逃,再也没能重新集结、返回战场。爱德华那边的战事虽未遇到如此不光彩的挫折,但结果也同样空无所获。法王腓力集结起一只数量远超过英军的部队,王国内全体大贵族都来勤王护驾,许多外国君侯也赶来助阵,其中甚至包括三位国王:他们分别是波希米亚国王、苏格兰国王和纳瓦拉国王。[4]尽管如此,腓力还是坚持绝不冒险的审慎方针,只在所有边境城市派驻卫戍部队,便引军回撤、以逸待劳,相信敌军四处攻击不力、疲于奔命之时,己方必能趁机轻取之。

　　图尔奈(Tournay)在当时是佛兰德斯最重要的城市之一,人口连老带幼总共超过六万,都亲近法国当局。由于爱德华的军事

---

[1] Froissard, liv. i. chap. 51. Avesbury, p. 56. Heming. p. 321.

[2] Walsing. p. 148.

[3] Rymer, vol. v. p. 197.

[4] Froissard, liv. i. chap. 57.

计划保密不周，腓力闻知英军为答谢佛兰德斯盟友，开战第一役准备围攻图尔奈。于是，腓力特地在该城部署了一万四千人的卫戍部队，由最勇敢的法国贵族统领；有理由期待，这支守军与市民协同防守，有能力挫败敌人的一切进攻。因此，爱德华在七月底开始围城时，处处遇到顽强抵抗。双方的骁勇不相上下，英军的每次攻势均被击退，毫无战果。最后，英王只得改围攻为封锁，他见城内守军和市民人数众多，虽能有效抵御英军攻势，但给养也会迅速消耗，因此寄希望于饥馑的力量。[①]图尔奈守将尤城伯爵窥破英国人的蓄谋，立即采取措施，把一切闲杂无用人等驱出城外，以尽量节省储备。英方阵营内的布拉班特公爵内心并不企盼爱德华成就大业，所以允许每个出城者自由通过其防区。

封锁持续十周之后，图尔奈城陷入饥困。腓力重新将分散的卫戍部队全部集结起来，亲率这支大军向英军大营挺进。他的战略意图仍然是极力避免决战，但要伺机援救图尔奈。此时，爱德华见久战无功、前景堪虞，不免内心焦躁，他派皇家信使给腓力送去挑战书，提出要么二人单打独斗、要么双方各出百人对决、要么进行一场大决战，以此决定法国王位的最终归属。然而腓力回复道：鉴于爱德华曾为吉耶纳公爵领向他宣誓效忠，郑重尊他为宗主，因此绝无以下犯上、向宗主和主君发出挑战的资格。他坚信，尽管爱德华已经做好充分战略准备，又联合了叛逆的佛兰德斯人，但是自己定能很快将其逐离法兰西边境。他表示，由于英人犯边，使他不能按原定计划参加十字军打击异教徒，他相信全能的神必定扶持

---

① 　Froissard, liv. 1. chap. 54.

他，嘉勉他虔诚的意图、给侵略者以惩罚——因其以无根无据的权利主张令神圣的出征计划落空。他指出，爱德华提出的决斗极不公平，欲以一己的性命对赌整个法兰西王国和法王的性命，假如爱德华情愿增加决斗砝码，连英格兰王国也押上的话，尽管两边条件依然不够对等，他本人仍会欣然接受挑战。[①]不难看出，双方都在 210 虚张声势，不过是为了迷惑大众的眼目而已，两位国王都太聪明，根本没想过真正兑现这些空言虚辞。

英法大军剑拔弩张、相互对峙，大战似有一触即发之势，这时，埃诺伯爵的遗孀简(Jane)出面调停，极力劝和两位相争的君主，以避免更多的流血。这位贵妇身为爱德华的岳母，又是腓力的妹妹，她本已发愿进入修道院，弃绝了尘世，但是值此危急关头，她离开隐修所，竭尽虔诚之力，试图帮助与她至亲至近、彼此也是亲眷的两个人化解冤仇。因为腓力对于敌手并无实际利益要求，她发现他对自己的建议从善如流。即便高傲而野心勃勃的爱德华也承认此番出师一无所获，并不反对与她洽商和谈。他从经验中体会到，自己投入了一场极其力不从心的事业，凭着英格兰的国力，永远无法战胜一个兼具干才与缜密的君主治下众志成城的强大国家。他发现，自己拉拢的所有盟友，在心底无不反对他的事业；尽管他们可能在一定程度上为他提供支持，但只要形势发展令他们意识到实际危险，这些盟友就会立即弃他而去，并且反戈相向。他甚至看清，他们的主要目的就是向他要钱。由于英格兰方面的供给来得极其迟缓，与期望存在极大落差，他发觉盟友们对征法大业的态度

① 　Du Tillet, Recueil de Traitéz, &c. Heming.p.325, 326. Walsing.p.149.

日益冷漠，急于接受任何貌似合理的和谈条件。最后，他终于承认这宗事业实属鲁莽，凭着如此薄弱的财力根本无法支撑到底。于是英法签订休战协议，约定双方保持当前占领地域，在来年仲夏以前，在低地诸国、吉耶纳和苏格兰停止一切进一步的敌对行动。[①]　9月31日

211　在教宗特使的调停下，双方随即在阿拉斯(Arras)展开谈判，以期将停战转化为稳固的和平。爱德华提出，要腓力放弃对吉耶纳的一切宗主权要求，完全撤销对苏格兰的保护；然而，无论是就以往战绩、还是未来前景而言，他似乎根本没有资格提出如此之高的价码，因此，腓力断然拒绝了上述要求，只应允延长休战期。

　　不久，法王的离间策略取得成功，使神圣罗马帝国皇帝巴伐利亚的路易脱离反法联盟，并收回了先前授予爱德华的"帝国代理人"头衔。[②]英王在法国边境上的其他盟友因希望落空，也逐渐退出了联盟。爱德华本人被无数债主纠缠不休，不胜其扰，只得悄然离去，返回英格兰。

　　英国议会在常例之外对谷物、羊只和羊毛开征九分之一税，加之国内资金极度吃紧、告贷无门，以致向佛兰德斯的汇款极其迟缓。九分之一税作为一个新开征的税项，只能带来缓慢的收益，不能指望国王或大臣们拿出什么权宜措施来加快征敛速度。尽管议会已经预见到这一难题，决定先拨付两万袋羊毛应急（在英格兰的所有商品当中，能在国外市场卖得上价的只有羊毛一宗，其流通价值仅次于现金），然而，如此大宗货物的征敛、集中和外运必须花费　　国内动乱

①　Froissard, liv.i.chap.64. Avesbury, p.65.
②　Heming.p.352. Ypod.Neust.p.514. Knyghton, p.2580.

一段时间,不能解国王那边的燃眉之急,以致在战争进程中,激起各方怨声载道。虽说本来什么事都没发生(对此爱德华未必有明智预见),但是爱德华因出师不利而万分羞恼,又被外国债主催逼烦扰,一心想找地方倾泻这一腔无名火,就这样气急败坏地返回英格兰。他归国后的第一个举动就将这种暴躁心绪显露无遗:他当时出乎意料地登陆,发现伦敦塔守卫懈怠,当即把负责要塞防务的戍卫长和其他官员统统投入监狱,给以异常严厉的处分。[1] 紧接着,他泄愤的乱棍又打在财政署官员、郡长、税务稽征员和各类承办人身上,不但将他们全部罢免,还委派专员调查这些人有无行为不端。这些专员为了迎合国王的心意,绝计不肯给任何人做出无罪结论。[2] 王玺掌管人约翰·圣保罗爵士(Sir John St. Paul)、首席大法官约翰·斯通诺尔爵士(Sir John Stonore)和伦敦市长安德鲁·奥布雷(Andrew Aubrey)均被撤职关押;御前大臣奇切斯特主教和大司库利奇菲尔德(Lichfield)主教也遭到同样惩处。坎特伯雷大主教斯特拉福德(Stratford)是征收新税的主要负责人,也被国王大加苛责,所幸他当时不在国内,躲过了天威震怒的直接后果。

在那个时代,客观上存在诸多强有力的理由,不支持英王任命主教和其他神职人员担任朝廷要职。这些神职人员受着各种宗教特权和豁免权的严密保护,公然挑战一切世俗法院的管辖权,声称他们在俗职任内所犯的渎职罪可免于任何世俗法律的惩治,就连

[1] Ypod. Neust. p. 513.
[2] Avesbury, p. 70. Heming. p. 326. Walsingham, p. 150.

叛逆罪本身也并不违背教规，不构成罢免圣职或其他宗教惩戒的充分依据。如此，神职阶层为自己构筑了一道全面豁免屏障，几乎不受任何政治性法律法规的制约。而另一方面，客观上也存在许多有利于他们晋升的特殊缘由：神职人员几乎把持了那个时代的所有学识，因此最有资格出任公职，除此之外，高阶教士们享有与大贵族平起平坐的尊荣，可以凭借个人威望在世俗官任上一言九鼎。同时，他们不会因积聚家族财富、势力而危及王权，又碍于身份体面，不至于像贵族们那样经常明目张胆地采取掠夺和暴力手段。在上述动机的诱使之下，爱德华和众多先王都把政府重要部门的大权托付给神职人员，与此相伴的风险在于：一旦国王准备动手对付他们，他们就会立即否认王座的权威。

斯特拉福德大主教便是如此。当他闻知爱德华迁怒于己，便着手准备应对迫近的风暴，他并不满足于防御，而是决定以攻为守，要让国王看到，他深知自身地位赋予他的特权，也具备维护特权的勇气。他颁布普遍惩戒令，对犯有下述罪行者一概处以绝罚：以任何借口暴力侵犯神职人员的人身或财产，侵犯神职人员受《大宪章》和教会法保障的特权，以叛国罪或其他罪名控告高级神职人员、企图挑动国王对后者的不满。[①]该惩戒令的打击面颇广，就连爱德华也有理由认为自己被包含在内，因为他不仅监禁了两名主教和其他一些与征税事务有关的神职人员，还扣押了他们的土地和动产，以便弥补他们任内账目上任何可能的亏空。此时，全体神职人员团结在大主教周围，结成了反对国王的稳固阵营；他们大

公元
1341年

---

① Heming.p.339. Ang.Sacra, vol.1.p.21, 22. Walsingham, p.153.

肆散播中伤国王的流言,旨在破坏民众对他的信任和爱戴。传言
称,国王欲收回大赦令和豁免旧债的恩诏,并打算不经议会批准,
无理强征新税。大主教甚至致信国王本人,言道统治世间的权柄
有二:神圣罗马使徒教会的尊荣权柄和王室的次级权柄;在这两者
当中,教权显然居于至高无上的地位,因为在有朝一日的神圣审判
中,世间君王本人的所作所为也要经教牧们代为禀明;教牧们乃一
切信徒灵里的父亲,包括世间君王在内;根据神国的章程,他们有
权指导君王的意志和行动,谴责后者犯下的罪过。迄今为止,世俗
君王被召上教会法庭,为其生活和行为接受审判,因顽梗不化被革
出教门者屡有先例。①这些话题并不适于让爱德华息怒,在随后召　　214
集新一届议会时,他遍召天下贵族,独独没有向大主教发出邀请。
这一怠慢或愤怒的信号并没有吓退斯特拉福德,议会召开当日,他
身穿主教法衣、手持牧杖,在主教和长老们浩浩荡荡的簇拥下,出
现在议会大门前,要求以王国至高显贵的身份入席。最初两天,国
王拒绝这一要求,但他可能转而意识到,僵持下去会造成危险的后
果,或者明白自己当初在暴怒中指责大主教渎职确无根据(事实似
乎正是如此),最终他允许大主教在议会中就座,二人达成和解。②

此时此际,爱德华发觉自己内外交困,必须竭尽自身的全部才
华和能力,设法摆脱眼前的重重险阻和窘境。他对法兰西和苏格
兰提出不正当的非分主权要求,以致与这两个近邻打得不可开交;
他散财收买海外盟友,支付却时断时续,结果他们几乎全都弃他而

---

①　Anglia Sacra, vol. i . p. 27.

②　Anglia Sacra, vol. i . p. 38, 39, 40, 41.

去；他深陷于债务泥潭，光是利息就压得他喘不过气；他的各项军事行动全无战果，除了上次海战告捷，没有哪次作战为他自己或英王国赢得半点荣名；他和神职人员之间的敌对已经公开化；他的种种专横政策惹得民众怨声载道；更危险的是，贵族们趁他目前处境维艰，定意压缩他的权力，通过蚕食古老的王室特权，博取自身的独立和权势。然而，爱德华一向心高志大，这份雄心当初驱使他凌越了审慎的边界，但也至少能助他恢复原有的权威，终令这一朝成为英国史话中武威最盛的一段时期。不过，眼下他正当运蹇时乖，荣名受损，没奈何只得暂且顺应时势而为。

议会制定了一部法令，似乎有望给国内政治带来重大革新。他们指出，鉴于《大宪章》在许多方面已经遭到破坏——尤其是不经控告、公诉和审判，就对自由人实行监禁、没收财产——分明使国王面临危险和诋毁，令臣民蒙受损失，因此，实有必要重申《大宪章》，并责成全体主要执法官员以及王室总管、宫廷内务侍臣、王玺掌管人、王室锦衣库的司服官和司库官，乃至负责年轻王子教育的官员，均须宣誓持守《大宪章》。他们还提到，许多王国贵族此前被拘捕监禁，被剥夺财产和土地，其中一些人甚至未经定罪或审判即遭处决，有鉴于此，议会规定今后必须杜绝此类暴行，不经议会的同侪审判，不可对贵族施行惩处。他们要求，上述的任何要职一旦出缺，国王在进行相关任命时，须听取王室顾问会的建议，并取得其时驻留于宫廷附近的贵族们一致认可。议会还规定，每届议会召开的第三日，国王须收回对上述各官职（两法院的法官和财政署法官除外）的任命，使诸位大臣暂时回归普通个人的身份，并以这种身份在议会面前回应任何针对他们的指控；倘若被议会裁定有罪，他们应被彻底罢免，由更有能力者取而代之。[①]借着末后这些规定，贵族们贴近当年强加于亨利三世和爱德华二世的羁束，已达到自身胆量的极限。那些羁束因其伴生的危险后果，早已引起普遍反感，因此，贵族们既未指望民众能够响应他们的要求，也没想到现任君主能够应允这些要求。

　　为回报上述重要让步，议会同意向王室提供两万袋羊毛。国王此时被债主们吵闹逼债，海外盟友也都在伸手催款，他急需用钱，只得接受这些苛刻条件，以换取资助。他当着整个议会批准了这一法令，却在暗地里提交了一份异议声明，可以想见，这份声明文件的性质足以毁灭未来与民众的一切忠实信任关系。他宣称，一旦时机允许，他就要运用自己的权威，收回被强索而失去的一切。[②]于是，议会的补助金一到手，他便发布一道诏书，内中提出了许多离奇的论点和借口。他首先断言，那部法令的颁行是违法的，仿佛一个自由的立法机构真有可能做出任何违法之事一般。接着，他言之凿凿地声称，由于该法令有损于他曾发誓捍卫的王室特权，他当时在表面上予以批准，只是一种违心的姿态，事实上，他从未真正发自内心地认可过这部法令。他并未声称自己或议会受到暴力胁迫，而只是说，如果他不肯表面应承这部僭越的法令，就会面临某些后续的不便。因此，应王室顾问会和一些伯爵、男爵的建议，他决定废止这部法令；尽管他自称愿意且决心遵守其中一

216

---

　　①　15 Edw. III.
　　②　Statutes at Large, 15 Edw. III. 国王的这份异议声明显然是秘而不宣的，否则，议会接受他的批准就是一个荒谬之举。再者，假使该异议声明被公之于众，国王就不得不承认自己有所隐瞒，那是绝无可能的。

些原属法律范畴的条款，但是依然宣布，该法令从此失去效力和权威性。[1]然而，对于这一王权专断行径，随后召开的议会并未提起注意，国王此举，相当于仅凭一番辩解，就揽到了对议会所颁一切法律的任意处置权；爱德华用了两年时间，得以重树君威，摆脱当前的窘境，随即从议会拿到合法的废止令，正式撤销了那部令他憎恶的法令。[2]这个事件当中无疑包含许多值得注意的情形，体现了当时的风尚人心，亦能证明这些粗拙之手在进行立法、培育法律和宪政的精密体系时，只能取得何等简陋的结果。

对法战争不利，令爱德华人望扫地，尽管他终于挽回了在国内的权威，但是这场战争带给他莫大羞辱，并且成功的指望如此渺茫，倘若不是此时布列塔尼政局生变，让他看到一线光明的前景、并给他提供了施展抱负的大好机会，他很可能会就此放弃对法国王位的要求。

布列塔尼公爵约翰三世（John Ⅲ）多年来老病衰残，摇摇如风中之烛。由于没有子嗣，他心头牵念的一件大事，就是如何避免自己身后爆发继承权争议，令子民陷于动乱之苦。公爵的弟弟彭提维里（Penthievre）伯爵已故，只留下一女，公爵视她为继承人。由于当初公爵的家族也是凭母系继承权获得布列塔尼公国，因此，他认为侄女的继承顺位先于孟福尔（Mountfort）伯爵——后者作为公爵的异母兄弟，是公国的男性继承人。[3]于是，公爵盘算着把侄女嫁给一个有能力捍卫她权利的人，他看中了法兰西国王的侄儿，

布列塔尼事务

---

① Statutes at Large, 15 Edw. Ⅲ.
② Cotton's Abridg. p. 38, 39.
③ Froissard, liv. 1. chap. 64.

即法王腓力的妹子玛格丽特·德·瓦卢瓦(Margaret of Valois)之子查理·德·布卢瓦(Charles of Blois)。公爵深爱他的百姓，也深受臣民拥戴，他决定在采取这一重要步骤之前，应首先取得臣民的赞同。他召集布列塔尼公国大会，力陈这次联姻的种种好处，而且，这将使公国继承问题得到彻底解决。布列塔尼人欣然赞成他的选择。于是乎婚约缔定。公爵的所有封臣，包括孟福尔伯爵在内，都宣誓效忠于查理·德·布卢瓦夫妇，将他们奉为未来的统治者。至此，凡是出于人类审慎所能采取的预防措施均已到位，内乱的危险似已完全消除。

然而，这位好公爵一死，孟福尔伯爵的野心即勃然爆发，突破所有制约，点燃熊熊战火，不仅给布列塔尼、也给欧洲大部分地区造成威胁。查理·德·布卢瓦在法兰西宫廷活动，请法王将布列塔尼公国正式封授给他，而孟福尔则趁此时机积极抢占地盘；他凭着武力或计谋占据了雷恩(Rennes)、南特(Nantz)、布雷斯特(Brest)、亨尼博恩(Hennebonne)等一应最重要的要塞，设法串连许多大贵族承认了他的权威。[1]他心知自己不可能获得腓力的青睐，便借口领受里奇蒙伯爵封号而前往英国，该爵位是因其兄亡故而转至他名下的。在英国期间，他向爱德华提出，愿奉爱德华为法兰西国王，并为布列塔尼公爵领向其宣誓效忠，建议双方缔结紧密联盟，支持各自的权利主张。爱德华当即看出与他成交的好处：孟福尔伯爵活跃有为、英勇善战，与之结成紧密的利益同盟，直捣法兰西心脏的通路就豁然洞开，与德意志和低地诸国盟友那边相比，这

218

---

[1]　Froissard, liv. 1. chap. 65, 66, 67, 68.

一番前景显然光明得多,那班旧盟友对他的大业只是虚与委蛇,而且那条战线的军事行动也受阻于边境地带林立的要塞,难以推进。罗贝尔·德·阿图瓦热衷于促成上述计划,爱德华的勃勃雄心也不甘默默忍受此前令他颜面失尽的重挫。因此,双方一拍即合,磋商未几便签订了盟约。尽管他们一个主张男性继承权、另一个主张女性继承权,观念完全背道而驰,却被眼前利益的纽带紧紧联结在一起。①

对法战争重启

　　因为秘密条约尚未披露,孟福尔伯爵在归途中,冒险在巴黎露面,以便在贵族法院为自己的事业辩护。但他发现,腓力和法官们先入为主地反对他的继承权,又怕他们有意逮捕并逼迫他吐出强占的地盘,便出其不意地逃之夭夭。他和查理·德·布卢瓦之间的战争随即爆发。②腓力派遣王长子诺曼底公爵率大军援助布卢瓦,孟福尔无力与敌对阵会战,被困于南特城,坚守不出。由于居民叛降,南特陷落,孟福尔被俘。他被解往巴黎,关押在卢浮塔内。③

　　这个结果似乎给孟福尔伯爵的宏图大业画上了句号。然而,一个意料之外的事件随即挽救了他的事业,在他的同党心中激起新的生机和活力。孟福尔伯爵夫人、佛兰德斯的简(Jane of Flanders)可谓那个时代的一位奇女子,一直以来,她埋头操持家务,才华未得显露,此时丈夫被俘,她惊而奋起,勇敢地撑起家族摇摇欲坠的命运。她在雷恩闻知那个致命的消息,立即召集起全城百姓,她怀抱着襁褓中的儿子,悲痛地向他们宣布主君的噩运。

公元1342年

219

---

① Froissard, liv. i. chap. 69.

② Ibid. chap. 70, 71.

③ Ibid. chap. 73.

她吁求他们看顾这个身份显赫的孤儿，古老的君侯之家仅存的一
脉苗裔——这家族的历代主君曾以无与伦比的仁慈统治此方百
姓，也得到百姓的衷心爱戴。她宣告，自己愿与他们戮力同心、甘
冒一切风险，捍卫这宗正义的事业；他们拥有盟友英格兰的援助，
仍有反击之力；她恳请他们挺身抗击僭主，此人凭借法兰西的武力
强行上位，日后必会牺牲布列塔尼人古老的自由来报答自己的主
子。这感人的一幕和伯爵夫人的高贵举动，令听众深受感动，他们
发誓与她生死与共，捍卫孟福尔家族的权利。布列塔尼的其他要
塞都同样决心站在她一边。伯爵夫人奔走各地，激励要塞守军，为
他们提供一切必要的补给，协调防御计划。安排好整个爵领的战
备部署之后，她来到亨尼博恩闭城自守，每日翘首盼望英王爱德华
许诺的救兵来到。同时，她把幼子送往英格兰，一来让他寄身于安
全之地，二来是以此子为质，以强化盟约，促使英王热诚维护她们
家族的利益。

　　查理·德·布卢瓦急于攻下亨尼博恩这个极具战略意义的要
塞，更想活捉伯爵夫人，后者的勇气和能力令他继承布列塔尼的事
业步步维艰。此时，他指挥一支由法国人、西班牙人、热那亚人和
部分布列塔尼人组成的大军，屯兵于城下，坚持不懈地顽强进攻。[①]
守城一方也同样士气高昂，击退了围攻者的每一次进攻。守军还
每每发起突击，无不得手。在所有军事行动中，伯爵夫人都身先士
卒、冲锋在前，将士们奋勇蹈险，无不尽忠竭力，否则便引以为耻。
一日，伯爵夫人发现围城部队一心忙于进攻，远处的部分营地疏于

220

————————————

　　① Froissard, liv. i. chap. 81.

防守，她当即率领一支二百人的骑兵队发起突袭，把敌人打得乱作一团、死伤惨重，又将他们的帐篷、辎重和军火库付之一炬。然而，当她准备收兵时，却发现归路已被截断，有大批敌军拦在她和城门之间。她当机立断，命令手下人马化整为零，分头寻路撤往布雷斯特；随后，她在约定地点与他们重新会合，又另外集结了五百骑兵，共返亨尼博恩。他们出其不意地突破敌军阵营，冲回城内。城中守军一片欢呼赞叹，因这支有生力量的到来而备受鼓舞，又被那位盖世无双的女中豪杰的榜样所激励，更坚定了抵抗到底的决心。

然而，在围城部队的反复攻击之下，亨尼博恩的城墙终于被撕开好几个缺口。总攻随时都有可能爆发。反观城内守军持续减员，人困马乏，还要分兵保持警戒，战斗力大幅下降，显然招架不住敌军的总攻。因此，有必要就有条件投降展开谈判。里昂主教已经为此受托与查理·德·布卢瓦晤谈。与此同时，伯爵夫人登上高塔，满心焦灼地眺望大海，忽见远方出现片片帆影。她立即欢叫起来："看哪，援军！英国援军！不要谈判投降了！"[1]这支舰队载来一队重甲骑兵和六千名弓箭手，本是英王爱德华为解亨尼博恩之围派来的援军，只因在海上遭遇逆风，才耽延了这么久。英格兰最勇敢的船长之一沃尔特·曼尼爵士(Sir Walter Manny)率军进入港口，令城中守军为之振奋。随后，他们立即发动进攻，全线击溃围城部队，迫使其拔营而退。

尽管此战告捷，但孟福尔伯爵夫人不安地看到，总体态势仍是敌强我弱，她的人马在各地节节败退。于是她亲自渡海赴英，请

221

---

[1] Froissard, liv.1.chap.81.

英王给予更有效的援助。爱德华遂派罗贝尔·德·阿图瓦率大部队渡海增援，这支舰队共有四十五艘战船，扬帆驶向布列塔尼。行至半途，遭到敌方舰队阻截，战斗随即爆发。伯爵夫人表现出一贯的英勇风范，手持宝剑冲锋在前。一番激战之后，敌方舰队被风暴吹散，英国舰队得以安然抵达布列塔尼。罗贝尔首战攻取瓦讷(Vannes)，他处事端方、手腕灵活，把该城治理得井井有条。[①]不过，他的顺境为时极短。依附查理·德·布卢瓦的布列塔尼贵族们悄然集结武装，发动突袭，占领了瓦讷。这次袭击之所以能够得手，主要是因为罗贝尔在战斗中负了伤；不久，罗贝尔因伤势过重，于返英途中死在海上。[②]

　　这位君侯遭际可叹，亦是其家国蒙受百年丧乱的始作俑者，他去世后，爱德华御驾亲征，援助孟福尔伯爵夫人。由于英法之间这一轮停战协议已届期满，自此之后，两国军队便直接在各自的王旗下对阵，而不再以布列塔尼争议双方的援军身份作战。英王率一万两千部众在瓦讷附近的莫尔比昂(Morbian)登陆，这位深谙戎事的君王立即对瓦讷、雷恩和南特这三座重要城市同时展开围攻，试图一举打出军威。不过，由于目标分散，上述行动无一取胜。即便在他亲临战阵、奋力猛攻的瓦讷城下，战局依然进展迟缓。[③]法军以逸待劳、从容备战，腓力的长子诺曼底公爵率领三万步兵、四千骑兵大举进抵布列塔尼，爱德华不得不聚集全部兵力，在瓦讷城下掘壕据守。诺曼底公爵的大军不久开到，将围城英军几近包

① Ibid.chap.93.

② Ibid.chap.94.

③ Froissard, liv.i.chap.95.

围。城内守军和外围法军粮秣充足，而英军在优势之敌压迫下不
222 敢继续攻城，他们的给养完全依靠来自母国的海运，多有风涛之
虞，还经常遭到敌方舰队的阻截。在这危险的局面下，爱德华甘
愿接受教宗特使帕莱斯特里纳(Palestrine)枢机主教和弗拉斯卡蒂
(Frescati)枢机主教的调停——这两位长老一直在两国之间积极斡
旋，即使不能求得全面和平，至少也要促成停战。于是，英法签署
了停战三年的协议。[①]尽管爱德华当时处境堪危，但他依然有能力
为己方争得相当公道体面的停战条件。协议约定：在停战期间，瓦
讷城由两位教宗特使管辖，日后归属将听凭两位特使处置。爱德
华当然知道罗马教廷偏袒他的对手，但这个协议也让他保全了面
子，不至于显出完败的窘状而贻笑世人。协议还规定，释放所有俘
虏，各方在布列塔尼已占领的地盘保持现状不变，双方一切盟友都
应遵守停战协议。[②]协议签订后不久，爱德华便率部登船，返回英
格兰。

　　尽管这份协议意在长久，但是停战的局面却只维持了很短一
段时间。两位君主都竭力将破坏停战的责任推给对方；双方史家
自然也各有一套说辞。然而，法国史家坚称的情形似乎可能性较
大，即爱德华当初之所以同意停战，只不过是为了摆脱险境，过
后根本无心遵守协议。遍阅现存的所有相关外交备忘录，我们发
现爱德华一味抱怨奥利佛·德·克利松(Oliver de Clisson)、约
翰·德·蒙托邦(John de Montauban)等布列塔尼贵族蒙受的处罚

---

① Ibid.chap.99. Avesbury,p.102.
② Heming.p.359.

过重，他声称，这些人均为孟福尔家族的同党，因此应被纳入英格兰的保护之下。①不过，这些贵族明明在停战协议签订时，无论在口头还是行动上都公开拥护查理·德·布卢瓦；②那么，假如他们与爱德华暗通款曲，就等于背叛原来的阵营，理当受到腓力和查理的惩治，爱德华毫无资格谴责法方出手凌厉。然而，当爱德华扮出凡事咨询议会的姿态，把这些牵强的侵害投诉呈至议会时，议会便卷入这场纷争，他们建议国王不要被和平的假象蒙蔽，又为他提供了重启战争的资金。议会决定向各郡征收为期两年的十五分之一税，各自治市镇的税率为十分之一。神职人员同意缴纳十分之一税，为期三年。

公元1344年

靠着这笔补助，国王得以完成战备。他派遣自己的堂兄弟德比伯爵亨利(兰开斯特伯爵之子)进驻吉耶纳，守备该省。③这位爵爷本是英格兰宫廷最多才多艺的一位人物，深具公正、仁慈、勇武、端方的品格，④他并不以安守这一方治所自足，而是攻入敌境，大有斩获。他向镇守贝尔热拉克(Bergerac)的法将利勒伯爵发动袭击，击破盘踞在防御工事里的敌人，占领该地。他攻陷佩里戈尔(Perigord)的大部分地区，一路进击，占领奥伯罗克(Auberoche)，此时利勒伯爵集结起一万或一万两千人的部队，屯兵于城下，企图从英军手中收复该地。德比伯爵只率一千骑兵奇袭法军营地，

公元1345年

223

---

① Rymer, vol.v.p.453,454,459,466,496. Heming.p.376.
② Froissard, liv.x.chap.96.p.100.
③ Froissard, liv.i.chap.103. Avesbury, p.121.
④ 据说，这位爵爷有一次在攻城前向将士们许诺，城破后可任意劫掠。他的一个部下偶然发现一大箱钱，他自忖低微，面对这么大一笔财富不敢擅留，赶紧拿来献给伯爵。然而德比伯爵却告诉他，无论钱多钱少，自己一言既出、驷马难追，这箱钱就都归他了。

令法军陷入一片混乱，继而趁势扩大战果，取得完胜。利勒伯爵本人连同多位法国显贵都沦为英国人的阶下囚。[1]继这次重要胜利之后，德比伯爵迅速进军，攻掠法兰西各省，先后拿下蒙塞古尔（Monsegur）、蒙佩扎（Monpesat）、维勒弗朗什（Villefranche）、米尔蒙（Miremont）和托宁斯（Tonnins），以及达马森（Damassen）要塞。向有固若金汤之名的艾吉永（Aiguillon）要塞，由于城堡总督贪生怕死，也落入他手。昂古莱姆（Angouleme）被短暂围困后也献城而降。唯有在利奥尔城下他才遇到强劲抵抗，但在围攻九个星期后，此城亦破。[2]他还一度包围了布莱耶，但是考虑到该城战略意义不大，不值得为此浪费时间，遂撤围而去。[3]

　　德比伯爵之所以能在吉耶纳周边地区攻城略地，基本未遇阻碍，主要是因为法国财政严重吃紧，迫使腓力开征若干新税，特别是盐税，惹得民怨沸腾，几乎激起叛乱。不过，法国宫廷筹得钱款之后，随即完成了大举备战的工作。诺曼底公爵在勃艮第公爵等一干大贵族佐助下，指挥大军进逼吉耶纳，法军势强，英国人根本无法在开阔战场与之对抗。德比伯爵踞守本营，眼睁睁坐视法军好整以暇地首战围攻昂古莱姆。时任昂古莱姆总督的诺里奇勋爵约翰经过一番勇猛抵抗，发现己方已经山穷水尽，只得施以巧计，试图拯救守军，以免落得无条件投降的结局。他现身于城头，要求与诺曼底公爵进行非正式谈判。公爵问诺里奇，是不是想要有条件投降。"没有那回事，"总督回答，"不过，明天就是圣母领报节了。

公元
1346年

224

---

①　Froissard, liv. i. chap. 104.

②　Ibid. chap. 110.

③　Ibid. chap. 112.

公爵大人，我知道您和我一样，对圣母都有一份虔敬之心，我希望两军当日休战一天。"公爵接受了这个提议。诺里奇勋爵吩咐部下收拾所有行装，第二天列队出城，齐步走向法军营地。围城部队以为英军即将发动进攻，连忙抓起武器。但是，诺里奇勋爵派信使面见公爵，提醒他之前的约定。公爵愠怒，却只得信守诺言。他叫道："我明白那个总督把我耍了！罢了，我们就满足于拿下这个地方吧。"于是，英军得以毫发未损地通过法军营地。[①]诺曼底公爵一路告捷，随即又包围了艾吉永。由于要塞本身坚固异常，守军在彭布罗克伯爵和沃尔特·曼尼爵士的指挥下英勇抵抗，令敌望而兴叹；公爵多次强攻无果，[②]遂改变策略，想把守军困死、饿死。然而，不等他达到目的，法兰西便大祸临头了——这是王国有史以来最严重的灾难之——他只得匆匆赶赴王国的另一边去解救危局。[③]

　　爱德华接到德比伯爵的告急信，得知吉耶纳危如累卵，便召集了一支大军，准备御驾亲征，前去解吉耶纳之困。他在南安普顿登船，率大小船只近千艘，扬帆启航；随驾的除了英格兰全体大贵族之外，还有年方十五岁、受封威尔士亲王的王长子。海上逆风劲吹，航程久久受阻，[④]英王见及时赶到吉耶纳的希望已成泡影，最终接受杰弗里·德-哈考特(Geoffry d'Harcourt)的建议，改变目的地。哈考特原为诺曼底贵族出身，他长期在法兰西宫廷担任要职，凭着个人才干和勇武深孚人望，只因冒犯了腓力而遭到迫害，遂逃

①　Froissard, liv. i. chap. 120.

②　Ibid. chap. 121.

③　Ibid. chap. 134.

④　Avesbury, p. 123

往英国，自荐于慧眼识人的爱德华，于是乎得以步罗贝尔·德·阿图瓦之后尘，在一切事务上大力煽动和协助英王反对自己的母国，扮演一种招人厌恶的角色。他一直坚称，在当前局势下，出征诺曼底的前景要优于出征吉耶纳；爱德华如若采纳他的建议，就将发现法兰西北方各省兵力空虚，驻防部队几乎全部调往南部；他指出，当地富庶城镇众多，劫掠所得将使英人大发一笔横财；这里的田园未曾遭受战火蹂躏，可以供应丰富的军需；而且，诺曼底的地理位置毗邻法国首都，在这一地区制造任何动静，必定意义重大。①爱德华此前并未认真考虑过上述理由，但在出征吉耶纳航程遇阻之后，便开始注重这一方面。他命令舰队驶向诺曼底，并在拉霍格(la Hogue)安全登陆。 〔7月12日〕

　　这支在后续战事中取得辉煌战绩的部队包括四千重骑兵、〔入侵法国〕一万弓兵、一万威尔士步兵和六千爱尔兰人。威尔士部队和爱尔兰部队皆为军纪散漫的轻型步兵，更适于追击掩杀或洗劫乡野，而不适于阵地战。那个时代的军事观念强调严格的军事纪律、保持装备精良的正规步兵军团，而弓箭则一向被视作一种无足轻重的武器。如此而言，整支部队中唯有重骑兵实力雄厚，然而由于骑兵的作战特点所限，他们在对攻战役中，打击力度也远逊于训练有素的步兵。再者，鉴于这批英军全是新招募的士兵，我们相当不看好当时部队的战斗力：尽管他们不谙其他技艺、唯以军事为要，但是在军事艺术领域也并无良好的素养。

　　英王任命阿伦德尔伯爵为军事总长，沃里克伯爵和哈考特

---

① Froissard, liv.i.chap.121.

(Harcourt)伯爵为元帅。他在诺曼底甫一登陆,即为威尔士亲王和其他几位年轻贵族主持了骑士授封仪式。他首先捣毁了拉霍格、巴尔夫勒(Barfleur)和瑟堡(Cherbourg)港内停泊的所有船只,随即挥师横扫法国,放纵将士在一切占领的地方烧杀抢掠、任意而为。那时候军纪松弛是普遍现象,因此这种败坏军纪的做法对部队的影响倒也不大。爱德华小心谨慎、严防遇袭,他通令各部,白日无论兵力如何分散,到夜晚必须靠近主力宿营。就这样,英军一路洗劫了科唐坦半岛(Cotentin)的蒙特布尔(Montebourg)、卡朗唐(Carentan)、圣罗(St. Lo)、瓦洛涅(Valognes)等多地,完全未遇抵抗;整个诺曼底弥漫着一片惊惶失措的气息。[1]

　　这场出乎意料的入侵的消息很快传到巴黎,腓力为此焦虑万分。他颁旨在全国各地征召军力,又派遣身为法兰西大元帅的尤城伯爵和唐卡维尔(Tancarville)伯爵率军前去守卫卡昂(Caën),该城人口稠密、商业繁荣,却无险可守,与英军只有咫尺之遥。这样一大块肥肉,很快就吸引了爱德华的兵锋。卡昂居民自恃人多,加上全国各地的援兵源源不断,便冒险在开阔战场摆开阵势与英军一战。然而,英军发起首轮冲击,法军勇气立泄,惊溃奔逃。尤城伯爵和唐卡维尔伯爵双双被俘。胜利者追逐败兵进入城内,一场疯狂大屠杀随即揭开序幕,英军见人就杀,无论男女老幼、不由分说,尽遭屠戮。市民们在绝望之余,利用自家房舍作为工事,以石块、砖头和各种投掷物当作武器,与英军对抗。英军纵火开路,剿灭市民,直到爱德华从保全战利品和将士生命安全出发,下令停止

---

[1]　Froissard, liv. i. chap. 122.

屠城。在迫使居民放下武器之后，他又允许士兵们按为祸较轻的常规方式重开掳掠。抢劫持续了三天。英王把珠宝、贵重盘盏器物、绸缎、细布和细亚麻织物据为己有，其余赃物尽数赐给将士们。所有赃物都被装船运往英格兰，同船还载去了三百名卡昂城内最富有的市民，英王打算日后从这些人的赎金中再发一笔横财。①身为教宗特使的两位枢机主教目睹了这凄惨的一幕，他们是担负调停使命，前来促成两国议和的。

下一步，英王剑指鲁昂，希望以同样方式侵占这座城市。但他发现，塞纳河上的桥梁均已被破坏，而且法王已经亲自率军赶到鲁昂。爱德华沿着塞纳河岸向巴黎进逼，蹂躏法兰西国土，沿途的每座城镇、每个乡村，尽被化为废墟。②几股英军轻骑甚至一路抢到巴黎城门口。地处首都近郊的圣日耳曼宫，以及楠泰尔(Nanterre)、吕埃勒(Ruelle)等村落，就在巴黎人的眼前被焚为灰烬。英军欲在普瓦西(Poissy)渡河，但是发现法军就在对岸扎营，而此地的桥梁以及沿河所有桥梁，都已被腓力下令拆毁了。爱德华发现，法军意图将他团团包围，从四面八方发动进攻。但他使出巧计，摆脱了当前的危险处境：他下令全军拔营，沿河而上，又突然掉头折返，回到普瓦西。这时，敌军为了追踪他们，已经离开对岸了。英军以不可思议的神速修复了桥梁，跨过塞纳河，甩掉敌军，以急行军向佛兰德斯而去。哈考特率领的先头部队与正赶去勤王的亚眠民团遭遇，民团被英军击溃，伤亡惨重。③英军在博韦(Beauvais)城下

① Froissard, liv.i.chap.124.
② Ibid.chap.125.
③ Froissard, liv.i.chap.125.

擦城而过，将市郊付之一炬。然而，当爱德华来到索姆河(Somme)
边时，发现自己又面临和上次一样的困境。河上的所有桥梁不是
被拆毁，就是有重兵把守。法国将领戈德马尔·德·费耶(Godemar
de Faye)率军驻于对岸，腓力亲率十万大军，从后方向他不断逼近。
他再度面临险境，大有可能遭到围困，最终饿死于敌国。危急关头，
英王颁布悬赏令：任何人若能提供渡河的安全路线，重重有赏。农
夫戈宾·阿伽斯(Gobin Agace)禁不住诱惑出卖了国家利益，由于
在这一重大事件中扮演的角色而留下千载骂名；他向爱德华透露，
索姆河流过阿布维尔(Abbeville)之后有一处浅滩，该处河底坚实，
在低潮时可以轻松涉水而过。[①]英王连忙赶到那里，不料戈德马
尔·德·费耶早已守候在对岸了。形势逼人，英王一刻都没有犹豫，
纵身跳入河中，手持宝剑，冲在队伍的最前面。英军一鼓作气把敌
人逐出阵地，直追到离河岸较远的一片平原上。[②]当腓力率领追兵
抵达这片浅滩，英军殿后部队正在渡河。真是间不容发！爱德华
凭着他的审慎和迅捷，得以摆脱险境。河水随即涨潮，法王无法涉
水追击，只得绕道阿布维尔过桥，浪费了许多时间。

　　腓力手握雄兵，自然急于向英国人复仇，倘若坐视劣势之敌
蹂躏法兰西大片国土又安然逃回本国，堂堂法兰西之主的颜面何
存！爱德华也深知法王的意图；鉴于法国追兵紧随其后，他看出穿
越前方皮卡第(Picardy)平原地带的危险性：那样一来，英军后队
就会暴露在大批法军骑兵的冲击之下。于是，爱德华做出一个审

---

① Ibid.chap.126,127.

② Froissard,liv.i.chap.127.

克雷西
战役
8月25日

慎的决定：他在克雷西村（Crecy）附近选取有利地形，严阵以待，静候敌军到来。他预计敌方几次三番没能消灭他，此时唯恐他再次脱身而去，越发急于求战，而在这种心理驱使下，就难免行动仓促、协调不周，露出破绽来。他沿着一处缓坡排兵布阵，把己方部队分为三道阵线：第一线由威尔士亲王统领，以沃里克伯爵、牛津伯爵、哈考特伯爵、钱多斯（Chandos）勋爵、霍兰（Holland）勋爵等一干贵族为副将；第二线由阿伦德尔伯爵和北汉普顿伯爵统领，下辖威洛比（Willoughby）勋爵、巴塞特勋爵、鲁斯（Roos）勋爵和刘易斯·塔夫顿爵士（Lewis Tufton）为副将；第三线由他亲自统领，作为前两条阵线的后援，战局不利时可掩护撤退，己方占优时可加大打击力度。出于同样的审慎，他还在两旁侧翼挖掘防护壕，以防大队法军从两翼掩杀过来。他把全部辎重都安排在后方的树林里，也围以防护壕，确保安全。①

爱德华部署得法、井井有条，加上他那泰然自若的风范，大大稳定了军心。为了进一步鼓舞士气，英王骑马欢快而又轻捷地检阅全军阵列，令得见王驾的每个将士信心倍增。他指出：英军现在处境维艰，被团团包围于敌人的国土之上，如不鼓足勇气全力拼杀，给敌人留下任何机会报复近来遭受的损失和屈辱，那么，等待他们的必将是彻底覆灭的命运。他提醒将士们，这支队伍与法军对阵每战每胜，保持着明显的优势战绩；他鼓励大家，四面压上的敌军人数虽多，却未必能捏成铁拳，我方凭借严密部署和将士们众志成城的决心，不难化解敌方的数量优势。他说，他对将士们别无

230

---

① Froissard, liv.i.chap.128.

所求，只要他们效法他本人和威尔士亲王的榜样。鉴于所有人的荣誉、生命和自由此时都面临同样的危险，他确信全军上下定能齐心协力、从当前的困境下拯救自己，全军将士同仇敌忾，必能战胜一切来犯之敌。

有些史家称，[①]爱德华此战不仅得力于他本人的才能和沉着镇定，还动用了一种新发明来打击敌人：他在阵地最前沿部署了几门火炮，此乃火炮首次现身于欧洲重大战役。这是个值得纪念的日子，人类有史以来最非同凡响的发明之一正式登台亮相了。正是这个发明逐步改变了整个战争的艺术，从而使欧洲政治体制的诸多方面也随之发生变化。但是，由于那个时代对机械工艺严重无知，使得这一新发明的进步十分迟缓。最初的火炮形制笨重、极难操控，因此人们并未马上认识到它们的用场和威力。甚至时至今日，人们仍在不断地对这种雷霆重械进行改良；火炮，虽然表面看来是一种毁灭人类、颠覆帝国的杀器，但它的应用实际上却降低了战争的伤亡，加强了文明社会的稳定程度。由于火炮的出现，拉近了国与国之间的实力水平，彼此间的征服变得不那么频繁和迅速。战争的胜负结果几乎简化成了计算问题。面对实力悬殊之敌，处于弱势的邦国只有选择俯首称臣，或与盟友联手，共同抵御强敌的蹂躏和入侵。

在这一时期，法国人对于火炮这个新发明的了解程度并不亚于英国人。[②]只是腓力急于追歼对手，很可能把火炮丢在了后面，

---

① 　Jean Villani, lib.12.cap.66.

② 　Du Gange Gloss.in verb.Bombarda.

认为那东西是无用的累赘。他的其他一切举动也同样失于轻率鲁莽。他在"愤怒"这位危险的顾问催促之下，一味倚仗己方巨大的数量优势，认为关键在于迫使英军与己决战，只要能追上撤退中的对手，必能稳操胜券。法军从阿布维尔一路急行军追赶至此，队伍已有些散乱；再往前走了两里格①多一点，他派出刺探敌情的几位绅士返回报告说，看见英军驻扎整队，正严阵以待法军的到来。他们建议，此时大军行色匆匆，难以有序调遣，不如明日再战，等到将士们消除疲劳，更容易组成严整的阵形。腓力听从了这个建议，但是由于之前的行军太过忙乱，贵族们个个迫不及待地挥师赶路，以致国王的旨意无法贯彻落实。各部队前拥后堵，停止前进的命令不能及时传达到每个部分。这支庞大的军队缺乏严格的纪律管辖，以致调度不灵。就这样，法军大略形成三路，以疲惫、散乱之态，一股脑地涌到英军阵前。第一路法军由一万五千名热那亚弩手组成，他们的指挥官是安东尼·杜利亚（Anthony Doria）和查理·格里马尔迪（Charles Grimaldi）；第二路由法王御弟阿朗松（Alençon）伯爵坐镇；第三路由法王亲自统辖。除了法王本人之外，法方阵营中至少拥有三位头戴王冠者——波希米亚国王和他的儿子罗马人的国王，以及马略卡（Majorca）国王。此外，法兰西王室下辖的全体贵族和大封臣均在阵列当中。法军总人数超过十二万，是对手的三倍以上。然而，这一切咄咄逼人的强大外表和煊赫声威加在一起，都抵不过一个人的审慎。

　　面对步步逼近的敌军，英军阵列稳固，兀自岿然不动。热那

---

① 1里格约等于3英里。——译者

亚人首先发动进攻。巧的是,临开战前下过一场雷阵雨,使热那亚
人的弩弦受潮变松,他们射出的弩箭没达到原定射程,纷纷落在英
军阵前。英国弓箭手们自匣中取出长弓,向阵前密密麻麻的敌人
倾泻出阵阵箭雨。热那亚人很快就陷入混乱,一股脑地向后溃退,
涌到阿朗松伯爵麾下的重甲骑兵马前;[①]伯爵恼火他们畏敌不前,
下令骑兵砍杀溃军。此时,英军的炮弹在密集的敌群中间开了花。
英国弓兵也在持续不断地放箭。庞大的溃军鬼哭狼嚎,在仓皇、混
乱、恐惧中丧魂落魄。年轻的威尔士亲王冷静看准战机,率领自己
麾下人马发起冲锋。但此时法国骑兵已多少恢复了秩序,他们在
指挥官阿朗松伯爵的榜样激励下顽强抵抗。他们终于扫清了碍事
的热那亚溃军,策马趋前迎敌,凭着数量优势,开始对威尔士亲王
形成围攻之势。阿伦德尔伯爵和北安普顿伯爵此时率部向前推进,
增援亲王。初临战阵的威尔士亲王斗志高昂、英勇作战,在他的表
率激励下,部众个个奋勇拼杀。有一段时间,战况激烈胶着,英方
形势极度危险。沃里克伯爵见法军数量占优,担心发生不测,便派
信使去国王那里,恳求他发兵援救威尔士亲王。爱德华把指挥部
设在小山顶上,在那里气定神闲地观察战局。一见信使来到,他的
第一个问题是,威尔士亲王有没有阵亡或负伤? 得到否定的答案
之后,国王吩咐道:"你回去,到我儿子那里告诉他,我把这一天的
荣耀全部归给他。我坚信他会证明自己配得上我刚刚授予他的骑
士荣衔。没有我的援助,他也能击退敌人。"[②]这番话传给亲王和他

①　Froissard, liv. i. chap. 130.

②　Froissard, liv. i. chap. 130.

的部众，激发了他们新的勇气。他们加倍勇猛地发起新一轮冲锋，斩杀阿朗松伯爵，法国骑兵全线乱作一团，有的被杀，有的落马。威尔士步兵冲进乱军丛中，用长刀割断坠马者的咽喉。那一天，胜方对败虏一概格杀勿论。[①]

　　法王徒劳地驱动后军，试图增援他兄弟麾下的人马，却发现这部分法军已经崩溃。溃兵仓皇奔逃，加剧了混乱的蔓延，就连他亲自坐镇的后军都已动摇。法王坐下的战马倒地而亡，他换马再战，尽管身边部众死伤殆尽，他似乎决意孤身战斗到底。最后，是约翰·德·埃诺抓住他的马缰，强行调转马头，带着他离开战场。法军全线溃逃，被敌人毫不留情地追逐赶杀，直到天色黑透方才罢手。爱德华回营，立即张开双臂拥抱威尔士亲王，高声赞许："我勇敢的儿子！继续你的光荣事业吧。你今天的英勇表现，十足证明你是我的儿子，堪作一国之君。"[②]

　　克雷西战役于下午三点开战，一直持续到入夜。第二天清晨大雾弥漫，英军发现许多敌军溃兵在夜色和浓雾中迷失了方向，遂设计将他们引入陷阱。他们把在战斗中缴获的法军旗帜竖于高处，凡是被假旗号诱来的法军将士统统被杀，一个不留。英国人为这种不人道的做法寻求借口，声称法王也对己方部队下过类似的命令。不过，此举背后的真实原因或许是，英军在当时的处境之下，不想留下大批战俘拖累自己。据温和估算，此役当天及随后的一天，法方共有一千二百名骑士、一千四百名绅士、四千名武士及

---

① Ibid.

② Ibid.chap.131.

三万名下级士卒阵亡。[1]许多法兰西显贵人物,包括洛林公爵、波旁(Bourbon)公爵、佛兰德斯伯爵、布卢瓦伯爵、沃德蒙(Vaudemont)伯爵、奥马拉(Aumale)伯爵都殒命沙场。波希米亚国王和马略卡国王也在乱军中被杀。波希米亚国王战死的情形颇不寻常:他本已年迈眼盲,但决心不惜拼却此身,为他人树立表率。他命人把自己的马缰拴在两边侍卫的马上。后来,人们在乱尸丛中发现了他和侍卫们的尸体,他们的战马立于一旁,缰绳仍然连结在一起。[2]他的王冠以三根鸵鸟毛作为装饰,其纹章上的铭文是一句德语"Ich dien",意为"我服务"。这三根羽毛的标记和铭文被威尔士亲王及其历代继任者沿用,以此纪念这次大捷。同样值得注意的是,相对于法国人的惨重伤亡,此役英军损失微乎其微:只有一名乡绅和三名骑士战死,[3]下级士卒阵亡的也寥寥无几。这足以说明,由于爱德华的部署周密审慎,也由于法方的进攻全无章法,致使整场战役全无对战之实,倒像是一边倒的追亡逐北大屠杀。在那个时代的战场上,这种情形实在并不少见。

　　爱德华出众的审慎不只体现在这场令人难忘的胜利中,而且尽显于事后的举措当中。眼前的胜势并未让他得意忘形,起意彻底征服法兰西,甚至没想过占领法国的某个大省;他只想保留一个轻易进出法国的门户,以方便今后获取一些不大不小的利益。他深知吉耶纳距英国本土路途遥远,也切身体验过借道低地诸国插入法国腹地的诸般困难和不确定性;再说,此时达特威尔已死,英

234

---

[1]　Froissard, liv. i. chap. 131. Knyghton, p. 2588.

[2]　Froissard, liv. i. chap. 130. Walsingham, p. 166.

[3]　Knyghton, p. 2588.

国对佛兰德斯的控制丧失殆尽(达特威尔丧生于本国民众、也就是他从前的党羽之手,因为他试图将佛兰德斯的主权转交给威尔士亲王)。[①]因此,爱德华国王的企图仅限于征服加来。克雷西战役过后,英军在原地用了几天掩埋尸首,随即乘胜进军,直抵加来城下。

加来总督让·德·维埃纳(John de Vienne)是位勇敢的勃艮第骑士,他仗着各样防御物资储备充足,勉励加来市民为自己的国王和国家尽忠竭力。爱德华从一开始便看出,凭武力强攻徒劳无益,所以打算以饥馁迫使对方降服。他选择一处安全地点扎下营盘,随即掘壕围定整个加来城;他命己方部队搭建营舍,以干草和金雀花铺顶;他置备了各种军需物资,好让部队安然渡过即将来临的冬天。加来总督很快窥破英王的意图,遂将无用人口统统遣出城外,英王显出宽宏大量,允许这些不幸的群众通过英军营地,甚至送给他们一些盘缠。[②]

爱德华围攻加来历时将近一年。在此期间,各地还发生了其他一些事件,无不为英军增光添彩。

诺曼底公爵撤出吉耶纳之后,该省完全控制在德比伯爵手中。这位伯爵从未忽视扩大己方胜果。他突袭米雷博(Mirebeau),一举拿下该城,又以同样手段攻陷吕西尼昂(Lusignan);塔耶堡和圣·让·德昂热利(St. Jean d'Angeli)也落入他手;普瓦捷(Poictiers)开城献降。就这样,德比伯爵从这个方向攻入法兰

---

① Froissard, liv.i.chap.116.

② Froissard, liv.i.chap.133.

西境内，直捣卢瓦尔河沿岸地区，令整个法国南部遍地恐怖和兵燹。[①]

　　与此同时，布列塔尼也燃起了战火。查理·德·布卢瓦亲率大军进犯该省，围攻拉罗什代里安(Roche de Rien)城堡；但是孟福尔伯爵夫人得到托马斯·达格沃斯爵士(Sir Thomas Dagworth)所部英军支援，夜袭布卢瓦所驻堑壕，击溃其麾下军兵，俘虏了布卢瓦本人。[②]布卢瓦的夫人、那位给他带来布列塔尼继承权的女性，迫于当前危局出面主掌本派系的大权，证明了自己多方面的卓越才能，无论鏖战沙场还是运筹帷幄，都与孟福尔伯爵夫人旗鼓相当。正当两位英雌在欧陆相争，上演着一场举世瞩目的好戏，在英格兰，一位身份更加高贵的王族女性亦毫不逊色，在各个方面展露出颇具男子雄风的才具。

对苏格兰的战争

　　一直以来，苏格兰人以惊人的坚忍，顽强抵抗强邻英格兰，捍卫本民族的自由；1342年时，他们请回了旧主大卫·布鲁斯。这位君主以其年龄和能力而言，虽不能带给国人多大助益，但他使国家具备了正统君主制的面貌。由于爱德华赴欧作战，致使英格兰的兵力大为分散，两国间的实力天平也变得趋于均衡。爱德华与腓力之间每次签署的停战协议，都将苏格兰包括在内；爱德华最近一次入侵法国时，大卫也接到盟友的强烈要求，敦促他在另一线发动攻势，侵犯英格兰北部各郡。苏格兰贵族总是踊跃支持此类侵略行动，所以大卫很快集结起一支五万多人的大军，进军诺森伯

---

① 　Ibid.chap.136.

② 　Ibid.chap.143. Walsingham, p.168. Ypod.Neust.p.517,518.

兰，大肆劫掠破坏，直抵达勒姆城下。①然而，英国王后腓力芭召集起一支武装，大约一万两千人出头，②交由皮尔西勋爵指挥；她还不顾危险，亲临达勒姆附近的内维尔克罗斯(Neville's Cross)。王后骑马巡阅全军，激励每个将士为国尽忠效力，向野蛮的劫掠者报仇雪恨。③她不顾劝阻，坚决不肯后撤，直到两军开战才离开前沿。苏格兰人在与英格兰的大规模阵地战中往往落于下风(他们在人数不占优势的情况下通常极力避免这种作战方式)，然而他们这次的惨败却是史无前例的。苏格兰军土崩瓦解，英军一路赶杀，歼敌一万五千——有史家称，此役苏格兰方面折损两万人。阵亡名单中包括马雷沙尔伯爵爱德华·基思(Edward Keith)和御前大臣托马斯·查特里斯爵士(Sir Thomas Charteris)；国王本人被俘，与他一同沦为阶下囚的还有萨瑟兰(Southerland)伯爵、法伊夫伯爵、蒙蒂斯伯爵、加里(Carrie)伯爵、道格拉思勋爵等一大批贵族。④

　　腓力芭王后把这些王室囚徒关进伦敦塔，⑤自己从多佛尔渡海，在加来城前的英军大营接受胜利的欢迎仪式，其堂皇隆重与她的高贵地位、懿德美质和赫赫战功完全相配。那是一个骑士精神和风流佳话盛行的时代，爱德华的宫廷在这些方面的造诣丝毫不逊于其政治和军事成就。人们若想为这种向女性大献殷勤的风

10月17日

俘虏苏格
兰国王

公元
1347年

攻占加来

---

① Froissard, liv. i. chap. 137.

② Ibid. chap. 138.

③ Ibid. chap. 138.

④ Froissard, liv. i. chap. 139.

⑤ Rymer, vol. v. p. 537.

气寻找任何辩护的理由,无疑要注目于以上这些光彩夺目的女性形象。

加来市民以超凡的警觉、坚韧和勇敢守城拒敌,围城战异乎寻常地漫长。法王腓力闻知加来处境艰难,终于下决心尝试解围。腓力亲率大军来援,据当时的史料记载,兵力达二十万。但他发现,爱德华的营盘四面都是沼泽,又有堑壕严密保护,对其发动攻击必定是自取灭亡。无奈之下,他只能向对手发出空洞的挑战,提出两军到开阔地上决一雌雄。这个挑战被爱德华拒绝,腓力只得拔营而去,把部队分散到几个省份。①

此时此际,加来城守方已被饥饿、疲惫逼入绝境,总督约翰·德·维埃纳看出事已不济,恐怕唯有献城投降一条路可走了。他现身于城头,向英军哨兵发出信号,要求谈判。爱德华指派沃尔特·曼尼爵士去和他谈。"勇敢的骑士,"总督喊道,"我奉我主之命镇守此城。如今你们围城已近一年,我和我的部下已倾尽全力克尽职守。但是你很了解我们现在的处境,我们已经粮尽援绝,接下来只能等死。因此,我愿意投降。我只要求一个条件:请保障我手下将士们的生命和自由——这么久以来,他们历经劳苦和危险,始终与我共患难。"②

曼尼回复,他非常了解自己主君的心思。英王恼恨加来市民顽固抵抗,给他本人及英军将士造成莫大伤害,因此决意对他们严加报复、以儆效尤,决不会接受限制他惩处叛逆分子的投降条件。

① Froissard, liv.i.chap.144, 145. Avesbury, p.161, 162.
② Froissard, liv.i.chap.146.

维埃纳回答："请想一想，这可不是勇士应得的待遇。如果换作任何英国骑士处在我的地位，你们的国王也会希望他像我一样。加来市民忠诚于自己国王的表现，值得每一位君主肃然起敬，像爱德华这样一位英武豪侠之君就更当如此。但我还要提醒你，如果我们必须死，也绝不会坐以待毙。我们还没到山穷水尽的地步，还能拼上自己的性命让胜利者付出更高的代价。避免这种鱼死网破的结局，对双方都有好处。勇敢的骑士，我希望你能出面，在你的国王面前为我们说上两句话。"

曼尼被这番堂堂正正的肺腑之言打动，他向英王力陈残酷报复加来市民可能带来的风险。爱德华终于接受劝告，同意对投降者宽大处理。他只坚持，加来方面必须交出六名市民首领，听凭他处置。这六人须科头跣足、颈系绳索前往英军大营，手捧加来城的钥匙敬献到他面前。以此为条件，他才答应饶过其他市民的性命。[①]

消息传到加来，市民们再度陷入惊惧。要牺牲六位同生死、共患难的伙伴，只因这些人在保卫家园的共同事业中表现得英勇无畏，就让他们去送死——这种选择的残忍甚至超过之前关于全城玉石俱焚的威胁。面对如此残酷而苦痛的处境，他们无力做出任何决定。最后，市民中有一位带头人物尤斯塔斯·德·圣皮埃尔（Eustace de St. Pierre，这个名字值得永载史册）站了出来，宣布他情愿赴死，以换得朋友和同伴们的安全。在他的榜样激励下，又有一人站出来慷慨自荐。接着，第三个、第四个人也站了出来。英王要求的人数很快凑齐了。这六位勇敢的市民全身囚装来到爱德华

---

① Froissard, liv.i.chap.146.

面前,把加来城的钥匙献在他脚下。爱德华随即下令把他们押赴刑场处死。一位慷慨恢弘的君王竟会起意用这等野蛮手段处置如此优秀的一群人,本是怪事一件,更令人惊讶的是,他竟然真的执意下令行刑。[①]然而多亏了王后的恳请,他才没有在青史上留下名誉污点:王后双膝跪倒在国王面前,含泪乞求他宽赦这几位市民的性命。在请求获准后,她把六位市民带进自己的帐篷,命人为他们摆宴,饭罢又赠以衣物盘缠,打发他们安然离去。[②]

8月4日　　英王占据加来城,立即执行一项严厉法令,但与他之前那个决定相比,此举由于更有必要,因而理据相对充分。英王深知,他虽自居法兰西之主,却被每个法国人视为寇仇。于是,他下令把所有加来居民逐出城外,让英国人填充进来。此后几任英王之所以能长期据有加来这座重要堡垒,很可能是得益于这一政策。他将加来定为羊毛、皮革、锡和铅的交易中心,当时英国在海外市场销路较大的贸易物资主要就是这四种——如果不说唯有这四种的话。所有英国商贩务必将上述几种货物运到此地交易,外国商人也只能到这里来购买。那个时候,邮政体系尚未建立,国与国之间的交通极不完善,这个制度尽管对英国的海运不利,倒有可能对王国有益。

公元
1348年　　在教宗特使的调停之下,英法签订了休战协议;然而就在休战期间,爱德华却险些丢掉他屡战夸胜的唯一斩获——加来。英王委派意大利人埃默里·德·帕维(Aimery de Pavie)任加来总督,

---

① 参见本卷卷末注释[G]。
② Froissard, liv. i. chap. 146.

此人在历次战斗中表现英勇、行为可嘉，只可惜全无荣誉感和忠诚可言。他贪图两万克朗的贿赂，承诺把加来出卖给敌人；该地区法军统帅杰弗里·德·沙尔尼(Geoffrey de Charni)心知此事一旦办成，就绝无反悔的可能，遂未经请示，自作主张与埃默里谈定了条件。英王通过埃默里的秘书探得风声，便以其他事由为借口将埃默里召至伦敦，判其有罪，但是答应免他一死，条件是要他协助以反间计制敌。那意大利人一口应承了这个双重背叛之举。于是，他与法国人定下献城的日期。爱德华事先布置了大约一千人马，由沃尔特·曼尼指挥，准备迎敌；随后，他带着威尔士亲王自伦敦秘密启程，在约定时间的前一天傍晚神不知鬼不觉地进入加来。他巧妙部署，做好一切迎敌准备，所有军队和要塞卫戍部队均打点起全副精神，枕戈待敌。沙尔尼果然如约出现，一小队法国精兵先由暗道被接入城中——埃默里之前收受了卖城钱款，原计划由他配合那队法军打开城门，把外面焦急等待他履约的法国大部队放进来。那一小队法国兵进得城来，立即被杀死或是作了俘虏。随即，城门洞开，爱德华发出战斗和胜利的呐喊，率军冲出。法国人虽然大吃一惊，却仍表现得不失英勇。一场血战就此爆发。曙光初绽，英王仍未亮出自己的纹章，还以普通战士的身份在沃尔特·曼尼的麾下作战；这时，他发现有个名叫尤斯塔斯·德·里博蒙(Eustace de Ribaumont)的法国绅士在厮杀中显得分外矫健勇猛，不由得想和此人单独较量一番。他跳出本方队列，指名向里博蒙发出挑战（因为他本来就认识对方），于是，一场凶险的激战开始了。英王两度被勇猛的法国人打落马下，又两度跃起再战。双方招来招往，每吃对方一记重击，必以同等的力量回敬，久久未能决出胜负。最后，

公元
1349年
1月1日

240

里博蒙发现四周已无同伴，只剩下自己单枪匹马，便向对手叫道："骑士阁下，我是你的俘虏了！"同时向英王交出手中的宝剑。此战法军寡不敌众，在撤退时又遭截击，绝大多数战死或被俘。①

　　落入英军之手的法国军官们被押进加来城。爱德华亮明身份，让他们知道自己刚刚有幸与谁作战，并且给予他们极高的尊重和礼遇。俘虏们被允许与威尔士亲王和英国贵族们同席共餐；饭后，国王亲自驾临，在房间内闲步，与这个或那个被俘的军官随意攀谈。他甚至主动与沙尔尼打招呼，也没有过于严厉地谴责后者于休战期间阴谋夺取加来城的不光彩行径。但他毫不隐晦地大大盛赞里博蒙，说里博蒙是他平生见过的最勇敢的骑士，还坦承这次决斗之险在他是前所未有的。接着，国王摘下自己头上佩戴的一串珍珠，把它戴在里博蒙的头上，对他说，"尤斯塔斯爵士，我把这件礼物赠给你，证明我何等钦佩你的勇敢。希望你为了我的缘故，把它戴满一年。我知道你风流多情，爱与夫人小姐们为伴，就让她们都知道这件礼物来自谁人之手吧！你不再是俘虏了，我免了你的赎金。明天你想去哪里尽可去吧。"

　　我们看到，爱德华如此优待被俘的法国骑士，而之前对待六位加来市民却是截然不同的态度——尽管市民们在一件更为正当、也更光荣的事业中表现出更加令人瞩目的勇敢，此事无比鲜明地证实，那个时代贵族和绅士的优越地位，绝非其他阶层所能企及。 241

---

　　① Froissard, liv. i. chap. 140, 141, 142.

第十六章 爱德华三世(下)

设立嘉德勋位—法兰西局势—普瓦捷战役—俘虏法兰西国王—法兰西局势—入侵法国—《不列丁尼和约》—法兰西局势—远征卡斯蒂尔—英法断交—英方受挫—威尔士亲王之死—国王驾崩—国王性格评述—本朝花絮辑录

爱德华在海外战争中行动审慎有方、战绩辉煌,大大激发了英国贵族沙场建功的雄心和军事才能。躁动的贵族们而今慑服于王威,将野心转向了另一个更有用的方向,自愿依附这位引领他们攫取财富和荣耀的君主。爱德华国王为了进一步鼓舞这种奋勇争先、效忠君主的精神,效法欧洲其他国家类似的宗教和军事勋制,创立嘉德勋位。受勋者共计二十五名,包括国王本人在内;鉴于这个数字此后再未增加,这一殊勋始终保持着初创时的崇高荣耀,直到今天仍是为君者嘉奖其最杰出臣僚所能拿得出手的一份至为宝贵且惠而不费的礼物。关于此事,曾经流传着一个低俗故事,但并无任何古代权威史料的支持。传说在一次宫廷舞会上,国王情妇(一般认为是索尔茨伯里伯爵夫人)的吊袜带不慎脱落,被国王拾起;几位廷臣脸上露出暧昧的微笑,似乎觉得这件巧宗儿不仅仅是出于偶然。这些人的神情落在国王眼里,他便大声说:"Honi soit qui

公元
1349年

设立嘉德
勋位

mal y pense"——意为"心存邪念者蒙羞"。古代骑士们惯于将每件风流侠事夸为高标,[①]故而国王特地设立了"嘉德勋位"来纪念此事,并以此语作为嘉德骑士团的箴言。这一缘起之说虽有轻佻之嫌,却无悖于那个时代的风尚;而且,从这句莫明其妙的格言或其颇显奇特的勋位标志(它似乎完全谈不上任何军事用途或装饰意义)来看,任何其他解释确实很难说得通。

然而,一场毁灭性的瘟疫遽尔降临,打破了英格兰宫廷喜气融融的庆功氛围。这场时疫侵袭了英格兰王国及欧洲其他地区,据统计凡其蔓延所至,各国人口均被扫灭近三分之一。似乎大城市的生命损失较之乡村地区尤甚,据说仅伦敦一城夭亡者就达五万多人。[②]此疫起于亚细亚北部,先是扩散到整片地区,进而从欧洲的一端蔓延到另一端,所过之处,各个邦国的人口明显骤减。疫情为祸甚烈,使英法两国之间的休战协议得以维持和延长,其作用远远超过两位国王爱好和平的心意。

公元
1350年
在休战期间,法国国王腓力·德·瓦卢瓦驾崩,未及收拾之前对英战事不利而造成的极端乱局。这位君主在临朝之初便得到"幸运王"的绰号,又以审慎的品行而为人称道,不过,这两样美誉都未能保持长久;这并不是他自己的过错,而主要是因为对手爱德华的运气和天才都更胜一筹,盖过了他的锋芒。然而,他的儿子约翰在位期间的种种,却令法兰西人有理由追念这位先王统治下的 244

---

① 参见本卷卷末注释[H]。

② Stowe's Survey, p.478. 在沃尔特·曼尼爵士为贫民购置的一处教堂公墓里,共埋葬有五万具尸体。该作者又称,瘟疫在诺里奇市造成五万多人死亡,这种说法令人颇难置信。

苦难岁月。约翰拥有诸多美德，特别是无可挑剔的荣誉感和忠诚。他也不乏个人勇气，只是缺乏应对眼前艰难时局所必须的那份老练慎察和远见——他的王国正值内忧外患，处于剧烈的动荡之中。其时法国最大的祸患源头就是那位素有"恶人"之称的纳瓦拉国王查理，其所作所为十足证明了以上绰号不虚。这位君侯从父系而论本是法兰西王室苗裔，其母为"顽固者路易"的女儿，他本人则是现任国王约翰的乘龙快婿。所有这些纽带本该使他与王座休戚相关，却只是给了他更大的力量来动摇和颠覆大统。以个人素质而言，查理外表温文尔雅，和蔼可亲，风度翩翩又颇善言辞，深通曲意奉承之道；他为人机谋深远，行为活跃、富于进取精神。然而，这等斐然之才偏偏伴着极其严重的性格缺陷，反令其才华成为家国之患，甚至导致他自身的毁灭：此人性情暴躁、反复无常、不守信义、睚眦必报、心意歹毒，不顾忌任何原则或责任的约束，野心勃勃又贪得无厌。每策划完成一件事，无论结果是成是败，他都会马上投入下一个，于此过程中毫不踌躇地运用哪怕是最恶毒、最不光彩的手段。

公元 1354年

法兰西局势

在卡昂一战被爱德华俘虏的法兰西大元帅尤城伯爵，承诺将加来附近的市镇吉讷（Guisnes，他对该地拥有宗主权）交给英王作为赎价，以此换得自由。但是这个约定触怒了法王约翰，因为承诺一旦履行，法兰西的这方疆土将越发门户洞开；此外，约翰还怀疑这位大元帅与英王之间存在更危险的勾结。于是，他降旨捉拿此人，不经合法或正式审判，就将他处死在狱中。查理·德·拉·切尔达（Charles de la Cerda）受命接替大元帅之职，但也同样不得善终，被纳瓦拉国王派人刺杀。当时王权衰微到如此地步，以致后者非但不怕遭到惩处，反而提出扩大领地的要求，倘若得不到满足，就不肯向法王请求宽恕；他还扣押约翰的次子为质，作为前往法国宫廷的安全保障，这才来到自己的主君面前假意惺惺地演了一场谦卑悔过的好戏。[①]

245

公元
1355年

　　两位法兰西君侯表面上和好如初，但这不过是作戏而已，于约翰而言是不得已而为之，于查理则是习惯使然；戏总是戏，无法维持长久。再者，纳瓦拉国王心内洞明，自己既往的罪行和叛逆已是劣迹斑斑，而且又在暗中筹划更大的罪行，因此有理由担心最严厉的报复即将临头。出于自保的需要，他通过现已晋为兰开斯特伯爵的德比伯爵亨利，暗地里勾结英格兰。当时亨利正在阿维尼翁参加教宗主持的徒然无果的和谈。约翰闻知密报，为除隐患而抢先下手，派兵挺进纳瓦拉国王的大本营诺曼底，攻打后者盘踞的城堡和要塞。不过，他一听说英王爱德华准备出兵支持自己的盟友，便当即服软，向查理提出和解，甚至向这个逆臣拱手送上一万克朗巨款，购买虚假的和平，使后者实力加增而变得更加危险。纳瓦拉国王由于逃过惩罚而越发张狂，又因预见到危险迫近，更不惜铤而走险，继续从事叛国的密谋。他与杰弗里·德-哈考特勾结，后者虽已获得腓力·德·瓦卢瓦的宽赦，但拉帮结派的本性不改，在王国各地招揽党徒。他甚至鼓动三寸不烂之舌，引诱拉拢了年方17岁的王长子查理，这位王子因多菲内省重新并入法国王室领地而在法国历史上首次获颁"王储"（Dauphin）头衔。但是这位王子经人提醒，意识到结交这种人的危险和愚蠢，于是承诺以牺牲

---

　　① Froissard, liv. i. chap. 144.

盟友来弥补自己的过失。他与父王合谋，以王储的名义邀请纳瓦拉国王和其他贵族同党到鲁昂赴宴，在席间翻脸，将他们一网打尽。国王最恨之人骨的几个人被当即处决，纳瓦拉国王则被投入监狱。①然而，这次王储的卖友之举加上国王所施的雷霆打击，远远算不得维护王权的决定性胜利。纳瓦拉国王之弟腓力·德·纳瓦拉和杰弗里·德-哈考特加紧战备，纳瓦拉国王名下的所有城镇、城堡都摆出御敌姿态，并于此生死攸关的危急时刻请求英格兰的保护。

英法双方对于休战协议向来就不曾严格遵守，而今协议已届期满，爱德华可以毫无顾忌地放手支持法国反叛分子了。他满意地看到，法兰西党争使他终于在那个王国内部赢得了一批追随者，他此前僭称法兰西之主，始终都未达到这个效果。他计划兵分两路进攻法兰西：一路由威尔士亲王爱德华率领，从吉耶纳边境出动；另一路由他亲率，在加来登陆。

年轻的爱德华率部乘三百艘战船驶入加龙河(Garronne)，随行的有沃里克伯爵、索尔兹伯里伯爵、牛津伯爵、萨福克伯爵等众多英国贵族。王子与加斯科涅的封臣们会合之后，便投入战场。由于法兰西国内当前混乱不堪，组织不起任何有效防御，英军一路高歌猛进、按照那个时代战争的惯例沿途大肆劫掠破坏，未受半点损失。他将朗格多克(Languedoc)地区的所有村庄和多处市镇付之一炬；他在图卢兹(Toulouse)城下现身；随后跨过加龙河，又将卡尔卡松(Carcassonne)郊区焚为灰烬；他甚至挥师挺进到纳博讷

① Froissard, liv.i.chap.146. Avesbury, p.243.

(Narbonne)，所过之处四野尽成废墟。经过六个星期的侵略行动之后，英军满载战利品和大批俘虏退回吉耶纳，在那里扎营过冬。[1]波旁元帅是戍守这些省份的法军最高指挥官，他手上的兵力尽管占优，却接到命令，无论如何不得冒险开战。

英王率部从加来发动进攻，战斗的性质和结果都与另一战线上完全相同。他统领大股部队突入法国边境，纵兵劫掠，蹂躏四野。英军不断进逼法王驻地圣俄梅珥，法王退却，英军一路追至埃丹(Hesdin)。[2]约翰始终与英军保持一段距离，不肯接战；但是，为了保全颜面，他遣使向爱德华发出挑战，要和英王一对一地酣战一场——这种虚张声势之举秉承由来已久的个人决斗之遗风，在当时乃是司空见惯，从战术角度而言则是荒唐可笑的。英王认为这一挑战毫无诚意，遂引军退回加来，从那里渡海返英，应对苏格兰人入侵的威胁。

苏格兰人趁英王率部远征、英方军力分散之机，对贝里克发动突袭，并集结武装，意图普遍劫掠北方各郡。然而一俟爱德华的兵锋抵近，苏格兰人便弃城而走，因为该地的城堡还掌握在英军手中，城镇无法长守；他们撤回大山的怀抱，任由英军纵横抢烧，从贝里克直到爱丁堡之间的整片乡野尽成荒场。[3]巴里奥尔此番伴驾从征，在此过程中他清楚地看到，自己一贯依附于英国，令苏格兰同胞不齿，他们都坚决反对他对苏格兰王位的主张，加之他本人业已年迈体衰，壮志不复当年，遂将自己对苏格兰王位的权利转奉

----

① Froissard, liv. i. chap. 144, 146.

② Froissard, liv. i. chap. 144. Avesbury, p. 206. Walsing. p. 171.

③ Walsing. p. 171.

英王，[1]换得年金两千镑，从此退隐江湖、悄然度过余生。

在上述军事行动过程中，爱德华获悉法国方面因纳瓦拉国王被囚的缘故，国内乱象日益加剧；于是他派遣兰开斯特伯爵率领一支小股部队，前去支援纳瓦拉国王在诺曼底的党羽。交战结果双方各有胜负，但是总体形势始终不利于法国叛党，直到这个王国的另一端发生一场重大事件，几乎断送了法兰西王室，令整个局面陷入极度混乱，反叛分子这才占到上风。

威尔士亲王爱德华几番出师屡尝胜绩，斗志越发高昂，再度引领本部人马出战。关于他手下的兵力，所有史家一致认为总数不到一万两千，而且其中三分之二以上不是英国人。亲王率领这支小股部队，大胆深入法兰西腹地。英军一路劫掠，蹂躏阿热奈（Agenois）、凯尔西（Quercy）和利穆赞（Limousin）之后，进入贝里（Berry）省，先后对布尔日（Bourges）和伊苏丹（Issoudun）两镇发动了几次攻势，但未得手。看来，爱德华的意图是进军诺曼底，与兰开斯特伯爵和纳瓦拉国王的党羽会师。但是他发现，卢瓦尔河上的所有桥梁均遭破坏，每个渡口都有法军严密防守，因此不得不考虑撤回吉耶纳。[2]这时又闻听法国国王调兵遣将的动向，更令他觉得撤退的决定很有必要：爱德华的这次进犯令法王约翰恼羞成怒，他欺对手年轻，未免轻率蛮勇，企图寻机胜之；约翰集结了六万大军，以急行军前去截击敌人。爱德华不知约翰的大军已然逼近，于回师途中在罗莫朗坦（Remorantin）城堡前耽搁了几日，[3]因此法

公元
1356年

248

---

① Rymer, vol.v.p.823. Ypod.Neust.p.521.

② Walsing.p.171.

③ Froissard, liv.i.chap.158. Walsing.p.171.

军才有机会赶上他。在普瓦捷附近的莫佩尔蒂伊(Maupertuis)，法军出现在英军的视野中。爱德华心知已经无法安然撤退，便打点起年轻英雄的满腔勇气和沙场老将的全副审慎，着手进行临战准备。

　　值此关键时刻，假如法王约翰懂得善用己方的优势，即便是绝顶的审慎和勇气也不足以拯救爱德华于水火。法军在数量上绝对占优，足以将对手团团包围，切断其所有给养通道——此时英国军营中已经闹起了粮荒——运用这种战术，只要稍假时日，就能兵不血刃地迫使这支小股部队无条件投降。然而，法王驾前的贵族们迫不及待地狂热求战，只顾追歼英国人，没有任何一个将领头脑中闪现过围困敌人的念头；他们立即展开了攻势，满心以为此番必胜无疑。正当法军摆开战斗阵列之时，佩里戈尔枢机主教的出现阻住了他们的进攻：这位教长闻听两军即将开战的消息，急忙赶来居中调停，劝说双方不要再流基督徒的血了。枢机主教在征得约翰的同意后，来到威尔士亲王营中，向他提出和谈建议；他发现，亲王深知己方处境困窘，和解似乎并非不可能。爱德华表示，只要无损于他本人和英格兰王国的荣誉，他愿意接受任何和谈条件；他提出，甘愿退还本次和上次入侵法国时掠得的一切战利品，并立下誓约，七年内不再从事任何反法活动。但是约翰自以为收复加来已经稳操胜券，并不以此为满足，他要求爱德华率手下百名臣僚自献为虏，以此换取英方部队安全撤退。亲王不屑地拒绝了这个条件，并且宣称，无论自己将来命运如何，英格兰永远都不会被迫为他支付赎金。随着这句斩钉截铁的回答，和解的指望就此彻底断绝。但因谈判占去了整个白天，交战便顺延到第二天

249

早晨。①佩里戈尔枢机主教像罗马教廷的所有教长一样，都有严重的亲法倾向；然而，他的所作所为却使法方贻误战机，给约翰的事业造成莫大损害，其为祸之烈，即便是最势不两立的敌人穷尽诡计也难以达到。

威尔士亲王利用这一晚的时间，从容地挖掘战壕、加强防御，使他之前精心选择的阵地更加巩固。他部署了三百重骑兵和三百弓箭手作为奇兵，由加斯科涅的比歇大领主(Captal de Buce) _{9月19日}统领，命其迂回到敌人后方，待双方交战之际突袭法军侧翼或后队。英军前锋由沃里克伯爵率领；后卫部队由索尔兹伯里伯爵和萨福克伯爵指挥；主力部队由亲王亲自统领。又有钱多斯勋爵、奥德利(Audeley)勋爵等一大批勇敢且经验丰富的指挥官分别主掌各队。

约翰也将兵马分为三路，数量大体相当：第一路由御弟奥尔良公爵率领；第二路由王储率领，他的两个弟弟跟随在后；第三路由国王亲统，他最心爱的四王子腓力当时年方十四，也跟在父王身边。法军发动进攻，但是通往英军阵地只有一条狭窄的小路，两旁都是树篱。为了打开进攻通道，安德林(Andrehen)和克勒芒(Clermont)两位将军奉命率领一支由重骑兵组成的分遣队充当先锋。就在分遣队沿着小路前进时，埋伏在树篱后面的英军弓箭手从两边不断地把箭雨倾泻在他们头上；由于伏击位置离小路相当近，却又极为安全隐蔽，弓箭手们可以冷静从容地瞄准，箭无虚发，令敌伤亡惨重，己方则毫无损失。这种不平等的对抗沉重打击了

---

① Froissard, liv.i.chap.161.

法军分遣队的士气，他们好不容易冲到小路尽头，兵力已大为折损；但见前方开阔地上，威尔士亲王本人率领一支精兵，正等着给他们一场迎头痛击。法军被打得溃不成军，两位元帅一个战死一个被俘。一部法军仍然堵在小路上，暴露在敌方的箭雨之下，毫无还手之力，于是纷纷逃回主力所在的阵地，冲乱了己方阵脚。[①]在此关键时刻，比歇大领主的部队如奇兵天降，突袭了法军侧翼王储麾下的一路人马，造成一定混乱。朗达(Landas)、博德奈(Bodenai)和圣维南(St. Venant)等贵族受命保护年轻的王储和他的两个弟弟，此时见势不好，由于害怕辱没使命，或是担心自身的安全，连忙保护王子们撤离战场，其余人等见状纷纷作鸟兽散，这一路部队溃不成军。奥尔良公爵也同样成了惊弓之鸟，以为败局已定，再也无心作战，传令本部撤退，而这一撤很快就变成了溃逃。钱多斯勋爵向威尔士亲王高呼，"我们胜利了！"鼓舞亲王向法王约翰统领的法军主力发动攻势。这一路法军虽然在数量上远远超过英军的全部兵力，但是目睹了己方另外两路人马兵溃如山倒，士气颇受挫折。约翰奋力苦战，竭力以一己的勇气挽回此前行动轻率所造成的恶果；在这一天的战斗中，只有他亲率的一路法军进行了抵抗。威尔士亲王猛打猛冲，向法军最前列由撒勒布吕歇(Sallebruche)、奈多(Nydo)和诺斯托(Nosto)伯爵率领的德意志骑兵发起进攻。紧接着是一场惊心动魄的血战：一方被近在眼前的辉煌胜利所激励，另一方则耻于面对实力远逊于己的敌手而败下阵去。然而，随着三位德意志战将连同身为法兰西大元帅的雅典公爵全部阵亡，德意

---

①　Froissard, liv.i.chap.162.

志骑兵阵线瓦解,将法王约翰本人暴露在敌人如狼似虎的攻势面前。约翰周围的护驾卫队每时每刻都在缩小,贵族们一个接一个在他身边倒下;不满十四岁的小王子为保卫父王英勇战斗,结果也负了伤;法王本人筋疲力竭、以寡敌众,性命堪危,只不过每一位英国绅士都渴望生擒法王的荣誉,每在关键时刻手下留情,惟敦促他投降,以保全性命。有几个人上前试图捉拿法王,都为自己的鲁莽付出了代价。约翰此时似乎不甘心落于臣仆之手,仍在高叫:"我的表亲威尔士亲王何在?"但是他被告知,威尔士亲王远在战场的另一边;法王这才脱下臂铠掷地,向因杀人害命而被迫逃离母邦的阿拉斯骑士丹尼斯·德·莫贝克(Dennis de Morbec)投降。小王子腓力与父王一道被俘。①

俘虏法兰
西国王

　　威尔士亲王追歼逃敌追出很远,待他返回时,发现战斗已经结束,于是吩咐支起营帐,舒缓一下苦战后疲乏的身心,同时急切探询法兰西国王的下落,派出沃里克伯爵四处查找。这位伯爵及时赶到被俘的法王所在之处,可巧救了他的性命:这时节,法王的处境简直比激战之中更加危险。英格兰人把法王从莫贝克处强行带走,而加斯科涅人声称,他们有权把这高贵的囚徒留在自己手上。一些粗野的士兵不肯将这个头彩拱手交给他人,威胁要把法王杀掉。②沃里克伯爵喝止双方,然后毕恭毕敬地上前见过法王,请求法王随他移驾到威尔士亲王的营帐。

　　从这一刻起,爱德华展现出令人钦佩的真正豪侠风范:这位年

---

①　Rymer, vol. vi. p. 72, 154. Froissard, liv. i. chap. 164.

②　Froissard, liv. i. chap. 164.

仅二十七岁的年轻王子刚刚从沙场归来，一腔战斗激情尚未平息，又因始料未及地大破敌军、创下不世之功而兴奋不已，当此之际，他却能表现出如此不凡的温柔仁爱之心，顿令争雄斗狠的霸业显得鄙俗不堪。爱德华以无比尊重和同情的态度上前迎接被俘的法王，体贴安慰落难之人，称赞他英勇可敬，并谦称自己得胜只是战场上的盲目机遇使然，或者说是上天的旨意，凡人的一切努力和谋算结果无不在神的掌控之中。[①] 约翰的举止亦证明他完全配得上这番礼遇：他没有一刻因当下的不幸境遇而忘记自己的王者身份。他并不为自己的困厄而悲叹，却被爱德华慷慨恢弘的气度深深打动；他坦承，尽管兵败被俘，但是自己的荣誉未受丝毫损害；此外，就算他此番落败，至少是败在这样一位品格纯全、勇武仁爱的王子手上，可称无憾。

爱德华在自己帐中设宴款待被俘者。他亲自为法王侍席，有如扈从一般；法王进餐时，他始终恭谨立于其后，众人屡请仍不肯就座，声称自己身为封臣，深知尊卑有别，不敢君前放肆。他父王对法兰西王位的所有主张已是陈年旧事，从此不必再提。约翰身为囚徒，却享受到他高踞宝座时得不到承认的王者尊荣。为他赢得尊重的，是他的不幸而非他的王冕。威尔士亲王的高尚情操征服了全体法兰西战俘的心，他们不由得潸然涕下，这眼泪更多的是出于感佩，而不是为自己刚刚经历的惨败而流淌；只是转念想到，对手身上这样一种纯粹而坚贞的英雄气概将来必使他们的祖

（右侧页边）252

（左侧页边）公元 1357 年

---

① Poul.Cemil.p.197.

国遭受更大危难,他们这才愀然安静下来。[1]

　　全体英格兰和加斯科涅骑士都效法亲王慷慨恢弘的榜样。战俘们处处被宽仁相待,各自向俘虏自己的人交纳少量赎金之后,很快便得到释放。英方规定的赎金数额参考了各人家产的薄厚,也注意留给他们一定的谋生资财,足以按符合其身份地位的方式尽其军事义务。由于被俘的法国贵族为数众多,所以尽管英方要求的赎金并不苛刻,但这笔收入加上战场掳掠所得,亦使亲王的部队殷富有余。此外,鉴于英方在战斗中伤亡甚微,这胜利的喜悦和自豪越发显得十足圆满。

　　威尔士亲王将他的俘虏带到波尔多。由于没有足够的兵力进一步扩大当前优势,他便与法方签订了为期两年的停战协议;[2]此外,要把被俘的法王安全送往英国,也有必要先行签约停战。威尔士亲王在萨瑟克(Southwark)登陆,所有身份、等级的臣民一起涌上街头欢迎凯旋之师。只见那俘虏身披王袍,胯下一匹雄俊高大、鞍辔华丽的白马;而那位与之并肩骑行的征服者却衣着朴素,骑一匹黑色驯马。亲王一行这样穿过伦敦的大街小巷,倒比古罗马所有威仪赫赫的凯旋式更显荣耀;他把法王引到趋前迎接的父王面前,后者同样殷勤地对俘虏以礼相待,仿佛接待一位自愿前来做友好访问的邻国君主。[3]当我们思量这种高贵的举动,不得不承认在其他方面看似怪诞的骑士道毕竟有它的有益影响;在那个野蛮的时代,它赋予人们某些高贵的品性,甚至超乎文明更发达的时代及

253

5月24日

---

[1]　Froissard, liv. i. chap. 168.

[2]　Rymer, vol. vi. p. 3.

[3]　Froissard, liv. i. chap. 173.

国度的水准。

法兰西国王在英国除了受到宽宏对待之外，还有一位同样落难的朋友陪伴，使他在困厄中略得安慰。苏格兰国王大卫·布鲁斯被囚于英王爱德华手中，此时已有十一个年头了；爱德华时运昌盛，两番与邻国交兵，均能在开战之初掳得对方国君，而今将他们双双囚禁在自己的都城。然而爱德华发现，尽管俘虏了苏格兰国王，却丝毫无助于他对那一国的征服，苏格兰政府在国王的侄子暨继承人罗伯特·斯图亚特(Robert Stuart)的领导下，仍然保持着自卫能力。于是，爱德华同意接受十万马克赎金，释放大卫·布鲁斯；后者将本国所有显贵之家的嗣子都送到英国为质，作为这笔赎金的支付担保。[①]

公元
1358年
法兰西
局势

在此期间，约翰的被俘令法兰西的乱局雪上加霜，国内政纲几乎完全解纽，乱象纷迭，如此深具毁灭性的可怕局面，大约任何时代、任何国家都未尝经历过。法兰西王储查理年约十八岁，他在父王被俘期间，自然而然地接掌了王权；然而，尽管他年纪轻轻便已才干超群，但经验和权威毕竟有限，不足以捍卫这个外临强敌、内逢变乱而摇摇欲坠的王国。他召集王国议事会谋求拨款，孰料议会成员非但不为他执政提供支持，而且他们本身也感染了悖乱的精神，抓住当前机会要求限制王储的权力、惩治既往的行政腐败、释放纳瓦拉国王。巴黎首席治安官暨商会会长马塞尔(Marcel)自告奋勇充当闹事民众的首领，凭着一己的激烈蛮勇，促使民众犯下了以暴力触犯王权的大逆不道之罪。他们把王储扣押在一处城堡

254

---

　　① Rymer, vol. vi. p. 45, 46, 52, 56. Froissard, liv. i. chap. 174. Walsing. p. 173.

中，并当着王储的面杀害了来自诺曼底和勃艮第的罗贝尔·德·克勒芒(Robert de Clermont)和约翰·德·贡弗朗(John de Conflans)这两位将军，还威胁杀害所有大臣。查理只得佯作顺服以拖延时间，寻机逃出乱民之手。接着，暴民公然树起反帜，向王储开战。其他一些城市效法首都，纷纷摆脱王储统辖，宣布自治。骚乱蔓延到王国各个省份。贵族们自然倾向于维护王权，试图压制动乱，因而大失人心，又被斥责为在普瓦捷战役中卑鄙地弃主逃命的懦夫，遭到低等级民众的一致鄙视。部队由于欠饷而军纪废弛，士兵们已经完全不听指挥，他们靠着搜刮劫掠维持生计，又勾结当时大量涌现的各种不法分子，形成众多强盗团伙，整个王国无处不遭祸害。他们扫荡乡野、洗劫并放火焚毁村落；就连那些有城墙防卫的市镇也因交通和物资供应渠道被匪帮切断，使得居民生活陷入极度困顿。各地的佃农过去备受领主压迫，而今又失去了领主的保护，惨遭匪帮蹂躏，他们走投无路之下，纷纷掀起武装暴动，把市民和散兵游勇们制造的骚乱局面推向最高潮。[①]贵族阶层由于一贯作威作福而遭人憎恨，此时到处暴露于愤怒的暴民威胁之下。贵族的昔日尊荣再也得不到相应的敬重，反而成为暴民肆意凌虐他们的理由。他们像野兽一样被追猎、被毫不留情地杀戮。他们的城堡在大火中被焚为平地；他们的妻女遭到玷污而后被杀害；暴民们的野蛮行径登峰造极，甚至将一些绅士以尖桩钉身，架在文火上活活地烤死。有九千农民军攻破莫城(Meaux)，此时，以王储妃为首的三百多名贵妇恰在城内避难，这柔弱无助的一群妇人大有

---

① Froissard. liv. i. chap. 182, 183, 184.

理由害怕遭到极端凶残的野蛮对待。消息传到比歇大领主耳中，他虽然效力于英王麾下，却以急公好义的真正骑士风度，火速赶来营救，打退了农民军，杀得他们血流成河。在其他内战当中，那些相争的派别各有统领，通常还能保留些许秩序和规则的遗痕；然而这一片土地似乎已经恢复到蛮野的自然状态：每个人都不受任何羁勒，独立于朋辈而存在。这个国度原本安享太平，人口繁衍众多，如今人口众多反成了加剧恐怖和混乱局面的一个因素。

　　纳瓦拉国王趁乱越狱成功，气焰如炽的乱党增添了一位危险的领袖。[①] 不过，这位君侯的杰出才干却只适于用来挑拨离间，加剧普遍的骚动；他缺乏必要的稳健和审慎，无法使其阴谋手腕服务于自己的野心，把众多党羽凝聚成一个规范有序的阵营。他重新提起自己对法兰西王位的权利主张，虽说这一继承权问题早已时过境迁。他伸张以上主张，全需仰仗与英国人的联盟，而英方出于利害关系却务必要让他的要求落空；再者，英国人是法兰西公开的宿敌，纳瓦拉国王与敌人结交，只能给他的事业招来万人唾弃。他的一切作为，表现得形同匪首，而不像一位有志于奠立正统基业、凭借王者之尊力图恢复国家秩序的领袖人物。

256

　　因此，凡是企盼灾难深重的祖国重现和平的法兰西人，无不将期冀的目光转向王储。这位年轻的王子虽然军事才能平庸，却是深谋远虑、斗志昂扬，日复一日地扩大对方方面面之敌的优势。那位煽动暴乱的巴黎商会会长马塞尔图谋向纳瓦拉国王和英国人献城，半途被杀，首都巴黎当即重新效忠于王室。[②] 大股作乱的农民

① Froissard, liv.i.chap.181.

② Ibid.chap.187.

军已被击溃荡平,部分散兵游勇组成的匪帮也遭到同样下场;法兰西国内尽管仍然存在众多严重乱象,但是逐渐地,民政治理开始在表面上恢复正常,防务和安全方面也形成了一定的规划。

这段时期法国王储手忙脚乱,似乎正是爱德华进一步实现征服的有利时机。然而,由于他被停战协议束缚了手脚,唯有在暗地里援助纳瓦拉国王的党羽;此外又因当时英国的财政和军事实力有限,无力支持经常性或持续性的战争,因此用兵间隔拖得相当长,以致策划目标几乎统统落空。值此引人注目的关键时刻,爱德华把主要精力都用来和手上的那位俘虏谈判;约翰甘心服软,他与英方签下的和平条约如能真正生效,必将彻底毁灭和肢解他的王国。他同意把亨利二世及其两个儿子曾经据有的省份全部交还英国,自此永远并入英格兰领土,英国君主不必为这些领地向他尽任何效忠义务。但是,法国王储和法兰西国会拒不承认这个丧权辱国、威胁法兰西命运的条约。[①]停战协议期满之时,爱德华靠着议会拨付的补助金和平时撙节,手上已经筹集了一笔钱款,遂重整军备、再度剑指法兰西。

英王爱德华和威尔士亲王的权威和人望如日中天,在此前的历次征伐中建功赫赫,而且,他们此番出兵毫无防卫能力的法兰西诸省,势必满载而归——于是,英格兰的全部军事力量应声被调动起来;出于同样的动机,欧洲各国勇敢的冒险家们也纷纷麋集到爱德华的大旗之下。[②]爱德华渡海抵达加来,在那里集结了将近十万

257

---

① Froissard, liv.i.chap.201.
② Ibid.chap.205.

大军。面对如此强大的兵力,法国王储断无可能在开阔战场与之抗衡,因此,王储提前做好准备,设法避开这一记无法抗拒的打击。他加强所有重要市镇的城防,命令各城囤储军火和给养,并向所有地方派驻适当规模的卫戍部队;凡有价值之物均藏入筑有要塞的城市,他本人选择驻守巴黎,准备听任敌军在空荡的乡野尽情发泄怒火。

公元
1359年
11月4日
　　英王得知法方的防御计划,只得随军携带六千车辆,装载部队所需粮秣。英军洗劫了皮卡第(Picardy)省,随后进犯香槟(Champagne)省;爱德华满心期待在历代法兰西国王的传统加冕地兰斯(Rheims)为自己举行加冕礼,因此一连七个星期持续攻打此城。[①]然而兰斯城居民在大主教约翰·德·克朗(John de Craon)的勉励下奋勇坚守,直到严冬降临(这次远征是初冬开始的),英入侵法国王不得不撤围而去。于此期间,香槟省在侵略军践踏之下已经残破不堪,于是爱德华挥师侵入勃艮第,意图继续劫掠。英军攻陷并劫掠了托内尔(Tonnerre)、盖隆(Gaillon)、阿瓦隆(Avalon)和其他一些小城,勃艮第公爵为保自家领地免遭更多蹂躏,应允向英国支付十万金币,[②]换取英方退兵。爱德华随即调转兵锋,向尼维努瓦(Nivernois)挺进,后者以同样方式乞得了保全。英军将布里(Brie)和加蒂努瓦(Gatinois)化作废墟,又长途奔袭,出现在巴黎城公元
1360年下——一路上给法方造成巨大破坏,英军本身也疲惫不堪——爱德华在王后镇(Bourg-la-Reine)扎下大营,派出部队攻打隆-朱莫(Long-jumeau)、蒙鲁日(Mont-rouge)和沃日拉尔(Vaugirard)。他

---

① Froissard, liv.i.chap.208. Walsing.p.174.
② Rymer, vol.vi.p.461. Walsing.p.174.

258　向法国王储发去战表，想刺激对方冒险出战，但是那位审慎的王储并未因此而改变行动部署。巴黎坚城壁垒，不惧强攻；兼以物资储备充足，不怕围困。相比之下，反倒是爱德华麾下这支部队处境尴尬，法国乡野几经内寇外敌蹂躏已是荒芜不堪，加上法方事先采取了坚壁清野的策略，英军因补给无着，只得移师他处。爱德华的军队分散侵入马恩、博斯(Beausse)和尚特兰(Chartraine)等地区，疯狂劫掠破坏。[①]仅仅在复活节期间，爱德华下令暂时收手，法国人才得到一丝喘息之机。有时候，无论公义还是人道都无法遏止人的暴行，反而是迷信有此能力。

　　破坏性的战争持续期间，和谈也从未中断。但是，由于英王坚持不折不扣地履行他和被俘的法王在伦敦签下的条约，而法国王储始终表示坚拒，双方似乎绝无握手言和的可能。原兰开斯特伯爵、现已成为公爵(该爵衔是在本朝引入英格兰的)的亨利百般设法，谋求缓和双方的立场，以较为平等合理的条件结束战争。他极力劝告爱德华，尽管英军屡战屡胜，取得了令人称奇的辉煌战果，但如果说这场战争是以摘得法国王冠作为其最终目的，那么英王如今距此目标并不比开战时更近，或者毋宁说距离更远了，因为战场上的胜利和优势看似在助他登位，实际上恰恰起了反作用。他对法国王位的要求从一开始就没能在那个国度赢得任何追随者，接下来持续的破坏性战争又把全体法国人凝聚在一起，同仇敌忾坚决抗敌。公爵指出，尽管法国统治当局内部出现了派系纷争，但是离析势头正在渐趋缓和；即便在纷争最炽之时(这种时候向外敌

---

① 　Walsing. p. 175.

俯首通常显得较臣服于本国人更有利),也没有哪个党派承认英王
对法兰西王位的要求。再说英国唯一的盟友纳瓦拉国王,此人非
但不是一位真诚的朋友,反而是爱德华最危险的对手,在其党羽心
目中,他比爱德华更有资格登上法兰西国王的宝座。公爵说,战争
如此延续下去,英军将士倒可以发财致富,却会令国王本人倾家荡
产,因为他要担负一切军事开支,却得不到任何实质性的或者长远
的好处。倘若法国当前的乱局持续下去,这个王国很快就会衰败
到令侵略者无所掠获的地步;倘若法方得以建立较为稳定的政府,
就可能逆转战争的败局,凭借优势兵力和各种有利条件,驱逐如今
占得优势的外敌。法国王储即使在最严重的危难关头仍未惊慌失
措,而是沉稳迎敌,没让英国人吞并法兰西寸土之地。从以上种种
看来,英王不如通过和谈谋求他用战争手段未能得到的东西,要知
道英方虽然迄今在战场上保持胜势,但是战争开支无比巨大,还有
可能带来极其危险的后果。公爵劝道,爱德华已经大显武威,赢得
如此之多的荣耀,如今尚待追求的只有温和节制的冠冕;而此种荣
耀却更为辉煌,因为它是恒久的、与审慎之德相通,又可以带来最
实际的利益。[1]

《不列丁尼
和约》

　　爱德华被这番说理打动,决定接受较温和的谈判条件。或
许是为了掩饰忽然改变口径的尴尬,他自称曾在追歼敌军途中遭
遇可怕的暴风雨,并在雨中立下誓言,才有此番议和之举。许多
古代史家接受这种说法,认为这是双方突然言和的因由。[2]英法

---

[1]　Froissard, liv.i.chap.211.

[2]　Froissard, liv.i.chap.211.

使臣在尚特兰的不列丁尼(Bretigni)举行会谈，数日后签订和约，
最终条款包括：[1]释放约翰国王，赎金三百万金克朗(约合现在的 5月8日
一百五十万镑)[2]，分期缴付。爱德华永远放弃对法兰西王位的一
切要求，以及对其先祖曾经领有之诺曼底、曼恩、都兰(Touraine)、
260 安茹(Anjou)各省的一切要求；作为交换，接受并领有普瓦图、圣
东日(Xaintonge)、阿热奈(l'Agenois)、佩里戈尔(Perigort)、利穆
赞、凯尔西、鲁埃戈(Rovergue)、安古莫瓦(l' Angoumois)几省和
这一带的其他几片地区，以及位于法国另一端的加来、吉讷、蒙
特勒伊和蓬蒂厄公国(Ponthieu)。以上所有省份连同吉耶纳的主
权完全划归英格兰国王所有，法兰西完全放弃对上述地区的一切
封建管辖权、宗主权和上诉受理权。恢复纳瓦拉国王的全部荣衔
和领地。爱德华断绝与佛兰德斯人的盟约；约翰断绝与苏格兰人
的来往。布卢瓦和孟福尔两家族围绕布列塔尼继承权的争议，应
交由两位国王指定的仲裁委员会裁决；倘若争议双方拒绝服从裁
决，该争议将不再构成两国争端的基础。法方应派出四十人赴
英格兰为质，作为履行以上所有条款的担保(人质名单须经双方
约定)。[3]

和约签订后，法王被带到加来。未几，爱德华也抵达此地。7月8日

---

① Rymer, vol.vi.p.178. Froissard, liv.i.chap.212.

② 参见本卷卷末注释[Ⅰ]。

③ 人质名单包括法王膝下两名王子约翰和路易、御弟奥尔良公爵腓力，还有波旁公爵、蓬蒂厄伯爵詹姆斯·德·波旁(James de Bourbon)、尤城伯爵、隆格维尔(Longueville)伯爵、圣波尔(St.Pol)伯爵、哈考特(Harcourt)伯爵、旺多姆(Vendome)伯爵、库西(Couci)伯爵、克朗(Craon)伯爵、蒙特默伦西(Montmorenci)伯爵，以及众多法兰西贵族精英。其中的王侯尊爵在若干指定条款得到履行后多半获释，其他人质(还包括贝里公爵)则在宣誓后获准归国，但此后他们并未遵守自己的誓言。Rymer, vol.vi.p.278, 285, 287.

两位君主在加来郑重确认该条约。英方礼送约翰前往布洛涅
(Boulogne)，英王亲自送出一英里之远；分别之际，两位君主互表
衷肠，语甚谆谆，大约确乎发自真心。①约翰秉性善良，被羁英格
兰期间得到宽仁对待，令他深感于心，完全抵消了败于对方手下的
一切宿怨。这样的重量级条约能得到双方如此忠实的履行，在历
史上颇为罕见。爱德华从一开始就几乎没指望能够登上法国王位，
如今他通过释放约翰、在大胜关头议和，明确放弃对法国王位的所
有觊觎，实质上是把那个虚无缥缈的继位权卖出了一个天价。他
现在一心只想保住自己凭借非凡的审慎和运气所得的收获，再无
他念。反观约翰一方，尽管和约条款对法方极为不利，但是约翰国
王本人谨守忠信美德，决心不惜一切代价履行条约，千方百计满足
那位曾待他以宽仁礼遇的君王——虽说此人在政治上实为自己最
大的劲敌。不过，尽管约翰国王付出了极大努力，在实现目标的过
程中却是阻力重重。主要是吉耶纳周边的许多城镇和封臣都极不
情愿被划归英国治下。②为了调解分歧，约翰决意渡海赴英。御前
顾问们极力劝阻他轻率出访，或许还乐见他巧施手腕规避履行这
一极不利于己方的条约。然而约翰的答复是："就算忠信之德已不
复见于世间其他地方，至少在君侯们的心里还应为她存留一席栖
居之地。"一些史家称约翰因爱慕某位英国贵妇，找借口欲赴美人
之约，因此他的这一高尚行为不值得过高赞许。但是，除了上述揣
测并无可靠证据支持以外，单看这位君王的年龄也让人觉得此说

261

公元
1363年

---

① Froissard, liv.i.chap.213.

② Froissard, liv.i.chap.214.

的可能性不大——当时约翰已是五十六岁的老人了。他抵英后，驻跸于被俘期间曾经住过的萨伏依宫，不久便染疴不起，驾崩于此。造化弄人，这位君王被患难紧紧追随的生平遭际恰是一个最有力的证明：他具备如此杰出的勇气、良善和人格操守，却屡因些微的失慎而遭逢祸患——如果换作其他场合，这一点点失慎又知足道哉！不过，尽管约翰及其父王连续两代君主的统治都给国家带来极大的不幸，但在这段时期，法兰西王室将多菲内和勃艮第两省并入王国版图，也算是大有收获。只是，约翰又一次欠审慎地把勃艮第省分割出去，赐给他最宠爱的四子腓力；[1]法兰西王国此后的许多重大变乱，正发端于此。

262　　　约翰死后，王储查理登基继位。[2]这位新王自幼在逆境中锻炼成长，足以凭借登峰造极的审慎性格和经验弥补前两任先王给国家造成的一切损失。那个时代所有的伟大君主莫不单凭勇武夸胜，但查理却相反，他似乎给自己定下一个准则：绝不出现在军阵前沿。他是欧洲第一位让世人看到策略、远见和判断的价值高于莽勇血气的君主。对比他这一朝与前朝发生的种种事件，足可证明对于天下王国而言，在战争中胜不足夸，败亦不可耻。战争的胜败在现实中主要取决于统治者的举措英明与否，从来无关乎一国的国民性和风俗习惯。

　　　在找到制衡强邻英格兰的方略之前，查理必须首先安定国内的纷乱局面。他发兵讨伐祸乱王国的罪魁纳瓦拉国王。他慧眼

---

① Rymer, vol.vi.p.421.

② 是为查理五世。——译者

识人，重用当世英才、来自布列塔尼的绅士贝特朗·杜·盖克兰
(Bertrand du Guesclin)，在其辅佐下大败对手，[1]迫使纳瓦拉国王接
受了温和公道的议和条件。但是，杜·盖克兰在布列塔尼的局部
战争中就没有这么幸运了——尽管英、法双方都出面调停，但此地
仍然战火不熄——杜·盖克兰在欧赖(Auray)战役中兵败被俘，落
入钱多斯之手。查理·德·布卢瓦在此役中战死，小孟福尔伯爵
不久便控制了整个不列塔尼公国。[2]不过，查理以审慎之道化解了
这一挫折带来的打击。虽说小孟福尔与英国人沆瀣一气，但他还
是顺应命运的安排，承认了小孟福尔对布列塔尼的所有权，并接受
了对方的效忠礼。然而，法王安定国内局势的最大障碍来自大批
身份低微的敌人：这些草寇本身虽不足道，却是罪恶昭彰，而且为
数众多、达到危险的程度。

　　《不列丁尼和约》签订后，众多追随爱德华寻求建功立业的老
兵被遣散到各省，他们啸聚一方，拒绝放下武器，因为他们早已习
于戎马生涯，也只懂得这一种谋生之道。[3]他们勾结当地匪徒(后
者对劫掠和暴行早已轻车熟路)，以"战友会"(companies)或"同
袍会"(companions)的名义结伙为寇，成为所有和平居民的噩梦。
马修·古尔奈爵士(Sir Matthew Gournay)、休·卡尔弗利爵士(Sir
Hugh Calverly)和韦尔特(Verte)骑士等一批有名望的英国和加
斯科涅绅士也自甘堕落，成为这些匪帮的首领。他们的总数将近
四万，形同正规军队，丝毫不像贼寇。这些匪首率部与法兰西王军

---

①　Froissard, liv. i. chap. 119, 120.

②　Froissard, liv. i. chap. 227, 228, &c. Walsing. p. 180.

③　Froissard, liv. i. chap. 214.

激战，屡屡获胜；皇亲贵胄雅克·德·波旁(Jaques de Bourbon)也在一场战斗中丧命于匪帮之手。[①]匪帮势力嚣张，其志已不在一般的打家劫舍，而是要博取王侯显爵，在世人眼中洗白他们的斑斑劣迹。匪帮掳掠破坏越凶，就越是容易壮大队伍：被逼得生计无着、走投无路的百姓纷纷投入他们旗下。匪患日复一日地蔓延扩大。尽管教宗宣布对他们处以绝罚，深深震撼了这帮武装盗贼的心灵（他们尊重教宗法旨远高过任何道德律令），但也未能感召他们改弦更张、重新成为和平守法的良民。

　　鉴于匪帮势大，查理国王并无力拯乱局的铁腕，出于形势所迫、也因其个人的性格倾向，决定借助谋略解决问题，巧施手腕将国内这股危险的祸水引向外邦。 公元
1366年

　　卡斯蒂尔国王佩德罗(Peter)在同时代人和后世眼里同样声名狼藉，有"残忍者佩德罗"之称。他在王国和宗室内部欠下累累血债，招来全体臣民的一致憎恨。他的王座岌岌可危，单靠着恐怖手段才暂得维系。国内贵族们日日遭受暴虐斩伐；他的几个私生兄弟被他出于毫无根据的猜忌而处死。每一桩杀戮都给他树立了更多敌人，导致新一轮暴行上演。由于此人并不缺乏才干，诸邻邦对他的忌惮并不下于国内臣民，他们充满戒备地目睹他的暴行与不义日益变本加厉。强烈的爱欲并未软化他那暴戾的性情，反而使之火上浇油，并找到新的逞暴方向。他迷恋玛丽·德·帕迪利亚(Mary de Padilla)，对她言听计从；在情妇的唆使下，他把王后布兰奇·德·波旁(Blanche de Bourbon, 法兰西王后之妹)投入监狱，

---

① Ibid. chap. 214, 215.

不久又将她毒死，为迎娶情妇扫清障碍。

　　特朗斯塔马拉(Transtamare)伯爵亨利是佩德罗的私生兄弟，他目睹身边同伴一个个被暴君荼毒的命运，起兵反叛，但是遭到挫败，遂逃往法国避难。他发现法兰西举国上下对佩德罗谋害法国公主的举动恨之入骨，便请求查理国王准许他征募匪帮，打回卡斯蒂尔；届时他的朋友们和佩德罗的敌人定会群起响应，很有希望马到成功。法王对此计划大感兴趣，指派杜·盖克兰与各路匪首洽谈。协议很快达成。杜·盖克兰素有忠义之名，人人都信赖他的承诺。尽管计划中的远征此时秘而未宣，各路匪帮不假疑问地纷纷投到他的麾下。他们在加入之前没有别的条件，只要求保证不会攻打驻吉耶纳的威尔士亲王。不过，那位亲王对法国的出兵计划也并不反感，他还允许自己扈从队伍中的几位绅士加入杜·盖克兰的队伍。

　　杜·盖克兰完成募兵之后，首先率部抵达教宗驻跸的阿维尼翁。他手握宝剑，为部下请求赦罪，并请教宗拨付二十万里弗赫[①]。第一个要求不费吹灰之力便得到了应允；至于第二个就没那么痛快了。杜·盖克兰回禀教宗："我相信，我的伙计们得不到赦罪也能应付，但这笔钱是断断少不了的。"教宗随即从阿维尼翁及周边地区的居民那里勒索到十万里弗赫，交给杜·盖克兰。那位豪侠的勇士高声说道："我的本意并非压榨无辜百姓。陛下和您手下那些枢机主教完全有能力从自己腰包里掏出这个数目。我坚持，这笔钱必须物归原主。如若不然，我一定再翻过比利牛斯山回到这

265

―――――――――――――

　　① 法国古代银币名。——译者

里，迫使你们把钱还给老百姓。"无奈之下，教宗只得屈服，从自己的金库里如数拨款给他。[1]大军得到教宗的祝福、又以教会积财充实了军资，意气昂扬地重新踏上征程。

这些身经百战、吃苦耐劳的兵士，在如此能干的骁将率领下，轻松战胜失道寡助的卡斯蒂尔国王，这一国的臣民拒绝为压迫者卖命，纷纷加入敌方阵营。[2]佩德罗逃到吉耶纳，寻求威尔士亲王的庇护——后者奉父王之命，主掌由新征服的几省组建而成的阿基坦（Aquitaine）公国。[3]威尔士亲王此时在西班牙事务上似已完全改变了心意：或许他是出于豪侠仗义之心，愿意挺身救助一位身陷困厄的君王，认为民众的权利无关紧要（这种想法在当时的君主中间非常普遍）；或许他害怕卡斯蒂尔的新君会成为法国的强大同盟；第三种假设、也是可能性最大的一种情况是，这位亲王已经耐不住安逸，只想找个机会大展武威，显扬他那大名鼎鼎的军事天才。他应允帮助失去王位的佩德罗，在征得父王同意之后，召募起一支大军，发兵讨伐卡斯蒂尔。他的弟弟冈特的约翰（John of Gaunt）此番随兄出征，这位约翰是前任兰开斯特公爵亨利的女婿，由于老公爵无嗣而终，便由他继承了这一爵衔。此外，他麾下还有著名战将钱多斯勋爵，此人在军中名望卓著，不亚于杜·盖克兰在法军中的地位。

威尔士亲王对特朗斯塔马拉伯爵亨利实施的第一波打击，就是召回亨利军中所有的"同袍会"成员。这些人深深敬畏爱德华

公元
1367年
远征
卡斯蒂尔

---

① Hist.du Guesclin.

② Froissard, liv.i.chap.230.

③ Rymer, vol.vi.p 384. Froissard, liv.i.chap.231.

之名,奉召立即大批脱离西班牙军队,转投英军旗下。不过,亨利深受新臣民的爱戴,又有阿拉贡国王和其他邻国的支持,因此得以集结起十万大军迎敌,人数四倍于爱德华的远征军。杜·盖克兰及其麾下久经战阵的众将都劝说亨利;威尔士亲王向来用兵审慎、指挥有方,素有常胜将军之名,因此不宜匆促与之决战,为今之计,不如切断英军的供应线,同时与对方逶迤周旋、回避交战。但是亨利自恃己方占据数量优势,挥师挺进至纳赫拉(Najara),[①]迎击威尔士亲王。当时的史家大都连篇累牍地记载两军阵前的激烈战况,描述将士们如何英勇无畏,直杀得血流成河,双方反复争夺、战局高潮迭起。然而在那个时代,尽管小规模的遭遇战往往十分激烈,但是由于军事纪律不够完善,大部队很难保持秩序严整,遇到这种大型战役,往往是一方兵败如山倒,与其说是对战,倒更像是大雪崩。亨利大溃,被逐出战场,伤亡人数超过两万。英军方面只折损了四位骑士和四十名平民士兵。

　　佩德罗人称"残忍者",实在名不虚传,他准备将落入他手的所有俘虏统统杀掉,但是被威尔士亲王规劝制止。卡斯蒂尔全境归顺胜利者,佩德罗被重新扶上宝座。爱德华此番冒险远征再次取得辉煌胜果。不过,他很快便有理由后悔与佩德罗这样一个丧尽操守和荣誉感的家伙为伍。那个忘恩负义的暴君拒绝按约支付英军的报酬。爱德华军中疫病流行,日日减员,就连他自己也因水土不服而病倒;因此,他只好两手空空地领兵撤回吉耶纳。[②]

---

①　Froissard, liv. i. chap. 241.

②　Froissard, liv. i. chap. 242, 243. Walsingham, p. 182.

佩德罗把无助的臣民视作战败的逆贼，采取各种血腥手段残酷镇压，重新激起卡斯蒂尔人对他的仇恨。当特朗斯塔马拉伯爵亨利和杜·盖克兰在法国重整兵马、卷土重来，局面一朝反复，暴君当即被推翻，沦为阶下囚。亨利痛恨其残暴，亲手杀死了这位私生兄弟；随后，亨利被拥立为卡斯蒂尔新王，将王位传诸子孙。兰开斯特公爵再婚娶了佩德罗的长女，结果只落得一个王国继承人的空名，他对卡斯蒂尔王位的要求，更助长了该国新君对英格兰的仇视。

威尔士亲王此番远征战绩辉煌，却失于轻率，它所带来的后果还不止于此。前期备战和军饷开支令他负债累累，因此，回到吉耶纳之后，他不得不对治下公国全境开征新税，一部分贵族极不情愿地同意缴纳，另一些人则干脆拒绝。[①]这一事件重新挑起了公国民众对英国人的敌意，以威尔士亲王的全部个人魅力也无法平息和缓解。本地人抱怨英国人将他们视作被征服者，漠视他们的特权，单单信任和重用英国人，凡是有尊荣、有油水的官职都被授予这帮外来者；此外，他们大多数人在新税开征问题上极不合作的态度也势必令英国人久久记恨在心。在这种情况下，公国民众开始将眼光投向自己的旧主，他们发现，这位国王发挥其稳健特长，已经重新把王国整治得井井有条。以阿马尼亚克(Armagnac)伯爵、

公元
1368年
英法断交

---

① 征税标准为每户一里弗赫。原料想这项新税的总收入应该达到每年一百二十万里弗赫，因为英国在海外各省治下的户数估计有这么多。不过，这种粗略估算通常没有多少权威性，在那个蛮野无文的时代更是如此。就在这一朝便有一个很能说明问题的实例：下议院批准国王向每个教区征税二十二先令，估计总数约在五万镑左右。但是后来他们发现预估的数目有错，误差将近五分之一。Cotton, p.3. 最后由王室顾问会作主增加了每个教区的缴税额度。

科曼热(Comminge)伯爵、佩里戈尔伯爵、达尔布雷勋爵(Lord d'Albret)为首的一批贵族前往巴黎，奉查理国王为最高宗主，并接受怂恿向其上诉，抗议英国政府的压迫。[①]

　　《不列丁尼和约》已经明确约定两位国王的权利互让条款：爱德华应放弃对法兰西王位的要求与对诺曼底、曼恩和安茹各省的主权要求，约翰应放弃对吉耶纳和被割让诸省的宗主权。不过，当双方在加来确认和重申条约时，考虑到爱德华尚未实际控制所有被割让省份，因此认定上述权利互让条款有必要推迟生效；双方还约定，在此期间不利用各自的权利主张与对方为敌。[②]尽管权利互让条款得不到履行的根源在于法方，[③]但此事似乎并未触怒爱德华，这既是由于该条款给了他充分的安全感，也因为法方的每一次拖延都提供了某种情有可原的借口。然而，正是基于上述借口，查理决定直接违背条约，仍然以被割让省份的最高宗主自居，受理了几位次级封臣的上诉。[④]

　　然而，鉴于君侯们考量问题的视角常以策略压倒公义，又因英国人造成的刻骨伤害和冲天骄横，以及和约规定的严厉条款，似乎法方采取任何老谋深算的报复行径都无伤体面。查理决计报复，更多地是依据当前两国的形势，而非基于御前法学专家的论证。此时此际英王已经年老体衰，威尔士亲王重病在身，被割让各省民众心向旧主，这些省份与英格兰相隔遥远而与法国近在咫尺，

公元
1369年

___

① Froissard, liv.i.chap.244.

② Rymer, vol.vi.p.219, 230, 234, 237, 243.

③ Rot.Franc.35 Edw.III.m.3.from Tyrrel, vol.iii.p.643.

④ Frorssard, liv.i.chap.245.

268

法国臣民切齿痛恨侵略者，炽烈地渴望报仇雪耻，这一切均被法王纳入考虑。查理不露声色地做好一切必要准备，随即向威尔士亲王发出传唤令，召他前往巴黎，就其苛待封臣一案接受宗主法庭的裁决。威尔士亲王回复道，他会现身于巴黎，但要统率六万大军前往。[1]查理秉性温良素不尚武，这一点早为世人所共知，所以威尔士亲王直到此时仍不相信他真的有决心采取大胆而危险的举措。

公元
1370年

事实很快证明：英王劳师远征，抛洒大量鲜血和财富，换来的回报是多么可怜；而且，要想保住所征服的土地是何其不可能的一件事。在那个时代，政府根本无力养活一支足够强大的常备军，用以镇压占领区的民变，尤其是当内部叛乱和外敌入侵两相夹攻的时候，更让人徒唤奈何。查理的大军首先进抵蓬蒂厄，意图截断英军直插法兰西心腹地带的通道。阿布维尔市民首先开城降顺，[2]圣-瓦莱里(St. Valori)、吕镇(Rue)和拉克罗图瓦(Crotoy)几城也闻风而降，整个蓬蒂厄不久便臣服于法王脚下。同时，法王的两位御弟贝里(Berri)公爵和安茹公爵在奉召从西班牙归来的杜·盖克兰辅佐下，入侵英国占领的南部诸省。由于将帅指挥有方、民众归心、法兰西贵族热情拥戴，法军日日奏凯，逼得英国人步步后退。威尔士亲王抱病在身，不能上马作战，也无法施展平素的雄风。吉耶纳卫戍长钱多斯勋爵在一次交战中阵亡，[3]他的继任比歇大领主也在战斗中被俘。[4]当威尔士亲王本人由于病势沉重，被迫抛开欧陆这

英方受挫

---

①　Ibid. chap. 247, 248.

②　Walsingham, p.183.

③　Froissard, liv. i. chap. 277. Walsingham, p.185.

④　Froissard, liv. i. chap. 310.

边的指挥权返回母国时，英国人在法国南部的事业似乎面临着一
败涂地的危险。

　　屡遭打击的英王爱德华大为恼怒，威胁要处死手上的法国人
质，但是经过再三考虑，他还是放弃了这种狭隘的报复手段。他
接受议会的建议，重拾法兰西国王的虚衔，[①] 随即几次三番试图向
加斯科涅增派援兵，但是不论是海路还陆路，他的一切努力均告
失败。彭布罗克伯爵率领的海上援军在罗歇尔附近遭到卡斯蒂尔
国王派出的舰队截击，伯爵本人连同所部统统被俘。[②] 爱德华国
王御驾亲征，率另一支人马启航驶向波尔多，但是久被逆风所阻，
最后只得搁置行动。[③] 罗伯特·诺尔斯爵士(Sir Robert Knolles)
率三万部队从加来出发，一路劫掠，直抵巴黎城下，却未能激怒敌
军与之交战。接下来，这支英军继续挺进曼恩和安茹两省，把该
地化为一片荒场。不过，他们在那里遇见了杜·盖克兰麾下的部
队——杜·盖克兰此时刚刚升任法兰西大元帅，此人可谓欧洲有
史以来首屈一指的优秀战将——结果英军一部被击败，其余的四
下溃散，只剩下一小股兵力，无力返回吉耶纳，转而投奔之前同英
国结盟的布列塔尼去了。[④] 隔了一段时间，兰开斯特公爵又率领
两万五千将士进行了一次同样的尝试，他们从加来出发，横跨整
个法兰西向波尔多挺进，但是，由于沿途饱受袭扰，抵达目的地时
人马已折损过半。英方损失惨重，英国王室在欧陆的祖传领地除

270

---

①　Rymer, vol.vi.p.621. Cotton's Abridg.p.108.

②　Froissard, liv.i.chap.302, 303, 304. Walsingham, p.186.

③　Froissard, liv.i.chap.311. Walsingham, p.187.

④　Froissard, liv.i.chap.291. Walsingham, p.185.

波尔多和巴约讷之外尽丧于敌手，之前征服的属地也只剩下加来一处。迫于此种不利局面，爱德华国王最终只得与对手签订停战协议。①

　这位王者的暮年承受了重重屈辱，与他充满辉煌和喧嚣场景的青春和中年时代早已不可同日而语。他眼睁睁地看着海外领地被侵占，一次次尝试挽回却屡遭挫败；不仅如此，他还深感自己在国内的权威也日渐衰微，议会接连发布数封措辞犀利的抗议书，让他体会到民性的反复无常，看到此际时乖运蹇如何影响到全体国民对他的评判。②这位王者壮岁醉心于武功霸业，如今偌大年纪，却开始不合时宜地纵情享乐：身为鳏夫的他恋上了一位聪慧而活跃的贵妇艾丽丝·皮尔斯(Alice Pierce)，对她言听计从，这位情妇的势力渐大，引起国人普遍反感，国王迫于议会的压力，只得将她逐离宫廷。③国王年迈体衰，自然懒于理政，将国家事务大部分交与儿子兰开斯特公爵代劳，但是此公相当不得人心，大大削弱了英国民众对爱德华国王本人及其政府的爱戴之情。国人对兰开斯特公爵猜忌深重。他们无比惋惜地看到威尔士亲王日复一日地走向末日，不免担心亲王尚未成年的嗣子理查保不住王位继承权——如果兰开斯特公爵施展阴谋手段，利用老国王的软弱迁就，不难斗败一个童子。然而，爱德华国王为了在国本问题上满足民众和威尔士亲王的愿望，在议会上公开宣布王孙理查为王位继承人，兰开斯特公爵纵然私心里存过什么敢冒天下之大不韪的念头，至此也

---

① Froissard, liv. i. chap. 311. Walsingham, p. 187.
② Walsingham, p. 189. Ypod. Neust. p. 530.
③ Walsingham, p. 189.

完全断绝了指望。

公元
1376年
6月8日
威尔士
亲王之死

威尔士亲王在缠绵病榻多年之后，于四十六岁告别人世。此君从早岁到临终，毕生名节皓皓，毫无瑕玷，懿德高风令人景仰。亲王的优秀品德难以胜数，过人的勇气和军事才能只占其中一小部分而已：他为人慷慨仗义、仁爱为怀、和蔼可亲、温和节制，赢得了所有人的爱戴。他为自己生活的那个粗砺时代增添了荣光，却丝毫不曾沾染时代的恶习；不仅如此，他的英名足以辉耀古今历史上最为辉煌的时代。国王经此不幸之后，又支撑了一年，也告别人世。英格兰同时失去两位君王、国之瑰玮、社稷支柱。爱德华国王享年六十五岁，在位共五十一年。英伦民众随即意识到这一无可挽回的损失，然而为时已晚。

公元
1377年
6月21日
国王驾崩
国王性格
评述

英国人对于爱德华三世这一朝总是格外偏爱，推崇他的统治，因为这是英国历史上持续最长久、成就最辉煌的朝代之一。正是在这位国王治下，英国开始胜过本民族的对手和假想敌法兰西，使得后世的英国人时常带着极大的满足感回眸这一时期的史事，并将爱德华三世为战胜法国所采取的一切措施都加以神圣化。不过，与海外战争的胜利相比，爱德华三世的治国本领其实更值得称道。在他稳健而积极的治理下，英格兰国内宁靖，承平之久乃史上空前，也是此后很多朝代所未见。他赢得了大贵族的爱戴，同时使出威服羁勒手段，令其丝毫不敢放肆。他待下平易、普施恩泽，气度恢弘且慷慨豪爽，令国内贵族无不宾服而听从君命；他英勇善战、指挥有方，征伐攻略百战称胜；这些心性躁动的贵族，由于注意力被引向外部公敌，便无暇在国内滋生事端——这本是他们的自然倾向，那个时代的政制环境似乎也给他们提供了生事的充分条件。

爱德华三世在海外的胜利和征服，最大的好处就在于此。从其他角度而言，他对外发动的战争既无正当依据，也不曾导向任何有益的目标。他重申其祖父对苏格兰王国的宗主权，试图从苏格兰幼主、也是他自己的妹婿手中夺取政权，行为既不合理也有欠厚道。起初他对法攻伐略有斩获，其战略原是切实可行的，如能保住这份胜果，必能给他的王国和后世君主带来实际的长远利益；惜乎他轻易被征服法兰西的诱人前景所惑，滋生了得寸进尺之心。他在法取得的胜利，虽说主要有赖于他杰出的军事天才，却也出人意料；而上述胜利即便在他生前也并未带来任何实质性的利益——这种结果乃是事物的本性使然，并非出于任何不可预见的意外事件的影响。然而，征服者的荣光在百姓眼中如此灿然夺目，两个民族之间的仇恨又是如此炽烈，以致国人全然无视法兰西这块欧陆佳美之地平白惨遭荼炭，从不认为此举构成这位王者品行上的污点。事实上，人性的可悲本质决定了，像爱德华这样的英主常会发现治国理政易如反掌，遂将兴趣转向对外征伐，只有在铁血沙场上他才能遇到敌手、充分发挥其聪明才干。这种事例在历史上屡见不鲜。

爱德华三世与王后埃诺的腓力芭育有多位子女。长子就是英勇的威尔士亲王爱德华，他在战场上通身黑盔黑甲，因此得名"黑太子"。黑太子迎娶了叔父肯特伯爵（就是本朝初年被斩首的那位肯特伯爵）之女，也就是他的堂妹、人称"肯特佳人"的琼安。这位琼安早年嫁与托马斯·霍兰爵士（Sir Thomas Holland）并育有子女。她与威尔士亲王所生子女多半早夭，亲王身后唯余一子理查。

爱德华三世的次子（幼年夭折的几位王子在此忽略不计）

克拉伦斯公爵莱昂内尔(Lionel duke of Clarence)的原配为
阿尔斯特(Ulster)伯爵的女儿和继承人伊丽莎白·德·伯格
(Elizabeth de Burgh),两人只有一女,嫁给马契伯爵埃德蒙·莫蒂默
(Edmund Mortimer)。莱昂内尔再婚迎娶米兰公爵之女维奥兰特
(Violante),[①]但结婚不久,新郎便死于意大利,他的新婚夫人没有为
他留下子嗣。在所有王室成员当中,唯有他的高贵品格酷肖其父兄。

273

爱德华三世的第三子为冈特的约翰,因其出生于冈特,遂得此
名。他受封为兰开斯特公爵,后世英格兰王位归于他这一脉子孙。
王室第四子是埃德蒙(Edmund),被其父封为剑桥伯爵,后被其侄
封为约克公爵。王室第五子托马斯(Thomas)被其父封为白金汉伯爵,
后被其侄封为格洛斯特公爵。为避免混淆,我们会一直称呼他们
为约克公爵和格洛斯特公爵,虽说二人获封上述爵衔是后来的事。

腓力芭王后还为爱德华三世生下了几位公主,她们分别是
伊莎贝拉、琼安、玛丽和玛格丽特。伊莎贝拉公主嫁给贝德福德
(Bedford)伯爵英格拉姆·德·库伊(Ingelram de Couey),琼安
公主嫁给卡斯蒂尔国王阿方索,玛丽公主嫁给布列塔尼公爵约
翰·孟福尔,玛格丽特公主嫁给彭布罗克伯爵约翰·黑斯廷斯(John
Hastings)。琼安公主在成婚前逝于波尔多。

本朝花絮
辑录

一位文格高标的史家曾经评论道,[②]虽然征服者通常是制造
人类灾难的祸根,但事实上,在封建时代的环境下,他们往往是最
宽容的统治者。他们最需要从民众处取得供应,由于无法用武力

---

① Rymer, vol.vi.p.564.

② Dr.Robertson's Hist.of Scotland, B.I.。

强行榨取必要的赋税，只得通过公平的法律和博取人心的让步条款给予民众一些补偿。以上评论尽管在某种程度上不尽完善，却由爱德华三世的所作所为予以坐实。凡举重要措施，他都向议会咨询，取得议会认可，事后又将其引为申辩理由，称行动已获议会支持。[1] 故而，在他这一朝，议会的地位有所提高，权力较以往任何时期更为正规。甚至每逢动荡纷争时期便自然而然受到王权和贵族势力压制的下议院，也开始在国家政体中显现出一定的分量。在爱德华三世一朝晚期，国王驾前的大臣屡屡遭到议院弹劾，尤其是拉蒂默勋爵(lord Latimer)，更是成了下议院行使权威的牺牲品。[2] 他们的抗议甚至迫使国王放弃了自己的情妇。本朝对下议院议员的擢选也较以往更加讲究，特别是当时社会身份较低的律师，在好几届议会中都完全被排除在下议院之外。[3]

　　本朝第二十五年颁行的一项法令，堪称古往今来任何君主所颁法令中最得人心者，[4] 它一扫以往的含混不清之处，界定以下三种行为应属叛国罪：图谋弑君、兴兵对抗国王、追随国王的敌人。除此三者以外，未经议会批准，法官不得将其他任何情形按照叛国罪论处。此法严格限定了叛国罪的范畴，至今没有任何修改，仍然有效。在司法实践中，律师们不得不扩展其概念范畴，给出解释：图谋兴兵对抗国王等同于图谋弑君。这种解释看似牵强，但是出于案件审理所需，一直得到心照不宣的默许。法令中还规定，议会

---

① Cotton's Abridg.p.108, 120.

② Ibid.p.122.

③ Cotton's Abridg.p.18.

④ Chap.2.

会期每年一次,必要情况下可增加召集次数。像许多法律条文一样,这项规定并未得到遵守,由于废用而失去了约束力。①

　　爱德华三世在位期间,在议会面前重申《大宪章》达二十余次。这些让步举动通常被援引证明他对民众的宽容,以仁爱之心尊重他们的自由。不过,相反的假设似乎更加顺理成章:如果爱德华三世的统治原则在总体上不是偏于专断独裁,如果《大宪章》不是经常遭到违背,那么议会又怎会如此频繁地要求予以重申? 对于得到常规遵循的契约,反复重申并不会增强其效力。重申的目的,无非是为了防止违背宪章的先例演变成定规、获得权威性。事实上,这正是那个时代不正规的政制所造成的结果:一项法规在颁布数年后,其效力不随时间流逝而得到强化,反而在人们心目中渐趋削弱,需要经常以同样内容和思路的新规予以重申。那些频现于古代议会议程中的一般性条款也是同理,它们规定历代先王颁行的法规须得到遵守。② 如果不考虑时代环境,这种预防措施可能显得荒谬可笑。还有,对于教会特权不厌其烦的一般性确认,也是出于同样的原因。

　　爱德华三世的法令中有一条款规定:任何人,无论其身份地位如何,不经应有的法律程序当庭应诉,均不得被剥夺土地、房产等保有物,不得被带走或监禁、不得被剥夺继承权、不得被处死。③ 实际上,《大宪章》的一个条款已经充分保障了此项权利,在该法令的第一章中也得到了一般性确认。那么,这个条款何以如此急

275

---

① 　4 Edw.III.chap.14.

② 　36 Edw.III.cap.i .37 Edw.III.cap.1,&c.

③ 　28 Edw.III.cap 3.

切地——而且在我们看来如此繁缛地——再次重申这个原则？显然是因为近期发生了一些违规情况，招致下议院的不满。[1]

不过，在爱德华三世统治期间，各项法令中重复最多，而且几乎出之以同样措辞的内容，莫过于针对王室征发的规定。议会称之为"令人愤慨和难以容忍的伤民之举""给民众造成无尽损害的源头"。[2]议会试图通过禁止任何人未经物主同意征用物资，[3]以及把"王家承办商"这一招人痛恨的名称改成"采买商"，[4]从而彻底废止这项特权。但是爱德华三世肆意而为，不顾《大宪章》和众多法律法规的制约，继续把这一负担加诸民众头上。这种混乱在很大程度上源于当时的公共财政状况和王国局面，因此很难补救。国王手上经常现款拮据，而王室供应又必须得到保障；因此他只能强取硬夺，在向被征用物资的物主结账时，随意定价克扣。此外，由于王国物资匮乏，国内交通不便，假使物主受到法律的严密保护，他们就可以向国王大开海口、漫天要价。尤其是国王经常巡行全国，当他驾临某些偏远穷困、宫廷不常驻跸之地，不易得到常规供给的时候，情况就更糟。不仅是国王，一些大贵族也同样要求在特定地区范围内保有征发特权。[5]

雄伟壮观的温莎堡(castle of Windsor)为爱德华三世所建。他完成此项工程的方式可以作为那个时代民众处境的一个样本。

---

[1] 本朝第十五年，下议院声称有此类情况发生。Cotton's Abridg.p.31.本朝第二十一年，下议院再次发出同样的抱怨。参见p.59。

[2] 36 Edw.III.&c.

[3] 14 Edw.III.cap.19.

[4] 36 Edw, III.cap.2.

[5] 7 Rich.II cap.8.

他不是与工匠们签订合同、付给他们工资,而是从全英格兰征用役工,要求各郡派出一定数量的石匠、瓦匠和木匠,形同征兵一般。[①]

倘若有人以为爱德华三世的统治并非极度专横,那实在是错误领会了本朝的为政特色。在这段时期,王室的所有主要特权都得到充分行使,但让民众略得安慰的是,这些压迫总是惹动下议院的抗议,并适时地得到某些减轻民众负担的承诺。具体事例诸如行使王室豁免权,[②]王家森林扩界,[③]垄断贸易,[④]逼勒借贷,[⑤]以特颁令状阻挠司法,[⑥]延续"特殊刑事案件调查委任状"的委任期,[⑦]强征人员、船只充公役,[⑧]滥收高额罚金,[⑨]将枢密院或星室法院的裁定权延伸到私人诉讼,[⑩]扩充军事总长法院和其他专断性质法院的权限,[⑪]囚禁在议会中自由发言的议员,[⑫]随意强征平民在军中充任士兵、弓手和码头役夫等。[⑬]

然而,本朝实行专制强权最常见的表现,莫过于不经议会批准随意征税的行为。尽管爱德华三世从议会取得的补助金额度超

---

① Ashmole's hist. of the garter, p.129.

② Cotton's Abridg. p.148.

③ Cotton, p.71.

④ Cotton's Abridg. p.56, 61, 122.

⑤ Rymer, vol.v.p.491, 574. Cotton's Abridg. p.56.

⑥ Cotton, p.114.

⑦ Ibid. p.67.

⑧ Cotton's Abridg. p.47, 79, 113.

⑨ Ibid. p.32.

⑩ Ibid. p.74.

⑪ Ibid.

⑫ Walsing. p.189, 190.

⑬ Tyrrel's Hist. vol.viii. p.554. 引自 records。

过任何一位先王，但是他出于征法大业和各项事务所需，不得不加
277 重税赋；对法战争的辉煌胜利令他权威倍增，此后他几乎年年向
公众任意征敛、无休无止。科顿的《〈伦敦塔存英国议会档案〉精编》
(*An Exact Abridgement of the Records In the Tower of London*) 当
中存录了大量此类例证：爱德华三世在位第一年、[①]第十三年、[②]第
十四年、[③]第二十年、[④]第二十一年、[⑤]第二十二年、[⑥]第二十五年、[⑦]
第三十八年、[⑧]第五十年、[⑨]第五十一年，[⑩]都曾无理征税。

　　国王公开宣示和维护这种任意征税的权力。一次，在回应下
议院对此提出的抗议时，他表示征税是出于极度必要，而且已经
征得各位教会长老、伯爵、男爵和下议院部分议员的同意；[⑪]在另
一次回应中，他说会和王室顾问会商议。[⑫]议会提出颁布法令，制
裁此类任意征税的行为，但国王拒不接受。[⑬]第二年，议会希望国
王主动放弃这种伪称的特权，但是国王答复道：若不是出于国家防
务之必须，他不会向国民征税；在这方面，他理所当然地可以运用

---

① Rymer, vol.iv.p.363.

② P.17,18.

③ Rymer, vol.iv.p.39.

④ P.47.

⑤ P.52,53,57,58.

⑥ P.69.

⑦ P.76.

⑧ P.101.

⑨ P.38.

⑩ P.152.

⑪ Cotton, p.53.国王在第60页重复了同样的回答。"下议院部分议员"指的是他
乐意向其提出咨询的议员。

⑫ Cotton, p.57.

⑬ Ibid.p.138.

以上权威。①这件事发生在他去世前几天,从这个意义上,可以说这就是他留给王国子民的最后一句话。看来,爱德华一世著名的"无同意不课税"(de tallagio non concedendo)宪章或法令尽管不曾正式废止,但在世人心目中已经随着时间的流逝而完全失去了效力。

这些事实仅能反映当时的习惯做法。因为就权利而言,下议院不断提出抗议,似乎可以证明他们握有上述权利。至少,这些抗议起到了防止王权恣行演变为合规成例的作用。爱德华三世的统治固然专横,但这一时代民众基本权利的状况却大大优于其后的一些朝代,特别是都铎王朝。在后来的那些朝代里,任何暴政或滥权都不曾遇到约束或抵制,甚至听不到议会的抗议之声。

一位天才而博学的作者认为,在这一朝代,国王及其驾前枢密院发布的诏令与议会两院通过的法律之间头一次出现显著差异,而且可能相互争竞。② 278

不难想见,像爱德华三世这样一位见识明察、心高志大的君主,不会甘为罗马教廷的奴仆。他年少登基,最初的一些年头确实依例向教廷纳贡,③但后来便停止了;1367年,教宗威胁要传讯他,惩治他的欠贡行为,于是他将此事提交议会讨论。议会一致通过一项声明,称先王约翰不经全体国民同意,无权将王国拱手献予外部势力。因此,议会决定支持本朝君主反对罗马教廷不公正的权

---

① Ibid. p. 132.

② Observations on the statutes, p. 193.

③ Rymer, vol. iv. p. 434.

利主张。[1]

爱德华三世一朝，颁行了《空缺圣职继任者法》，规定任何接受罗马教廷委任圣职者当按律受罚，并收回此前被教宗严重僭夺的圣职举荐人和选举人的各项权利。[2]其后的一项法令规定，任何人不得为任何理由向罗马教廷提起上诉，违者将被逐出法外。[3]

这个时期，俗权对教权的偏见似乎格外严重，甚至在一定程度上殃及本国神职人员，因为他们与罗马教廷有联系。英国议会声称，王国承受的一切灾殃、损害、饥馑和贫困都是由于教宗僭权所致。教宗僭权之祸烈于所有战争。王国的人口和产品数量不足以往的三分之一，原因也在于此。罗马教宗敛征的各种捐税，六倍于国王收取的额度。他们还声称，在罗马这座罪恶之城，一切都可用金钱贿买；就连英国的圣职举荐人也从那里学会了买卖圣职，毫无廉耻和愧悔之心。[4]又有一次，议会正式吁请国王不要任用神职人员担任政府官职，[5]他们甚至明言，要以武力将教廷势力逐出英国，解除这种令他们难以忍受亦忍无可忍的压迫。[6]如此激烈的语气，与宗教改革的主张已相距不远；然而爱德华三世认为全盘支持这股激情有所不妥。他虽然颁行了《空缺圣职继任者法》，却对执行疏于用心。议会常常抱怨他在这方面怠忽荒政。[7]国王利用此法

---

[1] Cotton's Abridg. p. 110.

[2] 25 Edw. III. 27 Edw. III.

[3] 27 Edw. III. 38 Edw. III.

[4] Cotton, p. 74, 128, 129.

[5] Ibid. p. 112.

[6] Cotton, p. 41.

[7] Ibid. p. 119, 128, 129, 130, 148.

压制了在英享受圣俸的罗马教廷神职人员,使他们完全归附于自己,便已心满意足。

英格兰历来内讧、内战和混乱频仍,爱德华三世治下的王国治安状况自然好于上述时代,然而国家政制本身的一些缺陷,即便以这位国王通身的本事和机警干练也无法杜绝其恶果。贵族们相互勾结,支持和包庇自己的家臣、附庸犯下种种罪行,[①]他们是形形色色的盗匪、凶手和流氓无赖背后的主要唆使者,以致法律根本无从制裁这些歹徒。贵族们奉召在议会面前立誓,承诺不为任何坏人或违法者做无罪证明、提供庇护或支持;[②]我们可能好奇,这些地位显赫的人物是在什么样的逼迫之下做出上述承诺的,然而这种誓言却从来不曾被他们认真看待。下议院不断抱怨抢劫、谋杀、强奸和其他违法行为层出不穷,他们说,罪案在王国各地多到数不胜数,这都要归咎于那些为罪犯充当保护伞的大人物。[③]爱德华三世在位期间,塞浦路斯国王访问英格兰,与他的整个扈从队伍在大路上遭遇抢劫,财物尽失、衣饰也被剥光。[④]国王本人对这种法治败坏的局面也有责任,他时常爽快地答应廷臣的恳求,下旨宽赦一些重罪犯。虽然出台了一些限制国王特赦权的法律,[⑤]下议院也不断抗议国王滥用这种特权,[⑥]却是徒劳无益。迁就有权有势的贵族始终重于保护人民。国王还大颁特颁特许状,干扰了司法程序和执

---

① 11 Edw.III.cap.14. 4 Edw.III.cap.2. 15 Edw.III.cap.4.

② Cotton, p.10.

③ Ibid.p.51, 62, 64, 70, 160.

④ Walsing.p.170.

⑤ 10 Edw.III.cap.2. 27 Edw.III.cap.2.

⑥ Cotton, p.75.

法活动。[①]

这段时期英格兰的工商业自然十分低迷。单是糟糕的国内治安一桩便可以提供充分的理由。出口商品唯有羊毛、生毛皮、兽皮、皮革、黄油、锡、铅等未加工品，其中以羊毛所占地位最为重要。奈顿(Knyghton)曾经声称，当时每年的羊毛出口量高达十万袋，每袋售价二十镑(按当时的币值)。但是他的统计无论在数量还是价值上都大错特错。1349年，英国议会曾提起抗议，称国王向每袋出口羊毛非法征税四十先令，年获利六万镑。[②]如此算来，当时英国每年的羊毛出口量只有三万袋。一袋羊毛重二十六英担，每英担等于十四磅；[③]按中等价位，每袋羊毛价值不超过五镑，[④]约合现在的十四镑或十五镑——若按奈顿的计算，这个数字高达六十镑，几乎四倍于现今的羊毛价格。根据这一较低的数值可以判定，当时英国每年的羊毛出口收入大致相当于现在的四十五万镑，而不是六百万镑，那实在太夸张了。即便前一个数字也嫌太高，让人怀疑议会计算的羊毛出口量是否有误。在那些时代，这种错误相当常见。

爱德华三世致力引进和发展羊毛加工业，对在英的外国织工提供保护和奖励，[⑤]又颁布一项法令，禁止任何人穿戴舶来纺织品。[⑥]议会则下达了毛纺品出口禁令，此举可谓不够明智，尤其在生羊毛出口受到允许和鼓励的情况下，更显得莫名其妙。另一项

---

① Ibid.p.54.

② Ibid.p.48,69.

③ 34 Edw.III.cap.5.

④ Cotton, p.29.

⑤ 11 Edw.III.cap.5. Rymer, vol.iv.p.723. Murimuth, p.88.

⑥ 11 Edw.III.cap.2.

禁止熟铁出口的法令也同样欠考虑。①

根据财政署旧档记载，1354年英格兰货物出口总值为二万九千一百八十四镑十七先令二便士，进口总值为三万八千九百七十镑三先令六便士(均为当时币值)。这个顺差完全来自生羊毛和其他原材料出口，数额相当可观。进口商品以亚麻和细布为主，还有一些葡萄酒。这段时期，爱德华的海外战争和对外援助开支浩大，已将王国财力榨干，或许这正是出口远远超过进口的原因所在。

据史料显示，爱德华三世在位期间，英格兰头一次为修路而征收通行费：具体是为了修补圣吉尔斯(St. Giles)和坦普尔栅门(Temple-Bar)之间的大路。② ²⁸¹

理查二世初年，议会为前朝航运事业凋零而大发怨言，他们声称，从前一个港口内停泊的船只就比如今整个王国的船只总数还多。他们将这种严重状况归咎于爱德华三世屡屡兴师海外而不断强征船只充军。③理查二世在位第五年，议会再次发出同样的不满之声。④我们看到，爱德华三世在位第四十六年也有同样的记录。一般认为爱德华三世一朝商业兴隆，实在谬之千里。

爱德华三世曾经诏令伦敦市长和治安官，凡吨位达到和超过四十吨的船只一律征为军用，改装成战船。⑤

大瘟疫之后，议会曾经不切实际地计划压低劳务价格和禽类

①　28 Edw.Ⅲ.cap.5.
②　Rymer, vol.v.p.520.
③　Cotton, p.155, 164.
④　Cap.3.
⑤　Rymer, vol.iv.p.664.

价格。①规定收割者在八月第一周的日薪不得超过两便士,折合现在的币值近六便士;在第二周每日可多挣一便士。木匠师傅全年工资不得超过每日三便士的平均数,普通木匠则为两便士,均为当时币值。②值得注意的是,同一朝代普通士兵、比如一位弓手的饷银则是每日六便士,换算为币制改革后的金额,大约相当于今天的五先令。③那时士兵的服役期很短,只要打一场胜仗,所得军饷加上战利品和俘虏的赎金,足可发上一笔小财,一年中其余的时间(通常是一生中余下的时光)都过得悠哉游哉,这构成一种强烈的诱惑,吸引人们去参军打仗。④

282　　　议会颁布法令,规定羊毛、羊毛皮、皮革和铅等大宗商品须在英格兰指定城镇交易,⑤后又立法将交易地点改在加来。不过,爱德华三世向来将自己的特权凌驾于法律之上,对这些法令淡然视之;当议会为了维护这些关乎权力的制定法向他提出抗议时,这位国王便直白地告诉他们,他行事以自己认为适当为标准。⑥很难理解英国议会为何如此焦虑,竟然出台法令指定大宗商品定点交

---

① 37 Edw.III.cap.3.

② 25 Edw.III.cap.1,3.

③ Dugdale's Baronage, vol.1.p.784. Brady's hist.vol.ii.App.N°.92.重骑兵的饷银四倍于此数。我们由此或可推断,当时史家笔下规模庞大的英军,大部分是随营迁徙、以打劫为生的无赖汉。加来之战前夕,爱德华麾下的兵员总数为31,094人,然而这支大军十六个月的军饷开支只有127,201镑。Brady, ibid.

④ 自诺曼征服以来,商品价格似呈上升之势。爱德华三世统治期间,商品价格仅仅比现在便宜三到四倍,而不是十倍之多。在很大程度上,这种变化似乎始自爱德华一世时代。被关押在诺丁汉城堡的穆雷伯爵从爱德华三世那里每周得到一镑津贴,而圣安德鲁斯主教担任苏格兰主教长期间,爱德华一世给他的俸禄只有每日六便士而已。

⑤ 27 Edw.III.

⑥ Cotton, p.117.

易，唯一可能的解释是，这种安排能吸引外国商人来到指定的市场——当他们事先知道可以在这里找到大量可供选择的特定种类商品，就会络绎而至。这一旨在吸引外国商人到加来贸易的政策执行得非常彻底，以致英国商人向指定地点以外出口任何英国商品都成为非法，在某种意义上，这等于放弃一切贸易航运，只留通往加来的一条航线。①其想法令人颇觉不可思议。

迄至这个世纪中叶，英国人远洋探索的脚步才刚刚到达波罗的海；②迟至下一世纪中叶，他们才扬帆驶入地中海。③

在那个年代，人们对奢侈品和其他精致之物抱有成见，英国议会曾经试图对这些物品加以限制，特别针对华服美饰，而这些东西毫无疑问显然是无辜且与人无害的。当时的法律规定，年收入不足百镑者不准穿戴金银和丝绸服饰；为仆者每日食用鱼类和肉类不得超过一次。④另一项法令规定，任何人用餐时(无论正餐或晚间便餐)上菜均不得超过两巡，每巡上菜不得超过三道；并且明确规定，腌肉也算作一道菜。⑤不难想见，如此荒谬的法律在现实中不可能有效，也根本得不到执行。

在起诉状、答辩状和公共契约中使用法语的做法在本朝被废止。⑥一个国家竟能如此长久地保留被征服的标志，或许显得奇怪，然而这一国的王室和贵族似乎从未完全彻底地英国化，亦从来不

283

---

① 27 Edw.III.cap.7.
② Anderson, vol.i.p.151.
③ Ibid.p.177.
④ 37 Edw.III.cap.8,9,10,&c.
⑤ 10 Edw.III.
⑥ 36 Edw.III cap.15.

曾忘记自己的法国出身，直到爱德华三世发动对法战争，才让他们对那个国家产生敌意。尽管如此，英语的使用又过了很久才得到普及。我们在赖默（Rymer）的著作中看到，第一篇以英语成文的公文出现于理查二世治下的1386年。[1]在此书收录的更古老的文稿当中，已经有用西班牙语写成的。[2]而拉丁语和法语仍在继续使用。

那个时代人们在地理方面的无知，从埃夫斯伯里的罗伯托（Robert of Avesbury）所记的一则轶事中可见一斑：1344年，教宗克勒芒六世（Clement Ⅵ）封西班牙的路易为"幸运岛"（即新发现的加纳利群岛）之主，英国驻罗马教廷大使及其随从班子闻讯大惊，以为路易受封为英国国王，于是连忙匆匆返国，将这个重要情报告知本主。然而，那是一个学风极盛的时代，斯皮德（Speed）在其《编年史》中告诉我们，当时仅牛津大学就有三万学生。这么多年轻人，他们在学些什么？无非是糟糕的拉丁语，以及更糟糕的逻辑学。

1364年，下议院向国王呈上权利请求状：鉴于前段时期疫情严重，请求恩准持有国王直封采邑、并在未获许可的情况下以各种形式转租土地的领主们继续进行转租，直至王国人口恢复繁盛为止。[3]下议院明白，维护产业保有权是促使王国繁荣兴旺的有效手段，但又不敢要求在更大程度上猛然放开限制。

遍阅英国古代历史，没有哪个朝代比爱德华三世统治时期更

---

[1] Rymer, vol.vii.p.526.从所提到文献的行文来看，它似乎是由苏格兰人起草的，仅由边防长官签字而已。

[2] Rymer, vol.vi.p.554.

[3] Cotton, p.97.

值得深入研究。本朝内政最鲜明不过地体现了英格兰于此时此际
确立的混合型政体的真正特质。这一时期，围绕《大宪章》有效性
和权威的激烈争议已告结束；王权须受一定限制的观念得到公认。
爱德华三世本人能力出众，他不受宠臣支配、未被任何放纵的激情 284
引入歧途，深知与民众保持良好关系对自身利益至关重要。然而
从整体而言，他的政府充其量不过是一个野蛮的君主专制政权，没
有确定的治国纲领，也不为任何无可争议的、在现实中得到普遍遵
循的权利所制约。国王自有一套行为准则，贵族们秉承另一套行
为准则，下议院有第三套，神职人员则有第四套。以上这些统治体
系彼此对立，互不相容。随着时局变化、风水轮转，各派势力轮流
占据上风：君主强势则王权昌盛；孱主治下贵族势力嚣张；迷信的
时代风尚下教权强大；至于人民，作为政府的主要服务对象，本该
得到最大的关注，却是所有各方中最软弱的。不过，平民不太被其
他哪个等级所仇视；他们在严酷时局下辗转沉沦，但在较为安宁和
煦的日子里悄然抬头；在山雨欲来之时，各派势力都竭力争取民
心，因此反倒能获得更多特权，或者至少能得到一定程度的确认。

　　人们一向认定，金币是从本朝开始铸造的，但是近来发现的证
据说明，早在亨利三世时代英国便有金币了。[1]

---

① Observations on the more ancient Statutes, p.375.2d edit.

第十七章　理查二世

幼主之治—平民暴乱—贵族不满—国内动乱—驱逐、诛杀廷
臣—格洛斯特公爵的阴谋—谋害格洛斯特公爵—驱逐赫里福德公
爵亨利—亨利回归—全面叛乱—废黜国王—国王遇害—国王性格
评述—本朝花絮辑录

新王继位，召集议会，议员推选和开会过程波澜不惊。国家
权力从智慧、经验成熟老到的先王手上平稳传给年仅十一岁的
幼主，民众对这一巨变并无直接感受。贵族们在爱德华三世的
长期统驭下已然学会循规蹈矩，此时惯性犹在；又有兰开斯特公
爵、约克公爵和格洛斯特公爵这三位王叔稳镇朝纲，在一段时间
内压制了贵族们不安分的心性——否则，趁王权软弱之机躁动生
事向来是他们的拿手好戏。三位王叔对王位的危险觊觎也受到
抑制，因为幼主理查的继位权名正言顺、无可非议，事先已在议会
公开宣示，此外，民众出于对其父"黑太子"的热爱和怀念，自然
地将这份感情转移到当今幼主身上，故理查深得民心。三位王叔
截然不同的性格，使他们彼此间形成制衡关系；可以想见，倘若
其中哪一位图谋不轨，必会遭到另外两人的抵制。兰开斯特公爵
年龄居长、经验丰富，深受先王重用，在三兄弟中间最有权威；尽

公元
1377年
幼主之治

管其品德操守似乎不堪抵挡巨大的诱惑,但他并非野心勃勃之人,也不具备多少人望和亲和力。约克公爵生性懒散怠惰,能力平庸。格洛斯特公爵脾气暴躁、敢作敢为,人缘颇佳,但他在三兄弟中排行最幼,被两位兄长的权力、威望所制约。如此看来,英格兰国内太平无虞,不会出现什么破坏公共安宁或直接危及社稷的状况。

然而,爱德华三世虽然指定了继位人选,却没有制定幼主登基后的理政方略。议会理所当然地有责任弥补这一疏失。在这方面,下议院引领一时之先,作用突出。这个机构在前朝逐渐崛起,于本朝幼主当政期间,自然而然地获得了更大权柄。鉴于事务繁忙,议员们首次推举出一位议长,负责在辩论中维持秩序、维护多人集会中必不可少的程序。当选者为彼得·德拉梅尔(Peter de la Mare),此人在前朝时曾因放胆直言,攻击先王的情妇和几位幸臣而被判处监禁、扣押财产。尽管下议院的这次选举体现出一种自由精神,此后又对那几位幸臣和艾丽丝·皮尔斯发起进一步攻击,[①]但是他们对自己的弱势地位颇有自知之明,起初并未直接插手国家政务,或者试图干预幼主的监护事宜。他们仅满足于向上议院呈递请愿书来实现参政,请求上议院委任一个九人委员会主持公共事务,并择选德高望重的人物监督幼主的行为和教育。上议院的贵族们应允了前一部分要求,推举伦敦主教、卡莱尔主教、索尔兹伯里主教、马契伯爵、斯塔福德伯爵、理查·德·斯塔福德爵士(Sir Richard de Stafford)、亨利·勒－斯克罗普爵士(Sir Henry le

---

① 　Walsing. p. 150.

Scrope)、约翰·德弗罗爵士(Sir John Devereux)和休·西格雷夫爵士(Sir Hugh Segrave)九人,授权他们主理日常政务,为期一年。[①] 但他们拒绝插手内廷管理,声称此举本身让人反感,有可能令陛下不悦。

下议院胆气逾壮,开始提出进一步要求。他们呈上一份请愿书,恳请国王遏制贵族非法拉帮结派、相互包庇,为低等级的不法之徒充当后盾的流弊。国王对此给予亲切有礼的一般性答复,但是没有应允他们的另一部分要求:国王成年之前,一应政府要职均由议会任命,言中似有应当由上、下议院共同提名之意。实际操作中,对这些官员的任命由上议院独力承担,下议院则心照不宣地默认,认为就目前而言,只要提出自己的权力主张,即使不能获准,也算在介入重要国家事务方面取得了长足的进展。

幼主即位之初的政权就奠立在上述基础之上。国家政令一概以国王之名发布,而没有正式任命摄政王。上议院委任的九位政务顾问和政府要员在不同的部门各司其职。此后一些年里,整个行政体系的维系,实有赖于三位王叔、特别是兰开斯特公爵的权威支撑,此公在国内的地位实际上与摄政王无异。

下议院重申每年按律召开议会的必要性,推举两位平民担任288司库,负责收取和拨付经议会审议向王室缴纳的两项十五分之一税和两项十分之一税的税金。随后,本届议会宣告解散。在国王成年以前召开的另外几届议会上,下议院持续展现出强烈的自由精神和自身权力意识,在不引发任何动荡的前提下,维护自身和人

① Rymer, vol.vii.p.161.

民的独立地位。①

　　爱德华三世留给孙儿的，还有好几场危险的战争。兰开
斯特公爵对卡斯蒂尔的王位要求，令该国始终对英格兰保持敌
视。苏格兰王位此时由大卫·布鲁斯的外甥罗伯特·斯图亚特
据有，他也是斯图亚特世系的首位国王。苏格兰与法国关系极
其密切，与其中一方开战即等于同时与两国为敌。法王查理五世
因深谋远虑而有"英明的查理"之称，他曾力挫爱德华三世父子
的经验和勇武，此时很可能成为英国幼主的一个危险劲敌。不
过，查理五世天生进取心不强，因此目前并无骚扰邻邦之意，再
者，法兰西国内的众多难题已尽够他殚精竭虑，他必须首先克服
这些困难，才顾得上考虑征服外邦之事。英国占据着加来、波尔
多和巴约讷等几块海外属地，前不久又得到纳瓦拉国王割让的
瑟堡和布列塔尼公爵割让的布雷斯特，②因此，英国在各个方向
上都拥有入侵法国的便利通道，即使在当前的弱势之下，依然有
能力动摇查理五世的统治。查理五世没来得及把英国人逐出上
述战略要地便英年早逝，将王位传给年幼的儿子，是为查理六世
(Charles Ⅵ)。

公元
1378年　　　这段时期，对法战事仍在有气无力地延续，没有任何耀人的战
绩。加来总督休·卡尔弗利爵士统率一部人马侵入皮卡第省，火
烧布洛涅。③兰开斯特公爵率部进驻布列塔尼，但无功而返，没有
任何值得一提的作为。次年，格洛斯特公爵率两千骑兵、八千步兵

---

①　参见本卷卷末注释［J］。

②　Rymer, vol.vii.p.190.

③　Walsing.p.209.

由加来出击，这支部队规模虽小，却毫无顾忌地长驱直入法国心腹地带，一路劫掠，蹂躏皮卡第、香槟、布里、博斯、加蒂努瓦、奥尔良(Orleanois)等地区，最后抵达布列塔尼，与盟友会师。[1]勃艮第公爵率领一支规模更大的部队来援，已经与英军遥遥相望，但是法国人慑于英军昔时武威，纵然人多势众也不敢上前交锋。法方援兵到达后不久，布列塔尼公爵便与法国宫廷言和，因此，英方此次行动没能达到目的，并未给敌人造成持久的威慑。

由于上述军费开支，加之幼主像所有年轻人一样大手大脚，造成国库吃紧，议会不得已之下，一方面在政务管理上采取若干改革措施，另一方面开征新的特别人头税，凡年满十五岁以上者，不论男女，每人须缴纳三个格罗特。[2]议会还规定，在征税时，富人要适当分担帮补穷人。政权的横征暴敛激起了民变，这在当时的环境下是很少见的。统治者残酷压迫平民百姓的例子，在历史上比比皆是，但这一次却是底层民众揭竿而起反抗统治阶层，以极端残暴的手段对待这些大人物，报复往昔遭受的所有压迫。

那是一个人文精神和开明政治曙光初绽的时代，欧洲各国的民众心中由此萌生一丝希望，期冀改善自身境遇，并对高层贵族、士绅长久以来借法律名义强加给他们的枷锁发出怨言。无论是佛兰德斯的民变还是法国的农民暴动，都是这种独立精神兴起的自然结果。变乱的消息传到英格兰——我们从傅华萨(Froissard)笔

---

① Froissard, liv. 2. chap. 50, 51. Walsing. p. 239.

② 古代英国的四便士银币。——译者

下得知, 人身奴役现象在这里比欧洲其他国家更为普遍[①]——使此间民众的心底也蕴蓄起造反的念头。有个名叫约翰·鲍尔(John Ball)的煽动家, 在下层民众中间颇有号召力, 他游走全国, 向听众灌输这样的信条: 人类最初同根同源, 享有自由平等的人权和平等享受大自然一切成果的权利; 人为的阶级划分导致残暴压迫, 诸般社会弊端皆起因于掌权者的堕落, 高高在上的一小撮统治者傲慢且贪得无厌。[②]这些观念深合普通百姓的胃口, 与印刻于人类内心的原始平等观念相符, 因而被大众如饥似渴地接纳; 因苛税引发的暴动火花, 遂由星星点点扩展成燎原之势。[③]

平民暴乱　　每人三个格罗特的人头税, 由各郡的包税人负责收取, 敛征手段极为苛酷; 此外, 关于富人帮补贫民的条例意思含混、缺乏明确限定, 无疑引发了许多偏私行径, 让平民百姓更强烈地意识到命运的不公。暴乱起于埃塞克斯的一个村庄, 村中有个铁匠, 那天包税人来到铁匠铺时, 他正在埋头干活。包税人称, 铁匠的女儿也须缴税, 但铁匠分辩说, 女儿还未到法定纳税年龄。一个包税人淫邪地声称, 他有办法证明这姑娘年满十五, 同时伸手搂住了铁匠女儿。见此情景, 做父亲的怒火上腾, 当下用铁锤砸碎了那恶棍的脑袋。围观群众鼓掌喝彩, 高喊报仇雪恨的时候到了! 推翻压迫者、还我天赋自由! 人们当即拿起武器, 全村人都参加了暴动。起义

290

---

① Liv.2.chap.74.

② Froissard, liv.2.chap.74. Walsingham, p.275.

③ 当时民间广泛流传着这样两句歌谣, 尽管包含偏见, 却也不能不说有一定道理:
　　"亚当耕地夏娃织,
　　　绅士老爷在做啥?"

之火飞快地燃遍全郡，不久又蔓延到肯特、赫里福德、萨里、萨塞克斯、萨福克、诺福克、剑桥和林肯各郡。不待政府意识到危险，暴乱已经发展成难以遏制的失控局面。暴民们将对旧主人的敬畏甩得一干二净，推举同伙中最胆大妄为、不惮于为非作歹的家伙做头领，这些人喜欢采用瓦特·泰勒(Wat Tyler)、杰克·斯特劳(Jack Straw)、霍布·卡特(Hob Carter)、汤姆·米勒(Tom Miller)等化名，借以表现他们的底层出身；暴乱者在各地犯下令人发指的罪行，残酷对待每个不幸落入他们手中的绅士或贵族。

暴乱队伍已达十万之众，他们在首领泰勒和斯特劳指挥下，聚集在布莱克希思(Blackheath)地方。恰逢黑太子之妻、也就是当今太后赴坎特伯雷朝圣归来，路经暴民麇集之处，太后的随从女官遭到叛乱者侮辱，一些最厚颜无耻的家伙还强行向太后索吻，声称是为了显明他们铲除人间一切不平等的宗旨。不过，他们最终还是放她过去了，没有进一步加害。[①]他们给避难于伦敦塔的国王传话，要和他谈判。理查国王乘驳船沿河而下，前去与暴民谈判，但是即将靠岸时，国王发现岸上人群过于骚乱无状，便临时决定回撤，返回伦敦塔内。[②]与此同时，获得伦敦市民支持的暴乱农民攻进伦敦城，焚毁了兰开斯特公爵的萨伏依宫，将抓到的所有绅士统统砍头，律师和法律代理人似乎格外遭到仇视；他们还抢劫了许多富裕商户的货仓。[③]一大股暴民在麦尔安德(Mile-end)扎下营盘。国王见伦敦塔驻防兵力薄弱、食品短缺，守无可守，只得出来

6月12日

---

① Froissard, liv.2.chap.74.

② Ibid.chap.75.

③ Ibid.chap.76. Walsingham, p.248, 249.

亲自接见暴动者，询问他们有何要求。暴动者要国王大赦天下、废除人身依附的制度、在商贸集镇实行免除税赋的自由交易，还要求土地定租、蠲除维兰制的规定役务。这些要求本身尽管非常合理，不过当时的英王国对此尚未做好充分准备；通过暴力胁迫而获得的权利也十分危险。然而国王对他们的一切要求都表示依从，又颁布特许状授予他们上述权利；暴动队伍随即散去，各自返回据点。①

　　就在交涉期间，另一支暴民攻入伦敦塔，杀害了大主教兼御前大臣西蒙·萨德伯里(Simon Sudbury)、王室司库罗伯特·黑尔斯爵士(Sir Robert Hales)和其他几位显贵，并继续在城中肆意劫掠。②一日，国王只带少数侍卫路经史密斯菲尔德(Smithfield)，迎面遇到瓦特·泰勒带领的一干造反者，双方展开会谈。泰勒事先吩咐手下退后，待他发出信号就冲上去杀光国王的侍卫，只留国王一人活命，然后囚禁国王。泰勒毫无惧色，大摇大摆走到众侍卫簇拥下的王驾跟前。由于他表现得极其无礼，伦敦市长沃尔沃思(Walworth)不由得义愤填膺，拔剑猛刺，泰勒被击倒在地，国王的侍卫们一拥而上，瞬间结果了他的性命。暴民们见首领被杀，做势欲予还击，若不是理查国王灵机一动想出应变之策，他和他的随丛们眼看就要命丧当场。他命令侍卫们站在原地不动，他独自上前面对狂怒的人群，以和蔼又坦然无畏的态度对他们讲话，国王问道："我的好百姓，为什么如此混乱？你们是为失去首领而恼怒吗？我

①　Froissard, liv.2.chap.77.
②　Walsingham, p.250,251.

是你们的国王,我会做你们的首领。"群众被王驾慑服,无条件地
跟从其后。国王把暴动者领到野外,免得他们滞留城中继续生乱。
在那里,他们遇到赶来勤王的罗伯特·诺尔斯爵士及其秘密召集
的一队装备精良的老兵;这位军官意图向暴民发动进攻、将他们斩
杀净尽,但被国王严厉喝止。国王和平地遣散了群众,承诺之前授
予其同伙的特许状依然有效。[①]不久,众多贵族士绅闻知国王处境
危险(他们自己也都无法置身事外),纷纷带着家臣、附庸赶到伦敦,
于是,理查国王得以集结起四万大军与暴动者对阵。[②]造反者无力
对抗,唯有全体降顺而已。议会取消了之前颁布的特许状和大赦
令。底层民众重回昔日被奴役的地位。一些暴动首领因近期的犯
上作乱行径受到严惩,有的甚至未经法定程序就被处决。[③]据称,
暴民们意图挟持国王巡行英伦,杀掉所有贵族、绅士和律师,甚至
杀死所有主教和教士,只饶过托钵修士,然后把国王也除掉;如此
实现全民平等,再随心所欲地号令全国。[④]这种说法并非不可能,
他们当中的许多人或有在最初胜利的迷狂状态下生出此类打算
的。然而,说到平民暴动,只要背后没有高层人物的煽动和支持,
在人类社会的所有祸患当中原本最不足惧。消除一切等级差别的
恶果势必立显分明,被人们切实地感知,因此,不用太久,旧的秩
序和格局又会卷土重来。

国王年方十六岁,还只是个少年,于危急关头竟能表现出如

---

① Froissard, vol. ii. chap. 77. Walsingham, p. 252. Knyghton, p. 2637.

② Walsingham, p. 267.

③ 5 Rich. II. cap. ult., 引自 observations on ancient statutes, p. 262。

④ Walsingham, p. 267.

此非凡的勇气、沉着和机智，巧妙避过骚乱的暴力风头，国人由此对他寄予厚望。人们自然盼望少主一生能像他的父亲和祖父一样功业彪炳、荣耀千秋。然而，随着理查年事渐长，这些希望亦同步地化为泡影。他所做的每一件事，无不显出他资质庸劣，至少是缺乏可靠的判断力。在这段时期，苏格兰人考虑到本国骑兵力量薄弱，向法王查理六世的摄政班子请求援助。于是，法兰西大元帅让·德·维埃纳受命带领一千五百人马渡过海峡，协助苏格兰人进犯英国。三位王叔意识到危险，遂征召六万大军，由理查国王亲率，挺进苏格兰境内。苏格兰人面对强敌，并无抵抗之意，他们毫无顾忌地抛弃家园，任由敌军劫掠、蹂躏。这种策略令维埃纳无比惊异，苏格兰人告诉他，他们早已把所有牲畜赶进森林和要塞，剩下的房舍家什不值什么钱；再说，他们深知怎样通过寇略英格兰来弥补这方面的损失。于是，就在理查率部取道贝里克郡和东海岸攻入苏格兰之际，三万苏格兰人在法军援助下，从西部侵入英格兰国境，一路掳掠坎伯兰、威斯特摩兰(Westmoreland)和兰开郡，掠得财货无数，安然撤回本国。与此同时，理查国王向爱丁堡进军，沿途及周边城镇、乡村尽遭摧毁。国王下令将爱丁堡焚为灰烬，随后，珀斯、邓迪(Dundee)和其他一些低地城镇也遭受同样命运。当时，臣属们提议进军西海岸，截击自英国返回的敌军、报复他们的掳掠破坏，但理查国王却是归心似箭，只想重拾平日寻欢作乐的生活，顾不得其他。于是，国王引兵撤回，此番征伐未见任何战果，枉自耗费了之前的大量筹备工作。苏格兰人喜好零打碎敲的作战方式，他们发现法国重骑兵部队在这种战争中派不上什么用场，对这些盟友态度恶劣，因此法国人不久便带着对这个国家及其民风

294

民俗的满腔厌恶撤回本国。①英国臣民虽然痛心于国王的怠惰轻浮,此时倒也安下心来,认为来日苏格兰入侵的危险已除。

然而,对于法国宫廷而言,从敌人手中夺回各港口城市意味着莫大的现实利益,他们决计另寻他法来实现这一目的,并认为最佳策略莫过于入侵英格兰本土。他们在斯鲁伊斯港集结了庞大的舰队和陆军(此时佛兰德斯人已成为法国的盟友),全体法兰西贵族都参加了这次行动。英方高度戒备,全力备战。但法国部队还未及登船,舰队就被一场风暴吹散,许多船只被英国人俘虏,英格兰就此避开了迫在眉睫的危险;尽管如此,英王和顾问大臣们仍然充分意识到,这种危险的状况随时都有可能重演。②

公元
1386年

法国人之所以在这个时候萌生侵略英国本土之念,主要出于两方面原因:其一是兰开斯特公爵此前率英军精锐开赴西班牙,去争夺那个镜花水月的卡斯蒂尔王位,英格兰国内防务空虚(公爵在西班牙先是打了几场胜仗,似乎前景光明,到头来还是落得一场空)。其二是因为英国政坛此际发生了严重的纷争和混乱。

理查国王一直受制于他的三位叔父,尤其是野心勃勃、才干出众的格洛斯特公爵。虽说以国王的年龄和能力而言,这种安排并无不妥,但这位幼主暴烈的脾气却绝难容忍大权旁落,因此,他很快就开始尝试挣脱外在羁束。牛津伯爵罗伯特·德·维尔(Robert de Vere)出身于贵族世家,风姿俊美,但行为放荡。国王无限宠爱此人,乃至对他俯首帖耳、言听计从。国王对宠臣恩赏无边,先封

①　Froissard, liv.2.chap.149, 150, &c.liv.3.chap.52. Walsingham, p.316, 317.
②　Froissard, liv.3.chap.41, 53. Walsingham, p.322, 323.

他为都柏林侯爵——一个英国人此前闻所未闻的爵衔——又封他做爱尔兰公爵，颁布特许状并经议会核准，授予他整个爱尔兰的统治权。[1]国王还作主将自己的表妹、贝德福德伯爵英格拉姆·德·寇西(Ingelram de Couci)之女嫁给德·维尔，过后不久又允许他抛弃这位品行端正无瑕的女子，另娶他新恋上的一个波希米亚女人。[2]以上种种公然示宠的行为，令那宠臣在整个宫廷里炙手可热。一切恩赏都经他手发放；不通过他的引荐，任何人都别想接近国王。理查似乎并不能从王权中体会多少乐趣，只有在给自己的亲信厚施恩赏、爵衔和尊荣的时候，才是个例外。

贵族不满　　　由于权力争竞，宠臣及其一党当即与宗室王公和大贵族们结了怨，针对宠臣一伙嚣张无礼行径的抱怨之声处处得到高调应和，在王国各地深入人心。时任军事总长的诺丁汉伯爵穆布雷、阿伦德尔伯爵菲茨－阿兰(Fitz-Alan)、诺森伯兰伯爵皮尔西、索尔兹伯里伯爵蒙塔古(Montacute)、沃里克伯爵博尚(Beauchamp)和宗室王公们相互串连，凭着彼此间的姻旧关系或盟约、更凭着对独占君宠之辈的同仇敌忾之情而结成同盟。他们对国王的个人品格不再抱有敬畏，不屑听命于他的廷臣；针对那些令朝野怨声载道的弊端，他们所采取的匡正办法与那个暴力横流的时代非常相符，事实证明那是一种铤而走险的极端手段，所有反对派必定会应声而动。

现任御前大臣迈克尔·德拉波尔(Michael de la Pole)新近受封萨福克伯爵，他出身于大商人之家，凭着个人才干和勇气在爱德

296

---

[1]　Cotton, p.310, 311. Cox's Hist. of Ireland, p.129. Walsingham, p.324.

[2]　Walsingham, p.328.

华三世时代的历次战争中崭露头角，博得了那位君王的青眼，而今被视为爱尔兰公爵和现任国王小圈子里最富经验、能力最强的一位成员。格洛斯特公爵惯能操纵下议院，他授意该机构效法前朝末年弹劾拉蒂默勋爵的先例，行使自身权力；于是，下议院向同在格洛斯特公爵把持下的上议院提起对御前大臣的弹劾指控。国王眼见针对他本人和众位廷臣的风暴来势汹汹，先是呼吁伦敦民众护驾未果，便退出议会，带着他的宫廷避居于埃尔瑟姆(Eltham)。议会派出一个代表团，敦请国王返驾，他们还威胁说，如果国王执意缺席议会，他们将立即解散议会，哪怕法国入侵危在旦夕，也不为国防战备提供任何支持和供应。同时，一位议员还在旁人怂恿下，提出调阅前朝议会废黜爱德华三世的旧档，这分明是在暗示，理查国王若顽固到底，可以预见怎样的结局。国王无力抗拒，只好满足于同议会约定，在当前对萨福克伯爵的弹劾程序结束后，议会不得对其他任何廷臣发动攻击，以此作为王驾重返议会的条件。[1]

297　　　最能证明萨福克伯爵清白无辜的，要算其对手在权势高张之际指控他的那些鸡毛蒜皮的罪名了。[2]控方声称：萨福克伯爵身为御前大臣，既已发誓监守国王的利益，却低于真实价值购买王室土地；他用先父的遗产、以赫尔港(Hull)关税为担保的四百马克永久年金向王室交换同等收益的土地，又为其子谋得圣安东尼修道院副院长的职位(这个位置原来属于一个法国人，既是英国的敌人、

---

① 参见本卷卷末注释［K］。

② Cotton, p.315. Knyghton, p.2683.

又是教会分裂分子)，在此期间，教宗又任命了一位新的副院长，但
萨福克伯爵禁止此人入境，称其任职资格不合法，直到新来者与伯
爵之子议定补偿条件，同意从圣俸中每年拨给后者一百镑为止；他
曾经从一个名叫泰德曼·林伯赫(Tydeman of Limborch)的人手
里购得一笔由王室颁发、但早被取消的年金资格，额度为五十镑，
又设法让国王重新承认这笔无效旧账；在受封为萨福克伯爵的同
时，他还获得了五百镑年金，以支撑其爵衔的尊荣。[①] 即便上述种
种琐屑的罪名，在审判中也远未坐实。调查发现，萨福克伯爵在担
任御前大臣期间并未购买过王室资产，此类交易都发生在他升任
该职以前。[②] 无庸赘言，尽管他极力申辩，依然被判有罪、褫夺职务。

　　格洛斯特公爵及其党羽遵守与国王的约定，没有对廷臣们发
起进一步攻击。但是，他们马上将矛头转向国王本人和王室尊严，
他们组建了一个资政委员会，此举是效法理查一世以降几乎每一
朝代都曾有过的尝试，而且向来会伴生极度混乱的局面。[③] 委员会
的任命经议会批准，共有十四名成员，其中除了约克大主教内维尔
(Nevil)之外，全部是格洛斯特的党羽。这个委员会接管君权，为
期十二个月。此时已经年满二十一岁的国王，实质上等于被废黜
了。贵族们把持了最高权力。资政委员会虽有任期限制，但是不
难想见，这个集团显然意在永久掌权，权力一旦交付到这些贪婪的

298

---

　　① 萨福克伯爵可能并不富裕，没有来自王室的封赏，便无力撑足与爵衔相称的场
面。他的父亲老迈克尔·德拉波尔虽然是个富商，却因屡屡借款给先王而破了产。参见
Cotton，p.194。我们可以注意到，格洛斯特公爵和约克公爵尽管家财万贯，但在同一时期
也各自接受了千镑年金，用以支持自己的尊荣排场。Rymer，vol.vii.p.481. Cotton，p.310.

　　② Cotton，p.315.

　　③ Knyghton，p.2686. Statutes at large，10 Rich.II.chap.1.

手上，再要夺回谈何容易！然而，理查国王唯有顺服而已。在暴力胁迫之下，国王御笔签署了委任状，发誓永矢勿渝。尽管他在本届议会快结束时公开提出一份异议声明，宣称自己最近虽然做出种种让步，但王室特权仍应被视为完整无损。[①]新晋委员们对此宣示不以为意，随即着手行使自己的权力。

被剥夺王权的国王很快尝到了虎落平阳的滋味。获准留在他身边的那些宠嬖和大臣们也没少在他的伤口上撒盐，尽管他本人毫无过错可言。国王秉性急躁，这种性格促使他想方设法要夺回权柄，向那些冒犯王权的人复仇。鉴于下议院此时在王国体制中的地位举足轻重，国王便试图暗中操纵下议院选举：他试探了一些郡长，这些人在各郡中既是选举监察官，又是大权在握的执法官，自然对选举有很大影响力。[②]不过，各郡郡长大多是三位王叔在他年幼时任命的，或是现任资政委员会掌政期间任命的，因此，国王发现这些人普遍跟他不是一条心。法官们倒是在情感和立场上更偏向于他。国王在诺丁汉秘密会晤了王座法庭首席法官罗伯特·特雷西里安爵士(Sir Robert Tresilian)、皇家民诉法庭首席法官罗伯特·贝尔纳普爵士(Sir Robert Belknappe)、财政署法庭首席法官约翰·加利爵士(Sir John Cary)，次级法官霍尔特(Holt)、富索普(Fulthorpe)、布尔，以及高级律师洛克顿(Lockton)。国王向这几人垂询了一些问题，法务专家们顾及王座的权威，或是从理性出发，毫不踌躇地给出了投合君心的答复。他们声称，最近这个资政委

公元
1387年
国内动乱

299

---

① Cotton, p.318.

② 5 Henry IV.cap.vii. 序言。其中暗示，一些郡长以某种方式指定下议院的议员人选，有此现象的不仅那一届议会，其他很多届议会都是如此。

员会的成立，是贬抑王室尊严和王权的行径；凡促成此事或劝导主上应允者，其罪当诛；凡胁迫、威逼国王服从的，都犯有叛逆之罪；那些坚持保留该委员会的人也同样有罪。国王有权随心所欲解散议会；议会召开期间，必须首先处理国王的事务；未经国王许可，议会不得弹劾国王驾前的任何大臣或法官。[①] 即使以我们今天关于法律和王权的严格准则来判断，以上裁断内容除了最后两条之外，看起来也是正当合理的。再者，下议院掌握的大权，尤其是弹劾权力，在当时尚属新生事物，可资依凭的先例极少，因此，法官们的意见并不缺少站得住脚的理据。[②] 于是，他们当着约克大主教、都柏林大主教、达勒姆主教、奇切斯特主教、班戈(Bangor)主教、爱尔兰公爵、萨福克伯爵和另外两位级别较低的律师，在这份"答国王问询书"上签了字。

　　格洛斯特公爵及其党羽很快探知这次秘密问询的情况，自然非常恐慌。他们看出国王的意图，决计不让它化为现实。王驾一到伦敦，他们心知是针对自己而来，便秘密纠集同党，身带武器，在高门(Highgate)附近的哈林格公园(Haringay-park)聚集，其势

300

---

①　Knyghton, p. 2694. Ypod. Neust. p. 541.

②　1341年，议会迫使爱德华三世承诺，国王应在每届议会召开的第三日，解除对所有重要官员的任命，被解职的大臣们随即来到议会，回应针对他们的任何指控。这分明意味着，议会无权指控或弹劾在任大臣。亨利四世曾经通告下议院，按照议会惯例，他们必须先行审议国王的拨款事宜，对此次序，国王无意更改。Parl. Hist. vol. ii. p. 65. 总体而言，我们必须承认，按照古代成例和准则，这些法官的意见拥有至少是合理的依据。需要指出的是，亨利四世的宣言是刻意而发，而且事先咨询过上议院——他们对议会惯例的了解，远远超过无知的下议院成员。亨利四世在几年前还曾就这一条对他的前任发出严厉指责，由此更增添了这番通告的权威分量。不幸的理查二世，承受了那么多毫无根据的非难！

甚壮,理查国王及其廷臣们根本无力抵挡。他们派出坎特伯雷大主教、勒沃尔(Lovel)勋爵、科巴姆(Cobham)勋爵和德弗罗勋爵给国王捎信,要求将妖言惑君、为害主上和邦国的逆贼交付给他们处置。几天后,他们全副武装、率领一批武装扈从前来见驾,指名道姓地将约克大主教、爱尔兰公爵、萨福克伯爵、罗伯特·特雷西里安爵士和尼古拉斯·布雷默爵士(Sir Nicholas Brembre)斥为危险的国家公敌。他们将臂铠掷在国王面前,态度激烈地提出愿以决斗方式捍卫上述指控的真实性。被指控者和干犯众怒的大臣见势不妙都已逃离,或是藏匿起来。

　　爱尔兰公爵逃到柴郡,在当地纠集一股武装,进军首都,要从狂暴的贵族手中解救王驾。格洛斯特公爵以占据压倒优势的兵力在牛津郡迎战,爱尔兰公爵一方大溃,追随者星散,他只身逃往低地国家,几年后在流亡中死去。贵族们率领四万兵马开进伦敦,胁迫国王召集完全听命于他们的新一届议会。贵族一党主导议会,很少顾忌法律形式,对所有对手严加报复。五位大贵族联起手来,其势力在任何时候都足以撼动王座,他们分别是:王叔格洛斯特公爵、兰开斯特公爵之子德比伯爵、阿伦德尔伯爵、沃里克伯爵和英格兰军事总长诺丁汉伯爵。这五人在议会上联名起诉此前已经在国王面前声讨过的五位廷臣,或者按当时的说法,叫作"指控"。议会本应负起裁断之责,却毫无廉耻地逼迫全体议员一致立下誓言:与几位贵族起诉人生死与共,不惜付出自己的生命和财产捍卫他们。①

公元 1388年 2月3日

驱逐、诛杀廷臣

---

① Cotton, p.322.

　　本届议会的其他议程与那个时代的暴力和不义极尽相符。起 ₃₀₁
诉方提交了一份包含三十九个条款的指控状。由于被指控的廷臣
除尼古拉斯·布雷默爵士之外均未在押，因此议会向其余人等发
出传唤；此后只隔了很短一段休庭期，在被告始终未到庭的情况
下，上议院未听取任何证人证言、未核查任何事实、也未审议任何
一个法律要点，便宣判这几人犯有严重叛国罪。尼古拉斯·布雷
默爵士被带到法庭，以示审判正规，但形式上的正规仅限于此。尽
管按照法律规定，上议院不具备审判此人的适当资格，但他们仍然
草草做出判决，宣布案犯其罪当诛。在法庭休庭期间，此前一直藏
匿的罗伯特·特雷西里安爵士被捕，后与尼古拉斯·布雷默爵士
一道被处决。

　　针对五位廷臣的指控状可见于多部史料汇编，[①]倘若在这里全
文引述，不免冗长乏味。在此只需概括指出，如果我们分析以下假
定(该假定也与真实情况相符)，即格洛斯特公爵及其同伙迫使国
王任命的资政委员会侵犯了王权，而国王本人此后即被反叛者羁
押——那么可以看出，这份指控状中的许多条款不仅反映了爱尔
兰公爵和几位廷臣清白无辜，而且足可说明他们的行为可嘉，乃是
出于对主上的一片忠心。其中个别几条，指控几位廷臣在该委员
会执政前的所作所为，称其意欲颠覆国体、彻底抹杀正义和法律权
威，出言十分模糊而笼统：譬如，说他们独占君恩、隔绝国王与众
贵族；为自己和自己的党羽谋取超出合理限度的恩赏；胡乱开销，

---

　　① Knyghton,p.2715. Tyrrel,vol.iii.part 2.p.919.引自 records。Parliamentary
History,vol.i.p.414.

浪掷公帑。在所有罪名当中，没有关于施行暴力的指控，也未指出任何具体的不法行为，[①]或是违反了哪一条法令。因此，我们可以得出结论：他们理政期间并没有什么罪过，也未曾害人。迄时所见的乱象确乎存在，但这一切动乱的祸根，并非有法不遵，也不能归因于大臣们的暴政，只是起于权力争竞而已；在此过程中，以格洛斯特公爵为首的大贵族们在那个时代特有的风气下，无所不用其极地打击政敌，全然不顾理性、公义和人道。

302

　　贵族一党得势期间犯下的暴行还不止于此。凡在诺丁汉庭外意见书上签名的法官，一律被判处死刑，后以宽大处理的名义，被驱逐到爱尔兰；他们提出上诉，称担心自己的生命安全，害怕在海外受到流亡廷臣的威胁，但徒劳无果。博尚·霍尔特勋爵(Lord Beauchamp of Holt)、詹姆斯·伯纳斯爵士(Sir James Berners)和约翰·索尔兹伯里(John Salisbury)也被审判，定为严重叛国罪，只因他们试图与近期掌权的资政委员会作对。不过，这几人总算保住了性命。相比之下，西蒙·伯利爵士(Sir Simon Burley)的命运则更为严酷：这位绅士因其高风懿德而深受爱戴，有许多高尚事迹流传于世，[②]他曾获颁嘉德骑士称号，并被先王和黑太子指定为理查王子的老师。从理查王子的襁褓时代起，他就一直伺奉在旁，君臣情感非同一般。然而，所有这一切都无法拯救他免遭格洛斯

---

　　①　参见本卷卷末注释［L］。

　　②　至少傅华萨对他的性格是如此描写的(见Froissard, liv.2.)。傅华萨认识这位绅士本人。沃辛汉姆给出的则是另一番形象(见Walsingham, p.334.)。不过，后一位作者较为情绪化，笔下常带偏见，再者，鉴于爱德华三世和黑太子选择西蒙·伯利爵士来教导理查王子的事实，所以可以认为傅华萨对他的描述更有可能接近事实。

特的残酷报复。相对于其他任何人的死，伯利爵士被处决在理查国王心中刻下的烙印更深。王后(理查此时已经成婚，迎娶的是波希米亚国王温瑟劳斯之妹)也曾亲自为伯利求情，她在格洛斯特公爵面前长跪三小时，请他饶过伯利的性命。尽管这位王后品格温柔美善，深得人心，有"良后安妮"之称，但是她的请求仍被那个无情的暴君严厉拒绝。

议会颁布的一项声明，使当下的暴力场景告一段落。该声明宣告：本轮叛国罪审判所依据的指控条款，在今后的审判中一律不得被引为先例。今后各级法官在司法审判中仍以爱德华三世在位第二十五年颁行的相关法令为准。当时，上议院似乎还不了解或不承认，其自身的司法权应当受制于他们会同国王和下议院在立法程序中共同制定的法律规范。[①]议会还规定：人人都要发誓永远维护和支持本届议会通过的各项褫夺领地的决定及其他决议。此外，坎特伯雷大主教还祭出绝罚惩戒，为上述暴力处置平添了一重安全保障。

在宗室王公和大贵族联合压制下，国王屈居奴仆地位，徒然坐视自己的亲随被对手挟恨痛击而无力挽救，这种情形让人很自然地料想，国王恐怕会长期处于雌伏状态，若不经过一番激烈斗争和社会动荡，就不可能复辟王权。然而事实却恰恰相反。距此不过十二个月，年满二十三岁的理查国王在资政委员会面前宣布，鉴于自己已经成年，可以全权管理自己的王国和宫廷事务，因此他决定开始亲政。如此合理的打算无人敢驳，于是国王行使君权，首先罢

303

---

① 参见本卷卷末注释[M]。

免了坎特伯雷大主教菲茨－阿兰御前大臣的职务,将这一要职转授温切斯特主教威廉·威克汉姆(William of Wickham),罢免赫里福德主教王室司库之职,罢免阿伦德尔伯爵军事总长之职,就连格洛斯特公爵和沃里克伯爵也一度被逐出资政委员会。以上重大变动未遇到任何阻碍。由于本朝存留的史料不全,而且除了部分有公共档案可资佐证的内容,余者极不可靠,因此,我们很难推断这一出乎意料的事件背后的起因。或许,当朝的大人物之间有敌意的暗流涌动——这在当时的形势下,自是大有可能——于是国王得以趁势夺回自己的权力。或许,当权一派的暴力行径大失民心,令民众很快产生悔意,觉得不该追随这些大人物走向残酷的极端。无论如何,理查国王重掌大权之后,执政风格较为中庸。国王似乎已经与三位王叔及大贵族们完全和解,[1]尽管他大有理由对他们过去的所作所为怀恨在心。他发现朝中贵族对流亡的爱尔兰公爵深恶痛绝,因此从未试图召回此人。他诏告天下,确认了议会此前通过的大赦令。他还自愿放弃了议会授予他的一部分补助金,以邀民心——如此慷慨大方的举动实在引人瞩目,几乎可以说是空前绝后。

国内纷争平息,政府运行恢复自然状态,此后八年没有多少大事发生。兰开斯特公爵把对卡斯蒂尔王位的继承权完全让渡给对手,换得一大笔补偿,[2]又将女儿腓力芭嫁给葡萄牙国王,随即自西班牙返国。兰开斯特公爵的权威与格洛斯特公爵的势力形成制

① Dugdale,vol.ii.p.170.
② Knyghton,p.2677.Walsingham,p.342.

衡,从而保障了理查的王权。理查对这位长叔大献殷勤,因其从未
冒犯过自己,而且性情也比格洛斯特公爵温和得多。他将吉耶纳
公国让与格洛斯特公爵终身享有,[①]此时秉性反复无常的加斯科涅
人已经重新投入英国政府的怀抱,由于他们的强烈抗议,最后理查
国王征得公爵同意,收回成命。[②]此际发生的一件事,使兰开斯特
公爵和两个弟弟产生了嫌隙:来自西班牙的前任公爵夫人去世后,
兰开斯特公爵迎娶了埃诺地方一个平民骑士之女凯瑟琳·斯文福
德(Catharine Swineford),约克公爵和格洛斯特公爵都认为,这次
联姻大大有辱王室尊荣。不过,国王却迁就长叔,让议会通过一份
特许令,授予那位女士婚前为公爵所生的儿女合法地位,还封其长
子为索默塞特伯爵。[③]

　　与此同时,承自前朝的战争依然持续着,只不过如那个时代
惯有的情形一样,经常穿插议和、休战,因而打打停停,而且由于
双方均实力虚弱,战事并不激烈。法兰西方面烽烟不起,北方边
境也较为平静,只发生过一次苏格兰人入侵,究其根底,原是好战
的皮尔西家族和道格拉斯家族之间的争锋,而非国家层面的争端。305
两军在奥特伯恩(Otterborne)有过一场血腥的遭遇战。[④]生性暴躁
而有"霹雳火"之名的小皮尔西在战斗中被俘,道格拉斯阵亡,双
方胜负未决。[⑤]爱尔兰发生了数起暴动,国王御驾亲征,绥服厥邦;

---

① Rymer, vol.vii.p.659.
② Ibid.p.687.
③ Cotton, p.365. Walsingham, p.352.
④ 公元1388年8月15日。
⑤ Froissard, liv.3.chap.124,125,126. Walsingham, p.355.

本朝由于不事攻伐，武威不张，此番平定爱尔兰，得以在一定程度
上重振了王座的雄武之名。后来，英法两国朝廷终于开始认真考
虑长久和平，但是发现彼此的权利主张针锋相对、极难调和，只好
满足于签订一份为期二十五年的停战协议。[1]布雷斯特和瑟堡分
别回到布列塔尼公爵和纳瓦拉国王手中。其他地方的归属仍保持
协议签订之时的状况不变。为加强两国王室的持久亲善，此时已
成鳏夫的理查国王与法王查理之女伊莎贝拉订婚。[2]这位公主年
仅七岁，英王同意缔结这门极不般配的亲事，主要是想通过与法国
王室联姻壮大自己的势力，对抗三位王叔的图谋和那群生性躁动、
反覆无信到不可救药的贵族们。

　　在这段间歇期里，国王敷政没有任何不得人心的举动，收回
《伦敦宪章》是唯一的例外，[3]而该宪章不久即被恢复，他的权威也
未见巩固多少；然而，虽说国王在公共施政方面大体上无可非议，
其个人品格却招来国人的轻蔑。此君好逸恶劳，喜挥霍，沉迷于低
级趣味，整日荒宴嬉乐，广散国帑用于无聊的炫耀或打赏身边那些
声名狼藉的宠臣，而人民本来期望他能把国库收入用在增进公共
利益和邦国荣耀的事业上。他不顾惜自己的身份，把三教九流的
各种人纳为近臣，殊不知这些人一旦摸透他的心智状况，就会失去
对君上的敬重之心——这份敬重本是缘于他的高贵出身和地位，
他本人却疏于维护。肯特伯爵和亨廷顿伯爵是国王的同母异父兄
弟，国王对他们最为宠信，虽说不及当初对爱尔兰公爵的感情深

306

---

① Rymer, vol. vii. p. 820.

② Ibid. p. 811.

③ Ibid. p. 727. Walsingham, p. 347.

厚，但明眼人一望便知，陛下的恩赏无不掌控在这二人手上，王权
实际上已被他们驾空。公众轻视国王，倾向于喁喁非议国事，热切
地接受那些心怀不满或暗蓄野心的大人物明里暗里散布的怨言。

　　格洛斯特公爵很快看出，国王的放诞行为给他提供了可乘之
机。他见国王仍然敌视和防范自己，不便直接操控王权，便转而邀
买天下人心，以图有朝一日向那些势焰遮天、排挤自己的宠臣复
仇。公爵极少现身于宫廷或资政会议，除了反对国王及其宠臣属
意的措施之外，从不发表自己的意见。他刻意结交每一个对现政
权不满或抱有私怨的人。英国民众不满意长期对法休战，一心盼
望与敌国开战；格洛斯特公爵抓住这一点，着力鼓动大众的偏激情
绪。他似乎已经忘记爱德华三世统治末期英军屡遭败绩的事实，
居心叵测地拿前朝的赫赫功业来对比本朝君主的碌碌无为，哀叹
先王和黑太子两世英名，竟生出如此不肖子孙。他追述往昔的历
次重大胜利，宣扬英国人骛勇非凡，攫取法兰西的财富易如反掌，
令英军将士的求战欲望腾腾燃起。这股情绪轻而易举地感染了民
众。举国上下异口同声地呼喊：这位遭到冷遇的王室宗亲才是力
撑英格兰荣誉的真正栋梁，唯有此人能够复兴王国昔日的强盛与
辉煌。公爵才能出众，平易近人，身为宗室显贵，富可敌国，且官
高爵显，[①]以上种种，再加上他失势于宫廷这一点，都大大增进了他
在国人心目中的崇高威望，对理查国王及其廷臣构成强劲的威胁。

　　同时代史家傅华萨[②]的记述颇为公允，只可惜重要事实有欠精

307

---

① Rymer, vol.vii.p.152.

② Liv.4.chap.86.

准,他认为格洛斯特公爵意欲铤而走险,完全有悖于为政大计和国内的安定时局。格洛斯特公爵的侄子马契伯爵罗歇·莫蒂默(Roger Mortimer)是理查二世钦定并公开宣布的继承人,据傅华萨称,公爵曾经建议莫蒂默立逼理查退位让权,废黜这个德不配位的国王。这个计划被莫蒂默拒绝之后,他又决意由他本人和两个兄长及阿伦德尔伯爵瓜分王国,将理查国王彻底赶下台。据说,国王获悉以上计划,心知一番你死我活的争斗已经无可避免,便决心以迅雷不及掩耳之势打击对手,阻止其毁灭性的计划付诸实施。根据格洛斯特的自供状,这位公爵确实经常作出一副轻蔑架势,妄议国王本人及其施政,也曾认真思考背弃忠君誓言的合法性问题,甚至参加过一次秘密会议,会上提出、讨论并决定了废黜国王的计划。[①]不过,有理由认为,他的阴谋策划尚未进展到付诸实施的阶段。危险可能还相当遥远,采取终极手段来挽救现政权并不是绝对必要。

关于格洛斯特的阴谋危险性究竟有多大,我们尽可有不同的认识,但他不赞成对法停战和两国联姻,却是公开的事实,他自己也毫不讳言。廷臣们现今对国王拥有莫大的影响力,他们力促国王惩治其叔父的逆谋,以策自身安全。此时此际,公爵昔日暴行种下的旧恨重被勾起,他顽梗悖逆的行为令国王记忆犹新;而且,此人在野心驱使下还曾一度篡夺王权,并将国王的忠实亲信斩杀殆

---

① Cotton, p.378. Tyrrel, vol.iii.part 2.p.972,引自records。Parliamentary History, vol.i.p.473.根据瑞克希尔(Rickhill)法官的证言,这份自供状内容属实,并非暴力逼供的结果。正是瑞克希尔将这份自供状由加来带回英国,为此,他还在亨利四世登基后的首届议会上(当时格洛斯特公爵一党得势)接受审判,并被无罪开释。尽管这位法官确系清白无辜,但考虑到当时的形势,他能获释实在不啻为奇事一桩。参见Cotton, p.393。

尽——国王据此认定，一旦逢到有利时机，他大有可能卷土重来。国王性情火暴，不留任何从容计议的余地，他下令出其不意地逮捕格洛斯特公爵，火速将其解上一艘停泊在泰晤士河上的海船，扬帆驶往加来，因公爵的党羽众多，只有在海峡那边，才能确保拘押安全。[1] 阿伦德尔伯爵和沃里克伯爵也同时被捕。叛党分子突然失去首领，惊骇万分，被王威所镇慑。兰开斯特公爵、约克公爵以及两位公爵的长子德比伯爵和拉特兰(Rutland)伯爵[2]都支持国王的行动，令叛党毫无还手之力。

　　国王立即在威斯敏斯特召集新一届议会。他信心十足地认为，上议院一定会顺服自己的意志，下议院就更不必说——在以往历届议会上，下议院已经明显表现出对他的忠顺。[3]如今格洛斯特一党已被镇压，他更加确信选举结果定会有利于己方。为达到目的，他还采取进一步措施，据说授意一些郡长从中发挥影响。此举在当时虽属司空见惯，但也招来一些怨言。不过，本届议会权威既定之后的所作所为，却让国人更多地见识到这种做法。本届议会完全秉承国王的旨意，凡国王提出的法案都得到通过。[4]他们宣布永远撤销僭夺王权的资政委员会，并宣告未来任何时候如果有人试图恢复此类委员会，均属大逆不道之罪。[5]所有剥夺廷臣财产和公权的法令一概被废除，尽管这些法令出台时，议会和举国上下都

---

① Froissard, liv.4.chap.90. Walsing.p.354.

② Rymer, vol.viii.p.7.

③ 参见本卷卷末注释[N]。

④ Walsingham, p.354.贵族们为保自身安全，都带来大批家臣扈从，但国王身边只有几个柴郡护卫。

⑤ Statutes at large, 21 Richard II.

309 曾发誓谨守不渝。本届议会还宣布，废除国王此前颁布的大赦令，因为它是暴力逼索而来，不是出于国王的自由意志，故不具备合法性。尽管理查二世重掌王权之后，在不再受制于人的情况下，曾经自愿地公开宣布确认大赦令，但是议会似乎并不认为这份确认的有效性值得考虑。甚至时隔六年之后，国王对阿伦德尔伯爵的特赦令也被议会取消，借口该特赦是在国王毫无准备的情况下以突然袭击的方式索得的，国王当时并不完全了解阿伦德尔伯爵的罪行严重到何等程度。

接着，下议院提出弹劾坎特伯雷大主教、阿伦德尔伯爵的兄弟菲茨-阿兰，指控其协助建立非法的资政委员会，合谋剥夺廷臣财产和公权。大主教承认有罪，但是由于他身受圣职豁免权的保护，国王满足于将他驱逐出境、查封其教职收入的判决。[①]拉特兰伯爵、肯特伯爵、亨廷顿伯爵、索莫塞特伯爵、索尔兹伯里伯爵、诺丁汉伯爵，以及斯宾塞(Spencer)勋爵、斯克罗普勋爵联名对格洛斯特公爵、阿伦德尔伯爵和沃里克伯爵提起指控，罪名与坎特伯雷大主教相同，又控诉他们曾在哈林格公园武装觐见王驾。阿伦德尔伯爵被带上被告席，他明智地只援引国王的大赦令和特赦令为自己辩护，但他的辩护理由被判定无效，他被定罪、处决。[②]沃里克伯爵也被定为叛国罪，但考虑到他的顺服表现，法庭决定饶其不死，终身流放马恩岛。法庭并未判定上述两位贵族有任何新的谋逆之举，他们只是因为既往冒犯王权的罪行受罚，由于时间久远、加上

---

① Cotton, p. 368.

② Ibid. p. 377. Froissard, liv. 4. chap. go. Walsing. p. 354.

国王一再发布赦令，判罚的理由已经显得模糊了。[1]我们很难推测
这种处置背后的原因何在。格洛斯特公爵近来的阴谋活动，从他
的自供状来看，罪行确凿无疑。不过，或许国王和大臣们当时尚未
掌握令人满意的证据；或许难以判定阿伦德尔和沃里克伯爵参与
了上述阴谋；又或许，详细调查这些阴谋活动，会把某些曾经参与
其中、但现在倒向王权的大人物牵涉进来，因此有必要为其文过饰
非；还有一种可能，即国王按照那个时代的风气，全不在乎哪怕是
在表面上维护法律和公义的尊严，不惜采取任何手段确保审判成
功。对于这一点，就像古代历史上的其他许多情况一样，我们只有
存疑而已。

谋害格洛
斯特公爵　　　　议会向加来总督马歇尔(Marshal)伯爵发出令状，要求他将格
洛斯特公爵押回国内接受审判；但那位总督回复说，公爵因中风猝
死于被关押的城堡内。公爵死不足奇，但恰恰死这个时候，却十足
引人怀疑。舆论立即风传开来，说他是被侄子下令谋害的。在随
后一朝，议会收到确凿证据，证明公爵是被看守用枕头闷死的。[2]
看来，国王担心公审和处决这样一位深得民心的王公贵胄、宗室至
亲，容易招来危险和怨恨，于是采取了这种等而下之的手段满足内
心的复仇欲望，自以为可以掩人耳目。两派势力先后得势期间，似
乎都只顾打击报复对手而不计其余，双方全没意识到，如此以牙还
牙，等于间接证明对方的一切非法暴行事出有因。

　　　本届议会还授封或提升了几位贵族的爵衔：德比伯爵获封赫

---

① Tyrrel, vol. ⅲ. part 2. p. 968. 引自 records。
② Cotton, p. 399, 400. Dugdale, vol. ⅱ. p. 171.

里福德公爵,拉特兰伯爵获封阿尔伯马尔公爵,肯特伯爵获封萨里公爵,亨廷顿伯爵获封埃克塞特公爵,诺丁汉伯爵获封诺福克公爵,索默塞特伯爵获封多塞特侯爵,斯宾塞勋爵获封格洛斯特伯爵,拉尔夫·内维尔(Ralph Nevil)获封威斯特摩兰伯爵,托马斯·皮尔西获封伍斯特伯爵,威廉·斯克罗普获封威尔特郡(Wiltshire)伯爵。①议会召开十二天后,会址迁至什鲁斯伯里。议员们离京之前,国王强迫他们发誓永远遵守和维护本届议会制定的一切法令,这与从前格洛斯特一党的要求如出一辙,而事实早已证明,那样的誓言无非是空话而已。

国王和议会成员按原计划相会于什鲁斯伯里。理查国王急于确保上述法令牢不可破的地位,强令上、下议院全体成员在坎特伯雷十字架前重新发誓;②不久,他又取得了教宗的一纸赦令,自以为这些法令可以永保万全了。③另一方面,议会授予他对羊毛、羊毛皮和皮革征收关税的终身权利,并且批准他征收两项特别补助金,额度分别为十分之一点五和十五分之一点五。议会还撤销了针对特雷西里安等几位法务专家的褫夺权利判决;并征得诸位现任法官同意,宣布这几位曾经为之遭受控告的"答国王问询书"内容公正合法。④他们甚至进一步回溯既往,基于斯宾塞勋爵和格洛斯特伯爵的申请,撤销了爱德华二世时期对斯宾塞父子的褫夺领地

公元
1398年
1月28日

311

---

① Cotton, p.370, 371.
② Ibid. p.371.
③ Walsing. p.355.
④ Statutes at large, 21 Rich. II.

令。①纵观古代英国的历史，无非是首尾相继的一长串翻案记录而已。一切都在起落浮沉、不断演变，得势的党派永远在铲除前一个党派所建立的东西；各方为保当前实施的法案稳固无虞，把一道道誓言强加给国人，反而暴露出他们始终心虚的真相。

本届议会解散之前，推选出一个由十二名贵族和六名平民议员组成的委员会，②全权代表上、下议院处置呈送到两院的事务，以及两院无暇裁决的所有事务。③该授权的意义非同寻常，尽管在管辖对象上有所限制，但是此举很可能当即对宪制构成危害，或者作为一个先例成为日后的隐患。不过，这一非常措施之所以出台，乃是由于一起极罕见的意外事件唤起了议会的特殊注意。

格洛斯特公爵和他这一派的首领纷纷倒台之后，当初联手起诉的贵族们中间发生了一些不和，国王既无足够的权威平息纠纷，也缺乏足够的预见力来防止内讧。赫里福德公爵在议会指控诺福克公爵，称后者私下里对他大肆辱谩国王，还蓄谋打倒许多名位高权重的大贵族。④诺福克矢口否认上述指控，反称赫里福德撒谎，并提出以决斗方式自证清白。赫里福德接受挑战。双方选定了决斗的时间、地点。鉴于这场重要对决需要立法机构的权威介入，针

312

---

①　Cotton, p. 372.

②　当选委员名单如下：兰开斯特公爵、约克公爵、阿尔伯马尔公爵、萨里公爵、埃克塞特公爵、多塞特侯爵、马契伯爵、索尔兹伯里伯爵、诺森伯兰伯爵、格洛斯特伯爵、温切斯特伯爵、威尔特郡伯爵、约翰·伯西(John Bussey)、亨利·格林(Henry Green)、约翰·罗素(John Russel)、罗伯特·泰恩(Robert Teyne)、亨利·彻姆斯威克(Henry Chelmeswicke)、约翰·格罗弗里(John Golofre)。值得注意的是，兰开斯特公爵从不反对委员会其他成员的决定，哪怕是驱逐他的儿子。这件事后来引得朝野怨声载道。

③　Cotton, p. 372. Walsing. p. 355.

④　Cotton, p. 372. Parliamentary history, vol. 1. p. 490.

对这种情况,议会认为不宜延长会期,超出一般惯例和大多数人的便利所限,不如将自身权力交托给一个委员会更为妥当。①

　　赫里福德公爵不讲信义,以私下交谈的内容告发同侪,欲将信赖自己的人置于死地,自然私德有亏;就这一点而言,我们可能更倾向于相信诺福克公爵的否认之辞,对赫里福德言之凿凿的揭发表示怀疑。然而,诺福克在这场权力之争中的所作所为也同样不光彩,跟对手可谓半斤八两:他公开参与了格洛斯特公爵一伙反对国王的所有暴力活动,在针对爱尔兰公爵等廷臣的指控状上,他的名字也赫然列于起诉人名单当中。随后,他却反戈相向,以自己也参与其中的罪行公然指控昔日同伙而丝毫不以为耻;而且在先前那场指控中,许多起诉人是慕他之名才加入的,最终却被他送上法庭。由此可见,在封建贵族政制下、骑士精神蓬勃兴盛的时期,那些古代骑士、贵族的做人准则和行为表现不过如此尔尔。

　　这次判定是非曲直的比武预定于考文垂,在国王的亲自见证下举行。全英格兰的贵族纷纷选边而站,有的支持赫里福德公爵,有的支持诺福克公爵。举国人心都被此事牵动着。然而,就在两位决斗者临场准备交战之时,国王出面干预,避免了王室的高贵鲜血徒然溅于当场,也防止了二虎相争的后续恶果。国王靠着议会代理委员会的建议和权威支持,制止了这场决斗。国王为了显示不偏不倚,同样凭借上述权威敕令这二人离开王国,②分别去往不

----

　　① 亨利四世在位初年(当时议会权力极盛,受到暴力胁迫的可能性极小),议会对枢密院也有过一次类似的权力让渡,同样是着眼于便利。参见Cotton, p.564。

　　② Cotton, p.380. Walsingham, p.356。

同的国家。诺福克终身不得归国,赫里福德流放十年。

赫里福德公爵老谋深算,自控力极强;当此微妙处境下,他对国王极尽俯首帖耳之能事,因此,国王在他离国之前,答应将他的流放期缩短四年,还颁赐特许状,授权他于离国期间如有待继承遗产,可立即接管,相应的效忠礼可延至他归国后再行。

在这件事上,理查遇事软弱和摇摆不定的毛病表露得再清楚不过。赫里福德公爵刚刚离国,这位国王对兰开斯特家族财富和势力的疑忌复炽。他深知格洛斯特一死,兰开斯特派系失去制衡,现已对他的王位和国家安全构成了威胁。当他获悉赫里福德公爵已经与法国王叔贝里公爵之女缔定婚约的消息,便决意要阻止这次联姻,因为这将大大扩张他的堂弟在海外的势力。为此,他派遣索尔兹伯里伯爵专程赶赴巴黎。不久,兰开斯特公爵身故,留下偌大家当,国王又须做出一系列新的决策来应对相关问题。新承了兰开斯特公爵荣衔的赫里福德公爵亨利有国王的特许状在手,急欲接管先父的封地和管辖权。但是理查国王原已深深得罪于他,害怕增添他的实力,遂将此事提交议会代理委员会,并说服他们,称这只是议会委托管辖权之下的附属事务。凭着议会代理委员会的权威,国王撤销了先前的特许状,留置了兰开斯特公爵的领地。公爵的代理人拿到特许状并坚持要求相应的权利,国王又以委员会的名义逮捕、审判此人,给他扣上叛国罪名——而这一切仅仅因为他忠实地执行了东主的委托。[①]此举纯属猖狂的滥权!尽管国王把死刑判决改为流放,饶此律师一命,但也难改事件的性质。

驱逐赫里福德公爵亨利

公元1399年2月3日

314

---

　　① Tyrrel, vol.iii.part 2.p.991,引自 records.

新晋兰开斯特公爵亨利以其品行和才干赢得了民众的赞誉。在立陶宛，他在讨伐异教徒的战事中表现突出，又给他增添了虔诚和骁勇的美名——无论在哪个时代，这两种品质都对人类具有莫大的影响力，在当时更是备受推崇。[①]他在血统、姻亲关系和朋友交情等各方面，与国内大多数贵族首脑有着千丝万缕的联系；理查国王加害于他，势必牵连和影响他们全体；公爵可以从共同利益出发，轻而易举地把他们凝聚在自己身边，联手与国王为敌。民众非要有一个爱戴对象不可，而这种情感需求在理查国王身上却找不到寄托，这位君主的人品不值得他们热爱和尊敬，他的许多所作所为甚至令他们厌恶。[②]格洛斯特公爵死后，天下人心无所归依，遂顺理成章地转向亨利。人们为他的不幸遭际扼腕叹息，为他蒙受的不公待遇抱不平，所有人的目光都瞩望着他，认定唯有此人能使英格兰王国重现昔日荣光、匡正据信存在的诸多时弊。

值此人心浮动之时，理查国王却轻率离国，亲征爱尔兰，为堂 _{亨利回归}弟马契伯爵罗歇之死报仇。这位伯爵是英格兰王位的假定继承人，最近在一次遭遇战中被爱尔兰人所杀。国王一走，正好为野心勃勃并且刚刚受到激惹的对手提供了可乘之机。亨利带领六十名随从，在南特登船回国，随行者当中包括坎特伯雷大主教及其侄子、_{7月4日}年轻的阿伦德尔伯爵。公爵在约克郡的雷文斯珀(Ravenspur)登

----

① Walsingham, p. 343.

② 国王向十年前追随格洛斯特公爵作乱者征收罚金。这些人不得不破财免灾，换取国王的赦免。据后来对理查国王的指控书中所言，缴纳一次罚金还不够。可以想见，这当中确有大臣们滥用职权的可能性。这种不公正的做法影响面极广。所有史家一致认为，此乃严重的压迫径行。参见Otterburne, p. 199。

陆,诺森伯兰伯爵和威斯特摩兰伯爵立即率兵来援,这两位都是英格兰最有实力的大贵族。亨利在此地郑重宣誓,自称本次侵境唯求收复遭到不公正扣押的兰开斯特爵领,舍此别无目的;并且呼吁在英国的所有朋友、所有爱国者,支持他这合理而温和的要求。于是乎遍地骚乱蜂起,各地不满分子纷纷拿起武器。伦敦的武装叛乱迹象最为显著。亨利的人马一路挺进,兵员日日猛增,很快达到六万之众。

全面叛乱　　　国王离国期间,约克公爵受命监国,这本是他作为宗室贵胄的分内之职,然而此公才能不过凡庸,又与兰开斯特公爵有着千丝万缕的交情,因而完全无力应对这等危险的紧急情况。那些忠于国王的大贵族都奉驾出征爱尔兰了,倘若他们留在国内,或许能够支持监国的良好意愿,或者震慑他的背主之心。如此,保王势力处处落于下风。约克公爵在圣阿尔班(St. Albans)集结部队,人数很快达到四万,然而公爵发现,麾下将士对保王大业全无热忱和忠心,反有倒向叛军之势。鉴于这种情况,约克公爵没有半点勉强地听取了亨利派人传来的信息,后者恳请他不要阻挡一个忠实而谦卑的乞请者索还合法祖业。监国继而公开宣称,他将支持侄子的合理要求。全军欢呼赞成监国的这一行动。两军合流,兰开斯特公爵势力大增,完全控制了王国。公爵挥师急进,剑指一批保王派大臣藏身的布里斯托尔,很快迫使该城投降。随后,公爵听取公众呼声,未经审判就下令将被俘的威尔特郡伯爵、约翰·伯西爵士和亨利·格林爵士当即处斩。

　　国王接到此次入侵和叛乱的消息,火速从爱尔兰渡海而归,率两万王军在米尔福德港(Milford Haven)登陆。然而,他手上这支

316

实力远逊于对手的武装也同样靠不住：将士们或被这股举国同心的气势镇慑，或者也感染了叛逆精神，陆续开了小差，最后国王麾下只剩下不到六千人马。这么小的一股部队，完全无望取胜，只会向敌人暴露国王的行藏，因此，国王无奈弃师潜奔至安格尔西岛，打算从那里乘船逃往爱尔兰或法兰西，以待来日臣民恢复忠忱，或对兰开斯特公爵滋生不满时，趁机卷土重来。亨利心知其中的危险，派诺森伯兰伯爵前去觐见国王，极力表白公爵对君上的忠顺之心。这位伯爵凭着谎言和伪誓赚得国王信任，控制了他的人身自由，随后把他带到弗林特城堡(Flint Castle)，交在叛党手中。兰开斯特公爵押解国王前往伦敦，城中暴民欢呼迎候。据称，伦敦 9月1日司法官在路上迎见公爵大驾，以全体伦敦市民的名义请求处决国王和所有被俘的保王分子，为公众除去后患。[①]但是，公爵凭其老谋深算，已经打定主意，在把更多人拉下水之前，且不忙采取极端行动。故而，他以国王之名发布选举令状，立即在威斯敏斯特召开议会。

　　这时节，举国喧腾着愤怒和暴力，这本是世道鼎革之际常有的现象，在英格兰的那段动荡年代里更是如此。忠于国王的贵族不是逃走就是被囚，因此即使在上议院也无人胆敢出头反对亨利。不难想见，在这天下大乱、兰开斯特集团大获全胜的形势下选举出来的下议院，自然狂热追随这一党的大业，对其首脑的意旨亦步亦趋。面对暴力的湍流，贵族阶层无力阻止，总是随波逐流，结果只能助长暴力肆虐，尽管公共利益本来要求他们努力采取遏止手

317

---

　　①　Walsingham.

段。至此，兰开斯特公爵感到局面尽在掌握，开始将觊觎的眼光投
向王位本身。他和手下党羽们潜心谋划，如何以最妥善的方式实
现这一大胆目标。他首先逼迫理查国王自动逊位。^①但是他知道，这道逊位诏书明显是暴力恐吓结出的果实，所以他还要通过议会
追究国王所谓的暴政和胡作非为，正式宣告废黜国王，全不顾此
举对他本人及后世子孙而言，无异于开了一个危险的先例。于是，
一份针对国王的指控书被起草并提交到议会，内中包含三十三条
罪状。^②

　　对国王的指控书言辞极为凌厉刻薄，仔细审视指控的内容，可
以发现其中列举了一些据说出自国王之口的轻率之语，^③因为这些
内容源于私人谈话，因此我们有理由对其真实性存疑；除此之外，
主要罪状无外乎他当朝最后两年的暴政，具体来讲可自然地归结
为两大项：首要的一宗大罪是理查此前针对王公贵族的报复行径
（这些人曾经僭夺王权，而且始终操控和威胁着王权）；第二宗大罪
是违背法律、侵犯民众的一般性特权。然而，前者虽有许多具体情
节不合法，却是在议会的全权支持下施行的，而且无非是这些王公
贵族得势时针对国王及其追随者暴虐行径的翻版而已。扣押兰开
斯特公爵的领地，恰当地讲，只是借议会之名收回国王自己赐给他
的恩典罢了。谋杀格洛斯特公爵（虽说这位公爵罪有应得，但这次
秘密处决确应称为谋杀）是一桩私人行为，没有形成任何先例，也
不属于王权僭越或专横行权等引起民众合理质疑的行径。就其实

废黜国王

9月28日

318

①　Knyghton，p.2744. Otterburne，p.212.

②　Tyrrel，vol.ⅲ.part 2.p.1008，引自records。Knyghton，p.2746. Otterburne，p.214.

③　第十六条、第二十六条。

质来看,它的本源在于国王手中的权力太小,而不是出于野心的促动。由此可以证明,理查国王非但没有威胁到宪政,就连执行法律的必要权柄都不足。

至于所指控的第二宗罪,由于其内容主要是理查的宿敌捏造的一般性事实,理查本人及其朋友从未获准答辩,因此更难判断真伪。安在理查头上的这些罪名,似乎大多属于滥用王室特权:诸如滥用豁免权、[①]征发权、[②]王室内务法庭的运用、[③]强行索贷、[④]庇护违法者免受审判等。[⑤]尽管这些王室特权时常惹动物议,但在之前的历朝历代却屡见不鲜,后世的君主们也照样援例而行。然而,究竟是理查国王的这类违法行为超常地频繁、欠考虑、手段更暴力,还是软弱君权下滋生的朋党集团抓住了他的把柄而一力夸张,时隔多年之后的我们实在很难说清。不过,在一件事上,他的行为明显有别于自己的祖父,那就是:在他当政期间,从来未被指控不经议会批准武断敛税。[⑥]回顾爱德华三世一朝,针对这种危险滥权的怨声不绝于耳,几乎没有哪一年消停过。不过,或许是因为爱德华三世统驭万民的赫赫君威,辅之以高度的审慎,使他能够武断运用

---

① 第十三、十七、十八条。
② 第二十二条。
③ 第二十七条。
④ 第十四条。
⑤ 第十六条。
⑥ 据Cotton, p.362记载,国王曾经通过御前大臣向下议院传话,称他们应当格外感念君恩,因为他只征收十分之一税和十五分之一税,除此之外,他本人不再向臣民索取更多。"不再"二字所指的就是历代先王的做法。理查二世本人从未任意开征过任何税项。哪怕是议会为废黜这位君主所列的罪状当中,也仅仅抱怨税赋沉重,却不曾声称这些税项是非法或武断征敛。

种种王室特权增进臣民的福利，民众的不满情绪反而不像较少专制的理查二世在位时期那么高涨。在这一点上，无论我们肯定哪种情况都有轻率之嫌。不过，可以确定的是，在当时那种大环境下，仅凭这份由兰开斯特公爵亲笔起草、经议会通过的指控书，并不足以推断理查二世的行为格外有悖于法律或者格外暴虐。[①]

对国王的指控书提交到议会，尽管几乎每一条罪状都存在可辩驳之处，但是无论上议院还是下议院都没有对其中内容进行详察、审核或辩论，似乎一致认可了这份文件。在压倒一切的悖逆和暴力氛围下，只有卡莱尔主教一人有胆量挺身而出，为不幸的主上申辩，与气焰万丈的当权势力争个公道。虽说这位纯良的教长在某些论点上似乎偏囿于绝对服从尊上的信条，过多地牺牲了天赋人权，但他之所以滑向这个极端，乃是深恨乱党横行无忌的自然结果；这样大无畏的精神和不计个人得失的行为，充分证明无论他的理论多么值得商榷，其心灵的高贵却远远超乎那班奴颜媚骨的卑劣小人。卡莱尔主教向议会陈词，那些可以正当归咎于理查国王的弊端不能等同于暴政，只不过是失误、年轻和错误引导造成的结果，并非无可救药，采取改良措施远比彻底推翻现政权更容易、也更有利。他指出，即使国王的所作所为确如指控书中所说充满暴力和危险，那也是如法炮制了先前叛逆分子的做法而已，那些以下犯上的暴行让国王感到处境堪危，情急之下才会诉诸非法和专制手段来巩固自己的王位。臣民的叛逆倾向是君王施行暴政的主要原因。不让君主放心的臣民，法律也无法为他们提供安全保障。

---

① 　参见本卷卷末注释［O］。

神圣不可侵犯的忠诚准则是英国政体的基石，这个准则一旦被弃绝，王国各等级的特权断不会因这种肆无忌惮的行径而得到加强，反将丧失支撑自身力量和稳定性的最牢靠的基础。爱德华二世被议会废黜的事件远不足以引为先例，与上述准则相抗，那只是凭借暴力制胜的一个实例而已。令人堪悲的是，在这个世界上，人们如此经常地犯下罪行，没有什么设定的准则能使之正当化、合法化。即便前朝废君之事被引为先例（一个错误和危险的举动），也不能为时下变本加厉的逾矩行径提供正当理由，此举必将给王国和百姓带来混乱和灾祸，殃及子孙后代。迄至此时，至少英国王位依然传承有序，被扶上大位的仍是王室嫡系继承人；民众也有机会借着合法的忠顺表现，补赎他们在前朝的欺君暴行。主教指出，议会曾经宣布老兰开斯特公爵的兄长克拉伦斯公爵莱昂内尔(Lionel)之子为王位继承人，此公身后也有嗣子。属于这一脉的王位继承权，尽管被实力雄厚的当权派系所遮蔽，但在国人心中却永难磨灭。倘若国人今天以暴力颠覆了理查这样一位良主的合法君位，他们过后同样可以凭暴力支持确定无疑的合法继承人坐上本该属于他的王位，那么后续又将出现怎样血腥的暴力场面？如今当权者企图建立的新政府没有凭以立身的理据，几乎找不到任何借口来挑战富有见识和道德感的民众的忠君意识。如果上位者自称王室嫡系继承人，显然是一个无比拙劣的谎言，就连最无知的愚氓都不会上当。反叛君上的臣子永远不能援引胜利来为自己辩护。君主的权力来自世袭而非民众拥立，在这样的制度下，民众的拥护不具权威性。无论国人如何申说废黜误入歧途之君的正当性，却绝无理由排斥这一位显然毫无过错的法定继承人。可以预期兰开斯特公爵

320

未来的统治将注重法律层面的适度性，然而他若在过去的叛逆罪行之上，添加一重排除王室正统继承人的罪，只会构成一个违背上述原则的反面例证：要知道无论根据血统还是议会的宣示，莱昂内尔的后嗣已经被认定为合法储君，一旦理查国王驾崩或自愿退位，他将毫无争议地登上王位。[①]

　　如果拿这次事件的整个情形与近来的1688年革命相比，颇能看出两者的差异：后者是一个伟大的文明国家出于深思熟虑维护其既有权利的行动，而前者则是躁动蛮横的贵族阶层在朋党相争过程中从一个极端到另一极端的急剧摆动。卡莱尔主教的仗义直言没能赢得喝彩，甚至未获宽容：兰开斯特公爵下令将他立即逮捕，囚禁于圣阿尔班修道院。再也无人提出异议。于是，这份洋洋洒洒列举了理查三十三条罪状的指控书在一次会议上便获全票通过——就在不久前，正是同一批贵族和教会长老，曾经出于自愿地一致投票批准了他们现在所指责的这些暴力行为。经议会上、下两院投票决定，理查国王被废黜。如今王位已空，兰开斯特公爵迈步上前，先是口念基督之名在额头和前胸画十字，[②]随后说出下面一番惊世之语，鉴于这段话颇不寻常，我们在此原文照录：

　　"奉圣父、圣子、圣灵之名，我，亨利·兰开斯特，对英格兰王国及王位连同所辖所有子民与属权提出要求。因我本是良主亨利三世之嫡脉血裔，凭着仁慈上帝赐我之权柄，在亲族、朋友襄助

---

① Sir John Heywarde, p.101.

② Cotton, p.389.

之下争取收复王权。吾国因弊政而趋向没落，必受益于良法而得复兴。"[1]

要理解他这番话，必须说明一点：当时一部分底层民众相信一个愚蠢的传言，称亨利三世之子、兰开斯特伯爵埃德蒙实际上是爱德华一世的哥哥，由于某些生理缺陷，他的继承顺位被后移，由其弟取而代之坐上了王位。现任兰开斯特公爵的母亲是埃德蒙的后裔，因此他凭着这一血缘关系以王室嫡嗣自居。亨利在讲话中隐隐约约地道出了这一点。然而，此说太过荒诞无稽，无论是亨利本人还是议会都无法公开承认。至于源自征服的王权，同样提不上台面：他是反叛君主的逆臣，在踏上王国土地时，所带随从不到六十人，因此，他根本无法以英格兰的征服者自居。故而这份权利也无从宣示，唯迂回隐射而已。除此之外还有第三种说辞，称他凭着从暴政和压迫下拯救国家的功绩而得国，但他对此也同样不敢明言，只能暗示。不过，从根本上讲，与其说他可以凭借上述功绩直接获得王权，倒不如将这功绩引为国人自由推举他登上王位的理由，但即便这一点他还是不敢公然宣示。为了彻底排除选举一说，他提出王位是自己分内应得之物，源于取得或继承。整篇讲话含混晦涩、一派胡言，几乎无例可循，然而议会却没有提出任何异议，上、下两院一致拥戴他登上了王位。他当上了国王，没有人说得清他究竟是通过什么途径、凭着什么资格坐上宝座。马契家族的王位继承权曾经得到议会认可，此时既没有被宣告无效也未撤销，只是悄无声息地避而不提。鉴于人民的自由似与这场鼎革无

① Knyghton, p.2757.

关,因此他们参预王国大政的权利和其他一切特权都丝毫未得改善。不过,亨利在要求王权时,曾经隐约其辞地提到征服,令人担心上述权利可能遭到破坏。于是,亨利不久便公开宣称,他无意剥夺其他任何人的特权或自由。[1]回顾这段史事,综其终始,只有这一件事情让我们觉得有意义或者说合乎情理。

随即发生的事件反映了同样暴戾的行事作风和粗陋原始的治
10月6日
国理念。理查被废后,本届议会即告解散。有必要召集新一届议会。仅仅过了六天,亨利召集旧议会的原部,称之为新议会,根本未经重新选举。议会成员的任务还是一如既往:推翻敌对派系制定的每一项法规。理查主政期间最后一届议会通过的所有法令,当时虽经全体议员宣誓维护、又有教宗敕令批准,如今一概作废。格洛斯特当权时议会颁布的所有法令,最初也经过全体议员宣誓确认,但随后即被理查废除,现在又经议会宣布重新生效。[2]特雷西里安等法官的"答国王问询书"曾被一届议会宣布无效,又被下一届议会及新任法官们确认,此番再遭废弃。因指控格洛斯特、阿伦德尔和沃里克而晋爵的贵族们,一律被贬回原爵衔。就连在议会中提起控告的做法(此举实际上更类似于朋党对个人的暴力攻击而非依法控告)也被完全废止,恢复了普通法的审判程序。[3]如此反复无常、无止无休的飞快变局,自然令民众眼花缭乱,完全无从分辨政府施政措施正确与否。

10月23日
诺森伯兰伯爵向上议院提出动议,讨论如何处置那位不幸的

---

[1]　Knyghton, p.2759. Otterborn, p.220.

[2]　Cotton, p.390.

[3]　Henry iv. cap.14.

废帝。他请各位贵族发表意见，既然亨利已经决定免理查一死，那么今后当如何对待此人？众人异口同声地回答：关押在秘密地点，严加看守，不准他接触任何朋友或党羽。不难想见，理查落在如此野蛮残暴的敌人手里，命不久矣。关于理查被害的具体情况，众史家的说法不同。一个长期流行的观点是，理查被囚禁在庞弗雷特城堡，当时皮尔斯·埃克斯顿爵士(Sir Piers Exton)等几名看守一拥而上，用手中的戟结果了他的性命。不过，一个可能性更大的说法是，他是在狱中被饿死的。据说断绝食水之后，他足足挣扎了两个星期，才结束了悲惨的生命。此说与下面的描述更相符：他的尸身曾被当众展示，看不到任何暴力伤害的痕迹。理查国王卒年三十四岁，在位共二十三年。他没有留下任何子嗣，无论婚生或私生。

国王遇害

　　给我们留下理查生平史料的所有作者都生活在兰开斯特王朝，公平而言，这些史料中对理查的毁谤之语，我们不应照单全收。但是，即便我们尽量从宽地留出适当余地，仍然可以看出他是一位软弱的君主，不适于安邦治国——不是出于身体或能力上的缺陷，而是因为缺乏可靠的判断力和良好的教育。他脾气暴躁、挥霍成性、迷恋无谓的炫耀和华丽排场、近宠臣、好逸乐……凡此种种激情，均与节俭开支的原则大相抵触，从而在混合型有限政制下成为危险之源。假如他有足够的才能笼络甚至震慑手下的大贵族，很有可能避免本朝发生的一切祸事，而且大可以更深地压迫民众(假使他确有压迫行径的话)，令其不敢反抗、连轻声抱怨都怯于出口。然而，由于国王无勇无谋，令大贵族们忍不住要抵制他的权威，对他采取极端的暴力行动，这自然导致他抓住机会反扑，以牙还牙：

国王性格评述

324

公义被置若罔闻,众多贵族领袖的生命成为牺牲品。这一切暴行似乎并非出于有计划地巩固专制权力的目的,而更多地源自胜利者的骄狂和国王所处环境之必须。这等暴力行径其实主要是时代风气造成的结果。那时候,即使在和平年代,执法力度也极其软弱,当大动乱来临时,法律的权威更是荡然无存。相争的双方同样罪孽深重。如果说二者有什么差别,我们会发现王权因居于相对合法地位,所以在得势时采取的手段不像贵族朋党那样凌厉残暴到无所不用其极。

对比本朝与前朝的统治和历史事件,我们同样有理由钦敬爱德华三世、非难理查二世。不过,造成这种巨大差异的,肯定不是前者严格尊重、而后者漠视国民权利。事实恰恰相反,能力较差的君主在感到手中权柄不足时,似乎比强主更倾向于在这方面采取温和态度。爱德华三世治下的每一届议会都会对这样或那样的滥用王室特权行为表示抗议。但在理查二世一朝,我们没有发现任何此类抗议,直到他任内的最后一届议会——那是由他的宿敌召集的,旨在将他赶下王位;这届议会在最剧烈的动乱期间罗织了多项指控,有鉴于此,在每一位公正法官的裁量中,相关证词的可靠性势必大打折扣。[1] 上述两朝都出现过权贵侵越王权的情形。爱德华三世在经济窘迫时,不得不公开与议会讨价还价,出卖若干王室特权以换取眼前的资助,不过议会深知他的天才和能力,也不敢斗胆提出任何冒犯君威和王权的过分要求。而理查二世的孱弱使议会生出不轨之心,逼他同意成立资政委员会,从而变相僭夺了王

---

① 　如欲深入探究这一观点,可参看Cotton's Abridg. 关于这两朝的记载。

权,把国家权柄转交到大贵族手上。这些侵越事件的具体情节也符合两位君主不同的性格特点。爱德华三世一旦取得资助,转头就撕毁他为了诱使议会拨款而作出的承诺。他公开向民众宣布,自己表面上对议会做出种种让步,不过是和他们虚与委蛇而已;随即他便恢复和保留自己的所有特权。反观理查二世,只因被发现向法官咨询并考虑恢复原有政体的合法性问题,便立即招来贵族们以武力相抗,结果是他本人丧失自由,眼睁睁看着自己的宠臣、大臣和导师被杀害或被驱逐、剥夺财产和公权,而他只能俯首屈服于这一切暴行。两位王者的不同命运,反差鲜明至极。这种差异永远取决于实施的措施是否公义吗?还是更多地取决于支撑这些措施的审慎与勇气是大是小?这个问题很适于供学会研讨。

　　这段时期,教会的权威显见衰落。在俗民众对罗马教廷和本国神职人员数不胜数的侵僭行径深恶痛绝,大大降低了这个王国的迷信程度。许多迹象时时强有力地显明,民众普遍希望摆脱天主教会的束缚。理查二世治下最后一届议会全权委托的十八人委员会当中,找不到一位神职人员的名字。自天主教会入驻英格兰以来,遭受这等忽视的情况可谓史无前例。[①]

本朝花絮辑录

326　　反对官方教会的势力很快找到了一套可以凭之自辩和自立的信条、教义和推理。有位在俗神父名唤约翰·威克里夫(John Wickliffe),曾经就读于牛津大学,自爱德华三世一朝末期以来,他一直通过演讲、布道和写作传播宗教改革学说,追随者甚众,来自各个等级、身份各异。此君似乎是一位才华出众、学识渊博的人,

---

　　①　参见本卷卷末注释[P]。

他在全欧洲第一个站出来公开质疑那些被多少世代普遍遵奉、笃信不疑的教条。威克里夫及其追随者被世人呼作"威克里夫派"(Wickliffites) 或"罗拉德派"(Lollards), 他们的一大特点是生活态度和生活方式极端崇俭,这在所有新教条的倡导者身上十分常见,其原因有二:首先,凡欲吸引公众注意力、把自身暴露于万众非难之下的人,行为不得不格外检点;其次,那些醉心于享乐或世务的人也极少选择如此艰难而劳苦的事业。威克里夫传讲的教义源于他对《圣经》和古代宗教典籍的钻研体会,与16世纪宗教改革家的理论几乎相同,只是在一些观念上比相对冷静的那部分宗教改革家更激进一些。他否定圣体真在论,不承认罗马教会的至尊地位,也不承认隐修誓愿的功德。他坚称《圣经》是唯一的信仰准则,教会从属于国家,应由国家对教会进行改革;又主张神职人员不该拥有地产;他说托钵修士惹人讨厌,呼吁民众不要供养他们;[①]他斥责教会繁缛的宗教仪式有害于真正的虔诚。他还宣称起誓行为不合法、统治权的存在基于神的恩典、万事万物都有命定、凡人都已预先注定承受永福或永罚。[②]从其总体教义而言,威克里夫似乎是个充满宗教热忱的人,因而更胜任斗士的角色,挑战以迷信为主要特色的传统教会。 327

　　上述教义的流布引起了教会的严重警觉。教宗格列高利十一世签署敕令:拘押威克里夫,对其所有观点严加审查。[③]伦敦主教

---

① Walsingham, p.191, 208, 283, 284. Spelman Concil.vol.Ⅱ.p.630. Knyghton, p.2657.

② Harpsfield, p.668, 673.674. Waldens tom.i lib 3.art Ⅰ.cap.8.

③ Spelm.Conc.vol.ii.p.621. Walsingham, p.201, 202, 203.

考特尼(Courteney)传讯威克里夫到他的法庭受审，但这位宗教改革家已经找到了大有权势的保护人，庇护其躲过了宗教法庭的审判。当时主持王国事务的兰开斯特公爵赞同威克里夫的主张；他和军事总长皮西尔勋爵毫无顾忌地与威克里夫一道公开现身于宫廷，对面临审判的威克里夫表示支持。在审查威克里夫的教义主张时，他甚至坚持要求威克里夫当着伦敦主教就座。考特尼抗议这种奇耻大辱。伦敦市民认为他们的主教大人遭到挑衅，对公爵和军事总长群起而攻之，二人好不容易才得脱身。[①]继而，群众又攻入这两位贵族的宅邸，威胁其人身安全、抢劫其家财。还是伦敦主教出面安抚，平息了群众的怒火。

　　不过，在理查国王未成年期间，兰开斯特公爵始终在庇护威克里夫。这位改革者的主张得以广泛传播。后来教宗又发布了一份禁绝此类教义的敕令，当敕令送抵牛津大学，校方犹豫了好久，斟酌是否接受；实际上，他们从未采取积极措施执行这份敕令。[②]最后，就连伦敦市民也有些回心转意，开始对这位改革者生出好感。在兰贝斯(Lambeth)召开的一次宗教会议上，威克里夫被传讯受审，但大批群众冲入会场，教长们见民众和朝廷都反对他们，不由得胆战心惊，不敢对威克里夫再加苛责，就放他回去了。

　　我们大可认为，教会恨不能严惩这种全面攻击他们声望、财产和权威的新异端，只是没有足够的实力罢了。迄至此时，英格兰尚无一部授权世俗武装捍卫正统教义的法律，于是，神职人员便试图

①　Harpsfield in Hist. Wickl. p. 683.

②　Wood's Ant. Oxon. lib. I. p. 191, &c. Walsingham, p. 201.

通过某种特殊的不正当手段来弥补这一"缺憾"。1381年时曾经颁行过一道法令，要求各郡郡长逮捕宣传异端邪说者及其背后的教唆者。但这个法令是教会长老暗中耍弄花招争取来的，表面上 ³²⁸ 正式登记在册，却未经下议院批准。在下一届议会上，下议院对这种欺骗行为发出怨言，坚称他们对教会担负的义务绝不可超过先辈曾经承诺的范围，并提出废止这个伪冒的法令。于是，议会做出了废止该法令的决定。[①] 然而令人称奇的是，尽管下议院的态度如此警觉，教会人士却拥有无比高超的手腕和影响力，居然把废止令压了下来，以致那道从来不具任何法律权威的法令至今还堂而皇之地保留在本朝法令汇编当中。[②] 不过教会认为最好将它留以备用，并未立即付诸实施。

由于教会的实力不足，让威克里夫逃过一劫，此外，这位改革家本人虽有满腔热情，却似乎并不具备以身殉道的壮志。此后每一次面对教会法庭时，他都曲解语义为自己的信条解释开脱，使之显得相当单纯无害。[③] 他的追随者大都效法其审慎策略，靠着改变观点或解释开脱保全了自己。威克里夫于1385年因中风死于莱斯特郡卢特沃斯(Lutterworth)他本人的神父宅邸。保守的教会人士恨他没能活到遭报复的一天，除了向民众断言他死后必遭永罚之外，还刻意把他临终的病痛说成上帝分明的惩罚，只因他犯下了传播多种异端邪说和不敬虔的大罪。[④]

---

①　Cotton's abridgment, p. 285.

②　5 Rich. II chap. 5.

③　Walsingham, p. 206. Knyghton, p. 2655, 2656.

④　Walsingham, p. 312. Ypod. Neust. p. 337.

　　然而，威克里夫的信徒在英格兰仍在日益增加。[1]一些修道院史家称，这个王国有半数人口都被这种教义感染。一些在牛津读书的波希米亚青年还把它带回了自己的祖国。不过，尽管时人似有接纳这种观念的强烈意向，但是大变革的条件尚未完全成熟。对教权的最后一击还有待于未来具有更发达的求知欲、人文精神和创新追求的时代。

　　与此同时，英国议会采取了一些更冷静、更合法的手段，继续遏制本国教会和罗马教廷的势力。他们重新颁布了《圣职法》，对违法行为施以更严厉的惩处，在某些情况下，甚至处以极刑。[2]罗马教廷此时又发明了一种新手段来加强对各地主教的控制。教宗发现，用剥夺神职来惩罚异己显得过于粗暴，容易引起异议，遂变换招法，把不受青睐者打发到贫穷的教区，甚至异教势力范围内有名无实的教区担任"名义主教"（partibus infidelium），借以达到同样的目的。格洛斯特一党得势后，对王党朝臣约克大主教、达勒姆主教和奇切斯特主教就是这样处置的。亨利四世上台后，卡莱尔主教也落得同样下场。因为教宗总是与大权在握者结盟，只要他们对他的权利要求不加阻挠就好。理查二世在位时，议会颁布法令制止这种滥权行为。国王向罗马教廷发出一封笼统的抗议书，反对罗马教廷的所有僭越行径，他在信中称之为"骇人听闻的侵凌"。[3]

　　教会规避《死手法》的一个惯用策略，是让信徒把地产遗赠给

---

[1]　Knyghton, p.2663.

[2]　13 Rich.Ⅱ.cap.3.16 Rich.Ⅱ.cap.4.

[3]　Rymer, vol.ⅶ.p.672.

指定人员,受让者实际上是替教会管理土地,于是教会便可借他的名义享受遗产收益。针对这种欺骗手段,议会也采取了遏制措施。[①]理查二世在位第十七年,下议院提出请求:"一些神职人员安排手下维兰娶自由民身份的女继承人,通过这般串谋,将世俗产业转到教会控制之下。有必要采取措施纠正这种弊端。"[②]这又是教会的一个新招术。

这段时期,因教会分裂,教宗权力有所削弱,这种状态持续了四十年,令圣座的虔诚信徒们蒙受了极大耻辱。多年来教宗一直驻驾阿维尼翁,格列高利十一世接受了迁回罗马的建议。1380年,这位教宗去世时,罗马人决心让圣座永驻意大利,为此他们包围了教宗选举密议室,逼迫枢机团(大多数成员为法国人)推举一位意大利人为新教宗,是为乌尔班六世(Urban VI)。法国枢机主教们一朝恢复自由便逃离罗马,随即发声抗议胁迫选举,并另选日内瓦伯爵之子罗贝尔(Robert)为新教宗,号称克勒芒七世(Clement VII),驻驾阿维尼翁。基督教世界的各个王国根据不同的利益和倾向分成了两大集团,各自拥戴一位教宗。法兰西宫廷支持克勒芒,卡斯蒂尔国王和苏格兰国王作为法国的盟友追随其后。英国自然要投向另一方,公开声明支持乌尔班。于是,在长达数年的时间里,克勒芒派和乌尔班派把欧洲搅得不得安宁。两派都指责对方是分裂分子、反抗基督真正代理人的逆贼。这种情况尽管削弱了教宗的权威,其影响却并不像人们自然而然的想象中那么大。

---

① Knyghton, p. 27, 38. Cotton, p. 355.
② Cotton, p. 355.

尽管每位国王起初都可以轻易带领整个国家选边而站，甚至在一段时间内延宕不决，但到后来就无法随心所欲地改投另外一方了。民众坚持自己一派的立场，如同坚持宗教信仰一般，极度痛恨对立分子，认为他们比撒拉逊人和异教徒强不了多少。这场纷争中甚至有人发起了十字军行动。特别值得一提的是，1382年，狂热的诺里奇主教率领近六万名盲信者跨海奔赴佛兰德斯，与克勒芒派作战，但出师不利，人马折损大半，蒙羞返回英格兰。[1] 两位教宗都察觉到民众中间的这种主导倾向，发现一个王国一旦选择拥护自己，就只有追随到底，于是他们便壮胆坚持圣座的所有权利主张，对世俗君主的畏惧并不比受到对立教宗威胁之前更多。

在本朝初年颁行的一部法律序文中有这样一段话："王国许多地方有形形色色的小城堡主或小财主招纳大批扈从，包括候补骑士以及其他身份者，按年为他们提供帽子和号衣，再要求他们缴纳这些衣物的价钱乃至双倍价钱，以换取一个约定或保证：他们所有人要在一切争执中相互支援，无论己方有理与否。百姓因之遭受极大痛苦和压迫。[2]"这篇序文生动地反映了当时王国的真实情状。即使在爱德华三世长久、活跃而警觉的统治下，政府的执法力度仍然极弱，没有一个百姓能信靠法律的保护。人们公然结成团伙，依靠某些大贵族的庇护，协同防卫。他们佩戴各自帮派的徽章，表明身份。他们在争执、欺凌、勒索、谋杀、抢劫及其他各种犯罪活动中沆瀣一气、相互支持。在他们心目中，首领的权威大过国王、对

---

① Froissard, lib. 2. chap. 133, 134. Walsingham, p. 298, 299, 300, &c. Knyghton, p. 2671.

② Rich. II. chap. 7.

本帮派的忠诚比对国家更深。那个时代无止无休的骚动、暴乱、派系纷争和内战，皆源于此。这也造成了君权泛滥肆行的现象以及过分限制君权可能引发的后续危险。如果国王手上不掌握专制权力，各方贵族就会起而篡夺、僭行这种权力，国家势必彻底陷入无政府状态。

与这种帮派现象伴生的一大弊端，就是逼迫国王下旨宽赦罪大恶极的罪犯。前朝议会曾经一再尝试剥夺君主的特赦权，但在本朝，议会只满足于节制这种权力。议会颁布法令，规定针对恶意蓄谋强奸或杀人案件的赦免令，除法律特别规定者外，一概无效。[①] 此类赦免令还须满足其他一些必要条件方可获批。这是一部出色的法令，可惜像大多数与时代风气作对的法律一样，在执行中全无实效可言。

从民间自愿同盟纷起的现象不难看出，封建体制的统治效力在某种意义上已经瓦解，在这方面，英国几乎重返诺曼征服时代以前的状况。王国各地的土地产权没完没了地反复更易，在这种情况下，封建体制的确无法长久维系下去。想当初，庞大的封建贵族领地刚刚建立时，领主在众多附庸簇拥之下，生活优裕。他有责任荫庇、爱护和保卫领地中的子民。其保护人地位自然而然地与优越感合而为一，两种威权原则互为支撑。然而，当土地产权经过各种形式的分割、混合之后，产权人可能与土地相隔遥远，无法给领地居民提供庇护和支持，领主与附庸间的关系渐渐变得有名无实，新的基于地缘关系或其他因素的纽带开始形成。人们通过自愿的

332

---

① 13 Rich. II. chap. 1.

服务和依附来换取保护。任何一位显得勇武有能、气魄豪迈的大人物都能大大扩张自己的势力。假如君主缺乏上述品质，则会与封建制全盛时期一样、甚至更多地面临贵族僭权的危险。

本朝国政方面的最大创新，是以特许状钦点上议院议员。首位通过这种途径晋身上议院的贵族是博尚·霍尔特勋爵。征收恩税的做法也首次见于本朝史料。

理查二世生活奢靡，在英国历代君主中可谓空前绝后。他的内廷侍从多达万人，仅御膳房便有三百号人，其他各部门人员按同样比例配备。[①]必须提到的是，按当时的规矩，这个庞大的侍从队伍，一应膳食开支都由国王支付。王室如此挥霍，这恐怕是王家承办商们大肆勒索民财的根源所在，也是引起公众不满的一个主要原因。

---

① 诗人Harding声称，此乃来自王室总管处办事员的权威说法。

第十八章　亨利四世

继位资格—叛乱—威尔士叛乱—诺森伯兰伯爵造反—什鲁斯
伯里之战—苏格兰形势—议会事务—国王之死—国王性格评述

公元
1399年
继位资格

　　英格兰人久已习于王位的世袭传承，每当背离王位世袭制，几乎总有不义和暴力如影随形，国民的选择或选举却无从谈起，因此在英国历史上，回归正当君统从来都被视作国之大幸。有鉴于此，亨利担心如果声称自己是基于国人拥戴而执掌王权，人民会感到不适应，亦很难认可其继位资格的正当性。此外，"选择"这个观念似乎总是暗含着条件性，君主一旦违背了其中哪个条件，人民就有权收回对他的拥戴——为君者自然不喜欢这样的理念。就英格兰臣民的情况而言，这种观念也包含着危险，他们一向深受狂骜贵族的影响，即使对世袭君主也并非完全俯首帖耳。出于上述理由，亨利决定，不会援引这一资格主张，尽管这是他唯一合乎情理的执政依据；他宁可出之以捏造手段，尽可能地从其他角度拼凑自己的继位资格。结果，他使自己在有识之士心目中落到这样一种地位：除了当前实际占有王权这一点之外，他的权力毫无依据可言。这样的统治基础在本质上是非常脆弱的，一旦大贵族结党谋逆或是民众中间滋生偏见,极容易被颠覆。目前,他的确比潜在竞争对手、莫蒂默家族的嗣子占据优势:前朝议会曾经公开认可莫蒂默家族的王位继承权,但这位嗣子此时年仅七岁。[①]为保此子安全,莫蒂默家族的朋友们都绝口不提他的继位权。亨利以监护的名义,把这男孩和他弟弟软禁在温莎堡。不过,亨利有理由担心,这个贵族后代逐渐长大成人,将会吸引人民的爱戴,他的存在将提醒他们,他怎样被人以欺诈、暴力和不义的手段剥夺了王位继承权。在舆论上,有很多有利于这个年轻人的话题:他是地地道道的英格兰人,门庭高贵、家族人脉雄厚,因而广受瞩目;无论废君如何有罪,这位年轻人却是完全无辜的;他的宗教信仰及所受教育均与国人相同,不会有别样的利益出发点。以上一切综合起来,会对他的王权主张构成支持。尽管现任君主才干出众,能避免任何危险的鼎革,但他也有理由担心,自己的权威很难与历代先主等驾齐驱。

亨利登基后首次召集议会,就看出自己争取到的王位有可能旦夕不保,也看到驾驭这些桀骜不驯、党派纷争不断的贵族将是何等艰难。由于最近的动荡,各派之间的仇恨燃得正旺。在会上,贵族们彼此激烈对抗,相互发出决斗挑战,四十副臂铠被铿然掷在上议院的地板上。"骗子""叛徒"的叫骂声在整个会议厅里此起彼伏。国王凭借自身权威镇住了这些强悍的勇士,制止了所有即将发生的决斗,但他却无法让他们保持得体的镇定态度,或是彼此亲切相待。

不久,这股奔突的激情便爆发为行动。拉特兰伯爵、肯特伯

335

---

① Dugdale, vol. i. p. 151.

爵、亨廷顿伯爵、斯宾塞勋爵在前朝分别被理查二世封为阿尔伯马

尔公爵、萨里公爵、埃克塞特公爵和格洛斯特伯爵,但这些封号在

本朝都被褫夺,于是这几人又勾结了索尔兹伯里伯爵和拉姆利勋

爵(Lord Lumley),密谋暴动,欲在温莎劫持国王。[①]但是拉姆利勋

爵背叛盟友,提前向国王示警。亨利突然还驾伦敦。当几位反叛

贵族率五百骑兵赶到温莎时,发现已经失去了突袭的机会,他们取

胜的全部指望尽在于此。次日,亨利率两万人马现身于泰晤士河

上的金斯顿(Kingston upon Thames),部众大半来自伦敦市。反叛

分子无力抵抗,四散而逃,希望回到各自控制的郡,望召聚部众再

战。但是国王的人马紧追不舍,各地民众也群起反对他们。肯特

伯爵和索尔兹伯里伯爵在赛伦塞斯特(Cirencester)被市民捉获,

按照当时的常规做法,于次日即被斩首,未经更多程序。[②]布里斯

托尔市民对斯宾塞和拉姆利二人也如法炮制。亨廷顿伯爵、托马

斯·布朗特爵士(Sir Thomas Blount)和本尼迪克特·塞利爵士(Sir

Benedict Sely)也被逮捕,亨利下令将他们连同其他谋逆者一道处

决。遇难者被肢解的尸体被送到伦敦,大批群众上街围观、庆祝,

至少有十八位主教和三十二位头戴法冠的修道院院长加入了这个

极其不堪入目的欢腾场面。

　　然而,令一切依然保有荣誉感或人道情怀者深感震惊的一幕

还在后头:只见拉特兰伯爵以胜利者的姿态,用长竿挑着其内兄斯

宾塞勋爵的头颅进献给亨利,用以证明自己的忠诚。这个无耻之

---

　　①　Walsingham, p. 362. Otterbourne, p. 224.

　　②　Walsingham, p. 363. Ypod. Neust. 556.

徒乃宗室至亲约克公爵之子,时隔不久,老公爵亡故,他便继承了这一爵衔。此人曾经参与谋害自己的亲叔父格洛斯特公爵,[①]又背叛了对他寄予信任的理查二世;他参与谋反,试图杀害自己曾经宣誓效忠的亨利;随后又背叛了经他劝诱加入谋反的同党;此时,他当着所有世人的面,堂而皇之地展示这多重耻辱的标记。

亨利深知,斩杀谋逆者虽然看似给自己的王位提供了安全保障,但是如此血腥的一幕势必埋下怨仇的宿根,对王权遗患无穷。环顾周遭,他的敌人已然不可胜数,所以他采取稳健自守的方针,决计不肯再为自己树敌。在他上台以前,公众普遍认为他全盘秉承其父兰开斯特公爵的观点,同情"罗拉德派"对官方教会弊端的攻击。然而,现今他入主庙堂,常恐王位不保,便转而将迷信视为一种巩固公共权威的必要辅助手段。他打定主意,千方百计博取教会的欢心。迄至此时,英国尚无将异端入罪的刑事法规,一直以来的容忍并非出于罗马教廷的宽容精神,而是源自这方民众的无知与头脑简单——他们没有能力创建或接纳任何新异的教义,因而无需以严厉的刑罚加以规制。然而一旦那位博学多才的威克里夫"横空出世",在一定程度上突破了固有偏见的羁束,神职人员便开始大声疾呼,要求严惩其追随者。国王几乎毫不踌躇,迅速选择利益而牺牲原则:满足教会对敌人的复仇欲望,这是赢得他们青睐最有效的一招。他责成议会立法惩治异端,该法律规定:凡归正后又故态复萌的异端分子或始终拒绝放弃异端思想者,将由主教或其代表移交给世俗权力机关,由世俗治安官判处火刑示

公元
1401年

---

① Dugdale, vol. ii. p. 171.

众。①教会掌握了这一武器之后，并未让它闲置多久。未几，伦敦圣奥西斯(St. Osithes)教区牧师威廉·索特勒(William Sautre)被坎特伯雷教牧会议定为异端罪，经上议院核准、由国王亲笔签署处决令状，②这个不幸的人身受火刑，为自己的错误观念付上了代价。此乃英格兰有史以来首开戕害异端之纪录，为那个时代人们早已司空见惯的诸般阴惨景象又添一重恐怖。

　　然而，无论亨利多么小心谨慎，仍然无法避开从四面八方射来的变乱之矢。先王理查是法国王室的姻亲，所以后者极力支持理查一党复辟，或为理查之死而复仇。③不过，法国虽然有意趁英国内乱之机采取某种行动、以打击这个宿敌，无奈本国发生了更严重的动乱，只好匆匆与英方议和。法王查理六世满足于从亨利手中接回女儿，随后便搁置备战措施，与英国续签停战协议。④攻取吉耶纳也对法国人构成诱惑，但是国内党争令他们同样无暇顾及该计划。加斯科涅人怀念先王理查，因为这位君主生在加斯科涅，他们拒绝向废黜和杀害理查的人效忠。此时，一股法军出现在两国边境，加斯科涅人大有弃英投法之势。⑤然而，伍斯特伯爵率一支英军及时赶到，力挺拥戴亨利的一派，压倒了他们的对立面。另外，宗教因素也有助于维系加斯科涅与英格兰的关系。加斯科涅人先前顺服英王理查的权威，承认罗马的教宗，现在他们看到，如果臣

①　2 Henry IV. chap. vii.
②　Rymer, vol. viii. p. 178.
③　Rymer, vol. viii. p. 123.
④　Ibid. vol. viii. p. 142, 152, 219.
⑤　Ibid. vol. viii. p. 110, 111.

服于法兰西，就势必要倒向那位阿维尼翁的教宗，而他们向来所受的教导都是要把后者视作分裂教会的罪人加以憎恨的。他们在这方面遵奉的原则已然根深蒂固，不容任何骤然、猛烈的转变。

发生在英格兰的鼎革也在威尔士激起了变乱。欧文·格兰铎尔(Owen Glendour 或 Glendourduy)本是威尔士古代王族的后裔，他因爱戴先王理查而见弃于新君；而卢辛的格雷勋爵雷金纳德(Reginald, lord Gray of Ruthyn)在威尔士边区广有产业、与新君关系密切，他看到这是侵凌邻居的大好时机，便强占了格兰铎尔的领地。[①]格兰铎尔被这不义之举激怒，更不堪忍受屈辱，仗剑夺回领地。[②]亨利派兵援助格雷，[③]威尔士人则站在格兰铎尔一边。就此开启了一场棘手而又冗长乏味的战争。格兰铎尔凭借一己的勇气和活力，加上威尔士的自然地理优势和当地居民强悍不驯的精神，进行了顽强持久的抵抗。

格兰铎尔不分青红皂白，蹂躏所有英格兰人的地盘。他侵入马契伯爵的领地，伯爵的叔父埃德蒙·莫蒂默爵士(Sir Edmund Mortimer)率家臣迎战威尔士首领，结果被击溃，爵士本人被俘。[④]已被亨利国王放归威格摩尔(Wigmore)城堡的马契伯爵虽然年纪尚幼，却也率领部众浴血沙场，兵败后，他同样落入格兰铎尔之手，并被带回威尔士。[⑤]亨利出于对马契家族的忌惮和敌视，坐视伯爵

①　Vita Ric. sec. p. 171, 172.
②　Walsingham, p. 364.
③　Vita Ric. sec. p. 172, 173.
④　Dugdale, vol. i. p. 150.
⑤　Ibid. vol. i. p. 151.

身陷缧绁。尽管马契伯爵与辅佐亨利坐上大位的皮尔西家族关系
密切,但亨利仍然不准诺森伯兰伯爵为这年轻人向格兰铎尔缴纳
赎金。

　　亨利政权的对法关系久久不见明朗,加之政权革鼎之际常有
的动荡,让苏格兰人见隙生心,再度兴兵入侵。亨利亟欲以牙还牙,
又唯恐向臣民索取大笔军需供应会使新政府失了民心,于是,他
在威斯敏斯特召集上议院开会,向贵族们陈述当前形势,而没有召
集下议院。[①]那时,封建制度的军事构架已基本颓圮,只残存了一
小部分涉及民事权利和财产权的内容。与会贵族颇不情愿地承诺
各率一定数目的家臣附庸,追随王驾征讨苏格兰。[②]亨利领兵进至
爱丁堡,轻松占领该城,并在那里传唤罗伯特三世(Robert Ⅲ)为
苏格兰王位向其效忠。[③]但他随后发现,苏格兰人祭出"拖"字诀,
既不战又不降,自己此番只是徒劳的虚张声势,遂于三周后撤兵回
国,遣散了这支部队。

　　下个季节,苏格兰的阿奇巴德·道格拉斯伯爵(Archibald earl
of Douglas)率一万两千人马,在众多苏格兰大贵族的簇拥下,侵
犯英格兰,蹂躏北方各郡。他回师时,在边境地区的霍梅尔顿
(Homeldon)遇到皮尔西家族武装的阻截,双方激烈厮杀,苏格兰
人被彻底击溃。道格拉斯伯爵本人被俘,同时沦为阶下囚的还有
苏格兰国王的侄子、奥尔巴尼(Albany)公爵之子法伊夫伯爵莫达
克(Mordac),以及安格斯伯爵、穆雷(Murray)伯爵、奥克尼(Orkney)

339

---

① Rymer, vol. viii. p. 125, 126.

② Ibid. p. 125.

③ Ibid. p. 155, 156, &c.

伯爵等一大批苏格兰贵族士绅。①亨利听闻捷报后,遣使诏令诺森伯兰伯爵不得以俘虏换取赎金。而那位伯爵却按照当时通行的战争法则,把收取赎金视为自己的天然权利。国王的意图是拘押这些俘虏,好在对苏格兰的谈判中占据优势。然而他的这个策略再次触怒了皮尔西家族。

亨利欠皮尔西家族一份天大的人情,这种关系最容易使其中一方显得忘恩负义,在另一方心中滋生不满。为君的一方对于当初拥立自己坐上宝座的强大势力自然会心怀疑忌,而为臣的一方自恃功高,无论得到多少回报,都不容易满足。尽管亨利在登基伊始便授予诺森伯兰伯爵亨利·皮尔西皇家军事总长的终生职位,②又对皮尔西家族厚加恩赏,但后者却把这一切都视为理所当然,只要己方提出的其他任何要求未获满足,便觉受了伤害。诺森伯兰伯爵之子哈里·皮尔西(Harry Piercy)脾气暴躁,伯爵的弟弟伍斯特伯爵则是个喜欢结党生事的人,在这二人的煽动下,伯爵满心怨气腾腾,他心知亨利的继位资格有问题,便有意推翻这个自己一手扶上大位的君主,以泄怨愤。诺森伯兰伯爵暗中联络格兰铎尔,又释放了道格拉斯伯爵,与那位好战的首领缔结同盟。他号召所有党羽拿起武器。在那个时代,显贵家族的威势近乎无边无际,因此,数年前追随他反对理查国王的同一批人马,此时又聚集在他的旗帜下,向亨利国王造反。就在战事一触即发之际,诺森伯兰伯爵突然病倒在贝里克,遂由小皮尔西接掌帅印,率部向什鲁斯伯里进

340

---

① Walsingham, p.336. Vita Ric.sec.p.180. Chron.Otterbourne.p.237.

② Rymer.vol.VIII.p.89.

发,准备与格兰铎尔会师。国王身边幸而保有一小股步兵,原是为
了对付苏格兰人的;亨利深谙内战中兵贵神速的道理,当即挥师急
进,以图尽早与叛军一决雌雄。王军赶在皮尔西与格兰铎尔会师
之前,在什鲁斯伯里附近截住了他,两军随即全面交锋,这在亨利
是出于战略考虑、在小皮尔西则是性格急躁所致。

　　大战前夜,小皮尔西给亨利送去一份声明书,宣布撤回对他
的效忠誓言,并向亨利发出挑战;他以父亲、叔父及其本人的名
义,历数据他所称国人有理由抱怨的诸般苦情。他谴责亨利背信
弃义,违背了当年在雷文斯珀登陆时,当着诺森伯兰伯爵的面手按
《福音书》所起的誓:后者那时信誓旦旦,称自己除了索回兰开斯
特公爵领别无所图,还发誓永远忠于理查国王。然而,亨利先是废
黜了理查国王,又杀害了他;随后,他僭夺了莫蒂默家族的正当权
利,自己坐上宝座——然而无论是从王位正统继承次序而论,还是
按照议会的公开声明,一旦理查国王驾崩、王位空缺,理当由莫蒂
默家族的嗣子继位。亨利的这一切行为都使他罪上加罪。小皮尔
西指斥亨利出于残忍的谋算,坐视年轻的马契伯爵、就是他本当尊
为君主的人沦为敌人的阶下囚,甚至不准其友出资将他赎回。皮
尔西谴责亨利背信弃义的第二件事实是:亨利当初曾经发誓不到
万不得已,绝不向臣民征税,但他上台后却对举国课以重税。他又
指责亨利以不正当手段操纵议会选举,而这恰恰是亨利当初指控
先王理查的主要罪名,理查受到责难乃至被黜的主要原因也在于
此。[1]这份声明书处心积虑,就是要给这场争斗火上浇油。双方首

---

[1]　Hall, fol. 21, 22. &c.

领皆勇武强悍，所以此番注定是你死我活的一战。两军兵力也势
341　均力敌，各有一万两千人左右，其规模易于调度指挥。有理由预见，
此战双方都将血流成河，难分胜负。

　　　战况惨烈而胶着，在那个年代的历史上极为罕见。亨利不避
凶险，投入厮杀最激烈的地方。他那勇敢的儿子日后将以赫赫武
功闻名天下，此时初入沙场就表现突出，他处处效法乃父，甚至脸
受箭创也不肯退出战场。①小皮尔西浴血奋战，实不负其身经百
战而成就的虎将之名。道格拉斯作为他曾经的对手、今日的战
友，在当天的一片恐怖和混乱之中，依然身手不凡，与他不相上
下。道格拉斯神勇无匹，锐不可当。他似乎决心亲手斩杀英王，
在整个战场与之追踪缠斗。亨利要么是想摆脱针对他个人的攻
击，要么是为了现身各处以激励己方将士，事先安排多位军官身
穿国王的装束，其中许多人因为这份荣耀而死在道格拉斯的剑
下。②在白热化的激战中，小皮尔西遽尔阵亡，不知死于何人之手。
整个战局胜负为之立判，王军占据了上风。据说，当天双方阵亡
的绅士总共将近两千三百名，但王军方面折损的人员身份更为显
赫：斯塔福特伯爵、休·谢尔利爵士(Sir Hugh Shirley)、尼古拉
斯·高塞尔爵士(Sir Nicholas Gausel)、休·莫蒂默爵士(Sir Hugh
Mortimer)、约翰·梅西爵士(Sir John Massey)、约翰·卡尔弗利爵
士(Sir John Calverly)都在阵亡者之列。平民身份的士卒总共阵亡
六千，其中三分之二属于皮尔西阵营。③伍斯特伯爵和道格拉斯伯

7月21日
什鲁斯伯
里之战

----

① T Livii, p.3.

② Walsingham. p.366.367. Hall.fol.22.

③ Chron.Otterbourne.p.224. Ypod.Neust.p.560.

爵双双被俘,前者在什鲁斯伯里被斩首,后者则受到与其身份和功绩相当的礼遇。

　　诺森伯兰伯爵病体痊愈之后,重新召聚起一支兵马,正欲前去增援自己的儿子,却被威斯特摩兰伯爵阻截;什鲁斯伯里之战惨败的消息传来,伯爵立即遣散部队,只带了一小队随从赶赴约克觐见王驾。[①]他谎称自己集结兵马只是为了调停双方的争端。亨利认为当前之计以接受这个借口为宜,甚至恩旨赦免了伯爵的冒犯。342其他反叛分子同样受到宽大待遇。除了被视为叛乱祸首的伍斯特伯爵和理查德·弗农爵士(Sir Richard Vernon)以外,其他参与这番冒险事业的人似乎无一丧命于刽子手刀下。[②]

公元
1405年　　诺森伯兰伯爵虽被赦免,但内心却深知自己永远不可能再蒙信任;他的势力过大,国王不可能真心宽恕他,这位君主现今的处境令其大有理由以疑忌的眼光环顾周遭。此番各股反叛势力未能形成协调一致的步调,或许可以归因于亨利的机敏或好运,抑或是对手缺乏机谋:反叛者在各地相继起事,使亨利有机会将其逐一扑灭;倘若他们联合起来,亨利的统治恐怕难逃覆灭的命运。诺福克公爵之子诺丁汉伯爵和约克大主教(即亨利做兰开斯特公爵时被斩杀于布里斯托尔的威尔特郡伯爵的兄弟)在皮尔西兴兵之际并未轻举妄动,但内心里对家族死敌的仇恨却燃得无比炽烈,现在他们决定与诺森伯兰伯爵联手,共图复仇大计。在那位强大的贵族做好准备之前,他们这边先一步武装举事;他们发布了一纸檄

---

①　Chron. Otterbourne. p. 225.

②　Rymer. vol. viii. p. 353.

文,谴责亨利篡夺王位、谋害先王,要求恢复正规君统,匡正一切弊政。主掌邻郡的威斯特摩兰伯爵率领一支实力逊于叛军的人马赶到,双方在约克附近的希普顿(Shipton)对峙。威斯特摩兰伯爵担心硬拼对己方不利,便试图以计取胜,这个计策实在并不高明,除非对方愚蠢天真到极点,才有可能成功。威斯特摩兰伯爵提出,与约克大主教和诺丁汉伯爵在两军阵前会谈;在会晤中,他以极大的耐心倾听他们的怨言,恳请他们提供匡正弊端的建议,对他们提出的每一项措施都表示赞赏,应允他们的一切要求,还保证说,亨利也会完全满足他们的要求。当他看到自己的依从和让步哄得二人心满意足,便对他们说,既然双方事实上已经达成和解,不如把部队都遣散了,免得给国计民生造成难以承受的负担。大主教和诺丁汉伯爵当即下令,在原野上解散了己方部队。但威斯特摩兰伯爵却在暗中给部属下达了相反的命令,结果轻松俘获两位反叛首领,未遇任何抵抗。他将二人押送到正以急行军赶来平叛的国王面前。[①] 审判和制裁一位大主教,在当时颇不寻常,倘若亨利按照正规程序行事,给异议留有余地,此事很可能变得棘手且不无危险。目前形势下,只有迅速处决此人方为安全稳妥。国王发现大法官威廉·加斯科因爵士(Sir William Gascoigne)对此举心存顾虑,便指定威廉·富索普爵士(Sir William Fulthorpe)担任法官,不经起诉、审判和辩护,就判处大主教死刑,立即执行。大主教身受极刑,在英格兰自古以来还是第一遭。英国的高阶教士们自此学了乖,明白自己若是犯了罪非但不能免受惩处,所受制裁反而比在俗

公元
1407年

---

① Walsingham, p.373. Otterbourne, p.255.

者更严厉。诺丁汉伯爵同样被草草定罪、处决。不过，尽管还有许多有身份的人参与叛乱，如法尔孔伯格勋爵(Lord Falconberg)、拉尔夫·黑斯廷斯爵士(Sir Ralph Hastings)、约翰·考维尔爵士(Sir John Colville) 等，但是似乎并无其他人遭到亨利的严厉处置。

诺森伯兰伯爵闻知消息，即与巴尔多夫勋爵一起逃往苏格兰。[1]国王占据了这两位贵族名下的所有城堡和要塞，未遇任何抵抗。继而，他将兵锋指向格兰铎尔，此前他的儿子威尔士亲王已经在这条战线上取得了一定优势。不过，这个敌手与其说危险，不如说是难缠，他虽然拼不过强大的英军，却仍能凭借天险自保，或是逃出生天。接下来的一季，在流亡中耐不住寂寞的诺森伯兰伯爵和巴尔多夫勋爵率兵侵入英格兰北方，希望唤起民众起义。然而他们发现当地戒备森严，他们的行动决计没有成功的指望。约克郡郡长托马斯·洛克斯比爵士(Sir Thomas Rokesby)征募了一支人马，在布拉莫姆(Bramham)突袭入侵者，斩获胜利，诺森伯兰伯爵和巴尔多夫勋爵双双殒命。[2]不久，格兰铎尔也去世了。这两件幸事为亨利扫清了国内的所有敌人。这位君主虽以不正当手段得国，执政资格也颇有值得质疑之处，但他却凭借一己的勇武、审慎和手腕，成功地让百姓习惯于他的羁轭，并统辖那班傲慢的贵族，如果单靠法律而没有上述才干的支持，他决不可能取得如此成就。

344

---

[1]　Walsingham, p.374.

[2]　Ibid. p.377. Chron. Otterb. p.261.

差不多与此同时，命运再一次垂青亨利，让他有机会威压那个从地理位置而言最能搅扰其统治的邻邦。苏格兰国王罗伯特三世虽然资质平平，却心地单纯，行动无害于人。然而当时的苏格兰比英格兰更少具备包容这种素质王者的条件，更遑论爱戴他了。罗伯特的弟弟奥尔巴尼公爵才具高出兄长一筹，至少在性情上更加喧嚣暴烈，他独揽王国大政，仍不满足于现在的权威，还包藏祸心，企图翦灭王嗣，把自己的子孙送上宝座。他将国王的长子大卫投入监牢，饿死在狱中。这时，在这残暴的霸主和王位之间，唯一的阻碍便是大卫的弟弟詹姆斯。罗伯特国王知道儿子处境堪危，便送他登舟赴法，希望得到友邦的庇护。不幸的是，航船被英国人半途截获，时年九岁的詹姆斯王子被俘，被送往伦敦。当时两国间虽有和平协定，但亨利却拒绝释放小王子。罗伯特国王忧病交加，再也无法承受命运的最后一击，很快就一命归天。苏格兰王国的大权就此落入奥尔巴尼公爵手中。[①]亨利这时越发看出手中俘虏的重要性：只要他保有这个人质，就不怕奥尔巴尼公爵不对他俯首帖耳。如果后者不肯听命，他可以轻而易举地支持正统王嗣复辟，结结实实地报复那个僭主。亨利扣留詹姆斯王子的举动虽然暴露出他缺乏侠义之心，但他也做出了充分的补偿，为小王子提供了出色的教育。正因如此，日后詹姆斯回国登基，才有能力在一定程度上改良母邦的蛮风陋俗。

亨利四世在位期间，英法之间近来的敌对态势有所缓和，没有发生军事冲突。两个王国受限于国内党争和动乱，顾不得从邻

---

① Buchanan, lib. 10.

邦的困境中捞取好处。不过,亨利凭借才干和运气较早地压制了国内党争,在其统治后期,他开始把眼光投向海外,刻意煽动勃艮第和奥尔良这两大家族之间的仇隙,给那段历史时期的法兰西政权制造了莫大麻烦。亨利知道,国人对先王不满的重要一点就在于其对外消极无为,他希望把民众永不安分的躁动精神引向一个新的方向,免得他们在国内嚣闹,制造动乱和内战。亨利将谋略与武力并用,首先与勃艮第公爵签订盟约,派出少量武装支援这位公爵,帮他对付敌人。[1] 不久,他又倾听奥尔良公爵更有利的提议,给那一方派去一支更大的援军。[2] 但是,敌对双方随即达成暂时和解,英国的利益惨遭牺牲。亨利的苦心经营到头来只落得一场空。他的健康每况愈下,这一朝很快就到了尽头,因此他无从采取新的行动,对法作战的大业都留待他那运气更佳的儿子大展宏图。

本朝的军事和外交状况大体如此。相形之下,这一朝的内政和议会事务更令人难忘,也更值得给予注意。此前两朝,下议院选举成为王国治理中一件不可忽视的大事,理查二世甚至被指控采取不正当手段操纵选举,把自己的党羽安插进下议院。这位国王之所以被废黜,此乃一大主要罪状。然而亨利却毫无顾忌地效法理查的先例,在选举中鼓励同样的滥权舞弊行径。虽有明确立法禁止这种流弊,甚至有一位郡长因贿选而受罚,[3] 然而在那个时代,法律的执行状况普遍很差。民众颇不足道的自由并不植根在

(左侧边注)
公元
1411年

公元
1412年

议会事务

---

[1] Walsingham, p.380.

[2] Rymer.vol.VIII.p.715.738.

[3] Cotton, p.429.

(右侧边注) 346

法律和议会选举的基础上，却另有一种更可靠的根基。下议院被
君主和贵族之间永无止境的权力争斗裹挟着，尽管无力抗拒这股
强大的湍流，在特定情况下，时时被迫对这一边或那一边做出无
原则的让步，但是国家的一般政制却保持未变，其中各个组成部
分的利益始终居于同等地位，臣民手中握有武器，政府虽然可能
被抛入一时的混乱，但很快又能在自身的悠久基础之上重新缔构
成形。

　　亨利四世在位的大部分时间里都不得不刻意笼络人心。下议
院意识到自身的重要性，开始搂揽过去通常不属于他们的权力。
亨利登基初年，下议院推动了一项立法，规定凡是助纣为虐的法官
均不得以奉王命为借口逃脱惩治，即便其本人的性命受到国王威
胁也不予考虑。[①]本朝第二年，下议院坚持对国王的请愿书未收到
答复就不批准补助金的做法，这显然是与国王讨价还价的一种战
术。[②]本朝第五年，下议院要求国王罢免四位得罪了他们的内廷官
员，其中包括国王的私人神父。亨利虽然明确表示，他未查出这四
人有罪，但为了安抚下议院，还是依从了他们的要求。[③]本朝第六
年，下议院投票批准授予王室补助金，但同时任命了几位听命于议
会的司库官，监督钱款是否用于指定目的，并要求他们把账目呈给
下议院。[④]本朝第八年，下议院提出规制政府和宫廷管理的三十项
重要规定，获一致通过，他们甚至强迫枢密院所有成员、全体法官

347

---

① Cotton, p.364.
② Ibid.p.406.
③ Ibid.p.426.
④ Ibid.p.438.

及全体廷臣发誓谨遵上述规定。①《〈伦敦塔存英国议会档案〉精编》的编者曾有点评，称这一时期下议院议长及议员们出言格外放肆。②不过，下议院的巨大权威仅是当时形势下获取的暂时胜果。在下一届议会上，下议院议长按惯例向国王申请自由谏言权，但国王此时已经克定艰危，掌控了国内局面，遂直言宣告，自己无意采取革新措施，并准备享用王室特权。不过从总体而言，与历代先王相比，亨利四世似乎更清楚地知晓权力的边界，在行动上也很注意提防逾矩。

亨利四世在位期间，下议院时时轻率地向王权作出让步，但也总能迅速予以撤销，从而显示了他们所享的自由。尽管亨利对莫蒂默家族的疑忌永难磨灭且依据充分，乃至严禁在议会场合提到这个名字，然而由于没有一个叛乱者放胆尊马契伯爵为王，亨利也顺水推舟，从未要求议会明确宣告马契伯爵的继位权无效（虽说议会可能不会拒绝这个要求），因为他深知，在当前形势下，这种宣示并无权威性，只会再度提醒国人莫蒂默家族拥有继位权。他试图以一种更加巧妙和隐蔽的方式达成自己的目的。他促使议会通过一项决议，王权只能归于他本人及其男性后嗣，③从而将《萨利法典》引入英国政制，心照不宣地把女性排除在王位继承序列之外。他满以为，尽管金雀花王朝的奠立源自女性继承权，但如今时过境迁，大多数民众并不了解此事；一旦成功地让他们习惯于排除女性继承权的做法，那么马契伯爵的继位权就会逐渐被淡忘、湮灭。然

---

① Ibid.p.456,457.

② Ibid.p.462.

③ Cotton,p.454.

而，他此番努力的结果却并不如意。在与法兰西的长期争端中，英国始终高调谴责《萨利法典》不公正，以至于相反的原则早已深植于此邦民众的内心，现在已不可能连根拔除。该届下议院在通过此项决议后，随即意识到此举颠覆了英国政体的基础，为更多内战敞开大门，甚至比兰开斯特家族僭夺王统的后果更加严重；于是，在下一次集议中，下议院强力主张重新制定继位规则，亨利迫于压力，只得承认宗室公主享有继位权。[①]这足以证实，民众对亨利的继位资格普遍心存不满，也没人知道他是基于什么原则登上王位。

　　本朝下议院在与王权打交道的过程中表现出追求自由的热忱，令人称道；然而，他们对抗教会的诸般努力更是不同凡响，在很大程度上似乎堪称百余年后流布于世的自由精神之先声。我知道，相关记载的可靠性完全仰赖一位古代史家，[②]但这位史家既为同时代人，又兼有神职身份。他记述此类事务，使之存留于世，更构成某种先例，有可能在某个时候诱使后世子孙援引此例而发起变革，他的这种做法无疑有违于本阶层的利益。显然，这方面史料如此稀少的原因很可能是，教会权威人士力主隐晦相关史实，几乎成功掩住了天下人之口，幸而该阶层内部有一位成员行为欠谨慎，才给我们保留下这点记载。

　　亨利在位第六年向议会申请补助金，下议院明确地向国王提出，应当没收教会的世俗财产，作为应对王国紧急需求的永久性基

---

① Rymer. Vol VIII p.462.

② Walsingham.

金。下议院坚称，神职人员据有王国土地总量的三分之一，却丝毫不承担公共开支，而且，拥有财富只能削弱他们服务于国政的热忱和敬谨之心。这项提案被呈至御前时，坎特伯雷大主教正陪在陛下身边，他当场反驳道：神职人员虽不亲临沙场冲锋陷阵，但每逢国家有需要，总是派出附庸、佃户充役；与此同时，他们本人在国内也日夜向上苍祝祷，为王国的繁荣昌盛祈福。下议院议长微微一笑，直言不讳地答道，在他看来教会的祈祷作为一种军需供应实在微不足道。不过，大主教还是赢得了这场争论。国王不支持上述建议。上议院继而否决了下议院关于剥夺教会收入的提案。①

　　这次挫折并未使下议院灰心丧胆。本朝第十一年，他们又发起了更猛烈的攻势：他们计算教会的所有收入，按此统计，教会岁入高达四十八万五千马克，占有田亩计十八万四千普楼兰②。下议院提议，可将这些财产分给十五位新授伯爵、一千五百名骑士、六千名绅士和一百所慈善机构，此外国王还可以每年留二万镑自用。他们坚称，只须向一万五千名教区神父每人发放七马克固定年俸，他们就能更好地履行其宗教职责。③该议案还伴随着一纸请求减轻对罗拉德派惩治的呈文，表明了它源自何人之手。国王严辞驳回了下议院的请求；为了进一步讨好教会，证明自己奉教之诚意，他还下令在本届议会解散之前，烧死了一名罗拉德派分子。④

---

　　① Walsingham p.371. Ypod Neust, p.563.
　　② 英国古代地积单位，即八头牛所能耕种的田亩数，大约相当于120英亩。——译者
　　③ Walsingham, p.379. Tit Livius.
　　④ Rymer, vol.Ⅷ, p.627. Otterbourne, p.267.

　　至此，本朝所有令人难忘的史事大体述毕。亨利四世统治期公元
1413年间政务繁忙而活跃，却几乎没有什么值得载入史册、传诸后世的业绩。这位国王一直在勉力维护自己得之不正、亦缺乏正当依据保有的王位，以致无暇他顾，未曾对外采取任何行动来显扬国威、增益国力。国王驾崩前数月，身体状况江河日下，常有阵发性的神志3月20日
国王驾崩不清，虽然正值盛年，却显然大限将至。他病逝于威斯敏斯特，享年四十六岁，在位共计十三年。

　　亨利坐上君位前人望颇高，这一点为他问鼎社稷助力不小，然国王性格
评述而在本朝走向终结前的很多年里，他已完全失却了民心。他治国靠的是恐怖威吓而非臣民的爱戴，端赖一己权谋而非臣民的责任感和忠诚。当人们冷静下来，就会历数他为了僭夺王位而犯下的重重罪行：他犯上作乱，废黜合法君主(后者或许有时犯下欺压民众之罪，但更多时候不过是有欠明智而已)，排除正统王位继承人，杀害自己的主君和近亲，桩桩件件，十恶不赦，令臣民对他深恶痛绝，因此，所有针对他的反叛都显得理直气壮，而他出于维护自身统治所采取的镇压手段，尽管并不是特别严厉，在民众眼里却显得格外暴虐无道。这些罪行必遭千古唾骂，我们在此无意为之辩解，但需要指出：他是在一系列事件的牵引下，于不知不觉中逐渐滑向僭国这一步的，若说高风亮节能经受这般考验者，恐怕世上难寻。他受到先王理查不公正的对待，先遭驱逐，又被剥夺遗产，自然会产生复仇心理，希望收复失去的权利。随后，由于民众的狂热推动，他在匆促间被送上王座。他成为僭主，乃是出于维护自身安全的考虑以及野心的驱使。鉴于君王的囚室与坟墓总是近在咫尺，所以理查国王的命运亦符合失位之主的通例，并不足奇。考虑到以

350

上种种，亨利心中倘有一丝良知尚存，那么他的处境想必十足可悲；他僭居尊位，时刻提心吊胆，而且据说他有生之年一直因悔恨而煎心不已，这样的一个人，哪怕身为帝王，也值得我们怜悯。不过必须承认，亨利为了维持自身统治所表现出的精明、警觉和远见，相当令人钦佩。他很能控制自己的情绪，在军事和政治两方面都表现出近乎完美的勇气，他具备众多优秀品质，很适于执掌国柄，因此，他的僭位之举尽管贻害后世，在本朝却对英格兰王国不无益处。

亨利有过两次婚姻，头一位妻子玛丽·德·博亨(Mary de Bohun)为赫里福德伯爵的女儿暨共同继承人，为他生育了四子二女：长子亨利继承了他的王位；次子托马斯受封克拉伦斯公爵；三子约翰受封贝德福德公爵；四子亨弗雷受封格洛斯特公爵；长女布兰奇嫁给巴伐利亚公爵；次女腓力芭嫁给丹麦国王。他在登基后娶的第二位妻子简是纳瓦拉国王之女、布列塔尼公爵的遗孀，没有给他生育子女。

本朝第五年颁布一项法案，将挖眼、割舌之伤害列为重罪，该法案称，这种罪行十分普遍。如此原始残酷的复仇精神昭示着民性之生蛮，或许当时广泛的派系争斗和内乱也助长了民间的野蛮风气。

在这个历史阶段，英国人和之前各个朝代一样不谙商贸，特别是对外来客商普遍抱着高度戒备排斥的心理，针对他们制定了许多限制法规，要求他们把贩售舶来品所得钱款全部用于购买英国制成品或商品，规定外来客商之间不得互通买卖，外来客商所携货物自进口之日起务必在三个月内售清。[①]最后一条因执行不便,不久即被议会撤销。

亨利四世的宫廷开支以当时的货币计算,似为每年一万九千五百镑。[②]

圭恰迪尼(Guicciardin)告诉我们,在这个世纪,佛兰德斯人从意大利学到各种精妙的技艺,并传授给欧洲其他邦国。然而英格兰艺术的发展仍然处于十分缓慢滞后的状态。

[①] 4 Hen.IV.cap.15.and 5 Hen.IV.cap.9.

[②] Rymer, tom.viii.p.610.

第十九章　亨利五世

国王早年的放浪生活—浪子回头—罗拉德派—科巴姆勋爵遭惩治—法兰西局势—入侵法兰西—阿金库尔战役—法兰西局势—二度侵法—勃艮第公爵遇刺—《特鲁瓦条约》—国王大婚—国王驾崩—国王性格评述—本朝花絮辑录

公元
1413年

国王早
年的放
浪生活

　　亨利四世因其特殊处境，自然对周围人多有疑忌，这极大地影响了他的性格，以致无端怀疑长子的忠诚。他临终前的几年，不准亨利王子参与任何公共事务，甚至不愿见他领兵打仗——王子高超的军事才干虽有助于稳固政权，但也令其个人声名大振，国王认为这有可能危及自己的权威。王子血气方刚、充满活力，既得不到适当的施展空间，便把精力浪掷在形形色色的荒唐把戏中，每天纵情宴乐、荒嬉胡闹、花天酒地，用这些充塞空虚的头脑，而这头脑本该用来追求远大志向、料理王国事务的。这种生活让他结交 了一班浪荡损友，沉迷并赞赏那等无法无天又富于泼辣生趣的活动，他被发现参与了许多恶作剧式的越轨行径，若以较严格的眼光看来，这些举动完全不符合他的身份地位。甚至有传言说，王子纵酒狂欢，喝到兴致高涨之际，时常不费踌躇地随同那群狂徒无赖跑到街头和大路上去干些打劫行旅、抢夺财货的勾当，拿无助受害者的恐惧哀号取乐。这种极度放荡的表现令他父王大为不悦，其程度不亚于当初因他热心国事而心生猜忌的时候。在亨利四世看来，此子行为不端，不顾体面，自贬身份结交下流，浑似当年的理查二世，而那废君之所以丢了江山，除了因为执政中的种种失误，更重要的就是由于个人品行不端所致。然而国人普遍对年轻的王子更为宽容，他们透过这一切荒诞不经的行为，看到他身上始终存在慷慨、活力和恢弘的优秀品质，仿佛透过云层的缕缕阳光；他们从未放弃希望，盼他改邪归正，认为那年轻人的品格有如一片杂草丛生的沃土，他之所以变成这等模样，都要怪国王及其手下大臣没有给予适当的耕耘和看顾。当时发生的一件事越发增进了国人对王子的好感，让所有明智坦率的人对他留下了极好的印象。王子的一个狐朋狗友因扰乱治安被送上法庭，在首席大法官加斯科因面前受审，亨利王子为了支持和保护朋友，陪他一道站在被告席上，并不引以为耻。当他发现自己现身公堂没震慑住大法官，就对高踞法官席的加斯科因出言不逊，但加斯科因并不屈服，为了维护自身作为堂堂大法官、代表君权和法律权威的尊荣身份，下令将亨利王子关进监狱，以惩其咆哮公堂之罪。[1]但是这位储君竟然一反其无法无天的常态，按捺住暴躁脾气，平静地服从判决，承认过失、领罚偿罪，令旁观庭审的群众都不无愉快地失望了一回。

由于这次事件和其他许多类似的记忆，让人对未来产生了期待之情，料想下一任国王临朝后，情况会较本朝有所改观；因此，丧尽民心的亨利四世晏驾，自然令举国上下备感欣喜。年轻的新

354

浪子回头

---

① Hall, fol. 33.

君采取的第一个举动,印证了国人先前对他抱有的一切好印象。[①]
他召集从前的那班狐朋狗友,告诉他们自己准备洗心革面,并责成
他们依样而行,不过,他们每个人在切实证明自己已经改过自新之
前,绝对不准在他面前出现。国王以丰厚的礼物相赠,打发了这拨
人。[②]先王驾前那些曾经力阻他肆意妄为的睿智臣僚则发现自己
不知不觉间得到新君的最高礼遇,备享恩宠和信任。首席大法官
加斯科因忐忑不安地前来觐见新君,不料亨利非但没有斥责他,还
对他过去的行为大加赞扬,并勉励他保持这种严格公正的执法态
度。有些人本来预期相反的情形,但新王的举动让他们惊讶之余,
更喜出望外。这位年轻君主的品行显得格外优秀,倘无之前的错
误加以映衬,他的形象恐怕还不会这样光彩照人。

　　然而,亨利挂念的不只是自己的改过自新,更切切谋求修正其
父当朝时出于策略或形势所迫而陷入的罪恶。他对理查二世的不
幸命运深表悲痛,昭雪其身后声名,甚至为他举办了盛大而隆重的
葬礼;并对理查一朝忠诚念主、气节不堕的旧臣大加优抚。[③]他没
有延续其父对马契伯爵的疑忌压制,而是格外礼遇、善待这位年轻
贵族,秉性温和恬淡的马契伯爵有感于亨利的雅量,从此真心诚意
地归附他,从未给他的统治制造任何麻烦。皮尔西家族的财产和
爵衔也得到恢复。[④]亨利国王似乎志在埋葬所有的派系纷争。那
些凭着对兰开斯特家族的盲目忠诚而非自身贤能而得到拔擢的前

355

---

①　Walsing.p.382.

②　Hall, fol.33. Holingshed, p.543. Goodwin, Life of Henry V.p.1.

③　Hist.Croyland.contin. Hall, fol.34. Holingshed, p.544.

④　Holingshed, p.545.

朝重臣纷纷让位于更具德望的人士。有德者似乎前途无量，从此可以大展宏图了。国王言传身教，多方鼓励这种势头。亨利国王赢得举国臣民的一致爱戴，由于民众对他个人的普遍敬仰，其执政资格的缺陷已经淡出了人们的视线。

英国民众中间只剩下一种派系分歧，即宗教观念之争。由于这种争执性质特殊并且通常十分顽固，亨利以如此之高的人望也对此无可奈何。王国内的罗拉德派信众日日增多，渐渐形成一股势力，对正统教会构成极大威胁，甚至令世俗政权望而生畏。[①]这类教派通常催生的宗教激情、他们声称要引入的巨大变革，以及他们对既有等级制度表现出的仇恨，都令亨利国王心生警觉，亨利要么是出于对传统宗教的真诚依恋，要么是由于惧怕重大变革必然伴随的未知后果，决意将这些大胆的创新者绳之以法。罗拉德派的领袖科巴姆勋爵即约翰·奥尔德卡斯尔爵士(Sir John Oldcastle)勇气超群、富于军事天才，多年来东征西战屡屡建功，先王和现任国王都对他十分赏识。[②]科巴姆勋爵品格高尚，对新教派满腔热忱，因此被坎特伯雷大主教阿伦德尔视为眼中钉，认为这是实施宗教打击的一个好靶子，惩治此人将使整个罗拉德派心惊胆战，从而明白，休想指望本朝政府宽仁相待。他呈请亨利御准对科巴姆发起异端指控，[③]但是国王宅心仁厚，不愿采取血腥手段逼迫他人改变信仰。他开导大主教，推行真理的最佳途径是以理服人兼以信念感化，要想挽回迷途羔羊，必须首先尝试各种温柔的手

罗拉德派

---

① Walsingham, p.382.

② Walsingham, p.382.

③ Fox, Acts and Monuments, p.513.

段。他表示要亲自出马劝化科巴姆,使之回归天主教信仰的正途。
然而,一番恳谈之后,亨利发现科巴姆固执己见,决计不肯弃绝永
恒的真理而顺服君上。①亨利的宽容信条,或者毋宁说是他对施行
宽容之道的热爱,至此已经达到了极限。于是,他放手听任教会严
酷迫害刚硬的异端分子。大主教指控科巴姆勋爵为异端,并在伦
敦主教、温切斯特主教和圣戴维斯(St. David's)主教这三位副手
的协助下,裁定以火刑惩处科巴姆的悖谬观念。科巴姆被关押在
伦敦塔,于临刑前一天越狱而逃。这番迫害激发了他那刚勇无畏
的精神,宗教热忱又使这股心火燃得更旺,促使他走上叛逆之路。
他在新教派中拥有一言九鼎的权威,令世俗官员大有理由严密关
注他的一举一动。科巴姆在藏身所定下暴力反抗计划,向全国各
地派出信使,约期集结全教派信众,欲在埃尔瑟姆挟持国王,诛杀
迫害者。②但亨利事先获悉情报,移驾至威斯敏斯特。科巴姆并不

气馁,将集结地点改在圣吉尔斯城外郊野。国王下旨关闭城门,以
防城内罗拉德派分子出城增援,然后趁夜出击,逮捕了已经抵达
那片郊野的谋逆者,又抓住几拨正赶往集结地点的罗拉德派分子。
看来,只有少数罗拉德派分子参与了密谋,其余人等显然只是追随
首领,并不了解内情。但是,在审判当中,事实证据和被俘者的供
述都坐实了该教派的谋逆罪状。③一部分被俘者遭处决,但大多数

获得赦免。④科巴姆本人幸得逃脱,时隔四年才被捉拿归案,当局

---

① Rymer, vol.ix.p.61. Walsingham, p.383.

② Walsingham, p.385.

③ Cotton, p.554. Hall, fol.35. Holingshed, p.544.

④ Rymer, vol.ix.p.119, 129, 193.

以大逆罪将他判处绞刑,再对绞架上的尸体施以火焚,以惩其异端之罪。①罗拉德派的谋逆计划很可能被教会夸大了,而这番变故败坏了罗拉德派的声誉,极大地遏制了该教派的发展势头。其实他们主要是信奉威克里夫富于思辨性的教义,期望改革教会的各种弊端。

以上两条被罗拉德派信徒奉为圭臬,然而对于大多数英国民众的影响却并不大。常识和浅显的思考已经向国人揭示了教义改革的好处,但是时代尚未进步到论辩精神苗兴的程度,还不能接纳罗拉德派极力向整个王国传播的那些深奥信条。大众闻"异端"而色变,对基本教义的改革要求望而生疑。求新图变的动机此时尚不足以对抗权威。就连许多大力主张革除弊端的人也急切地发声指责威克里夫派的思辨性教义,他们担心这种理论会玷污兴利除弊的纯良动机。在科巴姆阴谋败露之后召开的那届议会上,这种风头的转变体现得格外明显。议会通过了严惩这个新异端的法律,规定对于经教会常任法官判定为罗拉德派异端者,除了按之前颁布的法律处以极刑之外,还要追加剥夺一切土地财产,收归国王所有;议会责成御前大臣、财政大臣、两大王座法庭的法官、各郡郡长、治安法官和各城镇的最高行政官必须发誓不遗余力铲除异端。②然而,本届议会接到国王申请补助金的要求后,又重申用以对他父王施压的建议,要他没收教会的一应收益,供王室使用。③教士们慌了,事关巨额财产,他们拿不出同等数目来收买国王。他

---

① Walsingham, p.400. Otterbourne, p.280, Holingshed, p.561.

② 2 Hen. V. chap. 7.

③ Hall, fol. 35.

们只同意将所有海外小修道院献给国王,这些小型修道院附属于
诺曼底的几所主要修道院,是诺曼底还在英王治下时那些大修道
院所获的馈赠。现任坎特伯雷大主教奇切利(Chicheley)为了回避
这次打击,煞费苦心地设法转移国王的注意力,他建议国王对法开
战,夺回对那个王国失去的权利。[①]

先王在临终前曾经嘱咐儿子,不可让国人长享太平,否则容易
滋生内乱,要驱使他们开展对外征服,一来能为王座增光添彩,二
来让贵族与君主共同蹈险,可以增进他们为主效忠的情感,使一切
蠢蠢欲动、寻机作乱的劲头都找到发泄渠道。就其天性而言,亨利
颇愿遵从父王的忠告,而此时英国局面初定,法兰西国内仍然动乱
未已,更给他一逞雄心大开方便之门。

就在爱德华三世驾崩后不久,法兰西的查理五世也去世了,其
子查理六世尚在冲幼之龄,在此后的一段时期内,英法两国同样是
幼主当政、内乱不止。两位幼主谁也无法利用对方的弱点占到什
么便宜。查理的三位王叔安茹公爵、贝里公爵和勃艮第公爵争权
内斗,把法国政局搅得一团糟,更甚于理查二世那三位王叔兰开斯
特公爵、约克公爵和格洛斯特公爵给英国造成的动乱,令法兰西举
国上下无暇他顾,根本无力对外兴兵。然而随着查理六世一年年
长大成人,国内党争也逐渐平息。他的两位王叔安茹公爵和勃艮
第公爵先后故去。国王亲政后,初步彰显出才干和活力,重振了国
人的希望。然而好景不长,不幸的国王突发精神错乱,不能理事,
后来虽然恢复正常,但又多次复发,他的判断力缓慢而明显地受到

公元
1415年

法兰西
局势

---

①　Hall,fol.35,36.

损害，无法稳定有序地规划处理政务。他的弟弟奥尔良公爵路易和堂弟勃艮第公爵约翰为了掌控朝政争得不可开交。前者从血缘而论与国王关系更近，占有一定优势；后者则依据母系继承权承袭了佛兰德斯爵领，与其父的广阔领地并为一体，势力越显壮大。法国臣民分别依附于两派势力，形成对立阵营；国王的病情反复，时而重拾权威，时而完全撒手，致使两党争斗一直难分胜负，国家政局也无从恢复安定。

　　最后，两位公爵似乎被国民的呼吁打动，在双方共同的朋友斡旋下，同意捐弃前嫌，恢复亲善。二人在神坛前发誓真诚敦睦，接受神父主持的圣礼，又在神前相互做出郑重的保证，极尽神圣之能事。然而，上述种种庄严的预备不过是勃艮第公爵蓄意安排的表面文章而已，在这一切背后，掩盖着最不可告人的卑鄙计划。他暗中派杀手在巴黎街头刺杀了奥尔良公爵。起初一段时间，他竭力掩饰自己在罪案中扮演的角色，及至看到事已败露，便干脆公开承认事情是他所为，并寻找借口将其正当化，更加重了自己的罪孽，也在更大程度上危及社会。[1]公爵的律师在巴黎高等法院开庭时高谈阔论，为刺杀事件辩护，称之为诛杀暴君的义举。法官们出于宗派立场的影响，又慑于公爵的强权，没有驳回这种可憎的谬论、做出有罪裁定。[2]后来，此事又被提交至康斯坦茨大公会议，那些教会领袖、主持世间和平与宗教信仰的教长们经过百般踌躇，才做出一个软弱无力的裁决，支持相反的立场。然而，如果说上述谬论

---

① 　Le Laboureur, liv. xxvii. chap. 23, 24.

② 　Ibid. liv. 27. chap. 27. Monstrelet, chap. 39.

的有害影响在先前还只是一种预测，在此阶段发生的种种事件中却得到了充分体现。刺杀奥尔良公爵的罪行将全社会的信任和安全感破坏殆尽，激起两派阵营间无可调和的战争，切断了一切和平与调解的途径。宗室王公与年轻的奥尔良公爵及其兄弟们站在一起，向勃艮第公爵一党发动了残酷的战争。不幸的查理六世交替被两党挟持，合法执政权力便相应地轮番落入两党手中。双方部队相互攻伐，各省乡野被蹂躏得残破不堪。首领之间彼此怀恨，刺杀事件层出不穷；同样可怕的是，许多人未经任何合法公开审判就被冒牌的法庭下令处决。整个王国分裂为两个阵营，一派为勃艮第党，另一派为阿马涅克党(Armagnacs，因小奥尔良公爵的岳父阿马涅克伯爵而得名)。巴黎在两派之间摇摆，但更多地倾向于勃艮第党，城中随时随地上演着血腥暴力的场景。国王和他的家人经常被民众拘为俘虏，眼睁睁看到忠于王室的大臣遭逮捕、被杀戮。在白热化的党派争斗中，任何恪守道义节操的人都难保自身安全。

　　在这暴力横流的时局中，有一个团体的社会威望有所提升，这就是巴黎大学的学者们。在和平年代，他们通常不在公共事务中发声，而值此两党激辩频发之时，公众时常征求学者们的意见，他们更经常主动提出见解。当时教会陷于分裂状态，更是经常在大学中引发论战，教授们的意见显得格外举足轻重。学识与迷信之间的这种关联赋予他们的重要地位，是人们凭着理性和知识本身绝无可能达到的。不过，在巴黎还有另一个重要团体，他们的态度对局势更具决定性影响，这个团体就是屠夫同业公会。该公会头目带领会众宣布支持勃艮第公爵，以无比残忍的暴行打击对立面。为了与之抗衡，阿马涅克党把木匠同业公会拉拢到自己一边。巴黎市民各自归附这一党或那一党，王国首都的命运就取决于哪一派占得上风。

英国方面早已清楚看到趁法兰西内乱捞取好处的可能，并且根据国与国之间相交的普遍准则，决意抓住这个良机。法兰西对立两派都曾争取先王亨利四世的支持，亨利四世则轮番向两派提供援助，挑拨激化双方的矛盾。而现任国王在青春活力和炽热的野心催动下，决心进一步扩大优势，把战火烧进那个深陷混乱的王国。但在加紧战备的同时，亨利五世还试图在谈判桌上达到自己的目的。他派出几位特使赴巴黎，提出持久和平和结盟的建议，前提是法王将女儿凯瑟琳嫁给他，公主应以两百万克朗作为嫁妆，还要求结清法王约翰二世陈欠至今的赎金一百六十万克朗，此外还提出立即进占诺曼底及腓力二世从英格兰夺取的其他海外省份，恢复对这些地区的全部主权，以及对布列塔尼和佛兰德斯的宗主权。[①]提出这等过分的要求，说明亨利五世对法兰西目前的悲惨处境洞若观火。法国宫廷的回复尽管在此基础上大打折扣，但也可以看出，他们同样意识到了这种可悲的事实。法方表示，愿将公主嫁给英王，嫁妆数额八十万克朗，向英国让度吉耶纳的全部主权，并将佩里戈尔、鲁埃戈、圣东日、安古穆瓦等几地并入吉耶纳省。[②]亨利一口回绝了法方的条件，也不指望自己的要求能得到满足，

---

① Rymer, vol.ix.p.208.

② Ibid.p.211.一些史家称(见Hist.Croyl.Cont.p.500)，法国王储为讥讽亨利提出的主权要求及其放浪名声，派人送给亨利一箱网球，暗示这种玩具比战争的武器更适合他。但是这个故事完全没有可信度。法国宫廷应允对英大幅让步，这表明他们对亨利的性格和自身处境都有恰如其分的认识。

因此，他一刻也没有中断备战活动。他在南安普敦集结起一支强大的舰队和大批陆军，用胜利的荣耀和征服的前景召唤全体贵族和武士随驾出征，继而，王驾抵达海滨，准备扬帆出海，开启讨伐大业。

亨利正在筹划征讨邻邦，却不料国内发生了一起阴谋事件，使他面临险境，幸而此事尚在酝酿阶段就被发觉了。已故约克公爵的次子剑桥伯爵是马契伯爵的妹婿，热心维护莫蒂默家族的利益，他多次与马沙姆的斯克罗普勋爵(lord Scrope of Masham)和赫顿的托马斯·格雷爵士(Sir Thomas Grey of Heton)私下计议，如何辅佐马契伯爵夺回其分内的英格兰王位。密谋者一见事已败露，当即向国王全盘招供，[①]亨利毫不迟疑，将他们交付法庭审判定罪。在那个时代，哪怕对于最出色的君主，人们所能指望的，最多不过是遵循正义的基本原则，不要草菅无辜而已。至于法律程序，尽管它们的重要性往往并不亚于上述基本原则，却总是遭到牺牲，用以换取最细小的利益或方便。一个平民陪审团被召集起来，三个密谋者在陪审团面前被起诉：南安普顿城堡卫戍长发誓作证，这三人曾经分别向他承认过自己的罪行。仅凭以上孤证，托马斯·格雷爵士被定罪、处决。剑桥伯爵和斯克罗普勋爵根据贵族特权申请同侪审判，于是亨利五世召集十八位贵族组成法庭，由克拉伦斯公爵担任主审。在审判中，当庭宣读了证人证词，却没有对三位被告（尽管其中一位是王室宗亲）进行质询，没有让他们出庭，更没有听取他们的自辩。法庭仅仅根据这一证据便作出死刑判决，其审判

362

---

① Rymer, vol.ix.p.300. T.Livii, p.8.

程序从各个方面讲都不够规范、合格。这个判决很快便付诸执行。马契伯爵被控支持逆谋,随即获得国王的宽赦。[1]想来他要么是原本清白而被栽赃的,要么是及早悔悟并举报逆谋,做出了将功补过的行为。[2]

英国军队在历史上对法屡尝胜绩,在很大程度上要归功于英格兰优越的地理位置。英人坐享岛国之利,可以利用邻邦的每一个不幸趁火打劫,几乎没有遭受报复的危险。他们一向固守本土,然而当本国君主英武天纵,或者发现敌国内乱、四分五裂,抑或当自己在欧陆有强大盟友支持的时候,就会对外发动攻势。鉴于当前以上三个有利条件恰逢其会,英国人有理由期许与之相当的胜果。被一批宗室王公合力逐出法国的勃艮第公爵暗中谋求与英格兰结盟。[3]亨利心知,这位公爵虽然起初有所顾虑,不太愿意勾结法国的宿敌,但只要看到一点成功的指望,就会率领佛兰德斯臣民支持英国,并把他在法国的众多党羽拉到同一阵营。亨利坚信形势一定如己所愿,他没有与公爵建立协同,便率领六千重骑兵、二万四千步兵(其中大部分是弓箭手)扬帆渡海,在哈弗勒尔附近登陆。英军立即开始围攻哈弗勒尔,城中守军在主将戴斯都特维尔(d'Estoûteville)和德·居特里(de Guitri)、德·高古(de Gaucourt)等法兰西贵族率领下英勇抵抗,怎奈由于军力薄弱、城防失修,该城总督最终只得答应有条件投降,承诺如果9月18日前援军不至,就开城投降。约定日期已到,不见任何法军前来增援,

右侧边注:

入侵法兰西

363

8月14日

---

① Rymer, vol. ix. p. 303.

② St. Remi, chap. lv. Goodwin, p. 65.

③ Rymer, vol. ix. p. 137, 138.

亨利便进占该地,在城中派驻卫戍部队,驱逐所有法国居民,意图用英国人重新填充此城。

由于围城战事劳顿,兼以暑热难当,英军战斗力大减,亨利无法继续进军,只得考虑回师。他解散了舰队,因为船只无法在无遮无拦的敌国沿海碇泊。迫于形势所需,他率领英军沿陆路向加来开进,寻求安全的栖身之地。此时,法国大元帅达尔波特(d'Albert)已经在诺曼底集结了一支大军,包括一万四千重骑兵、四万步兵。如果指挥有方,法方凭借这支兵力足以在开阔战场上大败英军,或在英军漫长而艰难的行军途中不断施以骚扰、打击,使之损耗殆尽。亨利见势不妙,向法方提议交还哈弗勒尔,换取前往加来的安全通道。但这个提议遭到回绝,于是亨利决心凭借勇气和高超的指挥艺术突破敌人的重重阻碍,冲出一条生路。[1]他不想让部队露出逃跑之态,以免影响士气,也不想匆促赶路而暴露于诸般危险之下,遂步步小心、着意缓行,[2]直到索姆河岸。他打算经布兰凯格德(Blanquetague)渡口过河,当年爱德华三世正是在这里摆脱了腓力·德·瓦卢瓦的围追堵截。但他发现,法国将领早在对岸部署重兵把守,此处根本无法渡河。[3]他只得溯河上行,寻找安全的渡口。英军沿途饱受敌军小分队的袭扰,每到一处都望见河对岸有敌军严阵以待,他们的粮草供应被切断,将士因疾疫、疲劳而衰弱无力,亨利似乎濒临绝境。恰在此时,他无比机敏或者说是无比幸运地在圣昆廷(St. Quintin)附近意外发现一处敌军防守较弱的地

364

---

① Le Laboureur, liv.35. chap.6.

② T.Livii, p.12.

③ St.Remi, chap.58.

点,得以率部安全渡河。[1]

随后,亨利挥师向北,继续向加来进发。但是他们仍然面临 阿金库尔
战役
巨大的危险:敌人也渡过了索姆河,于沿途各处阻截英军,意在断
其归路。亨利在布朗吉(Blangi)渡过一条名叫特努瓦(Ternois)的 10月25日
小河,登高远望,他吃惊地发现阿金库尔平原上集结了全部法军,
阵容强大,看来此番不经一场搏杀,他休想前进一步。从表面上
看,双方形势悬殊,而亨利的身家性命和整个前途命运都取决于
这一战。自哈弗勒尔出发以来,英军减员已近半数,而且屡受挫
折、给养不继、疲惫不堪。相比之下,敌人的兵力五倍于英军,由
法国王储本人和全体宗室王公率领,军需物资供应充足。亨利此
时的处境,与克雷西战役前的爱德华三世和普瓦捷战役前的黑太
子毫无二致。昔日辉煌的记忆激励着英军将士,期待同样能以弱
胜强,跳出当前的困境。国王也效法上述两位伟大统帅,极度审
365 慎地排兵布阵。他将全部兵力收缩到一条狭长地带,左右是两片
树林,护定英军两翼。如此布置完毕,便沉心静气等待敌军发动
进攻。[2]

法方统帅如能准确判断两军形势,或者从既往失败中汲取教
训,必定不会急于求战,而是推迟对决,直到英军耗尽给养,不得
不放弃地利、主动出击时,再给予打击。然而这位贵族在蛮勇意
气驱使下,盲目自信己方的人数优势,发起了一场致命的行动,给
本国带来无尽灾难。法国的马弓手和重骑兵以密集阵列向英军弓

---

[1] T.Livii,p.13.
[2] St. Remi,chap.62.

兵阵地推进。英军事先在阵地前沿竖起了防卫木栅，以削弱敌方的冲击力，他们躲在栅栏后面，向敌人发射阵阵箭雨，让人无处躲藏。[1]当时刚刚下过一场雨，湿滑的烂泥地给法国骑兵造成了另一重障碍。受伤倒地的人马令法军阵形大乱，又因进攻通道狭窄，难以恢复秩序，全军一片混乱、惊惧丧胆。亨利抓住战机，命令英国弓兵出击。英国弓兵没有重甲负累，身手矫捷，冲入敌群用战斧猛砍猛杀，法国军兵目前的处境逃无可逃、亦无还手之力，被英国人砍瓜切菜一般屠杀。[2]英国重骑兵也冲进敌群，支援弓兵。战场上满眼都是被杀的、受伤的、落马的、翻倒在地的法军将士和马匹。一切抵抗都停止之后，英国人开始抽出空暇捕捉俘虏。他们顺利推进至开阔的平原地带，发现法军后卫部队仍在，依然保持着战斗阵形。同时，他们听见背后传来告急声：原来是皮卡第本地的几名绅士召集了六百农夫，袭击英军辎重队，一些没有武装的随军人员在他们的追杀之下奔逃呼救。亨利见腹背受敌，开始有些担心俘虏骚乱，认为有必要将他们全部处决。不过，他一得知实际情况，便下令停止屠杀，及时挽回了一大批人的性命。

　　从战死和被俘的王公贵族数量上看，此役是法兰西有史以来损失最为惨重的一次。阵亡名单中包括达尔波特大元帅本人，勃艮第公爵的两个弟弟讷韦尔（Nevers）伯爵和布拉班特公爵，洛林公爵的弟弟沃德蒙伯爵，阿朗松（Alençon）公爵，巴尔（Barre）公爵及马勒（Marle）伯爵。在被俘者当中，爵衔最高的是奥尔良公爵和

366

---

[1]　Walsingham, p. 392. T. Livii, p. 19. Le Laboureur, liv, 35. chap. 7. Monstrelet, chap. 147.

[2]　Walsingham, p. 393. Ypod. Neust. p. 584.

波旁公爵,尤城伯爵、旺多姆伯爵、里奇蒙伯爵和军事总长布奇考
特(Boucicaut)。桑斯(Sens)大主教也在此役中殒命。法方阵亡总
数超过万人,由于骑兵部队伤亡最为惨重,所以有统计称,死者当
中有八千绅士。共有一万四千名俘虏落在亨利手中。英国方面阵
亡者爵衔最高的是约克公爵,他在国王身边战斗到最后一息,虽死
犹荣,比生前更可钦佩。他的爵衔和财产由其侄子,即年初被处决
的剑桥伯爵之子继承。英军阵亡总数不到四十人。不过,有些史
家记载的阵亡数字高于此数,可能性相对较高。

　　克雷西、普瓦捷和阿金库尔这三大战役在一些重要方面出奇
地相似:战端初起时,英国君主都显得同样鲁莽,他们并无任何重
要目的,仅仅为了掳掠便贸然深入敌国腹地,以致退路被截断,形
势极为不利,除非法方指挥发生致命的疏失,否则英军难逃覆灭的
下场。然而,鉴于那个时代的战争通常没有适当规划,这种鲁莽似
乎在某种程度上可谓在所难免。在战役当天,三位英国君主表现
得同样沉着、机敏、勇敢、坚定、审慎,而法军方面则如出一辙地急
躁、混乱、盲目自信。由双方行为的巨大差异,似乎可以预判战役
的结局。此外,英国方面在斩获大捷之后,后续举措也极其相似:
三位君主都没有一鼓作气、趁法国人惊惶失措乘胜进击,而是选择
放缓攻势,使对手有暇重蓄精力。阿尔库金战役之后,亨利马不停
蹄地继续向加来前进,他把大批俘虏带到加来,又从那里转往英
国。他甚至与敌人签订了休战协议,在此后的两年间,英军再未踏
足法兰西国土。

　　当时欧洲各国君侯普遍贫困,王国资源亦很有限,国与国之
间的战争时常中断,正是这个原因所致。尽管毁灭性的破坏是战

争的通例，但一般的军事行动却没有既定规划，仅仅是侵略他国而已。亨利凭着阿金库尔一战称胜的荣耀，从议会获得了更多资助，虽说这些钱款仍不足以抵偿战争的花销。议会批准亨利向臣民足额征收十五之一的动产税，授予他桶酒税和磅税的终身征税权，以及从出口羊毛和皮革中抽取补助金的终身权利。这一让步幅度远大于理查二世在位期间最后一届议会对国王作出的让步，而后者被废黜时，强索补助金却成为指控他的一大罪状。

法兰西局势

　　尽管英国方面暂息兵戈，但是法兰西在此期间却饱受内战之苦。几派政治势力彼此形同水火，争斗日益激烈。勃艮第公爵认定阿金库尔一战惨败之后，朝廷大臣和将帅们已经声誉扫地，遂亲率大军挺进巴黎，企图重掌政府大权、控制国王本人。但是他在巴黎的党徒在朝廷镇慑之下不敢造次，甘当顺民；公爵失去了获胜的

公元1417年

指望，就此罢兵，当即在低地区域解散了手下部队。[①]未几，法国王室爆发了激烈内讧，新的机遇又招引他卷土重来。查理六世的王后伊莎贝拉是巴伐利亚公爵之女，她一直与勃艮第党势不两立，但此时却受到阿马涅克党人的严重伤害，王后对此耿耿于怀，永远无法宽谅。由于国家财政吃紧，接替达尔波特出任法国大元帅的阿马涅克伯爵下令征收了伊莎贝拉王后历年积聚的巨额财富，王后对此表示恼火，伯爵便以谗言挑唆头脑不清的国王，使之怀疑王后行为失检，又指控王后与宠臣博瓦－布尔东(Bois-bourdon)有染，鼓动国王下旨逮捕博瓦－布尔东，严刑拷打后将其扔进塞纳

368

---

① Le Laboureur, liv.35.chap.10.

河。王后本人被遣至图尔(Tours)幽禁，交付卫队监押。[①]王后遭受连番侮辱之后，抛开顾虑，与勃艮第公爵取得了联络。由于年方十六岁的查理王储完全受制于阿马涅克党人，王后遂将仇恨延伸到自己的亲生儿子身上，铁了心肠要将他置于死地。不久她便找到机会，实现这违背天伦的图谋。在她的策应之下，勃艮第公爵亲率一支大军侵入法国，攻取了亚眠、阿布维尔、杜朗(Dourlens)、蒙特勒伊(Montreuil)和皮卡第省的其他一些城镇，桑利斯(Senlis)、兰斯、沙隆、特鲁瓦(Troye)和奥赛尔(Auxerre)等城宣布归附于他。[②]公爵占领巴黎周边的博蒙(Beaumont)、蓬图瓦(Pontoise)、弗农(Vernon)、默朗(Meulant)、蒙丽瑞(Montlheri)等多个城镇，又继续向西进军，连夺埃唐普(Etampes)、沙特尔(Chartres)等几处要塞，终于将王后解救出来，王后逃到特鲁瓦，公开发布讨逆檄文，声言讨伐几位挟持王驾的大臣。[③]

与此同时，勃艮第党人在巴黎发动暴乱。巴黎市民本来就倾向于他们这一党。公爵麾下的一名军官莱勒－亚当(Lile-Adam)趁夜被接应入城，领导民众起义，暴动之火一经引燃，瞬间形成不可遏制之势。国王被暴民俘虏，王储险险逃脱。大批阿马涅克党人当场遭到屠杀。阿马涅克伯爵和众多显贵被投入监狱。公报私仇的谋杀行径借着党争的幌子日日发生。嗜血欲望未得满足的暴民认为司法程序过于迟缓，便冲入监狱，将阿马涅克伯爵和狱中所

369

---

① St.Remi, chap.74. Monstrelet, chap.167.

② St.Remi, chap.79.

③ Ibid. chap.81. Monstrelet, chap.178, 179.

有贵族统统杀死。①

二度侵法

正当法兰西内乱如火如荼，无力抵御外敌之际，亨利筹措了一笔军费，集结部队，率二万五千人马在诺曼底登陆，所到之处未遇任何像样的抵抗。他首先攻占了法莱斯(Falaise)，埃夫勒(Evreux)和卡昂望风而降，蓬德拉克(Pont de l'Arche)也向他敞开大门。亨利征服下诺曼底全境之后，又从英格兰获得一万五千援军，②继而围攻鲁昂，城内驻扎着四千卫戍部队，加上协同防卫的居民，总数为一万五千人。③枢机主教德·乌尔辛(des Ursins)于城下劝和，并试图说服亨利节制野心，然而英王的答复表明他充分认识到自己当前的优势。"你难道看不见吗？"亨利说，"是上帝亲手引我至此。法兰西一国无主，我有正当的理由对王位提起主张。这里的一切极度混乱，无人想要抵挡我。这岂不是最有力的证据，说明主宰世间国度的上帝已经决定把法兰西的王冠戴在我头上吗？"④

亨利虽已敞开心怀憧憬上述雄心勃勃的蓝图，但他仍未中断与对手谈判，以争取更多尽管不够宏大、却较为稳妥的实利。他同时与法国的两党展开和谈：一个谈判对手是法国王后和勃艮第公爵，他们手中掌握着国王，是表面上的合法当局；⑤另一方面，亨利还和法国王储进行谈判，后者是无可争议的法兰西王位继承人，凡是为法国真正利益着想的人无不拥戴他。⑥此外，以上两党之间也

公元
1418年
8月1日

---

① St. Remi, chap. 85, 86. Monstrelet, chap. 118.

② Walsingham, p. 400.

③ St. Remi, chap. 91.

④ Juvenal des Ursins.

⑤ Rymer, vol. ix p. 717, 749.

⑥ Ibid. p. 626, &c.

370 在持续谈判。各方提出的条件都在不断变化,战场态势、密室筹谋错综复杂,使得法西兰的命运久久悬而不决。经过多番交涉,亨利向伊莎贝拉王后和勃艮第公爵提出以下媾和条件:亨利迎娶凯瑟琳公主,接受《不列丁尼和约》向爱德华三世割让的全部省份外加诺曼底,拥有上述地区完整、充分的主权。[①]这些条件已被提交给法方,只差个别细节需要调整,便可最终缔约。然而就在这个间隙,勃艮第公爵与王储之间的和约已经秘密签订。这两位王公同意,于查理六世有生之年共享王权,联合双方兵力,共同驱逐外敌。[②]

这个联盟看似断送了亨利更进一步的贪愿,但事情发展到最后,竟然为他实现野心提供了最大的助力。我们无从知道双方结盟是否发自真诚,然而这一为时极短的表面联盟却带来了非常致命的后果。两位王公同意当面会谈,协商联合抗英的有效方案。不过,关于如何确保双方或其中任何一方此行安全的问题,似乎让他们大伤脑筋。勃艮第公爵当年指使杀手行刺,还站出来公开承认自己的所作所为,振振有词地讲出一套大道理为之辩护,几乎使文明社会的纲纪底线全面崩溃,就连对此罪恶先例深恶痛绝的正直人士也可能认为,只要逢到有利时机,以其人之道还治其人之身亦属正当。故而,公爵尽管全盘接受了王储驾前臣僚提出的保障双方安全的安排,还是不敢信任对方,也无法作出期望对方信任的姿态。公爵和王储驾临蒙特罗(Montereau),公爵下榻城堡,王储驻跸于城内,与城堡隔着一条约讷河(Yonne)。河上有一座桥,双方

---

① Ibid.p.762.

② Ibid.p.776. St.Remi,chap.95.

的会晤地点就定在桥上。桥的两端各立一道高栅，一侧栅门由王储手下军官把守，另一侧栅门由公爵手下军官把守。届时，两位王公各带十名扈从，分别由两端栅门进入，在桥上的中央地带会晤，带着这一切分歧的标志，共洽彼此亲善之道。然而，在法律没有立足之地、一切荣誉原则被弃如敝屣的地方，任何预防措施似乎都不足以保障安全。在王储的扈从当中，唐纳吉·德·沙特尔(Tannegui de Chatel)等多人均为已故奥尔良公爵的狂热追随者，他们决心抓住这一时机为遇刺的旧主复仇。待到双方进入栅门，几人立即拔剑出鞘，刺向勃艮第公爵。公爵的朋友们惊得目瞪口呆，根本没想到反击，结果一部分人陪公爵一命归天，另一部分被王储的扈从俘虏。①

勃艮第
公爵遇刺

　　王储此时年纪尚幼，是否参与阴谋很值得怀疑。然而，鉴于刺杀就发生在他眼皮底下，行刺者是他的亲密伙伴，而且事后一如既往地与他保持着密切关系，因此人们自然会将这一鲁莽成分远多于罪恶的行动完全归咎于他。这个突发事件使整个局势登时为之大变。热忱拥戴勃艮第家族的巴黎市民无比激愤，掀起了反对王储的狂潮。查理六世的宫廷出于利益考虑也站到反对者一边。国王驾前的大臣们都曾蒙受勃艮第公爵的拔擢之恩，他们预见到，一旦国王重新落入王储的掌控，自己必定失势，因此千方百计阻挠王储的大业。王后对儿子仍然保持着那种违背亲情常理的仇恨，她在此关头极力推波助澜，向心智不清的国王灌输她那套根深蒂固的偏见。尤其是，刚刚继承父亲爵衔晋为勃艮第公爵的夏洛鲁瓦

---

① St.Remi, chap.97. Monstrelet, chap.211.

(Charolois)伯爵腓力认定，自己出于一切荣誉和责任的义务，必须为父报仇，以最无情的手段惩治凶手。在仇恨的汹涌怒潮裹挟之下，各方都把邦国和家族的利益抛在脑后，在他们看来，只要能泄一时之愤，无论是屈膝于外敌、驱逐合法王位继承人，还是给王国戴上奴役枷锁，都属于可以接受的"小恶"。

372
即便在勃艮第公爵遇刺之前，英王亨利便已从法兰西党争中捞取了莫大好处，征服诺曼底的事业日日都有重大进展。他经过坚持不懈的围攻，拿下了鲁昂，[①] 又把蓬图瓦和日索尔(Gisors)收入囊中。英军甚至威胁巴黎城，迫使法国宫廷迁往特鲁瓦。在这一片大好形势下，他不无惊喜地发现，法国人非但没有联合抗英，反而纷纷前来投靠，都想借他的力量向对立面复仇。亨利与现任勃艮第公爵当即在阿拉斯缔定盟约。后者除了为父报仇和要求贝德福德公爵迎娶他妹妹这两条之外，没有为自己提出任何其他条件，他承诺以法兰西王国相赠，以满足亨利的野心，无论亨利提出什么要求，他都一口答应。为了缔定这个令举世瞩目的条约，亨利 公元
1420 年在两位御弟克拉伦斯公爵和格洛斯公爵陪伴下驾临特鲁瓦，勃艮第公爵已在那里迎候。法兰西王冠即将被拱手交予外邦人。查理六世已陷入失智状态，没有身边近臣充当他的眼睛，就一片茫然；而这些近臣看待任何事，无不受到自身激情的支配。《特鲁瓦条约》的内容事先已经过充分协商，因此双方一见面，当即签字用玺，并给予确认。整个会谈过程中，亨利的意愿形同律令一般，除了他的利益，其他一切都被置之度外。

---

① T. Livii, p. 69. Monstrelet, chap. 201.

《特鲁瓦
条约》

　　该条约主要内容如下：亨利迎娶凯瑟琳公主为后；查理六世有生之年享有法兰西国王的称号和尊荣；公开确认亨利为法兰西王位继承人，授权其摄理本朝政务；亨利有权将法兰西王位传诸子孙后代；法兰西与英格兰自此永远并为一国，共奉一位君主，但保留各自的成例、习俗和特权；法兰西全体王公、贵族、封臣及所有团体须宣誓拥护亨利日后继承大统，并在当前服从他的摄政权威；亨利应在军事上与查理六世和勃艮第公爵通力合作，共同打击已丧失合法性的伪王储查理一党。上述三位君侯不经一致同意和共同约定，不得与伪王储查理议和或休战。①

　　这一著名条约的要旨如上所述。这样一个条约，因其肇源于充满暴力的仇恨，就只有凭借刀剑的力量才能付诸实施。就其结果而言，假使它真能生效的话，很难说究竟是对英国还是对法国危害更大。条约一旦生效，英格兰的地位势必要从一个独立王国降格为一省，法兰西的王统将被割断，法兰西室子孙将面临覆巢之祸。那些爵高位显的家族，如奥尔良、安茹、阿朗松、布列塔尼、波旁以及勃艮第家族本身，继位资格都排在英格兰宗室王公之前，则会遭到君主无休无止的猜忌和迫害。亨利对法兰西王位的继承资格还有一个更明显的缺陷，无论采取何种手段都无法弥补。因为，就连爱德华三世的继位主张都面临无法克服的阻碍，而他连爱德华三世的子孙都称不上。倘若承认女性继位权的话，那么应当由莫蒂默家族来继承王位。如果说理查二世是个暴君，亨利四世推翻其统治对英国人民功莫大焉，足可凭此名正言顺地登上英国王

　　①　Rymer, vol. ix. p. 895. St. Remi, chap. 101. Monstrelet, chap. 223.

位；然而理查二世从未祸害法兰西，那么推翻他的亨利四世也就无功于法兰西王国。绝无理由声称法兰西王位附属于英国王位，任何人无论通过什么方式坐上英国王座就可以不经进一步质疑、合理合法地据有法兰西王位。因此，总地说来，必须承认，亨利继承法国王位的资格——如果真的有此可能的话——比他父王当年凭之继承英国王位的资格更加莫名其妙。

374 　　即便法国和勃艮第宫廷在澎湃的激情推动下忽略了以上所有因素，但是将来一旦时局平稳，这些争议必定重新浮出水面。因此，亨利有必要加紧拓展当前的优势，令人无暇进行理性思索和反省。几天之后，他就与凯瑟琳公主举行了婚礼。他携岳父开进巴黎，掌 国王大婚控了都城。他推动议会和教士、贵族、市民这三个等级对《特鲁瓦条约》给予认可。他力挺勃艮第公爵争取到严惩杀父凶手的法院裁决。他火速发兵镇压王储的追随者，取得节节胜利——后者闻知《特鲁瓦条约》签订的消息，当即宣布拥有摄政王的头衔和权柄，吁请上帝和手中宝剑的力量来捍卫他的权利。

　　亨利拿下的头一个城市是桑斯，该城只作了微弱抵抗便开门称降。攻取蒙特罗也同样易如反掌。默伦(Melun)城的抵抗较为顽强，总督巴尔巴桑(Barbasan)坚守孤城四个月，最后迫于饥馁才宣告有条件投降。亨利一纸赦令饶全城守军不死，唯参与谋害先勃艮第公爵者不予宽赦。由于巴尔巴桑本人也在嫌疑者之列，现任勃艮第公爵腓力要求对其给予严惩，但是国王慨然出面为他说情，保全了他的性命。①

———————————

① Holingshed, p.577.

公元
1421年

　　出于补充兵员和钱粮的需要,亨利渡海暂返英格兰。他任命
王叔埃克塞特公爵为巴黎总督,于他离法期间镇守此方。胜利者
说话自然格外有分量,他开口便从英国议会取得了额度为十五分
之一的补助金。不过,如果从实际军需供应的微薄程度来判断,可
以看出国王胜旌高张并没有给国家带来富足和希望。随着英法合
并的前景日益迫近,英国人开始擦亮眼睛,看到此事必定带来的危
险后果。对于亨利而言,所幸他的收入来源不只一个,并不完全依
赖本土臣民的资金供应。靠着先前征服的欧陆各省,他的军队可
以得到供养。追随雄主进一步取胜的希望,把所有雄心勃勃、希
望在战场上博取功名的英格兰人都吸引到他的麾下。他又征募了
二万四千弓兵和四千骑兵,①开赴约定的集结地点多佛尔。在此期
间,巴黎在埃克塞特公爵镇守下一切宁靖,但是王国的另一边却出
了乱子,促使国王匆忙登船返回法国。

　　迄今为止,将苏格兰幼主羁留在英国的策略一直让亨利受益
良多,这样苏格兰的在位摄政王就有所忌惮,不敢造次。因此,在
亨利征法期间,英格兰北部边境始终太平无事。然而,当亨利在法
节节胜利、有望继承法国王位的消息传到苏格兰,立即引起举国
不安,苏格兰人预见到,盟友一旦称降,只剩苏格兰孤军奋战,英
国人的军力和财力本来就占据压倒性优势,再借胜利之师的余威,
苏格兰焉有不亡之理? 苏格兰摄政王也抱有同样想法。尽管他不
敢公然与英国开战,却批准他的次子巴肯伯爵率七千苏格兰子弟
兵渡海前往法国,效命于王储麾下。亨利为了瓦解这支援军的力

①　Monstrelet, chap. 242.

量,在前番出征时携苏格兰幼主同行,命其诏令本国臣民脱离法军。但是苏格兰援军统帅巴肯伯爵答曰,他不会听命于被俘的国王。落入敌手的君主便不再享有权威。于是,苏格兰援军在巴肯伯爵的指挥下继续作战,奉王储之命开赴安茹阻击克拉伦斯公爵。两军在博热(Baugé)会战,英军败北。克拉伦斯公爵被苏格兰骑士阿兰·斯温顿爵士(Sir Allan Swinton)斩杀,这位爵士手下率领着一队骑兵。索默塞特伯爵①、多塞特伯爵和亨廷顿伯爵被俘。②这是英国人在欧陆的胜利势头首次遇挫。王储为了继续拉拢苏格兰人为己用,也为了表彰巴肯伯爵作战英勇、指挥有方,授予巴肯伯爵法兰西大元帅的荣衔。

376 　　不过,英王率领大军抵达法国,足能弥补之前的损失。亨利在巴黎受到民众欣喜若狂的欢迎,由此可见,民众的偏见是何等顽固。亨利即刻指挥大军前去解救久被王储部队围攻的沙特尔。王储一见英军逼近,便解围而去,决意避免与对方交兵。③亨利兵不血刃占领了德勒(Dreux),继而应巴黎市民的吁请围攻莫城,因为该地的卫戍部队给巴黎制造了极大麻烦。英军在此地耗费了整整八个月,人称“瓦卢斯私生子”(Bastard of Vaurus)的莫城总督表现英勇,坚持抵抗,但终不能敌,只得无条件投降。这位总督的残暴程度不下于其英勇,他定下规矩,凡抓获英国人和勃艮第人,不由分说统统绞死。为报复他的野蛮行径,亨利传旨,即刻将他绞

---

　　① 其名为约翰,是兰开斯特公爵冈特的约翰之孙,后来他被封为索默塞特公爵。多塞特伯爵为索默塞特之弟,继承了他的爵位。

　　② St.Remi, chap.110. Monstrelet, chap.239. Hall, fol.76.

　　③ St.Remi, chap.3.

死在他平时残忍处决俘虏的那棵树上。[1]

　　攻下莫城后，巴黎周边许多原来依附查理王储的地方纷纷归降。王储被驱至卢瓦尔河以南，几乎完全放弃了北方诸省。英军和勃艮第部队甚至合兵深入南方追击王储，后者眼看就要面临灭顶之灾。尽管王储麾下将士忠勇，但他认识到，己方实力不足以与敌军在沙场正面交锋，此时有必要施展"拖"字诀，绝不与强势之敌进行危险的决战。

　　这时，亨利的王后诞下一子，令春风得意的亨利喜上加喜，他用自己的名字为小王子命名。王子诞生，普天同庆，在巴黎，人们的狂腾雀跃和真诚绝不稍逊于伦敦。这位小王子似乎被全民公认为英法两国未来的君主。

公元
1422年

　　然而造化弄人，就在亨利的荣耀即将达到巅峰之际，却被命运之手生生掐断。他的一切伟业宏图就此烟消云散。他患上了瘘管

国王驾崩

病，以那个时代的医疗水平而言就是不治之症。他终于意识到，此377病是无药可救了，自己的死期将至。他派人请来御弟贝德福德公爵、沃里克伯爵及另外几位与他交好的贵族，镇定自若地向他们交代后事，就王国治理和宗室事务留下遗嘱。他恳请他们忠诚爱戴幼主，如同事奉他本人一样——在他有生之年，他们一直披肝沥胆向他表白忠心，而无数次的同舟共济又令这份真情历久弥坚。他表示，一死并不足惜，只恨家国大业以辉煌开篇，今番事业未竟，自己便撒手而去。他宣称，自己坚信，凭着他们的深谋远虑和超凡

---

　　① Rymer, vol.x.p.212. T.Liv.11.p.92, 93. St. Remi, chap.116. Monstrelet, chap.260.

勇气,终能将法兰西收入囊中。他遗命大弟贝德福德公爵摄政法兰西,小弟格洛斯特公爵摄政英格兰,又命沃里克伯爵监护幼主。他劝众人,千万注意与勃艮第公爵保持亲善关系,又告诫他们,在幼主长大成人、独立掌政之前,绝对不能释放阿金库尔战役中俘虏的法国王公。他切切地忠告他们,将来即便凭武力不能把幼主亨利送上法兰西王座,也不能轻易对法议和,至少要让他们把诺曼底割让给英国,用以抵偿他一切的冒险和付出。①

接着,他的心思转向信仰方面,请他的私人神父诵读《圣经》中的七篇忏悔诗。在读到"诗篇"第51篇"建造耶路撒冷的城墙"一节时,国王打断了诵读,郑重宣布,他原计划在彻底征服法兰西后,发动一场十字军战争,讨伐异教徒、光复圣地。②人类自欺欺人的本领是何等高明啊!此时此刻,亨利已经忘了,自己的野心致使多少鲜血白白流淌,只顾从这个迟到而软弱的决心中寻求慰藉。鉴于十字军运动此时已成为旧时代的陈迹,他肯定永远都不会将 8月31日计划付诸实施。亨利卒年三十四岁,在位十年。

378 这位君主具备多方面的美质良才。如果我们能宽容一位君王的野心,或者效法大众的通例,把这算作他的优点之一,那么可以 国王性格评述说在他身上找不到任何严重的缺点。无论是转战沙场还是运筹帷幄,他都显出了超凡的才干。其谋划之大胆和实现目标过程中所表现出的个人勇气同样令人赞叹。他天生有能力以和悦亲切的态度吸引朋友,以风度和宽宏大量赢得对手的心。英国人更多地被

---

① Monstrelet, chap.265, Hall.fol.80.

② St. Remi, chap.118. Monstrelet, chap.265.

其人格魅力的光华而不是他的辉煌战绩所感召，忽略了他继位资格的瑕疵；而法国人几乎忘记了这一位是他们的敌人。他在内政管理方面着意维护公正，治军方面强调维持军纪，在英法两邦均或多或少地弥补了战争造成的无可避免的重创——在他短暂的统治期间，战争自始至终如影随形。他能善待继位资格优于自己的马契伯爵，确凿无疑地显明了他的恢弘器量，而这位伯爵如此毫无保留地信赖亨利的友谊，亦充分证明了他正直真诚的品格已经为人所公认。纵观历史，这样相互信任的例子可谓亘古难觅，更难得的是，双方谁都没有任何理由为此感到后悔。

这位伟大君王的外形和仪态同样令人见之生喜。他的身量在中人以上，面容俊美，四肢细长优美、但充满力量。他在一切尚武和展现男子气概的活动中都有出类拔萃的表现。[1]他身后只留下一子，为王后法兰西的凯瑟琳所生，当时还不满九个月。这位小王子一生历尽磨难，尽他父王的全部荣耀和成功都抵不过这般悲苦。

亨利死后不到两个月，他的岳丈、法兰西国王查理六世也结束了他不幸的一生。多年来，他只是名义上的君主。但即便这种名义上的君权也给英国人带来了莫大利益，让英王得以与法国王储均分法国人民的效忠和爱戴。王储查理在普瓦捷宣布登基，并加冕为法兰西国王，称为查理七世（Charles Ⅶ）。传统上，法兰西国王的加冕礼通常在兰斯举行，但此时该城还控制在敌方手中。

亨利去世后不久，他的遗孀法兰西的凯瑟琳便再婚嫁给一位威尔士绅士，这位欧文·都铎爵士（Sir Owen Tudor）据说是威尔

---

[1]　T.Livii, p.4.

379 士古代王族之后。她为新夫育有两子，长子埃德蒙封里奇蒙伯爵，次子贾斯珀封彭布罗克伯爵。都铎家族借这次联姻首次跻身显贵之列，日后更一飞冲天，登上英格兰王位。

在这一时期，持续近四十年的拉丁教会大分裂终于经康斯坦茨大公会议(council of Constance)宣告终结，会议根据教宗若望二十三世(John XⅢ)所犯罪行将他废黜，选举马丁五世接掌其位。全欧洲所有国家几乎都承认了新教宗的权威。大公会议的巨大权威，以及这次颇不寻常的行权举动，令此后的历任罗马教宗对这类会议厌恶到极点。大多数欧洲国家世俗贵族和君主之间长期存在的争竞猜忌，现已成为教会内部各派斗法之常态。但是，由于主教们都分散在不同国家，很难齐聚一地，这种情况对教宗十分有利，使他更容易实现个人集权。也是在这次大公会议上，约翰·胡斯(John Huss)和布拉格的哲罗姆(Jerome of Prague)这两位不幸的威克里夫派信徒被判处活活烧死，罪名是他们违反了一项安全通行禁令；这样的残暴和诡诈证明了一个可悲的事实：无论在何种形式的教会统治下，教士们都不具备宽容的美德。不过，鉴于英国与上述大事件基本无关，所以我们在此仅约略述之。

本朝花絮辑录

史上第一份民团首领委任状是在本朝签发的。[1] 在这一朝，构成封建体系大厦之基的封建军役制度已经完全分崩离析，无法凭之保卫王国。因此，亨利五世于1415年发兵侵法之际，授权一些人检视各郡所有能拿起武器作战的自由民，编为民团，做好御敌准备。这一时期，英格兰的封建民兵制让位于一种更无秩序也更不

---

[1]　Rymer, vol.ix.p.254, 255.

规范的组织方式。

我们拥有关于本朝王室日常收入的真确记录,其年度收入总 380
额只有五万五千七百一十四镑十先令另十便士,[1] 几乎与亨利三世
时代相等。时隔这么多年,英格兰国王既没有变穷,也没怎么变富。
政府每年的日常开支总计四万两千五百零七镑十六先令另十便
士。由此可知,国王只剩下一万三千二百零六镑十四先令用于支
付内廷花销、添置衣物、外派使节和其他开支。这笔数目远远不敷
其用。因此,他不得不频繁向议会申请补助金,这样一来,即便在
和平年代,他也不能完全摆脱对民众的依赖。而战争必然伴随巨
额开支,无论是王室日常收入还是特别补助金都不足以维持,国王
处境艰难,想尽办法节约每一笔小钱,常露捉襟见肘之态。他总是
到处借债;他典当王室珠宝,甚至自己的王冠;[2] 他还拖欠部队的军
饷。尽管采取了上述一切权宜之计,他还是经常被迫在战场上高
歌猛进的中途罢兵,与敌人签订休战协议。将士们丰厚的饷金与
他自己微薄的收入极不相称。终其一朝,议会共计七次以十分之
一税和十五分之一税的形式授予亨利五世特别补助金,总数约合
二十万三千镑。[3] 我们知道,当时每个弓兵每天饷金六便士,[4] 每个
骑兵二先令,那么不难算出,这笔钱用来供养二万四千弓兵和六千
骑兵的庞大部队,只消多少时候便被花光用尽。财力支撑如此薄

---

①　Rymer, vol. x. p. 113.

②　Ibid. p. 190.

③　Parliamentary history, vol. ii. p. 168.

④　Rymer 的记载中有多处提到此事,特别是 vol. ix. p. 258 中写道,国王向弓箭手
支付二十马克的年饷,较之六便士的日饷更划算。由于货币面额提高,物价自然水涨
船高。

弱，战场上最辉煌的胜利通常全无实际收获可言，巨额债务压得国王心力交瘁、举步维艰，为胜利付出了高昂代价。同样，由于财政拮据，即使在和平年月，国内政务也从来无法正常运转。直到亨利驾崩的前一年，他仍未还清自己做威尔士亲王时欠下的债务。[1]国王的处境如此窘迫，议会如何高喊要制约王室的横征暴敛也是徒然。仅以王室征发权为例，针对此项权利，《大宪章》早有明文约束，下议院也频频发出怨言，但彻底废止王室征发在实践中仍然完全不可行。议会最终把它作为一项王室合法特权来接受，满足于颁布法规予以限制和制约。据傅华萨记载，格洛斯特公爵在理查二世一朝岁入六万克朗（约合现在的三万镑），[2]因此，若将各种情况充分考虑在内，可以说这位公爵比国王更富有。

值得注意的是，仅加来一城每年就要花去国王一万九千一百一十九镑，[3]比和平年代政府日常开支的三分之一还多一些。这个要塞对于保卫英格兰毫无作用，只是英国进犯法国的一个门户而已。对爱尔兰的投入为每年两千镑，远远超出该国本身那点可怜的岁入。综合各方面信息，可以看出当时欧洲的状况非常糟糕。

自上古以降，直到爱德华三世时代，英国的货币面额从未变更过。一英镑始终等于一金衡镑，约合现在的三镑。那位征服者在这个重要方面首开先例。爱德华三世在位第二十年，他以一金衡镑铸为二十二先令，他在位第二十七年，又以一金衡镑铸为二十五先令。同为征服者的亨利五世则变本加厉，以一金衡镑铸为三十

---

[1] Rymer, vol. x. p. 114.

[2] Liv. iv. chap. 86.

[3] Rymer, vol. x. p. 113.

先令。[①]以此算来，他的岁入应相当于现在的十一万镑，又考虑到当时王室征发物品价格低廉，因此可抵如今的三十三万镑。

兰开斯特王朝的君主无一胆敢不经议会批准征税。他们可疑或存在缺陷的执政资格给宪政带来了莫大裨益。规则自此立定，后世哪怕更为专制的君主也不能擅加破坏而不受惩罚。

---

① Fleetwood's Chronicon Preciosum, p.52.

第二十章　亨利六世(上)

幼主治下的政局—法兰西局势—军事行动—韦尔讷伊战役—
奥尔良之围—奥尔良少女—奥尔良之围解除—法王在兰斯加冕—
贝德福德公爵深谋远虑—处决奥尔良少女—勃艮第公爵倒戈—贝
德福德公爵去世—英人在法势力衰落—英法休战—国王迎娶安茹
的玛格丽特—格洛斯特公爵被害—法兰西局势—对法战事重启—
英人被逐出法兰西

　　兰开斯特王朝的几位君主当政期间，英国议会的权威似乎更公元1422年
见巩固，民众的权利亦较之前各朝更受尊重。亨利四世和亨利五
世虽说都是雄才伟略的英主，却克制自己不曾肆意独断专行，不像幼主治下的政局
那些继位权无可争议的君主——即便屡主也一样——总按捺不住
僭行威权的欲望，以为可以不受惩罚。如今幼主继位，距离成年尚
待时日，所以上、下议院更无所顾忌地扩充自身影响力，不顾亨利
五世的口头遗嘱，擅自重新安排王国政务。他们拒绝在英格兰设
立摄政王，任命贝德福德公爵为英格兰王国的护国公或监国(他们
认为这个称号包含的权柄较小)，他们还授权格洛斯特公爵在其兄
长离国期间拥有同样的头衔。[1]为了制约上述两位公爵的权力，议

---

[1]　Rymer, vol.x.p.261. Cotton, p.564.

会两院任命了一个谘议会,不征求谘议会的意见和批准,任何重要措施都无法定夺。[1]幼主的人身监护和教育被委托给温切斯特主教亨利·博福特(Henry Beaufort),此人是兰开斯特公爵冈特的约翰之嫡子,幼主的叔祖父。议会认为,把这个重要职责托付给一位教会长老最安全不过,因为后者绝无可能为本家族篡夺王位。[2]这个执政方案似乎对贝德福德公爵和格洛斯特公爵造成了伤害,不过,两位公爵都是品行高尚、讲究体面的人,只要是能保障公共安全的任命,便给予默许;而且此时法兰西战局正值紧要关头,他们要极力避免任何可能妨碍对外征服的争议。

法兰西局势

若以表面而论,目前英法之间的这场较量,似乎全部优势都在英国一方;鉴于双方实力差距悬殊,查理七世彻底被逐出局看来是满有把握之事。虽说英格兰幼主亨利尚在襁褓,但执掌大政的贝德福德公爵却是一代公侯中的佼佼者,无论经验、谋略、勇气、器量都足堪大任,既有能力凝聚友朋,又能博取政敌的信赖。英格兰一切权力尽归他掌握,他统帅着强大的常胜之师,麾下名将如云,包括索默塞特伯爵、沃里克伯爵、索尔兹伯里伯爵、萨福克伯爵、阿伦德尔伯爵、约翰·塔尔博特爵士(Sir John Talbot)、约翰·法斯陀夫爵士(Sir John Fastolfe)等人。说到英国在法势力范围,除了祖传的吉耶纳领地之外,英军还据有都城巴黎以及几乎全部北方省份,这些地盘能为公爵提供充足的人力、财力,协助和支持英军的行动。

384

---

[1] Cotton, p.564.

[2] Hall, fol.83. Monstrelet, vol.ii.p.27.

　　然而，查理七世尽管眼下实力较弱，却也拥有某些强项——部分源自他的处境，部分源自他本人的性格——这预示着他未来的成功；凭着这些强项，他在实践中首先制衡、随即压倒了敌方在兵力和财富上的优势。他是法兰西王室毫无争议的正统嗣主，凡明白国家独立的好处或是企盼国家独立的法国人，全都注目于他，视之为祖国的唯一希望。他父王在昏乱状态下将他驱逐，议会在被迫或措手不及的情境下对此表示认可，如此作出的决定显然不具合法效力。民众因党争的激情而陷入盲目，但虚妄的激情不可能长久蒙蔽人的心智。英国人是他们一切灾难的始作俑者，根深蒂固的民族仇恨必定很快重燃，令他们愤然拒绝屈服于敌人轭下。法兰西的大贵族和君侯们对本国君主亦习惯于保持独立自主，怎肯折腰做外邦人的臣虏？虽说阿金库尔战役后大部分法兰西宗室亲王都被拘押在英格兰，但是他们领地上的居民、他们的亲朋好友和所有附庸都热忱拥戴本国国王，踊跃抗击残暴的外敌。

　　查理本人虽然年仅弱冠，但以其性格而言，却很适合成为国人殷情寄托的对象；鉴于世人总是自然地给予年青人更多偏爱，或许正是由于他年纪轻轻，才令本国臣民心怀好感。他的性情温和善良，举止平易近人，判断力虽不十分出众，但也合理健全。查理为人真诚、宽厚、和蔼可亲，臣属们出于爱戴而为他效命，甚至当他时乖运舛、背弃他更符合一己私利的时候，他们依然始终不渝地追随他。由于性情宽和，他并不计较臣属发泄不满——在他的处境之下，这种情况是极常见的。由于贪图逸乐，他时常陷于怠惰，但是透过诸般不妥行为，其良善本性仍然透出辉光；他亦间或表现出勇气和积极的行动力，证明这种怠惰并不是由于他缺乏雄心壮志或勇武精神所致。

　　尽管这位和蔼王子的种种美德在一段时间里不为世人所知，但是贝德福德公爵深知，此人仅凭其合法继位资格，就足以对自己构成强劲威胁。作为来自英国的摄政，若想完成对法兰西的征服，务须争取一切外援；这项事业虽然表面看来大有进展，却仍然面临许多重大难关。英国目前所享的一切优势，主要系于勃艮第公爵腓力对查理的仇恨。鉴于那位公爵似乎更想满足内心报仇雪恨的激情而不考虑自身利益所在，摄政公就能轻易通过种种尊重和信任的举动，笼络他留在英方阵营。他竭尽全力以求达到目的，给予公爵一切友谊和尊重的证明，甚至提出把法兰西摄政的位置让给他，但是被腓力拒绝了。另外，出于以私人姻亲巩固邦国关系的考虑，贝德福德公爵按照《阿拉斯条约》的规定，迎娶了勃艮第公爵之妹。

公元
1423年　　贝德福德公爵还意识到，除了与勃艮第公爵联盟之外，来自布列塔尼公爵的友谊对于推进英国的征服大业亦无比重要。若不与上述两位公爵保持良好关系，位于勃艮第与布列塔尼之间的被征服诸省就没有任何安全保障可言。所以，贝德福德亦十分用心地争取布列塔尼公爵的支持。布列塔尼公爵此前由于饱尝查理驾前大臣们的脸色，早已承认了《特鲁瓦条约》，还曾与其他法兰西王室封臣一起向亨利五世行过效忠礼，奉其为未来储君。但是贝德福德知道，这位公爵在一应事务上多受他弟弟里奇蒙伯爵支配，便下工夫修复与里奇蒙伯爵的友谊，百般殷勤取悦那位雄心勃勃的高傲君侯。

　　里奇蒙伯爵阿瑟在阿金库尔一战中被俘后，先王亨利五世对

他格外优待，甚至允其有条件假释，返回布列塔尼去处理一些需
要他亲自料理的事务。但里奇蒙伯爵尚未返英，那位常胜之君便
驾崩了。里奇蒙伯爵宣称，自己当初是向亨利五世个人立下誓言，4月17日
现在没有义务向他的儿子和继承人践行此诺。摄政公既无力迫使
他兑现誓言，只得审慎从事，对他的狡辩不予计较。贝德福德公
爵、勃艮第公爵和布列塔尼公爵相约在亚眠会晤，里奇蒙伯爵也在
场。[1]三位君侯重申盟约。摄政公说服勃艮第公爵腓力将其长姊
即已故王储路易（查理的兄长）的遗孀嫁给里奇蒙伯爵。这样一来，
阿瑟与摄政公和勃艮第公爵皆成了亲戚，三家出于利益的联姻似
乎旨在贯彻同一个目标，那就是继续推进英军的胜利。

　　贝德福德公爵费尽心机争取或重新确认与两个重要近邻的同
盟关系，然而他也没有忽视相对偏远邦国的动态。苏格兰摄政奥
尔巴尼公爵此时已经去世，将治国大权传给其子马达克（Murdac），
后者却是头脑孱弱、性情慵懒，非但远不具备统驭这个猛鸷民族的
干才，就连在本家族内部都无法保持权威，约束不了他那几个暴躁
而又傲慢的儿子。在他软弱无力的统治期间，苏格兰人赴法从军
的热情又掀起一波高潮，在海峡那边，查理七世对苏格兰援军备加
青睐和荣宠，现任苏格兰摄政的兄弟还被授予大元帅的荣衔。苏
格兰援兵源源不断地跨海而来，壮大了法王的军力。道格拉斯伯
爵率五千生力军也来援助。此外，英国人也有理由担心，苏格兰人
会在北方发起公开进攻，进一步分散英军兵力，从而部分地缓解
法王查理目前所承受的压力。出于以上考虑，贝德福德公爵说服

---

　　① Hall, fol. 84. Monstrelet, vol. i. p. 4. Stowe, p. 364.

英国谘议会与久被扣押的苏格兰王詹姆斯达成和解，归还其人身自由，并把索默塞特伯爵之女、英格兰幼主的堂姊嫁给他，以结永好。[①] 那位不称职的苏格兰摄政已经厌倦高位，如今发自真心地恳请迎回王驾，于是，两国很快签订协议，苏格兰以四万镑赎回詹姆斯。[②] 苏格兰王室复辟，詹姆斯重新坐上列祖留下的宝座。他在位时间虽短，却政绩可观，足以证明他是苏格兰有史以来最杰出的英主之一。公元1437年，他被谋逆的王室宗亲阿索尔伯爵弑杀。詹姆斯在情感上比较亲法，然而终其一生，英国人都没有任何理由抱怨苏格兰破坏中立。

387

摄政公并没有把全部精力放在谈判桌上而忽视用兵，他深知只有通过军事较量，才有可能成功驱逐法国君主。尽管查理七世的主要根据地是卢瓦尔河以南的诸省，但是其党羽也在北方占据了若干要塞，有的甚至就在巴黎附近。贝德福德公爵在远征南方之前，大有必要先扫清眼前的障碍。多索伊(Dorsoy)城堡经六个星期围攻被拿下，随后，努瓦耶勒(Noyelle)城堡和皮卡第省的吕尔(Rüe)镇相继陷落，塞纳河桥村(Pont sur Seine)、韦尔蒂(Vertus)、蒙泰居(Montaigu)也落入英军之手。不久，英格兰与勃艮第联军又取得更为重大的进展。苏格兰军事总长约翰·斯图亚特(John Stuart)和埃斯特萨克(Estissac)勋爵率军围攻勃艮第的克勒旺(Crevant)，索尔兹伯里伯爵、萨福克伯爵和都隆哲(Toulongeon)伯爵受命前往营救。经过一场势均力敌的激战，苏格兰人和法

（军事行动）

---

① Hall, fol.86. Stowe, p.364. Grafton, p.501.

② Rymer, vol.x.p.299, 300, 326.

国联军被击败。苏格兰军事总长和旺塔杜尔(Ventadour)伯爵沦为阶下囚,一千多人遗尸沙场,威廉·汉密尔顿爵士(Sir William Hamilton)也在其中。[①] 此役的战果还包括塞纳河畔盖隆(Gaillon upon the Seine)和卢瓦尔河畔拉沙里泰(la Charité upon the Loire)两城。卢瓦尔河畔拉沙里泰是通往南方诸省的门户要冲,占领此地对于贝德福德公爵来说意义重大,似乎预示着他的征服大业前景光明。

388　　　法王查理在拥戴他的各省所受的威胁越大,就越有必要守住在敌占区的每个堡垒。贝德福德公爵亲率大军围攻诺曼底市镇伊夫里(Yvri),在长达三个月的时间里,当地总督英勇抵抗,但终于力竭,只得有条件投降。双方约定一个期限,倘若届时援兵不至,守军就投降。查理闻知此信,决心尽力施救。他克服许多困难,征募了一万四千兵马,其中半数为苏格兰人;查理钦点法兰西大元帅巴肯伯爵为总指挥,任命苏格兰人道格拉斯伯爵、阿朗松公爵、拉法耶特(la Fayette)元帅、奥马拉伯爵和纳博讷子爵为副将,率兵驰援伊夫里。法军赶到伊夫里附近,距城只有几里格[②] 路程时,发现守军已降,他们来得太晚了。巴肯伯爵当即命令部队转向,开到韦尔讷伊(Verneüil)城下,城中居民不顾英国卫戍部队的拒拦,开城献降。[③] 韦尔讷伊也是一个战略要地,其重要性并不亚于伊夫里,巴肯本来可以选择就此安全撤军,亦不失荣耀。但此时贝德福德公爵的大军已经抵近,巴肯闻报,召开军事会议,商讨值此紧要关

---

① Hall, fol.85. Monstrelet, vol.ii.p.8. Holingshed, p.586. Grafton, p.500.

② 里格:长度单位,约合三英里。——译者

③ Monstrelet, vol.11.p.14. Grafton, p.504.

头应当何去何从。一部分较明智者主张撤退,他们指出,法军此前的所有惨败无不是因为盲动冒进,在无必要的情况下投入决战;这支部队是国王手上最后的家底,全靠它来保卫硕果仅存的几省,出于理性考虑,此时务须采取审慎策略,且待时日,法国臣民自当渐渐省悟、恢复忠君爱国之心,敌人阵营内部也将发生争斗,因为他们彼此间并没有共同利益和动机的捆绑,不可能长期同心同德对抗法王。然而,这一切深谋远虑终究抵不过追求军事荣誉的那份虚荣心,他们最后决定按兵不动,静待贝德福德公爵,绝不能在敌人面前望风而逃。

8月27日
韦尔讷伊
战役

　　这场战役双方兵力基本相当。由于部队的纪律性在连年战争中得到锤炼,如今虽称不上完美,却足以在小规模作战中保持严整有序的风貌。因此,两军对抗激烈,战况胶着,伤亡都很惨重。法 389军在大元帅巴肯指挥下于韦尔讷伊城墙下摆开阵列,准备采取守势。不料性情急躁的纳博讷子爵贸然率本部出击,带动整条阵线向前跟进,不免匆促混乱,以致灾难接踵而来。英军弓兵按既往战术,依凭阵地前沿竖立的木栅掩护,万箭齐发射向法军队列最密集处;尽管一度被进逼的法军逐出阵地,在辎重之间藏身,但他们很快重新集结起来,大大杀伤敌人。与此同时,贝德福德公爵亲率重骑兵向法军发起猛攻,冲破敌军的阵形,把他们逐出战场,大获全胜。[①]法兰西大元帅巴肯殒命沙场,阵亡名单上还有道格拉斯伯爵和他的儿子,奥马拉伯爵、托内尔(Tonnerre)伯爵、旺塔杜尔伯爵以及许多贵胄名流。阿朗松公爵、拉法耶特元帅、高古勋爵和

---

① Hall,fol.88,89,90. Monstrelet,vol.ii.p.15. Stowe,p.365. Hollingshed,p.588.

莫特马尔(Mortemar)勋爵被俘。法方阵亡人数约四千，英方阵亡一千六百人。以当时的眼光看来，获胜的代价过于惨重，因此，贝德福德公爵晓喻全军不得欢庆胜利。次日，韦尔讷耶城接受了投降协定。[①]

　　法王查理面临的形势变得大为不妙，几乎可以说危在旦夕。他在这场致命的战役中失去了全部精锐部队和最勇敢的贵族，没有财力招募新军，也无力供养现有的军队，甚至支付个人开销都力不从心：虽说一应宫廷排场尽已蠲免，但他还是难以保障自己和少数亲随最简单而必要的日常饮食供应。每天都有损失或不幸的消息传来；一个个城镇经过英勇顽强的抵抗，终因内无粮草、外无救兵而被迫降敌。他看到自己的党羽被完全逐出卢瓦尔河以北的所有省份。可以预见，各派敌对势力联手，很快就会攻陷迄今为止他手上残存的全部地盘。恰在这个关键时刻，一个偶然事件将他从毁灭的边缘挽救回来，英国人就此错过了彻底完成征服的大好时机，再也没能重获机遇。

　　此事因埃诺和荷兰女伯爵及上述领地的女继承人杰奎琳(Jaqueline)而起。她当初嫁给勃艮第公爵的堂弟布拉班特公爵约翰，其动机与一般君侯之家的联姻动机一般无二；但婚后不久，她便发现自己有理由为这段不般配的姻缘后悔：杰奎琳是位飒爽刚健、聪慧过人的贵妇，布拉班特公爵则一脸病容，心智低下；杰奎琳正值盛年，而她的夫婿刚满十五岁。这些原因使她极端轻蔑自己的丈夫，又很快由轻蔑发展到厌恶，于是她决心解除这段婚

390

---

①　Monstrelet, vol.ii.p.15.

姻——他们很可能仅仅是举行了婚礼而已。罗马教廷对于这种情形通常颇为宽容，只要有权势和金钱的支持，不难达到目的。然而，这位贵妇料定夫家的贵戚们肯定对她不依不饶，又迫不及待地寻求解脱，索性逃到英格兰，投到格洛斯特公爵的保护伞下。这位公爵虽有许多高尚品质，却是性如烈火、极易冲动，他被女伯爵本人的魅力吸引，也被她名下的巨额遗产诱惑，轻率地向她求婚。他不待教廷下达离婚豁免令，也不设法消除勃艮第公爵的抵触心理，便与杰奎琳缔定了婚约，并且试图立即接管她的领地。腓力相当恼恨这一鲁莽举动：他不愿眼见自己的近亲布拉班特公爵蒙受伤害，也怕自己的公国被英国势力团团包围；英国人在欧陆尚未完全站稳脚跟，就开始侮慢和伤害一向为其大大效力、而且对持续推进征服必不可少的盟友，那么可以想见，将来英国人完全得势、没有敌手之后，将是怎样一种情形。因此，他鼓励布拉班特公爵奋起抵抗。他怂恿杰奎琳的许多臣民追随布拉班特公爵，还亲自率部支援。格洛斯特公爵毫不退让，战火骤然在低地之国点燃。私人争执很快混同于政治纷争。格洛斯特公爵致函勃艮第公爵，抱怨后者反对自己的权利主张，尽管信中语气大体上温和友好，但也声称他注意到腓力在此事件中受人欺哄而陷入某种谬见。这种有欠慎重的表述招致对方的强烈反感。勃艮第公爵坚持要他收回前言。双方为此唇枪舌剑，互致挑战，衅端遂启。①

　　贝德福德公爵明眼看出这场不合时宜的轻率争斗将带来怎样的恶果。法兰西战局正值关键时刻，来自英格兰的增援不可或缺，

然而他翘首以盼的援军却被自己的兄弟半途抽走，投向荷兰和埃诺战场；同样，他寄予期望的勃艮第公爵的军力也转而投入那场战争。在这双重损失之外，另一个迫在眉睫的危险就是永远失去勃艮第公爵这个无比重要的同盟者——先王在临终前曾经谆谆告诫他，要尽力待之以尊重和友情，博取后者的欢心。他煞费苦心地开导格洛斯特公爵，千方百计化解勃艮第公爵的怒气，在两位爵爷之间斡旋调停，但是这一切努力都不见成效。他发现，达成和解的主要障碍仍是自己这位兄弟的暴躁脾气。[1]因此，他只好放弃韦尔讷伊大捷后乘胜追击的机会，启程返回英格兰，试图凭借忠告和自身威望，说服格洛斯特公爵缓和冲突。

　　这时，英国政府要员之间也发生了一些争端，形成严重对立，同样需要摄政公出面调停。[2]受命负责幼主监护和教育的温切斯特主教能力出众且经验丰富，但是擅搞阴谋诡计，性情阴险。在权欲的驱使下，他与自己的侄子、代行护国公职权的格洛斯特公爵之间摩擦不断；后者暴躁无谋，经常败在他的手下。贝德福德公爵借助议会的权威调停双方争端，两个冤家对头被迫在议会面前郑重承诺从此捐弃前嫌。[3]此外，随着时间的流逝，与勃艮第公爵握手言和的机会之门似乎也打开了。勃艮第公爵凭着自己的影响力，取得了一份教宗谕令，不仅裁定杰奎琳和格洛斯特公爵的婚约无效，还宣布，即使布拉班特公爵有朝一日亡故，教廷法规也不允许

公元
1425年

392

---

① Monstrelet, p.18.

② Stowe, p.368. Hollingshed, p.590.

③ Hall, fol.98, 99. Hollingshed, p.593, 594. Polydore Virgil, p.466. Grafton, p.512.519.

杰奎琳嫁给格洛斯特公爵。格洛斯特公爵见这桩婚事无望，灰心之余娶了另一位出身较低的女士，她以情妇身份和公爵同居已经有一段时间了。[①]未几，布拉班特公爵亡故，他的遗孀在恢复领地前不得不宣布，倘若自己无嗣而终，名下产业归勃艮第公爵继承，并且承诺，不经勃艮第公爵首肯永不改嫁。尽管一切争端都以令勃艮第公爵满意的方式得到解决，但是他的心里却从此留下了一道阴影，令他极端不信任英国人，并且看清了自己的真正利益之所在。先前驱使他与英国结盟的唯一动力就是对查理的仇恨，但另一股同样性质的激情勃发，首先抵消、继而压倒了原先的激情，引导他逐步恢复了对家族和母邦的那份自然亲情。

大约与此同时，布列塔尼公爵也开始疏离英国的阵营。他的兄弟里奇蒙伯爵虽与勃艮第公爵和贝德福德公爵连络有亲，内心却极端亲法。对于查理七世试图拉拢他的所有示好举动，他无不乐从。自从苏格兰人巴肯战死之后，法兰西大元帅的职位一直空缺，查理任命他担任此职。里奇蒙伯爵生性尚武、雄心勃勃，巴不得能执掌军权，曾经向贝德福德公爵谋求军职而未遂愿，而今他不但接受了查理的任命，还促成其兄长倒向法方，与查理七世结盟。这位新任法兰西大元帅转换阵营之后，便一直坚定拥法，始终不渝。出于骄傲狂暴的性格，他无法容忍任何人在主君面前与自己争宠，甚至动手伤害了法王驾前的几位宠臣，大大触怒了查理，一度被逐出宫廷，不准觐见王驾。但他仍然一如既往地孜孜于王事，终于凭着不懈的努力使国王宽宥了他以往的一切过犯。

393

---

① Stowe, p.367.

　　贝德福德公爵时隔八个月后从英国归来，发现法兰西局势大变。勃艮第公爵的态度充满敌意；布列塔尼公爵已经与查理结盟，并以自己的爵领向法王行了效忠礼。法国人已经趁机从之前遭受的一连串的打击中恢复过来。这时又发生了一个偶然事件，极大地鼓舞了他们的斗志：沃里克伯爵率三千英军围攻蒙塔日（Montargis），该城已经陷入弹尽粮绝之境，这时一位绰号"奥尔良私生子"的法军将领受命前来解围。此人本是被勃艮第公爵刺杀的那位奥尔良公爵的私生子，后来获封杜诺瓦（Dunois）伯爵。他只带了一千六百人来到蒙塔日城下，对英军堑壕发动出其不意的猛攻，凭着超凡的勇气、奇谋和好运，不仅成功冲入城内，而且重创敌军，迫使沃里克伯爵撤围而去。[①]这是令杜诺瓦声名鹊起的首次标志性胜利，他建功沙场、博取伟大荣名的道路自此开启。

　　但是，摄政公返回法国不久，便幸运地赢得了一场重要胜利，重振了英军的声威。他命令部队分小股潜行至布列塔尼边境，重新集结后汇成一支庞大军力，对毫无防备的布列塔尼发动突袭，布列塔尼公爵无力相抗，只得全盘接受摄政公提出的一切条件：弃绝与法国的联盟；保证信守《特鲁瓦条约》；承认贝德福德公爵为法兰西执政；承诺以名下爵领向英王亨利效忠。[②]摄政公就此扫清了背后的危险隐患，继而制定了下一项重大战略规划，此战如能获胜，可望打破英法之间的僵持局面，为最终征服法兰西铺平道路。

　　奥尔良城坐落于英、法实际控制区之间，无论哪方控制该城，

394

公元
1428年

奥尔良
之围

---

① Monstrelet, vol.ii, p.32, 33. Hollingshed, p.597.

② Monstrelet, vol.ii.p.35, 36.

都可轻易突入对方占领的省份。贝德福德公爵意图大举进攻法兰西南部，势必要以奥尔良作为突破口，就当前战局而言，这里就是整个法国境内最重要的一个战略要点。公爵授命索尔兹伯里伯爵指挥这次行动——这位伯爵新近从英格兰率一支六千人的援军抵达法国，在连日的作战中表现英勇、能力超群。索尔兹伯里伯爵挥师渡过卢瓦尔河，首先攻取了奥尔良南部的几个外围小镇；[①]法王由此识破英军的意图，便千方百计加强奥尔良的驻防兵力和军需供给，以利长期固守。作战英勇、经验丰富的指挥官高古勋爵受命担任奥尔良总督，又有许多优秀的军官自告奋勇加入卫戍军。他们的部众能征惯战，决意进行最顽强的抵抗。奥尔良居民也在长期战争环境下养成了武装自卫能力，足可协助久经战阵的正规军作战。整个欧洲的目光都凝注于奥尔良城，有理由预期，就在这片战场，法国军民将为捍卫王国独立和本国君主的权利而拼尽全力、背水一战。

　　索尔兹伯里伯爵终于挥师抵近城下，但他手下仅有一万人马，不足以围困奥尔良这样一座居扼卢瓦尔河桥要津的大城。于是，伯爵屯兵于奥尔良以南，卡住通往索洛涅(Sologne)的要道，但是通往博斯的北方通道仍然敞开。英军向拱卫桥头的堡垒群发起攻势，经过顽强苦战，攻克了几座堡垒，但伯爵本人在观察敌阵时中炮身亡。[②]萨福克伯爵接掌英军指挥权。此时又有大批英国和勃艮第联军来援，壮大了英方势力，萨福克伯爵指挥主力部队渡河，

395

---

　　① Monstrelet, vol.ii.p.38, 39. Polyd. Virg.p.468.

　　② Hall, fol.105. Monstrelet, vol.ii, p.39. Stowe, p.369. Hollingshed, p.599. Grafton, p.531.

截断奥尔良北方通道，完成了合围。此时正值隆冬，英军无法挖掘环城堑壕，只好退而求其次，在城周以不同间距筑起多座棱堡，让将士们安全驻扎，并随时随地阻截敌方企图向城内运送物资的行动。虽然军中有几门大炮（在欧洲历史上，这是火炮首次在围城战中发挥重要作用），但是由于此时工程技术太不完善，所以萨福克伯爵觉得与其凭武力强攻，倒不如借饥馑之力降服该城更稳妥。他计划来年春天用堑壕连接各个棱堡，使包围圈更加密不透风。整个冬季里，攻守双方都立下了无数英勇功勋。守军一次次奋勇突围，被对手一次次奋勇击退。护送粮草的运输队偶尔能冲破封锁线，但经常遭到阻截。城中消耗巨大，这点补给只是杯水车薪。看此形势，英国人正日益接近其目的，过程虽然缓慢，却始终在顽强推进。

萨福克伯爵虽然占据优势，但是由于奥尔良周边乡村在此前的法国党争中惨遭涂炭，围城部队难筹粮草，只能依赖远途调运，所以他们自己也面临物资匮乏和饥馑的威胁。约翰·法斯陀夫爵士带领两千五百人的特遣队，护送一支大型运输队，给围城英军送来各种补给；他们行至半路，遭到克勒芒伯爵和杜诺瓦伯爵所部四千法军的袭击。法斯陀夫组织部队以辎重车辆为依凭，准备抵抗。两位法国将领见此情形不敢贸然进击，下令开炮轰击车阵，英军大乱，法国人似乎已然胜利在望；然而，这大好形势却被法军阵营内的一部分苏格兰人破坏，他们贸然突进，打乱了己方阵形，接下来是一场昏天黑地的厮杀，结果胜利属于法斯陀夫。杜诺瓦伯爵负伤，大约五百名法军将士遗尸沙场。这场在当时局面下意义重大的战斗，通常被称作"鲱鱼之战"，因为这批辎重当中有很大

公元
1429年

396

一部分是供英军将士在大斋节期间食用的鲱鱼。[①]

　　事到如今，查理七世似乎只剩下一种变通手段来拯救这个久陷重围的城市。被羁英格兰的奥尔良公爵说服护国公和谘议会，他名下的领地在战争期间保持中立，并以扣押方式交由勃艮第公爵管辖，以进一步确保安全。勃艮第公爵此时已经不像以前那样热心维护英国利益了，他前往巴黎，向贝德福德公爵提起此议，但摄政公冷冷地回复道，他可不想替别人火中取栗。勃艮第公爵闻言大怒，下令撤回所有参加围城的勃艮第部队。[②]尽管如此，英军对奥尔良城的封锁越来越严，城中守军和市民衣食无着，陷入窘迫境地。查理已然技穷，根本征募不到一支敢于接近敌军战壕的部队，他不仅不再指望解救此城，而且深感自己的王业大势已去。他看到自己费尽千辛万苦勉强维持至今的王国，即将在得胜的强敌面前完全敞开、任其践踏，不由得心灰意冷，甚至有心带领残部退入朗格多克和多菲内，在那些偏远省份苟延残喘。不过，所幸这位温良君主颇愿听命于女性，而他俯首求问的两位女子皆有英雌之气，能在事危累卵之际支撑他那趋于疲弱的意志。王后安茹的玛丽品德出众、谋略过人，她强烈反对查理的撤退计划，她预见到，此举将打击全体王党的信心，向所有人释放一个信号——国王本人已放弃了胜利的指望，追随者必定纷然作鸟兽散。查理的情妇、以美貌闻名的艾格尼斯·索莱尔(Agnes Sorel)素与王后交好，她完全支持王后的谏言，还威胁说，如果查理就这样怯懦地丢弃法兰

397

　　① Hall. fol. 106. Monstrelet, vol. II. p. 41, 42. Stowe. p. 369. Hollingshed. p. 600. Polvd Virg. p. 469. Grafton, p. 532.

　　② Hall, fol. 106. Monstrelet, vol. II. p. 42. Stowe, p. 369. Grafton, p. 533.

西的权杖，她就离开他，到英国宫廷去寻个更合意的出路。雄心没能激发查理胸中的勇气，但是爱情却做到了。他决心寸土必争地与傲慢的敌人作战，宁可与朋友们一道光荣战死，也绝不可耻地屈从于不幸的命运。就在这时，另一位女性给他带来了出人意料的解救，这女子完全不同于前面两位贵妇，她的出现引发了一场有史以来最令人称奇的大逆转。

　　洛林(Lorraine)边境的沃库勒尔(Vaucouleurs)附近有个栋雷米村(Domremi)，年方二十七岁的村姑贞德(Joan d'Arc)就生活在那里。她在一家小客栈作女侍，能够熟练地照料住客的马匹，把不加鞍辔的马儿骑到井泉边，此外她还要做许多杂活，若在生意兴隆的大客栈，这些通常是男侍者的活计。[①]一直以来，姑娘过着无可指摘的生活，丝毫无异于常人——这或许是因为尚未遇到激发她天赋的环境，又或许是周遭凡夫俗子缺乏辨识天才异禀的慧眼。不难想见，法兰西当前局势吸引了国人的热切关注，即便最底层的民众也会经常谈论这个话题。一位年轻的王子被本国叛乱分子和异族武装所逐，失去本该属于他的王位，凡是尚未被党派成见污染的本国臣民不可能不为之扼腕痛惜。再者，查理友善温良的性格特点也自然而然地博得了女性的厚爱，她们仁慈的心灵饱含着无穷无尽的温情。奥尔良被围，英军在城下节节进逼，守军和居民饱尝艰辛，解救此城及其英勇的守卫者是何等重要……所有这一切无不紧紧吸引着公众的视线，贞德姑娘也被普遍情绪所感染，无比热切地渴望为自己的君主攘除忧患。她那未经世事的心灵执着于

奥尔良少女

---

① Hall, fol.107. Monstrelet, vol.II.p.42. Grafton, p.534.

一念，日夜萦怀不已，结果误将激情的冲动当成了神启；她幻想自己看到了异象，还听到有声音嘱她复兴法兰西王权，驱逐外敌。这女子的性格中有股非凡的顽强劲头，令她对前路的一切危险视若无睹，认定自己承担着上天的使命，故能抛开因自身性别、年龄和卑微地位自然滋生的一切腼腆和胆怯。她前往沃库勒尔，求见总督博德里古（Baudricourt），讲述了天降启示和自己的想法，告诫他不可轻忽神借她之口发出的声音，务要顺应上天的启示，她自己正是受着启示的驱使才肩负起这份光荣的事业。博德里古起初不太理会她，但是少女几次三番地求见、执意纠缠恳请，他开始看出此女有些不同寻常，于是有意冒险试上一试，反正不用花费半点力气。我们无从判断这位绅士是否慧眼独具，认识到她是动员民众的奇效武器，可资利用；或者，更有可能的是，由于置身于一个轻信的时代，他自己也相信了那个异象。总之，他最终接受了贞德的计划，派了一小队士兵护送她前往法国宫廷当时的驻地希农（Chinon）。

　　分辨奇迹和非凡事迹乃是治史者的责任，凡属于前一类的，均应视作人为编造而剔出史实叙述，对于后一类，应当抱着怀疑的态度加以审视，若有确切无疑的证据支持（贞德的事迹便是如此），则应承认存在某些不可思议之处，认可其中哪怕只是一星半点的与已知事实和环境相符的部分。据说，贞德进入宫廷，一眼便认出了国王，尽管她从不知道国王的相貌，查理还故意换上普通人的衣着打扮，躲在大群廷臣当中。贞德奉至高无上的造物主之名，向国王提出她可解奥尔良之围，并护送国王赴兰斯接受加冕和涂油礼。当国王对她的使命表示疑问时，她当着几位发过誓的国王心腹，道出了一个只有他自己才知道的秘密，这样的隐秘，除了神的灵启，

399　她绝不可能得知。她还要求得到保存在福耶布瓦(Fierbois)的圣凯瑟琳教堂里的一口宝剑，未来她要凭此剑夺取胜利。她虽然从未见过这口剑，却准确地描述出它的所有特征，指出它久已被世人遗忘的匣藏地点。①可以肯定，所有这些神奇故事是被有意广泛传播，用来俘获天下百姓的心。国王及其驾前的大臣们越是决心承认这个虚幻的异象，就越是作出一副踟蹰审慎的姿态。一群一本正经的博士和神学家被召集起来，慎重考察贞德的使命，并宣告这是无可置疑的神启。她被送往普瓦捷，接受议会的质询。两院议长和参事们起初都认为这是个骗局，但最后无不确信她真的蒙受天启。一线希望之光开始穿透笼罩在全体法兰西臣民心头的绝望阴霾。现在上天已经明示眷顾法兰西，向侵略者伸出了复仇的臂膀。几乎没有人能识别意愿的冲动和信念的力量，更无一人愿意做这种费力不讨好的审视。

　　这般装模作样的预防措施和准备活动用去了一段时间，朝廷最终顺应了贞德的要求：少女全副武装，骑在马背上，以这般英武之姿现身于全体国人面前。她灵活自如地驾驭胯下战马，虽说这是她以前的老本行，但是旁观者都将此看作她肩负上天使命的一个新证据，群众欢声雷动。她以前的职业甚至被抹杀了：不再是小酒店的女侍，而变成了牧羊女，这个身份更符合人们的想象。为了使她的形象更有趣，她的年龄也凭空被减去将近十岁。爱、骑士精神和热忱就这样联成一体，从而在早已对她抱有好感的民众心中煽起美好的幻想。

---

　　① Hall, fol. 107. Hollingshed, p. 600.

　　武器经过包装,明光绚烂已臻极致,遂被用以对敌,小试锋芒。
贞德被派往布卢瓦,在那里,一支给奥尔良送给养的大型运输队正
整装待发,由圣－塞维尔(St. Severe)带一万将士武装押运。出发 400
前,贞德传令全体将士虔心忏悔,又把所有名声败坏的妇女逐出军
营。行进途中,她双手高擎一面经过祝圣的旗帜,旗上绘着手持地
球的至高神,周围饰以鸢尾花。她凭着先知的使命,坚持要求运输
队沿博斯城下的直路进入奥尔良。但是杜诺瓦伯爵不愿服从她的
灵启而置军事规则于不顾,下令绕到河对岸前行,他知道那里的英
军部署最为薄弱。

　　在这次行动之前,贞德曾经致信摄政公和围攻奥尔良的英国
将领们,奉差遣她的全能造物主之名,命令他们立即解除包围、撤
出法兰西;还威胁说,他们若不俯首听命,必遭天罚。所有英国人
提到这位少女和她的天赋使命,纷纷作嗤笑状,说法国国王如今真
是穷途末路了,竟然乞灵于如此荒唐的权宜之计。然而,他们却感
到自己的想象世界被一股隐秘的强力所撼动、说服,这股力量充斥
于他们身边,无所不在。他们等待着,焦虑中并不是没有掺杂丝丝
恐惧,要看这奇特的前奏最终会带来什么结果。

4月29日　　当运输队行至河边时,奥尔良城内守军在博斯方向发动了一
次突击,使英军将领无法分兵到另一侧阻击运输队。于是,运来的
物资得以安然装船,这船是奥尔良居民派来接应他们的。船行过
程中,少女率部一路掩护。萨福克伯爵没有冒险攻击她。随后,负
责押运粮草的法军又在主将带领下安全返回布卢瓦。形势的变化
已经明明白白地落在全世界眼里,对阵双方的心态也受到相应的
影响。

少女全身戎装、高擎神圣旗帜进入奥尔良；合城市民热烈欢迎，把她看作上天派来的拯救者。在她的感染下，他们现在深信自己是不可战胜的。杜诺瓦伯爵眼见敌我双方阵营里发生了如此巨401大的变化，于是同意拟于几天后到达的下一支运输队贴博塞城而过，直入奥尔良。当运输队抵近时，围城英军没有发动截击的迹象。5月4日车辆和押运队伍畅行无阻地穿越两座棱堡之间的地带，英格兰大军——这支曾经如此趾高气扬的常胜之军、在战场上凶猛无匹的虎狼之师——此时此刻陷入一片死寂、愕然。

萨福克伯爵现在面临一种十分罕见的异常处境，足以让能力最强、意志最坚定的人感到惶惑不安。他眼见那少女有神力佑护的观念深深影响着自己的部众，以致全军惶然。但他并未迅速果断地采取行动、用战斗来驱逐虚幻的恐惧，而是坐等将士们从惊惶中恢复过来，谁知延宕的结果，反倒使那些观念有机会在人们头脑中从容地扎下了根。在正常状况下可视为审慎的军事原则，在这种莫名其妙的局面下却误了他。英军将士自感胆气低落、不知所措，由此便推测神的复仇即将临到。英军龟缩不动，实为前所未有且出乎意料，在法国人心里也引发了同样的判断。每一件事在人们心目中的印象全都反转过来，而人心决定了一切。英军长期以来连战连胜而积累的高昂士气，突然间转移到了失败的一方。

少女大声疾呼，城内守军不应继续保持防御态势了，她向追随者承诺，上帝会帮助他们攻克敌人的棱堡——这些堡垒一直让他们望而生畏，从来不敢轻犯。众将附和她的激情倡议，于是法军对一座棱堡发动攻势，旗开得胜。[1]在堑壕中顽抗的英军统统被杀或被俘。约翰·塔尔博特爵士从其他棱堡征调兵力，亲率援军赶到，然而面对法军的凶悍势头，竟然不敢在开阔战场与他们交锋。

此战胜利之后，少女贞德和她的狂热信徒们越发认定自己无所不能。她敦促众将向堑壕中的英军主力发动攻势，但是杜诺瓦不愿过于冒险，担心这将危及法兰西的命运：他明白，只要命运之手稍稍向反面拨弄，眼下的大好前景顷刻就会化为烟云，一切都将恢复从前的状况。因此，他劝贞德少安勿躁，不如先驱逐河对岸堡垒群中的敌人，打开本城通往外界的道路，然后再发动更冒险的攻势。贞德接受了建议，结果那些堡垒均被法军拿下。在一次进攻中，法军被击退，锋线上几乎只剩下少女一人；她只得后撤，赶上溃退的将士们，她高高举起神圣的旗帜，用表情、手势和激励的言辞鼓舞他们重新振作，并率领他们调头冲锋，一举击败了堑壕里的英军。在攻打另一个堡垒时，她颈部中箭，暂退到进攻队列的后方，自己拔出箭镞、迅速包扎了伤口，又冲上最前沿，一马当先将胜利的旗帜插上敌垒。

连续几场胜仗之后，英国人被彻底逐出河对岸的堡垒群。在各次交战中，英军折损数目超过六千，更重要的是，全军上下已经完全丧失了勇气和信心，代之以惊愕和绝望。少女贞德通过大桥奏凯而归，再次受到热烈欢迎，被誉为奥尔良城的守护天使。眼见这等奇迹，哪怕最顽固地质疑她神圣使命的人也被征服了。人们仿佛被从天而降的能量充满，觉得上帝大能的手分明在引领他们，

---

[1] Monstrelet, vol.ii.p.45.

没有什么做不到的事情。就连英军官长们也弹压不住士卒中间流
行的关于超自然力量的说法，说不定他们自己也被这观念打动了。
他们最多敢于宣称，贞德不是上帝手中的工具，而是魔鬼的走卒。
不过，鉴于英国人早已从自身的悲惨经验中体会到，上帝有时也
允许魔鬼占到上风，所以这种强制灌输的观念无法带给他们多少
慰藉。

　　对萨福克伯爵而言，率领这样一支被吓破胆的部队继续面对
敌方士气高昂的胜利之师，前景危险之至；于是他撤围而去，退兵
时采取了一切想得到的防范措施。法国人决心乘胜追击，不给英
国人留下从恐慌中恢复的时间。查理组织起一支六千人的部队，
派他们袭击萨福克伯爵与麾下一支英军退驻的雅尔若(Jergeau)。
围城战持续了十天，守军抵抗极其顽强。在此战中，贞德展现出一
如既往的无畏精神。她奋勇当先，冲入敌人堑壕，被一块石头击中
头部，她当即被打昏、栽倒在地。但她很快苏醒，恢复了战斗力，
最终成功破城。萨福克伯爵被迫向一个名叫雷诺(Renaud)的法国
人投降，但在认降之前，他先问对方是不是绅士，得到肯定的回答
后，他又问对方是不是骑士。雷诺说，他不曾享受这份荣耀。"那
我封你做骑士。"萨福克说着，用手中宝剑在雷诺肩头一拍，后者
就成了骑士阶层的一员。接着，萨福克便认降成为雷诺骑士手下
的俘虏。

　　英军残部由法斯陀夫、斯凯尔斯(Scales)和塔尔博特接手
指挥。这几人一心想尽快撤到安全地带，而法军信心满满，认定
追上逃敌即稳获胜利。奥尔良城下发生的种种，竟如此彻底地
逆转了两国交战的态势！在帕泰(Patay)村，里奇蒙和桑特莱伊

奥尔良
之围解除

5月8日

(Xaintrailles) 指挥的法军前锋与英军后卫接战。战役不消片刻便
告结束,英军大溃,竞相奔逃。素来英勇的法斯陀夫率先落荒而逃,
给手下部卒做了个临阵脱逃的榜样;事后他被剥夺了嘉德骑士勋
位,以惩其怯懦行为。① 此战英军将士折损两千,塔尔博特和斯凯
尔斯双双被俘。

　　法国史家在记述以上诸般战绩时,为了彰显奇迹,称少女贞德
(此时她以"奥尔良少女"的称号而闻名于世)不仅在阵前奋勇作
战,还肩负着统帅职责,调遣部队、部署各种军事行动,在所有军
事会议上谋定大计。可以肯定,法国宫廷出于策略所需,极力让公
众保持这种表面印象;但更有可能的情况是,她背后有杜诺瓦等一
批戎略过人的将领帮她出谋划策,否则,以她一个毫无经验、无知
无识的村姑,怎么可能突然摇身一变,在这个比其他任何活跃的生
活领域更需要天赋和能力的行当里成了专家? 其实,她能敏锐识
别可以依赖哪些人的判断,捕捉他们言谈中的线索和提示,随即把
这些内容当成自己的意见抛出,而且,她间或还能遏制她本人所激
发的空想的狂热精神,以审慎和明辨使之趋于缓和——这样的能
力本身已经十足令人赞叹了。

　　解除奥尔良之围只是少女对查理国王承诺的一半,她的另一
半诺言是引导他赴兰斯加冕。现在她强烈地主张,查理应当立即
着手这件大事。若在几星期前,这个建议恐怕显得极度荒诞不经:
兰斯路远迢迢,当时被优势之敌盘踞,沿途到处都是敌人的驻军,
再乐观的人也想象不到,这样的尝试很快就会成为可能。不过,鉴

404

6月18日

---

　　① Monstrelet, vol.ii.p.46.

于让民众继续确信这些事件中存在某种超凡的神迹对查理大有益处，他也想趁英国人目前惊魂未定尽量捞取利益，所以决心听从这位好战的女先知的敦促，率军踏上冒险的希望之旅。迄至此时，他一直远离战场，因为他个人的生命安全关乎整个王国的安危，他只有听从劝谏，克制内心的铁血激情。如今，他看到局面转而向好，便决定亲赴军前，在全体将士面前树立一个勇武的典范。法国贵族们立时发现他们的年轻君主一扫往日消沉、雄姿英发，要趁此命运的转机，借助上天之手成就一番大业，于是，他们的热情再度勃发，不遗余力地拥戴他重登历代先祖的宝座。

查理率一万两千人马登程，向兰斯进发。王旗所经之处，特鲁瓦开城投降，沙隆也步其后尘。兰斯早早派出代表团于途中迎驾，献上城门钥匙。他这一路几乎完全没有在敌占区行进的感觉。在兰斯，查理七世的加冕礼隆重举行，[①] 典礼上所用的圣油，本是法兰克王国的缔造者克洛维(Clovis)登基时，由一只鸽子从天上携来的。奥尔良少女侍立于国王身旁，全副武装，手持那面曾在无数战役中令最凶残的敌人望而丧胆的神圣旗帜。民众目睹奇迹的成就，由衷地感到喜悦，现场欢声雷动。典礼结束后，奥尔良少女扑倒在国王脚前，拥抱王的双膝，任喜悦和柔情的泪水尽情流淌，如此恭喜国王完成这一非凡的神奇功业。

查理接受加冕和涂油礼后，在全体臣民心目中威望倍增，似乎以某种方式重获上天授命，因而更有资格接受臣民的效忠。民众的信仰受到立场倾向的支配，再没有人怀疑少女是蒙受灵启的

法王在
兰斯加冕

7月17日

405

先知：发生了这么多超乎人类理解能力的事件，令人几乎无法质疑其中包含神力的干预。桩桩件件确凿无疑的事实，让每一种神乎其神的夸张说法都具有说服力。加冕礼后，拉昂(Laon)、苏瓦松(Soissons)、蒂耶里堡(Chateau-Thierri)、普罗万(Provins)和附近地区的众多城镇、要塞应国王的召唤当即归降。举国踊跃，亟欲证明对国王无比炽热的忠贞爱戴之情。

贝德福德
公爵深谋
远虑面对大片地方易帜、占领区民众普遍离心离德的危局，贝德福德公爵仍然惨淡经营，在法兰西保住了若干立足点，让我们不得不对他的智慧、手腕和坚定意志深表钦佩。公爵以过人的警觉和远见，筹划安排方方面面的事务：他穷尽手头残存的一切资源，保障所有在法驻军进入防御态势；他严密监视法国人的暴动企图；他软硬兼施，令巴黎人保持顺服；他心知勃艮第公爵立场摇摆，遂巧施手段、煞费苦心，成功地与后者重申盟约，值此危机关头，该联盟对于英国政府维持人心、稳定大局发挥了无比重要的作用。

英格兰的军费供应捉襟见肘，这种情况更反衬出公爵的超群才干。此时英国朝野对于征服海外的热情在时间的蚀剥和反思之下已消褪殆尽，英国议会甚至似已认识到进一步推进征服可能伴随的危险。摄政公在百般艰难之中却筹措不到钱款补给，征兵进程缓慢，好不容易召来的兵员很快就会逃散，因为关于奥尔良少女拥有魔力、法术和邪恶力量的描述业已传到了英格兰。[1]所幸值此紧急关头，现已升为枢机主教的温切斯特主教率领五千人马在加来登陆，准备开赴波希米亚，参加讨伐胡斯教派(Hussites)的十字

406

---

[1] Rymer, vol.x.p.459,472.

军行动。他接受劝告，把这支武装交给侄子贝德福德公爵，以解其燃眉之急；①公爵这才得以率部开赴战场，去抵挡挥师进逼巴黎城下的法国国王。

贝德福德公爵的卓越才干也体现在他的军事部署上。为了恢复部队的勇气，他大胆迎敌而进，但又万分小心地选择驻扎地点，坚决不与敌军接战，又让查理没有机会发动攻击。他追踪法军的一切动向，耐心与敌周旋，既保护己方占据的城镇、要塞，又随时窥伺对手的任何疏失，准备从中捞取便宜。法军多为自担开销的志愿兵，因此没过多久便各自回家，部队解散，查理返回他平时的驻地布尔日，但在此之前，他已经借助民心之力，占领了贡比涅、博韦、桑利斯、桑斯、拉瓦尔(Laval)、拉尼(Lagni)、圣丹尼斯(St. Denis)和巴黎附近的多处地方。

公元
1430年

摄政公竭力试图挽回颓势，他把英格兰幼主带到法国，安排他在巴黎接受加冕和涂油礼。②生活在英占省份的王室封臣统向亨利六世重新宣誓效忠。但是与查理在兰斯的加冕礼上那份欢腾气氛相比，这次典礼显得颇为冷清。贝德福德公爵只得寄希望于一次偶然事件带来的斩获：命运已经把英方一切祸患的肇始者送入他手，他指望借此机会重振英人雄风。

407

查理在兰斯加冕后，奥尔良少女便向杜诺瓦伯爵提出，她的心愿已经圆满达成，现在她只想回归原来的生活，安守一个女人的本分。但是杜诺瓦伯爵意识到少女留在军中对战局仍有莫大好处，

---

① Ibid.vol.x p.421.

② Rymer.vol.x.p.432.

便极力劝她坚持到底，直到英国人被彻底赶出法兰西之日，才是她的预言完全成就之时。按照这个建议，少女自告奋勇进入被围困的贡比涅。围城一方的主将是勃艮第公爵，副将为阿伦德尔和萨福克两位伯爵。贞德的出现令城内守军雀跃鼓舞，认定己方是不可战胜的，但是这份喜悦却转瞬即逝。入城次日，少女率部向卢森堡的约翰（John of Luxembourg）所踞阵地发起冲击，两次将敌逐出战壕；但是她发现敌人数量越来越多，便传令撤退。敌军紧追不舍，少女返身迎战，再次将他们击退；但就在这里，她被同伴们抛下了，少女孤身一人四面受敌，力战不逮，最终落入勃艮第人之手。[①] 普遍认为，法国将领们看到每一次胜利都被归功于这个女子，奥尔良少女名望如日中天，令他们自己黯然失色，遂心生妒意，故意制造了这个致命的疏漏。

5月24日

在这个时刻，敌人欢天喜地的庆祝比来自友朋的嫉妒更足以说明少女的价值。英国人及其盟友为此欣喜若狂，甚至超过喜获大捷。巴黎为这一值得庆幸的事件公开举行了过去常被君侯们亵渎的神圣仪典——感恩祭大弥撒。贝德福德公爵幻想着，俘获了这个令他前功尽毁的奇女子，他就能恢复在法支配地位，进一步推进当前的优势。他从卢森堡的约翰手中把俘虏买过来，对她施加迫害，其手段无论是出于报复还是策略意图，都同样野蛮、可耻。

公元
1431年

没有任何理由表明贞德不应被视为战俘、无权享受文明国家给予敌国俘虏的一切优待。在她的军事生涯中，她从未因任何背叛或残暴行径而丧失享受上述待遇的资格，她也未曾涉及任何民

408

---

① Stowe, p.371.

事犯罪，她甚至始终严格恪守女性的道德规范和正派得体的礼仪。虽说她现身沙场、领军冲锋陷阵的行为可能稍显出格，但她凭此为自己的主上立下莫大功勋，早已充分抵消了其中的越矩之处，恰恰更值得人们赞美和钦佩。因此，贝德福德公爵感到有必要引入宗教之力来实施迫害，借宗教的宽大斗篷遮掩自己违背公义和人道的行径。

博韦主教是英国利益的忠实维护者，他借口贞德是在他的教区内被俘的，对贞德提起诉讼，要求教会法院以行巫术、渎神、拜偶像、使用魔法的罪名审判她。巴黎大学也卑鄙地随声附和。几位教会长老受命担任此案的主审法官，其中只有温切斯特枢机主教一位英国人。英格兰幼主当时驻跸于鲁昂，教会法院就在那里开庭。奥尔良少女被押解出庭，依然身着戎装，但戴着重镣。

她首先请求脱去镣铐，被法庭回绝，说她此前曾经尝试跳塔逃跑，她承认确有其事，但坚称是出于正当理由，并且声称只要有机会，她还会那么做。她在庭上的其他所有陈辞同样显示出坚定无畏的精神，尽管在近四个月的时间里经受了令人精疲力竭的审讯，她却从未流露半点软弱或女性的柔顺，没有让诉方占到上风。法官们逼问最紧的要点，是她所见的异象、所受的启示和与已故圣徒的灵性沟通。他们问她，是否服从教会关于她所受启示真伪的裁断？少女回答，她服从上帝的裁断，祂才是真理的源泉。于是法庭宣布她是否认教会权威的异端分子。她向教宗申诉，但被拒绝。

法官们问道，她为何虔信那面经过魔法祝圣的旗帜？少女回答，她唯独相信至高神，祂的形象印在那面旗帜上。他们又问，她为何手持那面旗帜出席查理在兰斯的加冕礼和涂油礼？她答道，共当危难者有权分享荣耀。他们又指控她违背性别伦理规范，参加战争、统治和指挥男人，她毫不犹豫地作答，自己唯一的目的就是打败英国人，把他们逐出法兰西。结果，法庭判决对她的所有指控成立，更增添了一条异端罪名。他们宣布，她的所谓启示是魔鬼用以愚弄民众的发明。法庭裁定将她交付世俗权力处置。

贞德长期被众多死敌所包围，时时处处受尽打压侮辱，她本来习惯于敬畏这些地位尊贵、披戴神圣标记的教俗两界的大人物，如今在他们的威压恫吓之下，精神上再难支撑，终于屈服下来。那些在胜利的鼓舞和同党的欢呼声中给予她力量的灵启之梦已经消失无踪，让位于对即将临头的刑罚的恐惧。她公开声明愿意悔罪，承认自己那些不被教会认可的灵启是虚假的，保证不再坚持这些启示。于是，对她的处罚有所减轻：她被判处终身监禁，一生以面包和清水度日。

从政治角度而言，事情做到这个地步已经算是功德圆满，足以让英、法两国民众相信，之前给予一方强烈鼓舞、让另一方意气消沉的所谓"神助法兰西"之说，完全是没有根据的。然而，这个胜利并不能满足敌人野蛮的复仇欲望。他们猜测贞德虽然同意恢复女式装扮，却未必真心喜欢这种衣着；于是，他们故意把一套男装放在她的牢房里，暗中监视这诱惑的效果。见到这套衣裳，贞德不禁回想起自己当日如何身着男装、赢得赫赫荣名，她曾真心相信，这是上天格外赐予她的特权，于是，昔时的思想和激情重被唤醒。她趁独自一人时，偷偷冒险换上了那套被禁的装束，结果被阴险的敌人当场拿住。她一时不慎的举动被解释成重归异端，现在任何 410
悔罪声明都没有用了，她绝无可能获得赦免。判决已下：在鲁昂市场上当众烧死。这个臭名昭著的判决随即被执行。倘若在古代更具宽容精神的迷信环境下，人们必定会筑坛供奉这位令人敬仰的女英雄，然而这个时代却以异端和施邪术的罪名将她活活烧死，以如此残酷的刑罚回报她对自己的君王和祖国立下的莫大功勋。

6月14日处决奥尔良少

英国人的征服事业并未因处决贞德而出现转机，反而日见败落。摄政公穷尽其非凡才具，也无法抵挡法国人殷切盼望恢复本国君统的澎湃大潮。杀害奥尔良少女的暴行也不能逆转民心。先是沙特尔城被杜诺瓦伯爵用计智取；接着，威洛比勋爵麾下的一股英军又在萨尔特河上圣塞莱伦(St. Célerin upon the Sarte)遭遇败绩；[1]随后，法国军官德－洛尔(de Lore)又率部洗劫了位于英占区中心的卡昂郊区集市；贝德福德公爵本人率军围攻拉尼，也因杜诺瓦的威胁而被迫撤围，颇失颜面。这一切损失虽则轻微，却是接连不断，严重有损于英人军威，也使全局颠覆的威胁日渐迫近。然而，摄政公的最大损失却是他夫人的亡故。贝德福德公爵夫人本是勃艮第公爵的胞妹，迄今为止，摄政公全仗夫人之力才得以与勃艮第公爵维系着表面的亲善关系。[2]时隔不久，摄政公续娶卢森堡的杰奎琳(Jaqueline of Luxembourg)为妻，此事在他与勃艮第公爵之间造成了裂痕。[3]腓力抱怨摄政公无礼，再婚之事也不跟他打声招呼，再说，如此匆忙续弦，显见是没把亡妻放在心上。温切斯特枢机主教从中调停，把二位爵爷约至圣奥梅(St. Omers)，希望他们握手言欢。贝德福德公爵抵达后，坐等勃艮第公爵首先

公元1432年

---

① Monstrelet, vol. ii. p. 100.

② Ibid. p. 87.

③ Stowe, p. 323. Grafton, p. 554.

上门拜见自己,因为他的父亲、兄长和侄子都是国王,身份自是矜
贵,又因他已经主动来到勃艮第公爵的领地与之会晤,不宜再屈
尊往见对方。但是腓力自恃本邦的强大实力和独立地位,态度傲
慢,不肯给摄政公这个面子。结果两位爵爷因为礼仪之争,最终
没能相见,各自扬长而去。①看来双方真心实意重续交情的前景
堪忧!

勃艮第
公爵倒戈

　　以勃艮第家族的利益而言,他们最不愿意看到英法两国王权
合并,共同拥戴一个国王;如果此事化为现实,勃艮第公爵的地位
就会随之下降,变成一个微不足道的小诸侯,完全丧失独立、任人
摆布。此外,勃艮第家族现为法兰西宗室旁系,一旦宗室嫡裔绝嗣,
公爵或其后嗣有继承王位的可能。但是《特鲁瓦条约》完全剥夺
了他们的这项权利,让外来者和法国的敌人牢牢占据了王位。当
年勃艮第公爵腓力在狂热的复仇激情驱使下做出了弃法亲英的不
明智举动,此后一直出于荣誉感的约束而信守承诺。但是,激情
就其本性来说必定逐渐衰减,而利益的影响和支配力却日久长新。
几年来,公爵对查理国王的恨意似已明显减弱,也愿意倾听国王
为老勃艮第公爵遇害一事所作的解释。一个对查理颇为有利的说
辞是,他当时年纪太小,不能自主决断,凡事被身边大臣们所左右;
再者,对于这些监护人在他不知情的情况下做出的举动,他也无法
提出反对。为了进一步安抚腓力的自尊,国王还把塔纳居伊·德-
沙泰勒(Tanegui de Chatel)以及凡与该案有牵连的人全部逐出宫
廷、永不接见,还答应满足公爵提出的其他任何补偿条件。由于查

---

　　①　Monstrelet, vol. ii. p. 90. Grafton, p. 561.

理这些年来际遇坎坷，已经使公爵的复仇欲望趋于满足，而法兰西长期以来饱受蹂躏，也令他感到于心不忍；整个欧洲都在大声疾呼地告诫他，他的仇恨迄今为止尚可被认为发自孝心，但他若继续一意孤行，将被普遍斥为野蛮、冷酷无情。在这种摇摆不定的心态下，来自英国人的任何冒犯在公爵心里都会造成双倍效果。公爵的两个妹妹分别嫁给里奇蒙伯爵和波旁公爵，她们的恳求打动了公爵。他终于下定决心，跟与自己同根同源的法国王室握手言和。为此，双方定于阿拉斯举行和会，教宗和巴塞尔大公会议都派出代表居间调停。勃艮第公爵亲自赴会；波旁公爵、里奇蒙伯爵连同多位显贵以法兰西使者的身份与会；英国方面也受邀参加，护国公和谘议会委派了温切斯特枢机主教、诺里奇主教、圣戴维斯主教、亨廷顿伯爵、萨福克伯爵等一行人出使和会。①

和会在圣瓦斯特(St. Vaast)修道院举行。首先磋商英、法两国国王提出的条件，但是双方分歧巨大，根本无望达成和解。法方提出可以割让诺曼底和吉耶纳，但法国王室仍然保留对以上两地的常规宗主权。由于英方对法兰西王位的要求在欧洲普遍不得人心，因此调停人宣称查理的方案非常合理，以温切斯特枢机主教为首的英方使者闻言震怒，根本没有提出己方的具体要求，当即拂袖而去。接下来只剩下查理和腓力讨论彼此的共同意向。他们倒是很容易达成一致。由于双方所处的地位使然，为臣者在谈判桌上对主上颐指气使，他索取的那些条件，法国王室若不是迫于当前情势，定会视之为极大的羞辱和损害。除了为老勃艮第公爵遇害

公元
1433年

8月

公元
1435年

412

---

① Rymer, vol. x. p. 611, 612.

之事再三认错和作出补偿之外,查理还被迫将位于索姆河与低地地区之间的皮卡第省所有城镇及其他几片领土割让给勃艮第公爵;他同意,腓力在有生之年不必为自己名下的所有领地(包括新受让的领地)向现任国王宣誓效忠或纳贡;他还承诺,任何时候只要自己违反本条约,所有臣民对他的效忠义务便自动解除。[①]法兰西就是以这样的条件收买了勃艮第公爵的友谊。

公爵修书一封,遣使送达英格兰,告知《阿拉斯条约》业已缔定,并为脱离《特鲁瓦条约》表示歉意。英国谘议会极其冷淡地接待了来使,他们甚至安排他住在一个鞋匠家里,以示侮蔑。英国民众义愤填膺,倘若没有格洛斯特公爵派出的卫兵,这位信使上街就会丢掉性命。在英的佛兰德斯人和腓力的其他子民成了民众泄愤的靶子,有些人被伦敦人杀害。英格兰与勃艮第之间的邦交濒于决裂。[②]这些暴力事件反而正中勃艮第公爵的下怀,因为这给了他一个借口,可以实施蓄谋中更进一步的敌对行动,他现在已经把英国视为不共戴天的危险之敌了。

7月14日
贝德福德
公爵去世这份条约对英方利益形成致命一击。贝德福德公爵闻讯后,不过几日便在鲁昂去世。这位亲王才能卓著、多有懿德,除了处决奥尔良少女的暴行以外,毕生品行并无重大瑕疵。法国王太后伊莎贝拉略早于贝德福德公爵去世,生前既遭英国人鄙视、又被法国人憎恶,她抱着一种有违天性的恐惧心理注视自己的亲生儿子一路高歌猛进、光复王权,惶惶然度过了自己的晚年岁月。也是在这

413

---

①   Monstrelet, vol. ii. p. 112. Grafton, p. 565.

②   Monstrelet, vol. ii. p. 120. Hollingshed, p. 612.

段时期,英国名将阿伦德尔伯爵亡故:[1]他率领三千人马,被桑特莱伊麾下的六百法军挫败,他本人在战斗中负伤,不久便告不治。

公元
1436年

当时,格洛斯特公爵和温切斯特枢机主教之间的朋党斗争正炽,妨碍了英国采取适当补救措施应对以上多方面损失,更使所有事务陷入一片混乱。格洛斯特公爵素孚人望,又是宗室近亲,凭此在角力中占据一定优势,但却时常因性情过于坦直、对人不设防,在老谋深算的对手面前落于下风。双方势均力敌,令总体局面久久陷于悬而未决的状态。对外事务遭到严重忽视。尽管约克公爵——就是前朝初期被处决的那位剑桥伯爵之子——受命接掌已故贝德福德公爵的职权,但是他的委任令足足过了七个月才获批准,在这段漫长的时间里,驻法英军身处敌境、群龙无首。

新总督甫一到任,就发现首都已经失陷。巴黎人向来亲近勃艮第人甚于依附英国势力,《阿拉斯条约》签订之后,他们的情感再无羁束,遂同心回转拥戴自己的君主。巴黎市民通风报信,趁夜接应法兰西大元帅里奇蒙伯爵和莱勒-亚当(前度将巴黎交到勃艮第公爵手中的也是此人)麾下的法军入城。英国守将威洛比勋爵及其手下的一千五百驻军被逐出城外。威洛比显示了足够的勇气和镇定,怎奈手中兵力太少,根本无法抵挡势如潮水的法国人、守住偌大一座巴黎城,只得退入巴士底要塞,后在围攻之下,同意交出城堡,换得全军安全撤往诺曼底。[2]

英国在法
势力衰落

同一季节,勃艮第公爵公开加入反英阵营,开始围攻英国在法

414

---

① Monstrelet, vol.ii.p.105. Hollingshed, p.610.

② Monstrelet, vol.ii, p.127. Grafton, p.568.

的唯一安全据点、尚能给法方造成一定威胁的加来城。勃艮第公爵在自己的臣民中间深受爱戴,有"好人腓力"之称,他凭着这份人望,博得低地各邦全体民众鼎力支持他的事业;围攻加来的军队声势浩大,令人望而生畏,然而却是缺乏经验、纪律和勇武精神的一群乌合之众。[1]格洛斯特公爵一接到敌军围城的警报,便召集了一支兵马,同时派人给腓力送去战书,问其敢不敢等待与他决战,他表示,一旦风向有利、他能渡海前往加来时,必与腓力决一雌雄。那时,英格兰铁血之军早已威震整个欧洲北部,精于制造工艺而不擅戎事的佛兰德斯人更是畏之如虎。勃艮第公爵在加来城下已经多番受挫,再看到麾下将士人心浮动,多有畏惧和不满情绪,觉得还是撤围较为稳妥,遂在敌军来临之前撤兵而去。[2]

6月26日

415

　　迄至此时,英国人手上还保有不少富庶的法兰西省份,但造成这种现实的主要原因是查理七世实力太弱,而非英国驻防军或野战军的武威强大。最令人称奇的是,两个强国相争,一个追求自身独立、一个渴望彻底征服对手,战火连绵长达数年之久,而战事竟然如此平淡。事实上,在那个时代,由于欧洲各国的工商业水平普遍较低、国家治理不善,遇到跨季节的战争便成为各国政府难以承受之重,这种情况不唯英、法两国所独有。此番英法之间的敌对状态旷日持久,两个王国的力量和耐心到这时均已耗尽。双方都无力征募兵力投入大规模阵地战,所能进行的军事行动仅限于针对敌方据点的突袭战、双方分遣队的遭遇战,以及侵袭不设防的乡

----

[1]　Monstrelet, vol. ii. p. 126, 130, 132. Hollingshed, p. 613. Grafton, p. 571.

[2]　Monstrelet, vol. ii. p. 136. Hollingshed, p. 614.

野，执行任务的都是临时从邻近驻军抽调的小股部队。这种作战方式让法王查理占尽便宜：因为民心都在他这一方，敌军只要有任何部署和动向，他早早便能获得情报，而且各地百姓无不踊跃配合他对英国驻军的行动。就这样，法方的优势一直缓慢而持续地增长。此后五年，约克公爵一直凭借其出众才干，在不久后获封什鲁斯伯里伯爵的勇将塔尔博特勋爵协助下，勉力对抗形形色色的困难，公爵的战绩为他自己博得了荣名，对昌旺国运却无甚助益。有气无力的战争倘若能让民众少流鲜血，又可避免其他压迫，人类凭理性和正义无法抑制的愤怒所幸能被各自的虚弱无能所限，本该被视作好事一件。然而，英、法两军尽管人数不多，军需用度却远远超出本国极度菲薄的供应，部队无粮无饷，只能靠着打家劫舍、压榨双方的百姓维生。这场战争主要发生在法兰西北部，整片地区惨遭兵燹，广阔的田野尽成荒场，无人耕种。[1]城镇人口日益凋零，不是在战争中被杀的，而是驻防部队肆意劫掠造成的结果，后者的破坏性比战争更甚。[2]英法两国厌倦了旷日持久而毫无成果的战争，似乎终于萌生了和平意愿，并着手开启和谈。然而法方的提议和英方的要求差距实在太大，顿时浇灭了一切达成和解的指望。英使要求法方归还曾经附属于英国的所有省份，完全割让加来及其周边地区，并且，英王据有这片广阔领地，无须承担任何效

公元
1440年

416

---

[1]　Grafton, p.562.

[2]　此后不久，福特斯丘(Fortescue)作为亨利王子的随员到访法兰西，据他说，与英格兰相比，这个王国显得如同荒漠。参见福蒂斯丘著《英格兰法礼赞》(De laudibus Legum Angliae)。尽管我们应当考虑到作者的偏见立场，对其说法不可全盘接受，但是他的描写总归有一定的根据。造成上述巨大差异的原因，最大的可能就是极具破坏性的战争行为。

忠和纳贡义务。而法方只答应割让一部分吉耶纳、一部分诺曼底和加来，并须附加常规封建义务。看来达成一致的前景极其渺茫，继续谈判徒劳无益。英国人仍是过于骄矜，放不下昔日所抱的奢望，拒绝接受更符合两国当前形势的条件。

不久，约克公爵主动让贤，把国家大政交到声誉颇佳的沃里克伯爵手上，但后者未几而逝，公爵重新掌权。他主政期间，英王和勃艮第公爵缔成休战协议，这对保障两国臣民的商业利益大有必要。[1]英法之间的战事依然有气无力地拖拉着。

英国一直拘押着阿金库尔战役中俘获的五位法兰西宗室亲贵，长期以来，这始终是英方的一个重大优势，但此优势如今已经泯灭殆尽。这五人当中，有的已经去世，有的被赎回，英国手上最后只剩下一个最有影响的奥尔良公爵。公爵提出以五万四千金币[2]换取自由，这个提议被呈至英国谘议会讨论。在那里，任何议题不过是党派争吵的引子，以格洛斯特公爵和温切斯特枢机主教为首的两派果然又为此各执一词。公爵提醒谘议会成员，先王曾有遗命，幼主成年亲政之前，无论如何不要释放这些俘虏，一个都不能放。枢机主教则坚称这笔赎金太丰厚了，事实上几近于议会七年间为支持战争所批补助金总数的三分之二；再说，释放奥尔良公爵对英国利益或许有益无害，因为如今法国存在大量不满分子，

417

---

① Grafton, p.573.

② Rymer, vol.x.p.764, 776, 782, 795, 796. 此数折合现币值相当于三万六千英镑。爱德华三世一朝规定的十五分之一和十分之一补助金，征敛总额为二万九千镑，到了亨利六世时代征敛总额仅相当于今天的五万八千镑。从1437年到1444年的七年间，英国议会只有一次批准征收补助金。

查理费尽全力才羁勒住他们，奥尔良公爵一旦返法，不满分子就有了首领，势必令法国宫廷陷于党争。争论结果一如往常，枢机主教一派占得上风：奥尔良公爵身陷缧绁二十五年后，终获自由。[①]勃艮第公爵大力协助他筹募赎金，以保障与奥尔良家族达成彻底和解。必须承认，那些年代的王公贵族们奔赴战场，面临许多不利条件。万一被俘，他们要么遭到终身囚禁，要么被迫依从胜利者随心所欲的勒索，倾家荡产赎回自由。

隔了一段时间，枢机主教又在另一更重要关头占得上风。这位教长向来力主对法和谈，他指出，以当前局势来看，推进在法兰西的征服事业绝无可能，就连保住现有成果也是无比艰难。他一再强调，如今英国议会极不情愿为战争提供补助金，英国在诺曼底的事务一片混乱，法国国王的势力日见壮大，如能暂时达成和解，可遏制法方的进展，以待时间和偶然因素促成对英国有利的转机。格洛斯特公爵心高气盛，由于见惯两位兄长在战争初期百战称胜的业绩，养成满腔雄心大志，至此尚不能完全放弃征服法兰西的希望，更无耐心明察对手是怎样巧施影响，在谘议会中阻挠和挫败了他的意见。尽管公爵强烈反对，但是谘议会仍然派遣枢机主教的党羽萨福克伯爵赴图尔与法方大臣议和。结果，由于双方分歧巨大，不可能达成永久和平协议，只商定休战二十二个月，在此期间一切保持现状。法国政府正在无数问题的困扰之下压力重重，这些问题唯有时间方能愈疗，有鉴于此，查理才同意休战，后来他同

公元
1443年

5月28日
英法休战

---

① Grafton, p.578.

意延长休战期,也是出于同样的原因。①但是萨福克完成这个使命还不满足,又进而着手另一项事务,此事似乎并不在他的明确权限之内,只有模糊授意罢了。②

　　随着亨利年龄渐长,宫廷内外也逐渐摸透了他的性格,对立的两派对此都一清二楚。这年轻人与人无害、与世无争,简单淳朴,但才能庸弱,以其柔弱的性情和懦钝的头脑来看,注定一生受到周围人的支配。不难预见,他在位期间永远都难以脱离被监护状态。鉴于他已经年满二十三岁,自然要开始物色王后了,朝中两派踊跃相争,都想把自己中意的人选塞给他,以期在党争中一举锁定胜局。格洛斯特公爵推荐阿马涅克伯爵之女,可惜他说话分量不够,没能达到目的。枢机主教一伙属意于安茹的玛格丽特(Margaret of Anjou),她的父亲雷吉纳(Regnier)本是查理五世之弟安茹伯爵的后裔,拥有西西里、那不勒斯和耶路撒冷之王的头衔,但是除了这个荣耀的空衔之外,他并没给后人留下任何实际权力或财产。公主本人身心发育完善,在同龄人中间佼然出众,其才干资质似乎足可左右亨利,并弥补他的一切缺陷和弱点。她具有男子般的刚健和胆识,勇于进取,意志坚定、思维敏捷。待字闺中时,她的出众天赋便已有所展露,有理由期待,她将来一旦登上后位,这些优秀品质必将大放异彩。故而,萨福克伯爵与英国谘议会的同党们积极配合,向玛格丽特公主提亲,对方表示接受。萨福克伯爵除了引领公主迈向王后宝座,抢先博得她的青睐之外,还做出一些十分出

419

国王迎娶
安茹的玛
格丽特

----

① Rymer, vol.xi.p.101, 108, 206, 214.
② Ibid.p.53.

格的让步，极力讨好她和她的家族。尽管玛格丽特没有带来半点嫁妆，但伯爵却擅自做主，通过一项秘密条款将英国占领下的马恩省让与她的叔父、深得法王宠信的法兰西首相安茹的查理(Charles of Anjou)[1]——在此之前，法王早已将该省作为封邑赐给他了。萨福克的决定未经谘议会直接授权，但有可能经过枢机主教和谘议会主要成员的首肯。

　　婚约在英格兰正式签署生效。萨福克先被封为侯爵，又晋为公爵；英国议会甚至因他促成婚事劳苦功高而向他致谢。[2]玛格丽特立即与枢机主教及其同党索默塞特公爵、萨福克公爵、白金汉公爵结成紧密盟友，[3]这一派在她的强力庇护之下，向格洛斯特公爵发出最终的致命打击。

　　格洛斯特公爵生性粗豪，不谙朝廷中勾心斗角的权术，却深得民众拥戴。在此之前他已经承受了对手的一次残酷打击，而他迄今仍在隐忍，并未破坏公共安宁，但是以他的勇气和人品，永远都不可能饶恕这种迫害行径。格洛斯特公爵夫人（她本是科巴姆勋爵之女）被控使用巫术：构陷者声称发现公爵夫人秘藏了一尊亨利国王的蜡像，她和她的两名同伙——一个是教士罗歇·博林布鲁克爵士，另一个是艾伊(Eye)地方的玛杰莉·卓丹(Margery Jordan)——一起施法，用文火慢慢烘烤融化蜡像，意在使亨利的力量和元气在不知不觉中消耗净尽。该指控设计巧妙，恰恰适于打动国王那软弱而轻信的心灵，在那个无知的时代也容易蒙骗群

420

---

① Grafton, p. 590.

② Cotton, p. 630.

③ Hollingshed, p. 626.

众。公爵夫人和两名同案犯出庭受审。罪行本身的性质既是完全
有悖常情，指控者在举证中似乎也无须遵循常理。法庭裁决几名
囚徒有罪。公爵夫人被判处当众忏悔、终身监禁，另外两犯被处
决。[①]然而，由于上述暴行仅仅出于公爵死敌的蓄意迫害，民众却
一反平时在此类巫术审判中的表现，对不幸的受难者宽容以待，而
且更加敬重和爱戴那位无遮无拦暴露于致命逼迫之下的王公。

　　公众的情感所向更让温切斯特主教一伙感到，此人深孚民
望，暗含威胁，而况他们又足有理由担心他积蓄了满腔忿恨，故决
心必欲除之而后快。为了达到目的，他们召集议会，鉴于伦敦人
深爱公爵，所以会议地点没有定在伦敦，而是圣埃德蒙斯伯里(St
Edmondsbury)，在那里便可任意摆布他了。公爵一到会场，就以
叛逆罪名遭到指控，被捕入狱。不久，他被发现陈尸榻上。[②]尽管
据称他是自然死亡，而且他的尸体对外公开展示，体表没有暴力伤
害的痕迹，但是人人心知肚明，公爵丧命于政敌的报复。他们的害
人手段，在爱德华二世、理查二世和首任格洛斯特公爵伍德斯托克
的托马斯(Thomas of Woodstock)身上都曾用过，瞒不过任何人的
眼睛。公爵被暗杀，似乎并不是因为当权的党派担心议会判他无
罪开释，在那种情况下，无人在意他究竟有罪与否；这背后的原因
是，他们认为公审处决公爵容易引得举国鼎沸，不如悄无声息地
干掉他，再矢口否认。公爵的几个亲随后来作为谋逆的帮凶受审，
被判处问绞、剜取内脏、肢解尸身。囚犯被绞得奄奄一息后，刽子

421

---

① Stowe.p.381. Hollingshed.p.622. Grafton.p.587.

② Grafton, p.597.

手割断绞索把人放下，正待动手分割，这时一纸赦免令下，几人的性命又被救回。[①]难以想象，天下还有比这更残忍的慈悲！

据说，格洛斯特公爵的学识修养远超时人的一般水平，他建立了英格兰第一座公共图书馆，也是许多学者的大恩主。这种倾向的一大好处是让他免于陷入轻信的毛病，托马斯·莫尔爵士(Sir Thomas More)曾经举过一例：有个人声称天生瞎眼，一摸圣阿尔班的圣骨匣就得见光明。时隔不久，公爵刚巧路过该地，便找来那人盘问，公爵做出怀疑其视力的样子，叫他分辨在场几个随从身上斗篷的颜色。那人对答如流。公爵大声斥道："你这无赖！你若天生瞎眼，绝不可能这么快就学会分辨不同颜色。"当即命人给这个骗子上了足枷。[②]

温切斯特枢机主教不久亡故，只比他侄子格洛斯特公爵多活了六个星期。普遍认为，谋害公爵的幕后黑手就是这位枢机主教和萨福克公爵。据说他在临终之际为此事无限痛悔，这样一个毕生老于奸诈权谋、早已心硬如铁的人，竟然如此表现，确实出乎常人意料之外。王后在这桩罪行中究竟参与多深并不为人知；以她素日的行为和性情来看，公众不无理由推断，若没有她的默许，公爵的政敌恐怕不敢下这样的狠手。但是，不久以后发生的一件事令王后及其宠臣萨福克公爵遭到国人明确无疑的憎恶。

国王迎娶玛格丽特的婚约中规定向王后之叔安茹的查理割让马恩省，这个条款此前可能一直秘而不宣；格洛斯特公爵在世

---

① Fabian Chron. anno 1447.

② Grafton, p.597.

时，贸然执行该条款可能不无风险。但是，由于法国宫廷一再敦促履约，亨利国王诏命马恩总督弗朗西斯·苏里安爵士(Sir Francis Surienne)将属地移交给安茹的查理。苏里安要么是质疑此诏的真实性，要么是把这块地盘视作自己唯一的财富，拒绝服从命令。于是，杜诺瓦伯爵亲率法国大军围攻马恩省首府芒市。苏里安为坚守此城付出了最大努力，但是由于时任诺曼底总督的索默塞特公爵埃德蒙拒绝施以援手，苏里安最终只得有条件投降，交出了芒市连同马恩省的所有其他要塞。这个省份自此完全脱离了英国王室的管辖。

公元
1448年　　这件事的恶果还不止于此。苏里安带领原马恩省驻军共两千五百人退入诺曼底境内，原指望能编入饷册，被分派到诺曼底的一些市镇驻扎。但是，索默塞特公爵无力为这么多军兵筹措粮饷，另外，他可能恼恨苏里安不肯听命，拒绝接纳这支人马。那位走投无路的冒险家既不敢掳掠法王的地盘，也不敢在英王的占领区撒野，便领兵开进布列塔尼，占领富日雷镇(Fougeres)，修整蓬托尔松(Pontorson)和圣詹姆斯－德－伯夫龙(St. James de Beuvron)两处要塞，盘踞下来，劫掠整个布列塔尼省以自养。[1]布列塔尼公爵向其宗主法兰西国王申诉，法王查理向索默塞特公爵提出抗议。索默塞特答复道，苏里安为祸一方与他无关，他对苏里安及其同伙没有管辖权。[2]尽管这个答复力图让查理满意，但是后者经常为雇佣兵无法无天的行径大伤脑筋，断不肯接受以上辩解。

---

[1]　Monstrelet, vol. iii. p. 6.

[2]　Monstrelet, vol. iii. p. 7. Hollingshed, p. 629.

他依然坚持要求英方召回这批劫掠分子，并须赔偿布列塔尼公爵遭受的一切损失。为了杜绝和解的可能，查理将损失数额估到160万克朗以上。他完全清楚当前己方对英国占据的优势，并决心充分加以利用。

自从英法签约休战后，查理立即投入全副身心、孜孜矻矻地着手修复多年内战和外敌入侵给法兰西造成的满目疮痍。他重建公共司法秩序，整顿王国财政，树立军纪，压制宫廷派系斗争，重振凋敝的农业和手工业。经过几年努力，法兰西王国在他手上焕然复兴，重新成为威震四邻的强国。与此同时，英格兰的局面却有江河日下之势。朝中两党争得你死我活，民众对政府怨声载道，征法事业本来就是表面风光大于实际利益的事情，如今国内乱事频仍，吸引了国人的全部注意力，已顾不得欧陆战事了。诺曼底总督因军费匮乏，不得不遣散大部分部下，任凭各市镇、要塞的防御工事沦为废墟。由于近期与法兰西之间交流门户洞开，该省贵族和民众屡屡有机会与旧主接洽，为驱逐英人襄助一臂之力。法王查理撕毁停战协议的有利时机似已来临。查理派出四路大军同时入侵诺曼底：第一路由国王亲掌，第二路由布列塔尼公爵率领，第三路由阿朗松公爵率领，第四路由杜诺瓦率领。法军旌旗所指，各城纷纷开门献降。韦尔讷伊、诺让(Nogent)、盖亚尔城堡、蓬杜－德－梅尔(Ponteau de mer)、日索尔、芒特(Mante)、弗农、阿让唐(Argentan)、利雪(Lisieux)、费康(Fecamp)、库唐斯(Coutances)、贝莱姆(Belesme)、蓬德拉克等地瞬间易手。索默塞特公爵手上无兵可用，无法上阵迎敌、收复失地，也不能给各城提供必要的卫戍兵力和粮秣。他带着手下部队躲进鲁昂城，认为可以在此抵挡一阵，

423

法兰西局势

对法战事重启

守住这座诺曼底首府,等候英国援军到来。法兰西国王亲率五万　424
雄师,直逼鲁昂城下。城中居民在各地鼓噪反英的大势感染下,高
声呼吁协议投降。索默塞特公爵顶不住内外交攻,率本部撤入城
内王宫和城堡;但这里亦无险可踞,他只得投降。为了换取一条撤

11月4日　往哈弗勒尔的安全通道,他支付了五万六千克朗现金,献出上诺曼
底地区的阿尔屈埃(Arques)、唐卡维尔、科德贝克(Caudebec)、翁
弗勒(Honfleur)等地,并以人质作抵押,保证履行以上条款。[1]翁

公元　弗勒总督拒绝从命,法方遂扣住人质当中的什鲁斯伯里伯爵,不
1450年　予释放。就这样,英方失去了唯一一位有能力带领他们走出当前
困境的将领。哈弗勒尔守军在总督托马斯·柯森爵士的率领下进
行了较顽强的抵抗,但终究不得不向杜诺瓦开城投降。最后,托马
斯·基瑞尔爵士率领的英格兰援军终于出现,在瑟堡登陆。然而
他们来得太迟,人数也仅有四千,不久便在弗米格尼(Fourmigni)
地方被克勒芒伯爵麾下的法军击溃。[2]这场战役,或者毋宁说是小
规模遭遇战,乃是英国人为保卫在法领地而发起的唯一一场战斗,
想当初,这些领地是他们抛洒了无数鲜血和财富才争取到手的。
索默塞特孤守卡昂,毫无获救的指望,无奈协议投降。法莱斯亦开
城投降,条件是法方释放什鲁斯伯里伯爵。随着英国人拱手让出
在诺曼底的最后一个据点瑟堡,法王查理收复诺曼底这一重要省
份的事业在当地人和举国民众的一片欢呼声中胜利完成,前后历
时十二个月。[3]

---

[1]　Monstrelet, vol.iii, p.21. Grafton, p.643.

[2]　Hollingshed, p.631.

[3]　Grafton, p.646.

在吉耶纳，尽管当地人由于历史原因，在情感上更倾向于英国，但法军的进展同样势如破竹。杜诺瓦奉命出征吉耶纳，在野战中所向披靡，各城镇的抵抗也十分软弱。这个时期，火炮的结构和操作方法已经大幅改良，但城防技术却在原地踏步，因此，部队攻守能力极不平衡，其程度在历史上堪称空前绝后。波尔多附近较小的城镇尽数落入法军之手，波尔多市民与攻城者约定期限，如果援军逾期不至就开城投降；由于英格兰根本无人重视来自遥远地域的告急信息，盼望中的援军始终没有出现，波尔多即告投降。未几，巴约讷也失陷了。吉耶纳自亨利二世即位之日起并入英国，三百年来一直隶属英国治下，至此终被法国王室整体鲸吞。

英法之间虽未签订任何停战协议，但战争可以说已经告终。英格兰在随后的内乱中四分五裂，只为挽回吉耶纳做过一次微弱的努力。法王查理在国内忙于整顿政务，防备他那心怀二意的儿子路易王储施展阴谋诡计，因此从未尝试入侵英伦，或者趁英国人自相残杀的混乱之机发起报复。

（425 英人被逐出法兰西）

第二十一章　亨利六世(下)

约克公爵的王位继承权—沃里克伯爵—萨福克公爵遭弹劾—
萨福克公爵被放逐—萨福克之死—叛乱蜂起—约克、兰开斯特两
党对峙—约克公爵初次起兵—第一次圣阿尔班战役—布洛希思战
役—北安普顿战役—召开议会—韦克菲尔德战役—约克公爵之
死—莫提梅路口战役—第二次圣阿尔班战役—爱德华四世称王—
本朝花絮集锦

公元
1450年

屠弱之主难掌英格兰：无论他是何等仁柔且又无辜，终难逃
过党争、民怨、叛乱和内战的厄运。随着亨利的无能暴露得日益明
显，一股源自既往经验的忧虑情绪开始弥漫朝野，这种担忧亦不无
道理。如今英格兰已经无力插手邻邦事务，躁动的国民不再投身
于海外战争，就成为内乱的祸根，相互争竞、对抗、视若寇仇，撕裂
了母国的脏腑。如果说这些因素本身尚不足以导致天下大乱，同
时出现的另一情况则蕴蓄着更大的危险：出现了一个王位挑战者。
当今屠主据有天下的资格本身就存在争议，如今形势更为严峻，英
国人要为他们在理查二世时代犯上作乱、毫无必要亦无正当理由
地轻率颠覆君统支付迟到的、然而却是惨痛的代价。

约克公爵
的王位继
承权

莫提默家族男嗣已绝，不过，末代马契伯爵有个妹妹安妮嫁

给剑桥伯爵（就是在亨利五世治下被斩首的那位），她的儿子约克
公爵理查因此拥有潜在的王位继承资格，这份权利虽无人公开主
张，却未被彻底淡忘。理查的继位权承自其母——爱德华三世次
子克拉伦斯公爵的独生女菲利帕的孙女。而当今国王乃爱德华三
世第三子兰开斯特公爵的后裔。如此算来，约克公爵理查的继承
顺位显然优于国王。从许多方面看，此人都堪称最危险的王位觊
觎者。理查勇武有能，行为审慎、性格温和。在他督统法兰西期
间，这份才能已有充分展现；尽管后来索默塞特公爵为争权夺利施
展手腕将他召回，又派他赴爱尔兰平叛，但他在爱尔兰战绩可观，
远远超出对手在诺曼底的表现。他的使命本来是镇压叛乱，可他
竟有本事令全体爱尔兰人感佩爱戴，衷心依附于他本人和他的家
族。[①]以父系而论，约克公爵贵为王国宗室至亲，这个身份为他承
自莫蒂默家族的王位继承权倍添光彩：因为莫蒂默家虽也算是高
门显贵，但王国内还有许多能与之平起平坐的贵族世家，他们都抵
不过兰开斯特家族身为王族后裔的荣光。约克公爵由父系的剑桥
伯爵、约克公爵和母系的莫蒂默家族那里继承了历代世家联姻而
积累的多份家产，坐拥巨额资财。在此基础上，最近的一次继承又
将克拉伦斯（Clarence）和阿尔斯特两处领地并入马契家族的祖传
产业。约克公爵娶威斯特摩兰伯爵拉尔夫·内维尔之女为妻，大
大扩张了自己在贵族圈中的势力，在这个强有力的阶层内部广植
人脉。

　　这一时期的内维尔家族财力雄厚、俊才辈出，堪称英格兰有史

---

① Stowe, p. 387.

以来最为强大的家族。除了威斯特摩兰伯爵以外，拉蒂默勋爵、福肯伯格(Fauconberg)勋爵、阿伯加文尼(Abergavenny)勋爵、索尔兹伯里伯爵、沃里克伯爵都出自这个支系，他们在方方面面的表现都堪称王国贵族之翘楚。约克公爵的内兄索尔兹伯里伯爵为威斯特摩兰伯爵第二次婚姻的头生子，娶前任索尔兹伯里伯爵威廉·蒙塔古的女儿和继承人为妻，蒙塔古死于奥尔良城下，于是他便继承了那个庞大家族的爵衔和财产。他的长子理查娶前任沃里克伯爵博尚的女儿和继承人安妮为妻，老沃里克伯爵死于法兰西总督任上，基于姻亲关系，这个全英格兰最富有、最古老、最显赫世家的爵衔和财产遂落入理查之手。上述两位伯爵(尤其是沃里克伯爵)以卓越的个人品格为本家族的高贵门庭增辉，扩大了对民众的影响力。沃里克伯爵更以其后来的作为博得了"立王者"的称号。此人在战场上英勇无敌，在宴席上殷勤好客，排场奢华、出手大方，更兼以随时随地意气风发、潇洒豪迈，是以四海扬名。他的性格坦诚直爽、毫不做作，这一点最能牢牢征服人心，屡试不爽。他的礼物一向被看作尊重和友谊的铁证；他的表白则被视为真情实感的流露。据说在他遍布英格兰的庄园和城堡中，日常豢养的门客不下三万人。武士们被他的慷慨仗义和殷勤款待所吸引，更有感于他的勇士之名，热忱维护他的利益。广大民众对他无限爱戴。他的无数家臣对他披肝沥胆，超过忠于国王和法律。他是英格兰历史上最强大的、也是最后一个威震王权的大贵族——一直以来，正是由于这些大贵族的存在，令英格兰民众无缘享受规范的民权政治体制。

　　除了内维尔家族之外，约克公爵在大贵族中间还有许多同党。429

沃里克
伯爵

其中，德文郡伯爵考特尼（Courtney）是法兰西同名显赫世家的后代，与约克公爵有利益牵连。诺福克公爵穆布雷与兰开斯特家族有世仇，因此加入约克公爵的阵营。民众中间普遍存在着不满情绪，大大加增了权贵结盟对现政权的威胁。

一直以来，英国民众颇不情愿为保住在法征服省份拨付必要的军需，尽管如此，这宗值得夸耀的战利品一旦丧失，却让他们痛心疾首。他们以为，既然能凭着狂飙进击实现征服，那么维持占领也无需持续稳定的规划和开支。国人看到马恩省被拱手让与王后的叔叔，便据此怀疑诺曼底和吉耶纳的失陷是卖国贼所为。他们仍将玛格丽特王后看作一个法国女人，是王国的潜在敌人。他们目睹王后的父亲和所有亲属都在积极为法王效命，因此绝计不肯相信，这位在英国谘议会里呼风唤雨的王后会全力与自己的亲族为敌。

然而，王室声誉和兰开斯特家族利益遭受的最大打击莫过于正直的格洛斯特公爵被害；他若在世，足能以其品格人望震慑约克公爵一党；而今斯人已去，人民出于对他的无限怀念，更加深了对凶手的憎恨，反而不利于王室。这次轻率而野蛮的谋杀罪行令王室蒙受双重损失：既失掉了支撑社稷的擎天柱，又不得不背负全部骂名。

众所周知，萨福克公爵在谋杀事件中扮演了积极角色，相应地招致万民痛恨，加之他身为领班大臣、王后面前的大红人，无可避免地惹人非议，更助长了这股仇恨的气焰，其势熊熊、不可遏止。大贵族们向来容不得一介臣民凌驾于自己头上，更何况萨福克公爵出身极其微贱，不过是个商人的曾孙。人民抱怨此人当朝专横

萨福克公爵遭弹劾

无忌——在一定程度上讲,这是当时王权非正常状态下的必然结 430
果,而民众在这方面哪怕最轻微的不满也很容易被放大,构成暴政
指控。萨福克公爵的个人财富日日暴增,令人眼红;又因他是侵夺
王室利益而自肥,人们眼见他家业兴盛而王室日益衰贫,更是倍觉
反感和嫉恨。

　　长久以来,王室的收入一直无法与其权力和尊荣相匹,在亨
利六世成年之前的这段时期更是开支无度:[①]一方面由于国王身边
廷臣多有贪占,几位王叔无力控制;另一方面则因对法战争费用浩
大,议会的补助金总是不敷其用,需要王室贴补。王室领地日益缩
水;与此同时,国王背上了多达三十七万两千英镑的巨额债务,由
于数目太大,议会根本不敢指望他能偿清此债。这种困境迫使掌
朝众臣采取许多专横措施。王室若不最大限度地扩充利用其征发
特权,大肆搜刮民间,就根本无法维持宫廷用度。公众对此怨声鼎
沸,却没有一个人公道地虑及国王迫不得已的处境。萨福克一旦
失去民心,便成了众矢之的。王国政府每个部门造成的每一件苦
情,都一律被归咎于他的暴政和不公。

　　公爵意识到自己背负的沉重民怨,也预见到下议院会对他发
动攻击,为了震慑政敌,他大胆地主动面对指控,坚称自己清白无
辜,进而表白他和他的家族一心服务社稷、功莫大焉。他在上议院
慷慨陈词,提到近来针对他的攻讦甚嚣尘上,并满腹委屈地诉说,
自己操劳王事,历经大小战役三十四场,长驻海外十七年不曾返
国,他的父亲和三个兄弟都牺牲在法兰西战场上,他本人也曾被虏

---

① Cotton, p. 609.

敌营，支付巨额赎金才换回自由身。世人岂可怀疑他居然自毁忠
431　诚、投靠自己以无限热忱和勇气反对的敌人，背弃那位以隆恩报偿
他的勋劳、赐予他最高荣誉和尊位的主上？[1]这番陈词并未达到预
想中的目的。下议院被这一挑战激怒，以严重叛国罪对他提起指
控，控状被呈至上议院，内中罗列了多条罪状：第一，他被控游说
法国国王武装入侵英格兰，以便废黜当今国王，再安排自己的儿子
约翰·德拉波尔（John de la Pole）迎娶已故索默塞特公爵约翰之女
玛格丽特，从而获得王位继承权，进而僭登大位。第二，他为奥尔
良公爵获释出力，指望后者能协助法王查理驱逐英国人，收复整个
法兰西王国。第三，此后他又鼓励法王公然进军诺曼底和吉耶纳，
同时泄密资敌，并且故意拦阻向这些省份增派援军。第四，他不经
任何授权，擅自签约将马恩省割让给安茹的查理，并且最终履约。
事实证明，这正是英国丧失诺曼底的主要原因。[2]

　　纵观上述罪状，可以明显看出下议院不加分辨地全盘采纳了
民间对萨福克公爵的一切指责。他们所罗列的罪状，只有最无知
的愚民才会信以为真。难以置信，一个出身和声望如此低微的人
会存着僭夺王位的野心，欲借助外国势力推翻亨利国王，同时推翻
自己的恩主——那位勇气过人、明察秋毫的玛格丽特王后。萨福
克恳请上议院的许多贵族帮助澄清事实，他们都知道，他本来有意
为儿子迎娶沃里克伯爵的一位女继承人，只因女方早夭，才未能如
愿。萨福克还辩称，索默塞特的玛格丽特不能为丈夫带来王权继

---

① Cotton, p.641.

② Cotton, p.642. Hall, fol.157. Hollingshed, p.631. Grafton, p.607.

承权，因为她本人并不在议会立法规定的限嗣继承人之列。此外，
关于为何丢掉诺曼底和吉耶纳，从英法两国当时所处的形势很容　432
易找到答案，无需假定英国朝廷里出了卖国贼。可以肯定的是，要
抵御查理七世的进攻、保卫这些省份，所需花费的力量远远超出当
年从其父王治下夺取这些省份的力量。出卖和抛弃这些省份，不
会给任何一位英国大臣带来好处；更何况他本人深得主上恩宠，在
本国地位尊贵、富甲一方，除了公众的忌恨之外别无所惧，除非逼
不得已，他绝不肯放弃这一切，流亡异国他乡。在下议院指控的所
有罪名当中，唯一似有依据的一条就是擅自签约将马恩省割让给
当今王后的叔父。但萨福克坚称，此举获得了谘议会几位成员的
首肯——依我之见，此言为真的可能性很大。[1]下议院称割让马恩
导致英国随后丢掉诺曼底、被逐出法国，则有牵强附会之嫌。法军
从四面八方进攻诺曼底，无需太久，马恩这个内陆省份必将不攻自
破。鉴于英国人在其他地区占据的要塞颇多而驻防兵力和给养都
不足，那么收缩防区、集中兵力，加强防御效果，未尝不是一个可
取的策略。

　　下议院或许明白，对萨福克的叛国罪指控经不起严格查究，
因此，他们很快又对他提起轻罪指控，同样分为若干条款。他们给
萨福克扣上种种罪名，指控他从国王手上牟取过多特权许可、贪污
公帑、任使非人、徇私枉法、为臭名昭著的罪犯谋求赦免。[2]这些
条款大多流于泛泛，却并非不可能。萨福克既有坏人、奸臣之名，

---

① Cotton, p. 643.
② Cotton, p. 643.

我们若是认为他有罪、觉得以上罪状中有许多可以认定属实，也不算失之轻率。千夫所指的宠臣遭到指控，惊动宫廷，一个拯救他脱离水火的权宜之计就此出台。国王把教俗两界的全体上议院成员召至宫中，又命人将那囚徒带到他们面前，问他如何自辩。萨福克否认指控，但甘愿服从国王仁慈的裁断。亨利国王宣布第一项叛国罪的指控缺乏依据；针对第二项轻罪指控，因萨福克甘愿服从圣裁，故降旨将他逐离王国五年，此判决无关乎任何司法权威。议员们默然不语，但一回到上议院，他们立即呈上一份抗议书，称此判决不该侵犯他们的特权，倘若萨福克坚持维护自己的权利，而非趋伏于国王圣裁，那么他理当在上议院接受同侪审判。

很容易看出，上述不合常规的做法就是为了袒护萨福克，而且，由于他仍然拥有王后的信任，那么一旦遇到有利时机，他马上就能卷土重来，重享昔日权柄和主上的器重。于是，他的政敌买通一位船长，在他乘船赴法时半路截杀。行凶者在多佛尔近海捉住萨福克，在一艘长船的舷边砍下他的头，将尸身抛入大海。[1]事后，无人追查这一穷凶极恶的暴行究竟是何人所为、同谋是谁。

继萨福克之后，索默塞特公爵执掌了朝中大权，深得王后的信任。但因英占法兰西各省是在他手上丢掉的，所以在惯以成败论短长的公众眼中，他很快也沦为招人厌憎的对象。这一切发生的期间，约克公爵一直远在爱尔兰，尽管有人怀疑他的党羽暗中煽动和支持起诉萨福克公爵的行动，却没有任何直接证据表明他牵涉其中。然而，不久之后发生的一件事却勾起了宫廷的疑忌，从而觑

萨福克公
爵被放逐

萨福克
之死

---

[1]　Hall, fol. 158. Hist. Croyland, contin. p. 525. Stowe, p. 388. Grafton, p. 610.

到那位深得人心的王公包藏异志，令他们置身于极度危险的境地。

叛乱蜂起　　萨福克公爵遭议会弹劾、那位权势熏天的宠臣转眼间轰然倒 434
台，局势的剧变造成民心浮动，各地骚乱蜂起，但很快都被镇压下
去。然而肯特郡的一次民变却带来了更危险的后果。有个名叫约
翰·凯德(John Cade)的爱尔兰人，出身低微，之前因在本乡犯罪
而流亡法兰西，他在此际回到英格兰，发现国内民怨沸腾，便乘机
率众起事，起初竟出人意外地大获成功。他自称约翰·莫蒂默(John
Mortimer)，假冒约翰·莫蒂默爵士之子——就是本朝初年议会不
经庭审或举证，只凭一纸大逆罪的控状就判其死刑并立即执行的
那位莫蒂默爵士——而百姓多有信以为真的。[1]他一打出那个万
众爱戴的名号，肯特郡的百姓便麕集到他的旗下，为数多达两万。
他公开声讨诸多时政弊端，要求匡正不法、纾解民间冤情，以此鼓
动民众的热忱。英国宫廷尚未充分意识到事态的危险性，只派了
亨弗雷·斯塔福德爵士(Sir Humphry Stafford)率领小股部队前去
平乱，双方在七橡树(Sevenoke)镇附近交战，结果官军败北，斯塔
福德被杀。[2]凯德率领部众向伦敦挺进，扎营于布莱克希思。他并
未被胜利冲昏头脑，在行动上依然颇有节制：他向宫廷呈递了一份
看似合理的弊政清单，[3]并且承诺，只要这些弊端得到纠正、财政

---

　　①　Stowe, p.364. Cotton, p.564. 这位作者慨叹和平年代怎会出现如此违悖公义
的判决，其实他大可继续慨叹，这种不义之事竟然出自贝德福德和格洛斯特这样号称正
直有德的王公之手。不过，可以假定，莫蒂默很可能确实有罪，尽管对他的判罚程序不
合规范且极不合法。那个时代的民众心目中法律和宪政意识极其淡薄，法律和宪章对
权力的约束也极不完善。议会审判程序尚且如此不规范，不难想见，国王的聆审就更是
随心所欲。

　　②　Hall, fol.159. Hollingshed, p.634.

　　③　Stowe, p.388, 389. Hollingshed, p.633.

大臣塞伊勋爵(Lord Say)和肯特郡长克罗默(Cromer)的不法行为受到应有的惩治，他就立刻放下武器。起义者的要求合情合理，无人愿意出战这样的对手，谘议会见此情形，只好保护王驾前往肯尼沃斯城堡暂避。伦敦城立即对凯德敞开大门。刚入城的一段时间，起义部队在凯德的约束下纪律严明。凯德经常半夜把部队拉到城外郊野，严词训诫他们不得劫掠、不得实施任何形式的暴行。但是，由于部众对萨伊和克罗默恨之入骨，凯德迫于压力，未经合法审判就将这二人处死；[①]自从犯下这桩罪行之后，他发现自己再也无法羁勒手下人的狂暴倾向，他的一切命令都无人理会。[②]起义军冲进一个富户的家宅，把那家洗劫一空。伦敦市民闻警而动，纷纷闭门抗拒凶徒；他们在伦敦塔总督斯凯尔斯勋爵派来的一队援兵协助下，击退起义军，杀敌众多。[③]肯特人经此打击，意气消沉，在时任御前大臣的大主教颁布大赦令之后，他们就撤往罗切斯特(Rochester)，在那里各自散去。不久，大赦令被撤销，朝廷宣称此令是以暴力逼迫的结果，并悬赏收买凯德的人头。[④]凯德后被萨塞克斯一位姓伊登(Iden)的绅士所杀，他的许多追随者都以叛逆罪被处以极刑。

宫廷方面无端地猜测，约克公爵在幕后煽动凯德作乱，意在试探广大民众是否支持他本人的继位权以及他的家族。[⑤]迄今为

---

① Grafton, p.612.
② Hall, fol.160.
③ Hist Croyland, contin.p.526.
④ Rymer, vol.ix.p.275.
⑤ Cotton, p.661. Stowe, p.391.

止，事态的演变正随其所愿，使得在位者比以往任何时候更有理由提防他那份继位权未来会带来怎样的后果。同时，他们闻知公爵打算从爱尔兰回英，如临大敌，唯恐他从那边带回人马、造反逼宫，便以国王的名义传令拦阻，禁止他入境英格兰。[1]然而，公爵以实际行动反驳了政敌，他回国时，身边只有平时的扈从。廷臣们的防备措施完全无用，只让他看清了他们对自己深深的忌妒和敌意。他意识到，由于他拥有的继位权对国王构成威胁，因而有可能给自己带来杀身之祸。他看到，如今安守现状已成幻想，必须加紧行动、积极推进自己的权利主张。于是，约克公爵的党羽们接到指令，在各种场合大肆宣扬公爵的王位继承权合乎君统，得到王国现有法律和宪章的支持。这些问题日益成为人们谈论的话题。在争论中，人们的头脑中不知不觉形成了敌对意识，直到最终滑向更危险的极端。对立两派援引了形形色色的理由来支持各自的主张。

436

约克、兰开斯特两党对峙　　兰开斯特家族的追随者坚称，即便亨利四世当初攫取王位或有违制之嫌，他所宣称的继位权依据也无一充分，然而他的统治是基于国人的普遍赞同，这是一种国家行为，源于自由民众的自愿认可，他们从前政权的暴虐统治下被解救出来，出于感激之情和公共利益的考虑，把权杖交托到解放者手中。即使现政权在成立之初的确缺乏正当性，然而时间已经巩固了它的根基。只有时间能够最终为政权赋予权威，消除人们心中的疑虑——一切政权鼎革都难免伴随一些不合法的行动步骤，自然会激起国人的疑虑之情。继承权作为一种规则而得到承认，无非是出于增进大众福祉、维持

---

① Stowe, p. 394.

公共秩序的目的，万不可援引这种权利用于破坏国家安宁、颠覆合法政权。约克家族的权利主张危害自由原则，绝不亚于对国内和平的破坏。国家立法机构先后制定多个法案并反复重申，规定王位在现今掌国的家族内部代代相传，现在如果宣布这些法案无效，无异于宣告英国人民不是有权处置自己政府的自由民，而是一群奴隶，可以不明不白地从一个主人手上传给另一个主人。从道德角度，英格兰国民也有义务效忠于兰开斯特家族，并不亚于他们的政治义务；若要此邦臣民毁弃对现任国王亨利以及乃父乃祖立下的无数效忠誓言，一切道德准则必将就此崩颓丧尽，今后再也无法重建信条、约束国民。约克公爵本人也曾多次向国王宣誓效忠，奉其为自己的合法君主，从而以最庄严的方式间接宣布放弃了他本人的继位权，然而现在他竟胆敢旧话重提，以此来扰乱公共的和平。废黜理查二世、打断君统的血脉承袭，在当时或许失于粗暴轻率，然而直到今天才试图弥补此过，已经为之过晚。继位权之争所带来的危险已无可避免。民众已经习惯于先王治下的辉煌和更前一任君主审慎而有益的统治，仍在心里认同其执政合法性；此时再起争夺，闹得天下大乱、血流漂杵，结果于民于国毫无益处，只是一位僭主顶替了另一位而已。约克家族倘能成功登上宝座，将会面对举国人心浮动、一有机会就群起叛乱的局面，有理由担心，他们自身也将面临被颠覆的危险。当今国王虽然资质庸劣，远逊于乃父、乃祖，却有可能生出一位天资卓越的儿子，而他本人则是出了名的性情温良、与人无害。倘若积极有为的君主因暴政之名被黜，怠惰无为之君则因无能而被逐离君位，那么这一国宪制中的忠君约法便荡然无存了。

　　兰开斯特家族的论点雄辩有力,然而约克家族同样振振有词,提出针锋相对的理由。这一派断言:维护王位的有序传承非但不会伤及民众福祉,或者危害他们享受善政的基本权利,其目的正是为了达成统治目标;无规矩不成方圆,如果只图一时便利和眼前利益行事,以致国本无定、争端频生,必定带来无尽混乱,维护君统则有助于避免这种乱局。保障公共和平的准则也同样有益于确保国民自由。唯有遵守法纪,方能维护人民的权利。如果连君主的权利都得不到重视,又如何能指望臣民的财产和自由获得尊重!他们指出:纠正任何有害的先例,从来没有为时过晚一说。有悖道义的政权存在时间越久,其积累的认可和合法性就越多,从而形成看似理据充分的先例,被后来的乱臣贼子所援引。维持这样的政权非但无益于公共安宁,反将瓦解构成人类社会支柱的一切基本原则。假使僭主凭着目前当政或其统治存续若干年的事实就能使自己摇身变成合法君主,那么僭主本人自会窃喜不已;但如此一来,暴力和野心便完全失去羁束,任何图谋篡国的野心家都可纵行无忌,结果只能陷人民于苦难的深渊。时间确能让起初根基软弱的政权渐趋稳固,但这需要经过极其漫长的时间,另一个前提是,原来立国法则下的君统已经完全断绝,世上再无享有王位继承权的合法权利人。废黜理查二世、拥立亨利四世并非深思熟虑的国家行为,而是群体轻率和暴力的产物,它源自人类本性中的缺陷,而建构政治社会和王权有序传承制度的目的,正是要刻意防范这些人性缺陷。亨利四世登基后出台的王位限嗣继承法案乃是同一篡僭暴行的延续;由于缺少合法君主的批准,所以立法机构不能予以认定。莫蒂默家族和约克家族先后默许兰开斯特家族僭位,无非是因情势所迫，并不意味着他们甘心放弃自身权利。恢复真正君统不应被视作一场令民众习于除旧鼎新的变革，而是纠正以往的不端——恰恰是这些不端行径鼓舞了民间蠢蠢欲动的野心、反叛和不服从精神。他们指出，兰开斯特家族当初取得王权，仅仅凭着亨利四世的个人才干、基于一时便利而成就，然而，就连这条因得不到法律支持和宪章授权而站不住脚的理据，现今也完全转而有利于另一方。再者，以双方资质而言，当今国王完全无法与约克公爵相提并论：前者根本无力执掌朝政，只能糊里糊涂听凭腐败的朝臣和专横跋扈的王后支配，那位王后又与外国和敌方利益有千丝万缕的联系；后者则是年富力强，智慧和经验有口皆碑，乃出身于英国本土的宗室正嗣，由他匡复君统，必能使整个王国在古老的基础之上面貌一新。

围绕这个引人关切的话题，双方都能提出许多貌似合理的论据，造成国内民意极端对立的状况；尽管最有实力和影响的大贵族似乎都拥护约克一党，但是兰开斯特家族得到现行法律支持，而且实际拥有王权。兰开斯特阵营里也有许多大贵族，制衡了对方势力，两雄相竞，最终谁能问鼎殊难逆料。诺森伯兰伯爵忠于现政权；威斯特摩兰伯爵虽与约克公爵同属内维尔家族，还是该家族的族长，但他也站在当今国王一边；在这两位强大贵族的影响下，英格兰王国最富于战斗力的北部地区总体上热忱维护兰开斯特家族的利益。索默塞特公爵埃德蒙·博福特（Edmund Beaufort）及其兄弟亨利、埃克塞特公爵亨利·霍兰（Henry Holland）、白金汉公爵斯塔福德、什鲁斯伯里伯爵、克利福德（Clifford）勋爵、达得利（Dudley）勋爵、斯凯尔斯勋爵、奥德利勋爵等一大批贵族都坚决效忠于兰开斯特一党。

王国处于这种形势之下，人们自然料想，这么多躁动不安、独立不羁的军事贵族聚合成势，必定立即在两位敌对君王的旗帜下刀兵相见，以他们惯用的方式拼出个你死我活，以此了结争端。不过，还有许多情由延缓了上述铤而走险的极端行动，两党经过漫长的派系龃龉、勾心斗角、阴谋策划，最后才诉诸武力。随着人文精神在英格兰和欧洲其他地区逐渐进步，民众在这个时代已经取得了一定的地位；人民开始懂得尊重法律；兰开斯特家族树大根深，要想推翻他们的长期统治，必须首先以各种借口收服民心，才能指望获得民众的拥护。新近对王位提出主张的约克公爵性格稳健而审慎，不喜暴力，更信赖时间和策略的力量而非血腥手段来达成自己的平生抱负。

亨利国王愚钝低能，正是这个因素使得对峙的两党长期引而不发，相互忌惮。兰开斯特一党被庸主掣肘，无法向对手展开凌厉打击；约克一党见此则萌生希望，认为可以剪除国王身边的大臣、控制国王本人，然后逐渐侵夺其权威，进而通过议会和立法机构实现王权鼎革，避开内战之险。

公元
1451年
11月6日

约克公爵自爱尔兰返英后不久，议会再度召开，与会者表现出的倾向有利于约克一党；同时，对峙双方都发现下议院表现得异常大胆，足以证明国人对当局普遍心怀不满。下议院事先未经任何质询或审查，只以声望不佳作为指控依据，大胆地针对索默塞特公爵、萨福克公爵夫人、切斯特主教、达德利勋爵、约翰·萨顿爵士(Sir John Sutton)及另外几个品秩较低者提起一份请愿书。他们请求国王将这些人永远逐出宫廷和议事机构，禁止他们出现在距宫廷十二英里范围内。[①]这种对大臣的粗暴攻击很有些蛮横，而且几无先例可援，但是国王竟不敢公然回绝，他答复道：他将把名单上除贵族以外的其他人等统统逐出宫廷，为期一年，不过万一需要他们出兵镇压叛乱，则不受此限。同时，国王否决了议会两院通过的一项法案，其内容为剥夺已故萨福克公爵的领地，内中若干条款反映出针对宫廷施政措施的普遍反感。

约克公爵理查在这些迹象鼓舞下，集结一万兵马，进逼伦敦。他们要求改革政府，剥夺索默塞特公爵的一切权力和职务。[②]但公爵意外地发现，伦敦城向他紧闭大门。他欲退回肯特，国王亲率大军紧追不舍。行至半途，理查的几个朋友赶到，以索尔兹伯里和沃里克为首；他们或许是想调停双方的争端，必要时支持约克公爵的权利要求。接着，双方展开和谈。理查坚持要求罢免索默塞特，交付议会审判。宫廷假意答应他的要求，并称已经拘捕了索默塞特。而后，约克公爵接受劝说，到国王的营帐行觐见之礼，就在他重复对索默塞特公爵的指控时，却大吃一惊地看见那位大臣从帷幕后面现身，要求为自己辩护。理查这才发觉自己被出卖了，落入敌人手中；现在，为了自身安全起见，他必须降低要求。不过，对方并未对他施以暴力。倘若杀了这样一位深受爱戴的王公，举国民众不会答应。他在亨利的阵营中有不少朋友。再者，他的儿子目前不在宫廷势力范围之内，他若被杀，此子有能力为父报仇雪恨。所以，约克公爵终获释放，回到自家毗邻威尔士边境的威格摩尔

公元
1452年
约克公爵
初次起兵

---

① Parliamentary History, vol. ii. p. 263.

② Stowe, p. 394.

领地。①

　　就在约克公爵隐居期间，一个偶然事件令公众的不满情绪再度高涨，对公爵的事业颇为有利：一些加斯科涅贵族怀恋英国统治、对新主子法兰西深恶痛绝，他们来到伦敦，请求重新效忠于亨利。②什鲁斯伯里伯爵奉命率八千英军渡海支援加斯科涅人。波尔多为他大开城门；他随后又一鼓作气占领了弗伦萨克(Fronsac)、卡斯蒂隆(Castillon)和其他几个地区，形势看来颇为有利。然而，法王查理迅速发兵抵御这次危险的入侵，英国人的好运随即逆转。身经百战的八旬老将什鲁斯伯里阵亡，他之前攻占的地盘重陷敌手；波尔多被迫重新归降法王。③英国人夺回加斯科涅省的指望至此永远断绝。

　　英国人虽则毫不痛惜那些于自己毫无用处、面对法兰西势力的不断扩张亦根本无力捍卫的遥远属地，说不定还为彻底摆脱它们而暗自称幸，但还是表现得义愤填膺，把所有失败统统归咎于执政大臣，怪罪他们没能做到不可能的事。正当此际，王后生下一子，取名爱德华，但在这种形势下，国人并未欢庆小王子的诞生；实际上，此事反而使对立两党之间的争斗趋于激化，因为假如亨利六世无嗣，那么约克公爵根据承自父系的继承权和兰开斯特家族上台后颁行的相关法令，便是王室第一顺位继承人，如今亨利六世得子则意味着约克公爵和平继承大统的希望彻底落空。但是公爵本人发自内心地排斥暴力夺权方案，即使他与宝座之间并无看得见的

公元
1453年
7月20日

10月13日

---

①　Grafton, p.620.

②　Hollingshed, p.640.

③　Polyd. Virg. p.501. Grafton, p.623.

障碍，他也被自己的顾虑所阻，无法迈出关键一步。亨利六世向来

442 不善理政，此时又发作精神错乱，因此越发无能，连表面的君王之
尊也无法维持。王后和谘议会失去靠山，根本无法抗拒约克一党
的压力，只好顺应潮流，把索默塞特关进伦敦塔，任命约克公爵理
查代行王权，并授予他召集和主持议会的权柄。① 议会考虑到王
国当前的状况，又授予他摄政王的头衔，于代掌国事期间有效。国
人将君权这样托付给一个如此明显觊觎大位、其继承权亦理据充
分的人，未必会反对他立即完全据有王位。然而约克公爵非但没
有进一步攫取王权，反而表现出某种畏怯和逡巡不前的态度，甚至
在接受送到手上的权力时，也同样如此。他希望议会将以下事实
记录在案：授予他这份权力是议会的自由动议，他这方面不曾提出
任何要求。他表示，希望议会能够协助自己行使权力，又提出一个
前提条件：被任命为他手下阁僚的其他贵族也须拥有并能行使同
样的权力，他才能接受此职。他还要求议会通过立法具体描述和
界定他的一切职权。理查表现得如此克己，固然很不一般、令人赞
赏，然而值此特定关头，它却造成了不良后果：当断不断，致使两
党间的仇恨在拖延中持续升华、发酵，事实证明，接踵而来的一切
狂暴战争和骚乱都来源于此。

　　约克公爵的对手们不久便发现，其过度审慎的特点可资利用。
亨利的精神错乱已经有所恢复，可以做出行使王权的样子了。兰
开斯特党人说服国王重新出山，撤销约克公爵摄政之职，又把索默

---

① Rymer, vol. xi. p. 344.

塞特从伦敦塔中放出来，①把王国大政交到他的手中。理查意识到，如果服从这个撤职令，那么自己之前接受议会任命的行为就可能招来大祸，于是他召聚了一支军队自保，但仍未对王位提出任何要求。他只是抗议王党廷臣的行径，要求改组政府。双方在圣阿尔班对战，约克党人获胜，此役他们杀敌约五千，而己方并无实质性的损失。兰开斯特党人阵亡名单中包括索默塞特公爵、诺森伯兰伯爵、斯塔福德伯爵、白金汉公爵的长子、克利福德勋爵，以及其他许多知名人物。②国王本人被俘，但约克公爵待他极为尊重、体恤。国王只是被迫向对手交出了全部王权（这在他也并不困难）。

第一次
圣阿尔
班战役
5月22日

这是那场殊死争斗中初次泼洒的鲜血。内战持续了将近三十年，其间双方激战凡十二场，展开了一幅极尽惨烈的残酷画卷，共计八十位宗室王公殒命沙场，英格兰古老的贵族血脉近乎完全灭绝。彼时亲族间的关系纽带极强，复仇精神在人们心目中荣誉攸关，致使贵族世家之间的仇恨永难平息，对立两党间的裂罅每时每刻都在持续扩大。然而事态并没有立即发展到最后的极端，在一段时间里，国家的命运还悬而未绝。玛格丽特王后以其勇气和意志支撑着势力较弱的本党，仍能与势力强大却被优柔寡断的心性拖了后腿的理查保持均衡态势。在不久后召开的一届议会上，双方截然对立的行为令彼此的敌对动机昭然若揭。本届议会授予约克党人普遍赦免令，恢复约克公爵摄政之职，后者在接受此职时，仍旧保持了当初的一切防范措施。但议会同时又重申了对亨利国

7月9日

---

① Rymer, vol.xi.p.361. Hollingshed, p.642. Grafton, p.626.

② Stowe, p.309. Hollingshed, p.643.

王的效忠誓言，又规定摄政的任期到爱德华王子成年即告终止，爱德华王子按惯例被授封为威尔士亲王、康沃尔公爵和切斯特伯爵。本届议会通过的唯一决定性法案，就是全面收回亨利五世去世以来王室出让的所有产业，王室之所以沦入一贫如洗的境地，正是产业急剧缩水所致。

444

公元 1456年

约克公爵不擅把持权力，他的政敌发现，从这样一双手中夺权不费吹灰之力。玛格丽特王后趁公爵不在，携丈夫突然出现在上议院。亨利当时的身体状况有所好转，已能在人前做出相对得体的表现；一行人当场宣布国王旨意：国王重新亲政，终止理查的职权。约克党人被这突如其来的一招制住，全无反抗。许多上议院议员由于反感近期收回王室产业的法案，表态支持亨利国王。于是，议会宣布国王重掌最高权力。约克公爵也默然接受了议会这一超乎常规的举动，事后一切平静。然而，约克公爵对王位的主张尽人皆知，他为此采措的种种步骤也是有目共睹，两党之间根本不存在真诚互信的余地。宫廷随后退驻考文垂，并邀请约克公爵、索

公元 1457年

尔兹伯里伯爵和沃里克伯爵前往伴驾。三人于半路接到情报，说那边已布下陷阱，要剥夺他们的人身自由和性命。他们立即分头逃命：理查退回自己名下的威格摩尔城堡，索尔兹伯里潜奔约克郡的米德勒姆（Middleham），沃里克逃到自己的治所加来，他在圣阿尔班战役后被任命为该地总督，从而掌握了英格兰硕果仅存的一支正规军，值此关头可谓至关重要。然而，以坎特伯雷大主教鲍彻（Bourchier）为首的一批企望和平的人士仍不放弃斡旋努力，试图避免流血冲突，救王国于水火。两党彼此惧惮，故调停在一段时间内颇有成效。双方全部首脑约期在伦敦会晤，郑重达成和解。约

公元
1458年

克公爵及其党羽带着大批扈从前往，相互靠近扎营，以利协防。兰开斯特一党的首脑们也采取了同样的防范措施。伦敦市长率五千人马日夜严密监视，高度警觉地维持双方相安无事的局面。[①]和平契约经过修改，却无法抹平彼此立场的差异。双方最终仅仅达成表面和解。为了将和平的信息昭告天下，全体人员庄严肃穆地列队游行，向圣保罗大教堂进发，约克公爵挽着玛格丽特王后，随后的每一位贵族都与对立面的贵族结对携手而行。内心越是虚情假意，外表就越显得加倍亲热。但显而易见的是，围绕王位之争不可能如此和平地化解。两党无非是在静待时机，准备一举击垮对方。这个王国不经一番血流成河，不可能重归宁靖、得享安定稳固的统治。

445

公元
1459年

在当前的情绪背景下，哪怕一个最微不足道亦未经预谋的偶发事件都足以撕破这种表面的和睦。即使大人物们刻意保持亲善，也难约束部下内心的敌意。国王的一名扈从侮辱了沃里克伯爵的一名扈从，双方的同伴群起相助，一场激烈的打斗随即爆发。伯爵怀疑对方设局要害他的性命，便逃回加来。双方党羽在英格兰各郡公然加紧战备，准备通过战争和武力决一胜负。

布洛希思
战役
9月23日

索尔兹伯里伯爵领兵前去与约克公爵会合，途经斯塔福德边境的布洛希思(Blore-heath)时，突遇奥德利勋爵所部优势兵力来袭。两军对阵，中间隔着一条两岸陡峭的小溪。此战索尔兹伯里用谋略弥补了己方的人数劣势，这种情况在英国的历次内战中极

---

① Fabian Chron anno 1458. 作者写道，一些贵族的扈从队伍多达九百人，也有六百人的，至少不低于四百人。另参见 Grafton, p.633。

为罕见——这些战斗通常以猛打猛冲为特色，不太讲究指挥艺术。索尔兹伯里先令部队佯退，诱使奥德利贸然追击。敌军先头部队刚渡过小溪，约克党人却突然回头掩杀过来，敌军措手不及、兵力又被截成几段，先头部队遭受打击当即奔溃，余众跟随逃遁，全军崩解。索尔兹伯里大获全胜，顺利抵达约克党人通常的集结地点拉德洛(Ludlow)。[①]

446　　沃里克伯爵也带着一支久经战阵的精锐部队从加来赶到此地，原指望以此作为决胜利器，谁知这支增援力量到头来却成了约克党人大败的直接肇因。就在王军步步逼近，大战一触即发之际，这群老兵的首领安德鲁·特罗洛普爵士(Sir Andrew Trollop)率部趁夜叛逃，投奔了王党阵营。这次临阵倒戈令约克党人军心涣散，纷纷对同伴投以不信任的目光。第二天，他们就各自散去，根本不曾与敌接战。[②]约克公爵出奔爱尔兰；沃里克伯爵带着其他许多首领逃往加来，在那里，他深得各等级拥戴，在军中名望尤盛，因此很快就召聚起众多党羽，实力相当雄壮。约克家族在英格兰各地的朋友们也做好了一切准备，只待首领一声召唤，立即举兵起事。

　　沃里克伯爵携索尔兹伯里伯爵和约克公爵的长子马契伯爵发兵英格兰，先在海上打了几场胜仗，随即在肯特登陆。他们与前来迎接的大主教、科巴姆勋爵和其他一些知名人物会师后，在沿途民众的欢呼声中向伦敦挺进。伦敦城立即向沃里克敞开大门。在行

公元
1460年

---

① Hollingshed, p.649. Grafton, p.936.

② Hollingshed, p.650. Grafton, p.537.

北安普顿
战役
7月10日军途中，这支部队日日壮大，沃里克很快发现，自己完全有实力与自考文垂匆匆赶来实施阻击的王军抗衡了。两军在北安普顿交锋。胜负很快确定，王党大败：因为王军先锋部队指挥官格雷·德·里辛勋爵(lord Grey of Ruthin)于激战正酣时倒戈降敌，惊恐的情绪顿时在王军中弥漫开来，随即兵败如山倒。白金汉公爵、什鲁斯伯里伯爵、博蒙特勋爵、埃格蒙特勋爵以及威廉·卢西爵士(Sir William Lucie)或在战斗中阵亡，或于撤退时被杀。约克党人的屠杀主要针对绅士和贵族，沃里克伯爵和马契伯爵下令饶过平民不死。[①]徒有其名的国王亨利再次被俘。由于亨利为人无辜单纯，颇有圣洁之貌，博得了人民的温柔怜爱，[②]沃里克伯爵和其他首领为求好名声，都着意对他毕恭毕敬。

召开议会
10月7日　　胜利者以国王的名义在威斯敏斯特召集新一届议会。约克公爵不久自爱尔兰赶回，出现在议会中。公爵此前从未公开提出过对王位的要求。一直以来，他只是斥责朝中奸臣当道，要求纠正弊端。即使在当前的紧要关头，在己方的胜利之师将议会团团包围的情况下，他仍然表现得如此尊重法律和自由，无论在任何内乱时期、当某一党派占据上风时都很难见到，在那个暴力恣睢的时代更是出人意料。他迈步走向宝座，被坎特伯雷大主教挡住去路，大主教问他，是否对国王行过觐见之礼？公爵回答，他不知道有谁配做他的王。接着，公爵立于宝座旁，[③]对上议院致辞，按照家世谱系陈述自己的王位继承资格，他回顾兰开斯特家族为攫取最高权力而

447

---

① Stowe, p. 409.

② Hall, fol. 169. Grafton, p. 195.

③ Hollingshed, p. 655.

犯下的累累暴行，又着重强调了亨利的统治给邦国带来的巨大灾难，敦促议会为宗室正统继承人主持公义，匡复正道。如此，他将各位议员奉为自然、合法的裁断者，将自己的权利主张呈在他们面前。[1] 他以这种冷静而温和的方式提出王位要求，既不能鼓舞朋辈也未震慑住政敌。上议院对这要求不置可否，[2] 没有一人敢于出头发表意见。理查原来可能指望贵族们会请他升位称王，此时面对一片沉寂不禁失望不已。他转身离开议会，但仍然希望他们能认真思量自己提出的要求。上议院随即开始审议此事，过程平心静气，如同对待一个再普通不过的议题。他们还邀请了下议院的一些重要人物参与讨论。上议院连续数日听取约克公爵申述的理由，甚至大胆地基于以往通过的王位限嗣继承法案和对兰开斯特家族的效忠誓言，对约克公爵的要求提出异议。[3] 上议院还指出，鉴于理查向来所用的是约克公爵而非克拉伦斯公爵的爵徽，那么他便无权自称为后一家族的继承人。针对上述反对意见，约克公爵答复道：前述法案和效忠誓言都是兰开斯特家族为保住当前据有的王位，以暴力胁迫手段取得的。上议院收到答复后，进而做出裁决。

448　从其内容来看，上议院尽其所能地两面讨好：他们宣布约克公爵的继位资格确凿无疑、不可剥夺；然而考虑到亨利已经毫无争议地安享王位三十八载，故议会裁定，亨利可在其整个余生中继续保持英格兰国王的称号和尊荣，于此期间，由理查执掌王国政务；理查应被认定为王位的真正合法继承人，所有人都应宣誓维护他的继承

---

①　Cotton, p.665. Grafton, p.643.

②　Hollingshed, p.657. Grafton, p.645.

③　Cotton, p.666.

权,对于任何试图谋害其生命的行径均应治以大逆之罪;本朝及之前两朝所制定的一切王位继承法令,应一律予以撤销、废止。[①]约克公爵默许了这一裁定;亨利身为俘虏,也无力反对——即便他已获自由,大概也不会抱有强烈抵触。于是,以上法案获得议会全票通过。尽管这一温和的妥协过程主要归功于约克公爵的节制,但我们仍能透过种种迹象明显看出,此时英国人对法律的尊重程度比以往任何历史时期都有所提高,议会的权威也更为稳固。

公爵如果呈请下议院裁决,可能无需任何威胁或暴力手段便能获得一个立场更鲜明并且得到一致拥护的解决方案。然而,上议院的许多成员(如果说全部有些夸张)在过去六十年兰开斯特家族当政期间,都曾接受王室授予的产业、特许权或爵衔,他们担心过于突然而迅猛地颠覆那个家族,会殃及自己的权利;他们如此在两党之间和稀泥,致使王权基础分裂,根本无法稳固。约克公爵明白,自己面前的主要危险来自才干与勇气兼备的玛格丽特王后,打算找个借口把她逐出英国。他以国王的名义召她立即返回伦敦,并做好准备,一旦王后拒不从命,就对她采取极端措施。不过,王后根本无须这个威胁来激发她起而捍卫家族权利。北安普顿一战失利后,她带着幼子逃到达勒姆,又从那里出奔苏格兰;但她不久便返回国内,号召北方贵族起兵,使出浑身解数谋求他们的帮助。她特别擅长以亲切的态度、巧妙的奉承和老练的手腕来收服人心,她的恩宠和许诺对每个接近她的人都有超强的影响力。人们先是敬佩她的出众才能,继而又对她的无助境遇心生同情。北方贵族

449

---

① 　Cotton, p.666. Grafton, p.647.

们自诩为国内最出色的勇士，对南方贵族擅行废立的僭乱行径义愤填膺。为了把民众吸引到麾下，他们还承诺部队可以任意掳掠特伦特河对岸的所有省份。凭着这些手段，王后迅速募集了两万精兵，这样的速度完全出乎其同党乃至对手的意料。

约克公爵闻知王后现身于北方，急率五千兵马北上，以为凭此足以掐灭叛乱的最初萌芽。然而，当他来到韦克菲尔德(Wakefield)时，却发现敌势浩大，远超过己方兵力。他连忙避入附近的桑德尔(Sandal)城堡，并接受索尔兹伯里伯爵等人的审慎建议，严守不出，等待他的儿子、正在威尔士边境地区调集兵力的马契伯爵赶来救援。[①]公爵在政治上畏首畏尾，但个人勇气却极为突出。他虽然睿智且经验丰富，却认定自己如若躲在高墙背后，将胜利拱手让给一个女流之辈，哪怕只有片刻，就是一辈子抹不去的耻辱。他下到平野，向敌挑战，对方当即接受。双方兵力差距悬殊，单凭这一条就足以决定胜负，而玛格丽特王后又派遣一支偏师袭击公爵后队，越发锁定了胜局。公爵战死沙场；他的尸首在死人堆中被找到，玛格丽特吩咐砍下他的头颅，戴上一顶纸王冠，悬于约克城门之上，以此讥讽他觊觎王位。公爵之子、年方十七的拉特兰伯爵被带到克利福德伯爵面前，那野蛮人为了给圣阿尔班战役中阵亡的父亲报仇，残忍地亲手杀害了这位无辜的公子。据史家记述，拉特兰伯爵外形俊美，多才多艺，非常惹人喜爱。索尔兹伯里伯爵负伤被俘，与另外几位著名人物在庞弗雷特被军事法庭判处

韦克菲尔德战役
12月24日

约克公爵之死

450

---

① Stowe, p.412.

斩首，立即执行。[1]此役中丧生的约克党人为数将近三千。约克党
人沉痛哀悼他们的公爵，他们的伤恸亦有十足充分的理由：这位好
爵爷落得如此下场，实在令人扼腕；而他行动上的失误完全源自其
优秀品德，这一点更让他成为国人敬仰和爱戴的对象。公爵享年
五十岁，身后留下三子三女：爱德华、乔治、理查、安妮、伊丽莎白、
玛格丽特。

公元
1461年　　　斩获这次重要胜利之后，玛格丽特王后分出一路偏师，划归国
王的同母异父兄弟彭布罗克伯爵贾斯珀·都铎(Jasper Tudor)指
挥，前去迎击新任约克公爵爱德华。她本人率本部挺进沃里克伯
莫提梅
路口战役 爵麾下约克党人镇守的伦敦。彭布罗克在赫里福德郡的莫提梅路
口(Mortimer's Cross)被爱德华击败，伤亡近四千人，全军溃散，彭
布罗克本人逃走，但是他的父亲欧文·都铎爵士被俘，爱德华下令将
其当即斩首。这种野蛮做法一旦开始，便由双方无休止地延续下
去，在复仇雪耻的名义掩盖下纵意冤冤相报。[2]

　　　玛格丽特随即击败沃里克伯爵，报了莫提梅路口的一箭之仇。
沃里克率领本部人马迎战逼近的兰开斯特党人，拥护他的伦敦人
第二次
圣阿尔班
战役 也派出一支强大援军为他助阵。双方在圣阿尔班对阵。激战正酣
时，约克阵营的一位主将洛夫莱斯(Lovelace)弃战而逃，这个在内
战中屡见不鲜的背叛行为锁定了王后的最终胜利。战败者一方阵
亡和在溃逃中被杀的将士约有两千三百人，国王本人再次落入保
王党人手中。这位孱弱的君主无论被哪一派控制，都是个一般无

---

[1]　Polyd. Virg. p. 510.

[2]　Hollingshed, p. 660. Grafton, p. 650.

451　二的囚徒而已，而两方待他毕恭毕敬的程度也几乎无分高下。班维尔勋爵(Lord Banville)受约克党人指派照料国王，战败后仍然跟在亨利身边，亨利也亲口保证给予他赦免。但玛格丽特王后无视丈夫的承诺，当即下令刽子手砍下班维尔的脑袋。[①]托马斯·基里尔爵士(Sir Thomas Kiriel)是位勇士，曾经在对法战争中博得赫赫声名，但也遭到同样对待。

这次胜利并没有给王后带来多大实利。年轻的爱德华从另一侧向她逼近，一路收容沃里克的残兵败将，很快便能以优势兵力与王后对阵了。玛格丽特发觉自己被夹在敌军和伦敦城之间，处境危险，不得不引兵撤回北方。[②]爱德华在伦敦市民的欢呼声中开进首都，约克党人的事业立即开启了新篇。这位公爵风华正茂，仪容俊美、英勇善战、积极有为、平易近人，各种资质无不令人仰慕，因而深受公众爱戴；志得意满的爱德华以年轻人特有的蓬勃冲劲，决心不再受制于其父自设的逼仄行为边界，经验证明，这些局限对本党事业有害无利。他决定践位称尊，公开捍卫自己对王位的权利主张，此后便能以叛逆罪惩治他的对手了。不过，尽管他拥有看似正当的王位继承权，但要实行这一大胆举措，还须取得国民的赞同——或者说必须经过这样一个形式。鉴于召开议会太耽误时间，又可能带来其他一些不便，爱德华便大胆采取了一个有违常规的办法，超越政敌的行权范围，令他们无法为他登基设置障碍。他下令全军在圣约翰开阔地(St. John's Fields)集合，军队周围聚集

---

① Hollingshed, p.660.
② Grafton, p.652.

着人山人海的百姓；军民混杂的人群在这里聆听主讲人的滔滔雄辩，阐述爱德华的继位权，同时强烈抨击兰开斯特家族的暴政和篡逆行径。随后，主讲人向群众提问：他们要不要兰开斯特家族的亨利当国王？在场者异口同声表示反对。这时主讲人又问：他们是否接受已故约克公爵的长子爱德华做王？全场高声欢呼，表示同意。[1]继而，大批主教、领主、治安法官和其他名流被召聚到贝纳德(Baynard)城堡，正式认可民众选举结果。新王于次日在伦敦宣布登基，是为爱德华四世(Edward IV)。[2]

亨利六世的统治就这样黯然落幕。他尚在摇篮中就被立为英、法两个王国之主，人生前景无限辉煌，有史以来任何一位欧洲王子都无法与之媲美。这次王权鼎革成为内战的肇始，百姓有祸，但是对于亨利本人而言却几乎全无所谓：他根本没有执掌国柄的能力，只要个人得到良好待遇，那么无论在敌人手上还是在朋友手上，他都甘作驯顺的傀儡。他的庸懦和有争议的执政资格乃是造成天下大乱的主因。不过，他的王后和驾前大臣们是否犯有严重滥权的罪行，因时隔久远，今人已很难判断。存留至今的史料中没有证据表明存在重大违法行为，唯独谋害格洛斯特公爵可算例外，而那属于个人犯罪，没有构成先例，且与当时暴力、残忍的时代背景有脱不开的干系。

亨利六世一朝颁行的法令中最值得注意者，是关于各郡须按期选举议员的规定。随着封建制的衰亡，各种土地保有权之间的

----

[1]　Stowe, p.415. Hollingshed, p.661.

[2]　Grafton, p.653.

差别在某种程度上已不复存在，每个自由地产保有人也和中层领主及王室直封的领主一样，逐渐获得了选举权。亨利四世颁布的一部制定法亦对这项革新(或许可以这么认为)给予了间接确认。①该法令大范围地赋予选举权，以致引发了严重失序的局面。亨利六世在位第八年和第十年又相继颁布法令，限制选举权范围：规定自由保有地年收入须达到四十先令、在本郡无负担者方有资格参选。②这个数额折合现在的币值大约将近每年二十镑。但愿这部法令的精神及其文字能够绵延存续下去。

　　该制定法的序言非常引人注目："近来，英格兰许多郡的骑士选举中参选人数多到令人难以容忍，其中很多人产业微薄、身份卑贱，却假称与那些最出色的骑士和乡绅享有同等权利；故此，如不针对上述情形采取适当匡正措施，那么杀人犯、暴徒、打手和异见分子亦可能借此上位，与郡内士绅和其他民众平起平坐。"从以上表述中我们可以看到，此时议员选举已经成为英格兰的一件大事。议会在这一时期开始获得更大权威。下议院在敦促执法上握有实权；倘若他们在这方面没能成功，多半是受阻于贵族无法无天的强悍精神，而非王权的嚣张肆行，这或许是由于那个时代教育不彰，也因为他们自己完全不懂得规范司法的好处。

　　当年约克公爵、索尔兹伯里伯爵和沃里克伯爵抛下军队逃离王国后，新一届议会于1460年在考文垂召开，会上决定剥夺这三人的财产。这届议会的构成似乎极不规范，几乎名不符实，以致会

---

① Statutes at large, 7 Henry IV.cap.15.
② Ibid.8. Henry VI.cap.7. 10 Henry VI.cap.2.

上通过了一项法令，称"凡各郡奉国王令状召请赴会之骑士，无需经过其他形式的选举即拥有参会资格，各郡长呈报这些人的议员资格，不受亨利四世法案规定的惩治。"[①]这届议会通过的所有法案后来统统被推翻，"因为该议会属非法召集，与会骑士和贵族未经适当选举"。[②]

本朝召开的历届议会未曾放松对罗马教廷僭权的警惕，而是大力推行此前为此目的而颁布的各项法规。下议院发起提案，要求取消外国人在教会的晋职资格，并规定在领取圣俸者不驻任所的情况下，圣职授予者可以重新提名候选人。[③]不过，国王对这项提案未予理会。教宗马丁致信亨利国王，措辞严厉地批评圣职候补人法案，称之为可憎的法令，凡遵守此法者必受咒诅。[④]温切斯特枢机主教身为教廷特使，同时又在朝中形同首辅，他由圣职中获利颇丰、翕然殷富，议会心存疑忌，怕他利用手中职权扩充罗马教廷的权力，于是郑重申明，凡涉及教宗或罗马教廷的事务，温切斯特枢机主教一概不得插手或为国王出谋划策。[⑤]

议会批准在谷价低迷时对外出口谷物；规定小麦售价为每夸特六先令八便士，大麦每夸特三先令四便士(均按当时币值)。[⑥]由此价格判断，当时谷物的价值接近于今日价值的一半，尽管其他商品比现在便宜得多。本朝第十八年，国内所有关税征收官员都获

454

---

① Cotton, p.664.

② Statutes at large, 39 Henry VI.cap.I.

③ Cotton, p.664.

④ Burnet's Collection of Records, vol.i.p.99.

⑤ Cotton, p.593.

⑥ Statutes at large, 15 Henry VI.cap.2. 23 Henry VI.cap.6.

准签发在各郡间贩运谷物的许可证，内地谷物贸易也就此开禁。[1]
同年，议会又提出一份涉及英吉利海峡内所有地方的《航海法案》，
但被国王驳回。[2]

　　本朝出现了史上第一份由议会担保的债务契约。[3]这种有害
做法的开端值得在此记上一笔，随着邦国财富加增、信贷进步，该
做法的危害性有可能越发严重。时至今日，其毁灭性影响已经分
明可见，并且威胁到国家的生存本身。

---

[1]　Cotton, p.625.

[2]　Ibid.p.626.

[3]　Ibid.p.593, 614, 638.

第二十二章　爱德华四世

陶顿战役—亨利逃亡苏格兰—议会召开—赫克瑟姆战役—亨利被俘、被囚伦敦塔—国王迎娶伊丽莎白·格雷夫人—开罪于沃里克—与勃艮第公爵结盟—约克郡暴乱—班伯里之战—沃里克和克拉伦斯流亡海外—流亡者卷土重来—爱德华四世出亡—亨利六世复辟—爱德华四世归来—巴尼特战役，沃里克之死—图克斯伯里战役，爱德华王子遇害—亨利六世之死—入侵法兰西—《皮奎格尼和约》—审判和处决克拉伦斯公爵—爱德华四世之死，国王性格评述

公元
1461年

爱德华年方二十有余，已经颇有历练，足能穿越战争、浩劫和破坏的刀山血海，最终完全据有王权——这项王冕他自称得自祖辈相沿的继承权，实则是靠着同党喧哄推戴才攫取到手。他天性大胆、活跃，锐意进取，并且心肠刚硬、性情严厉，一向不被温情所动，故能对敌人发动最血腥的复仇，绝不手软。王朝初立，他的残暴就已现出端倪。有个伦敦商人，以王冠作为店标，又说他的儿子将来是"王冠"的继承人。这句无伤大雅的戏言被说成影射爱德华僭位，商人因此被定罪处死。[1] 如此暴虐的行径恰是后续种种事

456

---

[1]　Habington in Kennet, p.431. Grafton, p.791.

件的一个前奏。两大家族持续争竞，已成不共戴天之仇，英格兰最高贵的血液泼洒在断头台上、浪掷在荒野沙场，汩汩流淌不息。国人分别追随两党，两个阵营各有标志：兰开斯特党以红玫瑰为号，约克党以白玫瑰为号。因此，欧洲人将这场内战称为"玫瑰战争"。

　　玛格丽特王后先前迫于形势作出纵兵掳掠的承诺，在伦敦城及整个王国南部地区引起极大恐慌和反感。她既料到会在那里遭遇顽强抵抗，便审慎地暂歇攻势，率部返回北方。凭着上述承诺的号召力，加上本派党羽的热忱，她的麾下很快又聚集了大批投效者。于是，她得以在数日之内集结起六万大军，于约克郡起兵。爱德华国王和沃里克伯爵急率四万人马赶来阻截。王军抵达庞弗雷特后，派出一支分遣队，由菲茨沃尔特勋爵指挥，守卫扼艾尔河（Are）要津的栈桥村（Ferrybridge）。此时两军仅有一水之隔。菲茨沃尔特占据了指定目标，但是没能顶住对方克利福德勋爵手下优势兵力的进攻。约克党人大败溃逃，被杀者无数，菲茨沃尔特本人阵亡。[1]值此决战在即的紧要关头，沃里克伯爵担心这场失败造成连锁反应，当即命人牵过自己的坐骑，当着全军将士将马刺死；伯爵亲吻剑柄，立下誓言，必与最卑微的士卒同生共死。[2]为了进一步安定军心，伯爵又晓谕全军：每个人都有充分的自由退出此战，然而一旦战斗打响，若有阵前畏怯不前者，必严惩不贷。[3]法尔孔伯格勋爵受命前去夺回失地。他率部迂回，在栈桥村上游数英里处渡河，出其不意地向克利福德发动猛攻，一雪前耻。兰开斯特党

---

① W. Wyrcester, p.489. Hall, fol.186. Holmgshed, p.664.
② Habington, p.432.
③ Hollingshed, p.664.

人兵败，指挥官克利福德阵亡。[1]

　　双方主力在陶顿(Touton)相遇，一场激烈的血战随即爆发。就在约克党一方发起进攻之时，突然天降暴雪，密密麻麻的雪片直扑敌军将士的面庞，迷住了他们的眼睛。法尔孔伯格勋爵又施一计，更增添了己方的优势：他命令一部分步兵行进在进攻阵列之前，先向敌阵发射一轮(远射用的)轻箭，随即后撤；视线模糊的兰开斯特党人误以为敌人已进入射程，万箭齐发，箭矢却够不到距离尚远的约克党部队。[2]待敌方箭囊已空，爱德华催动三军扑上，轻松斩杀惊慌失措的兰开斯特党人。弓弩很快就被弃置一旁，由刀剑决定最终的胜败，约克党一方获得完胜。爱德华传令对敌格杀勿论。[3]溃军被一路追歼，直到塔德卡斯特(Tadcaster)，沿途血流成河、一片混乱。当场阵亡和在溃逃中被杀者超过三万六千。[4]威斯特摩兰伯爵和他的兄弟约翰·内维尔爵士(Sir John Nevil)、诺森伯兰伯爵、戴克斯勋爵(lord Dacres)、韦尔斯勋爵(lord Welles)、安德鲁·特罗洛普爵士都在阵亡者之列。[5]德文郡伯爵原非亨利一党，他也在此战中被俘，落入爱德华之手，不久即在约克被军事法庭判决斩首。他的首级被悬于约克城门的高竿之上。理查公爵和索尔兹伯里伯爵的首级后来被取下，与尸身同葬。此战期间，亨利和玛格丽特留守后方的约克郡，惨败的消息传来，他们知

458

---

① Hist.Croyl contin.p.532.

② Hall, fol.186.

③ Habington, p.432.

④ Holingshed, p.665. Grafton, p.656. Hist.Croyl, cont.p.533.

⑤ Hall, fol.187. Habington, p.433.

道在英格兰已无处栖身，便仓皇出奔苏格兰。随他们一同逃亡的还有埃克塞特公爵和索默塞特公爵亨利，前者虽娶了爱德华的妹妹，却仍与兰开斯特家族站在一起；后者是第一次圣阿尔班战役中阵亡的索默塞特公爵之子，此次在陶顿战役出任指挥，结果遭逢惨败。

尽管苏格兰与英格兰之间充满敌意，但苏格兰从未趁英法战争或英国内乱之机对英出兵。詹姆斯一世（James Ⅰ）令人赞赏地把主要精力放在教化子民的事业上，训导他们顺服法律和正义之轭，避免与邻邦相争。尽管他似乎乐于在英法之间保持平衡关系，但在法兰西深陷水火之时，他也只是准许——或者说鼓励——苏格兰人加入法军，此外未施其他援手。这位明主遇害后，其子詹姆斯二世（James Ⅱ）继位，由于新君稚弱、国内易生变乱，因此苏格兰对外一直保持中立状态；再者，法兰西此时已经占据了明显优势，无需盟国的支援了。然而，及至约克家族和兰开斯特家族的争端爆发、并发展成不共戴天之势，詹姆斯二世已经长大成人，他有心抓住这个良机，收复英国人从他祖先手上夺去的国土。1460年，他率军围攻罗克斯堡的城堡，并为攻城配备了一支炮兵小队。但是，那些火炮造得实在粗陋，就在他指挥放炮的时候，一尊火炮突然爆炸，年轻的国王命丧当场。他的儿子詹姆斯三世（James Ⅲ）继承王位，同样尚未成年。接下来便是历来幼主当国惯有的权力纷争：王太后格尔德兰的安妮（Anne of Gueldres）企图摄政，道格拉斯家族反对她的主张。当玛格丽特王后逃到苏格兰时，发现那里的派系纷争毫不亚于她刚刚逃离的国家。尽管她强调苏格兰王室与兰开斯特家族的亲戚关系（因为年轻国王的祖母本是索默塞特伯爵

亨利逃亡
苏格兰

之女),但是苏格兰谘议会却不为所动,仅在口头上对她表示支持而已。然而,当她提出立即将贝里克要塞这个战略要地交给苏格兰,并让她的儿子迎娶詹姆斯国王的妹妹,便获得了对方的积极回应。苏格兰人答应出兵协助兰开斯特家族重登王位。[1]不过,在爱德华四世看来,苏格兰方面的威胁并不十分紧迫,因此他没有对流亡的亨利六世国王和王后穷追不舍,而是还驾伦敦,在那里召集议会,底定政局。

11月4日
议会召开

本届议会上,爱德华发现自己果断自立为王的强硬措施以及确保王位的陶顿大捷收效颇佳,议会不再首鼠两端,也不再作出任何模棱两可的决议,那种决议只能延续和煽动两党之间的仇恨。议会承认爱德华源自莫蒂默家族血脉传承的继位权,并宣布爱德华继其亡父成为英格兰合法君主,他的父亲本亦拥有同样的合法资格;自爱德华在万民欢呼声中登上王位之日起,便已拥有合法王权。[2]议会对于兰开斯特家族——尤其是对德比伯爵亦即亨利四世——的僭权和侵夺深表痛恨,他们声称,该家族给王国带来无尽祸乱,上弑君王、下压黎民,罪恶滔天。他们撤销了兰开斯特家族统治期间授予他们的所有补助金,又将理查二世无端被废时王室拥有的全部财产统统归还给当今国王。尽管议会确认了下级法院的司法行为和裁决,却撤销了历届伪议会作出的所有剥夺财产的判决,特别是针对国王的祖父剑桥伯爵以及索尔兹伯里伯爵、格洛斯特伯爵和拉姆利勋爵的褫夺财产令,这几人都是因为同情理查

---

① Hall, fol. 137. Habington, p. 434.
② Cotton, p. 670.

二世而获罪的。[1]

460　　　这些决议当中，有不少是党派斗争中常见的暴力之果。在较为和平的时期，它们常被人类的常识所否定。兰开斯特家族统治下出台的各种法令法规，既然出自根基稳固的政府，由长期持有王权的君主颁布，其效力和约束力一直都得到承认；然而议会颠覆了如此深厚的根基，却声称是为了让政权回归其古老而自然的基础。议会随后采取的种种措施，更是出于复仇的目的，至少是着眼于便利，而不是以公平、正义原则为准绳。他们通过一项法令，对亨利六世、玛格丽特王后及其幼子爱德华王子处以褫夺私权和财产的惩罚。该法令还被延伸适用于索默塞特公爵、埃克塞特公爵、诺森伯兰伯爵、德文郡伯爵、彭布罗克伯爵、威尔特郡伯爵、博蒙特子爵、鲁斯勋爵、内维尔勋爵、克利福德勋爵、韦尔斯勋爵、戴克斯勋爵，以及鲁日蒙的格雷(Gray of Rugemont)、亨格福德(Hungerford)、亚历山大·赫迪(Alexander Hedie)、尼古拉斯·拉蒂默(Nicholas Latimer)、埃德蒙·孟福尔(Edmond Mountfort)、约翰·赫伦(John Heron)等一大批知名人士。[2]议会把上述人等被罚没的产业统统授予王室所有，尽管这些人的罪名只是忠于前任君主——长期以来，议会中的每位成员莫不承认他的王权，就连现今高踞于宝座之上的国王本人也曾认其为合法君主并服从其统治。

　　　还有其他一些暴力行径，乃是基于巩固新政权的充分必要，然

----

① Cotton, p.672. Statutes at large, 1 Edw.IV.cap.I.

② Cotton, p.670. W.Wyrcester, p.490.

而其实施手段仍然令人反感。牛津伯爵约翰与其子奥布雷·德·维尔(Aubrey de Vere)暗地与玛格丽特王后信函往来,事发后被皇家军事总长主持的军事法庭审判、定罪并处以极刑。[①]威廉·泰瑞尔(William Tyrrel)爵士、托马斯·托特纳姆(Thomas Tudenham)爵士和约翰·蒙哥马利(John Montgomery)等人也被同一个武断的法庭定罪,被处以极刑并褫夺领地。将军法引入民政属于严重的过度行使君权。若不是正逢兵荒马乱的年代,这种滥权很可能被无比珍视自由的英国人深恶痛绝——我们这个时代的英国民众已然形成了这样的品质。[②]如此巨大而突如其来的鼎革,不可能不在民间种下深深的不满和怨愤,要想消除民怨,需要极高超的统治艺术或是超乎寻常的暴力作为替代手段。在那个野蛮时代,后者倒更符合此邦的精神特质。

　　然而,新生的政权依然根基不稳、危机四伏。不仅要应对国内民怨,更面临外部势力的搅扰。1460年,法兰西国王查理七世驾崩,其子路易十一(Lewis XI)继位。他显然是出于本国利益考虑,支持英国内乱中落于下风的党派,使这个危险邻邦的内乱火上浇油。不过,在这件事上,这位君主所擅长的阴谋和政治手腕却落得个作茧自缚的结果。由于他试图打压各大封臣的独立精神,激起国内巨大的反对浪潮,以致错失英国内战的良机,没能充分利用。尽管如此,他还是派了诺曼底总管瓦伦(Varenne)率领少量部队前

---

① W.de Wyrcester p.492. Hall, fol.189. Grafton, p.658. Fabian, fol.215. Fragm.ad finem T.Sproti.

② 参见本卷卷末注释[Q]。

去援助亨利；①瓦伦在诺森伯兰登陆，并攻占了安涅克(Alnewic)城堡。但不屈不挠的玛格丽特又亲赴法国，请求更多援助，她向路易承诺，他若帮助兰开斯特家族成功复辟，就把加来奉送给他。在此诱惑之下，路易派遣两千武士随她归国。玛格丽特又有了重返沙场的本钱，于是兴师侵入英格兰。战端一起，大批苏格兰冒险家和兰开斯特家族党羽纷纷加入她的麾下，声势颇壮；然而，赫奇利沼泽(Hedgley-more)一战，她还是败在沃里克伯爵的弟弟、东部边区总督蒙塔古勋爵的手下。蒙塔古旗开得胜，越发斗志昂扬，不待爱德华派来增援的大军抵达，率本部冒险出击，在赫克瑟姆(Hexham)大败兰开斯特党人，赢得完胜。索默塞特公爵、鲁斯勋爵和亨格福德勋爵在溃逃中被俘，在赫克瑟姆被当场按军法斩首。在纽卡斯尔，亨弗雷·内维尔爵士(Sir Humphrey Nevil)和其他几位绅士也同样被草草判处死刑。未丧命于沙场的，都被送上断头台，此时约克党显然是要将对手斩草除根；而兰开斯特党人以往的做法为此提供了极其充分的借口。

　　这场败绩之后，命运多舛的亨利国王一家际遇颇为奇特。玛格丽特带着儿子逃进森林试图藏身，不料在漆黑的夜里遭遇劫匪。强盗们要么是有眼不识贵人，要么是根本不在乎王后的尊贵身份，把她的戒指、珠宝洗劫一空，极为无礼地对待她。歹徒们为了如何分配这一大笔赃物吵闹起来，王后趁他们不注意，带着小王子逃进密林深处，母子俩在林中流浪，饱尝饥饿、疲惫，被恐惧和痛苦折磨得衰弱不堪。在这悲惨的处境中，她忽然看见一个强盗拔剑在

（右侧栏外注）
公元
1462年

公元
1464年

4月25日

赫克瑟姆
战役
5月15日

（左侧页码）462

---

① Monstrelet, vol.iii.p.95.

手, 正向她们逼近。王后无路可逃, 只在一闪念之间, 她决定完全
信赖对方的仗义胸怀, 向他寻求保护。她走上前去, 把小王子交给
他, 大声向他说:"我的朋友, 这是你国王的儿子, 他的安全就托付
给你了。"这人内心的人道和慷慨精神虽已在为非作歹的生涯中渐
渐模糊, 但尚未完全泯灭, 眼前的奇事令他震动, 这份信赖有如魔
咒一般抓住了他的心灵, 他起誓绝不伤害王后, 更要全心全意为她
效命。[①]在他的帮助下, 王后在森林中躲藏了一段时间, 后被引到
海边, 登船逃到佛兰德斯, 再经佛兰德斯返回她父亲的宫廷, 在那
里过了几年隐居的日子。她的丈夫却没有这份幸运和机智, 终未
逃出敌手。他在一些朋友的保护下, 悄然转移到兰开郡躲了十二
个月, 但最后还是暴露了行藏, 被解至爱德华面前, 而后被关进伦
敦塔。[②]他的生命安全更多地系于敌人对其勇气和头脑的轻蔑, 而
不是他们的慷慨情怀。

　　亨利被囚、玛格丽特流亡海外, 兰开斯特党中的首脑人物均已
被处决、抄没家产, 爱德华的政权似已完全巩固下来。他源自家族
传承的继位资格现已得到议会的认可, 民众普遍顺服, 不再有被政
敌非难的危险。形势一派顺遂, 国王开始无节制地沉溺于形形色
色的逸乐, 他的青春年华、昌隆运道和个人天性都引诱着他充分享
受这一切。他荒疏了国事, 整日耽于放纵行乐和情欲的诱惑。他
那严厉的心性虽已习于内战的残酷, 但与此同时也极度醉心于相
对温柔的激情; 这种倾向并未缓和他那天生的苛暴, 却始终深深地

463

────────────

　　① 　Monstrelet, vol.iii.p.96.
　　② 　Hall, fol.191. Fragm.ad finem Sproti.

影响着他，与追求野心、渴望军事荣耀的欲望并行不悖，令他一生念兹在兹。在眼下这个和平的间歇，他以一种最亲切随和的方式与手下臣民、特别是与伦敦人相处，[①]他那英俊外表和器宇轩昂的风度，即便不居于王者之尊，也足以令异性对他青睐有加，所以，他在情场上总是无往而不利。这种逍遥快乐的生活方式让各阶层人士对他的好感日日增加，那些热衷于寻欢作乐的年轻男女更是格外喜爱他。英国人秉性大气、少有嫉妒萦怀，因此他们对国王的放浪行为并不见怪。就这样，他纵情行乐、满足一己欲望的行为，竟在不期然间成了巩固政权的一种手段。然而，鉴于审慎原则难以严格辖制个人的主宰激情，爱德华的风流多情也将他引入网罗之中，严重扰乱了他个人的安宁，更威胁到王位的稳固。

贝德福德公爵的遗孀卢森堡的杰奎琳在丧夫之后，为爱情不惜牺牲尊贵的身份，下嫁给一位没有官职的绅士理查德·伍德维尔爵士(Sir Richard Woodeville)，为他生育了几个儿女；其中，女儿伊丽莎白出落得优雅美丽，多才多艺，是位出名的美人。这位年轻女士嫁给格鲁比(Groby)的约翰·格雷爵士(Sir John Gray)，育有几个孩子。她的丈夫在第二次圣阿尔班战役中为兰开斯特党一方效力，战死沙场，因此被抄没产业，他的未亡人只得搬回父亲在北安普顿郡的格拉夫顿(Grafton)领地，依赖父亲生活。国王在一次狩猎聚会之后偶然到访，前来看望贝德福德公爵夫人。那位年轻寡妇趁此机会向勇敢的国王乞恩，跪倒在他脚前，泪落如雨地恳求他怜悯她那陷于困苦的孩子。眼见美人落难，多情的爱德华被

国王迎娶伊丽莎白·格雷夫人

464

---

① Polyd.Virg.p.513. Biondi.

深深打动，爱情假借着同情的伪装，悄然潜入他的内心。她的哀愁无比符合一位贞洁的未亡人身份，使他在爱慕之上顿生敬重之心。他将她从地上搀起，保证恩待她家。在接下来的交谈中，迷人的女主人令他如沐春风，内心的热情每分每秒都在增长。不久就轮到他以求告姿态跪倒在伊丽莎白脚下。但这位夫人要么是出于责任感而反对不体面的偷情，要么是看出自己已经给国王留下深刻印象，指望能借此平步青云，所以执意不肯满足他的情欲。年轻温柔的爱德华使尽一切软磨硬泡的功夫，无不在她的坚贞面前碰了壁。如此顽强的抗拒令他的激情燃得更旺，而且越发敬重伊丽莎白的高洁情操。这份感情最终冲破了一切理性的闸门。他把王位和自己的心一起献在这位夫人面前，她的美貌和高贵品格似乎完全配得上这两样奉献。他们在格拉夫顿秘密举办了婚礼。[①]在一段时间里，此事对外界瞒得密不透风。谁都猜不到，如此风流成性的君主居然能为一段浪漫感情以后位相许。尤其是鉴于当时的局势，有充分理由认为国王的这一步行动蕴含极大风险、过分轻率。

就在稍早些时候，国王出于稳固王位的考虑，加上准备生育王嗣和寻求盟友的动机，决定向一些邻邦的宗室提亲；他属意于法兰西王后之妹萨伏依的博娜（Bona of Savoy），希望与她联姻后，能与法国建立亲善关系，这样他的敌人就失去了唯一有力量并且有意愿支持和援助他们复辟的靠山。为使磋商进展顺利，他还委派沃里克伯爵前往博娜公主当时所驻的巴黎，替国王向那位公主

465

---

① Hall, fol. 193. Fabian, fol. 216.

提亲。求婚已被接受，婚约条款也全部议定，只差最终签字确认，再将公主迎至英格兰。[1]然而，爱德华秘密成婚的消息一旦泄露，那位心高气傲的伯爵认为自己受了羞辱，不光是因为白费心力去张罗一场徒劳无益的谈判，而且，这位国王原是仰仗他的友谊才获得现今的一切，却在这件大事上把他视作外人，毫不交心。伯爵满腔羞恼和义愤，立即返回英格兰。爱德华若肯屈尊认错，借口自己年轻冲动，受激情驱使做出轻率之事，或者痛陈自己的软弱，局面或许还可以挽回。但他出于虚妄的羞耻心或自尊心，见了沃里克连提都不肯提及此事，那位爵爷获准离开宫廷，和来时一样满腔怒火、满腹怨气。

开罪于沃里克

　　这时节发生的每一件事都使国王与这个势力强大的臣僚隔阂日增。登上后位的伊丽莎白依然对国王保有强大影响力，并且热衷于为自己的亲朋好友谋求一切恩典和荣宠，又将沃里克伯爵视为死敌，不遗余力地打击、排挤伯爵的党羽。王后的父亲被封为里弗斯(Rivers)伯爵，又接替蒙特乔伊(Mountjoy)勋爵担任大司库。[2]他还被授予皇家军事总长的终身职衔，这个显赫职位后来又由他的儿子承袭。[3]此子聘娶斯凯尔斯勋爵的独生女为妻，从而得享斯凯尔斯家族的庞大产业和爵衔。王后的大妹凯瑟琳嫁给王室监护下的小白金汉公爵。[4]她的二妹玛丽嫁给威廉·赫伯特(William

公元1466年

---

① Hall, fol.193. Habington, p.437. Holingshed, p.667. Grafton, p.665. Polyd. Virg.p.513.

② W.Wyrcester, p.506.

③ Rymer, vol.xi.p.581.

④ W.Wyrcester, p.505.

Herbert)，这个妹婿被封为亨廷顿伯爵。她的三妹许配卢辛的格雷勋爵之子，这个妹婿获封为肯特伯爵。[①] 王后与前夫所生的儿子托马斯·格雷爵士(Sir Thomas Gray)与埃克塞特公爵的女儿和继承人、也是国王的侄女缔定婚约，鉴于蒙塔古勋爵也在为自己的儿子向这位小姐求亲，拒绝蒙塔古而选择年轻的格雷爵士遂被视同于对整个内维尔家族的伤害和公开侮辱。

　　沃里克伯爵自认为对王室劳苦功高，理当大得重用；这份久享的宠信哪怕失去一分一毫，他也无法默然忍受。王室一直以来对他恩赏颇丰，据菲利普·德·科米纳(Philip de Comines)计算，[②] 除祖传领地之外，他的岁入总额高达八万克朗。尽管如此，只要看见别人的权势和对国王的影响力超过自己，他那颗勃勃的雄心依然感到刺痛。[③] 而爱德华对自己凭之上位、并且一度大力拔擢的强大势力也颇有戒心，现在他很乐于给沃里克伯爵树立几个竞争对手，从上述的权术角度而言，他极度偏袒王后的亲族也不无理由。然而英格兰的贵族阶层嫉妒陡然发迹的伍德韦尔家族，[④] 同情失意的沃里克，因为他们已经习惯于后者高踞尊位，也早被沃里克那充满亲和力的态度收服了。议会颁布法令，批准爱德华收回其登基以来颁授的全部恩赏，正是这些恩赏令王室陷入一贫如洗的境地。[⑤] 该法令虽然规定了一些例外条款，其中还有一条是特别保

---

① Ibid.p.506.

② Liv.3.chap.4.

③ Polyd.Virg.p.514.

④ Hist.Croyl.cont.p.539.

⑤ W.Wyrcester, p.508.

护沃里克伯爵的，但是整个贵族阶层仍然为之警觉，许多人心生反感，就连约克家族的热忱拥戴者也不例外。

　　然而，沃里克拉拢的最为举足轻重的人物，乃是国王的大弟、克拉伦斯公爵(duke of Clarence)乔治。此公认为，王后及其亲族在朝中声势煊赫，对他本人造成的损害毫不亚于其他贵族。他们已经稳获荣华富贵，而他自己的前途还没有保障，这种遭到怠慢的落寞感，加上不安分的急躁性情，使他倾向于支持一切不满分子。[①] 沃里克伯爵觑准时机拢络这位宗室亲王，提出把自己的长女、也是他庞大家产的共同继承人之一许配给克拉伦斯公爵；这样一宗有利的亲事，国王的任何赏赐都无法与之相提并论，于是克拉伦斯公爵应声倒向了沃里克阵营。[②] 一个敌对爱德华及其政府的广泛而危险的联盟就这样于不知不觉中形成了。尽管不满分子的直接目标还不是推翻在位君主，但是他们究竟能走到哪一步，实在难以逆料。在那个时代，反政府行动通常要诉诸武力，因此，这些纠葛和结党活动大有可能很快引发社会动荡和内乱。

　　国内形势山雨欲来，爱德华把目光投向海外，指望借助外部盟友的力量对付结党抗上的贵族势力，以图自保。法王路易十一阴险的野心日益明显地暴露在邻邦和封臣们的眼中，也越发激起他们的警惕；此人的野心背后有超强的才干作为支撑，又不受任何信仰和人性原则的约束，因此，他们唯有抱成一团对他严加戒备，否则就毫无安全感可言。勃艮第公爵腓力故去后，他的独生子查理

与勃艮第公爵结盟

---

　　①　Grafton, p.673.

　　②　W. Wyrcester, p.511, Hall, fol.200. Habington, p.439. Hollingshed, p.671. Polyd. Virg. p.515.

继承了他名下富饶而广阔的领地；查理其人天性好战，有"勇士"之名，他的野心比路易更肆无忌惮，只是实力和政治手腕都略逊一筹，因此欧陆各国君侯对他印象较佳。由于利益的抵触，加之天生对立的个性，让路易和查理这两个狠角色公然为敌。这样爱德华就能够选边而站，确保与其中一方建立稳固的关系。勃艮第公爵之母出身于葡萄牙王室，是冈特的约翰的后裔，因此他自然而然地亲近兰开斯特家族。[①]不过，这种倾向很容易被政治动机所抵消。查理一见兰开斯特家族在英格兰彻底失势，便派他的私生兄弟、就是那位"勃艮第私生子"渡海赴英，代表他向国王的妹妹玛格丽特求婚。英国朝野反对与法国结盟，但比较支持与勃艮第结盟：两邦的商业利益促使两位君主紧密联合，针对路易的共同戒心则是彼此间的天然黏合剂。爱德华很高兴能拥有这样一位强大盟友，从而加强自己的实力，因此他很快就与勃艮第方面缔定婚约，把御妹嫁给了查理。[②]与此同时，爱德华又与布列塔尼公爵结盟。这两项盟约似乎加强了他的安全保障，又为他展开一幅扬威海外、媲美历代英主伟业的美好前景；他们的对外征服尽管为时甚短，且实际收益寥寥，却让那些朝代深得民心、光耀千古。[③]

公元
1468年

公元
1469年

　　然而，无论爱德华国王曾经对这些联盟寄予多么野心勃勃的指望，国内爆发的动乱很快就占据了他的全部精力，其他一切打算都因之化为泡影。这些暴乱可能并不是由沃里克伯爵直接策划发动的，而是源于偶然因素，又有狂暴的时代精神和深具影响

---

① Comines, liv. 3. chap. 4, 6.

② Hall, fol. 169, 197.

③ W. Wyrcester, p. 5. Parliament. Hist. vol. ii. p. 332.

力的沃里克向全民灌输的不满情绪推波助澜,或许还有对兰开斯特家族残存的一点忠心在起作用。约克城附近有个圣伦纳德医院(hospital of St. Leonard's),根据上古时代阿瑟尔斯坦国王授予的一份特许状,该院有权按每普楼兰(plough-land)①一思雷夫(thrave)②谷物的标准向本郡农户征税。鉴于此类慈善机构容易滋生贪污,所以郡内民众啧有怨言,称医院收取的捐税没有用于救济穷人,而是被管理者私自侵吞,用于个人目的。他们对这项捐税抱怨了很久,最后拒绝缴纳。教会和世俗政府都通令谴责拒绝纳税者,扣押他们的财货、把他们投入监牢。民间的愤怒日益增长,忍无可忍之下,群众拿起武器,群起攻击并斩杀了医院的几个官员。叛乱者的队伍多达一万五千人,浩浩荡荡进抵约克城下。负责镇守该地区的蒙塔古勋爵前往阻截。官军在一次遭遇战中,幸运地俘获了叛民首领罗伯特·霍尔登(Robert Hulderne),蒙塔古按照当时流行的做法,下令将他立即处决。但是,叛乱者仍然坚持战斗;他们很快又有了身份较高的新首领,一个是拉蒂默勋爵之子亨利·内维尔爵士,另一个是约翰·科尼耶(John Coniers)爵士。叛军一路南下,开始威胁到现政权。爱德华命令新任彭布罗克伯爵赫伯特(其爵衔承自被剥夺领地的贾斯珀·都铎)率领一支威尔士人组成的部队迎战叛军;新任德文郡伯爵斯塔福德(他的爵衔承自同样被褫夺领地的考特尼家族)率领五千弓兵前来增援。然而,两位爵爷因营地问题上的一点琐屑纠纷相互翻脸,德文郡伯爵带领

约克郡
暴乱

469

---

① 英国古代地积单位,即可供八头牛耕种的土地面积,大致相当于120英亩。——译者

② 英国古代谷物计量单位,通常相当于二十四捆谷物。——译者

班伯里
之战

手下弓兵扬长而去,丢下彭布罗克独自抵挡叛军。两军在班伯里附近形成对峙。彭布罗克在一次突袭中取胜,俘获了亨利·内维尔爵士,未经任何审判程序,将他就地处决。流血并未吓倒对手,反而激怒了他们。叛军对威尔士人发动攻势,击溃这支军队,毫不

7月26日

留情地斩杀敌人;他们捉住彭布罗克伯爵,当即以血还血、以牙还牙,为自己的首领报了仇。国王把这次失败归咎于德文郡伯爵,怪他临阵丢弃彭布罗克,下旨以同样草率的方式将其处决。但是,这种仓促的死刑——或者毋宁说是公开的谋杀——并未就此停歇。北方的叛军派出一彪人马杀至格拉夫顿,抓住里弗斯伯爵和他的儿子约翰,这两人因与国王关系密切、深得君宠而广招憎恨,叛军首领约翰·科尼耶爵士当即下令处死了他们。[①]

　　自诺曼征服以来,再没有哪一段英国史的记载像玫瑰战争这般模糊不确、缺乏可靠性且矛盾百出。各路史家对于许多重要史实说法不一,有些得到他们一致认同的关系重大的事件,却是令人难以置信,相关记载也存在矛盾之处。[②]应当提到的是,此时正值文艺复兴前夜,欧洲人已经通晓了印刷术,然而本岛的历史却笼罩在深深的晦暗之中。透过厚重翳霾的遮掩,今人确切可辨的只有一片恐怖血腥的场景、野蛮的世风、草菅人命的审判,以及各个党派施展的阴谋诡计和无耻行径。例如,我们根本无法对沃里克伯爵在这段时期的心思和意图做出解读。所有史家一致认定,这场叛乱初起时,沃里克和他的女婿克拉伦斯公爵都在他的任所加来,

---

① Fabian, fol. 217.

② 参见本卷卷末注释[R]。

470 他的弟弟蒙塔古则拼力抵挡北方叛军。我们由此可以推断，叛乱并不是由沃里克阴谋策划和煽动的。然而另一方面，叛军杀了沃里克的死敌里弗斯伯爵，这个事实却构成了相反的有力证据。沃里克携克拉伦斯渡海返英，主动提出为爱德华效力，爱德华毫不怀疑地接纳他们，并把最高指挥权交付给他们，[①]这二人对爱德华依然保持着忠心。此后不久，我们看到爱德华听从沃里克的建议，颁布大赦令，使叛乱得以平息。然而，让人想不通的是，像爱德华这样勇武的一位君主，若是信赖沃里克的忠诚，怎么会颁旨大赦那些对其至亲犯下残暴罪行的叛乱分子？而沃里克若是不忠，又何必尽心竭力去扫平叛乱？这难道不是一个可资利用的好机会吗？可以看到，继这次动乱之后，出现了一段安宁的间歇期；在此期间，国王不遗余力地恩待厚赏内维尔家族：蒙塔古勋爵被晋封为蒙塔古侯爵，蒙塔古之子乔治被封为贝德福德公爵，[②]国王还公开宣布有意将自己的长女伊丽莎白许配给这位年轻贵族。鉴于国王此时尚无男嗣，那么伊丽莎白就是假定的王位继承人。然而时隔不久，国王应沃里克和蒙塔古的弟弟约克大主教之邀赴宴，就在宴席之上，国王突起疑心，认为主人阴谋挟持或杀害自己，遽然离席而去。[③]

　　不久，又一场叛乱爆发，和之前的所有事件一样让人莫明其妙。首先是找不到起事的充分理由，此外，就目前所知，内维尔家族并没有插手煽动叛乱。叛乱发生在林肯郡，首领是威利斯勋 公元
1470年

---

① Rymer, vol. xi. p. 647, 649, 650.

② Cotton, p. 702.

③ Fragm. Ed. IV. ad. fin. Sprotti.

爵之子罗伯特·威利斯爵士(Sir Robert Welles)，叛军人数多达
三万。但威利斯勋爵不仅不支持叛乱，反而逃入一处圣所避难，以
免国王的愤怒或怀疑临到他本人头上。他被一道安全保证诱出避
难所，然而过后不久，爱德华无视承诺，降旨将他和托马斯·戴莫

3月13日
克爵士一道(Sir Thomas Dymoc)斩首。[①]国王与叛军交战，击败
对手，俘虏罗伯特·威利斯爵士和托马斯·朗德爵士(Sir Thomas
Launde)，传令将二人斩立决。

在这一切过程中，爱德华对沃里克伯爵和克拉伦斯公爵并无
怀疑，甚至授权他们募兵平叛。[②]但这两个暗藏二心者一离开宫廷，
就以自己的旗号招募军队，公然宣布造反，控诉现政权滥施弊政、
压迫黎民、任人不察。出乎他们意料的是，威利斯转眼间一败涂地，
他们的一切部署都被打乱，只好向北撤入兰开郡，在那里等待沃里
克的妹夫斯坦利勋爵(Lord Stanley)发兵来援。但是斯坦利拒绝

**沃里克和
克拉伦斯
流亡海外**
与他们合流，蒙塔古在约克郡也毫无动静。无奈之下，二人只得遣
散部队，逃到德文郡，从那里登船驶向加来。[③]

沃里克赴英前，指派副总督加斯科涅人沃克勒尔(Vaucler)留
守加来，后者见伯爵如此狼狈而归，便将他拒之门外，甚至不允许
克拉伦斯公爵夫人上岸——她几天前刚在船上诞下一个男婴，此
时病体支离，健康状况极差。他答应送几壶酒上船供女士们饮用，
却是极其勉强。但他是个精明人，对反复无定的英格兰政局了如

right margin: 471

---

① 　Hall, fol. 204. Fabrian, fol. 218. Habington, p. 442. Hollingshed, p. 674.

② 　Rymer, vol. xi. p. 652.

③ 　国王颁布悬赏令，凡能捉拿此二人者，可得千镑赏金或岁入百镑的地产。由此
可知，当时的地价大约相当于十年的土地收益。参见 Rymer, vol. xi. p. 654。

指掌，因此在暗地里为这表面上的背信弃义之举向沃里克伯爵道歉，并解释说，这完全是出于效忠伯爵的一片热忱。他说，如今要塞给养不足，驻防部队是否忠诚也很难说；加来居民都是依靠对英贸易为生的，他们当然都支持现政权；眼下加来既无力与英军相抗，也难以抵挡勃艮第公爵的进攻；他暂且表态效忠爱德华，取得后者的信任，把加来把持在自己手上，日后再寻个稳妥的时机，将此城奉还原主。[①]我们无法确知沃里克是否听信了这番说辞，抑或怀疑沃克勒尔是个双面叛贼，总之他假装完全接受沃克勒尔的解释，随即挟持了几艘停泊在加来港外的佛兰德斯船只，启航投奔法国。

爱德华与勃艮第公爵紧密结盟，让法王路易十一颇不自在；因此，他大张旗鼓地热情接待落魄的沃里克伯爵，[②]他们此前一直保持着秘密联络，路易仍然希望借助沃里克之力推翻英国现政权，扶植兰开斯特家族复辟。然而长久以来，沃里克与兰开斯特家族结下了不共戴天的血海深仇：他的父亲是由玛格丽特下令处决的；他本人曾经两次俘虏亨利国王，曾经下令驱逐王后，曾经在战场或断头台上杀过大批兰开斯特党的铁杆忠臣，并且给不幸的国王一家制造了数不清的祸患。沃里克认定这种根深蒂固的冤仇永无真心和解的可能，因此，他当初起兵反对爱德华之时，根本不曾提及亨利之名，他情愿依靠自己的追随者夺取胜利，而不想看到那个自己由衷痛恨的党派死灰复燃。然而事到如今他处境窘迫，加之路易

---

① Comines, liv. 3. cap. 4. Hall, fol. 205.

② Polyd. Virg. p. 519.

再三恳请，他只好同意与宿敌讲和。法王派人把玛格丽特从她的
隐居地昂热(Angers)请来，双方出于共同利害，不久便达成了和解
协议。协议规定，沃里克应投身于亨利的复辟大业，努力帮助他恢
复自由、重登英格兰王位。亨利之子爱德华王子未成年以前，应由
沃里克伯爵和克拉伦斯公爵联手执掌国政；爱德华王子应娶沃里
克的次女安妮为妻，倘若爱德华王子身后没有男嗣，应由克拉伦斯
公爵继承王位，从而彻底剥夺现任国王爱德华及其后嗣的王位继
承权。无论从哪一方的角度看，这个联盟都是一种最不自然的、明
显迫不得已而为之的举动。但是沃里克希望，兰开斯特党人往昔
的激情在当前的政治态势下或能被完全磨灭，即使在最坏的情况
下，他也足可凭借本家族独立的势力和民众的拥戴保障自身安全，
并能确保协议中的所有条款得到充分履行。爱德华王子与安妮小
姐的婚礼当即在法国举行。

　　爱德华预见到，拆散这个彼此离心离德的联盟简直易如反掌。
他选派了一位智慧与口才过人的女士去完成这个任务：她原是克
拉伦斯公爵夫人驾前的女官，此番打着事奉女主人的幌子前往法
国，实则受命与公爵谈判，恢复公爵与本家族的亲情纽带。[①]她向
克拉伦斯公爵指出，他不小心走上邪路，势必毁了自己，如今他成
了沃里克复仇的工具，完全受制于不共戴天的宿敌；两大王室家族
相争，所造成的致命伤害早已超出了彼此宽恕的可能，幻想中的利
益联盟永远都无法抹去这份深仇大恨；即使双方首领愿意尽释前
嫌，但手下党羽敌对依旧，也难以实现真诚和解；恐怕双方一切和

___

① 　Comines, liv.3.chap.5. Hall, fol.207. Hollingshed, p.675.

好的盟誓都只能维持一时、流于口头,暗地里却永远相互对立。她告诫公爵,一个王公离弃自己的亲族、加入杀父仇人的阵营,就成了孤家寡人,没有朋友、失去任何保护,及至不可避免的灾祸临头之日,势必得不到任何人的同情和尊重。克拉伦斯只有二十一岁,天资似乎也不够聪颖,但他还是轻易领会了这番说理的分量。在得到兄长的宽恕保证之后,他便在暗中承诺,一旦瞅准时机便抛弃沃里克伯爵,脱离兰开斯特党。

　　这边的谈判正在进行,那边的沃里克伯爵也同样在秘密联络他的兄弟、深受爱德华信任的蒙塔古侯爵。在蒙塔古那里,同样的动机导致了同样的决定。为了造成一击致命的效果,侯爵决定在表面上仍然装作对约克家族赤胆忠心的样子,伺机而动,准备反叛。

　　双方都精心布设好了陷阱,决战之日很快临近。路易准备了一支舰队护送沃里克伯爵反攻英格兰,还赠他一支人马和一笔钱款。[1]而勃艮第公爵恼恨沃里克在加来挟持佛兰德斯船只,于是热心支持英格兰在位君主,现在他自己的利益也与约克家族密切相连。勃艮第公爵装备了一支庞大的舰队,游弋巡视于英吉利海峡;他不断警告自己的内兄,危险已经迫在眉睫。爱德华虽然一贯勇武、活跃,但远见和洞察力却极差。他对危险毫无察觉,没有采取适当措施防御沃里克伯爵的进犯。[2]他甚至放言,不必烦劳勃艮第公爵巡视海峡,他倒盼着沃里克踏上英国土地。[3]他对自身实力盲

---

[1]　Comines, liv. 3. chap. 4. Hall, fol. 207.

[2]　Grafton, p. 687.

[3]　Comines, liv. 3. chap. 5. Hall, fol. 208.

目自信，又沉溺于寻欢作乐，以致丧失了正常的理智和思考能力。

9月
流亡者
卷土重来

爱德华"盼望"的情况很快就出现了。一场风暴吹散佛兰德斯舰队，为沃里克伯爵扫清了海上通路。[1]沃里克抓住时机，携克拉伦斯公爵、牛津伯爵和彭布罗伯爵率小股部队扬帆渡海，迅速在达特茅斯(Dartmouth)登陆。此时国王身在北方，正忙于镇压沃里克妻弟菲茨－休(Fitz-Hugh)勋爵掀起的叛乱。接下来的场景更像是诗歌或小说里的虚构情节，而不像真实发生的历史事件。由于沃里克本人深孚民望，[2]兰开斯特党人热忱响应，加上国内不满情绪普遍蔓延，以及近来政权频繁更替造成的动荡局面，使得沃里克一呼百应，短短几天之内，他的麾下便聚集了六万之众，而且仍在不断增加。爱德华匆忙南下迎战，两军在诺丁汉附近相遇，决战一触即发。由于沃里克挺进神速，致使克拉伦斯公爵没有机会实施其倒戈方案。反倒是蒙塔古侯爵瞅准时机抢先动手了。他向手下党羽说明了自己的计划，他们一致发誓甘愿追随。叛党于夜半起事，呐喊着冲向爱德华的营地。国王被惊醒，从床上跳起，只听得四面响彻兰开斯特党人的战斗口号。宫廷大臣黑斯廷斯勋爵向他报告形势危殆，催他快快逃走，因为军中到处都是隐蔽的敌人，没有几个忠心护主的。情势间不容发，国王只来得及跳上马背，率一小队扈从逃出；一行人匆匆赶到诺福克郡的林恩(Lynne)，所幸那里恰好有几艘装备好的小船，国王立即登舟启航。[3]如此，沃里克伯爵登陆不过十一天，便已掌控了整个王国。

爱德华
四世出亡

475

---

① Comines, liv.3.chap.5.

② Hall, fol.205.

③ Comines, liv.3.chap.5. Hall, fol.208.

爱德华虽已扬帆出海，却仍未脱离险境。当时波罗的海沿岸诸城组成的"汉萨同盟"(Hanse-Towns)与英、法均处于交战状态，他们的几艘船只沿英格兰海岸线游弋，发现了国王的船只，便发起追击；国王历尽千难万险，总算逃入荷兰的阿尔克马尔港(Alcmaer)。由于逃离英国时行色匆匆，他身上别无长物，只得拿出一件黑貂皮袍酬谢送他过海的船长，并许诺说，自己若有一天时来运转，定当厚报。①

爱德华如此狼狈地出现在勃艮第公爵面前，他自己想必尴尬万分：刚刚还在自吹自擂，转眼就丢掉了整个王国，这时节的他不会看不出后者眼中的嘲讽神情。而勃艮第公爵一方的尴尬也不稍逊，不知该以什么方式接待这位被逐的君王。他向来与兰开斯特家族关系较近，跟约克家族联盟完全是出于政治考量。他预感到，如今英格兰的政权再次更迭，这个联盟很可能将他置于不利地位，成为英国当权家族忌恨的死敌。因此，当他最初闻知英国政局生变的消息，并且听说爱德华已死的时候，似乎对这个悲剧结局不无满意；及至发现自己只能选择要么为流亡君主提供支持，要么不体面地抛弃这位近亲，左右都是重负，不免备感失望和沮丧。他开始变换口风，表示他是与英格兰王国，而不是与哪个国王保持亲善，至于在友好条约上签名的是爱德华还是亨利，对他而言都无所谓。随着事态的进展，这种倾向变得越发强烈。加来副总督沃克勒尔此前虽信誓旦旦地表态服从爱德华，甚至接受过勃艮第公爵因他效忠王室而授予他的一笔津贴，但是他一见自己的旧主沃里克重

①　Comines, liv. 3. chap. 5.

掌大权，就立即声明投靠，表现出极大的热忱和忠心，献出了整个要塞。来自英国的情报日日传到勃艮第公爵耳中，似乎预示着兰开斯特家族必能完全站稳脚跟。

　　爱德华仓皇逃走、留下整个王国任由沃里克支配，沃里克立即马不停蹄地赶到伦敦，从伦敦塔中放出亨利（当初亨利身陷牢笼也主要是拜他所赐），郑重宣告亨利重登大位，继而以亨利国王的名义在威斯敏斯特召集新一届议会。本届议会完全处于愤怒而张狂的胜利者包围之下，被刚猛暴躁的沃里克主宰，所以全无自由可言，一切投票都听命于当权的党派。当初与玛格丽特的协议完全得到履行：承认亨利为合法君主；但议会公开承认亨利无秉政能力，因此委托沃里克和克拉伦斯出任摄政，直到爱德华王子成年。倘若爱德华王子无嗣，则以克拉伦斯为公认的王位继承人。此外，每逢权力交替时司空见惯的政策法令大逆转也顺利完成，未遇任何反对。爱德华在位时制定的法令统统被废除；爱德华本人被宣布为僭主；爱德华及其党羽都被褫夺领地，特别是他的二弟格洛斯特公爵理查。从前被褫夺领地的兰开斯特党人，包括索默塞特公爵、埃克塞特公爵、里奇蒙伯爵、彭布罗克伯爵、牛津伯爵和奥蒙德（Ormond）伯爵在内，均获平反。他们过去因忠于亨利而遭剥夺的爵位和财产，一概恢复如初。

　　与那个暴力肆虐的年代每次革命后的通常情况相比，兰开斯特党复辟之后的杀戮活动还是相对节制的。唯一遭到剪除的就是伍斯特伯爵约翰·蒂贝托（John Tibetot）。这是一位很有才学的人，在他降生的时代和国度里，贵族阶层把无知视为自己的特权，把钻研知识的角色留给了修士和教师，而事实上这些人当中所流行的也多半是假冒的学识；当真正科学的第一缕微光自南方投向英格兰，蒂贝托有幸得其沐泽，并一直以极大的热忱言传身教。在粗野无文的国人中间传播对知识的热爱。知识能够潜移默化地改造一个人，仁和其天性、柔软其心灵，然而据说它在这位贵族身上却没有产生上述效力：[①]他在约克党执政期间，无比残酷地对待兰开斯特党人，激起了那个阵营的普遍愤慨。爱德华失势逃走以后，蒂贝托竭力东躲西藏，最后在威布里治(Weybridge)森林的一棵树上落网，被押赴伦敦，在牛津公爵面前受审，被定罪、处决。除他以外，约克党的重要人物不是流亡海外就是藏身于圣所，寻求教会特权的庇护。据统计，仅伦敦一地，躲进圣所避难的人数就不下两千。[②]爱德华的王后也在其中，她在避难所中诞下一子，取名爱德华。[③]

对立党派的玛格丽特王后此时尚未抵达伦敦，但她一接到沃里克胜利的消息，就准备携爱德华王子启程返英。所有流亡海外的兰开斯特党人纷纷麇集到她身边，其中包括索默塞特公爵，就是那位赫克瑟姆战役失利后被砍头的前索默塞特公爵之子。这位贵族久被视为兰开斯特一党的首脑人物，在本党崩溃之际，他逃到低地国家，隐姓埋名，过着穷困潦倒的生活。菲利普·德·科米纳告诉我们，[④]他曾亲眼见过索默塞特公爵和埃克塞特公爵，当时他们的景况和普通乞丐差不多。后来，还是勃艮第公爵腓力发现了他们，二人这才获得一笔微薄的津贴，默默无闻地生活，直到本党成

① Hall, fol.210. Stowe, p.422.

② Comines, liv 3.chap.7.

③ Hall, fol.210. Stowe, p.423. Holingshed, p.677. Grafton, p.690.

④ Liv.3.chap.4.

功复辟的消息召唤他们走出隐居之地。不过，索默塞特和玛格丽特都在归国途中遭遇逆风，迟迟未能抵达英格兰，[①]待到他们踏上此岛时，一场新的革命像上次一样出乎意料地蓦然席卷而来，将他们投入比刚刚摆脱的处境更悲惨的境地。

尽管勃艮第公爵怠慢爱德华，以此讨好英国现政权，并极力试图与兰开斯特党人和好，但他一直未能如愿。此外，法国国王和沃里克伯爵之间的密切关系也一直让他忧心忡忡。[②]沃里克伯爵过于仓促地把勃艮第公爵视为死敌，派遣四千英军进驻加来，进犯低地国家。[③]勃艮第公爵发现自己面临着被英法联军推翻的危险。于是，他决定给自己的妹婿提供些许帮助，但又遮遮掩掩，唯恐得罪英国现政权。他打着几个私商的旗号，在西兰岛(Zealand)的特维尔(Terveer)装备了四艘大船，又从汉萨同盟秘密租借了十四艘船只，把这个小船队连同一笔钱交给爱德华，后者立即扬帆驶向英格兰。查理闻知爱德华已经启程，立即颁布公告，严禁勃艮第臣民为爱德华提供任何支持和援助。[④]这种装模作样的手段当然骗不过沃里克伯爵，但是假如后者有意与勃艮第公爵保持友好关系，便能以此作为体面的遮羞布。

爱德华急于报复政敌，恢复失去的王权，率领不到两千人马，企图在诺福克沿岸登陆，但被击退；随后他扬帆北上，在约克郡的雷文斯珀上岸。他发现，沃里克新任命的各地治安官严格约束民

公元
1471年

3月25日
爱德华
四世归来

479

---

① Grafton, p.692. Polyd. Virg. p.522.

② Hall, fol.205.

③ Comines, liv.1. chap.6.

④ Comines, liv.3. chap.6.

众不得加入他的部队，便赌咒发誓地假称自己无意挑战王位，只想拿回约克家族的祖产，那是他名下应得的。他还表示，自己不想扰乱王国的和平。约克党人不断汇聚到他的旗下。他获得接纳，进驻约克城。爱德华的势力很快壮大起来，他的一切要求和权利主张又有了达成的希望。当时蒙塔古侯爵坐镇北方各郡，面对初起的叛乱他本该如临大敌，然而出于某种不可解的原因，他竟对眼前的一切完全视若不见——和那个时代的其他许多重要事件一样，历史学家们对此至今没能给出一个清晰的解释。沃里克在莱斯特集了一支人马，准备迎战爱德华。但爱德华却另择路线，绕开沃里克，率军出现在伦敦城下。假如伦敦对他坚闭城门，那么他便难逃覆灭。然而，伦敦人出于多方面的原因，对他颇有好感：他的许多朋友走出避难所，积极为他的事业奔走；许多富商曾经借钱给他，除非他重登大位，他们的钱就无望收回；城中还有不少贵妇人昔日对他眷恋有加，至今还对这位风流倜傥的年轻国王念念不忘，怂恿她们的丈夫和亲朋支持他。[①]最重要的是，沃里克的兄弟约克大主教受命留守伦敦，却出于某种未知的原因暗通爱德华，为后者入城提供了方便。不忠行为屡屡出现，甚至内维尔家族内部也出 4月11日
了叛徒，究其原因，最大的可能在于党派精神一旦根深蒂固，任何人都难以完全摆脱其影响。这些人以前长期为约克党效劳，功高爵显，以致无法发自内心地热忱服务于兰开斯特党，只要收到来自爱德华的任何恩宠或和解的表示，他们就会轻易重归旧主的怀抱。
480 无论如何，爱德华进入伦敦，不仅控制了这座富裕强大的城市，也

---

① Comines, liv.3.chap.7.

控制了亨利国王本人——后者一生注定是命运的玩物，如今再次落入敌人的掌心。①

沃里克掌权不过短短六个月，似乎并未有过什么触犯民意的行径，也不至于突然丧失民众的爱戴，就在不久之前，他还凭着这份爱戴战胜了爱德华。然而，如今爱德华一方转守为攻，克服了任何起义之初必定伴随的种种艰难险阻，占据了多方面的优势。他的部队高歌猛进，约克党人个个热情高涨、奋勇争先；反对他的人见此形势，心生畏葸。那些在沃里克得势时希望捞取好处却未能遂志者，有的不再趋奉、有的公开与沃里克为敌；总之，出于各种原因对沃里克不满的人，现在都投到爱德华的旗下。于是，爱德华与沃里克伯爵形成正面对抗之势。沃里克在女婿克拉伦斯公爵和弟弟蒙塔古侯爵的支援下，在伦敦附近的巴尼特（Barnet）扎下阵脚。玛格丽特王后每一天都有望抵达，她的到来将凝聚全体忠心的兰开斯特党人，大大增强沃里克阵营的声势。但是沃里克正是考虑到她的影响力，才急于早日决战，他不愿与这个对手和宿敌分享胜果，害怕她夺去自己的功劳。②他把全副心思都用于戒备那一方面，却忽视了肘腋生变的危险。他的弟弟塔蒙古侯爵近来顺乎时宜，似乎一直真心效忠本家族的利益，但他的女婿却并非如此：虽有各种荣誉和恩情的拉拢、虽然与沃里克共掌摄政权柄、虽然沃里克把约克家族所有的爵位和产业都给了他，但是克拉伦斯仍然决心履行与兄长的秘密约定，挺身维护本家族的利益。他趁夜带 481

---

①　Grafton, p.702.

②　Commes, liv.3.chap.7.

着一万两千军兵倒戈，投奔爱德华国王麾下。[1]沃里克所部推进得过于靠前，此时已经没有退路。他傲然拒绝了爱德华和克拉伦斯提出的一切和谈条件，一场殊死决战已不可避免。此役双方都打得英勇顽强。两军主帅身先士卒，激励着将士们奋勇冲杀，展现出非凡的勇气。战势胶着，胜负久久未决。然而一个偶然事件让胜利的天平倒向约克党一方：爱德华的旗帜以太阳为徽记，沃里克则以多芒星作为徽记；在白茫茫的晨雾中，二者很难分辨。结果，兰开斯特一方的牛津伯爵误遭友军攻击，被逐出战场。[2]当日，沃里克一反常态地下马步战，以示与将士共存亡的决心；最后，他阵亡于激战最酣的时刻。[3]他的弟弟同样殒命沙场。爱德华早已下达了格杀勿论的命令，因此王军不加分别地击杀溃逃的败兵，形同一场大屠杀。[4]遭斩杀者约有一千五百人。

4月14日
巴尼特战
役，沃里
克之死

就在这场决定命运的大战进行当日，[5]玛格丽特王后携爱德华王子在一小队法国军兵护送下在韦茅斯（Weymouth）登陆，王子此时年约十八岁，是本党的希望所寄。当王后获悉丈夫被俘、沃里克伯爵战败身亡的消息，那股支撑她渡过重重危难的勇气顿时泄尽，这场灾难的一切可怕后果立刻浮现在她眼前。一开始，她躲进比尤利（Beaulieu）修道院避难，[6]但是彭布罗克伯爵都铎、德文郡伯爵考特尼、文洛克（Wenloc）勋爵、圣约翰勋爵等一批贵族的到来又

---

① Grafton, p.700. Comines, liv.3.chap.7. Leland's collect.vol.ii.p.505.

② Habington, p.449.

③ Comines, liv.3.chap.7.

④ Hall, fol.218.

⑤ Leland's Collect.vol.ii.p.505.

⑥ Hall, fol.219. Habington, p.451. Grafton, p.706. Polyd.Virg.p.528.

鼓舞了她，他们劝说她成功仍然有望，于是她重新振作起来，决心
与江河日下的命运抗争到底。她一路穿越德文郡、索默塞特郡、格
洛斯特郡，沿途招兵买马、扩充军力。但是，爱德华进兵神速，在   482
赛文(Severne)河畔的图克斯伯里(Teukesbury)对她发动突袭，兰
开斯特党人在此役中一败涂地。德文郡伯爵和文洛克勋爵阵亡，
索默塞特公爵和另外大约二十位知名人物躲进教堂避难，被敌军
包围、强行拖出并当场斩首。兰开斯特党人被杀的约有三千，全军
溃散。

图克斯伯
里战役
5月4日

　　玛格丽特王后母子被擒，被带到国王面前。国王以侮蔑的口
气质问爱德华王子，安敢侵犯他的国土？年轻的王子以高贵血统
自豪，全不以眼下命运为念，傲然答曰，他是为了伸张自己的合法
继承权而来。气量狭小、没有怜悯之心的爱德华用臂铠猛抽王子
的脸。克拉伦斯公爵、格洛斯特公爵、黑斯廷斯勋爵和托马斯·格
雷爵士把这一击看作施暴的信号，一拥而上，把王子推到隔壁，用
匕首杀害了他。[1]玛格丽特被投入伦敦塔。亨利国王于图克斯伯
里战役之后数日亡故，但不清楚他是自然死亡还是横死。据称是
格洛斯特公爵亲手杀害了亨利，民众也普遍相信这个说法，[2]不过，
鉴于这位公爵恶名昭彰，国人很可能在没有充分依据的情况下把
罪名加在他头上。可以确定的是，亨利死得非常突然，他虽然一向
疾病缠身，但是考虑到当时的情况以及那个时代的普遍风气，自然
令人心生疑念。官方向公众展示了他的尸身，此举非但没有消除

爱德华
王子遇害
5月21日

亨利六世
之死

---

①　Hall, fol. 221. Habington, p. 453. Hollingshed, p. 688. Polyd. Virg. p. 530.

②　Comines, Hall, fol. 223. Grafton. p. 703.

世人心里的问号，反而越发显得可疑。这种避免贻人口实的招法，不免让人联想到英国历史上许多类似的情形，提示着其中的相似之处。

　　此时，兰开斯特家族的全部希望似已彻底破灭。那个家族的合法王位继承人都已灭绝。该党的所有首脑人物几乎都已殒命沙场或是死在断头台上。正在威尔士招兵买马的彭布罗克伯爵一接到图克斯伯里惨败的消息，便解散手下部队，带着侄子小里奇蒙伯爵逃奔布列塔尼。[①]法尔孔伯格的私生子召聚了一支武装，趁爱德华出征在外，进逼伦敦城下，结果被击退；部下纷纷弃他而去，他被俘后，当即被处死。[②]至此，举国完全恢复和平。新一届议会召开，不脱以往惯例，对胜利者的一切行为给予正式认可，并确认了他的合法权威。

　　这位国王在逆境中表现得如此坚定、活跃、勇猛强悍，但在时运昌旺的时候却仍然无力抵御诱惑；他完全主宰王国之后，再没有敌人令他忧心惧怕，便故态复萌，沉溺于寻欢作乐。不过，这种轻浮浪荡、与人无害的生活方式，加上他那亲切随和的举止，帮助他重新赢回了民心——不难想见，前一阶段他多次采取严酷手段打击政敌，必定有损于他的声望。另外，他沉湎逸乐的榜样也有助于缓和臣民中间的党争余怨，恢复两党人士中断已久的社交意愿。似乎人人都对当前的政府完全满意，往日的灾难记忆只能让他们更加忠诚，决心谨守和平，绝不让恐怖的场景重演。

①　Habington, p.454. Polyd.Virg.p.531.

②　Hollingshed, p.689, 690, 691. Hist.Croyl.cont.p.554.

483

10月6日

公元
1472年

公元
1474年

　　然而，正当爱德华沉溺于享乐之际，对外征服的前景却将他从怠惰中唤醒。也许他内心的主要动机是想博取国人的爱戴，而不是开疆拓土的野心。尽管他并不觉得应当感激流亡期间勃艮第公爵对他的款待，[①]但是双方出于政治利益所需，仍然保持着密切的关系。他们商定合兵一处，对法兰西发动强大攻势。两国结成联盟，爱德华承诺派遣不少于一万军兵渡海入侵法兰西，查理保证倾举国军力与之联手攻法；爱德华意欲问鼎法兰西王位，至少也要夺回诺曼底和吉耶纳两省；勃艮第公爵的目标是占据香槟省和其他几个地区，取消他名下全部领地对法兰西国王的效忠义务；不经对方同意，任何一方不得单独与法媾和。[②]法兰西大元帅圣波尔(St. Pol)伯爵暗地承诺加入联盟，圣昆廷和索姆河上的其他几个城镇都在他的掌握之中。另外，布列塔尼公爵也有望被拉入这个联盟。这让他们对联盟的获胜前景越发信心倍增。

　　以对法开战的前景十拿九稳能够说服议会敞开钱袋，这是那个时代的惯例使然。议会投票批准授予国王征收地租的十分之一，或每镑抽税两先令；后来的征收肯定极不规范，因为征得的税款总共只有三万一千四百六十镑；于是议会又在此基础上批准国王对全民追加征收十五分之一税一次、相当于前次征税额度的四分之三。[③]尽管如此，国王仍然感到这些钱不足以支付战争开支，试图进一步用征收恩税的方式敛财，这种苛税此前已经十分罕见了，只在亨利三世和理查二世两朝出现过。虽然此次征税在表面上取得

①　Comines, liv.3.chap.7.

②　Rymer, vol.xi.p.806, 807, 808, &c.

③　Cotton, p.696, 700. Hist.Croyl, cont.p.558.

484

了各方同意，但仍不能视为完全自愿。[1]议会批准补助金的附加条款，充分显明了国人在这方面的态度。附加条款规定，所征收的十五分之一税金不会直接交给国王，而是由宗教机构代为保存，如果未发动对法战争，这笔钱将立即返还给民众。本届议会为期将近两年半，期间曾几度休会，在批准上述补助金后即告解散。在当时的英格兰，这种做法并不常见。

国王亲率一千五百甲士、一万五千弓兵，在全体英格兰显贵簇拥之下渡海前往加来。贵族们由过往经验而预期未来的胜利前景，因此无不踊跃，要在争取荣誉的大舞台上一显身手。[2]然而这一切美好憧憬被迎头泼了一盆冷水，他们一踏上法兰西的土地就发现，法国大元帅并没有开城迎候他们，勃艮第公爵也没派来一兵一卒的援军。那位脾气火爆的君侯把手下所有军队都远派到德意志边境，与洛林公爵交战。尽管他亲自赶来拜见爱德华，极力为自己的违约行为道歉，但事实上勃艮第人此番已经不可能与英军联手作战了。国王对此深为反感，从而倾向于听取法王路易多番提出的和谈建议。

路易视国家利益重于面子，只要能避免强敌攻击，暂且俯首也算不得低三下四：眼前这个敌人实力强大，曾经重创前几任法兰西君主，如今又与众多敌对势力结成联盟，足以动摇他手上业已稳固的政权。科米纳曾有描述，这个时期英军的纪律性极差，英国内战

公元
1475年

入侵
法兰西

485

---

[1] Hall, fol.226. Habington, p.461. Grafton, p.719. Fabian, fol.221.

[2] Comines, liv.4.chap.5. 这位作者称(chap.II.)，国王颇有心计地把国内最富有的一批人带上战场，他心知这些人很快就会厌倦战争，继而提出各种和平方案，根据他的预见，不久就会有必要采用这些方案。

虽然历时漫长，却总是以匆促的决战底定胜败，当欧陆已经开始接受军事艺术的启蒙时，英国人对于该领域的进步依然茫无所知。[1]然而路易心知英人天性悍勇，能在实战中迅速成长为出色的军人，他绝未因对手暂时缺乏经验而产生轻敌之念。他用尽一切手段，极力拆散英国与勃艮第之间的联盟。爱德华遣使要求他拱手交出法兰西王位，并携来战书一封，言道路易若拒绝让位便以兵戎相见。但路易并未以同等傲慢的语气回应英王的嚣张，而是表现得极为平静和婉，甚至为来使备下一份厚礼。[2]后来，路易又寻机派遣一位使者前往英方大营，嘱其设法与斯坦利和霍华德两位勋爵取得接触，因为他听说这二人是主和派，希望他们能从中斡旋，游

8月29日

说主上对法和谈。[3]鉴于爱德华此时也转而倾向于和平，因此双方很快谈成了停战协议，路易从中得到的实惠远大于好看的面子。486

《皮奎格尼和约》

他承诺只要爱德华从法国撤军，当即向后者支付七万五千克朗，还答应在两人有生之年每年向其支付五万克朗。此外，协议规定法国王太子达到适婚年龄后，聘娶爱德华的长女为妻。[4]两位国王约定当面会晤，最终签字缔约。会晤地点安排在亚眠附近的皮奎格尼(Pecquigni)，双方为此进行了妥善准备，在当地的一座桥上设置围栏，所留空间不容携带武器通过，以防当年勃艮第公爵与法国王储在蒙特罗会面时的悲剧重演。爱德华和路易分别从桥两端进入，二人单独磋商，在重申友谊、大大寒暄客套一番之后，很快就

---

[1] Comines, liv.4.chap.5.

[2] Comines, liv.4.chap.5. Hall, fol.227.

[3] Comines, liv.4.chap.7.

[4] Rymer, vol.xii.p.17.

告别了。[1]

路易不但急于博得英王的友谊，还渴望讨好全体英格兰人和朝中所有重要人物。他赠予爱德华驾前几个宠臣的津贴，总数高达每年一万六千克朗。其中，黑斯廷斯勋爵得到两千克朗，霍华德勋爵和其他几位也得到相应的数额，这些国家重臣就这样从外邦君主手中收受薪俸，并不引以为耻。[2]停战协议签订之后，英法两军还比邻驻扎了一段时间，英国人不但可以畅通无阻地随意进出法王路易所驻的亚眠，而且无需缴纳任何费用，每一家酒馆客店都免费为他们提供酒食，从不收钱。英军将士成群结队进城游玩，有一次城内英军数目竟然达到九千多人，完全有能力劫持法国国王。但是路易从这些军兵散漫嬉戏的状态中看出，他们并无害他之意，便越发小心在意，不露半点害怕或戒备的痕迹。爱德华闻知这种混乱状况，希望法方关闭城门，不让英军进入；路易答道，他决不会同意把英国人赶出自己的驻地；不过爱德华若是愿意，可以召回这些将士，派英军军官守在亚眠城门口，阻止他们去而复返。[3]

487　　路易急欲加强英法亲善，以致提出了一些有失轻率的建议，过后又为了避免践诺而煞费周章。在皮奎格尼会晤时，路易曾主动表示，希望爱德华能造访巴黎，届时自己必当殷勤款待，让他尽享巴黎女性的旖旎风光；来客若有什么失当之处，他可以安排波旁枢机主教为其充当告解神甫，想来那个花花公子出于狐兔之悲，不至于提出过分严厉的苦行赎罪要求。路易只是顺口说说而已，不料

①　Comines, liv. 4. chap. 9.

②　Hall, fol. 235.

③　Comines, liv. 4. chap. 9. Hall, fol. 233.

对方却真的大感兴趣。霍华德勋爵在陪同路易返回亚眠时，私下对他说：他若诚心邀请，并非不可能说动爱德华共赴巴黎，大家一起寻欢作乐。路易一开始假装没听见，但是霍华德又重复了一遍，路易这才面露难色地说，自己正与勃艮第公爵打仗，恐怕难以分身，无法像模像样地隆重招待贵宾。后来，他私下里对科米纳讲，"爱德华是个非常英俊多情的君王，他会爱上一些巴黎贵妇，她们也会同样爱慕他，说不定还会邀请他以另一种方式重返法国。我们中间还是隔着一片大海比较好。"①

这个协议并未给哪一方君主增光添彩。它暴露了爱德华的轻率，未能与盟友妥善协调行动步调，结果虚掷大笔军费却未得到相应斩获，空手而归。另一方面，它也暴露了路易缺乏尊严，不敢挺身一战，宁可举国俯首纳贡，在那位实力和国土积均不及他的邻国君主面前示弱。不过，鉴于路易把利益看作决定荣誉归属的唯一标准，他认为这个协议完全有利于自己一方，他巧施手腕蒙骗了爱德华，以极低廉的代价把英军打发出了法兰西。所以，他非常注意掩饰内心的得意，严嘱众廷臣不得对英国人透出半点嘲讽或奚落的意味，可惜这么一条审慎的规矩，他自己却未能认真执行。有一天，他在沾沾自喜之余忍不住冒出几句俏皮话，讽刺爱德华和他驾前的谋臣们头脑简单、太容易愚弄。这时他忽然发现，这些话被一个已经移居英国的加斯科涅人听在耳中。他当即意识到自己出言失检，派人给那位绅士捎信，为其提供极优厚的待遇，使之留在法国。路易事后总结道，"我为自己的饶舌支付罚金，这没什么不

488

---

① Commes, liv. 4. chap. 10. Habington, p. 469.

公平。"①

路易与爱德华缔定的协议当中,最令他面上有光的部分就是关于释放玛格丽特王后的条款,她失去了丈夫和儿子之后,虽然已经无力给政府造成威胁,却仍被爱德华羁押在手上。路易支付了五万克朗作为她的赎金。这位曾经在世界舞台上呼风唤雨、历经命运跌宕起伏的王后,从此便悄无声息地在隐居中度过余生,直到1482年去世为止。我们说她值得钦佩,主要在于她身处逆境时大无畏的精神,而非顺境中懂得自我节制。她似乎既不具备女性的种种懿德,也没有女性特有的软弱。她所生活的那个野蛮时代在赋予她勇气的同时,也使她深深沾染了暴戾之气。

爱德华对勃艮第公爵的所作所为虽不甚满意,但仍然为其保留了加入《皮奎格尼和约》的权利。然而勃艮第公爵查理接到邀约,却傲慢地答复道,他不靠英格兰的帮助也能自立于世,也不会跟路易讲和;直到爱德华返回英国三个月后,他才改变主意。这位爵爷具备征服者所需的一切野心和勇气,可惜缺乏谋略和审慎这两样同样必不可少的素质,他那些雄心勃勃的计划全部以失败告终,最后在与他所鄙视的瑞士人作战时殒命沙场。② 瑞士民族尽管天性勇敢、自由奔放,但迄今为止在整个欧洲体系中可以说一直湮没无闻。这一事件发生在1477年,它扭转了欧洲各邦统治者的观念,其结果波及后世,影响到许多代人。查理身后唯余一女玛丽,是公爵的原配夫人所生;玛丽公主继承了那片广阔、富饶的爵领,

公元
1477年

① Commes, liv. 3. chap. 10.

② Comines, liv. 5. chap. 8.

是基督教世界所有君侯追求的对象，他们互不相让，竞逐这份丰盛的锦标。路易凭借族长地位，如能以适当方式提亲，理应能为王储议定这桩婚事，由此将所有低地省份连同勃艮第、阿图瓦和皮卡第统统纳入法兰西王室治下，一跃而雄视所有邻邦。但是，一个完全由利益驱动的人就像完全漠视利害的人一样少见。路易虽然对宽宏、友爱这类情感完全无动于衷，在这件事上却被仇恨和复仇激情裹挟，偏离了真正精明的轨道。由于对勃艮第家族积怨过深，他宁可选择以武力征服这位女继承人，也不愿通过联姻将其纳入自己的家族。他出兵攻打勃艮第公爵领，以及在《阿拉斯条约》中割让给好人腓力的那部分皮卡第领土；但是，尼德兰各省迫于他军事行动的压力，只得将女主嫁给神圣罗马帝国皇帝腓特烈三世之子、奥地利的马克西米连(Maximilian)，在危难中寻求后者的保护。就这样，法国错失了一去不复返的机遇，没能实现这次关系重大的权力和领土兼并。

在这个有意思的决定性时段，爱德华也同样拙于韬略，被个人情感役使，有失君王和政治家的风范。克拉伦斯公爵现已鳏居，但爱德华出于疑忌，故意无视让他与勃艮第女继承人联姻的好处。[1]他现在依然对王后言听计从，乃为内弟里弗斯伯爵安东尼(Anthony)向玛丽提亲，被后者轻蔑地一口回绝。[2]爱德华因内弟受辱而怀恨在心，坐视法国侵略这个几无还手之力的盟友。此时的爱德华寻求各种借口推诿朝政，完全沉溺于怠惰享乐。只有一

---

① Polyd.Virg.Hall, fol.240. Hollingshed, p.703. Habington, p.474. Grafton, p.742.

② Hall, fol.240.

件事让他分心，就是怎样设法增加财政收入的问题，由于先前几朝的必要开支浩大或为君者管理不善，王国财源已濒临枯竭。爱德华为此采取了一些措施，具体情形我们并不清楚，但是当时国内啧有怨言，称之为榨取民脂民膏的行径。①一些私人冤屈的详情自然会为历史所忽略，但是，爱德华在本家族内犯下的一件暴行却被所有史家共睹，并受到应得的普遍谴责。

克拉伦斯公爵先前与沃里克结伙谋逆，与王兄反目；尽管他又背弃沃里克、立下大功，却再也没能赢回国王的心。他在朝中始终被看作一个危险的反复小人。他一向口无遮拦、性如烈火，这虽然大大降低了他的危险性，却使他树敌极多，并且时时激惹他们对他发起攻击。尤其是，他不幸得罪了王后本人，还有他的亲弟弟格洛斯特公爵，后者性格老谋深算，拥有一颗执着的野心，为达到一己目的出手狠辣、毫不容情。这两位强敌暗中联合起来算计克拉伦斯公爵，决定先从打击公爵的朋友入手，他们的如意算盘是：公爵若默然隐忍，就会在公众眼里落得个怯懦小人的形象；他若挺身反抗、发泄不平，难免在激情驱使下做出不明智的举动，让他们抓到把柄。一天，国王在沃里克郡(Warwickshire)阿罗(Arrow)地方托马斯·比尔代(Thomas Burdet)家的乡间林苑行猎，杀死了一头主人心爱的白鹿。比尔代失鹿心痛，大发肝火，诅咒那个唆使国王欺侮他的家伙被鹿角刺透肚皮。如果换作其他人，这句冲口而出的气话本不算什么，国王要么不予理会，要么当时叱责、随即淡忘。然而这位绅士不幸与克拉伦斯公爵交情深厚，遂因此招致杀

审判和处
决克拉伦
斯公爵

---

① Ibid. 241. Hist. Croyl. cont. p. 559.

身之祸。法庭对他提出死罪指控,法官和陪审团卑伏于强权,判其死罪成立。他就因为这个莫须有的罪名在泰伯恩刑场(Tyburn)被斩首。[1]几乎与此同时,一个名叫约翰·斯泰西(John Stacey)的神职人员也面临同样不公正的野蛮指控,此人与克拉伦斯公爵和比尔代关系都很密切。由于他的数学和天文学知识超乎同时代人的一般水准,愚民百姓纷传他会使用巫术,宫廷就依据这个流言,要置他于死地。他因这种莫须有的罪名被送上法庭,许多地位最显赫的大贵族都出席了审判,支持对他的指控。斯泰西被判有罪,身受酷刑,最后被处决。[2]

　　克拉伦斯公爵眼见周遭亲朋惨遭暴力迫害,心生警觉。他想起前朝那位正直的格洛斯特公爵的命运,那位公爵先是目睹了至近亲朋一个个横遭无耻构陷,最后他自己也沦为政敌报复的牺牲品。但克拉伦斯在危难临头时没有选择以沉默退缩自保,而是挺身而出,高声为朋友们申辩,强烈斥责指控不公。他的大胆直言严重触怒了国王,或者说成为政敌攻击他的借口,于是他被国王关进伦敦塔。[3]国王随即召集议会,在上议院即王国最高法院面前对他提出死罪指控。

　　公爵的罪名首先是诋毁司法公正,为法院已经定罪的人犯鸣冤叫屈;第二条罪名是恶毒攻击诏令审判这些人犯的国王不公不义。[4]他被指控发表了许多轻率的言论,其中还有一些涉及爱德华

---

[1]　Habington, p.475. Hollingshed, p.703. Sir Thomas More in Kennet, p.498.

[2]　Hist. Croyl. cont. p.561.

[3]　Ibid. p.562.

[4]　Stowe, p.430.

的执政合法性，但没有一条指控说他有任何实际叛国行为，甚至上述被控言论的真实性也值得存疑，因为国王亲自出庭指控自己的亲弟弟，[①]从而剥夺了法庭的自由裁量权。不过，即便没有御驾亲临庭审的特殊情况，法庭也同样会做出有罪判决，在那个时代，凡是宫廷或得势的党派所控告的人，必然面临这等下场。克拉伦斯公爵在上议院的同侪审判中被定罪。下议院也同样奴颜婢膝、枉断是非。两院均提出申请，要求处决克拉伦斯公爵，过后又通过一项剥夺其财产和公权的法案。[②]纵观那个时代的议会法令，可以看到一种自由和奴性的奇异反差：他们极不情愿地批准——有时会一口回绝——给予国王的补助金，哪怕额度微不足道、哪怕是维持政府运作之必需，甚至是举国上下、包括议会本身都全力支持的战争所亟需的经费供应。但是，对于任何针对个人的哪怕最明目张胆的不公或暴虐迫害，无论被迫害者身份多高、功绩多大，议会都会毫不踌躇地予以配合。上述行为准则是如此狭隘刻薄，完全背离善政原则，与今日议会的行为方式完全相反，但在我们所讲述的这个时期及其后一个多世纪的英国历史上，在所有事务中都有极鲜明的体现。

　　克拉伦斯公爵被定罪后，国王对这位兄弟的唯一恩典就是让他自行选择死法。他在伦敦塔内被秘密处决，淹死在一桶马姆齐白葡萄酒中——一个异想天开的选择，看得出他对那种饮品的热爱非同一般。公爵身后留下一双儿女，都是沃里克伯爵的长女所

2月18日

---

　　① Hist.Croyl.cont.p.562.
　　② Stowe, p.430. Hist.Croyl.cont.p.562.

生：他的儿子继承了外祖父的爵衔，女儿后来成为索尔兹伯里公爵夫人。他们最后都未得善终。在很多年里，英国王室的后嗣几乎都逃不脱这种不幸的命运。民间广泛流传，克拉伦斯公爵乔治(George)之所以遭到暴力迫害，主要起因于当时的一个预言，说国王的诸子会被一个名字起首字母为"G"的人谋害。[①] 在那个无知的年代，这种愚蠢的理由并非不可能造成一定的影响。但更大的可能是，这个故事纯属后世的编造，因为人们看到爱德华四世的诸子都死在格洛斯特(Glocester)公爵手上。科米纳曾评论道，那个时代的英国人中间永远流传着这样那样的迷信预言，他们据此对每个事件做出解释。

　　爱德华四世一朝的辉煌终止于内战爆发的那一刻，他的荣冕也被内战的鲜血、暴力和残酷严重玷污。此后，他似乎全心沉溺于荒嬉作乐，也可以说，他的一切举措都毁于轻率和缺乏远见。他最关心的事情莫过于把自己的女儿们风风光光地嫁出去，尽管几位公主当时都是稚龄孩童，而且，他那些计划的达成显然有赖于无数根本不可预知、也无法事先防备的偶然事件。他的长公主伊丽莎白与法国王储订婚；二公主塞西莉与苏格兰国王詹姆斯三世的长子订婚；三公主安妮与马克西米连和勃艮第女公爵的独生子订婚；四公主凯瑟琳与阿拉贡国王费迪南(Ferdinand)和卡斯蒂尔女王伊莎贝拉的儿子暨继承人约翰订婚。[②] 这几桩婚事最后都落了空。国王在其有生之年目睹了长女与法国王储的婚约破裂，这原是他

493

---

　　① Hall, fol.239. Holingshed, p.703. Grafton, p.741. Polyd.Virg.p.537. Sir Thomas More in Kennet, p.497.

　　② Rymer, vol.xi.p.110.

格外钟爱的一个计划。路易素来言而无信,不尊重任何协议和约定,他为了谋取更大利益,安排王储与马克西米连之女玛格丽特公主订婚;爱德华四世尽管怠于政务,还是准备报复这个侮辱。老奸巨猾、不讲信义的法王想方设法逃避打击。他向苏格兰宫廷送礼,唆使詹姆斯对英开战。詹姆斯与国内贵族关系紧张,现有军力也不足以讨伐英格兰,于是着手征兵;不过,正当他准备发动侵略时,国内突发变乱:一批贵族联手对他的几名宠臣发难,不经审判就诛杀了这些大臣,詹姆斯刚刚征集的军队即告解散。接着,格洛斯特公爵在詹姆斯的兄弟、先前被驱逐出境的奥尔巴尼公爵辅佐下率军攻入苏格兰,夺取了贝里克,迫使苏格兰人接受议和、将贝里克城堡割让给爱德华。这次大捷让英王深受鼓舞,开始更认真地考虑对法开战。不料,就在他积极准备征法大业时,却突然病倒,遽尔崩殂,享年四十二岁、在位二十三载。作为一国之君,他身上的浮华虚荣多过睿智和美德;他十分勇武,但残酷无情;他贪恋享乐,但在紧急关头却能奋起行动;他不善于采取明智措施预防弊祸,却更擅长凭借一己的活力和干才进行事后补救。除了五个女儿之外,他身后还有两个儿子:长子为威尔士亲王暨王储爱德华,时年十三岁;次子约克公爵理查,时年九岁。

公元
1842年

4月9日爱
德华四世
之死
国王性格
评述

第二十三章　爱德华五世与查理三世

爱德华五世—朝中政局—里弗斯伯爵被捕—格洛斯特公爵任护国公—黑斯廷斯勋爵被诛—护国公觊觎大位—护国公僭位—爱德华五世和约克公爵被害—理查三世—白金汉公爵心生怨望—里奇蒙伯爵—白金汉公爵被诛—里奇蒙伯爵入侵英格兰—博斯沃思战役—理查三世之死及其国王性格评述

爱德华五世

爱德华四世在位的最后几年，英国民间已大体淡忘红白玫瑰之间的血腥对决，安然顺服现政权的统治，只有宫廷内部勾心斗角，时而掀起一点波澜，但在国王的权威镇服下，似乎不至于危及社稷安宁。这些勾心斗角的事件源于两大派系之间无休止的争竞：一派是王后及其族人，以王后的兄弟里弗斯伯爵和王后第一次婚姻所生儿子多塞特侯爵为个中翘楚；另一派是贵族旧党，他们嫉妒王后的亲族一步登天，饱受恩宠，在朝中要风得风、要雨得雨。[①]白金汉公爵是旧党首脑人物，他出身高贵，家资丰厚，亲朋尽为显

---

① 　Sir Thomas More, p. 481.

达，本人才华熠熠；他虽娶王后的妹妹为妻，却不屑于屈身以事王后，宁愿保持独立的影响和权威。宫廷大臣黑斯廷斯勋爵是旧党的另一位领袖，多年来他凭着勇武、才干和久经考验的忠诚深得主人信任和厚爱，可以牵制王后的影响力，但也不无困难。霍华德勋爵和斯坦利勋爵与上面两位人物关系密切，对本派的影响力和声望贡献不小。其他所有贵族，只要是与王后没有特别依附关系的，都站在旧党一边；国内民众出于仇恨得势者的天然倾向，也普遍同情旧党。

　　不过，爱德华深知自己虽有能力压制两派的争竞，但是他那未成年的儿子在位期间，朋党之争却有可能造成众多乱象。因此，他在病入膏肓之时，特地召集两党首脑，调停双方旧怨，从而尽力保障未来政府的安宁。国王首先表明遗愿，安排御弟格洛斯特公爵（公爵当时身在北方，未及赶回）担负摄政重任；随后，他嘱咐在场诸位，要和睦相处、同心同德辅佐少主，又语重心长地告诫他们，继续彼此为敌必定招致种种危险；他还要求他们相互拥抱，表现出一派最热忱的和解姿态。然而，这种短暂而虚伪的和解并不比国王的寿命更长久。国王一死，党派斗争立即重新爆发。两派各自向格洛斯特公爵捎信示好，极力争取他的好感和友谊。

496　　这位公爵在他兄长临朝时，尽量与朝中两派都保持友好。他凭着自己的高贵出身、多方面的能力和卓著功绩，得以保持超然独立的地位，不依附于任何一党。而今形势已然不同，最高权力尽在他的掌握，公爵的行动方针立即为之一变。他暗暗拿定主意，不再像以往那样保持中立。他的野心蓬勃滋长，无论是公义还是人道准则都无法遏制，在野心的驱使下，他的眼光盯住了王位。而已成太后的伊丽莎白及其族人若不垮台，他的觊觎就无法得逞，所以，他毫不犹豫地与她的对立面携起手来。但他也知道，要想实现自己的邪恶企图，必须深深掩藏这份祸心。他加倍努力地表现对太后的热心和忠诚，深深博得她的信任，从而得以在两党激烈争执的一件关键大事上，对她的决策施加了影响。

　　先王驾崩时，小爱德华王子并不在跟前，而是驻跸于威尔士边境上的拉德洛城堡。威尔士地区近来发生了一些动乱，他父王派他前去，是为了震慑威尔士人，恢复一方宁靖。照管王储的重任托付给了他的舅舅里弗斯伯爵；这位伯爵可谓英格兰最多才多艺的贵族，集非凡的学识素养、[①]出色的经营才干和战场上的神勇于一身，他受命指导幼主的教育，主要是凭着自身才具，而非单单借助外戚身份。先王已逝，太后急于延续自己对国家事务的影响力，像以往长期支配丈夫那样支配儿子，便写信给里弗斯伯爵，命他征募一支军队，护送少主返回伦敦，并在加冕期间充当护驾卫队，以防少主落入政敌之手。对立的一党则认识到，以爱德华五世现在的年纪，如能利用他的名义和好感，可以捞取莫大好处；而且，这位少年国王也逐渐成年，快要拥有亲政的合法资格了，他们从太后的举动中预见到，如此发展下去，自己会永远被政敌踩在脚下。于是，他们激烈反对这个募兵决定，把这说成内战重启的信号。黑斯廷斯勋爵威胁道，他要即刻返回他在加来的任所。[②]其他贵族似乎

497

————————————

　　① 这位贵族率先将令人称道的印刷术引进英格兰。英国第一位印刷商卡克斯顿(Caxton)就是经他举荐才得到爱德华四世的庇护。参见Catalogue of Royal and Noble Authors。

　　② Hist.Croyl.cont.p.564,565.

决心诉诸武力对抗。格洛斯特公爵摆出一副劝和的姿态，宣称反对一切武装力量的出现，那将是危险的，也全无必要。太后信任公爵的友谊发自赤诚，又忌惮贵族们的激烈反对，便撤回给她兄弟的旨令，告诉他随驾的扈从队伍不必超出年轻国王的地位尊荣之所需。[①]

与此同时，格洛斯特公爵从约克出发，由北方士绅组成的扈从队伍浩浩荡荡。他抵达北安普顿，与白金汉公爵会合，后者的扈从队伍也蔚为壮观。公爵闻知王驾不久就会沿大路而来，便决定在此等候，假称要亲自护送国王前往伦敦。里弗斯伯爵担心北安普顿地方狭小，容纳不了众多随员，便安排他的学生由另一条路先行前往下一站斯通尼−斯特拉福德(Stony-Stratford)，他自己沿原路抵达北安普顿，向格洛斯特公爵致敬，并为这一安排表示歉意。公爵在表面上极尽热诚地接待他。格洛斯特、白金汉与他共度了亲切友好的一晚，第二天又一同上路，前去与国王会合。然而，就在进入斯通尼−斯特拉福德的时候，格洛斯特公爵一声令下将里弗斯伯爵逮捕。[②]同时，太后的另一个儿子理查德·格雷爵士和内廷要员托马斯·沃恩爵士(Sir Thomas Vaughan)也被拘押起来。所有人犯即刻被解往庞弗雷特。格洛斯特公爵前去觐见少主，态度毕恭毕敬，极力向他解释他的舅父和兄长被捕一事。然而爱德华是在这些近亲的爱护和教养下长大的，对他们的感情非同一般，他又不善于伪装，难以掩藏内心的愤怒。[③]

里弗斯
伯爵被捕
5月1日

498

---

① Sir T. More, p. 483.

② Hist. Croyl. cont. p. 564, 565.

③ Sir T. More, p. 484.

　　不过，这次事变却令民众欣喜雀跃，公爵进入伦敦，合城欢声

5月4日雷动。另一方面，太后一接到兄弟被捕的消息，立即看出格洛斯特决不会就此罢手，就算她的儿女们不会尽数被诛灭，她本人已经在劫难逃了。于是，她在多塞特侯爵的陪伴下，带着五位公主和约克公爵逃入威斯敏斯特教堂避难。①从前，在她丈夫和整个约克家族面临彻底覆灭的关头，她曾在教会特权的庇护下躲过兰开斯特党人的愤怒追杀，这一次她相信自己的儿子尚在王位，作为小叔的格洛斯特不至于冲犯圣地来抓捕她，因此定意住在那里静待时来运转。但是，格洛斯特迫不及待地想要控制约克公爵，计划武力冲击圣所、带走约克公爵。他向枢密院陈辞，称太后那种无谓的恐惧让政府大失颜面，再者，国王的加冕礼举行在即，身为御弟的约克公爵必须出席。他进一步阐述道，设立教堂避难权原本只是为了保护那些因为欠债或犯下罪行而遭迫害的不幸者，约克公爵身为孩童，不可能因上述两种理由遭受迫害，所以根本无权申请圣所的保护。但是，坎特伯雷大主教暨全英格兰首席主教、枢机主教鲍彻和约克大主教罗瑟勒姆(Rotherham)坚决反对这个亵渎圣地的计划。枢密院最后达成一致意见：在采取任何强硬措施之前，应当尽量劝说太后服从大局。上述两位大主教都是德高望重的人物，他们对公爵的善良意愿深信不疑，因此摆出所有论据，苦口婆心地恳求、规劝和保证，试图说服太后。她抗拒了很长时间，坚称约克公爵住在圣所不仅能保障他本人的安全，也能保障国王的安全，因为只要国王的继承人和复仇者处于安全境地，就没有人敢于下手谋害国

---

　　① Hist.Croyl.cont.p.565.

王。但她发现根本没有人支持自己的想法，枢密院还发出威胁，如果她抗拒到底，就以武力解决此事。无奈之下，她最终选择了屈服，把儿子交给两位教长。分别时，一股关于此子未来命运的不祥预感突然袭上她的心头，她温柔地拥抱了儿子，点点泪珠洒在他的身上，她向儿子道了最后的永别，百般依依、万分不舍地把他交给那些人监护。①

　　格洛斯特公爵是与国王一家血缘最近的男性宗亲，又有能力执掌国政，按照王国惯例，似乎满有资格担任护国公，枢密院不待议会同意，毫不犹豫地将此荣衔授予公爵。②上述轻率且有违成例的举动，主要是因为贵族阶层对太后及其亲族普遍抱有偏见。没有人预见到这个如此明显、如此自然的举措将来会危及君统，更想不到年轻的国王兄弟俩会因此丧生。而格洛斯特公爵城府深沉，直到此时，他那凶残本性一直掩藏得严严实实。此外，爱德华四世子嗣众多，克拉伦斯公爵身后也留下一儿一女，似乎是格洛斯特迈向王位之路上不可逾越的障碍。这么多人的继承顺位都排在他之前，要想把他们全部除掉，似乎是一件根本办不到的事，而且极其鲁莽。然而，一个人既已摈弃了所有荣誉和人道准则，很快就会被自己的主宰激情裹挟着，冲破恐惧和谨慎的堤防。格洛斯特迄今为止在实现野心之路上步步顺利，更无所顾忌地决意除掉挡在他和王位之间的其他绊脚石。他首先决定处决里弗斯伯爵等被拘押在庞弗雷特的囚犯。他轻松征得白金汉公爵和黑斯廷斯勋爵的

格洛斯特
公爵任护
国公

---

① Sir T. More, p.491.

② Hist. Croyl. cont. p.566.

同意,采取这个残暴血腥的举动。不过,在那个时代,通过审判处死清白无辜者无论多么容易,却还有一个更容易的方法除掉对手,那就是不经审判、不走任何形式的程序。于是,相应的指令被发送给这位暴君手上的合适工具——理查德·拉特克利夫爵士(Sir Richard Ratcliffe),要他将这批囚犯斩首。接着,护国公开始动摇白金汉的忠诚,他看出此人唯利益和野心是图,于是搬出了一切足以打动那颗堕落心灵的理由。他向白金汉指出,国王看到自己公开给予厚爱的至亲被杀,满腔怨愤,这笔血债决不会轻易抹去,所有参与其中的人不可不防备他将来的报复。此外,他们不可能永远隔绝太后与国王的母子亲情,也不可能阻止她向后者年轻的头脑中灌输以血还血、为其家族报仇雪耻的思想。要想避免这些祸患,唯一的可行之道就是把国王的权杖交给某位白金汉信得过的朋友,此人须拥有足够的年资、经验,懂得尊重古老贵族世家的功勋和权利。迄今为止他们一直在抵制后党新贵篡乱朝政,如今出于同一必要,他们亦有理由尝试更进一步的鼎新措施,在全体国民赞同之下,开创新的君统。在以上论述之外,格洛斯特还对白金汉公爵许以巨大的个人私利,于是轻松收服白金汉公爵,后者承诺支持他的一切图谋。

　　格洛斯特公爵深知争取黑斯廷斯勋爵的重要性,他通过黑斯廷斯的密友、一位名叫凯茨比(Catesby)的律师向这位贵族转致己意,却发现黑斯廷斯感念爱德华四世生前待自己的友情和恩遇,对他的儿女一片忠心,不可动摇。[1]公爵看出,今后他已无法继续与

---

① 　Sir T. More, p. 493.

黑斯廷斯共处，于是下定决心，此人既不能为他所用，便须彻底除灭。就在里弗斯、格雷和沃恩在庞弗雷特被处决或者毋宁说是被谋杀的当日，护国公应黑斯廷斯的提议，在伦敦塔内召集枢密会议。黑斯廷斯完全不曾怀疑其中有诈，毫不犹豫地前往赴会。格洛斯特公爵有能力全然冷静、不动声色地进行最阴险血腥的谋杀。他在会议桌前落座，显得无比轻松和悦、谈笑风生。在进入正题前，他似乎很享受与诸位枢机大臣随意闲聊，他先是夸奖伊利主教莫顿(Morton)在霍尔本花园栽种的草莓味美又早熟，请求主教惠赏一盘给他尝个鲜，主教闻言立即打发一个仆人回去摘取。随后，护国公起身离开会议室，像有别事被叫走一般。但他很快就转回，怒气冲冲、满面肃杀。他质问在场众位，假如有人图谋杀害他这位王室宗亲、肩负治国重任的护国公，该当何罪？黑斯廷斯答道，当以大逆罪治之。护国公高声说："逆贼就是我哥哥的妻子和他的情妇简·肖尔(Jane Shore)！这两个巫婆伙同几名同党，用咒语和巫术害我。看她们把我残害成什么样子！"说着，他撸起袖子，露出一条完全萎缩的残臂。枢机大臣们都知道他天生就有这个残疾，此时惊得面面相觑；黑斯廷斯勋爵更是震惊不小，因为自爱德华四世去世以后，他和简·肖尔一直关系暧昧，[①]这时节他自然焦急地关切公爵的葫芦里究竟卖的是什么药。"当然，公爵大人，"黑斯廷斯表态说，"她们如果确实犯下此罪，理应受到最严厉的惩处。"公爵厉声喝道："你就拿这套支支吾吾来应付我吗？巫婆肖尔背后的指使者就是你！你本人就是个逆贼！我指着圣保罗起誓，不砍掉

6月13日

501

---

① 参见第二卷卷末注释[S]。

你的脑袋就不吃饭！"他以手击案，外面埋伏的甲士听到暗号一拥
而入。在座的枢机大臣们惊慌失措。一名甲士仿佛意外失手或是
认错了人，一斧砍向斯坦利勋爵，他连忙躲闪、溜到桌下，虽然保
住性命，头上却受了重伤——这一幕就发生在护国公眼前。黑斯
廷斯被甲士捉拿、推推搡搡地带走，就在伦敦塔庭院内，被按在一
截原木上砍了头。[①]两小时后，伦敦市民聆听到一份文笔出色的宣
言，其中历数黑斯廷斯的罪状，并为事起突然向他们致歉，宣言解
释道，实因形势刻不容缓，所以一破获逆党阴谋就匆匆处死那位深
得民心的贵族。不过，当时某商人的一句妙论在民间不胫而走，他
说，这份宣言必定出自预言之神笔下。[②]

斯坦利勋爵、约克大主教、伊利主教等多位枢密大臣都沦为
阶下囚，关押在伦敦塔的各间牢房中。护国公为了把这出指控闹
剧继续演下去，下令罚没简·肖尔名下财产，宣召她面对枢密院接
受关于施行巫术的质询。然而即使在那个无知的时代，他们依然
拿不出任何证明她有罪的证据，公爵只能吩咐宗教法庭以通奸和
淫荡的罪名审判她，罚她身穿忏悔者的白袍在圣保罗大教堂当众
赎罪。这位夫人出身于伦敦清白人家，受过良好教育，嫁给一个殷
实市民，但不幸的是，这桩婚姻更多地着眼于利益，不甚合她本人
的意愿。她头脑中虽有贞洁自爱的道德观念，却没能抵住爱德华
四世的百般追求诱惑。不过，尽管她在这位风流君王勾引下背弃
了婚姻义务，却以其他方面的美德赢得了人们的尊重。她的魅力

①　Hist.Croyl.cont.p.566.

②　Sir T.More,p.496.

和活泼令爱德华久久倾心，这份影响力都被用于慈善和人道之举。她一向积极地反对诽谤、保护被迫害者、扶贫济困。她替人斡旋是听从内心的良知，从来不等人奉上礼品，或者指望互惠的报答。然而在她的生命历程中，不但要背负暴君强加给她的羞辱之苦，还要在衰迈贫困中饱尝忘恩负义的滋味，那些从前极力讨好她、依靠她荫庇的谄媚者，如今个个形同陌路。受她恩惠的人那么多，竟无一人出于一丝善念给她一点安慰或周济。她在孤独穷困中零落凋亡。宫廷中人已经对各种骇人听闻的罪行习以为常，一切背叛友情、恩将仇报的行径都以她私德有亏作为托词。

　　如此大规模残害先王至近心腹的行动，对于两个毫无自卫能力的先帝遗孤不啻为一个凶险的预兆。黑斯廷斯被害后，护国公撕下伪装，不再讳言自己志在王位。爱德华四世一生放荡，不顾名誉、不知谨慎，一味放纵情欲，护国公就抓住这一点，宣称爱德华四世与王后的婚姻无效，所生子嗣均为私生子。据称爱德华四世娶伊丽莎白·格雷夫人之前，曾经追求什鲁斯伯里伯爵之女埃莉诺·塔尔博特(Eleanor Talbot)，但那位女士谨守贞操，拒绝了他；欲火中烧的国王为了寻求满足，只好答应与她秘密结婚，婚礼由巴斯主教斯蒂林顿(Stillington)主持，并无任何见证人。后来，也是这位主教泄露了秘密。[①]护国公的同党还主张，克拉伦斯公爵已被依法褫夺领地和公权，其子女的王位继承权便告作废。如此，上述两家族的继位资格都被排除，护国公就成了约克家族唯一真正的合法继承人。但是，要证明爱德华四世先前另有婚姻即

护国公觊觎大位

────────────

①　Hist.Croyl.cont.p.567. Comines.Sir Thom.More, p.482.

便不是不可能也十分困难，另一方面，因私生子玷污血统而排除其继承权的规则从来就不曾延伸到王室，出于这两个原因，护国公决定搬出另一个更可耻、更不体面的借口。他教唆同党指称爱德华四世和克拉伦斯公爵都是私生子，说老约克公爵夫人和许多人有染，生下的前两个儿子都是野种，爱德华四世和克拉伦斯公爵酷肖这些浪荡子，足以证明他们的血统不纯。在公爵夫人的所有儿子当中，唯独格洛斯特公爵的相貌、表情像是约克公爵的嫡亲血嗣。此言的放诞无礼真是天下难觅，竟不惜以肮脏臭名抹黑自己的亲生母亲——那位老夫人一生名节无可指摘，而且当时尚在人世。他们选择在教堂的布道坛上、当着大批信众和护国公本人的面抛出这个诽谤。6月22日那天肖博士(Dr. Shaw)受命在圣保罗大教堂讲道，他在布道词中择取了关于私生苗裔无法繁衍昌旺的一段，大加铺陈，语涉爱德华四世和克拉伦斯公爵的出身，诋毁这两位贵胄并殃及他们的所有子女。接着，他话锋一转，热情洋溢地称颂格洛斯特公爵，高声说："看哪，这位杰出的王子，与他高贵的父亲无不毕肖，这才是约克家族的真正传人。他内在的品德和外在面貌一样，与你们当年挚爱的英雄、勇敢的理查分毫不差！只有他配得你们的效忠。他必拯救你们脱离一切僭权者的统治，只有他能恢复这个王国失落的辉煌和荣耀。"按照事先的设计，他一说到这里，格洛斯特公爵就走进教堂，全场听众高呼"上帝保佑理查国王！"，这将立即被引为拥戴公爵为王的明证，被解读为全体国民的呼声。然而，出于某种与整个场面同样离谱的错误，公爵并未准时出现，直到布道者的这番鼓动言辞结束之后，他才姗姗而至。博士只得把那段排比句又摘出来重复了一遍。听众报以一片死

504

寂——这更多地是出于对这套做法的厌恶，而不是针对他的荒谬言论。眼见定好的计策遭遇挫折，护国公和他的吹鼓手同样尴尬不已。

然而公爵已经在这条路上走得太远，罪恶的野心一发而不可收。他们一伙又尝试用新的招法骗取民众表态支持他。肖博士的兄弟时任伦敦市长，死心塌地拥戴护国公，他出面召集市民大会，口才便给的白金汉公爵在会上发表长篇演说，阐明护国公有资格登上王位，又一一论述褒扬护国公的诸多美德。接着，他向群众发问：愿不愿意这位公爵做你们的国王？语毕，他特地停顿下来，期待听到"上帝保佑理查国王"的欢呼，却吃惊地发现全场静默，便转身询问伦敦市长这是怎么回事。市长答道，他们可能没听懂他的意思。白金汉公爵把他的演说词略作改动，又重复了一遍，强调同样的主题，询问了同一个问题，仍然收获同样的沉默。"我明白了，"市长说，"市民们向来只习惯于聆听地方司法官的演讲，他们不知道该怎么回答像您这样一位贵人的问话。"于是，伦敦司法官菲茨–威廉姆斯（Fitz-Williams）奉命复述公爵演说的主要内容，但此人出于对这份使命的反感，在整个发言当中刻意向听众点明，他所说的话没有一句出于他自己，仅仅是在转述白金汉公爵的意思罢了。听众仍然报以一片死寂。"真是顽固到不可思议，"公爵叫道，"把心里话说出来嘛，朋友们，不管支持还是反对。我们在这儿征求你们的意见，无非是表示尊重而已。议会上、下两院拥有充分权威，不经你们同意也能拥立国王。但是我在此要求你们明确表态，你们到底想不想要格洛斯特公爵做你们的国王？"在这一切努力之后，一群身份最卑贱的学徒在护国公和白金汉的仆从唆使

下，微弱地喊出"上帝保佑理查国王！"[1]于是乎，国民的意愿得到

6月25日

了充分的表达。而人民的声音就是上帝的声音。白金汉公爵和伦敦市长连忙率众赶赴护国公当时的驻地贝纳德城堡，把王冕奉献给他。

　　理查闻报城堡庭院中有大批群众求见，假意担心自己的人身安全，不肯现身。这个姿态被白金汉公爵看在眼里，他便对市民们讲，护国公对整个事态毫不知情。最后，理查接受劝告，出来接见他们，但仍与人群保持一定距离。他问他们如此闯门求见，意欲何为？白金汉出面禀曰，英国人民决定拥他为王。护国公宣称自己对当今主上忠心不二，并劝诫他们也要保持忠节。他们表示，人民已经决心拥立新主，倘若公爵拒绝全民一致的呼声，他们就要另寻

护国公僭位

一位愿意合作的人。这个理由实在强有力，令人无法拒绝。理查于情辞难却之下，接受了拥立。他自此便以合法正统君主自居。

　　这幕荒唐闹剧之后，不久便上演了一出真正的悲剧：两位小王子被谋害。理查命令伦敦塔卫戍长罗伯特·布莱肯伯里爵士(Sir Robert Brakenbury)杀害两个侄子，但这位正义感未泯的绅士拒绝参与这种无耻勾当。暴君随即找来愿意听话的詹姆斯·泰瑞尔爵士(Sir James Tyrrel)，命令布莱肯伯里把伦敦塔的钥匙和管理权交给泰瑞尔一晚。泰瑞尔挑选了三个同伙，斯莱特(Slater)、戴

爱德华五世和小约克公爵被害

顿(Dighton)和福雷斯特(Forest)。几人趁夜来到两位王子的囚室门口，泰瑞尔命三个杀手入室执行任务，他自己守在门外。杀手们

506

发现两位小王子在床上熟睡着，就下手用软垫和枕头把他们闷死，

---

[1]　Sir Thomas More, p.496.

又叫泰瑞尔来验看两具赤裸的尸体。泰瑞尔吩咐他们在楼梯下挖坑深埋尸体，再压上一堆石头。[1]在随后的朝代，[2]凶手们均如实供述了上述罪行，但是他们从未因此受到惩处。这或许是因为，亨利七世本人就奉行极度专制的统治原则，他想借此树立一个规则：凡事服从在位君主之命，犯下滔天大罪亦属正当。不过，有个情况让人难明就里：据说，理查不满意如此草草埋葬被他害死的两位侄儿，觉得有失体面，吩咐他的宫廷牧师掘出尸体，改葬于圣地。但那个牧师不久便去世了，两位王子的埋葬地点再也无人知晓。亨利七世曾经用心查访，但是始终没能找到。迟至查理二世时代，有人偶然在伦敦塔内一座楼梯下挪开一堆石头，挖掘地面，就是最初埋葬两位小王子的地方，结果发现两具尸骸，从体形大小判断，与爱德华和他弟弟的年龄恰恰相符。由此可以肯定，这确是两位王子的尸骸无疑。查理二世下旨将他们重新安葬，并在坟墓上立了一块大理石碑。[3]或许，当时理查的宫廷牧师未及执行主人的指令便一命归天，人们以为尸体已经移葬，但实际上仍在原处。亨利七世虽然多方寻找，但并未搜索原来的埋葬地点。

理查三世

　　理查初登大位，第一个举措就是犒劳助其攫取王位的功臣，恩赏笼络那些他认为有能力充当本朝栋梁的人物。霍华德勋爵托马

---

①　Sir T. More, p. 501.
②　指亨利七世一朝。——译者
③　Kennet, p. 551.

斯被晋封为诺福克公爵；其子托马斯·霍华德爵士被封为萨里伯爵；勒沃尔勋爵荣升勒沃尔子爵；就连斯坦利勋爵也重获自由，被任命为王室管家。这位贵族起初与理查作对，又娶了里奇蒙伯爵的遗孀、索默塞特家族的继承人，以致见憎于理查，但是他审时度势，感到有必要向现政权表示降服，便积极投效、表现得极为热忱，从而赢得君宠，甚至被那个狡黠多疑的暴君委以最重要的职务。

然而，新朝最有资格蒙受荣宠者非白金汉公爵莫属：他本人功劳赫赫，又出身于实力雄厚的显贵世家。理查三世为了笼络住他，可以说不遗余力、慷慨施恩。白金汉公爵乃理查二世的叔父格洛斯特公爵托马斯·伍斯托克女儿的后裔，按照这个谱系，他不仅属于王室宗亲，而且有权要求诸多尊荣和领地。当初格洛斯特公爵和德比伯爵亨利即后来的亨利四世分别娶了赫里福德伯爵博亨的两个女儿暨共同继承人，于是那个最古老的英格兰显赫世家的丰厚产业就此一分为二，其中一半传至白金汉家族手中，另一半归于兰开斯特家族，从而并入王室领地；兰开斯特王朝倒台、该家族被褫夺财产之后，这部分产业便依法转入约克家族的君主名下。白金汉公爵抓住眼下的有利时机，要求返还被并入王室领地的那部分赫里福德祖产，并要求获得赫里福德家族长期沿袭的英格兰皇家军事总长这一尊贵职位。理查国王十分爽快地应允了这些要求，这可能是双方事先谈好的价码，以换取白金汉为理查僭位效力。白金汉公爵如愿以偿地成为皇家军事总长，又获封赫里福德领地。[1] 国王不吝封赏，又加赐给他许多尊荣和勋位。国王认定如

---

[1] Dugdale's Baron. vol. i. p. 168, 169.

508　此将白金汉紧紧地拴在现政权的利益战车上，足能确保他对自己忠诚不贰。

　　然而，像理查三世和白金汉公爵这样两个品质恶劣的人，交情绝不可能长久。有史家称，他们第一次翻脸是因为国王拒绝返还赫里福德祖产，但是史料记载得很明确，国王批准了领地转让文书，全盘满足白金汉公爵在这方面的所有要求。或许，理查很快意识到，把如此广大的领地授予白金汉这样一个性情暴烈的人是何等危险，后来又出尔反尔，为执行制造麻烦。或许，他发现白金汉自恃功高、需索无餍，因而拒绝了白金汉的某些其他要求。又或许，根据权力场上鸟尽弓藏、兔死狗烹的一般规则，他决心一有机会就铲除这个曾经为他平步青云立下第一等功勋的权臣，而白金汉觑破他的意图，这才心生怨望。无论究竟是何种情况，可以肯定的是，白金汉公爵在理查登基后不久便开始阴谋颠覆政府，试图推翻这个经他积极奔走、全力协助才登上王位的僭主。白金汉公爵心生怨望

　　无论在哪个国家，像理查三世这般明目张胆、公然违背公义原则和公共利益的篡僭行径都见所未见。他对王位的要求完全基于放肆而无根据的断言，从未试图证实、其中一些亦根本无法证实，而所有内容充满对本家族的影射中伤和对自己血肉至亲的无耻诽谤。他的继位资格从未获得任何国民会议的认可，就连吁请最低等级民众的支持，也几无回应。他之所以能够成事，只是因为没有豪杰人物挺身而出，代表全体国人道出内心对他的憎恶。此举严重侵害到公共权利、个人和家族责任感——凡此种种，即使在最野蛮的时代也不能轻轻放过，对这等行径视若无睹，必令国人深恶痛绝；他受托保护两个年轻无辜的王子、他的亲侄儿，却下手谋害了

他们，更是天人共憎。容忍这个双手沾满鲜血的僭主掌权，此乃邦国之耻，也令所有家世、才干或功勋卓著者面临摧折之患，人人自危。这是人民的普遍呼声，所有党派在这件事上同心共气。失势已久、近期愈发声誉扫地的兰开斯特党人由此又萌生了枯木逢春的希望，热切关注着上述非常事态的走向。白金汉公爵的家族原本忠于兰开斯特党，他的母亲是兰开斯特家族重要盟友——索默塞特公爵埃德蒙之女，因此，他轻易就被兰开斯特党人拉拢，致力帮助他们图谋复辟。伊利主教莫顿是个热忱的兰开斯特党人，被国王关押过一段时间，后在白金汉公爵监管下软禁，他大力敦劝公爵倒向本党；在他的鼓动下，公爵把眼光投向年轻的里奇蒙伯爵，视之为拯救王国脱离僭主暴政的唯一人选。[①]

里奇蒙　　里奇蒙伯爵此时正羁留于其名誉监护人布列塔尼公爵的宫伯爵　　廷。就其血统而论，这位年轻伯爵似乎拥有一定的王位继承资格，因此在前朝和当今一朝都是个深受疑忌的对象。初代索默塞特公爵约翰是冈特的约翰之孙，虽属私生旁系，但已经议会立法承认，这位公爵身后只有一女玛格丽特，他的爵位和大部分财产都由其弟埃德蒙继承。玛格丽特嫁给里奇蒙伯爵埃德蒙，后者是亨利六世的同母异父弟弟，为亨利五世的遗孀、法国公主凯瑟琳与欧文·都铎爵士所生。玛格丽特为里奇蒙伯爵诞下独子，取名亨利。这个孩子在其父亡故后继承了里奇蒙伯爵的爵衔和财产。玛格丽特在丧夫之后再嫁白金汉公爵的叔父亨利·斯塔福德爵士，在斯塔福德死后又嫁给斯坦利勋爵，但是后两次婚姻均未生育。因此，

---

① Hist. Croyl. cont. p. 568.

她的独生儿子亨利将会继承母亲的所有遗产。不过，这份继承权
510　赋予他的最值得期待的部分尚不在此：他将以索默塞特家族长房
嗣子的身份，承袭该家族对王位的全部继承权。兰开斯特家族若
有任何一位嫡裔在世，他的这份继承权都不值一提，然而，随着亨
利六世驾崩、继而爱德华王子被害，在白热化的派系争斗中，亨利
的继承权忽然变得举世瞩目。

　　爱德华四世发现，兰开斯特党人都把希望寄托在年轻的里奇
蒙伯爵身上，便觉此子值得引起重视。在那场决定命运的图克斯
伯里惨败之后，亨利在叔父彭布罗克伯爵带领下，逃往布列塔尼避
难，而爱德华四世追杀的脚步也赶到了布列塔尼。爱德华向盟友、
懦弱然而善良的布列塔尼公爵弗朗西斯二世(Francis Ⅱ)施压，要
他交出流亡者，因为此子将来可能成为英格兰动荡的肇因。但是
公爵拒绝这个可耻的要求，只答应以监护之名把这个年轻贵族扣
留在自己手上，以保爱德华的政权安稳，英国每年向他提供一笔年
金，作为安全看守或者说供养被软禁者的费用。及至爱德华四世
一朝末年，英国面临来自法兰西和苏格兰的双重战争威胁，英国宫
廷对亨利的担心大大升级了。爱德华四世向布列塔尼公爵提出一
个新建议，在最美丽的花言巧语之下暗藏着最血腥、最阴险的企
图。他声称愿意化敌为友，把自己的女儿伊丽莎白嫁给亨利，彼此
成为一家人；他请求公爵把亨利送回英格兰，以便完成这个大大
有利于亨利本人的计划。据称，爱德华还重金贿赂对公爵拥有绝
对支配力的贪腐廷臣彼得·朗代(Peter Landais)，从而取得布列塔
尼宫廷的支持。亨利被交到英国来使手上，正待扬帆启程，有人提
醒公爵，爱德华有可能居心叵测，于是公爵收回成命，挽救了这个

大难临头的不幸少年。

　　英国在位王室采取的种种戒备姿态，似乎在某种程度上肯定了亨利的继位权不无依据，他所遭遇的重重危险和迫害则为他赢来普遍的好感和同情。理查三世的所作所为引起国人普遍憎恨，他们的关注亦更多地转向亨利。由于约克家族的后裔只剩妇孺之辈，亨利就成了国人心目中唯一的希望所寄，只盼在他的旗帜下驱逐可憎的嗜血暴君。尽管亨利拥有上述有利条件，然而白金汉公爵和伊利主教深知，亨利迈向王座之路仍然障碍重重。他们也知道，从前亨利六世和约克公爵相争，双方对于王位的占有事实和继承权问题都针锋相对，民众也各归一党，但是自爱德华四世上台后，二流归一，绝大部分国人都已归顺当局；兰开斯特党的人数和威望均跌入低谷。因此，莫顿提议，推翻在位僭主的唯一可行之道就是团结对立两党，让里奇蒙伯爵与爱德华四世的长女伊丽莎白公主联姻，从而将两大家族彼此对立的继位权融为一体，长久以来，红、白玫瑰之争一直是公众骚乱和动荡之源。白金汉公爵欣然赞成这个主意。二人心知，人民经历了连绵的流血和生民涂炭的战乱之后，极度渴盼休养生息；约克党人和兰开斯特党人如今同样遭到迫害，定会热情拥护这个计划。两党握手言和的前景本身就高度符合民意，再加上举国民众一致痛恨现政权，他们的事业必将无往而不利。谋划已定，伊利主教通过里奇蒙伯爵夫人的总管雷金纳德·布雷(Reginald Bray)传话，向那位夫人伸出联姻的橄榄枝，这个计划听起来对她儿子如此有利，又大有成功的指望，因此伯爵夫人毫不犹豫地表示接受。另一方面，威尔士医生路易博士(Dr. Lewis)能接触到避难所中的太后，他受托将联姻建议转达给太后;太后为了给自己的兄弟和三个儿子复仇,又出于对残存亲族命运的担忧、对本人幽禁生活的愤懑,轻易克服了对兰开斯特家族的成见,对这桩婚事给予赞同,双方年纪、门第都般配,两党目前的处境似乎自然而然地将他们联系到一起。她在伦敦市内秘密筹借到一笔钱,派人送到里奇蒙伯爵处,要求他发誓一踏上英格兰的土地就与公主成婚,并建议他在海外征募军队,人数多多益善。她承诺说,他一到英国,自己就率领所有亲朋和家族党羽加入他的事业。

如此,联姻计划在出色判断和明智策略的坚实基础之上得以确立,随即秘密传达给两党在英格兰各郡的首脑;各等级都乐见其成,翘首盼望计划圆满实现。但是,如此大范围的阴谋行动不可能不走漏一点风声,无法完全瞒过理查那双多疑而警觉的眼睛。理查不久便收到情报:以白金汉公爵为首的政敌正在密谋颠覆他的统治。他立即布署防御反击:一边在北方调集兵力,一边宣召白金汉公爵入朝,假意要与他和好。但是白金汉太了解理查的残忍狡诈,当即在威尔士起兵,并通知各地党羽展开全面暴动。不巧就在此时,当地忽然连降大雨,雨量之大堪称前所未有,该地区的塞文河及其他河流水位暴涨,人不能渡,白金汉的部队无法挺进王国心腹地带,与同党会师。怪异气象事件勾起了威尔士人的迷信,又因营中无粮、饥饿难忍,士卒纷纷逃走,白金汉公爵发现自己成了孤家寡人,只好化装潜逃,藏在自家老仆巴尼斯特(Banister)家里。但是,他的行迹被探子发现,白金汉公爵被俘,被押赴索尔兹伯里面君;依照当时草率处死人犯的通例,他被处以斩立决。[1]他的同

512（左侧页码）

10月（右侧旁注）

白金汉公爵被诛（右侧旁注）

---

[1]　Hist.Croyl,cont.p.568.

党们分别在埃克塞特、索尔兹伯里、纽伯里(Newbury)和梅德斯通(Maidstone)起事，听说白金汉公爵不幸罹难的消息，丧失了胜利的指望，队伍当即溃散。 513

多塞特侯爵和伊利主教浮海而逃，还有许多人也幸运地逃出生天。但有少数人落在理查的手里，被他当作杀一儆百的震慑工具。理查的镇压手段似乎并不是特别残酷，不过，据说有位名叫威廉·科灵伯纳(William Colingbourne)的绅士也因叛乱罪而遭难，而实际上此人无非是写了两行语意双关的对句，暗讽理查和他手下的大臣而已。[①]里奇蒙伯爵为呼应在英同党，率领在海外征募的五千人马，从圣马洛湾(St. Malo's)扬帆启航，但是舰队在海上被暴风雨所阻，直到同党的部队都已溃散，才抵达英格兰近海。他见事已不成，只得调头返回布列塔尼宫廷。

公元
1484年
1月23日理查三世登基后诸事亨通，又成功扑灭这次企图将他赶下王位的叛乱，势力越发强大，终于鼓足勇气召集议会。此前他自知罪行累累，又冒天下之大不韪篡僭大位，所以始终没有胆量这么做。尽管在党争局面下，议会站在胜利者一边已成常情，但理查似乎心存惧惮，唯恐他那一无道义根基、二无党派支持的继位权遭到议会否决。不过，现在所有敌人均已被他制服，议会别无选择，只得认可他的权威、承认他的继位权。他那十二岁的独子爱德华被封为

---

① 对句的内容是：
老鼠、猫儿和勒沃尔那条狗，
跟着一头猪统治整个英格兰。
其中"老鼠(Rat)"谐音暗指拉特克利夫、"猫儿(Cat)"谐音暗指凯茨比，"猪"暗指理查的野猪纹章。

威尔士亲王。议会授予国王桶酒税和磅税的终身征税权。理查为了争取国人的支持，颁行了几项体贴民意的法令，特别是立法取缔了近来以恩税名义强勒民财的行径。

国王的其他所有举措统统指向同一个目标。他深知，只有设法取得约克党人的信任，才有可能保障自身安全，于是他使出百般手段向前朝太后献殷勤，极力表现自己发自真诚的善意和友情；太后此时也厌倦了幽禁生活，对以前的种种复辟计划丧失了信心，决定冒险走出避难所，把自己和女儿们的身家性命托付到那个暴君手上。不久，理查又做出巩固王位的进一步举动。他原本娶了沃里克伯爵的次女，即亨利六世之子爱德华的遗孀安妮——而她的前夫爱德华正是死在他的手上。安妮王后只为他生下一子，就是刚受封为威尔士王的爱德华，但此子在这前后不幸夭亡。于是，再不能生育的王后在理查眼里成了妨碍他巩固王位的眼中钉。王后死了，据信是被理查毒死的。公众对此拿不出任何实据，但是根据理查一向的行事为人，这种怀疑也不无道理。他觉得自己现在有能力采取行动，消除威胁其统治基业的最大隐患了。他明白，里奇蒙伯爵若不是与正统王位继承人伊丽莎白公主订婚，就根本不足为惧。所以，他打算向教廷申请特许状，自己迎娶这位公主，从而将这份相竞的继承权融入自己家族。太后急于恢复失去的权力，对于这桩在英格兰社会显得十分出格、被视为乱伦的婚姻并未感到不安，也不觉得把女儿嫁给杀害她三个儿子和兄弟的凶手是多么骇人的一件事。她甚至与篡逆者形成深度利益勾结，致信所有党羽，也包括她的儿子多塞特侯爵，要他们抛弃里奇蒙伯爵。里奇蒙伯爵对此深恶痛绝，始终都不能宽宥这一箭之仇。理查国王为拟议中的婚事向罗马教廷申请特许状，他自信在取得特许状之前，自己完全有能力维持政局稳定；一旦拿到特许状之后，便可确保江山永固。他沾沾自喜地盘算，英国人民看到这份有争议的继承权已经不受任何威胁，就会安分地臣服于他这位年富力强的能主，也将宽恕他在谋取王位之路上犯下的所有罪行。

　　然而，理查的罪行实在可憎、令人闻之骇然；单单出于人的自然天性，无需任何政治考量或公众意见的参与，就足以动摇他的统治根基；每一个心存荣誉感的正直人士无不切切企盼暴君垮台，不想看到那双沾满血腥的不忠不信之手继续玷污王杖。所有流亡者纷纷麇集到布列塔尼的里奇蒙伯爵亨利麾下，敦促他加紧筹备再次入侵英国，阻止伊丽莎白公主嫁给暴君，否则他的全部希望必将遭受致命打击。里奇蒙伯爵意识到事态紧急，但是由于彼得·朗代已经开始与理查谈判，意图出卖他，他只能先顾眼前安危。里奇蒙伯爵逃往法国宫廷。此时路易十一已经过世，其子查理八世（Charles VIII）继承了王位。查理的大臣们为他提供了支持和保护。法国人希望给理查三世制造麻烦，暗地里鼓励里奇蒙伯爵招兵买马、为入侵英格兰做准备。牛津伯爵因见疑于理查而被拘押，后来设法逃脱，跑来投奔里奇蒙伯爵。他向伯爵描述国内民心思变，举国一致憎恨理查犯下的累累罪行及其篡逆行径，伯爵深受鼓舞，问鼎王业的激情蓦然迸发。

公元
1485年
里奇蒙伯
爵入侵英
格兰

8月7日

　　里奇蒙伯爵亨利率领一支约二千人的小股部队，从诺曼底的哈弗勒尔扬帆登程。经过六天的航行，抵达威尔士的米尔福德港（Milford-Haven），部队登陆未遇任何抵抗。亨利挥师穿越威尔士，希望那些把他视为同胞的威尔士人，以及先前追随白金汉公

515

爵拥护他的威尔士人闻风投效，从而壮大军力，与现政权正面交锋。理查由于无从判断敌人将从哪个方向进攻，便委派诸将防守各郡，自己在王国中部的诺丁汉坐镇中军，哪里有警报传来，他就亲自赶赴受威胁地点迎敌。受命镇守威尔士的是赖斯·艾浦·托马斯爵士(Sir Rice ap Thomas)和沃尔特·赫伯特爵士(Sir Walter Herbert)，然而前者当即倒戈归顺了亨利，后者只进行了微弱的抵抗。里奇蒙伯爵继续向什鲁斯伯里挺进，日日都有同党前来投效，队伍不断壮大。吉尔伯特·塔博特爵士(Sir Gilbert Talbot)率领什鲁斯伯里家族的全体家臣附庸投靠伯爵；托马斯·鲍彻爵士(Sir Thomas Bourchier)和沃尔特·亨格福德爵士(Sir Walter Hungerford)带领一众朋友前来，誓与伯爵共命运。亨利营中一时英杰会聚，他的事业大有蒸蒸日上之势。

516

然而，理查三世面临的最大危险，更多地来自他那些名义上的朋友，而不在于斗志昂扬的公开之敌。除了诺福克公爵之外，国内显贵几乎没有一人真心效忠于他，所有那些信誓旦旦宣称对他忠贞不二的人，无非是在观望寻找背弃他的机会而已。但他疑忌最深的是斯坦利勋爵和他的弟弟威廉爵士，这两人虽然一直效力于他，但理查从未完全遗忘或忽略他们与里奇蒙家族之间的关系。当他授权斯坦利勋爵募兵备战时，仍把斯坦利的长子斯特兰奇勋爵扣作人质，以防生变。出于这个原因，斯坦利勋爵的一举一动都不得不极其小心谨慎。他发动柴郡和兰开郡的朋友和家臣组成一支大军，却不曾公开宣布自己的立场。尽管亨利已经收到他保证亲善的密信，但是双方都无法从他模棱两可的表现中判断他的下一步举动。双方最终在莱斯特附近的博斯沃思(Bosworth)对垒。

8月22日
博斯沃思
战役

亨利麾下有六千部众,理查的军兵人数是前者的两倍有余。决战
迫在眉睫。斯坦利指挥本部的七千多将士,精心选择了阿瑟斯通
(Atherstone)作为扎营地,距两方大营都不远。这样,他就可以视
情况所需加入任何一边。以理查的精明,不可能看不透斯坦利此
举的用意,但他对手下将士绝口不提,以免影响士气。一些廷臣提
出立即在斯坦利的儿子身上实施报复,但理查没有采纳;他还指望
凭着这个宝贵的人质,延长其父踌躇观望的时间。他迫不及待地
要与对手在战场上决一雌雄,确信只要战胜里奇蒙伯爵,他就能充
分报复所有敌人——无论是公开的还是隐蔽的。

　　里奇蒙阵营的先头部队由弓兵组成,指挥官是牛津伯爵;吉尔 ⁵¹⁷
伯特·塔博特爵士指挥右翼,约翰·萨维奇爵士(Sir John Savage)
指挥左翼,伯爵本人和他的叔父彭布罗克伯爵主掌中军。理查作
为主帅同样自掌中军,命诺福克公爵指挥前锋。由于他的两翼部
队根本不曾投入战斗,因此我们无从得知负责两翼的是谁。战斗
开始后不久,斯坦利爵士率部现身沙场,这位爵爷在整个事件中展
现出超凡的慎重和干练,此刻公开宣布站在里奇蒙一边。两军主
帅虽然对此并不意外,但将士们却惊诧万分,双方的士气因此发生
了同样巨大的波动,却是一消一长:亨利阵营勇气倍增,理查阵营
顿时陷入沮丧,乱作一团。那位强悍的暴君意识到已濒绝境,举目
四顾,发现自己的死对头就在不远处,便怒冲冲策马冲向亨利,要
与他拼个你死我活。他亲手斩杀亨利的掌旗官威廉·布兰顿爵士
(Sir William Brandon),将约翰·切尼爵士(Sir John Cheyney)打落
马下,眼看已经冲到里奇蒙伯爵面前,后者也做好了迎战准备。就
在这时,威廉·斯坦利爵士率领部下冲杀过来,将理查团团围住。

理查英勇奋战到最后一刻，终因寡不敌众而阵亡。对这个恶贯满盈、人人唾弃的暴君来说，这种死法未免太温和、太体面了。理查一死，所部顿时溃散奔逃。

理查三世之死

此役兵败一方阵亡约四千人，其中包括诺福克公爵、来自查尔台(Charltey)的费拉尔斯勋爵、理查德·拉特克利夫爵士、罗伯特·皮尔西爵士和罗伯特·布莱肯伯里爵士(Sir Robert Brackenbury)。胜利者一方的损失微不足道。理查的忠实走狗威廉·凯茨比爵士被俘，不久即在莱斯特被斩首，同时被杀的还有一批人。人们在战场上找到了理查的尸身，压在众多敌尸之下，浑身是血。他的尸体被随便横掼在马背上，在围观群众的高声辱骂中被驮至莱斯特，草草葬于城内的方济各会修道院礼拜堂中。

偏爱理查三世的史家(这位暴君在后世作家中也赢得了一批拥趸者)坚称，假设他是合法获得王权，他完全可以成为一位能主。他们还说，除了出于夺取王位之必须，理查并未犯下更多罪行。但是，这种辩解十分牵强，其中已经不打自招地道出，理查为了实现目的，犯下任何可怕的罪行都在所不惜。理查身上各种优秀品质都告阙如，独不欠缺勇气和能力，但可以肯定的是，他的这些品质永远都无法弥补其篡僭先例给这一国人民带来的危险，这种凭借罪恶和谋杀登上宝座的例子是具有传染性的。这位国王身材矮小，驼背，面容严峻而阴沉。如此说来，他心灵的畸形程度毫不亚于他的身体。

理查三世性格评述

518

♛ ♛ ♛ ♛ ♛

行文至此，我们追溯了英格兰一系列野蛮世代的历史之后，终于迎来文明和科学的曙光初绽；在本书后续部分，我们掌握的史料将更为可靠，也越发有把握为读者呈现一幅更值得关注的精彩画卷。然而，在这条历史长河中，不是每个时期留下的史料都缺乏可靠性和细节。英伦海岛出过许多声望崇高的古代史家，也存留着丰富的历史遗迹。令人称奇的是，罗马文明衰落后，教化未开的英格兰人及欧洲各民族传诸后世的编年史竟能如此完整、极少掺杂虚假和无稽之谈，这应完全归功于罗马天主教会的神职人员。他们基于广博的知识而树立起自身的权威地位，为后世保存了珍贵的古代典籍，使之不致彻底湮灭。[①] 在那些狂暴无忌的年月里，求公义、争人道的呼喊只是徒劳无益，而他们借助迷信的力量，在无数特权和豁免权的保护伞下赢得了一席安全之地。在我们看来，那些年代的历史也并非完全没有趣味和教益可言，其中展现的人类风俗百态，既能滋养心灵又娱人眼目。即使某些时期的样貌显得扭曲可怖，我们也可以从中学会加倍珍惜科学和文明，这两样与 ₅₁₉ 美德和人道密切相联，是疗愈迷信的最佳解药，因此也能最有效地纠正各种丑恶和紊乱状况。

艺术和科学的兴起、进步、完善和衰落，是个值得深思的有趣话题，它和关于诸般社会事务的叙述紧密相关。任何一个历史时期所发生的事件，如不联系到当时社会的文明进步程度去考虑，就无法充分予以解释。

那些注意考察人类社会演变大势的人会发现，在奥古斯都时代，人类智识各方面的发展均已近乎登峰造极，此后便呈明显衰落

---

① 参见本卷卷末注释［Ｔ］。

之势，人类逐渐沦入愚昧和野蛮境地。罗马帝国无止境的领土扩张和随之而来的君主专制统治消灭了一切竞争，箝制人类心灵的恢弘精神，使所有精妙艺术赖以获得呵护和生命力的高贵激情受到压抑而转为黯淡。在继后掌权的军人政府统治下，就连人民的生命财产都变得岌岌可危，那些贴近日常生活、为人类所必需的艺术如农艺、制造技艺、商贸纷纷遭到灭顶之灾，最终坍塌的是帝国大厦的唯一支柱——军事艺术和军事传统本身。随后发生的蛮族入侵把已然大幅衰落的人类知识冲淘净尽，其后的每一个时代，人类越来越深地陷入无知、愚昧和迷信，直到古代科学和历史的光亮在欧洲所有邦国近乎彻底熄灭。

然而，人类一切事务的发展都有其巅峰和最低点，每达到某一极点便自然地趋于反向运动，无论是进步还是衰落，超过极点的情况极其罕见。有充分根据判定，十一世纪即征服者威廉的时代前后是基督教世界在愚昧及其引发的一切混乱中沉沦最深的时期。自那以后，科学的曙光重新绽露于天际，变得越来越明亮，直至十五世纪文艺复兴的艳阳普照。过去长期为患欧洲沿海甚至内陆地区的丹麦人和其他北欧民族，此时掌握了农耕技术，可以在本国维持生计，过去那种抛家舍业、逐涛履险，以劫掠邻邦为生的强盗生涯便对他们失去了吸引力。另一方面，在南方诸国，封建政制已经趋于衰解，仅仅作为一种社会体系而存在，尽管这种奇特的社会组织系统并不适于确保自由和安定，但终究胜于之前那种普遍的无法无天和混乱状态。下面的事件对于推动时代进步影响至为深远，但迄今为止却很少有人提到——公元1130年左右，人们在意大利小镇阿马尔菲(Amalfi)偶然发现了一册《查士丁尼法典》

(Justinian's Pandects)的抄本。

当时的神职人员既有闲暇又偏好钻研,他们立即以极大的热情接受了这个杰出的法律体系,并把相关知识传播到欧洲各地。他们推介罗马法,不仅是基于《查士丁尼法典》本身固有的优点,更强调它与教廷所在地、神圣的罗马城之间的渊源;这一源于罗马的法律体系广传于西方世界,似乎增添了教廷的荣光和权威。《查士丁尼法典》抄本出土后不到十年,意大利法学家瓦卡里乌斯(Vacarius)就在时任坎特伯雷大主教提奥巴尔德(Theobald)的庇护下,在牛津大学公开讲授罗马法课程。各地神职人员通过言传身教,大力宣扬对这一新学的最高敬意。神职阶层有大量财产需要保护,这种必要性在某种程度上促使他们研习法律;再者,神职人员的产业经常面临王公贵族们的粗暴侵夺,他们唯有仰赖这些法律法规的保护,因此强制遵守普遍、公正的法律法规便成为他们的利益所在。鉴于神职人员垄断了那个时代的一切知识,又是社会上唯一习于思考的阶层,因此当时的法律实务和理论研究几乎完全由他们包揽。由于他们毫无必要地把教会法典和罗马法紧密关联起来,招致英国世俗各界的疑忌,故而英国没有像许多欧洲国家一样,直接把罗马法体系引为国内法;尽管如此,该体系的大部分内容还是潜移默化地融入了英格兰的司法实践,英人效法邻国, 521 逐渐使本国法律脱离了原来的粗陋状态。

不难看出,欧洲从这笔突然获得的古代遗产当中获益良多,该知识体系本身既是如此完备,又为其他一切知识技艺提供了不可或缺的安全保障,它提高了司法裁判的精确性,更赋予其扎实可靠的品质,为进一步的改良提供了范例。罗马法维护公私两方面利益的明显效用吸引着时人热衷于此道，而那些更为高蹈、更富思辨性的科学则被冷落一旁。就这样，古代学术领域未曾败坏的最后一个分支幸运地最先注入现代世界。之所以这样讲，是因为我们看到古罗马的学术没落之际，哲学界普遍沾染了迷信和诡辩之风，诗人和历史学者们则流于粗鄙，只有法学家尚能凭借不断学习和亦步亦趋地模仿他们的前辈，得以在裁决和论证中一贯保持着良好的判断力，以及未受污染的语言和表达方式。

另外，此前欧洲所有邦国、特别是撒克逊人或者说古代英国人的法律体系极不完善，这就越发凸显出罗马法的宝贵价值。那个时代司法实践中盛行的各种荒谬做法或许源自古代撒克逊法律的正宗遗存：一应罪行均可以罚金抵赎；杀人害命和损毁肢体之罪都明码标价地规定了罚金额度；针对一切伤害的私人复仇都获准许；神裁法、神判法及后来兴起的决斗式审判都被视为可接受的举证断案方式；主持审判的法官都是乡间世袭地产保有人，他们总是突然被召集出庭，聆听两造的辩论或争执，对案件作出裁决。这样一种社会状态较之原始的野蛮社会并无多大进步。整个社会缺乏普遍的公平原则，导致暴力横流。那时候所谓的自由只不过是政府辖管不力的代名词。人民生命财产得不到法律的保护，许多人投靠一些有势力的首领，成为其门下走狗，以换得强者的庇护；另一种解决之道是自愿结盟互保。

欧洲此后经过一段渐进式的进步，多多少少脱离了上述野蛮状态；特别是在我们英伦海岛上，较早出现了一种有利于司法公正和自由的转机。文职人员或法律专业人士很快就成为英国人心目中的体面行当。英国的具体情况使这一国的民众无须像邻邦那样随时关注战争，他们尊崇的职业也不限于军职。绅士阶层、甚至贵族也开始把法律知识看作教育的必要组成部分。当时他们在这方面的学习兴趣比较专注，不像后来那样被其他门类的科学所分散。据福特斯丘介绍，亨利六世在位时，英国几家律师学院共有大约两千名学生，大多数出身于体面人家，均有志投身于这门世俗学问。上述情况证明英国已经在政务学方面颇有进境，并且预示着未来更大的进展。

文艺复兴的萌芽和发展带来的一大进步，就是自由的萌动和发展。这个结果对国人的个人地位和民事地位都造成了影响。

我们若对古代欧洲的社会状况加以考察，就会发现当时社会上绝大多数人普遍被剥夺了个人自由，他们的生活完全听凭主人摆布。除了贵族以外，其他人的身份都与奴隶无异。农民随土地一道被转卖；少数城镇居民的处境也并不稍好；就连绅士阶层也隶属于王室直接封臣或大贵族以下的层层附庸关系；而大贵族们尽管看似地位尊贵，却得不到多少法律保护，国家每临变乱，他们的生命安全就遭受威胁，他们身处危险的高位，手握压迫、欺凌较低等级的权力，也经常要为此付出昂贵代价。突破这种暴力统治体系的第一个行动始自意大利，随即被法国效法：市民们组成拥有特权和自治权的政治共同体即城市公社，用以保护自己、抵御贵族的暴政，就连国王本人也审慎地对这些公社表示尊重。[1] 由于封建土 ₅₂₃

---

① 贵族阶层对文艺复兴心怀抵触，认为这有碍于他们恣睢的权力，这种戒备心理很早便流露出迹象。他们颁布一部法令（7 Henry IV.chap.17.），禁止土地年收入不到20先令的人家送子弟进入任何一门生意做学徒。他们已经发现城市的发展造成乡村劳动力和农夫流失的现象，却没有预见到商业增长将使他们的产业大大增值。更多内容参见Cotton, p.179。各国君主为了鼓励市镇发展，授予它们以下特权：凡在任何城市公社生活十二个月以上、并拥有行会会员身份的维兰，可从此被视为自由民。

地所有制渐渐废弛,公法的执行在一定程度上趋于严格,附庸们获得了前所未有的独立性。就连农民也开始摆脱维兰制或称农奴制的桎梏,虽然对他们而言自由来得比其他社会阶层更晚。

一个看似奇怪的现象是:知识技艺的进步在古希腊和古罗马令奴隶数量日益增加,而日后却成了自由的普遍源泉。然而要知道,上述不同源自两种社会环境的巨大差异。古代贵族们必须随时保持战备状态,顾不得追求优美风华,他们手下的维兰不是家仆,更少用于制造业,贵族建立由自由人组成的勇武善战的扈从队伍,用以震慑四邻,并随时追随他参加任何战事。维兰只是耕种主人的土地,以谷物、牲畜及其他出产来支付地租,或者在主人宅邸及主人的自留田庄上干活,以充役务。随着农业进步、货币增加,人们发现这些服务尽管给维兰造成极大负担,却并未给主人带来多大好处;大片领地的出产若由负责耕种的农户自行出售,较之从前由领主或其代理人收取实物地租的惯用方式方便得多。于是用金钱抵偿役务的方法开始推行,现金地租则取代了实物地租;后来,人们又发现农民如能安全保有土地,就会更加精心伺弄所耕种的田地,于是与农民签订土地租约的做法开始流行,封建地役权的束缚原本已经大为松弛,至此彻底被打破。就这样,维兰制在欧洲较开化地区逐渐告废。这项变革使主奴两方面都从中受益。据我们所知,英国于亨利七世一朝最后一次立法落实或规制这种役务形式。尽管议会并未废止相关的古代制定法,但可以看到,及至伊丽莎白一朝末年,维兰和自由民的差别已经在不知不觉中完全消失;那些古代法律也失去了适用对象。

如此,个人自由在欧洲已基本普及,为政治和公民自由权利的发展铺平了道路,即使在没有造成这种有益影响的地方,个人自由也为社会成员带来了一些极其重大的利益。

自从撒克逊人踏足英伦以来,英国政制足以自诩的一大优点就是:没有哪一个时代形成了绝对的、不受制约的君主专制。但在其他方面,王国各阶层之间的权力制衡态势却经历了沧海桑田的巨变,像所有人类制度一样,上述结构也同样具有极大的不稳定性。

古代撒克逊人和其他日耳曼部族一样,人人习于武事,财产极其平均,保障了部族成员的独立地位;这似乎说明,撒克逊人的政制中混合了相当浓重的民主成分,他们可以说是有史以来最自由的族群。这个族群定居英格兰后,特别是在撒克逊七国衰亡之后,幅员广阔的王国中产生了巨大的贫富差别,贵族阶层似乎占尽优势。诺曼征服强化了君权,不过君主的权力依然受到相当程度的制约;究其原因,并不在于彼时有欠准确和正规的一般形式的宪制,而是每个贵族在其本乡本省拥有的独立权威使然。《大宪章》[525]的确立越发提高了贵族的地位,对王权设定了规范的边界,逐渐将一定的民主成分引入宪制。但即使在这段时期——以爱德华一世登基为起点,迄至理查三世驾崩为止——平民的景况也绝对不如人意。当时的政治制度形同波兰的贵族体制,尽管王权受到制约,但远远谈不上民众的自由。贵族作为暴戾恣睢的小暴君同样是和平与自由的大敌,这就需要近乎绝对的君权来推翻他们(如同后来实际发生的那样),奠立正规法律程序,以便后来的世代可以在此基础上建立常规、公正的自由制度。

在这一连串的变革中,每一次变革所依据的可理解、有权威的为政规则无非是所处时代的惯例，以及当时通行并获得普遍认可的行政准则。那些打着尊古的旗号，在每个转折关头呼吁恢复原始宪政形式的人，只不过是用道貌岸然的外表掩盖其蓬勃的反叛精神和个人野心罢了。无论选中哪个时期作为效法的范式，他们都能进一步上溯到更久远的古代，那时候的权力手段截然不同，而且由于所处时代更为野蛮，其中一切情况更不值得仿效。最重要的是，像英国这样一个文明民族，既已有幸确立起与自身政制非常匹配的最完善而精确的自由制度，理应审慎对待那种援引祖宗旧例，或将未开化时代的原则奉为当前行动圭臬的做法。了解古代政制，主要用途在于以史为鉴，让人通过古今对比，更加珍惜现有的宪政制度；此外，历史也能满足好奇心，向人展示尽善尽美、蔚为大观的宪法具有何等遥远、通常是面目模糊而残缺的本源，并且指导人们在纷纭错杂的偶然事件当中建立起最完美政体的复杂构造，而这通常还需要伴随一点点智慧和远见。

第二卷注释

（本注释所标页码为原书页码，见本书边码）

注［A］，p.89

Rymer, vol.ii.p.216, 845.毫无疑义，苏格兰君主历来向英王所行的效忠礼绝不是为了苏格兰王国，而是为了其他领地。那就只剩下一个问题：究竟是为哪处领地？并不一直是亨廷顿伯爵领或彭里斯（Penryth），因为我们发现这些地方不在苏格兰国王手中的时候，他们也向英国行过效忠礼。一种可能是，当时所行的效忠礼是一般性的，无关乎特定领地：这种笼统为之的举动或许是因为双方就一些领土存在争议或权利冲突，便以笼统的效忠仪式达成妥协；也可能因为时代风尚简陋，任何事务都只以寥寥数语表述。为了证明这一点，我们只需考察理查一世的那封信，他在信中表示放弃苏格兰王国宗主权、只保留历代英王对苏格兰王室在英领地的宗主权。信中写道：*Saepedictus W.Rex ligius homo noster deveniat de omnibus terris de quibus antecessors sui antecessorum nostrorum ligii homines fuerunt, et nobis atque haeredibus nostris fidelitatem jurarunt.*[①]（参见Rymer, vol.i.p.65。）

---

　　① 此段大意为"W. 国王为其祖先世代领有的所有封地发誓永远向我们及我们的子孙效忠"。——译者

这些意义笼统的语句可能直接抄自惯用的效忠誓词。

我们在当时有欠完善的史籍和记录中没有发现相关记述，但这并不足以证明苏格兰国王在英格兰没有封地或爵领。例如，理查国王此信的另一节内容清楚地表明，苏格兰国王威廉在亨廷顿郡和英格兰另一处地方拥有领地，尽管当时亨廷顿伯爵领属于其弟大卫名下；但除此之外我们目前尚不了解威廉在英国还有任何领地。我们现在不可能明确指出他在英国实际领有或者宣示领有权的所有骑士领，两国君主及双方大臣们所执的封地名册也很可能并不一致。苏格兰国王可能实际占有某些领有权存在争议的地方，也可以对某些并未实际占有的地方宣示领有权。两位国王谁也不愿具体列举细目，害怕因此丢失自己分内的领地。

后世有位勤勉博学、但充满偏见又欠缺分辨能力的作者卡尔特先生(Mr. Carte)，他基于含糊笼统的效忠誓词，声称该效忠礼是为了洛锡安(Lothian)和盖勒韦地区，即克莱德河(Clyde)和福思河以南现称为苏格兰的所有领土而行的。然而，我们只消思考一件事，便能当即驳倒此论：假如这些地方是英格兰国王名下领地，那么依据当时在英格兰已经确立的封建法，领地臣民肯定会就各种事由不断向宗主递上申诉状，但是同时代的所有史书和记录中所载情形却恰恰相反。我们发现，爱德华一世实际确立起对苏格兰的宗主权之后，来自苏格兰各地的申诉状立即如雪片般飞来；爱德华在对王座法庭的一份诏书中说，此乃据有封建领地的必然结果。另一方面，如此广大的领地所提供的役卒必定在英国军队中占据很大比例，任何史家都会注意到。此外，两个王国经常交战，苏格兰方面的将士主要来自南部几郡，然而却没有一个被俘的苏格兰人被以叛国罪论处。

在那个时代或者说更早一个时代的语言中，"盖勒韦"可用来泛指苏格兰西南部的绝大部分郡邑，卡尔特先生的观点就建立在此基础之上。但以我之见，这个依据可以说相当薄弱，几乎不值一驳。若按此论，他完全可以随心所欲地证明当初埃蒙德国王赐封给马尔科姆一世的坎伯兰地区不仅限于英格兰的坎伯兰郡，而是克莱德河以北的所有领土。不过，关于洛锡安的情况还需进一步加以说明。

可以确定，在上古语言中，"苏格兰"一词所指的仅仅是克莱德湾及福思湾以北地区。这一点无需罗列史料来证明，因为我发现苏格兰人对此也并无异议。这一线以南划分为盖勒韦和洛锡安两个地区，后者包含现苏格兰东南各郡。这片地区肯定是古代诺森伯兰王国的一部分，居民完全是撒克逊人，后来有大量丹麦人杂居其间。所有英国史籍都显示，自七国时代之后，整个诺森伯兰王国极少服从盎格鲁－撒克逊君主的统治，这片偏远的北方国土似乎陷入某种无政府状态，时而被丹麦海盗劫掠，时而与后者联手掳掠英格兰其他地区。苏格兰国王最终凭借地利，占据了近旁这片几乎无主之地。威斯敏斯特的马修(Matthew of Westminster)告诉我们(p.193)，埃德伽国王曾将该地区赐给苏格兰的肯尼思三世，也就是说，他明白要真正将此地纳入治下，所需投入的辛苦和开支远远超过其价值，便索性将它送给别人。除此之外，历代英王再也不曾把整个省份赐予外邦；像埃德伽这样一位雄心勃勃的有为之君，更是绝不可能把有价值的土地拱手赠人。尽管在年代如此遥远的一件事上，威斯敏斯特的马修之语似乎权威性不高，但我们认为他此言可信,因为史学界高度尊崇的维塔利斯(Ordericus Vitalis)也记述道(p.701),马尔科姆曾向红发威廉证实,征服者威廉对他重新确认了前朝关于洛锡安的赐封。但这并不是说,埃德伽把该地赐予肯尼思,便相应索得了后者的效忠。撒克逊人对于效忠礼和封建法的仪规都所知甚少。此外,我们还可以假定,埃德伽对这片地区的所有权主张已是时过境迁、不具多少实际效力,把它赠给苏格兰并不算一份重礼,而肯尼思大有理由拒绝为这块已经在他武力占领之下的土地接受一份充满不确定性的赐封。总之,没有一位史家记载他为此向英王行过效忠礼。

卡尔特先生的说法实际上只有一个具有权威性的依据,即远在爱德华对苏格兰提出宗主权要求之前的亨利三世一朝,马修·帕里斯曾经记载,亚历山大三世对亨利三世行过效忠礼: *pro Laudiano et aliis terris.*[①](参见p.555)。其中 *Laudiano* 一词很自然地被解读为洛锡安。然而我们首先要承认,马修·帕里斯的证言虽然重要,却抵不过其他所有史家众口一词地指出,苏格兰人的效忠誓言总是针对在英领地而发的。其次,如果苏格兰方面的效忠礼只是一般性的(就像前文已经论证的那样),那就无怪乎历代史家众说纷纭,弄不清这效忠礼所为何来,因为当事双方也可能在这个问题上存有异议。第三,我们有理由认为,马修·帕里斯笔下的 *Laudianum* 并不是指今天苏格兰境内的洛锡安。英格兰北部有个地区的古称似乎与此相同或相近,根据如下:(1)《撒克逊编年史》(p.197)称,马尔科姆·肯缪尔(Malcolm Kenmure)曾在英格

---

① 此句大意为:"为Laudiano等地"。——译者

兰的 Lodene 地方会见红发威廉。(2) 所有史家一致承认,亨利二世只不过是从苏格兰手中夺回了诺森伯兰、坎伯兰和威斯特摩兰等北方郡邑。参见 Newbriggs, p.383 Wykes, p.30.Hemingford, p.492。然而,其他一些史家却以"*Loidis*""*Lodonensis* 邻近地区"或类似名称来称呼这几处地方。参见 M.Paris, p.68.M.West.p.247 Annal.Waverl.p.159 及 Diceto, p.531。(3) 最后提到的这位作者也提起过英国境内的 Loidis,而在提到苏格兰的洛锡安时,则将其称作"Loheneis"(p.574)。

我认为有必要撰写这条长注来纠正卡尔特先生的错误。但应承认,这位作者以其孜孜不倦的勤勉工作,为我们揭示了英国上古时代许多历史片断的奥秘。

注[B],p.90

Rymer, vol.ii, p.543.值得注意的是,这位英国大法官是用法语对苏格兰国会发表宣言的。法语是那个时代国务场合中各方通用的语言(Ibid.passim.)。苏格兰的诸多显贵以及英格兰的绝大多数贵族都是法裔,他们为此而自豪,并摆出一副蔑视本岛语言和风俗习惯的架势。定居苏格兰的法裔家族多到难以胜数,如布鲁斯家族、巴里奥尔家族、圣-克莱尔家族(St. Clairs)、蒙哥马利家族(Montgomeries)、萨默维尔家族(Somervilles)、科登家族(Cordons)、弗雷泽家族(Frasers)、卡明家族(Cummins)、科尔维尔家族(Colvilles)、乌姆弗勒维尔家族、穆布雷家族(Mowbrays)、海斯家族(Hays)、莫尔家族(Maules)等等。他们的同胞在英格兰倚仗刀剑维持尊贵地位,但在苏格兰,只要少许文明和知识就足以在全然蒙昧和野蛮的环境下显得卓然出众。

注［C］, p.94

参见 Rymer, vol.11.p.533, 爱德华一世诏令王座法庭接受苏格兰人的申诉。他知道此乃前所未有的、不同寻常的举动，但是他将其解释为自身宗主权的必然结果。我们由同一部史籍 (p.603) 中得知，爱德华接受苏格兰国王的效忠礼后，他对后者的称谓马上变成了 *dilecto & fideli*（亲爱、忠诚的），而在此之前，他一向称之为 *fratri dilecto & fideli*（亲爱、忠诚的阁下），参见 p.109.124.168.280.1064。这足以确证，他心里并不糊涂——事实上几乎不可能糊涂——而是一清二楚地知道自己僭取宗主之位。但是，他后来向教宗博义八世自辩时，却庄严发誓自己的宗主权要求正当合理。

注［D］, p.108

终爱德华一世一朝，"经下议院批准"的字样从未出现在任何说明法规制定过程的"制定条款"中，下一个朝代也是如此，这种情况一直延续到爱德华三世在位第九年。理查二世第十六年颁布法律的"制定条款"中也未提到"经下议院批准"；亨利四世自登基之日起，直到他在位第八年，对议会极尽忍让，即便如此，这段时期内"经下议院批准"的字样也不曾出现在"制定条款"中。参见拉夫海德(Ruffhead)版《制定法大全》前言, p.7。如果说这些法律实际上已经得到下议院批准，只是未在"制定条款"中明确指出的话，那么这种隐而不宣的做法——你也可以说是出于疏略——

足以证明下议院是多么不受尊重。下议院不习惯处理公共事务，直到爱德华三世在位第六年召集的那届议会之前，下议院一直未设置议长。参见普林(Prynne)为科顿(Cotton)的《〈伦敦塔存英国议会档案〉精编》所撰序言。大多数考古学者都认为，直到理查二世登基以前，下议院对国家事务始终抱着袖手旁观的态度，通常要么直接把案卷呈至上议院，要么希望上议院选派一个委员会协助他们工作，参见Cotton.5 E.Ⅲ.n.5, 15 E.Ⅲ.n.17; 21 E.Ⅲ.n.5; 47 E.Ⅲ.n.5; 50 E.Ⅲ.n.10, 51E.Ⅲ.n.18; 1 R Ⅱ.n.12; 2 R.Ⅱ.n.12, 5 R.Ⅱ.n.14, 2 parl.6 R.Ⅱ.n.14; parl.2.6 R.Ⅱ.n.8.&c。

注[E], p.109

国家制定的法律，须征得该法律所涉及的社会各等级同意，这种做法相当符合封建政制的基本原则；由于时人对政治体系的概念缺乏理解，所以在这些情况下往往不会征求国内其他等级的意见。爱德华一世当政时期，就连并不构成政治实体的商人群体也表态同意国王征收商品税，因为这税款直接出自他们的腰包。在爱德华三世一朝，他们也做出同样举动，然而那时下议院已经认识到，尽管商人是直接支付者，但这笔税负终究落到人民头上，于是下议院对这种做法表示异议。参见科顿《〈伦敦塔存英国议会档案〉精编》p.39。鉴于骑士议员对各郡规定的税收额度总是比市镇议员对自治市镇规定的税收额度低，我们据此或可推测，骑士议员和市镇议员不在同院议事。参见韦斯特大法官关于上院议员选举的研究，p.8。不过，证明这两个阶层的议员长期分开议事的证据不胜枚举，我们根本无需多言。卡尔特先生在认真查阅议会档案

530

之后肯定地指出,上述两阶层议员在爱德华三世在位第十六年以前,似乎从未有过联合议事的情形。参见Hist.vol.ii.p.451。但是可以肯定,即便在那个时间点上,这种联合也并未最终达成。公元1372年,市镇议会在骑士议员解散后,采取单独行动,对一项征税议案进行投票。参见Tyrrel, Hist.vol.iii.p.734.from Rot.Claus.46 Edw.III.n.9。如果沃辛汉姆(Walsingham p.189)的记载可信,公元1376年,骑士议员们采取单独行动,投票决定将艾丽丝·皮尔斯从国王身边赶走。理查二世在位时也有过一次类似的情况,参见Cotton, p.193。下议院的两个分支分别就不同的征税议案进行投票,自然会使他们保持分离状态。然而,由于他们大部分请愿都指向同一个鹄的,即纠正弊端、站在法律和正义一边反抗王室和贵族的强权,这桩事业自然而然地促成了两个分支的联合,也是他们最终能够在同院议事的原因。贵族们极少请愿。他们享受着古老的特权,罕有苦情。他们自己就是主要的压迫者。公元1333年,下议院的骑士议员们单独与主教、贵族们合力劝谏国王不要出征爱尔兰。这次请愿的内容被视为国家大事,超出市民的能力范围。因此,骑士们便采取了单独行动。参见科顿《〈伦敦塔存英国议会档案〉精编》p.13。财政署法庭首席法官吉尔伯特(Chief Baron Gilbert)认为,征税议案总是由下议院或市镇议员首先讨论,是因为这些人受到所属自治市镇的指令约束。参见《财政署法庭的历史》(Hist.of the Exchequer), p.37。

注[F], p.109

一些古代史权威认为自治市镇代表参加议会的时间早于亨利

三世在位第四十九年，主要依据就是那份著名的圣阿尔班自治市
权利请求状，赛尔登(Selden)最早注意到这份史料，后续又有皮
特(Peyt)、布莱迪(Brady)、特瑞尔(Tyrrel)等史家提到此状。这是
爱德华二世时期圣阿尔班自治市向议会呈递的一份权利请求状，
其中声称，该市作为王室领地，有权出席议会，这是他们的义务所
在，但是郡长在议会召集令状中却把他们漏掉了；要知道，在爱德
华二世的父王以及历代先主治下，圣阿尔班自治市一向拥有议会
席位。于是，持上述观点的学者论证道，如果下议院是在亨利三世
一朝出现的，那么该状中不会有这样的表述。然而马多克斯在《英 531
格兰财政署的历史及古代规程》(*History of the Exchequer*, p.522,
523, 524)一书中已经有理有据地论述了该状不能引为上述观点的
依据。他指出：首先，英格兰的土地保有制规定了种种土地保有义
务，但没有一种以出席议会作为保有义务。其次，圣阿尔班自治市
历史上从来就不属于王室领地，而是修道院名下领地。因此，无怪
乎这份本已存在两处错误的权利请求状还包含一处历史错误，实
际上这些不过是源于一种夸张不确的表达——对于那个时代的无
知市民而言，这种说话方式根本不足为怪。在修道院解散之前，圣
阿尔班一直是修道院领地，从未属于王室。不过，该请求状的撰
写者言之凿凿的态度却值得注意。他们想要摆脱修道院的权威，
依附于王室名下，却不愿为王室尽任何义务。为此，他们炮制了
这份无价值的权利请求状，引得后世学者据此得出大量推测和结
论。从该状的主要思路来看，王室领地与出席议会的资格存在密
切关联，没有前一种身份就没有议会席位。然而我们从特瑞尔的
著作中(Append.vol.iv.)却可以找到一些相反的事例。爱德华二世

之父爱德华一世也不是不可能沿用前朝莱斯特伯爵召集议会的名单，后者曾经不加区别地召集国内所有重要自治市代表出席议会，其中很可能包括一些不属于王室领地的市镇。另外，爱德华一世还发现有必要不加区别地向王国内所有自治市镇征税，这是增加王室岁入的一个好办法。我们不应凭想象认定，只因下议院在当时已经拥有重要地位，那么此前它的诞生就必定是个引人注目的大事件，直到七八十年后还铭刻在全民的记忆中。那个时代民众普遍蒙昧无知，市井小民很容易把一件似乎与他们切身生活关系不大的创新想象成古已有之，只因他们自己及其父辈都已忘记了此事始自何时。无知乱讲的不只市井小民，就连亨利五世治下的议会也曾宣称爱尔兰自古就是英格兰王国的属国（参见 Brady 的著作）。当然，那时人们最关心的还是战争和征服，不会忘记相关的日期和事件。

注 [G]，p.238

像其他一切离奇故事一样，关于这六位加来市民的故事也多少值得怀疑。尤其是埃夫斯伯里（Avesbury, p.167）曾经格外详细地描述加来投降的经过，却对此事只字未提，反而笼统地颂扬国王对待市民仁慈宽大。傅华萨的作品讹误不计其数，或许源自疏忽、轻信，也可能是偏好神乎其神的效果所致，这一点大大削弱了他的可信度，虽说他是同时代作家、他那部编年史又是题献给腓力芭王后本人的。不要以为接受题献者肯定会阅读作者题献的作品，通读全书就更不一定。这份证据的分量不足，无法让我们相信一个如此抹黑爱德华国王的故事，特别是，在围城开始之前，爱德华曾命令英军让出一条通道，放城内的老弱妇孺逃生，充分体现了他的仁慈之心。退一万步说，就算这个故事有一定事实依据，我们也很难相信他当真要按照之前的威胁，处死那六位加来市民。

注［H］，p.243

就在这前后，有一个突出的事例，显示了勇武风流的骑士精神广泛流行于欧洲各国。这是一场郑重的骑士决斗，三十人对三十人，一方以英国人班布罗（Bembrough）为首，另一方以布列塔尼人、查理·德·布卢瓦的随从博马努瓦（Beaumanoir）为首。两国骑士们走进比武场，战斗开始前，博马努瓦高声喊道："谁的情妇最漂亮，今天就见个分晓！"经过浴血奋战，布列塔尼人获胜，他们赢得的锦标就是——可以随心所欲地夸耀自己情妇的美貌。值得一提的是，两位著名战将罗伯特·诺尔斯爵士和休·卡尔弗利爵士（Sir Hugh Calverley）都在这场荒唐的比武中拔剑上场。参见 Pere Daniel，vol.ii.p.536，537，&c.爱德华三世在位期间，很多女性不仅怂恿她们的爱慕者参与这种充满暴力、往往是血腥的比武大赛，还经常亲临比武现场观看助威。爱德华国王本人勇武风流，更助长了这种风气。参见 Knyghton，p.2597。

注［I］，p.259

这笔钱数额巨大，大约是爱德华三世在位期间从议会所得钱款总额的一半。必须指出，爱德华三世在位第八年经议会批准收取一笔十分之一税和一笔十五分之一税（这个比例通常认为是极高的），最终收取的总金额约为两万九千镑。据称英国每年对外出口近三万袋羊毛，每袋羊毛平均售价5镑。据此可以很容易地按照 Tyrrel, vol.iii.p.780 所记载的详单，算出议会提供的补助金折合多少钱款，虽说还须留出一些假设的余地。这位国王从臣民身上搜刮的钱款超过他的任何一位前任。议会经常抱怨国民贫困、承受着沉重的压迫。还需指出的是，直到英法重新开战时，法国国王的赎金还有三分之一尚未付清——他的儿子宁可用手中的钱来打击英国人，也不肯掏钱资助敌人。参见 Rymer, vol.viii.p.315。

注［J］, p.288

理查二世在位第五年，"下议院抱怨国王本人及朝廷治国不力，王室仆役数目过多，大法官法庭、王座法庭、民诉法庭、财政署法庭弊端重重，各郡包揽诉讼者为数众多，彼此结成私党，横行乡里，致使法律、公义荡然无存。不久前发生的瓦特·泰勒暴乱，一大祸根即在于此。"(Parl. Hist.vol.1.p.365.) 这种治理失序的状况，无论是国王还是下议院都未能予以纠正，从而造成大贵族无法无天、人民骚动不宁、君主滥施暴政等诸多乱象。若要臣民得享自由、君主得享安全，必须做到切实执行法律。

本朝第九年，下议院的一份议案表现出极高的精确性和维护自由的警觉性，在那个粗粝的时代，他们竟然有此认知，不免出乎我们的意料。科顿(Cotton, p.309) 写道："议会同意，授予国王的羊毛、羊毛皮和皮张供应延至仲夏节，自该日期直到圣彼得节为止，停止授予，以免国王将此视为例行补助而继续提出要求。"另参见 Cotton, p.198。

注［K］, p.296

奈顿告诉我们(Knyghton, p.2715, & c., p.2680), 国王回复道,
他不会遵从他们的意愿解雇哪怕是御膳房里最低等的杂役。这位
作者还写道,国王告诉几位慷慨陈词的代表,他看出这一国臣民全
是逆贼,如今最好的办法就是请法兰西国王来帮他镇压叛乱。但
是很明显,这两番话要么是奈顿信笔添写的花絮,要么是史实谬
误。其理由如下:(1)这五位贵族在下届议会上声讨国王的宠臣时,
把国王的一切轻率举动都归咎于他们,却并未提到国王对代表团
的答复。但是这番话如此令人憎恶,又是刚刚发生的事,据称路人
皆知,只字不提未免不合情理。(2)当时国王与法国人的关系非
但不好,还正面临法国入侵的严重威胁。这个故事似乎引自后来
弹劾国王时抛出来的说法,被这位史家移至此时,遂有格格不入
之感。

注［L］, p.301

我们必须除外第十二条,其中指控布雷默未经授权或法律程
序,擅自将二十二名因重罪或负债被监禁的囚犯斩首。但是,鉴于
无法理解布雷默能由此举得到什么好处,我们可以假定这条罪状
是出于捏造或误传。这些大权在握的人可以随意给被指控者扣上
任何罪名,不给后者辩护或解释的机会。他们的行为完全随心所
欲、无法无天。

五位廷臣还被控蓄谋杀害贵族,但是这些指控要么流于泛泛,
要么彼此矛盾。一会儿说他们预谋借助伦敦市长和市民的力量杀
害贵族(第十五条),一会儿又说他们打算在法庭审判中虚构证词达

到目的(第二十八条)。同样在第二十八条中,又指控他们准备假法国国王之手杀害贵族,并以割让加来作为酬报。

注[M],p.303

总体说来,那个时代的议会从未认真遵行爱德华三世关于惩治叛逆罪的法令,尽管这是有史以来最有利于臣民的法律之一。本朝第十七年,"兰开斯特公爵和格洛斯特公爵向理查国王控诉,称托马斯·塔尔博特爵士(*Sir Thomas Talbot*)伙同其追随者蓄谋在柴郡的几处地点杀害这二位公爵,鉴于此案情节众所周知、罪恶昭彰,他们请求议会做出裁决。于是,国王和上议院宣布此案为公然谋逆案,随即向约克郡郡长和德比郡郡长颁布令状,要求他们于即将到来的复活节当月将托马斯·塔尔博特爵士带到王座法庭受审,并在威斯敏斯特大厅发布公告:待两位郡长递上回呈、人犯托马斯·塔尔博特爵士出庭受审时,该人犯将被宣判犯有大逆罪,受到相应惩处。自本公告发布之日起,凡窝藏该人犯者与该犯同罪论处。"参见Cotton,p.354。值得注意的是,这次不同寻常的判决发生在和平年代。尽管爱德华三世的法令本身规定议会有权宣布新类型的叛逆罪,但这种权力不应只由上议院把持,也不应依据事后颁布的法律来审判人。如果该法条的含义确乎如此,我们至少可以确定,当时人们对于法律和公义的基本原则相当无知。

注[N],p.308

上届议会召开时,下议院对国王表现得十分顺服。但在议事过程中发生了一件奇特的事情,我们由此可以看出,那个时代下议院处于一种什么样的状况。下议院的议员们有的是乡间绅士、有的是商人身份，他们在匆匆几天的会期中被召集到一起，完全不熟悉国家事务，因此很容易被误导，投票做出违背自己真实意愿的决议。他们投票通过的一些请愿书关乎国政，其中一封劝谏国王厉行节约，希望他今后不要频繁邀请主教和贵妇们造访宫廷。国王怪罪下议院放肆无礼。下议院极谦卑地请求主上宽恕。但是国王不依不饶，一定要他们交代这个提案是谁发起的。于是下议院交出一位姓哈克西(Haxey)的人作为替罪羊，此人被定为大逆罪，判处死刑。但因坎特伯雷大主教和其他教长出面讲情，国王便宽赦了他。在那个时代，议会在不受党争搅扰、完全自由的情况下都能做出如此荒唐出格的事情，那么不难想见，他们在更加困难的处境下会做出什么。参见Cotton's Abridg.p.361, 362。　535

注[O], p.319

在此仅举一例，以表明对理查二世的指控多么无的放矢。爱德华三世在位第十三年颁布法令，规定郡长任期不得超过一年。但是，后来的经验证明，频繁更换郡长会造成很多不便，于是下议院在爱德华三世在位第二十年呈请延长郡长任期。碍于一些不利条件，这份呈文当时未能获批形成法令(参见Cotton, p.361)。当理查国王发现臣民愿意接受延长郡长任期的举措，并且议会下院也曾为此提出过请求，他便运用手中的特赦权做出该决定，这在当时只是小事一桩，但是后来却成了本届议会指控他的一条罪状。沃辛汉姆曾就理查二世幼年时代的政事发表议论说："如果国王可以根据枢密院的建议，更改或者整个驳回经议会一致通过而制定的法令,那么议会法令还有何意义可言?"(Walsingham, art.18.)据此看来,理查二世行使特赦权,不过是援引其叔父和祖父的先例——实际上是自亨利三世以降历代先王的先例,故而不失合法性。

注[P],p.325

以下这段文字引自科顿《〈伦敦塔存英国议会档案〉精编》(Cotton's Abridgement, p.196),其内容显示出针对教会和神职人员的奇怪偏见。"下议院议员们随后进入议会提起抗议,他们指出,由于国王对宫廷、各个法院、各郡的包揽诉讼者和王室承办商约束不力,平民百姓日日遭受掠夺、无力自保,如此下去,王将不王、国将不国的一天就为期不远了。所以,他们要求本朝政府彻底匡正弊端。鉴于国王经常任命一些杂七杂八的主教、勋爵和贵族担任枢密要职,处理相关政务,因此,整治弊端必须首先从最高层下手,按照众议院的要求驱逐这些人,以清君侧。他们还当着国王的面要求他的忏悔神父除了四大宗教节期之外不得进入宫廷。"我们想不到天主教势力控制下的一国枢密院会命令国王的忏悔神父与国王保持距离,以便国王保持道德。此事发生在理查二世的幼年时期。当时教宗常驻阿维尼翁,教廷高层大多数是法国人,这种情况自然增添了英国人对教廷势力的反感。不过,这并不能解释他们针对英国本土神职人员的偏见。

注[Q],p.460

由本朝授予里弗斯伯爵的特许状内容可以看出,英格兰皇家军事总长法庭是个何等专权独断的机构，参见斯皮尔曼的《词 536 典》(Spellman's Glossary) 中"Constabularius"词条，Rymer, vol.xi.p.581中有更完整的内容。特许状中有这样一个条款：

Et ulterius de uberiori gratia nostra eidem comiti de Rivers plenam potestatem damus ad cognoscendum, & procedendum, in omnibus, & singulis, causis et negotiis, de et super crimine lesae majestatis, seu super occasione caeterisque causis, quibuscunque per praefatum comitem de Rivers, ut constabularium Angliae—quae in curia constabularii Angliae ab antiquo, viz. tempore dicti domini Gulielmi conquestoris seu aliquo tempore citra tractari, audiri, examinari, aut decidi consueverant, aut jure debuerant, aut debent, causasque et negotia praedicta cum omnibus et singulis emergentibus, incidentibus & connexis, audiendum, exammandum, et fine debito terminandum, etiam ac etiam manu regia, si opportunum visum fuerit eidem comiti de Rivers, vices nostras, appellatione remota.[①]

皇家军事总长在君主制下是个终身职位，我们由特许状中可以看出，该职位的司法权不仅限于战时，斯皮尔曼也是这样解释的。然而，它的权威与《大宪章》存在直接冲突。显然，恒常的自由无法与之共存。它拥有充分的独裁权力，在国家体制中永存不

[①]　本段大意为"受命于天的英格兰国王兹任命里弗斯伯爵以英格兰皇家军事总长身份，全权调查处置涉嫌叛逆罪及其他一切罪名的个人或商业事务——即英格兰皇家军事总长法庭自古以来(自征服者威廉时代以降)管辖的一切事务，依照法律及惯例进行调查、听证、针对每个案件的具体情形审断……做出最终的公开判决，审判不受任何类型的司法机构干扰，仅仅根据事实真相，以里弗斯伯爵认为适当的行权方式进行。上诉情形除外。"——译者

灭。王权所受的制约，除了缺乏足够力量支持自身的所有特权以外，还表现在皇家军事总长通常为世袭或终身任职的事实；因而，担任此职者并非专制王权的称手工具。正是出于这个原因，英国有史以来最专制霸道的国王亨利八世才极力压制皇家军事总长的权力。不过，以军法审案的做法仍然存续下来，直到查理一世时代的《权利请愿书》将其废除。《权利请愿书》开启了真正自由的先声，于王政复辟时期得到确认，又经光荣革命得以扩展和巩固。

注［R］，p.469

我们在此试举一例：几乎所有史家、甚至科米纳和《克洛兰编年史》的续作者都断言爱德华四世这段时间被克拉伦斯和沃里克所俘，交由沃里克伯爵的弟弟约克大主教看管；大主教准许爱德华外出打猎散心，他便趁机出逃，随即东山再起，将叛党逐出国外。然而，如果赖默（Rhymer）所言不虚，上面这段故事便纯属虚构。据赖默记载，爱德华国王在这段期间一直在行使王权，从来不曾间断。就在1470年3月7日，他颁旨授权克拉伦斯集结军队，当时他还以为克拉伦斯是个忠臣。及至同月23日，他又颁旨下令拘捕克拉伦斯。另外，国王在声讨克拉伦斯公爵和沃里克伯爵的宣言中（Claus.10 Edward IV.m.7, 8.），历数二人的叛逆罪行，却没有提到他们扣押国王的事情。国王也没有指责他们煽动威利斯勋爵之子发动叛乱，只是说他们鼓励他继续反叛。我们可以看出，史家既能在这等大事上发生重大谬误，那么小事便更难保真确。就连英格兰当时是否向萨伏依的博娜提亲一事，也或有存疑：尽管几乎所有史家都一致认为确有其事，相关情节本身也不像假的，但是赖默

的著作中却只字未提沃里克为此出使法国一事。本朝和下一朝主
要的确定事实要么来源于公共记录，要么是援引法国史家著述中
的某些段落。但事实上，诺曼征服后的数百年间，法兰西的历史很
不完整，很多地方要靠英国史家的记载加以补全。因此我们可以
推测，这段时期史料稀少的原因在于不久之后各地修道院大规模
被毁，较晚近的史著还没有广泛流传的抄本，原本就被毁于一旦。

注［S］，p.501

所有史家在记述这一短暂朝代时，都依从——或者毋宁说
是抄录了托马斯·莫尔爵士的说法，称简·肖尔私通黑斯廷斯勋
爵，此说与事件的后续发展过程也极为吻合。但是，我们在赖默
(Rymer, vol.xii.p.204) 的著作中可以发现理查国王的一份公开声
明，斥责多塞特侯爵与简·肖尔有染。不过，该谴责内容可能只是
出于理查的构织，或是根据流言蜚语作出的，并不足以推翻托马
斯·莫尔爵士史著的权威性。这份声明将理查所谓澄清世风的虚
伪态度暴露无余：这个嗜血又狡诈的暴君把侯爵等一干人的风流
韵事和私情说成最可怕的大罪，大加挞伐。

注［T］，p.518

凡是仔细阅读过古代修院史家著述的人都了解，无论他们本
身的文风多么粗陋，却处处引用拉丁古典作品，尤其是诗句。在
中世纪的那些年代里，似乎仍有许多古代著作存留于世，但现在
都已失传了。马姆斯伯里(Malmesbury)创作的鼎盛时代在亨利一
世和斯蒂芬两朝，他就曾经引用李维(Livy)描写恺撒渡过卢比孔

河(Rubicon)的段落。生活在亨利二世时代的菲茨－斯蒂芬(Fitz-Stephen)则引用了萨卢斯特(Sallust)长篇历史著作中的一段。从那部据说出自托马斯·贝克特笔下的书信集中,我们可以看出当时那些集天才、尊荣于一身的教会高层人士对于所有古代历史和古典著作多么谙熟,由此可见那个阶层的修养必定远远高于社会其他成员。那位大主教和他的朋友们在所有通信中彼此互称"哲人",认为这个世界的其他人等都深陷于彻底的愚昧和野蛮状态。

第二卷索引

（本索引所示页码为原书页码，见本书边码）

译 者 的 话

　　我是十年前与休谟《英国史》翻译工作结缘的。当时被一股热情驱使，并未顾忌许多，真正着手翻译之后，逐渐品出个中三昧，才开始有所敬畏也有点惶惶然，唯恐贻笑大方，更怕糟蹋了原著，梦里被二百年前的先哲嘲骂。我给自己定下几条翻译原则：首先务必小心求真，每处细节都扎扎实实查考资料，不可含混；其次，在风格上尽可能贴近原作，追求庄雅、朴素、自然、节制、严谨，一忌小女子腔调，二忌口语化痕迹过重，三忌矫揉造作掉书袋(实际操作效果如何，相信读者诸君看罢自有定论)；第三，不懂就问，放下面子，多方寻求高人指点。如此翻译，进度必定缓慢，好在商务印书馆的领导和编辑老师并不催促，以极大的包容和耐心陪我慢慢"绣花"，令我深感重任在肩，不努力工作真的对不起他们。如今前四卷付梓在即，译者的兴奋、惶恐自不待言，同时这个进展又如同一针强心剂，鼓舞着我加力译好后续两卷内容。

　　大卫·休谟是18世纪苏格兰启蒙运动的代表人物之一，今人多看重他的哲学思想，但他生前却以史家身份闻名于世。休谟的《英国史》计210万字，记述从恺撒征服不列颠到1688年光荣革命近1800年的历史。自1752年动笔，到1762年全六卷完工，休谟在这部著作中投入了巨大的心血和最好的年华，此后又多番修改润色，不断完善，直到生命的尽头。这部中文译稿就是基于作者生前最终修订、于他身后出版的1778年版本译出，并参考了1983年Liberty*Classics*的整理本。译稿之所以定名为《英国史》而没有直译为《英格兰史》，乃是考虑到整部著作既涉及了英格兰历史，也涉及了威尔士、苏格兰、爱尔兰的历史，如果译成《英格兰史》，从学术角度有欠严谨，恐有以偏概全之嫌。而且在中国人的习惯中，"英国"一词既是历史上"英格兰王国"的简称，也用来指称1707年联合法案颁布后的"大不列颠王国"（1707—1801年）、大不列颠及爱尔兰联合王国(1801—1922年)以及现在的"大不列颠及北爱尔兰联合王国"，与本书的时空定位相符。于是，在征求几位学界大家的意见之后，书名就这样定了下来。

　　休谟《英国史》最初的出版次序如下：第一卷于1754年出版，从詹姆斯一世写起，讲述斯图亚特王朝早期历史；第二卷从1660年王政复辟写到1688年革命，于1757年出版；第三、四两卷于1759年出版，回头叙述都铎王朝的历史；最后于1762年出版的第五、六两卷包括了从罗马人入侵到亨利七世继位这段时期。之所以选择从斯图亚特王朝写起，再掉头回溯更早的历史时期，并非故弄玄虚，乃因这位哲人看待历史的独特视角所致。这部作品"不仅仅是一部战争年代记和帝王世系，而是有更丰富内容的东西"（见J.W.汤普森，《历史著作史》）。作为思想者的休谟在这部书中没有为我们总结什么"历史发展的一般规律"，也不津津乐道于什么英雄伟业或政治权谋，而是更多地关注战争、阴谋、派系和革命过程中透射出的"人性的永恒和普遍原则",并且以不偏不倚的立场,饶有兴致地考察、记述自由的孕育和萌生过程,特别是英国政制从君主意志独大到法治政府的演变过程。他在致亚当·斯密的一封信中曾经这样写道:"在詹姆斯的统治下,下院首次开始抬头,接着就发生了议会特权与君权之争。政府摆脱了强大王权的控制,显示了它的才能,而当时出现的派系,对我们当前的事务有影响,形成我们历史中最奇特、最有趣和最有教益的部分。"[①]所以我们大概可以理解,他为什么从詹姆斯一世时代写起,也足能想象同时代的各党各派如何被休谟的一支笔触痛,以致对他发起如潮攻讦。后来作者又按时序重新安排了各卷次序,据我冒昧揣想,也许是为了照顾史书读者的阅读习惯吧。

时隔二百年后,激辩的硝烟散尽,我们揽读此书,或许欣赏和沉思的成分更多,也必能体会到这部作品的价值历经时间的考验始终坚立。

这部译稿在翻译、修改过程中,先后得到多位专家学者和热心朋友的指点、帮助:感谢彭小瑜教授对涉及宗教内容的部分提出宝贵意见,感谢贾红雨教授帮助校阅书中大段的拉丁文内容,感谢孙宏友教授帮助校阅第一卷中关于大宪章的章节,假如没有他们的援手,这项工程大有可能由于我的才疏学浅而半途搁浅。感谢商务印书馆总编辑陈小文先生的信任和鼓励,感谢各位编辑老师的大力支持和辛勤工作,感谢时时关注翻译项目进展的朋友

---

① 欧内斯特·英斯纳,伊恩·辛普森·罗斯编:《亚当·斯密通信集》,林国夫等译,商务印书馆1992年版,第30页。

们，也感谢我的老父亲——我译出每一章稿子，他都是第一位读者，来自他的肯定对我非常重要！在此特向以上诸位致以深深的敬意和感恩！

石小竹

2022年8月4日

图书在版编目(CIP)数据

英国史:从尤利乌斯·恺撒入侵到 1688 年革命. 第二卷/(英)休谟著;石小竹译. —北京:商务印书馆,2023
ISBN 978 - 7 - 100 - 22238 - 9

Ⅰ.①英… Ⅱ.①休… ②石… Ⅲ.①英国—历史 Ⅳ.①K561.0

中国国家版本馆 CIP 数据核字(2023)第 057677 号

英 国 史

从尤利乌斯·恺撒入侵到 1688 年革命
第 二 卷
〔英〕休谟 著
石小竹 译

商 务 印 书 馆 出 版
(北京王府井大街 36 号 邮政编码 100710)
商 务 印 书 馆 发 行
北京市白帆印务有限公司印刷
ISBN 978 - 7 - 100 - 22238 - 9

2023 年 8 月第 1 版 开本 880×1230 1/32
2023 年 8 月北京第 1 次印刷 印张 21⅛
定价:132.00 元